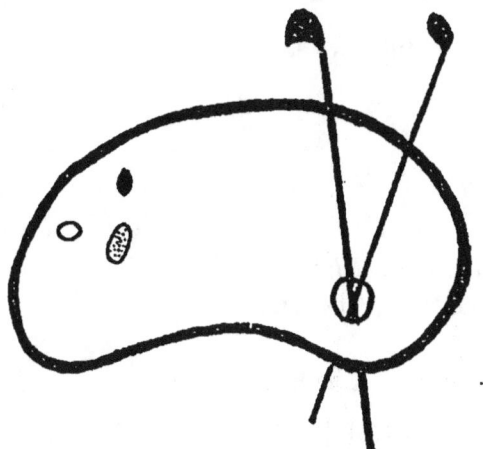

COUVERTURE SUPERIEURE ET INFERIEURE
EN COULEUR

HISTOIRE
DE LA
PHILOSOPHIE

DEPUIS LES TEMPS LES PLUS RECULÉS
JUSQU'A NOS JOURS

OUVRAGE DESTINÉ A COMPLÉTER LES

EXCERPTA PHILOSOPHICA D. THOMÆ

PAR

L'ABBÉ P. CARBONEL
Professeur de Philosophie

DEUXIÈME ÉDITION
revue et considérablement augmentée.

AVIGNON	PARIS
CHEZ SEGUIN FRÈRES	CHEZ VICTOR LECOFFRE
13, RUE BOUQUERIE, 13	90, RUE BONAPARTE, 90

1882

Ouvrages philosophiques de la librairie SEGUIN FRÈRES

ÉLÉMENTS

DE LA

PHILOSOPHIE CHRÉTIENNE

Par SANSEVERINO

3 forts vol. in-8° de 2,500 pages, prix : 30 fr.

Ces *Éléments* sont en réalité une lecture très sérieuse et l'auteur, en leur donnant ce titre modeste, s'est cru transporté à l'époque où saint Thomas appelait aussi sa *Somme théologique* un livre *élémentaire*. (*Extrait d'une lettre de Mgr Dupont-des-Loges, évêque de Metz*).

ANTHROPOLOGIE CHRÉTIENNE | THÉOLOGIE NATURELLE

Grand in-8°. — Prix : 4 fr. 50. | Grand in-8°. — Prix : 4 fr. 50.

COMPENDIUM

DE LA

PHILOSOPHIE CHRÉTIENNE

D'après SANSEVERINO

2 vol. grand in-8°, prix : 12 fr.

PARTIE SUBJECTIVE : *Logique*, divisée en formelle, réelle, et méthodologie. — *Dynamilogie*, ou *Psychologie rationnelle*. — *Ontologie*, ou *Métaphysique générale*.

PARTIE OBJECTIVE : *Cosmologie*, ou *Philosophie des sciences naturelles*. — *Anthropologie*, ou *Science de l'homme*. — *Théologie naturelle*, ou *Traité de l'existence et des attributs de Dieu*.

HISTOIRE
DE LA
PHILOSOPHIE

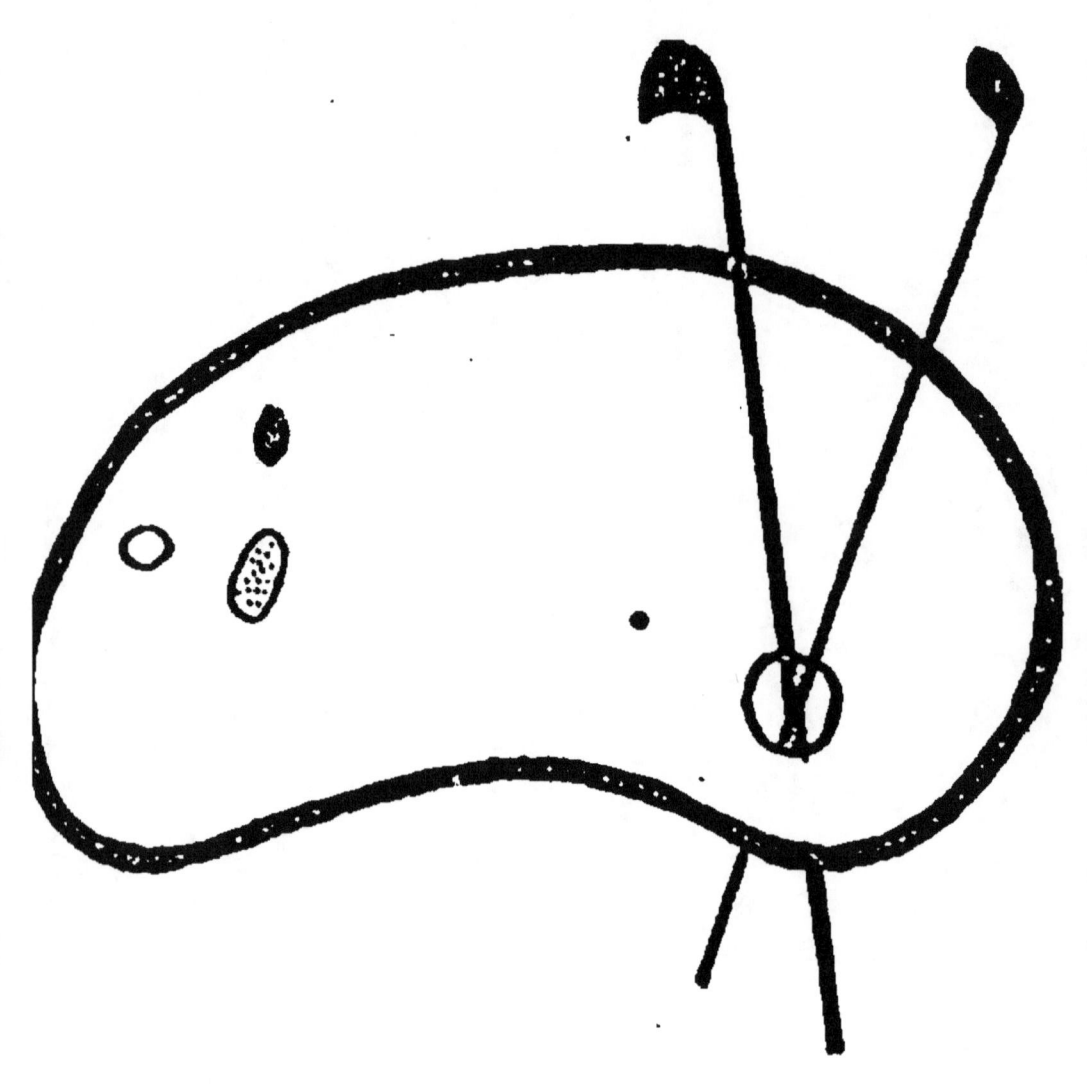

ORIGINAL EN COULEUR
NF Z 43-120-8

HISTOIRE
DE LA
PHILOSOPHI

*DEPUIS LES TEMPS LES PLUS RECULÉS
JUSQU'A NOS JOURS*

OUVRAGE DESTINÉ A COMPLÉTER LES

EXCERPTA PHILOSOPHICA D. THOMÆ

PAR

L'ABBÉ P. CARBONEL

Professeur de Philosophie

DEUXIÈME ÉDITION
revue et considérablement augmentée.

AVIGNON
CHEZ SEGUIN FRÈRES
13, RUE BOUQUERIE, 13

PARIS
CHEZ VICTOR LECOFFRE
90, RUE BONAPARTE, 90

1882

PRÉFACE

Dans cette deuxième édition de notre Histoire de la Philosophie, destinée à servir de complément et comme de troisième volume à notre ouvrage intitulé : D. Thomæ Aquinatis excerpta philosophica, *nous avons dû traiter plus longuement beaucoup de questions sur lesquelles notre première édition, destinée aux aspirants au baccalauréat, ne demandait qu'un simple aperçu. La philosophie scolastique y est traitée avec toute l'étendue qu'elle mérite. Nous l'avons recherchée dans ses sources, nous l'avons montrée dans toute sa force chez S. Thomas d'Aquin, nous l'avons suivie dans ses luttes contre les systèmes modernes, dans son obscurcissement et dans sa résurrection. La première édition s'arrêtait à la fin du dix-huitième siècle ; celle-ci embrassera le dix-neuvième jusqu'au moment où nous écrivons. Cette dernière partie, aussi longue à elle seule que l'ensemble des époques précédentes, offre le double intérêt de doctrines plus récentes, dont pour la plupart nous avons vu la première apparition, et d'un travail historique qui n'a pas de précédent, puisqu'on n'a pas encore publié une histoire complète de la philosophie au dix-neuvième siècle.*

Le jugement de nos lecteurs, sur la première édition, a été universellement favorable. Nous espérons avoir fait mieux encore dans celle-ci et, en doublant le volume, avoir plus que doublé l'intérêt qui, de l'aveu de bon nombre d'évêques et de beaucoup d'autres hommes capables d'en juger, s'attachait à la lecture de la première édition. Le dix-neuvième siècle surtout, traité avec plus d'ampleur que les parties précédentes et exposant les doctrines d'auteurs contemporains ou presque contemporains, sera, nous en avons la douce confiance, de nature à satisfaire le lecteur, plus encore que les pages qui le précèdent.

Cependant, c'est pour cette dernière partie surtout que nous demandons l'indulgence des maîtres. C'était un travail long. Il s'agissait de passer en revue plusieurs milliers de volumes, et nous n'avions pas ici, comme pour les époques anciennes, les études de nombreux historiens antérieurs pour nous faciliter le travail, ni leurs jugements pour nous guider. Si nous avons omis des noms et des ouvrages de quelque valeur, on voudra bien nous le pardonner et nous en avertir. Si parfois notre exposition sort du calme que nous nous étions imposé jusque-là et prend le caractère d'une polémique, on voudra bien ne pas oublier que les livres où nous avons puisé nos documents sont le plus souvent des travaux de polémique, attendu que nous avons dû prendre nos matériaux, non pas dans les écrits d'historiens impartiaux qui racontent sans passions, mais dans les livres des auteurs eux-mêmes où la lutte ardente se manifeste à chaque page, et aussi dans les appréciations faites par les contemporains, qui, par passion ou par amour du vrai, croyaient devoir attaquer avec vigueur des théories contraires à celles qu'ils avaient adoptées.

D'ailleurs nous ne cacherons pas qu'en écrivant l'histoire de toutes les doctrines, nous avions par devers nous une doctrine toute faite, que nous tenons pour l'expression de la vérité, et nous avons blâmé toute théorie qui ne concordait pas avec cette vérité. Si, pour être impartial, il faut laisser la balance égale entre le vrai et le faux, entre le bien et le mal, nous déclarons ici n'avoir pas eu cette impartialité. Mais si au contraire on veut bien reconnaître que c'est être impartial que de tout juger selon la vérité, de tout peser selon la justice, de condamner les erreurs en ménageant les personnes quand elles sont de bonne foi, et de démasquer leurs sophismes quand leur intention mauvaise est évidente, on reconnaîtra dans notre livre l'impartialité véritable. Telle a été du moins notre volonté sincère.

HISTOIRE
DE LA PHILOSOPHIE

GÉNÉRALITÉS

1. Idée de l'Histoire de la Philosophie. — Écrire l'histoire de la philosophie, c'est selon nous, avant tout, exposer les différentes phases de la philosophie classique ; c'est montrer ce qu'ont été les doctrines philosophiques que nous appelons classiques, aux différentes époques de la vie du genre humain. Dire quelles furent les premières conceptions philosophiques, autant que les monuments historiques nous permettent de le savoir ; exposer les modifications que ces conceptions ont subies chez les différents peuples, et par quels développements elles sont arrivées à être telles que nous les possédons aujourd'hui : tel est, ce nous semble, le vrai fond d'une histoire de la philosophie.

Toutefois, comme les doctrines anti-classiques ne sont pas toujours nées de la mauvaise foi, et qu'au contraire elles sont le plus souvent le fruit d'une considération trop exclusive, d'un point de vue qui, ramené à ses justes limites, offrirait une vérité ; comme, par là-même, ces doctrines quoique écartées du droit chemin, et constituant en effet une marche rétrograde plutôt qu'un progrès, ont cependant contribué d'une manière indirecte au développement des doctrines classiques, il est bon de les exposer aussi, et, pour être juste, de reconnaître leur heureuse influence, en montrant par là une fois de plus, comment le mal peut être, et est en effet, l'occasion d'un plus grand bien.

2. Objet de cette Étude. — L'histoire de la philosophie doit

d'abord faire connaître les hommes qui se sont occupés de cette science ; les présenter en eux-mêmes, autant que faire se peut, dans leur caractère intellectuel et moral ; les rattacher à leur époque, pour mettre en relief l'influence qu'ils en ont reçue et celle qu'ils ont exercée sur leurs contemporains et sur ceux qui sont venus après. Elle doit aussi indiquer leurs ouvrages, afin que le lecteur sache où recourir, soit pour vérifier les dires de l'historien, soit pour étudier plus à fond leurs doctrines. Mais cette partie de l'histoire de la philosophie ne peut pas être très-développée, sous peine d'empiéter sur les autres parties, qui sont plus importantes, ou de fournir matière à un ouvrage de plusieurs volumes.

En second lieu, l'histoire de la philosophie, et c'est là son but principal, doit exposer les doctrines de ces mêmes philosophes, en se servant le plus possible de leur terminologie, pour mieux montrer le point de vue de l'auteur, et dans tous les cas, qu'elle les cite ou qu'elle les résume, rester toujours exacte.

Enfin, l'histoire de la philosophie doit apprécier ces mêmes doctrines, dire ce qu'elles renferment de vrai et ce qu'elles contiennent de faux, et les rattacher les unes aux autres, pour en montrer l'accord ou l'opposition, faire voir comment elles sont engendrées les unes des autres.

3. Difficultés qu'elle offre. — Pour remplir le premier de ces trois objets, il suffit de faire des recherches consciencieuses. C'est un travail long, mais qui n'offre pas de difficulté, généralement, et dans lequel on peut être sûr de ne pas errer.

L'exposition des doctrines est bien autrement difficile, et de plus elle offre un danger, que l'on n'est jamais certain d'avoir évité. La difficulté est d'abord de comprendre exactement les théories de chaque auteur, et ensuite de n'omettre aucune de celles qui pourraient modifier le sens des autres. Le danger est celui de ne pas reproduire exactement le sens qu'avait l'auteur en écrivant. En effet, on ne peut pas le citer toujours textuellement : il faudrait alors pour être complet reproduire presque en entier tous ses ouvrages. Il faut donc les résumer, et quelquefois les éclaircir, car le style de plusieurs de ces écrivains n'est plus à la portée des lecteurs modernes, ou sort de la langue du commun des lecteurs. C'est dans ce travail de résumé et d'éclaircissement qu'est le danger d'inexactitude, et c'est par là d'abord que pèche plus ou moins toute l'histoire de la philosophie. Nous ferons notre possible pour éviter ce défaut ; mais, comme nous ne sommes pas infaillible, on voudra bien ne pas attribuer à la mauvaise foi les erreurs de ce genre qui pourront nous échapper. Nous tenons au contraire pour certain, que les systèmes même les plus erronés sont, dans la pensée de leur auteur, beaucoup plus près de la vérité qu'ils ne le paraissent dans l'expression, et que, de plus, c'est toujours la vue d'une vérité qui, exagérée, engendre l'erreur. C'est ainsi que plus d'une fois nous avons fait voir ailleurs (¹) que la contradiction entre deux théories classiques était plus apparente que réelle et qu'en se plaçant au vrai point de vue on peut les trouver toutes les deux vraies : par exemple, la théorie des *idées innées* et celle de la *table rase*. Nous voudrions pouvoir ainsi faire voir ce qu'il y a de vrai dans chacune des doctrines que nous serons obligé de condamner, mais l'espace ne nous le permettra pas toujours.

Enfin un dernier embarras de l'historien de la philosophie, c'est le choix qu'il doit faire des auteurs dont il exposera les doctrines, et de ceux dont il ne dira rien. Il est vrai que les philosophes les plus connus s'imposent par leur renommée et par l'importance de leurs théories. Mais où s'arrêter dans le grand nombre des autres? Sur ce point nous essayerons d'être aussi complet que possible sans tomber dans l'inutilité.

Le troisième objet de l'histoire de la philosophie, l'appréciation des doctrines, présente une difficulté insurmontable et comme une série d'erreurs nécessaires à celui qui n'a pas une doctrine toute faite et certainement vraie. Il est facile de voir en effet que l'historien de la philosophie ne peut juger les théories qu'il expose qu'en les comparant avec celles qu'il a adoptées pour lui-même. Si donc il n'a pas de théorie à lui, il ne pourra que se contredire à chaque pas; et si sa théorie n'est pas certaine, comment pourra-t-il être certain de la justesse de ses appréciations? Pour ce point, notre plus solide garantie est que nous suivons en tout la philosophie classique, et que par là nous sommes certain de ne pas errer, en exigeant, pour les déclarer vraies, que toutes les théories concordent avec les nôtres.

4. IMPORTANCE DE CETTE ÉTUDE. — Dans la lecture d'une doctrine on est toujours exposé à ne voir qu'une partie de la vérité et à l'adopter avec exclusion. Le meilleur moyen de rectifier les erreurs de ce genre, dans lesquelles on est presque nécessairement tombé en étudiant un traité de philosophie, c'est de considérer les mêmes doctrines à d'autres points de vue. Or c'est justement l'avantage qu'offre l'histoire de la philosophie.

De plus, tout homme qui s'occupe de philosophie peut être appelé à apporter plus tard une nouvelle pierre à l'édifice de cette science. Il s'en rendra capable par la critique des théories qu'il a étudiées et admises jusque là, et rien n'est plus propre à lui faciliter ce travail que l'examen de cette critique perpétuelle qui se fait dans le genre humain par tous les philosophes. Souvent une théorie nouvelle, même erronée, lui sera un trait de lumière pour voir plus loin dans le domaine de la vérité.

(¹) Dans notre *Essai de philosophie classique*, 1876.

L'histoire de la philosophie est donc pour chacun un correctif presque nécessaire et un principe de développement pour la science elle-même. Son but n'est donc pas de satisfaire une vaine curiosité, mais bien de corriger et de faire progresser la philosophie elle-même. Et pour nous, qui ne voulons suivre que la philosophie classique, l'histoire de la philosophie nous offre cet avantage, que nous saurons par elle, d'une manière certaine, quelles sont les doctrines qu'il faut considérer comme classiques.

5. ORDRE A SUIVRE. — On peut suivre dans l'histoire de la philosophie trois ordres différents. 1° Présenter successivement les différentes questions que traite la philosophie, et voir comment les ont traitées les différents auteurs qui se sont succédé dans le monde. C'est *l'ordre systématique*. 2° Classer les philosophes selon les différentes écoles auxquelles ils appartiennent, et présenter successivement chacune de ces écoles, en faisant connaître les hommes qui en ont fait partie et les doctrines qu'ils ont émises ou adoptées. C'est *l'ordre d'écoles*. 3° Classer les philosophes d'après le temps où ils ont vécu et les présenter chacun en leur temps, sauf à les rattacher indirectement à leurs écoles. C'est *l'ordre chronologique*.

Nous avons déjà exécuté en partie le premier plan dans les deux ouvrages dont celui-ci est la suite, (¹) en ce que dans les grandes questions nous avons montré par ordre de dates les doctrines des principaux philosophes. Le troisième plan jetterait trop de confusion dans les idées, et ne laisserait pas assez voir l'enchaînement des théories d'une même école.

Le second plan est donc le seul que l'on puisse suivre, et de fait, c'est celui que l'on a toujours suivi. Cependant, comme il y a avantage à les avoir tous les trois, nous avons donné le premier abrégé et nous donnerons le troisième à la fin, sous forme de tableau.

6. DIVISION. — Nous distinguerons donc l'histoire de la philosophie en trois périodes : 1° philosophie ancienne ; 2° philosophie du moyen-âge ; 3° philosophie moderne. La première période comprend tous les temps qui ont précédé la venue de Jésus-Christ, et la philosophie païenne des siècles suivants jusqu'à la fin des écoles grecques. La deuxième période comprendra la philosophie chrétienne jusqu'au moyen-âge. La troisième embrassera toutes les écoles qui ont paru depuis Bacon jusqu'à nos jours.

Dans chaque période nous distinguerons d'abord les différents peuples, et dans chaque peuple, s'il y a lieu, différentes époques.

---

(1) *Essai de philosophie classique*, et *Divi Thomæ Aquinatis excerpta philosophica*, 2 vol. in-8°.

Enfin nous subdiviserons encore ces parties secondaires par les différentes écoles, qui les remplissent, et dans chaque école, nous attribuerons autant que possible à chaque homme ce qui lui appartient, après avoir fait connaître l'homme lui-même.

Ire PÉRIODE.

PHILOSOPHIE ANCIENNE

7. Cette période commence aux temps primitifs de la philosophie, autant que les documents que nous en avons nous permettent d'en parler, et va jusqu'à la fin des écoles grecques, au VIe siècle après J.-C.

Elle comprend la philosophie : des Hébreux, des Chaldéens, des Phéniciens, des Egyptiens, des Perses, des Indiens, des Chinois, des Celtes, des Grecs et des Romains.

PHILOSOPHIE DES HÉBREUX

8. OBSERVATION PRÉLIMINAIRE. — On s'accorde généralement à ne voir chez les Juifs aucune philosophie, si ce n'est dans les sectes qui parurent vers les temps de Jésus-Christ, et, considérant avec raison la Bible comme un livre révélé, et plutôt religieux que rationnel, on croit que ce peuple n'eut pas de philosophie classique.

Mais, de même que nous, chrétiens, nous ne nous sentons nullement gênés dans l'exercice de notre raison par les données de la Foi, et comme nous sommes convaincus que l'on peut être tout à la fois fervent chrétien et profond philosophe, nous n'hésitons pas à penser que les Juifs, tout en s'attachant par la foi aux doctrines révélées de la Bible, surent employer la raison et l'observation comme nous le faisons nous-mêmes ; car la philosophie est dans la nature de l'homme, et elle va d'autant plus sûrement à son but qu'elle le connait déjà d'ailleurs. Et nous trouvons dans la Bible même la preuve de cet esprit philosophique des Juifs.

Sans doute, la Bible présente surtout les vérités comme affirmées par Dieu ; mais on y voit aussi les hommes présentant les raisons de leur foi, ou démontrant par la raison seule certaines vérités d'ailleurs affirmées par la foi, et Dieu, lui-même consentant à philosopher avec les hommes et leur montrant que leur propre raison s'accorde avec ses enseignements.

De plus les doctrines renfermées dans la Bible sont la base de toute la philosophie classique ; elles contiennent non seulement en germe, mais souvent d'une manière très explicite les doctrines de la philosophie classique.

Pour toutes ces raisons il nous semble convenable de consacrer à la philosophie des Juifs autre chose que quelques lignes, pour montrer uniquement les aberrations de quelques-uns d'entre eux, qui se sont écartés des doctrines révélées écrites ou transmises par tradition.

Quelles raisons a-t-on d'en agir ainsi ? Serait-ce que la philosophie est essentiellement opposée à la foi ? Nous pensons tout le contraire. La foi est certaine : elle vient de Dieu ; elle est donc vraie, et aucune doctrine certaine ne peut lui être opposée. C'est pour cela qu'en faisant de la philosophie, à l'aide de nos seules lumières naturelles, nous ne perdrons jamais de vue les données de la foi. On a beaucoup vanté le prétendu affranchissement de la raison par la philosophie moderne. Pour nous, nous avouons n'avoir pas encore vu où était l'esclavage de la raison avant cette prétendue réforme, et l'histoire nous montre que, loin de nous avoir apporté de grandes découvertes philosophiques, ceux qui à dessein se sont tenus loin des lumières de la foi, ont fini par tomber dans l'absurde, c'est-à-dire par perdre le bon emploi de la raison.

Donc, nous allons exposer d'abord la philosophie de la Bible, qui est la philosophie classique des Hébreux. Toutefois nous n'en donnerons qu'un rapide aperçu.

9. PHILOSOPHIE DE LA BIBLE. — La Bible, ce dépôt de la révélation, le livre sacré des Juifs et des Chrétiens, renferme la plupart des données philosophiques, et plusieurs y sont présentées sous une forme raisonnée.

On y trouve très-nettement exprimée la distinction de l'âme et du corps, et, comme chez tous les autres peuples, le mot qui sert à désigner l'âme (NPHSCH) signifie matériellement *souffle*, comme en grec, ψυχή, que l'on dirait tiré du mot hébreu, et πνεῦμα, et comme en latin les mots *anima* (de ἄνεμος) et *spiritus*. On y voit encore très-nettement l'idée de l'intelligence, de la sensibilité et de la volonté libre. Tout cela est exprimé dès les premières pages. Dieu défend à Adam et à Ève de manger du fruit de l'arbre de la science du bien et du mal : c'est donc qu'il les déclare intelligents et libres. Mais Ève voit que le fruit est beau et agréable, et elle se laisse entraîner par l'attrait du plaisir, comme aussi par le sentiment d'orgueil de devenir comme Dieu.

Plus loin Dieu dit à Caïn : *Nonne si bene egeris, recipies : sin autem male, statim in foribus peccatum aderit ? Sed sub te erit appetitus ejus, et tu dominaberis illius.* (Gen. c. 3). Ici toutes les facultés de l'âme sont nettement affirmées. On voit l'attrait du sentiment, *appetitus;*

mais la volonté est libre ; elle peut le dominer. On y voit même la raison affirmée comme connaissant d'elle-même le bien et le mal, et le mérite et le démérite. Et tout cela n'est pas seulement affirmé, mais Dieu le présente à Caïn, comme autant de vérités qu'il doit connaître par lui même : *Nonne ?*

Aucun livre ne nous dit mieux la nature de Dieu et tous ses attributs, et souvent ces attributs y sont présentés comme des vérités de raison, et sous une forme philosophique. *Intelligite insipientes in populo : et stulti aliquando sapite. Qui plantavit aurem non audiet ? aut qui finxit oculum non considerat ?.... Qui docet hominem scientiam ?* (Ps. 93.) Et il conclut : *Dominus scit cogitationes hominum.*

Dieu est le créateur de toutes choses, et ses œuvres nous le révèlent : ses œuvres parlent toutes les langues et tous les peuples peuvent en apprendre la même leçon. *Cœli enarrant gloriam Dei, et opera manuum ejus annuntiat firmamentum. Non sunt loquelæ neque sermones quorum non audiantur voces corum.* (Ps. 18.)

L'insensé seul ne voit pas Dieu, et encore c'est la passion qui l'empêche de le voir : *Dixit insipiens in corde suo : Non est Deus.* (Ps. 52.)

Dieu gouverne toutes choses ; rien ne se fait sans lui : *Nisi Dominus ædificaverit domum, in vanum laboraverunt qui ædificant eam. Nisi Dominus custodierit civitatem, frustra vigilat qui custodit eam.* (Ps. 126.) *Si dicebam : Motus est pes meus, misericordia tua, Domine, adjuvabat me.* (Ps. 93).

Quelle différence avec les idoles des autres peuples! *Simulacra gentium argentum et aurum ; opera manuum hominum. Os habent et non loquentur*, etc. (Ps. 113).

La mère des Machabées excite ses sept enfants à mourir courageusement pour leur foi, et elle leur donne les raisons de cette foi, les raisons pour lesquelles ils appartiennent à Dieu : *Nescio qualiter in utero meo apparuistis : neque enim ego spiritum et animam donavi vobis, et vitam, et singulorum membra non ego ipsa compegi.* Elle affirme ensuite l'immortalité de l'âme : *Sed enim mundi Creator qui formavit hominis nativitatem,...... Et spiritum vobis iterum cum misericordia reddet et vitam.* (II Macch. 7).

Job et ses amis raisonnent tout-à-fait philosophiquement. Et comme ceux-ci ne veulent pas comprendre qu'un juste puisse être ainsi accablé de souffrances, Job finit par leur dire : *Ergo vos estis soli homines, et vobiscum morietur sapientia ? Et mihi est cor, sicut et vobis, nec inferior vestri sum : quis enim hæc, quæ nostis, ignorat ?* Voilà bien les vérités nécessaires en général. En voici une en particulier avec la démonstration des attributs de Dieu : *Nimirum interroga jumenta, et docebunt te : et volatilia cœli, et indicabunt tibi. Loquere terræ, et respondebit tibi, et narrabunt pisces maris. Quis ignorat quod omnia hæc manus Domini fecerit,....? Nonne auris verba dijudicat, et fauces comedentes, saporem ?* (Job, 12.)

Plus loin il affirme la destinée future de l'homme et la résurrection du corps, montrant par là que sa philosophie ne lui fait pas oublier la foi : *Scio quia Redemptor meus vivit, et in novissimo die de terra surrecturus sum : et rursum circumdabor pelle mea, et in carne mea videbo Deum meum. Quem visurus sum ego ipse, et oculi mei conspecturi sunt et non alius: reposita est hæc spes mea in sinu meo.* (Job, 12.)

Eliu, le plus jeune des amis de Job, affirme aussi les droits de la raison, qu'il possède lui aussi, quoique moins avancé en âge : *Junior sum tempore... Sed, ut video, spiritus est in hominibus, et inspiratio Omnipotentis dat intelligentiam... ideo dicam : Audite me, ostendam vobis etiam ego meam sapientiam.* (Job, 32.)

Enfin Dieu lui-même consent à raisonner avec les hommes. Il procède par interrogation et leur démontre tout à la fois et sa sagesse et leur ignorance, par les merveilles et les mystères de la création.

Dans l'ensemble de cette histoire une grande question philosophique est traitée. Le mal physique et les souffrances des justes sont l'œuvre de Dieu, et cela ne détruit en rien sa justice ni sa bonté ; car il est le maître, et les peines sont pour le juste une épreuve et une occasion de mérite.

La Bible est aussi le plus beau livre de morale que l'on puisse lire. On y trouve tous les préceptes de la loi naturelle, non-seulement en abrégé et dans leurs grands principes, mais encore dans les plus menus détails, avec les meilleurs conseils, les meilleures exhortations à la vertu et à la fuite du vice ; et tout cela y est non seulement affirmé sur l'autorité de Dieu, mais encore souvent présenté comme dicté par la raison.

La Bible renferme donc la vraie philosophie classique des Hébreux, et elle est tout à la fois le plus ancien et le plus exact de tous les traités de philosophie. (1).

10. SECTES PHILOSOPHIQUES CHEZ LES JUIFS. — On considère généralement comme des sectes philosophiques les Pharisiens, les Saducéens et les Esséniens.

Les *Pharisiens* étaient plutôt une secte religieuse, car c'est surtout dans leur manière de pratiquer la religion que se manifeste leur esprit. L'Évangile nous les présente comme des hommes, qui par orgueil, faisaient profession de pratiquer la loi de Moïse avec plus d'austérité que les autres ; c'est pour cela qu'ils s'appelaient *purs* ou *séparés* (PHRSCH).

---

(1) Voyez notre exposé de la philosophie de l'Écriture sainte, au commencement de nos Extraits philosophiques de S. Thomas : *Divi Thomæ Aq. excerpta philos.*

Ils tenaient fortement aux traditions des anciens, vraies ou prétendues, et les estimaient à l'égal sinon au-dessus de la Bible. Ce sont eux qui sont les premiers auteurs du Talmud, volumineux recueil de commentaires de la Bible, de traditions et de fables souvent ridicules, qui ne fut définitivement rédigé que beaucoup plus tard. Il renferme : la Mischna ou seconde loi, tradition secrète, destinée seulement aux prêtres; la Ghemara, explication des rabbins. Ils écrivirent aussi la Kabbale ou tradition (QBL, *accepit*), d'où est sortie la fameuse Cabale, avec les secrets cabalistiques.

L'espace ne nous permet pas de résumer ici la philosophie de la Mischna et de la Kabbale, qui, d'après les écrits de M. Drach, rabbin converti, est plus orthodoxe qu'on ne pense.

Les *Saducéens*, ainsi nommés de leur chef Sadoc (TSDQ, juste) paraissent avoir été les rationalistes de l'époque, chez les Juifs. Ils niaient l'existence des anges, la résurrection des corps et même l'immortalité de l'âme.

Les *Esséniens* ou *Esséiens*, (du Syriaque ASSAYA, médecins) vivaient à Alexandrie, dans le 1ᵉʳ siècle après Jésus-Christ. Nous ne les connaissons que par Philon, historien juif, qui les a présentés comme des hommes remplis de vertus et vivant en commun. Ce qui a donné lieu de croire que Philon a pris pour une secte juive les premiers Chrétiens, disciples de saint Marc, à Alexandrie, qui étant pour la plupart des Juifs convertis, avaient conservé des pratiques de la loi de Moïse. Cependant Josèphe parle d'autres Esséniens, qui vivaient en Palestine. Le nom et les pratiques des Esséniens les confondent presque avec les *Thérapeutes*, qui vivaient aussi en Égypte, à la même époque, et qui comme eux se donnaient pour médecins des âmes.

PHILOSOPHIE DES CHALDÉENS

11. Documents. — Il nous faut parler ici des Chaldéens et de leurs doctrines touchant Dieu et l'âme, parce qu'ils ont eu dans toute l'antiquité une grande renommée de sagesse et qu'on les a considérés longtemps comme les instituteurs des Grecs et les vrais auteurs de la plupart de leurs systèmes. Quoi qu'il en soit de cette opinion, nous ne trouvons plus rien de leur philosophie, vraie ou prétendue.

Il ne nous reste de leurs livres originaux que quelques fragments de Bérose, auteur que l'on ne connait pas authentiquement. C'est une cosmogonie fantastique qui n'offre pas même une conception philosophique, et qui n'est évidemment qu'une tradition altérée ; peut-être le texte même en a été dénaturé avant qu'il fût traduit en grec, et la traduction elle-même pourrait bien n'en être pas exacte. Il suffit de connaître un peu les langues sémitiques pour comprendre avec quelle facilité un étranger pouvait, en voulant les traduire, y faire des contre-sens. Et quand une traduction dont nous n'avons plus l'original ne nous offre qu'un amas confus de conceptions ridicules, il est bien permis de supposer que l'une des trois altérations dont nous parlons s'est produite, sinon toutes les trois.

En dehors de ce reste, nous avons quelques mots sur les Chaldéens dans Strabon, Diodore de Sicile, Sextus Empiricus, Cicéron, Lactance et Eusèbe. Enfin il en est parlé plusieurs fois dans la Bible, notamment dans le livre de Daniel.

12. Les Chaldéens et leur doctrine. — En comparant tous ces témoignages, nous sommes obligé de conclure que les Chaldéens passèrent d'un culte un peu trop imagé du vrai Dieu au culte des idoles, et revinrent plus tard à quelque chose de moins grossiers. Les prêtres, ou Chaldéens proprement dits, y formaient une caste à part, au milieu des Perses, ou même parmi les Assyriens; ils avaient leur territoire et leurs lois. Ils se donnaient pour mission de prédire l'avenir et d'interpréter les songes, et pour cela ils pratiquaient l'astrologie. C'est en poursuivant ce but qu'ils acquirent certaines connaissances astronomiques. Mais, encore une fois, tout cela, uni aux détails assez nombreux que nous ont transmis les Grecs sur leur système et leur culte, ne nous donne rien de leur doctrine philosophique.

13. Fragments de Bérose. — D'après ces fragments, que l'on trouve dans la *Bibliothèque grecque* de Fabricius, l'origine des hommes est ainsi expliquée aux Chaldéens, par un être mystérieux, moitié homme, moitié poisson :

Au commencement était le *chaos*, mélange d'eau et de ténèbres, et dans ce mélange, des hommes et des animaux encore inachevés et des êtres monstrueux. Une femme nommée Omorka (la mère du firmament) dominait le chaos. Mais Bel ou Belus, le grand Dieu, divise le corps de la femme et en forme le ciel et la terre. Il introduit la lumière là où étaient les ténèbres et les monstres périssent, pour être remplacés par les hommes, que Bel fait naître du limon de la terre en y mêlant son sang.

14. Oracles Chaldéens. — Outre ces documents que nous avons cités, on trouve encore chez les philosophes alexandrins Philon, Porphyre, Jamblique et même dans Clément d'Alexandrie, quelques doctrines présentées sous le titre d'*Oracles chaldéens*, où il nous est donné toute une hiérarchie d'anges et de démons, invoqués comme des dieux secondaires. On y distingue l'intelligence première, les substances intelligibles et les substances intellectuelles; la lumière génératrice et la lumière engendrée et enfin l'âme du monde. Mais tout cela ressemble trop aux théories des néoplatoniciens, et manque complètement d'authenticité.

15. Philosophes Chaldéens. — Les anciens ont encore cité quel-

ques noms. Et d'abord plusieurs Zoroastre, qui ne seraient pas le Zoroastre des Perses, puis Zoromastre, Teucer et Azonace. Enfin Bérose lui-même n'est pas un personnage unique et authentique.

Voilà ce que nous savons de la philosophie des Chaldéens.

PHILOSOPHIE DES PHÉNICIENS

16. DOCUMENTS. — Les monuments de la philosophie des Phéniciens ne sont pas beaucoup plus nombreux que ceux des Chaldéens, et ils ne sont en outre ni plus authentiques, ni moins altérés. D'ailleurs ce qu'on y trouve n'est pas plus philosophique.

Ici, outre les inscriptions, les monnaies et les monuments du culte, ainsi que ce qu'en dit la Bible, nous avons : 1° quelques fragments de Damascius, qui cite Eudème de Rhodes, lequel cite à son tour Moschus, auteur phénicien; 2° d'autres fragments qu'Eusèbe cite d'un ouvrage de Philon de Byblos, lequel serait la traduction en grec d'une *Histoire phénicienne*, écrite en phénicien, par Sanchoniaton, qui n'est pas autrement connu, et dans le nom duquel, certains critiques ont voulu ne voir que le nom même de l'ouvrage, car, selon M. Movers, le nom phénicien, *San-chon-iath*, signifie : *la loi entière de Chon*. Mais évidemment, la signification d'un nom propre n'est pas suffisante, pour nier l'homme qui le porte.

On s'est peu inquiété du fragment de Moschus; mais peu d'ouvrages ont eu une fortune aussi étrange que celui de Sanchoniaton. C'est surtout au XVIII° siècle, que le fragment d'Eusèbe qui nous le fait connaître commença à être remarqué. On s'empressa d'y voir une œuvre très-ancienne, ou fit Sanchoniaton contemporain de Sémiramis, et la philosophie anti-catholique se réjouit tout haut de posséder un écrit plus ancien que celui de Moïse, pour pouvoir le lui opposer. Mais, d'un autre côté, on mit en doute l'authenticité de l'ouvrage, on accusa Philon d'avoir lui-même inventé son auteur; d'autres ne virent dans ce fragment qu'une mauvaise traduction du texte hébreu de la Bible; quelques-uns même dirent qu'Eusèbe avait inventé sa citation. Enfin en 1835, on annonça que l'on venait de découvrir dans un couvent d'Oporto en Portugal, un manuscrit complet de l'ouvrage de Philon de Byblos. Ce manuscrit fut publié, traduit en latin, par un M. Wagenfeld, à Brême en 1837. Mais la fraude fut bientôt reconnue.

Donc les seuls documents qui nous restent sur les Phéniciens sont ceux que nous avons cités.

17. FRAGMENTS DE MOSCHUS, (cité par Eudème, disciple d'Aristote.) — Si l'on en croit Eudème, les prêtres de Sidon enseignaient qu'il y a trois principes des choses: Bel, qu'il appelle Χρόνος, ou le Temps; puis le Désir, Πόθος; et enfin une sorte de chaos, ou de brouillard, germe du feu et de l'eau, Ὀμίχλη. Le Désir et le Chaos, en s'unissant, engendrent l'œuf du monde. Puis cet œuf se sépare en deux parties, qui sont le ciel et la terre.

Il cite ensuite Moschus, selon lequel le premier principe est *l'air*. L'air engendre *Olam*, qui paraît être le temps ou la durée du monde, αἰών, ou le monde à venir, ou encore, selon Damascius, le modèle ou l'ébauche du monde, c'est le fils d'Olam qui ouvre l'œuf du monde, d'où sortent le ciel et la terre. Moschus ajoute que les autres font intervenir les *Vents* entre l'air et *Olam*, mais que pour lui il suit un autre ordre.

18. FRAGMENT DE SANCHONIATON OU DE PHILON, cité par Eusèbe (*Prepar. Evang.* liv. I, chap. 7). — « Sanchoniaton établit pour principe de toutes choses un air ténébreux ou plutôt le *souffle* d'un air ténébreux et en outre un *chaos* confus et obscur.... « Lorsque l'esprit devint amoureux de ses propres principes, il s'opéra une conjonction qui s'appela le *Désir*..... De la sortit *Mot* (la mère)..... *Limon*... d'où provinrent toutes les semences de la création.

« Il y avait certains animaux privés de sentiment, d'où naquirent des animaux intelligents appelés *sophasémis* (SCHPHT HSCHMIM) c'est-à-dire contemplateurs du ciel, et présentant la forme d'un œuf.

« Alors brillèrent Mot, le soleil, la lune, les astres et les grandes planètes.

L'air, la mer et la terre ayant jeté une vive clarté à cause de leur conflagration, il en résulta des vents, des nuages et de grandes chutes des eaux célestes. Après que ces éléments furent séparés et chassés de leur place par l'ardeur du soleil, ils se rejoignirent tous dans l'air, s'entrechoquèrent et produisirent les tonnerres et les éclairs. Au bruit des tonnerres, les animaux intelligents..... se réveillèrent..... et mâles ou femelles commencèrent à se mouvoir sur la terre et dans la mer.

. . . .

« Du vent Colpia et de sa femme Baou (la nuit) naquirent Aïon et Protogonos, qui étaient des hommes mortels ainsi appelés. Aïon ([1]) trouva la manière de se nourrir du fruit des arbres. Les enfants nés de ces deux êtres furent appelés Génos et Généa, et habitèrent la Phénicie.

« Ils regardaient le soleil comme un dieu et l'appelaient Bulsamen (BAAL SCHMIM), ce qui signifie maître du ciel.

« De Génos et de Protogonos naquirent Phos, Pyr et Phlox. Ils engendrèrent des fils doués d'une taille extraordinaire.

Ici Philon donne une multitude de noms qui sont tous grecs, ou qui sont des noms de pays. Puis il reprend :

« Dans ce temps là naquirent un certain Elioun, appelé Hypsistos (le très haut) et une femme nommée Béruth, Ils demeuraient dans les environs de Byblos. Ils eurent pour fils Epigéios et Ouranos.... Les mêmes époux donnèrent à Ouranos une sœur qui fut appelée Guê..... Leur père obtint l'apothéose et ses enfants lui offrirent des sacrifices.

([1]) Ce mot veut dire serpent.

« Ouranos... tâchait de détruire ses enfants. Guê s'opposait à ses projets en rassemblant de nombreux alliés.

« Cronos (fils d'Ouranos et de Guê) combattit son père pour venger sa mère ; il chassa Ouranos du trône et reçut la royauté. »

Viennent ensuite plusieurs autres générations de dieux descendant de Cronos, et l'histoire de l'attaque de Cronos contre son père Ouranos. Puis on trouve Taaut figurant les dieux pour inventer l'écriture, enfin le reproche fait aux Grecs d'avoir falsifié tous ces récits par des fables et des fictions poétiques.

Il n'est pas possible de lire cette cosmogonie, sans se rappeler le premier chapitre de la Genèse. Ce chaos qui est appelé *baou*, rappelle bien le *tohou ou bohou* du texte hébreu : *Terra autem erat inanis et vacua*. Ce souffle, qui est le second principe, semble nous répéter : *Et spiritus Dei ferebatur super aquas*. Le désir, qui vient ensuite, se retrouve dans le mot hébreu que la Vulgate traduit par *ferebatur*, et que tous les commentateurs traduisent par *incubabat*; à moins que le mot πόθος n'ait été mis pour φωτός génitif de φῶς, la lumière, auquel cas on le trouverait dans le verset suivant. Un peu plus loin viennent le soleil, la lune et les étoiles, puis la vapeur qui s'élève de la terre; on voit ensuite l'homme, mâle et femelle. Tout cela est dans la Genèse, dans cet ordre, et pour compléter la ressemblance, le serpent enseigne aux premiers hommes à se nourrir de fruits. On serait vraiment tenté de dire, avec l'abbé Guérin du Rocher, que cette cosmogonie n'est pas seulement une altération de la tradition primitive, mais bien une traduction faite sur l'hébreu par un incapable.

Quoi qu'il en soit, ce n'est pas là une conception philosophique, et les générations de divinités dont les noms grecs sont si matériels, sont évidemment ce que Philon a ajouté en le puisant dans les doctrines néoplatoniciennes ; et la vraie philosophie phénicienne nous reste parfaitement inconnue.

Cependant l'importance de leur commerce et de leurs colonies et la tradition constante des Grecs qui les reconnaissaient pour leurs maîtres nous disent assez que les Phéniciens exercèrent une grande influence sur les nations voisines et sur la philosophie grecque.

PHILOSOPHIE DES ÉGYPTIENS

19. DOCUMENTS. — Ici les documents anciens sont bien plus nombreux que pour les peuples que nous avons précédemment étudiés; mais ils sont loin d'offrir toutes les garanties que l'on peut désirer, pour affirmer avec certitude l'histoire ou les doctrines de ce peuple.

Nous avons d'abord l'histoire de l'Egypte, écrite par *Hérodote;* elle remplit le deuxième livre de l'ouvrage de cet auteur. Mais le récit en est si décousu et si plein de naïvetés déplacées que l'on voit facilement la fraude des prêtres égyptiens, qu'Hérodote écouta avec trop de bonhommie.

Viennent ensuite quelques fragments de la Chronique de *Manéthon*, cités par Eusèbe, ainsi que des fragments de la *Vieille Chronique*, cités par Georges le Syncelle. Mais on n'y trouve guère que des noms de rois, dont la liste ne s'accorde pas avec celle d'Hérodote, ni avec celle de Diodore de Sicile, qui a écrit aussi l'*Histoire de l'Egypte*.

On trouve épars dans beaucoup d'autres auteurs grecs quelques mots sur les Egyptiens.

Enfin la découverte du sens des hiéroglyphes a ouvert dès le commencement de ce siècle une source de documents; car les monuments et les tombeaux de l'Egypte ancienne sont chargés d'inscriptions. On a pu y prendre les noms et les attributs d'une multitude de divinités, ainsi que des rois, et surtout une doctrine morale, tirée du *Rituel funéraire*, découvert par Champollion le jeune.

Au fond, tous ces matériaux sont insuffisants; mais ils ont fourni matière à des travaux nombreux, et plus d'une fois, avant et après la découverte de l'écriture hiéroglyphique, on a essayé de faire concorder ensemble les diverses listes de rois que nous ont transmises les historiens grecs, ou les noms qui se trouvent inscrits sur les monuments.

Nous avons lu et comparé presque tous ces travaux, et notre conviction est que toutes leurs données sont encore incertaines. Les auteurs ne s'accordent pas sur le classement des dynasties, moins encore sur les dates qu'ils leur assignent, moins encore sur la théogonie et la cosmogonie des Egyptiens : les deux seuls points qui nous intéressent ici.

Les noms des dieux de l'Egypte sont bien les mêmes chez tous les auteurs, sauf la différence du nombre; mais le classement n'est pas le même; plusieurs auteurs appliquent deux noms au même sujet, et d'autres distinguent deux divinités adorées sous le même nom; enfin dans la Chronique de Manéthon, aussi bien que dans la Vieille Chronique, les noms des mêmes dieux sont appliqués à des rois de l'Egypte dont les premiers sont appelés dieux ou demi-dieux, et les autres sont considérés comme des hommes. Les premiers ont régné pendant des siècles, les autres plus ou moins longtemps, mais tous cependant n'ont eu qu'un règne limité.

20. Théogonie des Egyptiens. — Parmi cette foule de divinités qu'adoraient les Egyptiens, celle que le plus grand nombre des auteurs s'accordent à placer en premier lieu c'est *Amoun* ou *Ammon*, le caché, l'inconnu. Si sous cette notion de caché, il faut voir, avec quelques-uns, l'infini, le dieu Amoun est le seul reste de l'idée du vrai Dieu, chez les Egyptiens; car nous verrons bientôt, à n'en pas douter que les autres sont des hommes. Mais il nous paraît beaucoup plus probable qu'Amoun était simplement le chaos, qui a précédé l'organisation de l'univers. Si nous en croyons Diodore de Sicile, les Egyptiens disaient que les ténèbres sont l'origine de toutes choses.

Phtha (le feu), que les Grecs ont traduit par Héphaïstos (Vulcain), est placé en première ligne par la *Vieille Chronique* et par celle de *Manéthon*. « Le temps d'Héphaïstos, dit la Vieille Chronique, ne se détermine pas, à cause de son éclat de jour et de nuit. » Et Manéthon dit :

« Héphaïstos régna 9000 ans : c'est à lui qu'est due la découverte et l'invention du feu. »

Hélios (le soleil) vient ensuite et est donné comme le fils d'Héphaïstos. Il régna pendant 30,000 ans selon l'un, pendant mille ans selon l'autre.

Ses successeurs sont Chronos (le temps) et Agathodémon (le bon génie).

C'est alors qu'apparaissent Osiris avec Isis, sa sœur et sa femme, qui, dit-on, ne sont pas nés. Isis est aussi appelée *Mouth* (la mère). Mais Typhon, considéré par les Egyptiens comme le génie du mal, et aussi comme frère d'Osiris, attaque celui-ci le détrône et le tue.

Alors naît Horus, fils d'Osiris et Isis, qui n'a d'autre souci que de venger son père.

Neuf autres demi-dieux règnent après lui. Les historiens ne sont pas d'accord sur leurs noms. La Vieille Chronique les ignore; Manéthon y fait entrer les noms de Mars, Hercule, Apollon et Jupiter : ce qui montre bien qu'ils ne sont pas les vrais.

Ensuite commence le règne des hommes dont le premier est Ménès.

De tous ces noms d'hommes ou d'éléments, présentés d'abord comme des rois, dieux ou demi-dieux, les auteurs grecs ont fait tout autant de dieux des Egyptiens. Et il paraît bien que les Egyptiens en firent de même, car chacun de ces personnages a ses petites figures qui le représentent.

Dans les monuments égyptiens, le soleil est appelé Ra, sans article, ou Phra, avec l'article : on le confond aussi avec Osiris; Isis ou Mouth, se confond avec la lune. Dès lors Osiris est devenu le principe lumineux, le principe actif, le principe du bien et Isis est devenu le principe du mal.

On a aussi confondu Osiris avec Amoun, considéré comme le dieu caché moteur du monde.

Dans ce système, Amoun ou Osiris a pour fils Kneph, qui est son esprit; c'est lui qui est la lumière, le principe actif, et il fait sortir de sa bouche un œuf qui est Phtha, considéré comme l'âme. Mais dans les documents les plus anciens, Kneph n'est autre chose que l'œuf lui-même, produit par Amoun (le chaos), et Ptha est représenté sortant de l'œuf, les jambes encore repliées sur la poitrine.

Isis est aussi appelée *Athor* (maison de Horus) et dès lors on la considère comme la matière qui recèle le monde, appelé Horus.

Enfin Thot, que les Grecs ont traduit par Hermès (Mercure) est une sorte d'envoyé du grand Dieu pour instruire les hommes. Son fils Tat vient plus tard restaurer la religion qui s'était perdue.

21. COSMOGONIE. — Ainsi d'après les Egyptiens, le monde a commencé par être ténèbres et chaos. Aprè de longs siècles le feu s'est mon-

tré, qui a commencé à donner à ce chaos une certaine forme. Le soleil n'est venu qu'après et avec lui le Temps, qui n'est déterminé que par la marche du Soleil. Alors par l'œuvre du bon génie ont paru Osiris et Isis, le premier homme et la première femme.

22. Observation. — On s'est évertué, surtout dans ces derniers temps, à trouver sous les noms de ces prétendues divinités des conceptions métaphysiques, qui en seraient la véritable origine. Quant à nous, il nous est impossible d'y voir autre chose qu'une altération ridicule de la tradition, produite par les grossières images à l'aide desquelles ces hommes concevaient Dieu. Les chroniques anciennes, certainement plus authentiques que tous les systèmes modernes, ne laissent pas de doute sur l'origine de toutes ces divinités. Les dieux sont les éléments eux-mêmes, ou plutôt les transformations successives du monde, et les demi-dieux sont les patriarches antédiluviens, que leur excessive longévité a fait considérer chez tous les peuples comme des êtres d'un ordre supérieur à l'homme. En effet, quand on lit la *Vieille Chronique,* ou la Chronique de *Manéthon,* on croit lire une traduction défigurée du premier chapitre de la Genèse.

C'est une tendance trop générale aujourd'hui d'expliquer le polythéisme des anciens par la personnification des idées métaphysiques ou morales. Il semble que l'on veuille par là donner plus de créance au système blasphématoire qui fait du vrai Dieu la *catégorie de l'idéal.* Mais l'histoire proteste contre cette interprétation. Le polythéisme n'est pas le fruit des conceptions de l'homme divinisant ses qualités ou ses défauts : il a été d'abord une transformation grossière de la tradition primitive, et ce n'est que beaucoup plus tard que quelques divinités nouvelles se sont ajoutées aux autres, par la déification du crime ou de la vertu. Et si chez plusieurs peuples on a fini par considérer réellement le chaos, la matière, le soleil, la pensée, l'activité, le bien et le mal, comme des dieux, ce n'est pas que l'on ait divinisé ces choses, mais bien parce qu'on a par ignorance donné à Dieu des attributs qu'il n'a pas. C'est ainsi que nous voyons encore des hommes se représenter Dieu comme l'espace sans borne, ou même dire que Dieu, c'est le soleil, parce que c'est lui qui fait mûrir les moissons.

23. Morale. — Nous trouvons dans les monuments hiéroglyphiques et dans les écrits des historiens grecs, des données suffisantes pour établir que les Egyptiens avaient une doctrine morale assez pure.

A la mort d'un roi, un tribunal s'assemblait pour juger tous ses actes, et, selon que sa conduite avait été bonne ou mauvaise, on lui accordait ou on lui refusait les honneurs de la sépulture.

Nous trouvons gravées ou peintes sur les tombeaux les questions que le grand juge adressait à l'âme après sa mort, et les réponses qui y sont faites par ceux qui accompagnent l'âme, nous montrent que les Egyptiens condamnaient l'injustice, le mensonge, la luxure et même les paroles inutiles.

24. Immortalité de l'ame, Métempsychose. — Il ressort aussi des mêmes documents que les Egyptiens croyaient l'âme immortelle, mais que le système des punitions après la mort consistait dans le passage de l'âme, d'un corps dans un autre, jusqu'à son entière purification.

OBSERVATION. — Voilà ce que les histoires et les monuments nous transmettent sur la religion et sur la philosophie des Egyptiens. Ces faibles restes ne concordent nullement avec la haute opinion que l'on a toujours eue de la science de ce peuple. Les Grecs les tenaient pour leurs maîtres ; leurs législateurs allaient s'y instruire ; leurs plus grands philosophes comme leurs historiens se sont fait un devoir d'aller chercher des lumières en Egypte. Manéthon porte à 36,525 les livres hermétiques, source de la science des prêtres, et ces livres traitaient de toutes les sciences aussi bien que de la religion.

Il faut nécessairement reconnaître que l'art grec s'est inspiré de l'art égyptien, qui d'ailleurs est resté assez stationnaire, et n'a jamais atteint une grande perfection. Ils ont probablement, de la même manière, fourni aux Grecs les premiers éléments des sciences et de l'industrie ; mais les monuments attestent que chez eux ces deux ordres de connaissances ne furent jamais très-avancées. Clément d'Alexandrie réduit à 42 le nombre des livres hermétiques, et M. Franck trouve que c'est beaucoup, vu l'imperfection de leur écriture. Un bien plus grand nombre ne nous étonnerait pas, et nous admettrions volontiers que plusieurs de ces ouvrages étaient perdus au temps de Clément d'Alexandrie.

Nous sommes convaincu que les prêtres Egyptiens avaient une doctrine cachée, comme l'attestent tous les auteurs grecs ; mais cette doctrine n'est pas celle qui nous est parvenue. Ce que nous avons des livres hermétiques est une invention évidente des Alexandrins. Il ne nous reste donc rien de leur philosophie. Car il ne nous est pas possible d'appeler philosophie quelques lambeaux de tradition défigurés par de grossières images, et les conceptions métaphysiques que l'on veut bien voir sous ces figures sont les conceptions des auteurs modernes qui cherchent à les expliquer.

PHILOSOPHIE DES PERSES

25. DOCUMENTS. — Jusqu'au XVIII° siècle, on n'avait sur les Perses que quelques passages épars dans les auteurs grecs, et principalement dans Hérodote, Diogène Laërce et Plutarque. En 1700, l'anglais Hyde fit paraître une histoire des Perses en latin, recueillie dans les ouvrages des Arabes ; mais il manque de critique. Enfin en 1771, Anquetil Duperron publia sa traduction française du *Zend-Avesta* (la Parole de vie), collection de six ouvrages : l'*Yzeschné* ou *Yaçna*, le *Vispered*, le *Vendidad* (qui s'appellent ensemble le *Vendidad-Sadé*), les *Yescht-Sadé*, le *Sirozi* et le *Boun-Dehesch*. Anquetil avait recueilli tous ces ouvrages dans l'Inde, d'où il les rapporta écrits en zend avec une traduction en *pehlvi*.

On a aussi, avec une traduction anglaise, le *Desatir* (Parole du Seigneur) et le *Dabistan* (Ecole des mœurs). Ces ouvrages sont beaucoup plus récents. Le dernier est du XVII° siècle, mais il paraît le fruit de recherches consciencieuses, sur cinq des religions de l'Inde : les Mages, les Indiens, les Juifs, les

Chrétiens, les Musulmans et les Philosophes. Le premier se donne pour très ancien, mais il paraît être en partie du VIIIe, en partie du XIIIe siècle de notre ère. C'est l'opinion de M. Silvestre de Sacy.

26. DOCTRINE DU ZEND-AVESTA. — Les doctrines que contiennent ces livres sont plutôt une religion qu'une philosophie, et d'ailleurs l'origine traditionnelle est plus frappante encore que pour les doctrines des peuples dont nous venons de parler.

Cette religion, qui a régné en Perse pendant de longs siècles et que l'Islanisme a fait disparaître par le sabre, s'est réfugiée avec un petit nombre de fidèles dans l'Hindoustan. Elle est attribuée à Zoroastre.

Zoroastre (Zérétho-Schtrô, astre brillant) vivait probablement du temps de Darius, fils d'Hystaspe. Les historiens grecs lui donnent Pythagore pour disciple.

27. THÉOGONIE. — Le premier principe est *Zervane-Akéréné*, le temps sans borne, ou l'espace sans limite.

Il engendre par émanation : *Ormuzd (Ahurâ-Mazdaô)*, le principe du bien, et *Ahrimane*, la limite du bien, le principe du mal.

Pour se faire aider dans l'exercice de sa puissance, Ormuzd engendre les bons génies : les *Amschaspands* et les *Izeds* ; mais Ahrimane lui oppose les mauvais génies : les *Dews*, les *Daroudjs* et les *Darwands*.

Ormuzd seul est vraiment Dieu ; seul, il est adoré ; seul il est le créateur de tout. Ahrimane n'est qu'une opposition qui finira.

Le règne de l'un est de l'autre est divisé en 4 périodes de 3000 ans chacune. 1° Ormuzd seul, 2° lutte de l'un contre l'autre, 3° victoire temporaire d'Ahrimane, 4° victoire définitive d'Ormuzd, après laquelle Ahrimane lui-même le priera et lui offrira des sacrifices.

C'est du nom d'Ormuzd (Ahurâ-Mazdaô) que la religion de Zoroastre s'appelle le *Mazdasïsme*.

28. COSMOGONIE. — Ormuzd engendre d'abord sa parole (*Honover*) qui est tout à la fois âme et corps. Son âme est la réunion de toutes les idées ; son cœur en est la réalisation. Ainsi le monde n'est que la réalisation sensible de la parole d'Ormuzd.

D'ailleurs Ormuzd donne à toutes choses une âme (*ferouër*) qui est comme l'essence, la *forme substantielle* de cette chose ; mois Ahrimane et ses mauvais génies n'en ont pas.

Ormuzd a employé six époques à produire le monde. On lit dans le Boun-Dehesch : « En quarante-cinq jours, moi Ormuzd, aidé des Amschaspands, j'ai bien travaillé : j'ai *donné* le ciel. En soixante jours j'ai *donné* l'eau ; en soixante-quinze, la terre ; en trente, les arbres ; en vingt, les animaux en soixante-quinze, l'homme ». Ici le souvenir traditionnel de la création, telle qu'elle nous est racontée par Moïse, est évident.

Le premier homme fut *Kaïomors*. Ahrimane le tua ; mais après sa mort naquirent de lui *Meschia* et *Meschiané*.

« Ormuzd les avait placés tous deux dans le Paradis terrestre (qui est la Perse). Là ils vivaient heureux ; mais Ahrimane prit la forme d'une couleuvre et parvint à les tromper. Puis il leur fit manger des fruits. Une autre fois ils burent du lait. Enfin ils allèrent à la chasse et mangèrent la chair des animaux qu'ils avaient tués, et se firent des habits de leur peau. Puis ils découvrirent le fer dont ils usèrent mal. Leurs descendants imitèrent leur conduite criminelle, jusqu'au jour où Zorastre vint leur annoncer la vraie foi. » Que veut-on de plus clair, pour établir que la religion dite de Zoroastre est un souvenir de la tradition vraie, et non une invention humaine ?

29. PSYCOLOGIE. — Le *ferouër* ou âme de l'homme comprend : le *djan*, principe vital, l'*akko*, conscience morale, et enfin l'âme proprement dite, qui a trois facultés: *boé*, l'intelligence, *rouan*, le jugement, et *ferouër*, la substance première de l'âme. Le *djan* n'est qu'une vapeur périssable; l'*akko* retourne au ciel; l'âme seule est responsable de ses actes et est immortelle.

30. MORALE. — Toute la morale de Zoroastre se résume dans la lutte contre le mal. Mais pour atteindre ce but il recommande la force du corps, et défend expressément le jeûne.

Le mari est le chef de la famille et ne doit avoir qu'une seule femme.

Le gouvernement est monarchique. Il n'y a pas de castes; mais il y a une hiérarchie de fonctions. Le roi, les juges et les prêtres.

A la mort, l'âme est jugée par Mithra, le premier des Izeds, celui qui préside au ciel étoilé. Les âmes sont récompensées ou punies. Mais à la fin elles reprendront leurs corps. Alors il y aura pour les méchants une purification par le feu, qui durera trois jours, et tous iront jouir ensemble du bonheur et du triomphe d'Ormuzd.

31. OBSERVATION. — Nous avons suivi, pour cette exposition, le *Dictionnaire des sciences philosophiques* de M. Frank, parce que, venu le dernier, il nous a paru devoir être le plus complet et le plus exact; mais nous trouvons dans d'autres auteurs des données quelquefois bien différentes Toutefois, malgré cette différence de détails, le fond reste le même et on y voit toujours, non pas une philosophie, mais une religion qui se donne pour révélée et qui est en effet un reste défiguré de la révélation primitive.

On serait bien aise de connaître aussi les doctrines religieuses qui précédèrent le temps de Zoroastre, chez les Perses ; mais nous n'avons que peu de documents à ce sujet. Toute l'antiquité a représenté les Perses comme des adorateurs du feu, et les mages comme des hommes livrés au *sabéisme*, ou culte des astres. Y a-t-il eu en effet une réforme de la religion, ou bien ce culte du feu était-il seulement une forme extérieure de l'adoration du vrai Dieu, appelé Ormuzd, et partout représenté comme la lumière pure ? Faut-il admettre, même en partie, les légendes que les mages racontaient sur Zoroastre ? En les lisant, on se rappelle involontairement Daniel et ses relations avec les mages et avec le roi Darius ; au point que l'on se demande si Zoroastre ne serait pas Daniel lui-même, qui, introduit dans le collège des mages par Darius, serait parvenu à leur inculquer des notions moins grossières sur la Divinité et leur rappeler la vraie origine du monde, qu'ils auraient de nouveau défigurée en l'écrivant En effet les livres du Zend-Avesta ne sont pas d'une seule main ; l'existence de Zoroastre est incertaine ; sa mission, si elle s'est effectuée, est trop orthodoxe, réduite à son véritable sens, pour être purement humaine, et, prise dans son esprit, non dans la lettre, elle est digne d'un prophète du vrai Dieu.

Quelque solution que l'on donne à cette question, que nous soulevons sans chercher à la résoudre, il n'en reste pas moins établi que la philosophie n'exista pas chez les Perses, ou que, si elle exista, elle ne fut pas autre que cette philosophie naturelle, cet exercice spontané de la raison que nous avons reconnu chez les Hébreux, et qu'elle ne dut pas son origine à la réflexion seule comme on l'entend aujourd'hui, mais bien à un fonds de vérités révélées qui lui servait de base.

PHILOSOPHIE DES INDIENS

32. DOCUMENTS. — Les livres originaux, sources premières de la philosophie, sont d'abord les livres considérés comme sacrés, les commentaires de ces livres, les poèmes religieux et enfin les livres des chefs des grandes écoles, avec leurs innombrables commentaires.

Les livres sacrés des Indiens sont les VÉDAS, qui sont censés dictés par Dieu et rédigés en sanscrit par un certain *Vyasa*. Ils sont au nombre de quatre :
1º Le *Rig-Véda*, qui contient des hymnes en vers.
2º Le *Yadjour-Véda*, qui contient des prières en prose.
3º Le *Samma-Véda*, hymnes destinées à être chantées.
4º L'*Atharvan*, qui renferme des formules liturgiques.

Le livre qui paraît le plus ancien après les Védas, et qui en est le manuel le plus orthodoxe, est le *Manava-Dharma-Sastra*, recueil des lois de Manou.

Viennent ensuite les grands poèmes : 1º le *Ramayana*, qui chante les exploits de Rama, attribué à Valmiki. 2º le *Mahabharata*, attribué à Vyasa, qui chante les guerres des Kourous et des Pandous. Le *Bhagavad-Gîta*, n'est qu'un épisode du Mahabharata, et cependant il compte à lui seul quarante mille vers.

Enfin les *Pouranas*, que l'on attribue certainement à tort à Vyasa, se donnent pour très-anciens ; mais la multitude de fables qu'ils ajoutent aux Védas, et sous lesquelles la religion primitive disparaît, montre assez qu'ils ne sont que des commentaires très postérieurs, et qui sont aux Védas ce que le Talmud est à la Bible. On en compte dix-huit.

Les systèmes philosophiques des anciens Indiens ne nous sont pas encore connus par des écrits originaux. Nous en sommes réduits aux travaux faits par des Européens, qui ont étudié leurs doctrines sur les lieux mêmes.

C'est d'abord l'*Aperçu* sur l'histoire et la philosophie de l'Inde, par M. Vard, en 1818 ; il a recueilli ses renseignements de la bouche même des *pandits*, mais il ne connaissait pas le sanscrit.

Vinrent ensuite, de 1823 à 1827, les mémoires de M. Colebrooke, qui sont restés longtemps le travail le plus complet sur cette matière, quoiqu'ils laissent encore beaucoup à désirer.

Dans ces dernières années, des travaux assez nombreux ont paru, qui ont mieux fait connaître les livres indiens ; mais ils n'ont changé en rien ce que nous savions de leur philosophie. Il faut citer surtout les travaux des membres de la Société asiatique, malheureusement déparés le plus souvent par des préoccupations antichrétiennes.

33. DOCTRINES DES VÉDAS. — Ne pouvant distinguer avec certitude les théories des Védas d'avec celles de leurs commentaires, nous donnons ici, sous ce titre, tout ce qui est attribué aux Védas, par les livres qui nous les font connaître.

BRAHM est l'être absolu: tout vient de lui et tout y retourne. Il est dans un long repos, une sorte de sommeil, où il ne voit rien, n'entend rien que lui-même. Sortant enfin de son inaction, il se montre et devient BRAHMA le Créateur. Il est aussi VISCHNOU, en tant qu'il conserve ce qu'il a créé, et enfin, il est SIVA, en tant qu'il détruit ce qu'il a fait. Ces trois manifestations de Brahm, sont trois personnalités distinctes, dont les volontés sont en opposition, et qui même désobéissent à Brahm. C'est la *Trimourti* ou trinité des Indiens. Chacun de ces personnages a son correspondant féminin. Auprès de Brahm, appelé aussi Bhagavan, on voit Bhavani, la déesse-vierge; Brahma s'unit à sa sœur *Saravasti*; Vischnou épouse d'abord *Lackimi*, puis deux femmes terrestres; Siva épouse *Bhavani*.

BRAHMA prend conscience de sa puissance, et voit dans Brahm les idées de toutes choses. Alors, après un repos de plusieurs myriades d'années, il commence à créer et produit d'abord les *sept sphères étoilées*. Il est renfermé dans un *œuf*, d'où il sort en le séparant en deux parties, qui deviennent le *ciel* et la *terre;* il crée ensuite le *soleil* et la *lune* et les *enfers*. De son esprit sortent alors *dix esprits*, pour l'aider dans son travail, puis les *Dévas* (bons génies) et les *Daetyas*, mauvais génies. Avec leur concours il crée les *astres*, les *plantes* et les *animaux*.

De sa bouche il fait sortir le premier homme qui est *Brahman;* et c'est du corps de celui-ci que naissent tous les hommes. De sa *tête* sortent les *Brahmes* (prêtres); de son bras droit, les *Kchatryas*, ou guerriers; de sa cuisse droite les *Vessias*, marchands et laboureurs; et enfin de son pied, les *Soudras*, artisans. Toutes ces créations se produisent d'abord par un couple mâle et femelle. Ce sont les noms des quatre principales castes de l'Inde. Celle des *parias*, objet de réprobation pour toutes les autres, n'a pas d'origine.

Ce qu'il y a de plus étonnant dans cette sorte de théologie, c'est que Brahma s'enorgueillit de son œuvre et est chassé du ciel par Brahm. Il dut subir quatre incarnations sur la terre: 1° sous la forme du *corbeau poète*, où il fut le plus grand des prophètes; 2° sous le nom de *Valmiki* le paria, il fut brigand, se repentit, et commenta les Védas, qu'il avait conçus et écrits avant sa chute. 3° sous le nom de *Vyasa*, il fut poète, composa les grandes épopées, et rassembla les Védas; 4° sous le nom de *Kalidaça*, où, dans l'âge de fer et des ténèbres, il composa les poëmes dramatiques. A la fin, il fut pardonné et rentra dans le ciel.

Vischnou, comme conservateur, vient au secours des créatures contre les attaques toujours renouvelées de Siva, et pour cela il s'incarne un grand nombre de fois, sous différentes formes. Ce sont les *Avatars* ou incarnations de Vischnou.

Voici le résumé des plus connues.

1° Il poursuit le géant Haïagriva, qui, ayant ravi les Védas, les emporte dans la mer. Vischnou se fait *poisson*, atteint le ravisseur et le tue.

2° Les mauvais génies, pour enlever aux dieux le breuvage d'immortalité, leur déclarent la guerre. Dans cette lutte, le mont Mérou, séjour des dieux, est jeté dans la mer, et la terre est ébranlée sur ses fondements. Vischnou se fait *tortue* et soutient, sur sa carapace, le monde, qui reprend ainsi son équilibre.

3° Le géant Erouniakcha emportait la terre au fond de l'abîme. Vischnou se fait *sanglier*.

4° Le géant Eronya, méprisait les dieux, parce qu'il savait ne devoir mourir ni de jour, ni de nuit. Vischnou se fait *moitié lion, moitié homme* et tue le géant pendant le crépuscule (ni jour, ni nuit).

5° Le géant Maha-Bali avait usurpé la souveraineté des trois mondes (terre, ciel, enfer). Vischnou prend la figure du *brahme-nain Vamana*, et va prier le géant de lui donner trois pas de propriété. Celui-ci accorde facilement une si petite aumône; mais le nain grandit et d'un pas il enjambe la terre; au second il enjambe le ciel; il allait d'un troisième s'emparer aussi de l'enfer, quand Maha-Bali, se déclare vaincu et se soumet. Ce qui fait que Vischnou lui laisse l'empire des enfers.

6° Vischnou se fait guerrier sous le nom de *Paraçou-Rama*, pour humilier la race des Kchatryas.

7° Il s'incarne sous le nom de *Rama Tchandra*, pour combattre Ravana, tyran de Lanka (Ceylan). C'est là qu'il épouse Sita; Ravana la lui ravit, mais Vischnou le tue et reprend son épouse.

8° Il s'incarne sous le nom de *Crichna*, pour donner à la terre des préceptes et des exemples de vertus.

9° Sous la forme de *Bouddha*, il se retire dans le désert avec cinq disciples, et vient avec eux réformer le monde.

10° Il doit revenir à la fin des temps sous la figure du *cheval de feu*, *Kalki*. D'un coup de pied, il broiera la terre, jettera les méchants en enfer et emmènera les bons avec lui dans le ciel. Mais les semences des choses seront conservées pour le renouvellement du monde.

Siva, l'ennemi implacable de Vischnou et de Brahma, s'efforce sans cesse de détruire leur œuvre. C'est lui qui se manifeste dans les mauvais génies et dans les géants que Vischnou doit dompter et détruire par ses incarnations. Il est le dieu de la vengeance. Mais il est aussi le dieu de l'amour charnel, et c'est surtout sous ce titre qu'il est adoré par une secte indienne, sous l'emblème le plus ignoble.

34. OBSERVATION. — Après cette exposition, que nous n'avons faite si longue que pour mieux montrer l'ineptie de la théologie des Indiens nous demandons si l'on peut sérieusement regarder cela comme le fruit d'une conception philosophique s'attribuant une origine divine, et s'il n'est pas évident que c'est plutôt l'origine traditionnelle des vérités cachées sous cette grossière déformation, qui en est la véritable source et qui lui a donné créance.

Toutes ces absurdités ne se trouvent ni dans les Védas, ni dans les lois de Manou. Elles commencent dans les poèmes et s'achèvent dans *l'Ezour-Veda,* les *Pouranas* et les *Oupanishads,* qui sont tous des ouvrages bien postérieurs. Au milieu de tous ces remaniements, la tradition primitive a dû nécessairement s'obscurcir; mais elle n'a pas disparu entièrement. On trouve encore çà et là bien des fragments qui rappellent les faits primitifs tels qu'ils sont racontés dans la Genèse. Ce n'est pas assez sans doute pour suivre le fil des altérations et reconnaître la vraie source de chacune de ces erreurs, mais c'est assez pour affirmer que, comme chez tous les autres peuples, la philosophie indienne a commencé par des connaissance positives attribuées à la révélation. Nous verrons d'ailleurs presque tous les systèmes philosophiques s'appuyer de l'autorité des Védas, alors même qu'ils n'en gardent pas fidèlement les doctrines.

35. DOCTRINES PHILOSOPHIQUES. — On compte dans l'Inde six grands systèmes et un assez grand nombre d'hérésies religieuses. Les systèmes philosophiques, quoique reconnaissant tous l'autorité des Védas, s'en écartent plus ou moins; ce qui a fait appeler les uns *orthodoxes* et les autres *hétérodoxes.* Ce dernier titre conviendrait mieux aux hérésies religieuses, et on pourrait appeler *indépendants* les systèmes intermédiaires. Nous aurions ainsi le tableau suivant, résumant les systèmes les plus connus.

SYSTÈMES
- ORTHODOXES
  - MIMANSA, de *Djaïmini..*
  - VÉDANTA, de *Vyâsa.*
- INDÉPENDANTS
  - SANKHYA, de *Kapila.*
  - YOGA, de *Patandjali.*
  - NYAYA, de *Gotama.*
  - VEISÉSHIKA, de *Canada.*
- HÉTÉRODOXES
  - DJAÏNISME, de *Djaïna.*
  - BOUDDHISME, de *Sakya-Mouni,* surnommé *Bouddha.*

Cet ordre, outre qu'il est basé sur les rapports entre les systèmes et les Védas, nous parait être à peu près l'ordre chronologique. Il est d'ailleurs très difficile de dire dans quel ordre ces systèmes ont paru; car, dans l'état où sont aujourd'hui les livres qui en traitent, ils se citent tous mutuellement et se combattent.

Tous les auteurs de ces ouvrages sont inconnus historiquement. Ils sont l'objet de légendes et passent pour des fils de Brahma ou des incarnations de Vischnou.

36. Système Mimansa. — Deux systèmes portent en même temps ce nom : le *Pourva-Mimansa* (Premier Mimansa) et le *Uttara-Mimansa* Second Mimansa). Ce dernier porte plus proprement le nom de Védanta. C'est donc du Pourva Mimansa seulement que nous parlons sous ce titre.

Le *Pourva-Mimansa* ou *Karma Mimansa* (Doctrine de l'homme) est attribué à Djaïmini, auteur inconnu. C'est un traité des devoirs de l'homme fondé sur l'autorité des Védas. La première partie établit cette autorité et indique les devoirs qu'ils prescrivent. La deuxième est une sorte de casuistique raisonnée, avec un grand appareil de logique.

Toute question à résoudre offre cinq membres : 1° le sujet ou la question, 2° le doute sur la solution à donner, 3° la première solution qui se présente à l'esprit, 4° la vraie réponse, 5° les rapports entre cette solution et celles que l'on a déjà obtenues par les autres questions.

L'autorité est humaine ou surnaturelle, indicative ou impérative, positive ou relative. L'autorité se manifeste par le langage. Le langage est éternel et divin. Il est parfait dans les Védas, qui sont une révélation surnaturelle. Outre les Védas, l'autorité se trouve encore dans la tradition des Sages anciens, dans les institutions et même dans les usages reçus : tout cela suppose une autorité révélée. L'opinion des Sages forme toujours une opinion probable, que l'on peut suivre, pourvu qu'elle ne soit pas opposée au texte sacré.

37. Système Védanta. — Le *Védanta* n'est autre chose que le second Mimansa, le *Brahma-Mimansa* (doctrine sur Dieu) : c'est la théologie dogmatique du brahmanisme. Ce livre est attribué à Vyasa. Mais il est évident qu'il ne peut pas être de l'auteur des Védas ; car il cite tous les autres systèmes que nous avons énumérés. En sorte que, s'il est plus ancien, il a reçu beaucoup d'additions interpolées ; ou bien il n'est qu'une réaction contre les systèmes plus ou moins hétérodoxes.

Il contient : 1° une sorte de théodicée, 2° une réfutation des idées de Dieu opposées aux doctrines des Védas, 3° une théorie de la libération de l'âme, 4° la nature de la méditation et ses effets.

On a cru trouver dans le Védanta le syllogisme à trois propositions, tel qu'il fut présenté par Aristote. Nous en parlerons dans le système Nyaya.

38. Système Sankhia. — Sous ce nom on peut comprendre trois systèmes : le *sankhya* proprement dit, le *yoga* et le *paouranika*. Le but commun est de mener à la béatitude par la science; mais la science y est entendue différemment. La première de ces écoles est métaphysicienne et aboutit à l'athéisme. Elle n'admet ni création ni providence. La deuxième reste théiste, et prend une forme mystique. La troisième est tout à fait mythologique et se perd dans l'idéalisme. C'est la doctrine des *Pouranas*, dont nous n'avons que des extraits.

Le *Sankya* (jugement) est l'œuvre de Kapila, qui paraît avoir ainsi nommé son système, parce que, laissant de côté l'autorité traditionnelle des Védas, il se fie à son propre jugement pour fonder sa philosophie. L'ouvrage est perdu; on n'en a que des résumés. Son caractère le plus saillant est le rationalisme; mais il accepte assez formellement l'autorité des Védas.

Le but à obtenir, c'est la béatitude, ou le repos définitif. Ce calme absolu est le fruit de la science, qui s'acquiert par trois moyens: *la perception, l'induction* et le *témoignage*. On doit y ajouter pourtant *l'instruction*. L'induction se fait par le raisonnement: de la cause à l'effet, de l'effet à la cause, et enfin par tout autre rapport. Le témoignage ou l'affirmation n'est que la tradition des doctrines des Védas, ou des Sages qui se rappellent leurs vies précédentes. — Ces trois moyens de connaissance s'appliquent à vingt-cinq principes des choses: la nature, l'intelligence, les essences des cinq éléments (terre, eau, air, feu, éther), les onze organes des sens, le sens intime, les cinq éléments eux-mêmes et enfin l'âme. Dieu n'y est pas nommé.

39. SYSTÈME YOGA. — Le *Yoga* (union à Dieu), appelé aussi *Sankhya de Patandjali*, du nom de son auteur, est un système mystique. Il admet tous les principes de Kapila; seulement il fait entrer Dieu à la place de l'âme, parmi les principes des choses. L'ouvrage primitif ne nous est pas parvenu. On n'en a que des résumés ou des commentaires.

40. SYSTÈME NYAYA. — Le *Nyaya* (discussion, raisonnement) est attribué à Gotama. C'est une logique, un art de discuter, qui a eu dans l'Inde le même sort que la logique d'Aristote en Europe. Il renferme aussi la discussion des autres systèmes. L'ouvrage s'appuie dès le principe sur un passage des Védas.

Les conditions de l'étude sont : 1° l'*énonciation* par le nom, qui est révélé; 2° la *définition*; 3° l'*investigation*, qui juge de la définition. Ainsi s'établissent les termes fondamentaux qui constituent les *catégories,* savoir : la substance, la qualité, l'action, le commun (genre), le propre (espèce), la relation et la négation. — Vient ensuite la *preuve*, qui s'obtient par la perception, l'induction, l'analogie, et l'affirmation ou le témoignage. — On trouve dans cette logique une sorte de *syllogisme*. Il est composé de cinq membres : la proposition, la raison, l'exemple, l'application, la conclusion. En voici un exemple.

Proposition : Cette montagne brûle.
Raison : Car elle fume.
Exemple : Ce qui fume brûle : témoin le foyer.
Application : Ainsi cette montagne fume.
Conclusion : Donc elle brûle.

C'est cet argument que l'on retrouve dans le Védanta avec trois propositions seulement. Mais il y a loin de là à l'analyse profonde qu'Aristote a faite du raisonnement en traitant du syllogisme.

Le dialectique s'applique d'abord à l'âme, qui est le siège de la connaissance et du sentiment. Elle est distincte du corps et des sens ; elle est différente pour chaque individu, mais elle est infinie. Au dessus des autres âmes est l'âme suprême, siège de la connaissance éternelle. Le corps au contraire, qui est le siège de l'effort, est terrestre, comme l'affirment les Védas.

Enfin, comme pour les autres systèmes, le but pratique de la dialectique est de se délivrer des peines causées par les changements, au moyen de la science sainte.

41. Système Veiséschika. — Le *Veiséschika* (théorie des distinctions) est l'œuvre de Canada. Il admet toute la logique du Nyaya de Gotama, ce qui l'a fait appeler aussi le *Nyaya de Canada;* mais il étudie surtout les phénomènes sensibles. C'est une physique atomistique, qui s'écarte bientôt des Védas.

Aux catégories de Gotama, d'où il rejette la négation, il ajoute la distinction de neuf substances, dont huit sont matérielles, parmi lesquelles il compte le temps et le lieu, et une immatérielle, qui est l'âme. Les corps sont des composés d'atomes, et ces atomes sont simples. Car, dit-il, les corps sont simples ou composés. S'ils sont composés, il sont composés de parties. Ces parties sont simples ou composées. Si elles sont composées, elles sont encore formées de parties, qui en dernière analyse doivent être simples.

Il distingue aussi les qualités sensibles et les qualités intellectuelles, et en trouve vingt-quatre espèces. Il compte cinq espèces de mouvements ou d'actions. Après Canada ses disciples ajoutèrent à sa classification la septième catégorie, qui est la négation.

42. Djaïnisme. — Le Djaïnisme, dont l'auteur est un certain Djaïna, ne nous est connu que par ses adversaires. Aussi nous est-il difficile de le bien juger. Cependant, d'après ce que nous en connaissons, il paraît être une sorte de philosophie religieuse, qui s'est séparée du Brahmanisme. Voici quelques-unes de ces conceptions.

L'univers est formé d'atomes homogènes, dont les agrégats seuls diffèrent. Les êtres sont animés ou inanimés. Parmi les êtres animés, les uns sont éternels, les autres périssables. L'âme, sur la terre, est *liée*: c'est son premier état. Mais le sage, par la science, s'élève au dessus des mutations : alors l'âme est *délivrée*. Enfin, après la mort, l'âme du sage retourne en Dieu : alors elle est *parfaite*. Le moment de la mort est le plus important; car les dernières pensées d'un mourant décident de sa destinée future.

Avec ces données, le Djaïnisme n'est hétérodoxe pour les Indiens, qu'en ce sens qu'il n'admet pas l'autorité des Védas et par suite rejette celle des Brahmes.

43. BOUDDHISME. — *Sakya-Mouni,* surnommé par ses disciples *Bouddha* (savant), passe pour une dernière incarnation de Vichnou, et est considéré comme l'auteur de cette religion sans culte que l'on appelle le Bouddhisme. En étudiant ses doctrines on croit qu'il n'a voulu faire qu'une philosophie : mais ses disciples ne le considèrent pas ainsi, et pour eux c'est une religion; mais c'est une religion dont tout le culte consiste dans la pratique de la morale, et quelquefois dans la prière intérieure. D'ailleurs le Bouddhisme s'est bientôt divisé en un grand nombre de sectes, et il est difficile d'en donner les caractères généraux.

Sakya-Mouni, disent les légendes, ému de compassion à la vue des misères des hommes, résolut de les en délivrer. Pour cela il se retira dans un désert pour y méditer. Puis s'étant formé quelques disciples, il se mit à prêcher. Il rejetait les Védas, repoussait la distinction des castes, enseignait que tous les hommes sont frères et prêchait le pardon des injures et l'hospitalité. Il essaya de convertir les Brahmanes eux-mêmes, mais il fut violemment combattu par eux. Alors il se choisit un successeur qu'il investit de son pouvoir; puis il s'étendit au pied d'un arbre et mourut. Mais il ressuscita bientôt pour enseigner les doctrines qu'il n'avait pas encore transmises.

D'autres légendes disent qu'il avait deux corps : l'un mortel et l'autre qui était la loi même éternelle et immuable. Il naquit sur la terre au solstice d'hiver, d'une vierge de race royale, lorsque tout le monde était en paix : Il fut adoré par certains rois, présenté au temple, où un vieux prêtre prédit en pleurant sa gloire future; le génie du mal le tenta dans le désert. (¹)

Ici la ressemblance est trop grande avec Notre Seigneur Jésus-Christ, pour qu'on puisse admettre une simple coïncidence. Evidemment on attribue ici à Bouddha ce qui appartient à Jésus. Mais, forcé de rejeter cette partie des légendes, on est tenté de rejeter le reste, où les ressemblances sont déjà assez sensibles. On se demande même si la doctrine n'est pas une importation chrétienne et si le Bouddhisme n'est pas l'œuvre d'un philosophe indien qui ayant connu le christianisme voulut en prendre la partie morale, ou même s'il n'est pas un reste de christianisme dégénéré. Les chinois font vivre leur Bouddha 1000 ans avant notre ère ; quelques Indiens s'arrêtent à 500 ans ; et on trouve

---

(¹) Cantu, *Histoire Universelle.* Tom II, p. 337. Edit. Firmin-Didot. 1843.

une foule de dates intermédiaires dans les différents auteurs. Mais on sait ce que valent les chronologies de ces peuples; et quand on dit que les compagnons d'Alexandre distinguèrent les Bouddhistes des sectateurs de Brahma, il s'agit des *Gymnosophistes* qui avaient quelques rapports avec les Bouddhistes, mais qui pouvaient n'être pas les mêmes.

Quoi qu'il en soit, le Bouddhisme d'aujourd'hui et même celui des livres les plus anciens ne ressemble au christianisme que par la plupart des vertus morales. Pour ce qui est du dogme et du culte, on a plusieurs fois considéré les Bouddhistes comme athées. Cependant tous admettent un seul Dieu; mais pour quelques-uns ce Dieu ressemble fort au Dieu de Fichte et de Hégel : c'est une idée, une conception abstraite.

Les quatre principales sectes du Boudhisme se distinguent ainsi : Tout est vide, dit l'une; c'est-à-dire, rien n'existe réellement. Excepté l'intelligence, dit la seconde, tout est illusion. La troisième admet l'existence des objets perçus par les sens ou déduits par le raisonnement. Enfin la quatrième enseigne que les objets sont connus par induction, mais non perçus; car nous ne les voyons que dans des images. Ce sont là des distinctions purement philosophiques, mais pour eux elles ont une portée religieuse.

En quoi consiste la distinction entre le Bouddhisme et le Brahmanisme? D'abord dans l'abolition des castes; dans l'affirmation que l'homme peut, par la pratique des hautes vertus de renoncement à tout ce qui est mobile, se rapprocher de la divinité jusqu'à être *Bouddha*, c'est-à-dire homme divinisé ; enfin en ce que le terme vers lequel aspirent les Bouddhistes et qu'ils appellent *moukti* (délivrance) ou plus souvent *nirwana* (absence de mutations), n'est pas une absorption en Brahma, où la personnalité disparait, mais une simple cessation de tout changement, un repos absolu dont on a conscience et qui constitue pour eux le bonheur suprême.

Tous les autres détails que l'on donne encore sur Bouddha et sur sa doctrine ne serviraient en rien à le faire mieux connaître. Nous n'en dirons pas davantage. Il est regrettable que nous n'ayons pas des documents plus précis, pour pouvoir apprécier et suivre pas à pas l'histoire de cette doctrine, qui reste encore pour nous entourée de beaucoup d'obscurités.

44. OBSERVATION SUR LA PHILOSOPHIE DE L'INDE. — Ici, comme chez tous les autres peuples, nous trouvons avant toute philosophie des données religieuses, considérées comme révélées, dont l'origine traditionnelle est évidente, et c'est sur cette base que s'élève la philosophie.

Pour la première fois nous trouvons de vrais systèmes philosophiques. On peut même dire avec Cousin que l'Inde a parcouru longtemps avant nous tous les systèmes que l'Europe a vus naître, et, si les données que nous avons étaient complètes et nous permettaient de donner à chaque conception sa date, nous pourrions dire peut-être qu'elle a marché beaucoup plus vite. En effet, on croit communément que tous ces systèmes se sont formés et développés pendant les cinq siècles qui ont immédiatement précédé l'ère chrétienne. Or ils contiennent toutes les formes de la philosophie : le matérialisme, le panthéisme, le scepticisme, le mysticisme, avec les dernières formes que le XVIIIe et le XIXe siècle ont vu donner chez nous à ces différents systèmes. Tant il est vrai que l'intelligence humaine n'invente rien, et que, les combinaisons de ce qu'elle connait étant en nombre fini, elle ne peut que tourner dans un cercle dont elle ne saurait sortir.

PHILOSOPHIE DES CHINOIS

45. DOCUMENTS. — Il y a un siècle, les documents relatifs à la philosophie de la Chine n'étaient pas plus abondants en Europe que ceux qui concernaient l'Inde. Mais depuis cette époque, des travaux nombreux ont été faits ; un grand nombre de livres chinois nous ont été apportés ; la langue a été étudiée ; un certain nombres de livres ont été traduits et publiés : nous les devons surtout aux soins des Pères Jésuites qui ont fait les missions de la Chine, et ensuite à d'autres sinologues, dont la plupart sont français. On peut citer de préférence le P. Noël, le P. Gaubil, le P. Prémare, M. de Guignes père, dans le XVIIIe siècle, et dans celui-ci, le P. Regis, M. Pauthier, M. Abel Remusat, M. de Paravey, et plusieurs autres dans ces dernières années, parmi lesquels il faut compter principalement les membres de la Société asiatique.

Avec tous ces travaux on n'est pas encore à l'abri de toute erreur dans l'interprétation des pensées de ce peuple, dont la langue et surtout l'écriture ressemblent si peu aux nôtres, surtout quand il est avéré que les livres les plus anciens ont été presque entièrement brûlés ; qu'on les a rétablis au moyen de débris et de souvenirs ; que Confucius, qui les a remis en ordre, en a de son propre chef retranché une bonne partie ; que, la langue et l'écriture ayant changé, il a fallu les traduire en chinois moderne, et qu'enfin tous les lettrés y ont plus ou moins mis la main et y ont fait entrer leurs interprétations. Malgré toutes ces causes de ruine, la philosophie traditionnelle y est encore assez bien représentée, et, en attendant mieux des travaux à venir, on peut déjà y recueillir une ample moisson.

46. LIVRES SACRÉS. — Comme tous les autres peuples, la Chine a ses livres sacrés, qu'elle appelle les *Kings* (livres). Elle les attribue à l'*homme céleste*. Nous avons déjà dit qu'ils ont péri en grande partie et qu'ils furent rétablis, mais laissés incomplets, par Confucius. En voici les noms.

Y-King (livre des mutations), *Chou-King* (livre des annales), *Chi-King* (livre des vers), *Li-King* (livre des rites), *Yo-King* (livre de la musique), *Tchun-sieou* (printemps et automne). La plupart des auteurs n'en comptent que cinq, parce que le dernier est de Confucius lui-même.

Le *Li-King* et le *Yo-King* ont péri depuis longtemps.

Voici ce que les quatre qui restent renferment encore dans l'état actuel.

Le Y contient les 64 figures de Fo-hi (combinaisons de lignes continues et de lignes disjointes, six lignes dans chaque figure) avec deux textes d'explications et deux commentaires. On peut voir ces figures dans *Un million de faits*, page 6, avec l'explication ingénieuse, mais fausse, qu'en a donnée Leibnitz.

Le Chou est l'histoire de la Chine. Confucius en rejeta les commencements et la fit commencer à Yao. Elle finit à Pin-vang (6° siècle avant J.-C.).

Le Chi est un recueil de 305 cantiques, publié l'an 130 avant J.-C. par Mao-Kan, comme le véritable *Chi* de Confucius.

Le Tchun-sieou renferme les annales de la principauté de Lou, de l'an 712 à l'an 481 avant J.-C.

47. Livres classiques. — Après les *Kings*, les livres les plus estimés des lettrés chinois sont les *Sse-chou* (quatre livres moraux) qui sont appelés classiques. Ils sont l'œuvre des disciples de Confucius, et reproduisent sa doctrine. Ces livres sont :

Ta-hio (la grande étude). Nécessité de se régler soi-même avant de régler les autres.

Tchong-yong (l'invariable milieu). La vertu ; selon l'adage emprunté à Aristote : *In medio virtus*.

Lun-iu (entretiens philosophiques). Discours moraux et maximes.

Meng-tseu, ainsi appelé du nom de son auteur. Livre de morale, qui est à lui seul aussi étendu que les trois autres.

— On a beaucoup de commentaires de tous ces livres. Ils sont faits par des hommes qui déclarent avec amertume qu'ils ne les comprennent pas, à cause de leur ancienneté et des altérations qu'ils ont subies, mais dont les dires contradictoires servent souvent à nous indiquer le véritable sens.

48. Doctrine traditionnelle. — Les Chinois, comme tous les autres peuples, ont reçu d'abord la vérité par l'enseignement traditionnel, et c'est sur cet enseignement, dont leurs livres portent encore de nombreux vestiges, qu'ils ont basé leur philosophie.

Leur religion actuelle se réduit à peu de chose comme culte envers Dieu ; mais les livres anciens nous montrent chez eux une religion plus pure et un culte plus développé. Le nom le plus fréquent qu'ils donnent à leur Dieu est *Tien* (le Ciel) et tout porte à croire que la plupart de ceux qui suivent aujourd'hui la religion réglée par Confucius adorent en effet le Ciel matériel. Mais on peut voir dans les *Kings*, dans les écrits de *Lao-tseu* et de ses disciples et dans Confucius lui-même que ce mot de ciel désignait primitivement le vrai Dieu.

En effet, Dieu y est nommé indifféremment: *Tien* (Ciel), *Chang-ti* (suprême seigneur), *Y* (unité), *Tai-y* (grande unité), *Tao* (raison). On lui attribue l'intelligence suprême, la création et la conservation de toutes choses, la Providence, la bonté, la justice, la miséricorde, la vérité, l'unité, l'unicité et même la trinité dans l'unité. Le père Prémare, (dans un ouvrage qui n'a pas été publié, mais dont l'abbé Sionnet a donné un résumé avec des justifications, dans les *Annales de philosophie chrétienne*, année 1837) cite un très-grand nombre de textes, qui sont reconnus parfaitement authentiques, et qui montrent que les Chinois avaient une idée très-exacte de Dieu, et même qu'ils avaient une certaine connaissance de la Trinité, longtemps avant l'ère chrétienne. Il est évident qu'ils n'avaient pas inventé ces doctrines : ils les connaissaient donc par la tradition.

49. DOCTRINE MÉTAPHYSIQUE DU Y-KING. — On a deux textes de ce livre : l'un en écriture linéaire, attribué à Fo-hi (environ 3000 ans av. J.-C.), l'autre en caractères chinois modernes (que l'on fait remonter à l'an 1200 av. J.-C.). Il expose l'origine des choses et de leurs transformations et il le fait avec des symboles numériques. Il distingue d'abord l'*unité*, représentée par un trait continu (——) et la *dualité*, représentée par un trait disjoint (— —). L'unité, c'est le ciel, la dualité c'est la terre. L'unité, c'est encore l'activité, le principe mâle, le soleil, la lumière ; la dualité, c'est la passivité, le principe femelle, la lune, les ténèbres. Tout naît par composition et périt par décomposition. La création et la conservation des choses se fait d'après les lois des nombres. Les nombres sont impairs et parfaits, ou pairs et imparfaits. Les hommes sont supérieurs et vertueux, ou inférieurs et vicieux, selon qu'ils suivent les lois du ciel ou celles de la terre. Les premiers seront récompensés, les autres seront punis. On croirait entendre Pythagore et Platon.

On a dit que le *livre des transformations* (Y-King) ne reconnaît pas de Dieu distinct du monde. Mais il faut observer qu'il nous est parvenu très-incomplet, et que peut-être nous ne comprenons pas bien le sens caché sous ses symboles.

50. DOCTRINE DU CHOU-KING. — Ce livre remanié par Confucius admet clairement la Providence et même insiste sur cette vérité. Dans un passage de ce livre, le philosophe Ki-tseu explique au roi Wou-Wang, la *sublime doctrine*, qu'il dit tenir du grand Yu, qui l'avait reçue du Ciel. Il y a, dit-il, neuf règles à suivre, neuf catégories de choses, par lesquelles le Ciel rend les peuples heureux, et la cinquième en est le centre. Ces neufs voies ou catégories sont : 1° les cinq éléments (eau, feu, bois, métaux, terre), 2° les cinq facultés actives (attitude, langage, vue, ouïe, pensée), 3° les huit principes de gouvernement (nourriture, richesse, sacrifices, cérémonies, etc.), 4° les

cinq choses périodiques (année, lune, soleil, étoiles, nombres astronomiques), 5° le faite impérial, règle de conduite du roi, 6° les trois vertus (vérité, droiture, sévérité mêlée d'indulgence), 7° l'examen des cas douteux, par sept pronostics, 8° l'observation des phénomènes célestes, 9° les cinq félicités et les six calamités.

Ici on commence à voir l'esprit philosophique. Ce sont les premiers essais de méthode, d'analyse, de généralisation. Le but est uniquement moral. Le même livre renferme grand nombre de conseils pratiques basés sur des observations très-judicieuse.

Il est à remarquer qu'à l'époque où ce livre fut écrit, la philosophie grecque n'avait pas encore commencé.

51. ECOLES PHILOSOPHIQUES. — Les écoles qui dominèrent en Chine avant l'ère chrétienne et qui y dominent encore, sont au nombre de trois : l'école de la raison (Tao-Kia), de Lao-tseu; l'école des lettres (Jou-Kia), de Confucius; et l'école de Bouddha (Fo-Kia). Cette dernière y est beaucoup plus récente, et d'ailleurs elle est d'origine indienne : nous l'avons déjà examinée. Nous ne parlerons ici que des deux autres. Les adeptes de ces trois écoles, à la fois philosophiques et religieuses, s'appellent les *Tao-ssé*, les *Lettrés* et les *Bouddhistes*.

52. LAO-TSEU. — Le fondateur de l'école du Tao (raison) est Lao-tseu. Quelques-uns de ses disciples le considèrent comme la Sagesse éternelle, qui a pris la forme humaine. Il naquit, selon la tradition chinoise, la 42ᵉ année du règne de Ping-Wang, de la dynastie des Tchéou, l'an 729 avant J.-C., à la même époque que Sakia-Mouni, selon les Chinois; 347 ans après, selon l'historien persan Raschid-el-din. On adopte plus généralement la date de 605 avant notre ère. Raschid-el-din ajoute qu'il fut conçu de la lumière et que sa mère le porta quatre-vingts ans. Ce nom de Lao-tseu (vieux philosophe) lui fut donné par la postérité. Il s'appelait *Li-Eülh* (prunier, oreille). Il était historiographe et bibliothécaire de Tchéou; il avait de nombreux disciples, mais il alla finir ses jours dans un désert ignoré, ou dans les pays d'Occident, après avoir écrit le *Livre de la raison et de la vertu* (Taote-king). Plusieurs historiens chinois affirment qu'il voyagea dans l'Occident, et M. Abel Remusat admet qu'il a pu venir en Judée. En effet le nom de Ta-tsin (grande Chine) indiqué comme lieu de son voyage ne désigne rien mieux que la Judée. (Voyez *Annales de phil. chrét.* 1836).

53. DOCTRINE DE LAO-TSEU. — Il est difficile de donner une idée exacte de cette doctrine, sans en citer des passages nombreux et étendus, et c'est ce que le cadre de notre ouvrage ne nous permet pas.

« Si l'on pouvait suivre la raison, dit-il en commençant, comme on suit une voie, la raison ne serait pas éternelle. » « Si un nom pouvait lui être donné, son nom ne serait pas éternel. Sans nom, elle est le principe du ciel et de la terre; avec un nom elle est la mère de toutes choses.

Plus loin il ajoute : « Le Tao produisit les êtres matériels. Il n'y avait avant que confusion absolue, un chaos indéfinissable. Au milieu de ce chaos était une image confuse, indistincte, supérieure à toute expression. Dans ce chaos étaient les êtres, êtres en germe. Dans ce chaos existait un principe subtil, vivifiant, qui était la vérité suprême. »

Plus loin encore : « La confusion des choses inanimées précède la naissance du ciel et de la terre, chose immense, silencieuse, unique, immuable. Son nom je l'ignore ; mais je l'appelle *raison*. »

On trouve dans Lao-tseu, les mêmes symboles numériques que dans Pythagore et Platon, et la Trinité y est mieux exprimée.

« La raison produisit l'un ; un, le deux ; deux, le trois, et trois, toutes choses. » — « Ce que tu regardes et ne vois pas s'appelle J ; ce que tu écoutes et n'entends pas s'appelle Hi ; ce que tu cherches de la main et ne saisis pas s'appelle OUei : trois êtres qui ne peuvent se comprendre et qui n'en font qu'un. Le premier d'entre eux n'est pas plus éclatant ni plus obscur que le dernier. » On remarque avec raison que ces trois lettres ; I, H, OU, sont presque en entier le nom IHOUH (Iéhovah), nom propre de Dieu en hébreu, nom qui se retrouve en tête des annales de tous les peuples, et qui est l'origine du nom de Dieu dans toutes les langues.

Ainsi le premier principe des choses, pour Lao-tseu, c'est la raison (tao) ; mais on voit par les attributs qu'il lui donne qu'il s'agit de Dieu.

Cet être est la négation de tout, excepté de lui-même ; *non-être*, par rapport aux *êtres* ; *être*, par rapport au *non-être*. Aucun des attributs changeants ne convient au premier principe. Le premier principe est donc immuable. Mais le corporel est changeant et périssable. Donc le premier principe n'est pas corporel. On ne saurait mieux parler de Dieu, et, sous ces attributs, il est facile de reconnaître Dieu, alors même qu'on le nomme *Raison*, *Unité*, ou même *Ciel*.

Dans l'homme aussi est un principe intelligent et un corps qui en est le véhicule. — Après la mort l'être des phénomènes corporels retourne à son principe ; l'âme ne meurt pas. » Mais Lao-tseu n'affirme pas toujours que l'âme garde sa personnalité après la mort ; en certains endroits il la fait rentrer aussi dans la Raison suprême.

Sa morale est comparable à celle des Stoïciens, plutôt qu'à celle d'Épicure comme on l'a prétendu. — Le bien public et privé est dans la pratique de la vertu. La loi est la raison suprême ; c'est à elle que l'homme doit s'identifier.

Pour s'identifier le plus possible à la Raison, même avant la mort, l'homme doit se dépouiller de la vie phénoménale, dompter ses sens et atteindre à l'impassibilité. Le grand précepte est le *non agir*. On croirait entendre la maxime stoïcienne : *Sustine et abstine*.

Dans la vie publique, il faut mépriser les honneurs, les richesses, les plaisirs, l'instruction même; car tout cela donne le désir et le mouvement.

54. Confucius. — *Koung-fou-tseu*, que les Chinois appellent plus souvent par abréviation *Koung-tseu*, naquit dans le petit royaume de *Lou*. On place sa naissance en l'an 551 avant notre ère, 54 ans après Lao-tseu. Il occupa plusieurs charges publiques dans son pays; il essaya d'en réformer les mœurs, eut de nombreux disciples, et par sa restauration des *Kings*, comme par les livres qu'il composa, il fut le législateur de la Chine. Ses institutions survivent encore.

Nous voudrions bien, avec M. Franck, à qui nous empruntons souvent les faits, précisément parce que nous n'admettons pas toujours ses conclusions, laver Confucius du reproche d'avoir élagué des Kings ce qui était trop religieux et qu'il ne comprenait pas; mais malgré les arguments que l'on peut lire dans le *Dictionnaire des sciences philosophiques*, art. Confucius, nous ne pouvons nous empêcher de le condamner. En effet, on ne dit rien au sujet du *Y*, qui nous est arrivé en lambeaux; pour le *Chi*, M. Franck lui-même reconnaît la suppression de plus de deux mille chants populaires, et il attribue cette suppression à l'esprit de critique : sans doute; mais quel était le mobile de cette critique, et quelle règle la dirigeait? Si Phidias venait aujourd'hui administrer notre musée de Cluny, il est à peu près certain qu'il ferait jeter au feu ou à la voirie tout ce qu'il renferme. Quant au *Chou* (livre des annales), M. Franck croit que la première rédaction est de Confucius : nous croyons le contraire, précisément parce que ce livre compte parmi les livres sacrés, et que l'on n'accorde pas généralement ce titre au *Tchun-sieou*, qui est certainement de Confucius. Et c'est surtout là le reproche que l'on fait à Confucius, de n'avoir fait commencer le livre des Annales qu'à l'empereur Yao, alors que tant de fragments épars nous assurent que le livre primitif renfermait des documents traditionnels très-précieux. Donc Confucius nous paraît plus rationaliste que Lao-tseu. Constatons cependant que sa mémoire est restée en grand honneur dans tout l'empire chinois; ses lois sont observées même par le chef de l'Etat, et les lettrés surtout le regardent au moins comme un homme divin, sinon comme un Dieu.

D'ailleurs tous les historiens s'accordent à le présenter comme un homme d'un très-beau caractère moral: humble, droit, sincère, juste, donnant tous ses soins aux emplois qui lui furent confiés. Voici un trait qui le peint bien. Un petit roi voisin lui fit demander des règles de gouvernement; il répondit aux ambassadeurs : Je ne connais ni votre maître ni ses sujets; comment pourrais-je lui suggérer une règle de conduite? »

55. Doctrine de Confucius. — La doctrine de Confucius a beaucoup de points de ressemblance avec celle de Socrate. Il s'occupait surtout de la réforme de la conduite; il voulait qu'avant tout on fût soumis au Seigneur du ciel; il disait de l'honorer et de le craindre, d'aimer son prochain comme soi-même, de dompter ses passions et de les soumettre à la raison.

Si le Tien, disait-il, n'est pas contraire aux doctrines que j'enseigne, les hommes ne pourront ni les détruire ni leur faire du tort. » — « Ce que je vous enseigne, vous l'apprendrez de vous-mêmes, en faisant un usage légitime des facultés de votre esprit. » — « Tout ce que je vous enseigne, vos anciens sages l'ont pratiqué longtemps auparavant; et cette pratique se réduisait à *trois lois fondamentales de relations:* entre sujets et gouvernants, entre père et fils, entre mari et femme; à l'exercice des *cinq vertus capitales:* l'humanité, c'est-à-dire l'amour de tous sans distinction; la justice, qui rend à chacun ce qui lui appartient; l'observation des cérémonies et des usages établis......; la rectitude d'esprit et de cœur...; la sincérité... Ces vertus ont rendu vénérables les premiers instituteurs du genre humain tant qu'ils ont vécu, et leur ont valu ensuite l'immortalité: prenons-les pour modèles, et mettons tous nos efforts à les imiter. »

« La piété filiale est la racine de toutes les vertus, la source de toute doctrine. » Cependant « il existe une règle supérieure à la piété filiale : c'est la loi divine. »

Toutefois malgré cet abandon à la Providence du ciel, malgré ce respect pour la loi de Dieu, et malgré la pureté de sa morale, Confucius n'est qu'un philosophe, et ce qu'il a fondé tient lieu de religion. Aussi un grand vide se fait sentir en Chine. Les lettrés n'ont plus guère que le culte de l'abstrait, et le peuple est laissé dans le plus complet abandon. Si l'on ajoute à cela la puissance absolue du chef de l'État et la mesure rigide et froide qui règle toutes les actions des sujets, on aura l'explication de ce phénomène unique dans l'histoire des peuples, qu'une civilisation qui date de plus de deux mille ans soit restée jusqu'ici complètement stationnaire.

Comme données philosophiques, on peut voir dans les enseignements de Confucius: les idées nécessaires regardées comme innées et et comme fonds de raison ; la loi morale naturelle et son caractère obligatoire, avec un détail très-exact des devoirs qu'elle impose; le souverain domaine de Dieu sur le monde, et sa Providence qui s'étend jusqu'au moindre de nos actes. Mais quant à la nature de Dieu, et à la nature de l'âme, comme aussi sur ses destinées futures, on chercherait vainement quelque chose de précis.

56. Mencius. — *Meng-tseu*, connu depuis longtemps sous le nom de *Mencius*, comme Koun-fou-tseu, sous celui de Confucius, fut le plus illustre de ses disciples. Il en a toutes les idées et la méthode, mais son style est plus animé. Son livre porte son nom et est le quatrième des livres classiques de la Chine. Il est très-intéressant de lire les conseils qu'il donnait à plusieurs rois. Il leur recommande surtout l'amour de leurs sujets.

Sivang-vang, roi de Tsi, lui demandait : « Est-il vrai que le parc du roi de Ven-vang eût soixante-dix *li* de tour ? — Très-vrai, répondit-il ; et le peuple le trouvait trop resserré. — Le mien en a quarante, et le peuple le trouve trop vaste. Pourquoi cette différence ? — C'est que dans le parc de Ven-vang entrait qui voulait faire de l'herbe, du bois, prendre des lièvres et des faisans. J'ai entendu dire que tuer un cerf dans le vôtre serait un crime puni de mort. »

On voit par ce court extrait, combien Mencius avait la manière de Socrate. Comme lui aussi, il disait que l'homme fait naturellement le bien et que quand il fait le mal, c'est la passion qui le pousse.

57. Sun-Tseu. — (Environ 200 ans av. J.-C.). Nous ne citons ce philosophe que parce qu'il nous donne une très-intéressante distinction des êtres.

« L'eau et le feu ont l'existence matérielle, mais ils ne vivent pas ; les plantes et les arbres vivent, mais il ne connaissent pas ; les animaux ont la connaissance, mais ils ne connaissent pas le sentiment du juste ; l'homme a les quatre biens à la fois. »

58. Époque plus récente. — Environ mille ans après J.-C., *Tchéou-tseu*, mu par les doctrines de Bouddha, voulut ajouter une métaphysique aux doctrines de Confucius ; il tomba dans une sorte de panthéisme où le premier être est à la fois l'actif et le passif, la cause et l'effet. Son Dieu appelé *Taï-ki* n'est autre chose que l'être en général, qui à pour attribut la raison *(Li)* en lui-même, et dans ses manifestations l'activité *(yang)* et la passivité *(yn)*. L'homme aussi a sa *raison* (li), son principe d'activité matérielle *(Khi)*, espèce de *principe vital*, dont la portion grossière est le *corps*. Après la mort la raison retourne au Ciel ; le corps grossier retourne à la terre et le Khi disparaît. L'immortalité est impersonnelle. — Nous retrouverons cette même doctrine chez Averroès, philosophe arabe, aristotélicien, de l'École de Cordoue.

Dans le 12e siècle, *Tsioud-hi*, dans un traité de philosophie naturelle, voulut concilier toutes les interprétations contradictoires classiques, en remontant aux origines. Il expliqua de nouveau l'*Y-King* et prétendit que la ligne continue est le principe actif de la nature et que la ligne brisée en est le principe passif. C'est cette explication que nos modernes métaphysiciens semblent préférer, et c'est ainsi d'ailleurs qu'ils prétendent expliquer toutes les cosmogonies des anciens peuples.

Nous croyons avoir démontré la véritable source de toutes ces fables ridicules, que l'on trouve au commencement de l'histoire de tous les peuples, et dont le bon sens aurait fait justice, si un fonds de vérité et une autorité traditionnelle ne les avait soutenues. Nous sommes convaincu que les conceptions métaphysiques par lesquelles on prétend les expliquer ne sont venues que beaucoup plus tard. Nous avons exposés toutes ces données primitives avec un peu plus d'étendue peut-être que ne le comportait notre cadre; mais nous pensons avoir mieux fait ressortir par là l'origine traditionnelle de la saine philosophie et le point de vue auquel nous nous plaçons quand nous exposons la philosophie classique. Il nous reste encore à exposer quelques-unes de ces traditions antiques avant de passer à la philosophie proprement dite, dont le berceau est dans la Grèce.

PHILOSOPHIE DES CELTES OU GAULOIS

59. Documents. — Nous n'avons pas de livres originaux des anciens Gaulois, mais seulement des *chants* et des *mystères*, qui, moins antiques, conservent cependant des traces des premiers temps. Ce son les *Mystères des Bardes* et les *Triades*. Les Grecs et les Romains nous ont aussi transmis quelque chose sur les doctrines morales de nos ancêtres. On peut consulter plus spécialement Strabon et Diodore de Sicile.

60. Doctrine traditionnelle. — De tous ces documents il résulte que les Celtes, les Galls et les Kymris, sous la conduite des Druides, adoraient un seul Dieu, qu'ils nommaient quelquefois *Theut* (père), *Esus* (terrible), et que le plus souvent ils ne nommaient pas; ce qui montre bien qu'ils n'en reconnaissaient qu'un. D'ailleurs ils n'en faisaient aucune image et ne lui dressaient d'autres temples que ces enceintes de pierres brutes appelées *Kromlecks*, que nous retrouvons encore. Il est vrai qu'ils supposaient un génie dans chaque objet naturel, mais ces génies n'étaient que les ministres de Dieu, et, s'ils les invoquaient, c'était en sous-ordre. Aussi leurs mœurs étaient plus libres; chez eux la femme n'était pas asservie: elle choisissait librement son époux; ils se secouraient volontiers mutuellement; allaient au combat sans terreur, parce qu'ils méprisaient la mort, grâce à la croyance à l'immortalité de l'âme avec sa personnalité. La liberté de l'âme et la responsabilité des actes était chez eux universellement admise, et ils attendaient, après un temps de purification par une sorte de métempsychose, une félicité éternelle dans une autre vie.

61. Conclusion. — Nous ne passerons pas en revue, pour ne pas répéter toujours les mêmes choses, les doctrines morales et religieuses des Germains, des Bretons, des Scandinaves, etc. Tous ces peuples nous offriraient, comme ceux que nous avons étudiés, un fonds de vérités traditionnelles, corrompues par l'imagination dans la théorie et dans le culte, mais conservées assez pures dans la pratique. Toutes ces vérités sont partout les mêmes. Un Dieu maître de tout, existant par lui-même; la création racontée dans un ordre identique,

quoique sous de grossières images ; la liberté de l'homme ; la distinction du bien et du mal ; les récompenses et les peines dans une vie future. Un accord semblable à des époques aussi reculées ne peut venir de spéculations philosophiques ; il suppose une tradition commune de vérités enseignées par le premier homme à tout le genre humain.

PHILOSOPHIE DES GRECS

62. ORIGINES. — L'opinion qui semble prévaloir aujourd'hui sur les origines de la philosophie grecque est celle que M. Franck exprime ainsi :

« Elle n'invoque aucune autorité antérieure ou surnaturelle : elle est absolument indépendante de la religion. »

« Toutes les doctrines de l'Orient, relativement aux grandes questions de l'ordre moral et métaphysique, s'appuient sur des dogmes religieux, sur une tradition immobile, ou sur le texte de certains livres, regardés comme l'expression surnaturelle de la parole de Dieu. »

« Rien de pareil chez les philosophes grecs. La tradition et l'autorité ne jouent, dans leurs systèmes qu'un rôle tout à fait secondaire, quand par hasard elles y jouent un rôle : c'est au nom de la raison qu'ils s'adressent à leurs semblables, au nom des facultés que la nature a départies à tous les hommes. »

Nous ne pouvons souscrire entièrement à ce verdict, et prenant acte de cet aveu pour « toutes les doctrines de l'Orient, » nous allons essayer d'établir que la philosophie grecque a aussi, « relativement aux grandes questions de l'ordre moral et métaphysique, » son origine traditionnelle, qui, pour y être moins visible qu'ailleurs, parce qu'en effet les philosophes « ne l'invoquent pas, » n'en a pas moins eu une grande influence sur les doctrines de cette philosophie, qui semble avoir connu, au moins en germe, toutes les conceptions de la philosophie moderne, avec le même caractère vraiment philosophique, mais aussi avec le même *rationalisme*, et plus encor avec le même *naturalisme*.

63. DOCTRINES MYTHOLOGIQUES. — La religion des Grecs se montre moins que toute autre avec un caractère d'unité. La Grèce a vu s'introduire successivement chez elle toutes les religions des peuples qui sont venus s'y établir. Il est difficile de démêler à quelle époque et à quel peuple appartient chacune de ces nombreuses divinités, mais il est pourtant facile de constater que l'Égypte, la Phénicie et même la Perse ou la Chaldée y ont fourni leur contingent. Aussi, tandis que les formes y sont plus gracieuses et surtout plus humaines que chez les autres peuples, les types originaux y sont aussi plus effacés. Mais, en remontant aux plus anciens auteurs, on retrouve encore très distincts ces mêmes souvenirs que nous avons reconnus si sensiblement les mêmes chez tous les autres peuples.

Sans parler d'Orphée, qui, s'il a existé, n'est certainement pas l'auteur des écrits que nous avons sous son nom, consultons seulement Hésiode.

Au commencement, nous dit-il, existe le Chaos, puis la terre, le sombre Tartare et l'Amour. Du Chaos sortirent l'Érèbe et la Nuit. De la Nuit naquirent l'Éther et le Jour. La Terre enfanta d'abord Uranus (le ciel), et la Terre et le Ciel donnèrent naissance à la Mer (*pontus*, l'Océan et Téthys). Enfin naquit Chronos (le temps). Viennent ensuite les Cyclopes, les Titans, et c'est de ceux-ci que naîtront plus tard le Soleil, la Lune, l'Aurore, les Vents et les Étoiles. Enfin après un grand nombre de générations de ces divinités subalternes qui président aux forêts, aux fleuves et aux éléments, Chronos ou Saturne (le temps), qui jusque là avait dévoré tous ses enfants, engendra Jupiter, Neptune et Pluton, que la Terre sut dérober à sa voracité. Tel est le résumé de la *Théogonie* d'Hésiode. Elle ressemble suffisamment à toutes celles que nous avons examinées précédemment pour que nous lui attribuions la même origine.

De plus les *mystères*, dont le secret fut toujours si bien gardé, nous ont cependant laissé connaître quelques faits importants. On y enseignait qu'il n'y a qu'un seul Dieu, que l'homme a péché dès le commencement et qu'il faut qu'il se rachète par le sacrifice. D'ailleurs la religion extérieure elle-même employait fréquemment le sacrifice et reconnaissait la supériorité absolue d'un seul Dieu (Jupiter) sur tous les autres.

D'un autre côté, il est incontestable que, chez les Grecs, le peuple, les magistrats, les généraux d'armée eurent toujours une grande vénération pour les oracles, et que les législateurs eux-mêmes voulurent s'appuyer de leur autorité pour consacrer leurs institutions. Donc les Grecs croyaient fermement à la communication directe entre Dieu et les hommes, à une révélation, non pas seulement primitive, mais permanente. Et ces doctrines étaient si peu effacées chez les premiers philosophes, que Socrate s'autorisait de la parole de son démon familier et des oracles, et se défendait contre l'accusation de ne pas honorer les dieux en ordonnant avant de mourir un sacrifice à Esculape.

64. LES SEPT SAGES. — Tous les historiens Grecs ont fait mention de quelques hommes qui, dans le sixième siècle avant J.-C., se firent remarquer par des maximes pleines d'une grande prudence; mais ils ne s'accordent pas entièrement sur les noms de ces hommes qu'ils appellent *les Sept sages*.

D'après Platon (dans le *Protagoras*), les sept sages étaient : Thalès de Milet, Pittacus de Mitylène, Bias de Priène, Solon d'Athènes, Cléobule de Lacédémone.

D'autres auteurs disent: Solon, Chilon de Lacédémone, Pittacus, Bias, Périandre de Corinthe, Cléobule de Linde et Thalès.

Quelques-uns y font entrer Epiménide de Crète, Phérécyde de Scyros, Simonide de Céos et Phaléas de Chalcédoine.

Tous s'accordent à les faire vivre à la même époque, quoique en différents lieux, et tous supposent qu'ils se sont connus. La plupart étaient chefs de petits États, d'autres furent législateurs ou simplement des penseurs.

On connaît assez bien les actes et les pensées de beaucoup d'entre eux, pour pouvoir affirmer qu'ils eurent, au moins en germe, l'esprit philosophique, et il est juste de remonter jusqu'à eux, pour étudier les sources de la philosophie grecque. On n'y voit pas encore de système, ni de théorie d'ensemble, mais ils nous offrent tous un esprit observateur, une tendance morale, souvent basée sur les données religieuses.

Thalès, que nous aurons bientôt à étudier comme fondateur de l'Ecole d'Ionie, est cité d'abord comme l'un des sept sages, et comme tel il nous offre quelques pensées utiles à recueillir. On lui demandait : — Qu'y a-t-il de plus ancien ? — Dieu, répondit-il ; car il n'a point eu de commencement. — Qu'y a-t-il de plus beau ? — Le monde, car c'est l'œuvre de Dieu. — Qu'y a-t-il de plus grand ? — L'espace, car il contient tout.

Pittacus disait que rien n'échappe à Dieu, pas même les mauvaises pensées.

Bias qui s'était acquis dans l'exercice de ses fonctions une grande réputation de justice, nous a laissé plusieurs pensées morales d'une grande sagesse ; nous ne citerons que celle-ci : « Quand tu fais quelque chose de bien, fais-en honneur aux dieux, non à toi-même. »

Solon est connu comme le législateur d'Athènes, et il est facile de juger par les institutions de cette ville, jusqu'où il avait poussé l'étude des mœurs des hommes. Parmi les trois cents vers environ qui nous restent de lui, nous citerons quelques pensées : « La richesse que donnent les dieux repose et grandit sur une base inébranlable ; celle que poursuit l'homme, celle qu'il acquiert par la violence, et malgré la loi, suit à regret l'injuste qui l'attire à lui. » « La justice de Jupiter n'est pas cruelle pour un seul, comme celle de l'homme. Jamais ne lui échappe celui qui cache au fond de son cœur une mauvaise pensée ;..... l'un paye aujourd'hui, l'autre dans un autre temps. » On lui attribue la maxime que Socrate a rendue célèbre : « Connais-toi toi-même, » que d'autres attribuent à Chilon de Lacédémone, ou à Thalès.

Cléobule de Linde avait coutume de dire : μέτρον ἄριστον, « le juste milieu est le meilleur ». C'est la doctrine d'Aristote sur la vertu.

Simonide disait « qu'il s'était souvent repenti d'avoir parlé, et jamais de s'être tû. » On cite de lui sa réponse à Hiéron, roi de Syracuse. Comme ce roi lui demandait ce que c'est que Dieu, il demanda un jour pour réfléchir. Le jour étant passé, il en demanda deux; et après ces deux jours il en demanda quatre. Le roi surpris de cette conduite, voulut en connaître la raison, et Simonide répondit : « Plus j'examine cette matière, plus je la trouve obscure. »

On peut voir par ces quelques citations que la philosophie des Sept sages prenait la forme que l'on appelée *gnomique*, c'est-à-dire qu'elle s'exprimait par sentences. C'est la forme que nous trouvons le plus souvent dans la Bible, dans les livres des philosophes de l'Orient et même dans Homère et Hésiode. Tous ces hommes enseignaient la providence de Dieu, la liberté de l'âme, la morale, non pas comme des vérités qu'ils avaient découvertes par la raison, mais comme des vérités reconnues par le genre humain, propagées par la tradition et d'ailleurs conformes à la raison. C'est le caractère propre de la philosophie classique.

Telle est la vraie source de la philosophie grecque. Nous allons voir bientôt les philosophes proprement dits s'écarter de cette voie et s'égarer dans les systèmes.

65. DIVISION DE LA PHILOSOPHIE GRECQUE. — L'importance des matières nous oblige à établir dans la philosophie grecque des divisions. Nous y compterons trois époques : 1° Les commencements : de Thalès à Socrate (de 600 à 400, avant J.-C.) ; 2° les grandes écoles : de Socrate à Arcésilas (400 à 300); 3° la décadence : d'Arcésilas à Damascius d'Alexandrie (300 avant à 529 après J.-C.).

PREMIÈRE ÉPOQUE

LES COMMENCEMENTS DE LA PHILOSOPHIE GRECQUE

66. DIVISION PAR ÉCOLES. — On distingue dans cette époque quatre écoles, auxquelles il faut joindre les Sophistes.

1° l'Ecole *Ionienne*, fondée par Thalès (600)
2° l'Ecole *Italique*, fondée par Pythagore (560)
3° l'Ecole *Eléatique*, fondée par Xénophane (580)
4° l'Ecole *atomistique*, fondée par Leucippe (500)
5° les *Sophistes*, dont le plus célèbre fut Gorgias (460)

§ 1. — ÉCOLE IONIENNE

67. TENDANCES GÉNÉRALES. — La question qui dirige les recherches de cette école, c'est le principe du monde; mais elle en cherche moins la cause efficiente que la matière, le principe physique. Aussi Dieu y est peu connu.

Elle se subdivise en deux, selon la forme sous laquelle ses adeptes conçoivent le principe du monde. Ils sont mécanistes ou dynamistes. Les *mécanistes* conçoivent le monde comme formé de plusieurs éléments, qui sont mus par une force étrangère, et dont les mouvements constituent tous les corps. Les *dynamistes* supposent en principe une force ou plusieurs, agissant dans une sorte d'expansion, d'attraction ou de répulsion. Cette distinction, que plusieurs croient voir dans Aristote, est surtout indiquée par Ritter, dans son *Histoire de la philosophie*. Il considère comme *dynamistes*: Thalès, Anaximène, Diogène d'Apollonie et Héraclite; et comme *mécanistes:* Anaximandre, Anaxagore et Archélaüs. La plupart des historiens comptent aussi dans l'Ecole d'Ionie, Empédocle, et quelques-uns y joignent Phérécide. La distinction de cette école donnée par Ritter, n'étant pas exprimée clairement par les auteurs eux-mêmes, nous suivrons l'ordre chronologique.

68. Thalès de Milet. — Thalès, né en Phénicie, vers 640. av. J.-C., voyagea en Egypte et vint se fixer à Milet, dans l'Ionie, où il fonda l'Ecole Ionienne. Il y mourut l'an 548.

Nous avons vu qu'on le compte parmi les Sept sages. Mais on n'a rien de bien précis sur les détails de sa vie.

On ne sait s'il a écrit quelques ouvrages; dans tous les cas, il ne nous en reste pas même un fragment. Nous ne connaissons sa doctrine que par les témoignages des auteurs anciens, dans lesquels il faut citer surtout Aristote, Cicéron et Plutarque.

Aristote le regarde comme le fondateur de la physique, de la géométrie et de l'astronomie. Il enseigna aux Egyptiens à mesurer la hauteur des pyramides par leur ombre, et on assure qu'il prédit une éclipse de soleil.

Sa doctrine philosophique, si l'on en excepte quelques paroles ou sentences religieuses et morales, qui l'ont fait appeler *sage*, et dans lesquelles il reconnaît Dieu comme le maître de toutes choses et comme l'ordonnateur au moins, sinon le créateur de l'Univers, se réduit à une théorie de la matière première du monde.

Il pensait que l'eau est le commencement, l'élément premier de toutes choses; car: 1° les animaux et les plantes naissent dans l'humidité et s'y nourrissent; 2° les astres eux-mêmes semblent se nourrir des vapeurs de la terre; 3° l'eau prend facilement toutes les formes.

Aristote croit que Thalès avait puisé cette théorie dans les cosmogonies de l'Orient; et, malgré le sentiment opposé des historiens modernes, il nous semble facile d'y voir un reste de cette tradition du chaos primitif, conservée chez tous les peuples.

D'ailleurs Thalès n'était pas matérialiste, au contraire, selon le témoignage de la plupart des auteurs qui en ont parlé, il pensait qu'une force vivante, une *âme*, est nécessaire pour mouvoir le monde et y produire les transformations qui s'y passent. Aussi on cite de lui cette parole : « Le monde est plein de dieux; » et, selon Cicéron, Thalès pensait « que l'eau est le commencement de toutes choses et que Dieu est l'âme qui de l'eau forme tout. » De la même manière il admettait un âme dans l'homme et la considérait comme une force motrice, κινητικόν τι. On lui fait même l'honneur d'avoir le premier enseigné en Grèce, que l'âme est immortelle; mais nous avons vu que cette doctrine était enseignée dans les mystères, et nous savons d'où lui et les prêtres l'avaient tirée.

69. ANAXIMANDRE. — Anaximandre naquit à Milet, vers l'an 610 av. J.-C. Il fut le disciple et l'ami de Thalès et mourut l'an 547. Comme lui, il se livra à l'astronomie. Il enseignait que la terre est ronde et qu'elle est le centre de l'univers; que la lune emprunte sa lumière au soleil. Mais il croyait que le soleil n'est pas plus grand que la terre. On lui attribue l'invention du cadran solaire et de quelques instruments d'observations astronomiques.

Voulant, comme Thalès, indiquer l'élément primitif du monde, il assigna ce rôle à quelque chose d'indéterminé qu'il appelle τὸ ἄπειρον (l'infranchissable, l'illimité). On ne sait pas bien ce qu'il entendait par là; mais nous pensons avec Aristote et St Augustin, qu'il voulait désigner le *chaos*. C'est ainsi que l'entendent aussi ceux qui classent Anaximandre parmi les *mécanistes*. Il aurait donc admis au commencement, non pas un seul élément comme Thalès, mais la confusion de tous les éléments.

On ne croit pas qu'il ait eu recours à la puissance de Dieu pour mettre l'ordre dans ce chaos; il semble dire qu'un mouvement éternel dans ces éléments les a peu-à-peu dégagés et aggrégés successivement de diverses manières, jusqu'au moment où ils ont formé ce qui existe. Comme ce mouvement continue à se produire, il finira par tout détruire et tout ramener au chaos primitif.

Si, comme on le pense, Anaximandre n'a pas admis d'autre Dieu que ce chaos primitif, son système est alors un *panthéisme matérialiste*.

70. PHÉRÉCYDE DE SCYROS. — Phérécyde naquit à Scyros, l'une des Cyclades, vers l'an 600, se fit instruire de la cosmogonie des Phéniciens et, excité par la gloire de Thalès, établit une école à Samos. On croit que Pythagore a suivi ses leçons. Il avait écrit un livre très-obscur *sur la nature des dieux*. Il ne nous en reste que quelques fragments.

Il reconnaît comme principe du monde : une *matière* informe, à l'état liquide (le chaos), et une *cause ordonnatrice* (Dieu), qui est la source et le modèle de toutes les perfections.

De ce *chaos*, *Dieu* fit sortir d'abord *la terre*, qui est au centre du monde. Puis, par l'intervention de l'*amour*, vinrent les divinités secondaires, les unes bonnes les autres mauvaises (Ophionée, le grand serpent, et les ophionites).

Les deux armées sont en lutte : les vaincus sont précipités dans l'Ogénus, et les vainqueurs demeurent en possession du ciel. — C'est toujours le même fonds traditionnel.

Cicéron dit que Phérécyde, le premier, enseigna que l'âme est immortelle. Il est facile de voir d'où il avait pris cette doctrine.

Il fut accusé d'impiété, parce qu'il ne sacrifiait pas aux dieux, et ses concitoyens virent un châtiment de son impiété, dans la maladie qui l'emporta. Il mourut rongé par la vermine. Pythagore seul vint le consoler dans son abandon.

71. Anaximène. — Anaximène naquit à Milet, avant l'an 550 et vécut jusque vers l'an 500.

Il enseignait que la terre est soutenue par l'air et que les cieux sont une voûte sphérique et solide qui tourne autour de la terre. On croit pourtant qu'il perfectionna les cadrans solaires inventés par Anaximandre.

Dans sa doctrine physique des principes du monde, il tient tout à la fois de Thalès et d'Anaximandre. Comme le premier, il suppose d'abord un élément unique : c'est *l'air*; comme le second, il lui donne pour attributs l'immensité, l'infinité et le mouvement éternel. — L'air est la matière première de tout et il devient toutes choses par son mouvement éternel : feu, par dilatation ; eau et terre, par condensation. En tout cela la nature de l'air demeure et à la fin tout redevient air.

On n'ose pas assurer qu'Anaximène ait nié l'existence d'un principe intelligent, ordonnateur du monde ; mais ce principe n'existe pas dans son système, où tout se fait par nécessité, en vertu d'un mouvement éternel.

Son sytème, considéré en lui-même, est donc, comme celui d'Anaximandre, un *panthéisme matérialiste*.

72. Anaxagore. — Anaxagore, né à Clazomène, en 500, vint s'établir à Athènes en 475. Là il fut l'ami et le conseiller de Périclès ; mais accusé d'impiété et de *médisme*, c'est-à-dire d'attachement pour le roi de Perse, il fut exilé par les Athéniens, et se retira à Lampsaque, en 428, où il mourut bientôt.

Il avait suivi les leçons d'Anaximène ; aussi sa philosophie garde le caractère physique de l'École Ionienne, quoiqu'il s'en éloigne en affirmant plus nettement le principe intelligent ordonnateur du monde. Toutefois il semble qu'Anaxagore ne s'est pas élevé à la vraie notion de Dieu ; car Aristote et Platon disent formellement qu'il ne fait intervenir l'intelligence dans le monde que comme une machine, pour expliquer les phénomènes, alors seulement qu'il ne peut plus les expliquer autrement.

Anaxagore suppose comme matière du monde un nombre infini d'éléments, que leurs ressemblances et leurs différences distinguent en groupes très-nombreux. Ce sont comme les parties similaires de toutes les substances; c'est pourquoi il les appelle: *homéoméries* (ὁμοιομέρειαι). Ces éléments séparés sont invisibles à nos sens, et par suite leurs propriétés le sont aussi; mais quand ils sont unis en grand nombre pour former un corps, nous apercevons et le corps et ses propriétés. Il distingue les éléments des substances, des éléments des couleurs, et croit que les composés ne sont jamais entièrement purs de tout mélange d'éléments discordants.

Ces éléments ont été d'abord sans mouvement, dans un mélange confus, puis l'intelligence (νοῦς) est venue y faire régner l'ordre. C'est ainsi, selon Anaxagore que le monde a commencé. Avant cet ordre, il n'y avait dans ce chaos de parties similaires invisibles, ni forme, ni couleur, ni substance distincte, ou du moins perceptible. Il n'y avait pas non plus de mouvement, pas même la possibilité du mouvement; car il n'y avait pas de vide. En effet, dit Anaxagore, il n'y a pas de vide dans l'infini; et d'un autre côté, il n'y a pas d'espace autour de l'infini; car l'infini est en lui-même et ne peut être contenu par rien.

Donc par l'action de l'intelligence le mouvement se produisit d'abord en un point, puis se communiqua au tout. Les éléments se groupèrent d'abord selon leur densité. Ainsi se formèrent et se séparèrent: la terre, l'eau, l'air et l'éther, qui n'est autre chose que le feu. Bientôt par de nouvelles agglomérations se formèrent le soleil, la lune et les étoiles: car l'éther, par la force de son mouvement enlève de la terre des pierres, qui deviennent des astres. Puis, quand ce mouvement se ralentit, ces pierres retombent (ce sont les aérolithes). Anaxagore fait naître les plantes après le soleil, parce qu'il voit que sa chaleur les fait vivre. Vinrent ensuite les animaux, qui naquirent du limon de la terre échauffée par le soleil, et l'homme avec eux.

Anaxagore savait que la lune est un corps opaque; il donna la véritable théorie des éclipses; reconnut que la voie lactée est formée par un grand nombre d'étoiles, et supposa que les comètes étaient formées de même par la réunion de plusieurs planètes. Il supposait que l'axe du ciel avait passé d'abord par le milieu de la terre, que l'écliptique avait correspondu à l'équateur, et que l'intelligence avait incliné la terre vers le sud, pour produire les variétés des saisons. Le monde ainsi formé ne doit plus retourner au chaos, car l'intelligence ne peut pas permettre le désordre.

Cette intelligence qu'Anaxagore reconnait comme nécessaire à l'ordonnance du monde, n'est pas pour lui un être distinct du monde; elle l'anime en le pénétrant tout entier. Les hommes participent à cette même intelligence, sans qu'elle soit personnelle à chacun d'eux. Bien plus les animaux, les plantes elles-mêmes sont aussi animées de cette même intelligence, et s'ils n'ont pas les mêmes pensées et les mêmes sentiments c'est que leur organisme ne s'y prête pas.

On voit qu'Anaxagore ne se fiait pas seulement au sens, mais qu'il raisonnait, qu'il admettait comme source de la connaissance les données de la raison.

D'ailleurs il ne nous reste de lui que des fragments de sa théorie physique, et nous n'avons que peu de données sur ses théories psychologiques et morales.

On est obligé de reconnaitre dans les théories d'Anaxagore, un vrai travail philosophique. L'observation et la raison y ont leur part, quoique les conclusions ne soient pas toujours légitimes. Mais on ne saurait pourtant ne pas voir sous ce système raisonné un fonds d'idées qu'Anaxagore a emprunté à la tradition. Ce philosophe nous apparait comme un homme qui aimait à se rendre raison des choses, et qui rabaissait jusqu'à lui les principes, quand il ne pouvait s'élever jusqu'à eux. C'est une disposition intellectuelle et morale que nous rencontrerons souvent dans cette histoire, et dont nous avons pour notre part, trouvé beaucoup d'exemples autour de nous. C'est par cette tendance que la plupart des philosophes ont fait perdre d'un côté à la philosophie classique, autant qu'ils lui faisaient gagner de l'autre.

Anaxogare a fait progresser l'astronomie; il a maintenu pratiquement les droits de la raison et mis en lumière cette vérité: qu'il faut une cause intelligente à une œuvre qui manifeste l'ordre et un but proposé et atteint; mais il a rabaissé la notion de Dieu et de l'âme humaine, en les confondant avec l'univers matériel et en leur refusant la personnalité. De plus, comme ses prédécesseurs et comme tous ceux qui le suivirent dans la philosophie grecque, il a contribué a effacer de l'esprit du peuple l'idée de la création, en affirmant l'existence d'une matière éternelle.

73. Diogène d'Apollonie. — Diogène naquit à Apollonie, dans l'île de Crète. On le trouve à Milet vers l'an 500 et à Athènes vers 460. Il fut disciple d'Anaximène et connut certainement Anaxagore.

Il avait écrit un livre sur la nature, dont il ne nous reste que quelques fragments, cités par les Grecs ou par Cicéron.

Comme son maître et comme plusieurs Ioniens, il n'admet qu'un seul principe du monde; mais le premier il essaie de démontrer qu'on n'en saurait admettre plusieurs, par la raison, dit-il, que l'univers est un être vivant et organisé. C'est là ce qu'il appelle son principe indubitable.

Dès lors, ne pouvant admettre deux principes et, d'un autre côté, ne pouvant expliquer l'ordre du monde sans une intelligence qui ordonne la matière, il suppose un principe qui est à la fois matière et esprit: c'est *un air intelligent*.

Nous citons volontiers ici le jugement de M. Franck.

« C'est ainsi qu'en partant de l'unité, Diogène explique la dualité du monde. Au fond, que fait-il ? Il affirme et nie à la fois une seule et même chose, d'un seul et même être, considéré sous le même rapport et au même moment de son existence. Il échappe à une question embarrassante par une hypothèse absurde ; il nie le principe de contradiction et avec lui toute certitude. Sans doute, même dans les temps modernes, de plus grands esprits que Diogène n'ont pas craint d'associer dans l'être premier des attributs incompatibles ; mais cette association n'en est pas moins monstrueuse. »

Nous trouverons bientôt, dans Héraclite, un plus complet développement de l'absurde, et une plus grande ressemblance avec ces théories modernes que M. Franck flétrit justement de l'épithète de « monstrueuses. »

Avec ce principe, Diogène explique tout ; mais les explications elles-mêmes mettent mieux en évidence l'absurdité du principe. D'abord les quatre éléments ne sont que de l'air refroidi, qui en se solidifiant a lancé les parties plus légères dans toutes les directions : ce sont les étoiles et le soleil. Voilà pourquoi la terre est au centre du monde. — L'âme elle-même n'est qu'un peu d'air chaud ; la sensation n'est que l'ébranlement de l'air contenu dans nos organes ; et la pensée n'est que le passage rapide de l'air dans le sang.

Ce système est au fond un panthéisme assez matérialiste, et cependant le seul nom de l'intelligence, qui s'y trouve comme la négation du polythéisme, faillit coûter la vie à son auteur.

74. HÉRACLITE. — On sait qu'Héraclite naquit à Ephèse ; mais on ignore la date de sa naissance. Il florissait vers l'an 500. Diogène Laërce (*vie d'Héraclite*) nous apprend que son livre (περὶ φυσέως) était divisé en trois parties, dont la première traitait *de l'univers*, la deuxième *de la politique* et la troisième *de la théologie*. Sextus Empiricus nous apprend aussi que sa philosophie était aussi morale que naturelle. D'ailleurs l'obscurité de son style lui valut le surnom de « ténébreux ». Aussi les analyses que l'on a faites de sa philosophie diffèrent profondément.

L'un n'y voit qu'une doctrine physique, qui ne diffère de celles des autres Ioniens qu'en ce que le *feu* vient prendre la place de l'air ou de l'eau ; un autre y voit une doctrine morale relativement très-avancée ; la plupart y estiment surtout une théorie de la connaissance, dans laquelle le critérium de la vérité est *la raison universelle et divine* (ce qui paraît vrai au jugement de tous); enfin M. Fouillée, dans son *Histoire de la philosophie*, considère Héraclite comme le précurseur de Hégel, cherchant déjà non l'*être* mais le *devenir*, affirmant l'identité des contraires, l'identité de l'être et du non-être dans l'*universel devenir*.

Héraclite, au témoignage de Sextus Empiricus distingue comme moyen de connaître : les *sens* et la *raison*. Mais les sens sont de mauvais témoins. Le seul juge de la vérité c'est la raison, non pas la raison individuelle; mais *la raison universelle et divine*. « C'est pourquoi il faut se confier à la raison générale. Toutes les fois que nous nous mettons en communion avec elle, nous sommes dans le vrai; nous sommes dans le faux, au contraire, toutes les fois que nous nous abandonnons à notre sens individuel. » Voilà pour la logique. Mais son critérium vaut mieux que l'usage qu'il en fait.

En physique, Héraclite dit : « Rien ne subsiste; tout s'écoule, tout marche, et rien ne s'arrête. » « On ne descend pas deux fois dans le même fleuve; car ce n'est pas la même eau qui vient à nous. Et nous-mêmes, nous y descendons et n'y descendons pas; nous sommes à la fois et ne sommes pas. » Donc rien de stable : c'est l'universel changement. Pour mieux exprimer cette mobilité, il pose comme fonds unique de toutes choses le feu. Mais ce feu est à la fois matière et intelligence : c'est « un feu vivant (πῦρ ἀεὶ ζῶον), un feu intelligent (πῦρ νοερόν); un feu divin qui gouverne toutes les choses et ne s'éteint jamais. » Ce feu est animé, c'est un désir : un désir éternel de vivre et un dégoût éternel de vivre.

La loi de ce flux perpétuel des choses c'est l'union des contraires. « Unis tout et non tout, le consonnant et le dissonant; fais de tout un, et d'un, tout. »

C'est là la *guerre* des contraires, dont l'union produit l'harmonie. C'est la guerre (πόλεμος, ἔρις) qui engendre toutes choses. Ce monde, fils de la guerre, est comme le jeu d'un enfant sur le sable. »
« Le même être est vivant et mort; il veille et il dort; il est jeune et vieux. » C'est là une loi fatale, mais c'est aussi la justice. Car c'est cette loi qui règle toutes choses.

Cette loi de guerre et d'harmonie, cette juste fatalité c'est Dieu même. Dieu est l'unité même des contraires. C'est un « jour-nuit », un été-hiver »; c'est une « guerre-paix », un « rassasiement-faim ». On peut l'appeler ou ne pas l'appeler Jupiter.

« Le feu primitif devient tout et tout devient lui. Il s'éteint et meurt en eau, en air, en terre; puis la terre, l'eau, l'air, meurent et renaissent en feu. »

« Le monde, ce n'est ni un des dieux, ni un des hommes qui l'a fait, mais il a été, il est et il sera; feu toujours vivant, qui s'allume en mesure et s'éteint en mesure ». « Un jour l'embrasement consumera tout, mais pour renaître en un monde nouveau; et ce mouvement n'a pas de fin.

« L'âme est visible à travers le corps, comme l'éclair qui perce le nuage. » A la mort cette âme retourne au feu universel d'où elle est partie; elle redevient ce principe divin qui s'était éteint en âme et qui se rallume Dieu.

La loi morale consiste à dégager ce feu des liens du corps et à le faire remonter sans cesse comme une flamme pure, vers son principe.

En lisant ces pensées d'Héraclite, on ne peut éviter de les comparer avec les doctrines de l'Ecole allemande; et les ressemblances sont frappantes. Néanmoins nous hésitons à croire que le philosophe ionien ait pensé, comme Hégel, qu'il n'y a point de substance stable, mais seulement les perpétuels changements de l'universel devenir; que les contraires sont identiques; ou, comme les positivistes, que les phénomènes sont les seules réalités.

L'antiquité n'a jamais vu dans ces doctrines que le découragement d'une âme qui cherchait l'absolu, l'immuable, et ne le trouvait pas, parce qu'il ne considérait que les phénomènes qui changent, et ne savait pas s'élever à la substance et surtout à la cause première qui ne change pas. C'est cette recherche inquiète et vaine qui jeta Héraclite dans une sorte de scepticisme et fit dire de lui qu'il « pleurait sans cesse ».

Nous ne dirons rien de ses théories astronomiques, sinon que nulle part on ne trouve une aussi forte tendance à tout expliquer par de simples hypothèses, et que, de plus, toutes les hypothèses sont au moins fausses quand elles ne sont pas ridicules,

75. ARCHÉLAUS *(le physicien)*. — Archélaüs naquit probablement à Milet, vers l'an 470. On le trouve d'abord à Athènes, puis à Lampsaque, où il succéda à Anaxagore, l'an 426; il revint ensuite établir son école à Athènes, où il eut Socrate pour auditeur. C'est là qu'il fut surnommé *le Physicien*, à cause de la direction naturelle de sa philosophie, et par opposition à celle de Socrate, qui fut toute morale. Cependant Diogène Laërce, qui nous donne cette explication, lui attribue aussi une doctrine morale, que Socrate, dit-il, ne fit que développer.

La cosmogonie d'Archélaüs suppose d'abord deux principes : *le feu et l'eau*. Ces deux éléments, confondus, d'abord se séparent et donnent naissance à la terre et l'eau. Puis les quatre éléments se superposent par ordre de légèreté, et l'action du feu sur le limon de la terre donne naissance aux plantes, aux animaux et à l'homme.

On voit que, malgré leur désir de concevoir une doctrine nouvelle, ou de perfectionner celles de leurs prédécesseurs, tous les philosophes ioniens ne font que tourner dans un cercle d'idées, d'où ils ne savent pas sortir; et ce cercle d'idées ne renferme que les données de la cosmogonie traditionnelle.

76. Empédocle d'Agrigente. — Empédocle naquit à Agrigente, peu après l'an 500; car on le trouve dans toute sa gloire, en Sicile, l'an 444. Plus tard il vint à Athènes enseigner sa philosophie; mais ses concitoyens l'empêchèrent de retourner dans sa patrie, à laquelle cependant l avait rendu de grands services, et où il avait refusé d'être roi. « Prêtre et poète comme Orphée, médecin comme Hippocrate, physicien comme Démocrite, pour ses contemporains il fut plus qu'un roi, il fut un dieu; Platon et Aristote l'admirèrent; Lucrèce l'a chanté; la postérité peut lui donner une place parmi les hommes les plus éminents. » Tel est le jugement qu'en porte M. Henne, dans le *Dictionnaire* de M. Franck. Nous ne saurions accepter cette conclusion. Il manque à Empédocle la vraie notion de Dieu, et sous ce rapport il est bien au-dessous des Sept sages et même des philosophes qui l'avaient précédé. Bien plus, si nous en croyons un hymne de lui que cite Diogène Laërce, il veut se faire passer pour un dieu, et provoque les honneurs divins que la foule lui rend à raison des heureux résultats de sa science. C'est à peu près le portrait que nous en donne Lucrèce. Ne pouvant rentrer dans sa patrie, il finit ses jours dans l'obscurité, et mille fables coururent sur son compte. On supposa qu'il avait été enlevé au ciel, qu'il s'était noyé en passant la mer, qu'il s'était précipité dans le cratère de l'Etna.

Empédocle avait écrit plusieurs ouvrages: des tragédies, des épigrammes, un *hymne à Apollon*, un poème épique sur l'*Expédition de Xerxès;* quatre poèmes didactiques : *sur la Médecine*, *sur la Politique*, *sur la Nature*, *sur les Purifications;* et enfin un traité *de la Nature* (περὶ φύσεως). Tous ces ouvrages sont perdus; il ne nous reste que des fragments du dernier et quelques citations de deux autres.

Le traité *de la Nature* paraît avoir été divisé en trois parties: 1° de la connaissance et de l'univers en général; 2° des objets de la nature; 3° des dieux et des âmes.

Théorie de la connaissance. — L'homme est un être déchu, qui est tombé du ciel sur la terre parce qu'il a péché. Dès lors ni ses sens ni son intelligence ne peuvent lui donner la vérité. Les dieux seuls peuvent la lui enseigner. Il doit l'obtenir par la prière. — C'est le mysticisme.

Théorie du monde. — La matière du monde est éternelle. Rien ne naît; rien ne périt. A l'origine était le *sphérus* (σφαῖρος), sorte d'unité de tous les éléments en forme de sphère. Ces éléments divers sont maintenus dans l'unité par la force de l'amitié (φιλία) et c'est le sphérus lui-même qui est l'amitié, et cette amitié est un dieu. Mais la discorde (νεῖκος), le dieu de la guerre, le principe du mal, vient mettre la division dans les sphérus, et les quatre éléments (feu, air, eau, terre) se séparent.

Ces quatre éléments sont irréductibles; ils sont simples, parce qu'ils sont homogènes; ils sont composés, parce qu'ils sont formés de particules infiniment petites. Mais les vrais éléments ne sont pas ceux que nous voyons; ils sont des âmes; ils sont des dieux.

Après le dégagement des éléments, l'Amitié luttant contre la Discorde en a fait réunir une partie. De là les corps actuels. Empédocle explique cette formation par la *porosité* des corps d'un côté et d'un autre côté par les *effluves* de parties solides qu'ils émettent sans cesse. Ce qui produit tous les mélanges et tous les phénomènes.

FORMATION DES OBJETS DE LA NATURE. — Après la division du sphérus et la séparation des éléments, le ciel prit peu à peu par l'effet du mouvement, la forme qu'il a. Bientôt parurent le soleil et les astres, et au dessous les nuages. La chaleur du soleil échauffant la terre donna naissance aux plantes et aux animaux, qui n'avaient d'abord que des formes monstrueuses, mais qui se perfectionnèrent avec le temps. Les membres, d'abord séparés, se réunirent.

Ce perfectionnement se fait, sous l'impulsion de l'amitié, par la convenance entre les *effluves* et les *pores*. Ainsi s'expliquent les sensations et les sentiments, les perceptions des sens et toutes les opérations intellectuelles. L'esprit est composé des quatre éléments et réside dans le sang, qui procède de la même compositisn. Cependant l'âme n'est pas destinée à se décomposer.

DES DIEUX, DES DÉMONS ET DES AMES. — Empédocle parle, dans ses vers, d'un Dieu suprême, « qui n'a ni tête, ni bras, ni jambes, pur esprit, esprit saint et infini, dont la pensée rapide pénètre tout l'univers. » Ce dieu n'est autre chose que le sphérus, cause et matière du monde.

Au dessous sont les autres dieux: Jupiter, Junon, Pluton, l'Amitié et la Discorde; et au-dessous de ceux-ci, des dieux secondaires et les bons génies. Ils vivent dans un bonheur parfait sans éprouver les vicissitudes du monde.

Plusieurs de ces génies, poussés par la Discorde, se souillèrent de meurtre et d'injustice et furent précipités sur la terre qui les renvoya à la mer. La mer les renvoya à l'air, en sorte qu'ils sont rejetés par toute la nature, et, en proie à d'atroces supplices, ils ne s'occupent que de pousser les hommes au mal, tandis que les bons génies les poussent au bien. Chaque âme humaine a son bon et son mauvais génie.

Nos âmes aussi sont des esprits déchus. Elles viennent de la divinité; mais un grand crime les a fait précipiter dans l'enveloppe mortelle du corps. Elles doivent pendant trente mille ans passer par les corps des plantes, des animaux et des hommes, pour remonter enfin au ciel et y jouir d'un bonheur sans fin. Empédocle prétendait se souvenir d'avoir été arbre, oiseau et poisson.

Le bonheur final n'est accordé qu'à la vertu, qui consiste d'abord à respecter les objets de la nature. C'est pour cela qu'Empédocle ne voulait pas qu'on tuât les animaux, pour s'en nourrir. Cependant, il permettait l'usage des plantes, excepté la fève et le laurier.

OBSERVATION. — Tel est en résumé le système d'Empédocle. Nous avons suivi pas à pas l'article de M. Henne, cité plus haut, afin qu'on ne nous accuse pas de choisir les faits qui conviennent mieux à notre théorie. Et maintenant nous demandons : 1° si ce système renferme beaucoup d'idées philosophiques nouvelles ? 2° si la philosophie grecque s'y montre indépendante de toute doctrine révélée ? 3° si Empédocle s'y montre un des hommes les plus éminents ?

Pour nous, nous n'y voyons qu'une combinaison peu nouvelle des mêmes éléments tant de fois employés déjà, avec des traces bien plus évidentes de son origine révélée. C'est encore une fois la cosmogonie de tous les peuples, sans oublier l'œuf, qui prend ici un nom plus scientifique (le sphérus). C'est de plus le souvenir de la chûte des anges gardiens, du péché originel, de la révélation primitive, et la doctrine des anges gardiens. Oserait-on affirmer qu'Empédocle a puisé tout cela dans sa raison de philosophe ou dans son imagination de poète ? N'y voit-on pas clairement un témoin de plus de la tradition primitive ? Bien plus, cette affirmation que les animaux furent d'abord imparfaits, quoiqu'elle se présente sous des images ridicules dans le texte d'Empédocle, et que nous avons déjà vue dans d'autres cosmogonies, n'est-elle pas un reste d'une vérité géologique que les premiers hommes ont dû connaître et que la Genèse ne nous a pas conservée ?

Ajoutons maintenant une autre doctrine que nous trouvons dans le même article. Empédocle déclare que le monde porte dans tous ses détails la trace d'une intelligence, qui a tout ordonné pour une bonne fin. Cette intelligence, il l'appelle la Raison ou le Verbe (Λόγος). Seulement il n'en fait aucun usage dans l'explication des choses, comme Aristote le lui reproche justement. Nous ne lui savons pas moins gré de nous avoir appris qu'il connaissait ce principe ; et nous sommes d'autant plus fondé à dire qu'il le connaissait par tradition, que sa théorie ne le suppose aucunement, et que sa méthode ne pouvait nullement le conduire à le découvrir. Empédocle est donc le témoin le plus complet de ces vérités que le genre humain a connues d'abord et que l'imagination et la philosophie ont défigurées. Voilà en quoi et pourquoi nous apprécions sa théorie.

Prise en elle-même, et comme théorie philosophique, la doctrine d'Empédocle ne nous offre guère qu'un mélange assez heureux, quoique toujours faux, de toutes les doctrines précédentes. C'est tout à la fois un panthéisme, un dualisme, un matérialisme et un mysticisme. Et la loi de tout ce mélange c'est la nécessité.

77. Hippon, Cratyle, Hermotime. — On cite encore dans l'École ionienne quelques philosophes dont les travaux furent moins importants.

Hippon, de Rhegium, dont Aristote parle immédiatement après Thalès et qu'il déclare un penseur des plus grossiers, aurait admis, comme son maître, l'eau, pour premier principe des choses, et il en aurait fait en même temps l'âme du monde. Il semble avoir pensé que rien n'existe que ce qui tombe sous les sens.

Cratyle, disciple d'Héraclite, fut l'un des maîtres de Platon. Comme son maître il disait que les choses sensibles sont dans un écoulement perpétuel, et il en concluait que les sens sont trompeurs; la parole même est fausse, et il s'abstenait de parler, se contentant de remuer le doigt. Mais il admettait que les idées absolues sont vraies et subsistantes.

Hermotime, de Clazomène, passait pour capable de quitter son corps et de se transporter au loin avec son esprit seul. Ses disciples le tuèrent dans un de ces moments d'absence. Aristote déclare qu'il reconnut l'intelligence ordonnatrice du monde, avant Anaxagore.

On ne connaît pas la date exacte de la vie de ces philosophes.

§ 2. — École italique

78. Caractère de cette École. — Cette école tire son nom du lieu où elle fut établie, la Grande-Grèce, partie sud de l'Italie. Elle eut pour fondateur Pythagore, qui réunit ses disciples à Crotone, dans une sorte de communauté.

L'institut Pythagorique fut d'abord plus religieux que philosophique. Les initiations par lesquelles on faisait passer les nouveaux adeptes; le silence de plusieurs années et la vie austère qu'on leur faisait mener; les doctrines même qu'on leur enseignait d'abord, dans un langage symbolique; enfin le caractère surhumain que plusieurs ont attribué à Pythagore, et la foi aveugle que ses disciples avaient en lui, quand ces seuls mots: Le maître l'a dit (Αὐτὸς ἔφη), tranchaient tous les différents: tout cela donnait à leur réunion le caractère des *Mystères grecs*, plutôt que d'une école philosophique.

Mais en quoi consistait ce premier enseignement? C'est ce qui ne nous est pas parvenu. Car les doctrines y étaient tenues aussi secrètes que dans les autres mystères. Tout ce que nous en savons fait partie de la doctrine *exotérique* ou extérieure, et tient à la philosophie et aux mathématiques. Il est certain qu'il y avait aussi une doctrine *ésotérique* ou intérieure, que nous regrettons d'autant plus de ne pas connaître, qu'elle semble avoir contenu des doctrines traditionnelles plus précises que celles que nous avons pu rapporter.

79. Pythagore. — Pythagore naquit très probablement à Samos, en 608, ou selon d'autres en 570. Quelques-uns le font naître à Tyr, d'autres en Syrie, et même en Etrurie. Il est certain qu'il habita d'abord Samos, où il suivit les leçons de Phérécyde.

Il voyagea ensuite en Orient et en Egypte, se fit initier aux *mystères* de Crète, et de plusieurs autres sanctuaires, puis il revint à Samos, où il donna les dernières consolations à Phérécyde, et enfin vint s'établir à Crotone, dans la Grande-Grèce (partie sud de l'Italie), entre 530 et 520.

On croit qu'il donna des lois à la ville de Crotone. Il y exerça certainement une grande influence politique, qui par ses disciples s'étendit sur plusieurs villes de la Grèce. Mais une émeute populaire renversa leur autorité et Pythagore y perdit la vie.

Il est à peu près certain que Pythagore n'a rien écrit. Les *Vers dorés*, qui nous restent et qu'on lui attribue ne sont pas de lui. Les seuls monuments qui nous restent de sa doctrine sont des fragments d'un ouvrage de Philolaüs, et des citations ou des appréciations données çà et là par les anciens, parmi lesquels il faut mettre au premier rang Aristote.

Il eut un grand nombre de disciples, dont la plupart ne nous sont connus que de nom. Nous ne mentionnerons que ceux sur lesquels on a quelques renseignements.

80. Alcméon de Crotone. (Ve siècle). — Disciple immédiat de Pythagore. Alcméon passe pour l'inventeur des *dix catégories* de l'École Pythagoricienne. On lui fait dire que les astres sont des substances divines » et que « l'âme semblable aux dieux est immortelle comme eux. »

81. Timée de Locres. — Né à Locres (Grande-Grèce), vers 475, il y occupa plusieurs charges publiques. Il était estimé comme astronome. On lui attribue un *traité de mathématiques*, et une *vie de Pythagore*, dont il ne nous reste plus rien, et enfin un traité *de l'âme du Monde et de la Nature*, qui nous est parvenu, mais dont la ressemblance avec le *Timée* de Platon, fait croire qu'il n'a été écrit qu'après ce dernier ouvrage.

82. Ocellus de Lucanie (Ve siècle). — Disciple immédiat de Pythagore. Il est probable qu'il n'a rien écrit, quoiqu'on lui ait attribué quatre ouvrages, dont un seul nous serait parvenu : *De la Ge-*

nèse de l'Univers ; mais cet ouvrage manque d'authenticité. C'est un mélange de toutes les doctrines. — L'univers est éternel ; il est par lui-même ; il est sphérique, mais composé de deux parties : le ciel et la terre. Les choses terrestres ont trois principes : la matière, la forme (principe des contraires) et les éléments (composés de matière et de forme). Le genre humain est éternel, et doit se perpétuer par le mariage, dont l'auteur recommande fort la sainteté. Il expose aussi les principes de l'éducation morale des enfants. — Tout cela s'écarte des données pythagoriciennes.

83. PHILOLAUS DE CROTONE. — Philolaüs naquit à Crotone ou à Tarente, dans le V® siècle. Il fut disciple d'Arétas, qui était lui-même un disciple immédiat de Pythagore. A son tour, il fut le maitre d'Archytas de Tarente, et eut aussi pour auditeurs Symmias et Cébès, qui suivirent plus tard les leçons de Socrate. Il enseigna à Thèbes, en Béotie, et vint mourir à Héraclée, dans la Grande-Grèce.

Il mit en corps de doctrine les théories de son école, dans un ouvrage intitulé : *Les Bacchantes*, nom qui fait bien ressortir le caractère théurgique de la doctrine et de l'institut de Pythagore. Platon voulut avoir ce livre et l'acheta 100 mines (9.600 fr.) Il nous en reste d'assez nombreux fragments. Mais il est bien difficile d'y distinguer les théories de Pythagore lui-même de celles de Philolaüs, ou des autres disciples de la même école. On lui attribue plus particulièrement les théories astronomiques

84. ARCHYTAS DE TARENTE. — Né à Tarente, en 430, il y était encore en 396, quand Platon y vint. Disciple de Philolaüs, il instruisit lui-même Platon. Il fut six ou sept fois général en chef des Tarentins et fut toujours victorieux. Il mourut dans un naufrage sur les côtes d'Apulie, en 348.

On lui attribue l'invention de la poulie ; ce qui parait peu probable à une époque si tardive. Il est l'auteur d'une méthode pour obtenir un cube double d'un autre. Il avait fait aussi une colombe volante.

On a encore soixante fragments de ses écrits, tirés de plusieurs ouvrages, traitant de matières assez différentes ; mais tout n'est pas authentique.

Ne pouvant, avec les documents qui nous restent, attribuer à chacun des pythagoriciens sa propre doctrine, nous allons exposer le tout comme doctrine de l'école.

85. DOCTRINE DE L'ÉCOLE ITALIQUE. — Entre toutes les doctrines que l'on attribue aux différents Pythagoriciens, celle qui semble le mieux leur avoir été commune, qui semble constituer le principe même de leur langue symbolique et qui doit être de Pythagore lui-même, c'est la *théorie des nombres*, et la *théorie de la musique*, qui

en un sens dérive de la première, mais qui paraît avoir eu une importance aussi capitale.

On pourrait même croire que ces deux théories ne sont que la double forme sensible et rationnelle tout à la fois de la théorie transcendante du *limitant* et de l'*indéfini*. Les voici toutes les trois.

1° Rien n'existe que ce qui peut être connu. Rien ne peut être connu que ce qui est déterminé. Or tout ce qui est déterminé suppose : les *déterminations* ou les *limitants* et l'*intervalle* entre les déterminations ou l'*indéfini*. L'indéfini seul, l'intervalle seul n'est rien; il n'est pas appréciable; le limitant lui-même seul, n'est rien non plus, s'il ne détermine rien. Cependant l'unité de détermination, principe de toutes les autres, est conçue comme entourée de toutes parts par l'indéfini, et il en détermine un point. Au lieu que l'intervalle n'est concevable qu'à la condition d'avoir au moins deux limites. Ainsi la *monade* est la détermination simple, le principe de toute connaissance, de toute lumière, de toute réalité : la *dyade* est l'intervalle abstrait, l'obscurité, le principe passif, qui n'est rien par lui-même.

Il est clair que l'on pourrait dire tout aussi bien : le *limitant* et le *limité;* et alors on aurait la base même de la théorie d'Aristote, la *forme* et la *matière*, mais avec des termes profondément différents : car le limitant est le principe actif, comme la forme; et le limité est le principe passif, comme la matière. Mais les mots eux-mêmes jurent avec ce sens, et c'est ce qu'Aristote a bien vu : aussi, dans sa théorie, c'est la matière qui limite la forme; car la limite est une imperfection. Chez les pythagoriciens l'idée de limite est une idée de perfection : aussi ils disaient indifféremment le *limitant* et l'*intervalle*, ou le *fini* et l'*infini;* et dans cette opposition, le fini est le *parfait*, tandis que l'infini est l'*imparfait*. Il ne faut pas oublier cette opposition de langage avec nos idées d'aujourd'hui, si l'on veut comprendre la suite de leur doctrine.

C'est sur ces principes que sont fondées les *Catégories* pythagoriciennes, attribuées à Alcméon de Crotone et dont voici la liste : 1° le fini et l'infini, 2° l'impair et le pair, 3° l'unité et la pluralité, 4° le droit et le gauche, 5° le mâle et la femelle, 6° le repos et le mouvement, 7° le droit et le courbe, 8° la lumière et les ténèbres, 9° le bien et le mal, 10° le carré et les figures irrégulières.

2° *La théorie des nombres* se trouve en principe dans ce que nous venons de dire. L'*unité* est l'expression numérique de la monade. Elle est le principe de tous les nombres, et en particulier de tous les nombres impairs.

Le nombre *deux* est l'expression de la dyade, et en particulier de tous les nombres pairs. Aussi *nombre pair* est synonyme d'*imparfait*, tandis que *nombre impair* est synonyme de *parfait*. Cependant, comme tout ce qui existe est déterminé et renferme, avons-nous dit, des limites et un intervalle, il y a dans toutes choses: un *commencement* (première limite, un *milieu* (intervalle), et une *fin* (dernière limite). D'où il suit que la *triade* est l'essence de toutes choses, et que le nombre *trois* est le nombre parfait le plus simple. Il est impair, et de plus il a un commencement, un milieu et une fin; d'ailleurs il contient dans une *harmonie* la monade et la dyade.

Mais jusqu'ici nous n'avons encore que des ombres de réalité; car, géométriquement parlant, l'unité ou la monade, c'est le point; le nombre deux ou la dyade, c'est la ligne; le nombre trois ou la triade, c'est la surface (triangulaire). Il faut atteindre le nombre quatre, pour trouver l'étendue corporelle et subsistante. En effet le nombre *quatre* ou la *tétrade* détermine le solide le plus simple (la pyramide triangulaire, ou tétraèdre). Voilà pourquoi le nombre quatre avait, quoique pair, une grande valeur chez les Pythagoriciens. Les combinaisons de ces quatre premiers nombres donnaient tous les autres nombres, jusqu'à dix; savoir : $4 + 1$, ou $3 + 2 = 5$; $4 + 2$, ou $3 + 2 + 1 = 6$; $4 + 3$, ou $4 + 2 + 1 = 7$; $4 + 3 + 1 = 8$; $4 + 3 + 2 = 9$; $4 + 3 + 2 + 1 = 10$. La décade, ainsi formée de la réunion de tous les nombres primitifs, était le nombre le plus parfait. On révérait aussi le nombre 7, problablement à cause de sa composition ($4 =$ le monde matériel, $+ 3 =$ le monde divin, harmonie primitive du limitant et de l'indéfini).

M. Fouillée affirme qu'à raison de cette prédilection pour le nombre dix, ils employèrent la numération décimale, et que la fameuse table de Pythagore, bien différente de celle que l'on donne sous son nom, exposait précisément cette numération; enfin qu'ils sont les vrais inventeurs des *chiffres* dit *arabes*.

3° *La théorie de la musique* ne s'expose et ne se développe que par les nombres, mais elle dérive aussi immédiatement de la théorie transcendante. En effet:

Un son seul n'est rien en lui-même, ou du moins il n'est qu'une limite, et, semblable à la monade, il n'existe qu'autant qu'il est pris comme un point dans un lieu déterminé de la série des vibrations. Il est alors comme enveloppé de l'indéfini. Dès que l'on fait entendre *deux sons*, simultanés ou successifs, il y a entre eux un *intervalle*. Cet intervalle en lui-même est encore l'illimité, l'indéfini, mais il devient fini, déterminé, par les deux sons qui le terminent. Mais deux sons ou plusieurs à des intervalles convenables forment une *harmonie*. C'est ainsi que la *monade* et la *dyade*, le *fini* et l'*infini*, le *parfait* et l'*imparfait*, la *lumière* et les *ténèbres*, etc., quoique de nature contraire, peuvent s'unir par l'harmonie. Et, comme tout se compose de contraires, l'harmonie est la loi du monde.

Les applications de cette triple théorie primordiale fournissent une cosmogonie, une psychologie, une théodicée et une morale, où tout est appelé nombre.

4° *La cosmogonie* pythagoricienne peut se résumer ainsi : La dyade, d'abord unie et confondue avec la monade dans le premier principe, se sépare et devient la matière. Mais cette séparation n'est pas complète. Le principe limitant est toujours là pour déterminer cet indéfini qui est la matière et former les corps, toujours d'après les rapports numériques. Et comme le principe passif n'est, dans ce système, rien autre que le vide, et que les seules réalités actives sont les limites qui déterminent les nombres, ils disent que « tout est nombre. » Et comme les nombres ont déjà donné naissance aux diverses conditions de l'étendue, et engendré les corps en tant qu'étendus, ils vont servir à engendrer aussi leurs divers degrés d'être. Ainsi le nombre *cinq* engendre l'existence physique, distincte du volume abstrait représenté par quatre. Sans doute parce qu'il y a une réalité qui est le milieu du volume. Après cela, *six* est la vie végétale; *sept*, la vie animale; *huit*, la vie humaine; *neuf*, la vie ultramondaine, et *dix*, la vie divine. Les raisons qu'ils pouvaient donner de ces symboles numériques ne nous sont pas parvenues, et nous ne les apercevons pas. Dans cette théorie, les nombres sont-ils toute la réalité des choses, ou n'en sont-ils que la loi ? Il paraît que les deux opinions ont successivement été adoptées dans l'école, et que la première y fut la plus anciennement reçue.

5° *La théorie de l'âme* dérive de la même source. Le corps est un nombre; mais c'est un nombre qui se meut. L'âme est l'harmonie du corps, mais cette harmonie préexiste au corps, et lui survit. En effet l'âme passe par diverses existences, et va d'un corps dans un autre jusqu'à ce qu'elle soit entièrement détachée de la dyade. Les idées de l'âme sont des nombres aussi ; ces nombres sont les raisons des choses, les lois, les essences, les harmonies de tout ce qui est. L'âme est dans le corps comme dans une prison ; elle y a été jetée en punition d'une faute. Les pythagoriciens déclarent tenir cette doctrine des anciens théologues et devins *(Philolaüs, cité par Clément d'Alexandrie.)*

6° Pour établir leur *doctrine sur Dieu*, les pythagoriciens remontaient au premier principe des choses, et comme nous avons vu les Ioniens concevoir Dieu de la même nature que le principe du monde; comme nous verrons les écoles suivantes concevoir Dieu, conformément au principe de leur théorie et l'appeler : substance, idée, acte pur ; de même, pour les pythagoriciens, Dieu est un nombre. Il est le premier de tous les nombres : la monade, l'unité. Mais c'est l'unité harmonique, qui renferme en elle tous les nombres, tous les contraires. Il est pair est impair ; il réunit le bien et le mal ; et ce mélange des deux principes est éternel. Il est tout à la fois l'unité, la décade, la tétrade et la triade. Il est tout à la fois le principe et l'élément du monde; il n'est pas séparé du monde; il en est l'âme; cependant il est au-dessus du monde. « Il y a un Dieu, dit Philolaüs, qui commande à toutes choses, toujours un, toujours seul, immobile, semblable à lui-même, différent du reste. » Malgré ce texte, il ne paraît pas que les pythagoriciens se soient élevés au-dessus du panthéisme, pour concevoir un Dieu personnel.

7° Leur *morale* dérive des principes ainsi posés : L'âme, emprisonnée dans le corps, doit expier sa faute et se dégager de la dyade, par la pratique de la tempérance et de toutes les vertus; mais il ne lui est pas permis d'abandonner son poste par le suicide. Les vertus sont aussi des harmonies qui ont leur nombre propre. La justice est un carré parfait.

8° L'*astronomie* elle-même devait concorder avec la théorie des nombres, car les nombres sont les raisons de tout. Ainsi la terre ne doit pas être le centre du monde, car elle est mêlée d'imperfections. Le centre du monde doit être lumineux et immobile. Autour de ce feu central doivent se mouvoir dix planètes. Leur orbite doit être circulaire; c'est un mouvement parfait, parce qu'il n'a pas de fin. Elles doivent être au nombre de dix, à raison de la décade. Si bien que, ne connaissant que neuf planètes, ils en supposaient une dixième inconnue, qu'ils appelaient l'*antipode*. Les distances de ces planètes sont comme les intervalles des sons, et les planètes se meuvent en proportion de leur distance. Ces mouvements plus ou moins rapides doivent produire des sons que nous n'entendons pas, parce qu'ils sont trop graves ou trop éloignés. C'est là l'harmonie des planètes.

Cependant avec ces conceptions *(a priori)* ils atteignirent des vérités, ils connaissaient la cause des éclipses et des phases de la lune, ils devinèrent le vrai système planétaire, et plus tard Aristarque n'eut qu'à remplacer le feu central par le soleil, pour avoir le système de Copernic, deux mille ans avant lui. Ils connurent aussi les lois mathématiques des sons et estimèrent que les intervalles s'expriment par des rapports simples.

86. OBSERVATION. — Pour juger toute cette théorie, il faudrait en connaître le vrai sens et en avoir une exposition suivie, donnée par les pythagoriciens eux-mêmes. Au contraire nous n'en avons que des symboles, et encore ils sont épars et tronqués. Il a fallu les recueillir dans cent ouvrages divers, et pour les faire concorder, plusieurs générations de philosophes et d'historiens n'ont pas été de trop. Ce n'est qu'après leurs travaux que nous pouvons aujourd'hui présenter, dans un ensemble assez bien coordonné, ce qui nous reste de cette doctrine.

Peut-être n'est-ce là que l'enveloppe verbale et mystérieuse d'une doctrine beaucoup plus vraie que celle que nous y découvrons; doctrine qui, dans tous les cas, n'était pas une découverte philosophique, mais bien une explication raisonnée des vérités traditionnelles. En effet, au fond de tous ces nombres, on sent l'affirmation de Dieu, de l'âme, de sa liberté et de son immortalité, la faute originelle même et son expiation. Tout cela n'y est pas découvert par les principes, mais apparaît comme autant de vérités précédentes, qu'il s'agit de faire concorder avec la théorie ou le langage symbolique des nombres, et dont il faut trouver les harmonies.

On dira peut-être que, par esprit de système, nous voulons voir partout une origine traditionnelle aux données philosophiques. Pour répondre à cette accusation, nous prierons seulement qu'on relise ce qui précède, qu'on en vérifie l'exactitude dans tous les historiens de la philosophie que nous avons résumés et fondus ensemble, et l'on verra clairement que nos conclusions sont légitimes.

§ 3. — ÉCOLE ÉLÉATIQUE

87. CARACTÈRE DE CETTE ÉCOLE. — L'école éléatique, qui a pour chef Xénophane, tire son nom de la ville d'Elée, dans la Grande-Grèce, où ses adeptes enseignèrent. On l'appelle aussi *Ecole métaphysicienne d'Elée,* par opposition à l'école atomistique, dont nous allons parler bientôt, et qui était appelée Ecole physicienne d'Elée.

Cette école dérive de celle de Pythagore et est aussi idéaliste; mais elle prend un autre point de départ et arrive au panthéisme pour finir, si nous en croyons Sénèque, par le scepticisme.

Elle ressemble à l'école italique, en ce sens que, comme elle, elle construit sa doctrine *a priori;* tandis que l'école ionienne partait des données des sens pour s'élever, par une sorte d'induction sans bases suffisantes, aux premiers principes des choses. Elle pose aussi en principe l'unité, Dieu ou l'être, et ne distingue pas Dieu du monde. Toutefois elle en comprend mieux les attributs et les démontre. Enfin elle efface le monde pour ne voir que Dieu; mais la notion de Dieu s'efface devant celle de l'être absolu, qui s'efface à son tour devant l'unité.

88. XÉNOPHANE. — Xénophane naquit à Colophon, dans l'Asie-Mineure, en 620 ou en 617. Il avait au moins quatre-vingts ans quand l'invasion de sa patrie par les Perses l'obligea à s'expatrier. Il vint d'abord en Sicile, puis s'établit à Elée, colonie phocéenne, alors récente, dans la Grande-Grèce. Il composait des vers et les chantait, gagnant ainsi sa vie dans le métier de rhapsode. Il supporta courageusement ses revers, et mourut à l'âge d'environ cent ans, probablement à Colophon.

Il ne fonda pas précisément une école, mais il eut des disciples qui développèrent ses doctrines.

Il n'a rien écrit, mais il nous reste des fragments d'un poème, qu'il chantait, *sur la nature*. Ses doctrines sont exposées par les auteurs anciens, mais elles ne forment pas un tout. Dans toutes ces citations on peut trouver une théorie de Dieu et une théorie du monde.

Il enseigne formellement l'unité de Dieu, son éternité, sa perfection, sa toute-puissance et sa simplicité. Il reproche aux polythéistes de se faire des dieux à leur image, et fait ressortir le ridicule de cet usage, en disant : « Les Éthiopiens représentent les dieux noirs et camus ; les Thraces avec des yeux bleus et des cheveux roux. » — « Si les bœufs ou les lions avaient des mains, s'ils savaient peindre, ils peindraient aussi des images des dieux, avec des corps de la même forme que les leurs. » Il semble que son but principal soit de combattre le polythéisme.

Il ne se contente pas d'affirmer les attributs de Dieu, il essaie de les démontrer. L'argument qu'il emploie pour démontrer que Dieu ne peut pas naître, le mène à considérer le monde comme une illusion ; car, dit-il, ni le semblable ne peut naître du semblable, puisque, dès que l'un serait produit par l'autre, ils ne seraient pas semblables ; ni le dissemblable ne peut naître du dissemblable ; car, si le plus grand naît du plus petit, l'être sort du non-être, et si le plus petit naît du plus grand, c'est le non-être qui sort de l'être. — Il est plus heureux quand il démontre que l'être qui n'est pas né, est par lui-même, et que dès lors il ne peut mourir ; qu'un pareil être est parfait et tout-puissant et que dès lors il n'y en a qu'un ; que l'être éternel est immuable, et que dès lors il n'a rien de matériel. — Il n'en est pas moins vrai que, dans la pensée de Xénophane, il n'existe qu'un seul être, et tout ce qui nous paraît multiple n'est que fantôme. C'est pourquoi on lui attribue cette doctrine que « l'unité seule existe. »

Ainsi quand il parle du monde il dit que tout est opinion, et qu'on ne peut rien savoir de certain. Or son opinion était que la terre a la forme d'un cône tronqué, dont la base se perd dans l'infini ; que l'humidité de la terre vient de ce que la mer l'a autrefois envahie ; que le soleil et les étoiles ne sont que des nuages qui s'enflamment le matin ou le soir, et s'éteignent le soir ou le matin ; enfin que la chaleur en échauffant la terre y produit les végétaux et les animaux.

Cependant quelque fantastique et illusoire que soit ce monde, Xénophane dit formellement que Dieu le gouverne, qu'il sait tout, qu'il entend tout, et que son intelligence est bien supérieure à celle des hommes.

89. APPRÉCIATION. — Xénophane paraît n'avoir jamais eu conscience du panthéisme que l'on reconnaît dans sa doctrine.

C'est jusqu'ici, au contraire, la plus pure idée de Dieu que nous ayons rencontrée dans la philosophie grecque ; mais, si Xénophane justifie son idée de Dieu par les vues de la raison, ce n'est pas à dire pour cela qu'il l'ait trouvée de lui-même. En effet, il ne démontre pas l'existence de Dieu, ni la nécessité de le concevoir comme cause première ; au contraire il pose Dieu en principe et en démontre seulement les attributs comme nous l'avons indiqué. On ne peut donc pas dire de lui plus que des philosophes antérieurs qu'il ait découvert les vérités philosophiques. D'ailleurs, si Xénophane a exposé philosophiquement une idée plus exacte de Dieu, sa théorie n'a eu dans ce sens aucune influence sur le reste de la philosophie grecque; car tous les anciens, et ses disciples mêmes, n'y ont vu que l'unité de l'être absolu et le panthéisme.

90. PARMÉNIDE. — Parménide naquit à Elée. Les historiens placent sa naissance entre 536 et 519. On le croit disciple de Xénophane. A l'âge de 65 ans, il fit un voyage à Athènes, avec son disciple Zénon (entre 471 et 454), pour y étudier de plus près les doctrines des Ioniens, qu'il voulait combattre.

Il ne nous reste de lui que des fragments d'un poème *sur la Nature*, où il traitait en deux parties : *de la vérité et de l'opinion*, c'est-à-dire 1° de l'être en soi, connu par la raison, et 2° des choses variables ou des phénomènes connus par les sens.

L'exorde est une allégorie poétique. Les filles du soleil conduisent le poète dans un pays inconnu aux hommes, à la demeure de *Diké*, qui lui révèle la vérité. Voici ce qu'elle lui enseigne :

Tout ce que nous percevons par les sens n'est que la série des fantômes d'un songe, et l'étude des phénomènes ne peut produire la science. Illusion pour illusion, qu'importe que l'on place la terre ou le soleil au centre du monde ? qu'importe que l'on donne pour principe aux phénomènes un seul élément ou plusieurs; l'eau ou l'air, le feu ou la terre, ou les quatre ensemble, séparés par la haine ou unis par l'amour ? Tout cela n'est que fable.

La vérité n'est connue que par la raison. La vérité est absolue, éternelle et immuable. Dès lors tout ce qui change ne peut être l'objet de la vérité. La seule vérité c'est l'être absolu, qui ne change pas, qui n'a pas commencé et ne peut cesser d'être. En dehors de l'être tout est néant; et le néant ne peut être ni affirmé, ni nié, ni même être conçu.

L'être est un et indivisible, car s'il avait des parties, il serait tout à la fois et lui-même et autre chose que lui-même. Pour la même raison l'être est immuable, et dès lors le mouvement est impossible. L'être est éternel, car il ne peut pas venir du néant; enfin il est parfait, car comme être il ne peut manquer de rien : le néant seul manque, et manque de tout.

La pensée, à son tour, n'est que la conception de l'être, et par suite elle est la même chose que l'être. Mais il ne s'agit ici que de la connaissance rationnelle.

Comme doctrine physique ou théorie des phénomènes, il part de deux principes, le chaud et le froid, ou le feu et la terre; leur mélange produit l'air et l'eau. Tout est d'abord mélangé dans une sphère, mais une puissance centrale y opère les séparations et les réunions, qui produisent les phénomènes. Ainsi cette puissance est tout à la fois l'amour et la haine. Elle a fait produire à la terre d'abord des membres séparés, qui se sont réunis plus tard. Les autres détails de sa théorie physique ne ressemblent pas moins aux théories d'Anaximandre et d'Empédocle, qui lui est postérieur. Mais tout cela pour lui n'est qu'opinion.

91. Appréciation. — Parménide accepte donc sans hésiter le panthéisme idéaliste le plus formel. Cette doctrine est d'abord le résultat d'une réaction contre le matérialisme ionien, puis un développement des idées de Pythagore et de Xénophane, quoique Parménide attaque les pythagoriciens aussi bien que l'école ionique.

En effet, il ne pose pas d'abord l'unité, comme on l'a dit souvent, mais l'être. Il ne voit partout que l'être et lui donne tous les attributs que Xénophane donne à Dieu ; mais il en apporte de nouveaux arguments.

92. Zénon d'Élée. — Zénon naquit à Elée, dans la Grande-Grèce, probablement en 490, quoique d'autres fassent remonter sa naissance à 500. En effet, il avait quarante ans, quand il vint à Athènes avec son maître Parménide, et Socrate, qui naquit en 470, les entendit. Ce voyage n'eut donc pas lieu avant 450. Zénon s'attacha à Parménide et se livra avec ardeur à la philosophie, mais en même temps il se montra plein de dévouement pour la liberté de sa patrie, qu'il voulait arracher à la domination d'un tyran. Son entreprise échoua, et il fut pris. De peur de dévoiler ses complices, il se coupa la langue avec les dents. Le tyran le fit, dit-on, piler dans un mortier.

Zénon a écrit en prose, et dans une forme qui se rapproche du dialogue ; c'était pour défendre les doctrines de son école contre celle des Ioniens. Il ne nous reste que les noms de trois de ses ouvrages : *Les Disputes*, *Exégèse d'Empédocle* et *Contre les philosophes naturalistes*. La manière dont il traitait les questions nous est donnée par Platon, dans l'introduction du *Parménide*. Le livre dont Platon parle en cet endroit sans le nommer était divisé en chapitres, et les chapitres contenaient un certain nombre de propositions ou hypothèses, que Zénon prend chez ses adversaires et s'efforce de presser jusqu'à des conséquences absurdes.

« Mon ouvrage, dit Zénon, répond aux partisans de la pluralité, et démontre que cette supposition conduit à des conséquences encore plus ridicules que la supposition que tout est un. »

Ainsi Zénon garde la doctrine de son maître, mais il la présente, non plus comme fondée sur l'être, mais comme fondée sur l'unité. Ce qui a sans doute fait croire que tel était le sentiment de Parménide. De plus, au lieu d'apporter de nouveaux arguments en faveur de l'unité, il essaya de démontrer l'impossibilité métaphysique de la pluralité. Pour cela il attaque la divisibilité de la matière et le mouvement.

Si la matière est divisible, les parties seront étendues ou inétendues. Étendues, elles seront encore divisibles ; inétendues, leur réunion ne pourra pas constituer l'étendue. Ou mieux encore : Si les corps sont divisibles, leurs parties doivent l'être aussi, car le tout ne saurait être d'une autre nature que les parties composantes. Mais alors ces parties sont aussi divisibles et ainsi jusqu'à l'infini. Donc si les corps sont divisibles, ils sont divisibles à l'infini. Mais si cette division s'opère, les parties n'existent plus. Donc le composé manque d'éléments composants. Donc il n'existe pas.

Le mouvement est impossible parce que : 1° pour parcourir un espace, le corps en mouvement devrait parcourir une infinité de points ; 2° ce qui court le plus vite ne peut pas atteindre ce qui court plus lentement. *Achille* est en arrière de vingt pas sur *la tortue*, et il fait vingt pas tandis que la tortue en fait un ; mais pendant qu'il fait ce pas, la tortue fait un vingtième de pas, et ainsi de suite ; 3° la flèche qui vole ne se meut pas là où elle est puisqu'elle y est : elle ne se meut pas là où elle n'est pas : elle ne se meut donc nulle part, et son mouvement est une succession de repos. 4° deux corps animés de la même vitesse en sens contraire, dans un espace donné, mais partant l'un du milieu, l'autre de l'extrémité, parcourront, dans le même temps et en employant la même vitesse, un espace double l'un de l'autre.

Absolument parlant ce sont là des sophismes assez grossiers ; mais Zénon raisonnait dans l'hypothèse des Ioniens, qui, posant en principe le multiple, ne pouvaient démontrer la continuité du temps ni de l'espace. D'ailleurs il ne niait pas l'apparence du mouvement ; mais il niait que ce changement de lieu apparent fût une réalité.

Il pensait, en détruisant ainsi la possibilité du mouvement réel, détruire en même temps le temps et l'espace réels, et par suite la possibilité même de la pluralité, pour ne laisser subsister que l'unité absolue.

Cependant Sénèque l'accuse d'avoir été jusqu'à nier l'unité. « *Si Parmenidi (credo), nihil est præter unum ; si Zenoni, ne unum quidem.* » Mais nous croyons cette accusation mal fondée ; car Zénon n'est pas sceptique, mais panthéiste, dans tout ce qui nous reste de lui.

93. Mélissus de Samos. — Le dernier représentant de l'école éléatique, Mélissus, qui était né à Samos, et y enseignait vers 450, fit quelques changements à la doctrine de ses maîtres.

Il admet le temps et l'espace, que Zénon avait niés, et leur attribue l'être et l'infini. Il croit que l'être absolu est étendu comme l'espace et dure comme le temps. Par suite il n'y a pas de vide, et le mouvement est impossible. Pourtant cet être étendu n'est pas divisible ; et la matière, qui est multiple et variable, n'existe pas.

§ 4. — ÉCOLE ATOMISTIQUE

94. CARACTÈRE DE CETTE ÉCOLE. — Venue après l'école métaphysicienne d'Élée, l'école atomistique se donna pour mission de la combattre. C'est comme une protestation des sens contre les prétendues conclusions de la raison pure. Les Éléates avaient nié la matière, en niant la divisibilité, le mouvement et le vide ou l'espace; les Atomistes affirmèrent le vide comme nécessaire au mouvement et posèrent en principe les particules étendues qui composent les corps, et les appelèrent atomes ; mais à leur tour ils nièrent l'unité et surtout l'être absolu, Dieu, que les Éléates avaient affirmé à l'exclusion de tout autre être. Et s'il est probable que, vaincus par le témoignage des sens, les Éléates avaient fini par douter de leur doctrine et pencher vers le scepticisme, il est certain que les Atomistes, qui d'abord avaient élevé leurs théories sur les seuls témoignages des sens, ne purent résister aux protestations de la raison et doutèrent de leur science, au point de dire que « nous sommes incapables de savoir si nous savons quelque chose, ou si nous ne savons rien; s'il existe quelque chose, ou s'il n'existe rien »; et l'un des représentants de cette école eut pour disciple Pyrrhon, le fondateur de l'école du scepticisme.

Ainsi doit finir toute recherche philosophique qui se sépare de la tradition commune du genre humain et qui n'accepte pas simultanément l'autorité de toutes les facultés humaines.

95. LEUCIPPE. — On ne sait rien de bien précis sur le lieu ni la date de la naissance de Leucippe, que tous les anciens ont considéré comme le chef de l'école atomistique. Quelques-uns le font naitre à Milet, d'autres à Abdère, colonie grecque de la Thrace, et il a dû naître avant l'an 500.

Pour mieux répondre aux doctrines de l'école éléatique, il démontre d'abord l'existence du vide, comme nécessaire au mouvement. Il établit ensuite que la matière est divisible, en s'appuyant sur le témoignage des sens, mais cette divisibilité a un terme où il reste les *atomes*, étendus mais invisibles. Ces atomes, en nombre infini, se meuvent dans le vide infini. Ils ont comme propriétés essentielles la solidité, la figure et le mouvement; leur solidité est indestructible ; leurs formes sont variables; leur mouvement est essentiel, mais il n'est pas le même pour tous.

L'âme est un composé d'atomes de feu, et la vie n'est que le flux et le reflux de ces mêmes atomes, tour à tour aspirés par les êtres vivants.

Là s'arrête ce qui est certainement de Leucippe dans les théories atomistiques. Tout le reste parait devoir être attribué à Démocrite.

Si Leucippe a écrit quelques ouvrages, il ne nous en reste rien ;

mais Aristote, Diogène Laërce et les autres anciens le nomment toujours à côté de Démocrite, quand ils exposent les doctrines que nous venons de résumer.

96. Démocrite. La date de la naissance de Démocrite n'est pas plus précise que celle de son maître. On la fixe à 460, à 470 et même à 494. Mais il est certain qu'il naquit à Abdère. On raconte que Xerxès, retournant en Perse, s'arrêta chez son père, et en reconnaissance lui laissa des mages pour instruire le jeune Démocrite. Ce fait aurait eu lieu vers 480. On tient d'ailleurs pour certain que Démocrite puisa ses doctrines dans l'Orient. Plusieurs ont affirmé qu'il visita l'Inde, la Chaldée, la Perse, l'Ethiopie, l'Égypte et la Grande-Grèce. Il serait aussi venu à Athènes, où il aurait entendu Anaxagore et Socrate. On ajoute enfin, qu'ayant dépensé toute sa fortune dans ces voyages, il lut en assemblée publique à Abdère, pour éviter la loi contre les dissipateurs, son ouvrage intitulé Μέγας διάκοσμος, et que ses concitoyens lui donnèrent 500 talents (d'autres disent 50). On dit qu'il vécut 104 ou 108, ou même 109 ans; Diodore ne lui en attribue que 90.

Instruit de tout ce que l'on savait de son temps, et développant par ses propres recherches les connaissances qu'on lui avait enseignées, il fit des études sur les plantes et sur les animaux. Selon Diogène Laërce, il avait écrit plus de 72 ouvrages sur toutes les matières. Il ne nous en reste que quelques lambeaux.

Démocrite adopte toutes les théories de son maître Leucippe, et s'efforce de les démontrer et de les développer.

Et d'abord, il y a du vide : 1° parce qu'il y a du mouvement; 2° un sac de cendres, par exemple, peut toujours recevoir une certaine quantité d'eau, sans augmenter de volume ; 3° une outre de vin peut être comprimée ; 4° la nutrition introduit dans les corps des substances nouvelles, sans qu'ils augmentent de volume. Tout cela suppose que les corps sont composés de parties distinctes, et qu'entre ces parties il y a du vide.

En second lieu : divisez un corps autant que vous le voudrez ; il en reste quelque chose, ou il ne reste rien. S'il ne reste rien, le corps se composait de rien, ce qui est absurde; s'il reste quelque chose, les parties qui demeurent sont étendues ou inétendues. Si ces parties sont inétendues, des néants d'étendues forment une étendue, ce qui est absurde ; si elles sont encore étendues la divisibilité a une limite. Donc, il faut admettre les *atomes* et le *vide* (la matière et l'espace).

Le vide est infini. Les atomes sont en nombre infini, et de plus, ils sont éternels ; car *rien ne sort du néant, rien n'y retourne*. Démocrite est le premier qui ait affirmé si catégoriquement l'impossibilité de la création. Jusqu'ici nous n'avions vu que des tendances à la nier ou à en fausser le sens, tandis que plusieurs l'admettaient implicitement. Désormais nous n'en trouverons plus que des traces bien obscures, au milieu de l'affirmation générale de l'éternité de la matière, si ce n'est dans les systèmes idéalistes, jusqu'à l'apparition de la philosophie chrétienne.

Les atomes sont invisibles, la raison seule les conçoit. Leur nature est la même ; ils ne varient que dans leurs formes, et, selon Démocrite, c'est leur forme qui détermine l'intensité et peut-être la direction de leur mouvement.

D'ailleurs le mouvement en général n'est pas essentiel aux atomes ; immobiles de leur nature, ils sont éternellement en mouvement ; Démocrite n'en recherche pas la cause. Le mouvement est rectiligne, oscillatoire ou circulaire. Ce dernier est le plus parfait.

Par les effets de ces mouvements divers, les atomes se rencontrent et s'attachent ensemble ou s'éloignent. Ainsi naissent et périssent tous les corps. C'est ainsi que la terre s'est formée par des additions successives. Démocrite croit qu'elle a la forme d'un cylindre creux par en bas.

Démocrite essaye d'expliquer par la grosseur et la forme des atomes toutes les propriétés des corps. Il croit y réussir pour tout ce qui est analogue aux qualités tangibles ; mais ne pouvant expliquer ainsi selon lui, le chaud et le froid, les couleurs et les saveurs, il prend le parti de les nier, et dit que ce sont des illusions..

L'âme est un composé d'atomes de feu, ronds et subtils, qui pénètrent dans toutes les parties du corps et lui donnent la chaleur et la vie. Il y en a de semblables dans les plantes, les animaux et dans tout l'univers ; ils sont l'âme du monde. La respiration les renouvelle ; ceux qui entrent arrêtent la sortie des autres, et quand cet équilibre est rompu, ces atomes s'échappent, et l'être, l'animal meurt. L'âme est donc mortelle comme le corps.

La pensée elle-même n'a pas d'autre cause que ce flux et ce reflux des mêmes atomes ; seulement les atomes de la pensée habitent la poitrine, tandis que ceux de la vie habitent le reste du corps. La pensée n'est d'ailleurs qu'une sensation causée par le choc des atomes que tous les corps projettent de leur surface. Ces atomes sont les images (εἴδωλα) des corps d'où ils viennent, et atteignent l'âme par les canaux des sens. Les oreilles et les yeux ne reçoivent que des atomes d'air ; les autres sens reçoivent les atomes des corps eux-mêmes. Démocrite essaye ici d'expliquer ce qu'ailleurs il a refusé de reconnaître. Les atomes ronds (plus agités) donnent le chaud ; les raboteux donnent à l'œil le noir, tandis que les polis lui donnent le blanc.

A la fin Démocrite dut reconnaître l'incertitude des images transmises par ces moyens, et par suite l'incertitude des qualités des corps. D'un autre côté, le vide et les atomes ne sont pas perçus par les sens, mais, selon lui, par la raison. Or la raison, dans son système, est sans fondement. Ses adversaires ne durent pas manquer de le presser sur ce point, et c'est probablement alors qu'il prononça, au témoignage de Diogène Laërce, cette parole de découragement: « Il n'y a rien de vrai ; ou, s'il y a du vrai, nous ne le connaissons pas. » Nous verrons son disciple immédiat tomber dans le même doute, et tous les sceptiques reconnaître Démocrite pour leur maître.

Peut-être Démocrite en était-il déjà là, quand il se fit sa théorie morale, qui prescrit l'indifférence. Du reste il ne propose à l'homme qu'une seule fin, c'est le bien-être, et ce bien-être avec ses principes ne pouvait être guère que corporel. Mais comme, après tout, cette fin n'est pas toujours en notre pouvoir, il veut que l'on ne se passionne pour rien, que l'on vive sans crainte comme sans espérance ; c'est ce qu'il appelle l'égalité d'humeur (εὐθυμία).

— Il est évident que les principes de Démocrite ne laissent pas même soupçonner l'action de Dieu, et par suite ne supposent pas son existence. Mais il fallait bien dire quelque chose de cet être que le genre humain adore, et dont tous les philosophes avaient parlé. D'un autre côté toute idée venant des sens et du flux des atomes des corps, il fallait trouver aussi à l'idée de Dieu une origine corporelle. Il suppose donc que d'énormes aggrégats d'atomes, ayant la forme humaine, voltigent autour de la terre, plus durables que nous, mais destinés aussi à se décomposer. Ils nous apparaissent en songe, et nous font du bien ou du mal, selon leur caractère bon ou mauvais. Telle est, selon Démocrite, l'origine de l'idée de Dieu qui, jointe à la terreur, a enfanté les religions.

97. MÉTRODORE DE CHIO. — Métrodore, qui a du vivre entre l'an 420 et l'an 337, était disciple de Démocrite. Il fut le maître d'Anaxarque, lequel fut le maître de Pyrrhon.

Il penche plus nettement que son maître vers le scepticisme. Diogène Laërce lui fait dire : Je ne sais pas même si je ne sais rien ; » et Cicéron cite de lui une parole semblable, en ces termes : « Nous ne pouvons pas savoir si nous savons quelque chose ou si nous ne savons rien, pas même ce que c'est que savoir ou ne savoir pas, ni s'il existe quelque chose ou s'il n'existe rien.

98. ANAXARQUE D'ABDÈRE. — Anaxarque, qui fut l'ami d'Alexandre, vivait donc pendant le 2e et le 3e quart du IVe siècle. Il était disciple de Métrodore et peut-être de Démocrite. Il ne paraît pas s'être occupé de faire avancer ni même de propager la doctrine de ses maîtres; mais il la mettait si bien en pratique qu'il fut qualifié d'*eudémoniste* (qui a le génie du bonheur). Cependant il fut, dit-on, le maître d'Épicure.

99. NAUSIPHANE DE TÉOS. — D'abord disciple de Pyrrhon, Nausiphane embrassa plus tard la doctrine de Démocrite, et fut l'un des

maîtres d'Épicure. On croit qu'il avait écrit quelques ouvrages, mais il ne nous en reste rien.

§ 5. — Les Sophistes

100. CARACTÈRE GÉNÉRAL. — Les sophistes ne forment pas, à proprement parler, une école; car ils n'ont pas de doctrine à soutenir. Cependant une même pensée les inspire: c'est l'incertitude des connaissances humaines et notamment de toutes les théories professées jusque là par les philosophes. De là ils concluent que l'étude est inutile; que ce qui paraît vrai, peut tout aussi bien paraître faux, selon la manière de l'exprimer; qu'enfin l'art de parler est tout. Quelques-uns vont plus loin et doutent en effet des données des sens aussi bien que de celles de la raison; ils croient que le monde entier est l'œuvre de l'imagination, et n'a point de réalité en dehors de notre esprit. A plus forte raison doutent-ils de Dieu.

Le nom de *sophistes*, qu'on leur donne, désigne dans son sens premier, des hommes qui font profession de sagesse ou de science, qui se donnent pour sages ou pour savants. Aujourd'hui il désigne ceux qui abusent de l'apparence de la science pour arriver à leur but, en trompant. Et les hommes dont il est question ici semblent n'avoir eu d'autre but que celui de se faire valoir pour acquérir la gloire et la richesse. Aussi y a-t-il lieu de croire que les théories sceptiques que nous avons d'eux ne sont pas celles qu'ils donnaient au peuple, mais bien le secret de leur industrie, qu'ils ne confiaient qu'à leurs disciples, à prix d'argent.

Il faut cependant reconnaître que bien souvent, même dans leurs plus grands écarts hors de la vérité, ils paraissent être de bonne foi. C'est que l'utile recherché pour lui-même, finit par se présenter à l'esprit sous les dehors du bien, et trompe le jugement.

Mais leurs contemporains ne semblent pas avoir pris au sérieux leur scepticisme; il les ont considérés comme des discoureurs subtils et habiles, et c'est comme tels qu'ils les ont combattus, sans se croire obligés de soutenir par des arguments la certitude attaquée. En effet nous voyons Socrate et Platon défendre les vérités particulières combattues par les sophistes, mais jamais le principe général de la certitude de nos connaissance.

101. GORGIAS. — Gorgias, né à Léontium, en Sicile, vers l'an 485, n'est peut-être pas le plus ancien des sophistes, car quelques auteurs le disent disciple de Prodicus; mais il paraît avoir été le plus important ou le plus renommé. Envoyé par les Léontins à Athènes, pour obtenir du secours contre Syracuse, il parla si bien, que non seulement on lui

accorda ce qu'il demandait, mais même on le retint à Athènes, pour y enseigner la rhétorique. On croit qu'il vécut 107 ans.

Platon, dans son dialogue intitulé *Gorgias*, nous donne une idée des principes littéraires et moraux de ce sophiste. Mais c'est dans Aristote et dans Sextus Empiricus qu'il faut chercher sa théorie sceptique, au moyen des fragments cités de son livre *du Non-Être ou de la Nature*.

1° *Rien n'existe*. En effet, si quelque chose existe, c'est l'être ou le non-être, ou l'un et l'autre à la fois. — Or le non-être n'est pas : donc dire qu'il n'existe que le non-être, c'est dire qu'il n'existe rien. — L'être est ou avec ou sans commencement. Sans commencement il est éternel et infini. Or l'infini ne peut être contenu dans rien. Donc il n'est nulle part. Avec un commencement l'être viendrait du néant, qui ne peut donner ce qu'il n'a pas. — Enfin l'être et le non-être s'excluent l'un l'autre et ne peuvent exister simultanément.

2° *Si quelque chose existe nous ne pouvons le connaître*. Car, pour connaître un objet, l'esprit devrait s'identifier à lui. Et si cela était, nous ne pourrions penser à ce qui n'est pas. D'ailleurs les diverses opinions des hommes sur un même objet prouvent bien qu'aucun d'eux ne connaît bien cet objet.

3° *Si nous connaissons quelque chose, nous ne pouvons l'exprimer par la parole*. Car la parole ne donne à l'oreille que des sons, et ces sons diffèrent et de la pensée et de son objet. Donc ils ne peuvent transmettre ni la pensée ni l'objet.

En morale, Gorgias disait que la distinction du bien et du mal, n'est qu'une affaire de coutume ou de loi, et n'est pas fondée sur la nature.

En politique il admettait le droit du plus fort, et disait que le plus fort doit mépriser les lois, qui ne sont que des liens inventés par les faibles.

C'est du moins là ce que Platon lui prête dans son *Gorgias*. Mais Gorgias lui-même semble avoir protesté contre cette imputation, lorsque, s'étant fait lire, à l'âge de 100 ans, ce dialogue, il dit : « Ce jeune homme remplacera bientôt avec honneur le poète Archiloque. »

Dans ce même dialogue, Platon nous montre Gorgias comme un homme qui faisait profession de répondre à toutes les questions qu'on pouvait lui poser, et cela sans avoir étudié les questions, mais seulement par les procédés de la rhétorique, au moyen de laquelle il se chargeait aussi de faire échouer la meilleure cause et de faire triompher la plus mauvaise. Cette double prétention lui est commune avec la plupart des autres sophistes.

102. PROTAGORAS. — Né à Abdère, on ne sait au juste en quelle année, Protagoras, était dans la force de l'âge, dit Diogène, l'an 444. Il était portefaix, et l'habileté avec laquelle il avait disposé son fardeau, un jour que Démocrite le rencontra, engagea celui-ci à le pren-

dre pour son disciple. Devenu maître à son tour, il ouvrit une école de *musique*, c'est-à-dire de rhétorique, de poétique, de grammaire et de philosophie. Il enseigna d'abord à Abdère, puis à Athènes et dans d'autres villes de la Grèce. Il faisait payer cher ses leçons, et compta Périclès parmi ses admirateurs. Mais son traité sur les dieux, lu en public, lui valut une condamnation. Ses livres furent brûlés, et lui-même, exilé, s'en alla en Sicile et périt dans la traversée.

Il avait écrit plusieurs ouvrages, dont nous n'avons que les titres et quelques rares citations. Platon expose et combat sa doctrine dans le *Théétète* et dans le *Protagoras*. Aristote, Diogène Laërce et Cicéron lui attribuent les mêmes théories.

« L'homme, dit Protagoras, est la mesure de toutes choses : de celles qui sont, en tant qu'elles sont; de celles qui ne sont pas, en tant qu'elles ne sont pas. » C'est dire que les choses n'ont d'autre existence que celle que nous leur donnons par la pensée. Platon et Aristote observent avec raison que, selon ce principe, il n'y a ni vrai ni faux, ni bien, ni mal.

Cette théorie vient du principe admis déjà par Démocrite, que la science n'est que la sensation. Car la sensation est toujours présente et particulière, et de plus varie avec chaque homme, et pour chaque homme même, avec chaque moment.

Avec de tels principes sur la vérité et la morale, il n'est pas étonnant que Protagoras ait dit : « Au sujet des dieux, je ne puis savoir s'ils sont ou s'ils ne sont pas. »

Protagoras tire donc les conséquences des principes sensualistes de son maître Démocrite, et se montre nettement sceptique. Mais il paraît par quelques pensées contraires citées par Platon, par ses travaux sur la rhétorique, et surtout par le but de ces travaux, que toutes ces théories n'étaient pour lui qu'une sorte de lieu commun oratoire, un moyen de soutenir toutes les causes ou de les renverser toutes. En voici un exemple : Un jour qu'il réclamait à Evathlus, son disciple, les honoraires de ses leçons, celui-ci lui dit : « Si je prouve au juge que je ne te dois rien, tu n'auras rien, parce que j'aurai gagné ma cause. Si, au contraire, je ne puis le prouver, je ne te devrai rien, parce que tu ne m'auras pas rendu capable de gagner une cause. » — « Au contraire, répondit Protagoras, si tu persuades les juges, je t'aurai bien instruit, et tu me devras le prix de mes leçons; et si tu ne les persuades pas, tu seras condamné et obligé de me payer. »

103. Diagoras de Mélos. Diagoras, affranchi par Démocrite et devenu son disciple, n'est connu que par son athéisme. Il était d'abord très-religieux et superstitieux, mais ayant été victime d'un parjure, il s'en prit aux dieux et commença à mépriser le culte qu'on leur rendait. Un jour même il contrefit par dérision les mystères d'Éleusis.

Il fut accusé d'impiété et de profanation, et prit la fuite. Un décret fut rendu aussitôt qui mettait sa tête à prix. C'était entre l'an 416 et l'an 412. Il mourut à Corinthe; d'autres disent dans un naufrage.

Cicéron dit *(De Nat. Deor.* I, 1) : *Nullos esse omnino deos Diagoras Melius putavit.* Mais Diagoras ne paraît pas avoir élevé sa négation à la hauteur d'une théorie : nous n'y voyons qu'un effet de la colère, et, dans tous les cas, nous ignorons les raisons qu'il pouvait donner de son athéisme, qui, si nous en croyons une autre parole de lui, se réduisait à nier la providence des divinités reconnues par la Grèce. Un jour qu'on lui donnait comme preuve de la Providence, le grand nombre d'offrandes faites aux dieux Cabires de Samothrace, par les navigateurs échappés au naufrage, il répondit : « Que serait-ce, si tous ceux qui ont péri avaient pu apporter les leurs ? »

104. PRODICUS DE CÉOS. — Prodicus né à Iulis, dans l'île de Céos, l'une des Cyclades, vint à Athènes en 430, envoyé par ses concitoyens. Habile diseur, il enseigna son art et se fit de cet enseignement une source de fortune. Il donnait des leçons à tout prix, mais selon les prix. Il dépensait ses richesses avec la même facilité qu'il avait à les acquérir, et livré au vice, il déclamait en faveur de la vertu. Xénophon met dans la bouche de Socrate son fameux apologue d'Hercule en présence des deux routes.

« Hercule, à peine sorti de l'enfance, arrivait à cet âge où les jeunes gens, déjà maîtres d'eux-mêmes, laissent voir s'ils entreront dans la vie par le chemin de la vertu ou par celui du vice ; il se retira dans la solitude et s'y reposa, indécis sur la route qu'il allait choisir. Deux femmes d'une taille extraordinaire se présentèrent à ses yeux. — L'une se faisait remarquer par sa décence et sa noblesse ; son corps était beau de pureté; ses yeux, de pudeur ; sa tenue, modeste ; elle portait une robe blanche. L'autre avait de l'embonpoint et de la mollesse, elle était ornée de fard pour se donner des couleurs blanches et vermeilles, et tâchait par son maintien d'ajouter à la hauteur de sa taille ; ses yeux étaient ouverts ; sa parure, étudiée pour faire briller ses charmes ; elle se contemplait sans cesse, observait si on la regardait, et tournait souvent la tête pour voir son ombre. Elles s'approchèrent ensemble ; mais tandis que la première conservait la même démarche, l'autre voulant la prévenir, courut vers le jeune homme et lui dit : « Je le vois, Hercule, tu hésites sur la route
« que tu dois suivre : si tu veux me prendre pour amie, je te conduirai par
« le chemin le plus heureux et le plus facile ; tu goûteras tous les plaisirs et
« tu vivras exempt de peines... » — « Femme, quel est ton nom ? dit Her-
« cule. » — « Mes amis, répondit-elle, m'appellent la Félicité ; mes ennemis
« pour m'outrager me nomment la Mollesse. » Alors l'autre femme s'avan-
çant : « Je viens aussi vers toi, Hercule, lui dit-elle, je connais ceux qui t'ont
« donné le jour, et dès ton enfance j'ai pénétré ton caractère. J'espère, si tu
« prends la route qui mène vers moi, que tu feras un jour de belles et glo-
« rieuses actions, et que j'acquerrai par toi, auprès des hommes vertueux,
« plus d'honneur et de considération. Je ne veux point te tromper par des

« promesses de plaisir, mais je t'expliquerai les choses avec vérité, telles que
« les dieux les ont établies. Sans le travail et la constance, les dieux ne don-
« nent rien aux hommes de ce qu'il y a de beau et d'honorable : si tu veux
« que les dieux te soient propices, tu dois les honorer ; si tu veux que tes
« amis te chérissent, tu dois être leur bienfaiteur; si tu veux qu'un pays t'ho-
« nore, tu dois le servir... » La Mollesse reprit alors : « Comprends-tu, Her-
« cule, combien est pénible et longue la route que cette femme te trace pour
« arriver au bonheur ? Mais moi, c'est par un chemin facile et court que je te
« conduirai à la félicité. » — « Misérable, lui dit la Vertu, quels biens pos-
« sèdes-tu donc ? quels plaisirs peux-tu connaître, toi qui ne veux rien faire
« pour les acheter ? tu ne laisses pas même naître le désir ; mais rassasié de
« tout avant d'avoir rien souhaité, tu manges avant la faim, tu bois avant la
« soif... Ceux qui te suivent ont une jeunesse débile et une vieillesse insen-
« sée; nourris dans l'oisiveté et florissants d'embonpoint lorsqu'ils étaient
« jeunes, maintenant le corps amaigri, ils traversent une laborieuse vieillesse,
« rougissant de ce qu'ils ont fait, accablés de ce qu'ils ont à faire ; ils ont volé
« de plaisirs en plaisirs dans le premier âge, et se sont réservé les peines pour
« le dernier temps de leur vie. Moi, au contraire, je suis avec les dieux, je
« suis avec les hommes vertueux... Mes amis jouissent avec plaisir et sans
« apprêt des aliments et des boissons, car ils attendent le désir pour manger
« et pour boire. Le sommeil leur est plus agréable qu'à ces hommes oisifs ;
« ils se réveillent sans chagrin, et ne sacrifient pas les affaires au repos. Les
« jeunes gens sont heureux des éloges des vieillards, et les vieillards reçoivent
« avec bonheur les respects de la jeunesse... Lorsqu'est venue l'heure mar-
« quée par le destin, ils ne restent point dans la tombe oubliés et sans hon-
« neur; mais le souvenir des hommes vertueux fait fleurir leur mémoire pen-
« dant l'éternité. Hercule, fils de parents vertueux, c'est par de tels travaux
« que tu peux acquérir le suprême bonheur. » C'est à peu près ainsi que
Prodicus raconte la leçon donnée à Hercule par la Vertu ; mais il ornait ses
pensées d'une expression plus noble que je ne le fais aujourd'hui. » (*Entretiens mémorables de Socrate, liv.* II. 1 ; *traduction de M. Sommer*).

Avec une si belle doctrine morale, Prodicus passait pour un sage,
aux yeux de la multitude, qui l'estimait à l'égal de Socrate. Comme
celui-ci, il fut condamné à boire la ciguë, à raison de son athéisme.
Mais il paraît que cette accusation était plus vraie pour Prodicus que
pour Socrate, car il disait que les dieux sont une conception de notre
reconnaissance, qui divinise les objets qui nous sont utiles.

105. HIPPIAS D'ÉLIS. — Hippias, né à Élis, probablement quelques
années après Socrate, se trouve à Athènes en 436. Il faisait profession
de tout savoir et de tout enseigner : les lettres, les sciences et même
les arts manuels. Plusieurs fois envoyé en ambassade par ses concitoyens, qui croyaient à son talent, il ne réussit pas toujours, malgré
sa rhétorique. Il visait à la gloire et non moins à la richesse. Il avait
une mémoire très facile et passe pour avoir inventé la mnémotechnie.
Il a beaucoup écrit, mais il ne nous en reste que quelques citations.
Comme les autres sophistes, il soutenait le pour et le contre.

106. Thrasymaque de Chalcédoine. — On n'a pas de donnée précise sur la date de sa naissance et de sa mort. Platon le fait converser avec Socrate, dans sa *République*, et lui fait dire que « la justice n'est que l'intérêt du plus fort » et que « le bonheur de l'homme croit en proportion de sa méchanceté. »

107. Euthydème de Chios. — Nous avons un dialogue de Platon qui porte le nom d'*Euthydème*. Il y est montré comme un disputeur subtil, qui ne cherche qu'à contredire toutes les affirmations, et appuie ses dénégations sur des arguments que Platon présente sous des couleurs tout à fait risibles.

108. Coup d'œil général sur cette 1ʳᵉ époque. — Jusqu'ici l'esprit philosophique s'est à peine montré, et déjà cependant on y voit toutes les directions qu'il doit prendre plus tard.

On y voit en germe les deux *panthéismes*, l'un *matérialiste*, l'autre *rationaliste*, et même le panthéisme moderne de l'École allemande, la théorie du *devenir*. On y voit la *négation de la matière*, aussi bien que la *négation de l'esprit*, et même la *négation de Dieu*. On y trouve la *théorie atomique* de la matière à côté de la conception de la *matière et de la forme*, et sans en excepter la théorie de la *matière illusion*. De plus toutes les formes des théories de la connaissance s'y dessinent déjà : la théorie sensualiste et empirique, à côté de la théorie exclusivement rationaliste, en même temps que celle qui reconnait à la fois l'expérience et la raison : le scepticisme et le mysticisme même n'y sont pas oubliés. Bien plus, la plupart de ces systèmes ont déjà donné presque tout ce qu'ils donneront plus tard.

Nous aimons à reconnaître ce fait, avec tous les historiens de la philosophie, parce que si nous établissons que tous ces systèmes, considérés chez les philosophes de cette première époque sont bien moins le fruit de conceptions raisonnées que des corruptions de la tradition, nos conclusions porteront également sur les époques suivantes, qui se sont inspirées des doctrines de celle-ci et souvent n'ont fait que les reproduire.

Or tous les philosophes de l'école ionienne, et de l'école italique, et l'école éléatique elle-même, aussi bien que la mythologie grecque, posent comme premier principe des choses *le chaos*. Qu'ils l'appellent l'humide, l'*apeiron*, l'air infini, les *homéoméries*, le *Sphérus*, le mélange de la *monade* et de la *dyade* ou autrement, c'est toujours ce premier jet de la création que la Bible appelle en hébreu *tohu w bohu*. Les différents noms qu'il prend ne sont que les efforts de la raison pour le concevoir et ne peuvent faire supposer que l'expérience ni la raison l'aient fait découvrir, lorsque sa présence dans tous les systèmes montre si clairement que c'est la tradition qui l'a d'abord affirmé.

L'idée de Dieu, ordonnateur du monde, au moins, pour tous ces hommes qui ne pouvaient se résoudre à admettre la création, se retrouve aussi plus ou moins dans tous les systèmes, aussi bien que dans les mystères. Dieu est mieux conçu chez les sept sages, chez Empédocle et Xénophane, peut-être même chez Thalès et Pythagore, et confondu avec le monde chez tous les autres; mais partout on le retrouve affirmé en principe, et non pas démontré par le raisonnement. Peut-on expliquer ce fait autrement que par la tradition ?

Et que dire de cette doctrine du péché originel, qui se trouve non seulement dans les mystères, mais encore dans Empédocle et dans Pythagore ? Et la révélation divine, affirmée dans les mystères, déclarée indispensable par Empédocle et regardée comme continuée dans les oracles, auxquels tout le monde croyait ?

Enfin ces quatre éléments (feu, air, eau, terre), que tous distinguent et dont ils ne cherchent que l'origine; cet ordre de formation de choses, où le soleil et les autres astres viennent toujours après le feu ; cette intervention de l'*amour* dans la disposition des êtres; et jusqu'au limon de la terre, qui partout est la matière du corps de l'homme aussi bien que des animaux : tout cela n'est-il pas évidemment traditionnel ?

Donc, concluons-nous, la philosophie grecque, jusqu'ici, n'a rien inventé pour le fond; elle s'est évertuée à concevoir à sa manière les formes seulement des choses qu'elle connaissait déjà.

Bien loin d'éclairer les hommes et de leur donner, à la lumière de la raison, des notions plus pures sur Dieu et sur l'âme, sur les principes du monde et sur ses rapports avec Dieu, elle n'a fait qu'altérer davantage, en les rendant plus vraisemblables, les grossières traditions des peuples; elle les a éloignées davantage de la vérité, et même a effacé peu à peu ce qui restait encore des vérités religieuses dans les souvenirs des hommes.

Heureusement Dieu ne permet pas que ces vérités s'effacent jamais entièrement de la conscience du genre humain, ni même d'un peuple. Aussi les doctrines que nous venons de passer en revue ne portèrent pas tous leurs fruits, et les hommes que nous allons voir dans l'époque suivante, puisant aux sources antérieures, et mus d'ailleurs par une raison plus droite, recueilleront, dans les mêmes ouvrages que nous venons d'analyser, la partie la plus pure de leurs doctrines, et sans s'affranchir entièrement de l'erreur, s'élèveront plus haut dans les saines régions de la vérité.

C'est cette réaction, ce retour au bon sens et aux traditions primitives que l'on a appelé la réforme philosophique de Socrate. Il y a réforme en effet; mais ce que nous avons vu jusqu'ici nous empêchera d'en faire honneur à la raison humaine toute seule.

Toutefois nous sommes loin de méconnaître la part de la raison dans la vraie philosophie que nous allons rencontrer. Si la raison n'y était pour rien ce ne serait pas de la philosophie; si même elle n'y découvrait rien de nouveau, il faudrait restreindre de beaucoup le rôle que la philosophie s'attribue et que nous lui avons reconnu; mais nous voulons qu'il soit bien établi : 1° que la philosophie vraie n'a jamais marché absolument seule, en dehors des données fournies par la tradition; 2° que son rôle n'est pas de marcher au hasard, dans les ténèbres, vers n'importe quel but, mais bien de trouver une route à elle vers le but connu, de trouver la démonstration rationnelle des vérités que le genre humain a toujours possédées; et de partir de là pour creuser plus avant dans cette mine inépuisable, y découvrir des vérités cachées jusque là, mais qui, dans tous les cas, ne peuvent jamais être en contradiction avec les premières.

DEUXIÈME ÉPOQUE

LES GRANDES ÉCOLES GRECQUES

109. Division. — Nous diviserons cette époque en dix parties :
1° Socrate, qui commence la réforme philosophique (430);
2° Ses disciples immédiats, qui n'ont pas fondé d'écoles (400); puis les petites écoles fondées par d'autres disciples de Socrate, savoir :
3° L'école cynique, fondée par Antisthène (400);
4° L'école cyrénaïque, fondée par Aristippe (380);
5° L'école mégarique, fondée par Euclide (400); et enfin les grandes écoles, qui sont :
6° L'Académie, fondée par Platon (380);
7° Le Lycée, fondé par Aristote (335);
8° L'école de Pyrrhon (330);
9° Le Portique, fondé par Zénon (320);
10° L'école d'Epicure (315).

§ 1. — SOCRATE

110. Sa vie. — Socrate, fils du sculpteur Sophronisque et de la sage-femme Phénarète, naquit à Athènes, l'an 470. Il fut d'abord sculpteur comme son père. Il apprit aussi la musique, la géométrie et les autres sciences mathématiques, y compris l'astronomie; mais il en faisait peu de cas. Quant à la philosophie, il déclare lui-même avoir entendu Prodicus, et il paraît bien qu'il étudia, au moins dans leurs livres, les doctrines des Ioniens, des Pythagoriciens et des Éléates; mais il ne les suivit pas servilement et se fit une doctrine à lui, en sorte que Xéno-

phon déclare que Socrate fut son propre maître en philosophie. Nous verrons bientôt qu'il ne faut pas prendre ce jugement dans toute son étendue.

Malgré ce qu'en ont pu dire d'autres auteurs, il est certain, d'après le témoignage de Platon, que Socrate ne fit aucun voyage pour s'instruire, et même qu'il ne sortit jamais d'Athènes, si ce n'est une fois pour aller à l'isthme de Corinthe.

Il dédaignait l'étude des corps et du monde en général, et se portait tout entier vers l'âme humaine, qu'il étudiait en réfléchissant sur lui-même et sur les autres. Quoiqu'il ait parlé souvent de politique et d'administration, et qu'il ait donné sur ces matières d'excellents conseils, il ne se croyait pas capable d'administrer lui-même. Il sut cependant se dévouer à son pays et combattre pour lui. On le vit à Délium, à Potidée, à Amphipolis, montrer autant de bravoure que les plus vaillants capitaines de son temps, et en deux occasions il sauva la vie à Alcibiade et à Xénophon.

Il montra aussi, dans un autre ordre de faits, son amour pour ses concitoyens : il défendit, quoique sans succès, les généraux des Arginuses devant l'assemblée du peuple ; il refusa de livrer Léon de Salamine aux trente tyrans qui voulaient le mettre à mort.

Cet esprit de sévère justice, qui lui faisait souvent blâmer les actes des hommes influents de son époque (actes que n'inspirait pas l'amour de la patrie, mais l'ambition surexcitée par la gloire qu'Athènes put conquérir dans le siècle de Périclès), et surtout l'ironie mordante qu'il employait pour flétrir tous les vices, lui suscitèrent de nombreux ennemis. On résolut donc de le perdre, et on prit pour prétexte son enseignement qui s'écartait des données de la religion païenne d'Athènes, et l'attrait que sa parole inspirait aux jeunes gens.

Aristophane essaya de l'étouffer sous le ridicule, dans sa comédie des *Nuées*, et ce moyen n'ayant pas réussi, trois hommes prêtèrent leur nom à la haine de tous. Mélitus, mauvais poète, Anytus, maigre rhéteur, d'autres disent corroyeur, et Lycon, orateur aussi inconnu d'ailleurs que les deux autres, signèrent l'acte d'accusation que Xénophon résume ainsi : « Socrate est coupable de ne point honorer les dieux d'Athènes et d'en introduire de nouveaux ; il est coupable de corrompre la jeunesse. »

Qu'y avait-il de vrai dans cette accusation ? Les modernes sont partagés sur le second chef d'accusation. Les uns défendent Socrate, les autres s'appuient sur les dialogues mêmes de Platon pour convaincre « le plus sage des hommes » parmi les païens de n'avoir pas échappé à ce vice odieux si répandu autrefois chez les Grecs et chez les Romains. Quant au premier, bien que les paroles que lui prêtent Xénophon et Platon, ne le montrent pas comme ayant nettement enseigné qu'il n'y a qu'un Dieu, on peut cependant croire que tel était le fond de sa pensée. Dès lors il pouvait faire peu de cas des dieux de l'Olympe, et même Platon nous le montre faisant ressortir l'immoralité de leurs exemples. C'en était assez aux yeux des païens pour l'accuser de ne pas reconnaître les dieux de la république. Mais ces dieux nouveaux qu'il introduisait, était-ce le vrai Dieu ? Faut-il y voir avec Xénophon ce *démon familier* dont Socrate parlait souvent, et dont il suivait les inspirations ? Cette dernière interprétation s'accorderait mieux avec le texte de l'accusation que nous a conservé Diogène Laërce : Socrate ne reconnaît pas les dieux de la république, et met à la place des *extravagances démoniaques.* » Il est pour le moment difficile de résoudre cette question.

Quant à la nature de ce démon familier, dans lequel on ne veut plus voir aujourd'hui que la *conscience*, nous n'avons pas le temps de la discuter ; mais nous ne voyons aucune difficulté à y voir un démon proprement dit, ou même un ange. La manière dont Socrate en parle, ne nous semble laisser aucun doute à ce sujet, et la seule raison que l'on pourrait alléguer contre cette conclusion, c'est que nos philosophes modernes n'admettent pas volontiers l'existence des anges. Nous avons combattu ailleurs ([1]), par de simples raisons philosophiques, cette dénégation ; nous pourrions ajouter ici, après ce que nous avons vu dans l'histoire de la philosophie, que cette croyance a pour elle le témoignage unanime de tous les peuples, et c'est là un genre de preuve que la philosophie classique a toujours admis.

Socrate se présenta devant ses juges et fut d'abord condamné à une majorité de cinq voix seulement. Mais on lui laissa la détermination de la peine qu'il méritait, et Socrate répondit qu'on devait le nourrir au Prytanée, aux frais du trésor, jusqu'à la fin de ses jours. Cette fière réponse irrita ses juges et plus de quatre-vingts votèrent sa mort.

Socrate demeura trente jours en prison, comme Platon nous l'apprend dans le *Phédon*, parce que le jour de sa condamnation on avait couronné le vaisseau que les Athéniens envoyaient chaque année à Délos, en mémoire de la délivrance de Thésée, et depuis ce moment jusqu'au retour du vaisseau on ne devait exécuter aucune sentence capitale. Dans sa prison Socrate fut visité par ses amis, et le dernier jour surtout, il s'entretint longtemps avec eux, après avoir embrassé sa femme et ses enfants. Il parla longuement de l'immortalité de l'âme et se montra fort résigné à la mort, disant que le philosophe apprend tous les jours à mourir. Le soir étant venu, on lui apporta la coupe fatale; il la but d'un seul trait, après avoir invoqué les dieux. Il consola ensuite ses disciples qui poussaient des cris de désespoir. Quand il sentit ses jambes s'appesantir, il se coucha sur son lit et se couvrit de son manteau. Mais bientôt, se découvrant, il dit : « Criton, nous devons un coq à Esculape : aie soin d'acquitter cette dette. » Il eut en-

---

[1] *(Essai de phil. class.* p. 186, 6º corol.)

core un mouvement convulsif; un instant après il était mort. Criton lui ferma la bouche et les yeux.

III. Sa méthode. — Socrate aimait la vérité pour elle-même et tâchait d'inspirer à ses disciples le même amour. C'est ainsi que par lui la philosophie prit un essor nouveau et que les grandes écoles qui le suivirent se montrèrent animées du véritable esprit philosophique.

Mais l'amour de la vérité ne suffirait pas à la faire découvrir sans une méthode sûre. Cette méthode, Socrate l'employa plus qu'il ne l'analysa. Doué d'un grand sens pratique et nourri des saines traditions, autant que les lambeaux qui en restaient en Grèce de son temps peuvent mériter ce nom, il comprit que le vrai fondement de la science est tout à la fois l'observation et le raisonnement. Aussi, dans toutes les questions qu'il traite, il consulte d'abord le témoignage de la conscience et des sens, et cherche à exprimer la conception qu'il en a tirée. Puis il raisonne son expression pour voir si elle rend bien sa conception et si cette conception elle-même correspond exactement aux faits perçus. De là il remonte aux principes, aux causes et aux lois, en interrogeant la raison. Tel est le fonds de sa méthode; et si des procédés aussi réguliers ne lui ont pas fourni des doctrines plus complètement exactes, il ne faut l'attribuer, ni à la faiblesse de son intelligence, ni à l'imperfection de sa méthode, mais à l'oubli presque universel alors des traditions primitives, et aux préjugés qu'enfantaient nécessairement les erreurs alors généralement répandues et auxquelles Socrate ne put pas échapper entièrement.

Dans sa forme extérieure, sa méthode a deux aspects, dont l'un est l'*ironie socratique* (εἰρωνεία, interrogation ironique), qui consiste à feindre l'ignorance et à faire des questions, pour demander des explications à son interlocuteur; l'autre est la *maïeutique* (μαιευτική τέχνη, art de la sage-femme), qui consiste à interroger de telle manière l'intelligence la moins instruite, qu'elle découvre d'elle-même les vérités qu'elle croit ignorer.

En voici un exemple tiré du *Gorgias* de Platon. — Socrate. — Une maison où règne l'ordre et l'arrangement n'est-elle pas bonne ? et si le désordre y est, n'est-elle pas mauvaise ? — Calliclès. — Oui. — N'en faut-il pas dire autant d'un vaisseau ? — Oui. — Nous tenons le même langage au sujet de nos corps ? — Sans contredit. — Et notre âme sera-t-elle bonne, si elle est déréglée ? Ne le sera-t-elle pas plutôt, si tout y est dans l'ordre et dans la règle ? — Il faut bien le reconnaître, après ce qui a déjà été accordé. — Quel nom donne-t-on à l'effet que produisent la règle et l'ordre dans le corps ? — Tu l'appelles probablement santé et force. — Oui. Essaye à présent de trouver et de me dire pareillement le nom de l'effet que la règle et l'ordre produisent dans l'âme. — Que ne le dis-tu toi-même, Socrate ? — Si tu l'aimes mieux, je vais le dire : seulement si tu juges que j'ai raison, conviens-en ; sinon, réfute-moi, et ne me laisse rien passer. Il me semble donc que l'on appelle salutaire tout ce qui entretient l'ordre dans le corps, d'où naissent la santé et les autres bonnes qualités corporelles. Cela est-il vrai, ou non ? — Cela est vrai. — Et qu'on appelle légitime et loi tout ce qui met de l'ordre et de la règle dans l'âme, d'où se forment les hommes justes et réglés. C'est là ce qui produit la justice et la tempérance. L'accordes-tu ou le nies-tu ? — Soit.

112. SA DOCTRINE. — Socrate n'a rien écrit, et tout ce que nous savons de sa doctrine nous est venu par ses disciples, principalement par Xénophon et Platon. On s'accorde généralement à penser que Xénophon n'a rien ajouté à la doctrine de son maître, et on peut faire honneur à Socrate, de tout ce qu'il lui attribue. Mais peut-être ne l'a-t-il pas compris tout entier, ou même, n'ayant écrit que pour venger sa mémoire, peut-être a-t-il omis à dessein des théories qui s'écartaient davantage des préjugés de son peuple, et qui nous intéresseraient précisément pour ce motif. Platon met dans la bouche de Socrate, dans ses dialogues, toutes les opinions qu'il adopte pour lui-même, et il donne à son maître plus de profondeur, plus de subtilité dans la dispute, et plus de grâce dans son style. Mais il est évident qu'il y a en cela beaucoup de Platon lui-même. Et comment distinguer la limite de la propriété de chacun ? Nous en sommes réduits à considérer comme appartenant à Socrate ce que plusieurs de ses disciples lui attribuent à la fois.

113. LOGIQUE DE SOCRATE. — Il ne paraît pas que Socrate ait jamais exposé une théorie logique. Ayant à réfuter les sophistes, il aima mieux les forcer par son *ironie* à se condamner eux-mêmes, que de donner une théorie de la certitude, ou même des sources de la connaissance. Mais il avait pour lui-même une logique toute faite, et il en faisait usage; il nous est donc permis de la constater dans ses conversations. Or voici ce que nous y trouvons.

Socrate croit aux perceptions des *sens* et de la *conscience;* il les consulte et considère leurs réponses comme certaines. Mais ce qu'attestent les sens et la conscience, ce sont des faits, particuliers, variables et contingents, et il comprend que la science a pour objet l'universel. Il procède donc par *élimination* et arrive ainsi par *l'induction* aux conceptions générales qu'il exprime par leurs noms ou par des *définitions*. Mais il ne se contente pas d'atteindre aux définitions, il sait aussi conclure *des effets aux causes et des causes aux effets*. Et tout cela il fait remarquer que l'homme le découvre par une lumière intérieure qu'il possède d'avance, et qu'ainsi, selon lui, apprendre c'est voir clairement ce que l'on savait déjà d'une manière implicite. Il est facile de reconnaître ici la *raison*. Ainsi Socrate emploie tous les procédés logiques de la philosophie classique actuelle et fonde la science sur les mêmes bases. Tout le progrès que nous avons fait depuis dans cette voie consiste dans une analyse plus profonde de ces mêmes procédés et de ces mêmes bases.

114. MÉTAPHYSIQUE DE SOCRATE. — Ce titre pourra paraître étrange à ceux qui connaissent les théories de Socrate et qui ont vu le sens que nous donnons au mot « métaphysique ». Aussi nous ne chercherons pas dans les doctrines de Socrate cette analyse des vérités nécessaires, ni cette synthèse *à priori* des grands principes de raison ou des vérités premières.

La métaphysique n'est pas chez lui l'objet d'une étude, au contraire, il dédaigne de l'étudier; mais il ne s'en sert pas moins et si le plus souvent, dans ses questions, il va du particulier au général, par induction, on le voit aussi bien des fois partir d'une vérité générale et raisonner *à priori*. Donc il admettait pratiquement la certitude métaphysique, quoiqu'il dédaignât d'en étudier les grandes lignes, comme d'autres l'ont fait après lui. C'est tout ce que nous voulions constater.

115. PSYCHOLOGIE DE SOCRATE. — Ici, non plus, nous ne trouvons pas dans Socrate cette analyse détaillée des facultés de l'âme que nous appelons aujourd'hui la psychologie, mais nous y voyons en germe toute cette science. Bien plus, Socrate ne se contente pas de l'étude de l'âme isolée; il la considère dans ses rapports avec le corps, et par conséquent il conçoit la psychologie avec toute l'étendue qu'on lui donne aujourd'hui.

Le point de départ de sa philosophie, « Connais-toi toi-même », avait surtout une portée morale; mais comme, ainsi que nous le verrons bientôt, la morale de Socrate se confondait presque avec la science, il ne pouvait pas dire aux hommes: « Agissez bien », sans leur dire en même temps: « Sachez ce que vous êtes, et ce que vous pouvez faire. » Il avait donc, lui aussi, sa théorie des facultés de l'âme, mais elle renfermait plutôt l'étendue et les limites de leur pouvoir que la connaissance de leur nature.

Quant à l'âme elle-même, il en parle comme d'un être intelligent, principe de tous les actes de l'homme, se manifestant surtout par la recherche d'une fin connue d'avance. L'existence de l'âme dans l'homme, sa nature invisible, et sa distinction d'avec le corps, ne font pas l'objet d'un doute même le plus léger, pour lui, comme on peut le voir en mille endroits et notamment dans sa conversation avec Aristodème le petit, dans le premier livre des *Mémorables* de Xénophon.

Ce principe que nous appelons aujourd'hui des causes finales, par lequel il démontre l'existence de Dieu et surtout sa providence, lui sert également pour mettre hors de doute l'existence de l'âme, son intelligence et sa liberté. Mais pour lui la liberté semble n'être qu'une tendance naturelle à faire le bien. Il croit que l'homme veut naturellement le bien, dès qu'il le connaît comme tel, et que, s'il fait le mal, ce n'est que parce qu'il se trompe.

HIST. DE LA PHIL.

116. **Théodicée de Socrate.** — Il dit indifféremment : *Dieu* ou *les dieux*. Mais on sent bien que le fond de sa pensée est qu'un seul Dieu est véritablement le maître de toutes choses, et, s'il emploie quelquefois le pluriel, c'est sans doute pour moins effaroucher ceux de ses auditeurs qui ne sont pas encore bien instruits de ses doctrines.

C'est d'abord par une croyance naturelle à la tradition du genre humain qu'il admet l'existence de Dieu ; c'est ensuite par une sorte d'intuition intime ; mais il a raisonné sa croyance et il en montre la rationnabilité.

Le monde est une œuvre immense où tout est ordonné manifestement en vue d'une fin ; donc, conclut-il, le monde est l'œuvre d'une intelligence ; et si cette intelligence est invisible, il lui suffit que, comme l'âme, elle se manifeste par ses œuvres. De plus, il lui répugne d'admettre que l'homme formé d'une parcelle de boue ait absorbé à lui seul tout ce qu'il y avait d'intelligence dans ce vaste univers, qui est comme infini par rapport à l'homme.

Dieu, en formant le monde, y a tout disposé pour le bien ; il continue à maintenir son œuvre et en dirige encore toutes les parties vers le bien. La Providence se manifeste jusque dans les plus petits détails (Xénophon. *Mémor.*, I, 4).

La volonté suprême de Dieu est aussi la vraie loi, principe de toutes les autres ; loi non écrite, mais gravée dans le cœur des hommes.

Tel est le Dieu que reconnaît Socrate. C'est bien le Dieu de la philosophie classique, le Dieu qu'affirme le genre humain, même en le défigurant. Mais Socrate ne s'est pas senti assez fort pour pénétrer dans la nature intime de ce Dieu, qu'il connaissait par une tradition déjà bien obscurcie, et par des efforts de raison encore trop isolés pour atteindre tout le développement dont ils sont capables.

117. **Morale de Socrate.** — C'est ici le vrai champ de la philosophie de Socrate. La morale, la connaissance exacte du bien, principe indispensable et, selon lui, suffisant de la pratique de la vertu : tel était l'objet et le but de toute son étude. Aussi, quand ses conversations ne roulent pas directement sur la vertu en général ou sur l'une des vertus, on peut dire qu'elles y mènent.

La sagesse est tout à la fois la science et la vertu. Mais la science est le principe de la vertu, et Socrate croit que volonté humaine étant naturellement dirigée vers le bien, il lui suffit de le connaître pour le vouloir. Dès lors il se dispense de noter la part de la volonté dans la définition de la vertu, et chaque vertu devient une science. Ainsi la justice est la connaissance des lois qui règlent la conduite de chaque homme envers les autres hommes ; la piété est la connaissance du culte légitime. (Xénophon, *Mémor.*, IV. 6.)

Ainsi, la piété envers les dieux, la justice envers les hommes ; le respect et l'amour envers ses parents; l'obéissance aux lois de la patrie et le courage pour la défendre ; la tempérance envers soi-même, pour se mettre à l'abri de la tyrannie des passions, pour acquérir la vraie liberté et même pour se rendre capable d'éprouver les véritables jouissances : telles sont les principales vertus que Socrate expose et analyse, et recommande, toujours avec cette méthode persuasive qui consiste à interroger habilement son auditeur pour l'amener à conclure avec lui.

C'est ainsi que Socrate se fit un grand nombre de disciples, qu'il attachait à lui par le charme de sa conversation, par la sublimité des doctrines qu'il leur présentait, en saisissant leur âme tout entière : leur intelligence, par l'exposition de la vérité, leur cœur, par l'identité qu'il établissait entre le vrai et le beau ; leur volonté, par l'attrait du bien, qui existe en effet dans l'homme, et qu'il montrait aussi identique au vrai et au beau, et enfin leurs passions sensibles mêmes, en leur montrant que le bien est toujours ce qu'il y a de plus véritablement utile. D'ailleurs, on l'en croyait d'autant plus volontiers qu'il parlait avec plus de désintéressement, n'ayant jamais fait payer ses leçons. Ajoutons à cela qu'il accepta courageusement la mort plutôt que de se contredire. C'est ainsi qu'il réforma la philosophie.

118. Appréciation. — Certainement la doctrine de Socrate n'est pas encore la philosophie complète, mais elle se tient en tous points dans la doctrine classique. Comparée aux théories précédentes, elle se montre infiniment supérieure ; non pas qu'on ne trouve en lambeaux chez les philosophes antérieurs presque toutes les vérités affirmées et démontrées par Socrate ; mais d'abord personne jusqu'à lui n'avait été aussi complet, personne n'avait été aussi exact, personne ne s'était tenu aussi bien dans le véritable esprit philosophique, et surtout personne n'avait exposé la vérité d'une manière si populaire, avec autant de noblesse, de grâce et de persuasion. De plus, en détournant les esprits des recherches toujours vaines sur les principes des choses pour les appliquer à l'étude de l'homme et de ses devoirs, il donna à la philosophie son véritable but et son objet le plus important. C'est ainsi que, selon l'expression de Cicéron, il fit descendre la philosophie, du ciel sur la terre. Nous dirions tout aussi volontiers qu'il la fit remonter de la terre au ciel, en la ramenant à sa véritable source, en mettant mieux en lumière la vraie notion de Dieu et surtout les rapports de l'homme avec Dieu; en un mot, en enseignant à l'homme à se rendre semblable à Dieu.

Telle fut la mission de cet homme véritablement providentiel. Nous ne pouvons en effet nous empêcher de lui reconnaître une mission divine ; mission dont il eut une certaine conscience, mission qu'il accomplit dignement; nous voudrions dire aussi mission qu'il couronna glorieusement par une sorte de martyre, s'il n'y avait dans sa mort une trop grande influence de l'orgueil.

Certainement Socrate est hors de toute proportion avec Notre-Seigneur Jésus-Christ ; mais il a pourtant avec le véritable réformateur du genre humain assez de traits de ressemblance, pour que nous puissions y voir une figure et comme une sorte de précurseur envoyé par Dieu pour lui préparer les voies et pour ne pas laisser plus longtemps s'accumuler dans l'esprit des Grecs et des Romains les ténèbres de l'erreur. C'est ainsi, ce nous semble, que Dieu, qui avait choisi le peuple Juif pour conserver le dépôt de la vraie doctrine et qui par Moïse et les prophètes y avait toujours entretenu la vérité, ne laissa pas les gentils absolument sans secours, et, sans les arracher entièrement à l'idolâtrie, se servit d'un simple mortel pour rallumer chez eux le flambeau presque éteint de la révélation primitive et même de la raison.

§ 2. — Les disciples immédiats de Socrate

119. Simon. — Socrate allait souvent philosopher dans la boutique de Simon, le corroyeur ou le cordonnier. Celui-ci prenait soin de noter ce qu'il avait entendu, et finit par devenir assez habile pour écrire jusqu'à trente-trois dialogues socratiques, sur toutes les matières que son maître traitait. Ces écrits ne nous sont pas parvenus. Un philologue allemand, M. Bœckh a cru pouvoir lui attribuer quatre des dialogues apocryphes de Platon, et les a publiés en 1810, avec les raisons qui lui font croire qu'ils sont de Simon. Ces dialogues traitent : *du Juste, de la Vertu, de la Loi, de l'Amour du gain.*

Quelque incertitude que nous ayons à ce sujet, il suffit que nous sachions, par Diogène Laërce, qu'un simple cordonnier avait écrit des dialogues philosophiques, pour comprendre combien l'enseignement de Socrate était populaire.

120. Socrate le jeune. — Platon, dans *le Politique* et dans *le Sophiste*, et Aristote, dans *la Métaphysique*, nous apprennent qu'il y eut un second Socrate, disciple du premier. Nous ne savons rien de sa vie, et il ne paraît pas qu'il ait rien écrit.

121. Criton. — Criton, disciple et ami de Socrate, mit sa fortune à son service, se porta caution pour lui avant son jugement, et après sa condamnation voulut le faire évader, mais Socrate refusa énergiquement, pour ne pas désobéir aux lois. Criton avait écrit dix-sept dialogues et une apologie de Socrate ; il ne nous en reste rien. Un des dialogues de Platon porte son nom.

122. Cébès de Thèbes. — Platon fait parler Cébès avec Socrate, dans *le Phédon*. Il le fait donc assister à la mort de son maître, et le compte ainsi parmi ses disciples les plus fidèles. Cébès avait écrit trois

dialogues, dont il nous reste *le Pinax*, ou le tableau. L'auteur se représente dans un tableau la double manière de vivre des hommes : d'un côté, ceux qui, enveloppés dans les ténèbres de l'ignorance et excités par leurs passions, courent après les richesses et les plaisirs, et n'atteignent que la tristesse et le désespoir ; de l'autre, ceux qui, fidèles aux leçons de la sagesse, s'exercent à la tempérance, s'efforcent d'acquérir toutes les vertus, et arrivent ainsi à la félicité.

123. Xénophon. — Xénophon, fils de Gryllus, né à Eschia, dans l'Attique, l'an 445, fut tout à la fois un grand général, un grand philosophe et un grand historien. Dès l'âge de 16 ans, il suivit les leçons de Socrate. Il combattit à ses côtés à Délium, où Socrate lui sauva la vie. Engagé parmi les mercenaires que Cléarque conduisait au secours de Cyrus le jeune, il prit le commandement de ce corps après la mort de Cléarque et dirigea la fameuse *retraite des dix mille*, dont il a écrit l'histoire. S'étant mis avec ses soldats au service d'Agésilas, roi de Sparte, il fut banni d'Athènes. Après être resté 24 ans en Asie, il se réfugia à Corinthe, où il mourut au moment où ses concitoyens venaient de le rappeler (355 où 354 avant J.C.)

Les nombreux écrits de Xénophon peuvent se diviser ainsi : Ouvrages philosophiques: *Mémoires sur Socrate, Apologie de Socrate, le Banquet, l'Economique, l'Hiéron* ; ouvrages historiques : *la Cyropédie*, ou l'éducation de Cyrus, qui est plutôt un roman moral qu'une histoire ; *l'Anabase*, ou la retraite des dix mille ; *les Helléniques, l'Éloge d'Agésilas*; ouvrages politiques : *Les Républiques* de Sparte et d'Athènes, *les Revenus de l'Attique*; ouvrages d'instruction militaire: *le Maître de la cavalerie, l'Équitation, les Cynégétiques*.

Sa doctrine est uniquement celle de Socrate ; il ne cherche pas à y ajouter, mais seulement à la venger contre ses détracteurs. Nous donnerons ici une courte analyse de son ouvrage le plus important :

Les Ἀπομνημονεύματα Σωκράτους, titre que l'on traduit ordinairement par *Entretiens mémorables de Socrate*, et que l'on traduirait mieux par *Souvenirs* ou *Mémoires sur Socrate*, sont une apologie de son maître, une réponse à l'acte d'accusation. Ils se composent de quatre livres, que l'on divise en un petit nombre de chapitres.

En commençant, Xénophon exprime son étonnement qu'on ait pu condamner Socrate à la mort et rappelle l'acte d'accusation, qui se divise en deux chefs : 1º Socrate n'honore pas les dieux d'Athènes ; 2º il corrompt la jeunesse.

Il semble d'abord vouloir répondre séparément à chacun de ces deux chefs ; mais dans la suite de l'ouvrage, il mêle les questions et répond sans ordre à tous les griefs que l'on avait fait valoir contre lui.

Et d'abord Socrate honorait les dieux, puisqu'il pratiquait la divination. Seulement il ne voulait pas que l'on demandât à la divination ce que l'on peut savoir par la raison. Il avait sur Dieu une doctrine très exacte et très pure. « Socrate croyait que les dieux savent toutes nos paroles, toutes nos actions, toutes nos pensées les plus intimes, qu'ils sont présents partout, et que dans toute circonstance ils se manifestent à l'homme » (liv. I, ch. 1).

Plus loin il raconte une conversation dans laquelle Socrate démontre à Aristodème l'existence de la Providence en lui faisant observer l'ordre de l'univers et surtout l'admirable disposition des organes de l'homme, la faculté que les dieux lui ont donnée de se tenir debout, la place des yeux, des oreilles et de la bouche, les mains pour travailler, la langue surtout et la parole, et enfin l'âme, bien plus parfaite que celle des animaux, seule capable de connaître les dieux et de leur rendre un culte (liv. I, ch. 4).

Il revient sur le même sujet dans le quatrième livre, où Socrate montre à Euthydème que les astres du ciel et tout ce qui habite la terre est fait pour l'homme, puisque lui seul en profite (liv. IV, ch. 3).

Pour répondre à l'accusation de corrompre la jeunesse, Xénophon fait voir comment, au contraire, Socrate enseignait toutes les vertus et même savait en inspirer l'amour.

Il insiste principalement sur la tempérance et y revient plusieurs fois. Il montre d'abord comment Socrate donnait lui-même l'exemple de cette vertu. « Socrate, dit-il, était le plus sobre des hommes dans les plaisirs de la table et des sens, le plus endurci contre le froid, le chaud, les fatigues de toute sorte » (liv. I, ch. 2). Ailleurs Socrate fait l'éloge de la tempérance et fait remarquer que nous ne voudrions pas d'un homme intempérant pour lui confier ni une armée ni l'éducation de nos enfants ; que nous ne voudrions pas même confier à un esclave intempérant la garde de nos troupeaux (liv. I, ch. 5). Dans une discussion avec Aristippe de Cyrène, il fait avouer à celui-ci que la tempérance est une vertu indispensable à celui qui est destiné à commander. Que celui-là doit savoir faire passer le devoir avant la satisfaction de tous les besoins de la faim, de la soif, du sommeil ; qu'il doit savoir se sevrer de plaisirs, endurer la fatigue et toutes les privations (liv. II, ch. 1). Enfin dans un autre endroit, Socrate démontre à Euthydème que l'intempérance tient l'homme dans l'esclavage le plus cruel, puisque c'est la servitude de l'âme et que d'ailleurs elle l'empêche de goûter les plaisirs permis (liv. IV, ch. 5). C'est à Aristippe, dans le chapitre I, du II° livre que Socrate raconte l'apologue de Prodicus que nous avons donné presqu'en entier, en parlant de ce sophiste. Cet apologue a trait aussi à la tempérance.

Après la tempérance, les vertus que Socrate recommande le plus sont la piété envers Dieu, la piété filiale envers les parents, et la justice envers tous les hommes. Son fils Lamproclès était irrité contre sa mère : Socrate lui fait voir ce qu'il y a d'injuste dans sa conduite et le ramène à de meilleurs sentiments (liv. II, ch. 2). Dans le chapitre suivant, il réconcilie deux frères. Plus loin il donne de belles doctrines sur l'amitié, sur le choix des amis et sur les moyens de gagner et de conserver de vrais amis (liv. II, ch. 3, 4, 5 et 6). Il faudrait tout citer si on voulait dire tout ce qu'il y a d'intéressant dans cet ouvrage, presque entièrement rempli par les conversations de Socrate, si variées, quelquefois si piquantes et toujours si pleines de conseils excellents, et auxquelles Xénophon prête ce style simple et naturel qui l'avait fait surnommer *l'abeille attique*.

Dans les *Mémorables*, Xénophon ne fait qu'exposer la doctrine de

Socrate pour le défendre ; mais on lui reproche avec raison de trop faire entendre par ses expressions que Socrate croyait entièrement à la multitude des dieux de la Grèce.

Xénophon montre mieux sa propre philosophie dans *l'Hiéron,* où il fait le tableau d'un bon roi, en prenant pour type Agésilas, et dans la *Cyropédie,* où il donne ses propres idées sur l'éducation, beaucoup plus que l'histoire de l'éducation de Cyrus.

Cependant partout Xénophon reste fidèle aux doctrines de Socrate, dont il ne voit d'ailleurs que les idées morales les plus saillantes, sans voir toute l'étendue de sa pensée, sans en comprendre la profondeur.

124. Eschine. — Les anciens auteurs ne sont pas d'accord sur le genre de vie, ni sur le mérite, ni sur les ouvrages d'Eschine, qui, né à Athènes vers 434, et exerçant la profession de charcutier, suivit les leçons de Socrate et devint philosophe et orateur. Il avait écrit plusieurs dialogues que l'on trouva assez beaux, pour croire qu'il les avait dérobés à Socrate lui-même. Mais on sait que Socrate n'avait rien écrit. Ces dialogues ne nous sont pas parvenus et ceux qu'on lui attribue, *l'Axiochus, l'Erynias,* et *de la Vertu,* manquent d'authenticité.

125. Phédon d'Elis. — Phédon, né à Élis, fut fait prisonnier dans sa jeunesse et vendu comme esclave à un marchand d'Athènes. Socrate, l'ayant vu, fut frappé de sa physionomie intelligente et le fit racheter, peut-être par Criton, pour s'en faire un disciple. Après la mort de Socrate, Phédon se retira dans sa patrie, où il fonda une École, appelée Éliaque, qui paraît n'avoir rien ajouté aux doctrines du maître. Il avait écrit plusieurs dialogues, qui ne nous sont pas parvenus. Son nom sert de titre au dialogue de Platon qui raconte les dernières conversations de Socrate.

Après sa mort, son école passa sous la direction de Ménédème d'Érétrie, disciple de Platon, d'où elle prit le nom d'Erétriaque. Ménédème resta moins fidèle aux doctrines de Socrate et pencha vers les doctrines mégariques, dont nous parlerons bientôt. Lui et ses disciples n'admettaient en effet que l'unité et avaient horreur de la pluralité, au point de ne pas admettre les distinctions logiques. Ils rejetèrent d'abord tous les jugements non catégoriques et finirent par n'admettre que les jugements identiques, dans lesquels l'attribut est le même terme que le sujet Ils durent puiser ses théories dans l'École cynique.

§. 3. — École Cynique

126. Antisthène. — Antisthène, fils d'un athénien et d'une phrygienne, naquit à Athènes, l'an 422. Après avoir suivi les leçons de

Gorgias, il ouvrit lui-même une école de rhétorique. Mais ayant entendu Socrate, il s'attacha à ses leçons. Or, comme il habitait le Pirée, il faisait chaque jour un trajet de 40 stades, (7400 mètres) pour venir à Athènes. Né pauvre et de condition obscure, il ne vit dans la doctrine de Socrate que le mépris des richesses et la tempérance qui enseigne à supporter les privations. La vertu est le seul bien, et elle consiste à savoir souffrir et travailler. Son modèle était Hercule. Aussi c'est dans le Cynosargue, près du temple d'Hercule, qu'il réunissait ses disciples. Quelques auteurs ont pensé que c'est de là qu'on les appela *cyniques*. Mais ce nom leur fut donné par mépris, car eux-mêmes s'appelaient Antisthéniens, et il paraît venir plutôt de leur tenue peu décente. En effet, ils ne portaient pour tout vêtement qu'un manteau, qu'ils disposaient comme la peau du lion de Némée sur l'épaule d'Hercule.

Ils laissaient croître leur barbe et leurs cheveux et se nourrissaient grossièrement. Ils prétendaient ainsi s'affranchir de tous besoins et se rendre vraiment libres.

La philosophie d'Antisthène semble ne porter que sur la morale, et nous venons de voir en quoi elle consiste à ce point de vue. Pourtant Cicéron nous donne sa doctrine sur Dieu. « Dans la religion du vulgaire, disait-il, il y a plusieurs dieux ; mais dans la nature des choses, il n'y en a qu'un. Et ce Dieu ne ressemble à aucun objet sensible et ne peut être représenté par aucune image. » Ceci est un témoignage précieux pour établir la doctrine de Socrate à ce sujet.

De plus Aristote nous apprend qu'Antisthène s'occupa de logique; mais le résumé qu'il en donne est fort obscur. Antisthène enseignait que les définitions ne disent rien de la nature de la chose en elle-même, et ne donnent que l'expression des apparences; qu'un sujet ne peut avoir qu'un seul attribut, sa propre définition ; qu'une proposition ne saurait être contredite.

Antisthène avait écrit plusieurs dialogues, mais il ne nous en est rien parvenu.

On trouve en germe dans Antisthène toute la philosophie des stoïciens. C'est la même rigidité dans la vertu, le même mépris des nécessités de la vie, la même confusion de la vertu avec la science spéculative; il va jusqu'à défendre d'apprendre à lire pour ne pas sortir de la nature.

Toute cette affectation de vertu n'est, au fond, qu'un orgueil excessif, et Platon a quelque raison de lui faire dire par Socrate : « Antisthène, je vois ton orgueil à travers les trous de ton manteau. »

127. DIOGÈNE LE CYNIQUE. — Diogène naquit à Sinope, ville du Pont, l'an 414. Son père Icésius était changeur et faisait de la fausse monnaie. Diogène suivit la profession de son père et se rendit coupable du même délit. Il fut découvert et chassé de sa ville natale. Il se

réfugia à Athènes. Manquant de tout il rongeait les jeunes pousses des arbres, le long des chemins. Mais un jour la vue d'un rat qui cherchait sa nourriture lui rendit courage. « Quoi! dit-il, cet animal sait se passer de la cuisine des Athéniens et moi je serais malheureux de ne pas manger à leur table! » Et il résolut de vivre à la manière des bêtes, se disant que tel était pour l'homme l'état de la nature.

C'est dans ces dispositions qu'il alla se présenter à Antisthène, qui, délaissé alors par tous ses premiers disciples, ne voulut pas le recevoir et enfin se laissa vaincre par sa constance. Diogène avait, de plus que son maître, une parole facile et une verve railleuse, qui charmait et qui lui attira beaucoup de disciples.

Diogène rejeta de la doctrine de son maître tout ce qui appartenait à la logique. Il ne reconnaissait pour l'âme qu'un seul exercice : la vertu, qui consiste à vivre selon la nature, avec le moins de désirs possibles. Il condamnait donc la science, la richesse, la beauté, les honneurs, les bienséances mêmes, le mariage et la propriété. Tout est commun, disait-il, dans l'état de la nature. D'ailleurs il ne demandait pour lui que le strict nécessaire, acceptant ce qu'on lui donnait ou ramassant sa nourriture dans les rues, comme un *chien*. Et il se donnait volontiers ce nom. On connait les petites anecdotes qui le concernent et son mépris pour le genre humain.

Pris par des pirates, il fut vendu comme esclave à un riche corinthien, nommé Xéniade, qui lui confia l'éducation de ses deux fils. Dans ses dernières années il passait l'été à Corinthe et l'hiver à Athènes. Un jour on le trouva mort dans un gymnase de Corinthe. Il avait quatre-vingt-dix ans.

Il est probable qu'il n'a jamais rien écrit. D'ailleurs, il ne nous reste rien de ce que quelques anciens lui avaient attribué.

128. CRATÈS DE THÈBES. — On ignore les dates exactes de la naissance et de la mort de Cratès ; il florissait vers l'an 340. Il était laid et difforme, mais très riche. Il se fit pauvre volontairement pour vivre selon la nature. Il fut disciple de Diogène et comme lui chercha à endurer les souffrances du corps et même la raillerie. Une jeune fille noble, nommée Hipparchia, voulut être son épouse et partagea ses privations. Mais Cratès tempéra quelque peu la rudesse de son maître et sut garder des manières aimables. Il eut pour disciple Zénon, chef des Stoïciens.

129. MÉNIPPE. — Esclave, originaire de Phénicie, Ménippe parvint à se faire affranchir et même fut admis, à Thèbes, au nombre des citoyens. Devenu riche en faisant le métier d'usurier, il se dépouilla de toute sa fortune et se mit à imiter Diogène. Il avait écrit treize livres de satires, mais il ne nous en reste rien. Nous en avons cependant quelque idée par les dialogues du Lucien, qui le met souvent en scène.

130. OBSERVATIONS. — Il est inutile de remarquer que les cyniques ne sont pas des philosophes, et que leur vie et leurs doctrines ne nous sont utiles à connaître que pour mieux comprendre ce que peut engendrer l'exagération d'une doctrine excellente en elle-même, mise au service de l'orgueil.

§ 4. — ÉCOLE CYRÉNAIQUE

131. ARISTIPPE DE CYRÈNE. — Aristippe naquit à Cyrène, colonie grecque de l'Afrique, on ne sait en quelle année. Il vint à Athènes pour entendre Socrate, et c'est vers l'an 380, vingt ans après la mort de son maître, qu'on le trouve à la tête d'une école philosophique.

Né dans la richesse et accoutumé à jouir de tous les avantages de la fortune, il interpréta dans ce sens la doctrine de Socrate.

La fin de l'homme c'est le bien. Mais ce bien, pour être véritable, doit être actuel. Il exclut donc le regret du passé et le désir de l'avenir. D'où Aristippe conclut que le bien consiste dans le plaisir actuel, et que la vertu consiste à savoir jouir du présent. Le repos absolu serait l'absence de sensation, et d'un autre côté l'activité trop forcée serait une peine. Il faut donc que l'âme modère son activité, jouisse de ce qu'elle possède et se débarrasse du désir et du regret. C'est cette activité douce qui constitue le plaisir ($\dot{\eta}\delta o\nu\dot{\eta}$ $\dot{\epsilon}\nu$ $\varkappa\iota\nu\dot{\eta}\sigma\epsilon\iota$).

On comprend qu'avec une pareille morale, Aristippe fit peu de cas de la science. Cependant il avait une théorie logique, et, ne voyant d'autre source de connaissance que les sens, il enseignait que nous ne connaissons que nos sensations, mais non la nature des choses qui nous les procurent. C'est une théorie que nous verrons se développer avec une prétention scientifique.

Il ne nous reste rien des nombreux ouvrages qu'Aristippe avait composés.

132. ARÉTÉ. — Comme dans l'École cynique, nous trouvons dans l'école cyrénaïque une femme. C'est Arété, fille d'Aristippe. Instruite par son père, elle transmit les mêmes doctrines à son fils Aristippe le jeune, et fut ainsi un moment le chef de cette école.

133. ARISTIPPE LE JEUNE. — Le fils d'Arété, Aristippe le jeune fut surnommé *Métrodidacte*, parce qu'il fut instruit par sa mère, dans la philosophie. Il ne paraît pas qu'il ait écrit aucun ouvrage. Mais on pourrait croire, par ce qu'en dit Diogène Laërce, qu'il essaya de développer les théories de son aïeul. Tandis que pour celui-ci le repos n'était pas un plaisir, Aristippe le jeune l'aurait admis comme un plaisir inférieur, à côté du plaisir en mouvement qui résulte des sensations agréables.

134. ANNICÉRIS. — Annicéris naquit à Cyrène vers 340, et c'est à Alexandrie qu'il florissait en l'an 300. Il fonda dans l'École cyrénaïque la secte des *Annicériens*. En effet sa doctrine se rapproche de celle d'Épicure. Il n'admettait pas une fin commune de la vie humaine, mais il voulait que chacun de nos actes eût pour fin le plaisir, et pour lui le plaisir devait être positif comme dans la théorie d'Aristippe. Il ne comptait pour rien l'absence de la douleur, qu'Épicure considèrera comme le vrai bien. Mais il estimait les plaisirs de l'esprit et de plus il voulait que la prudence nous fit supporter un mal présent, en vue d'un plaisir futur. Ceci est exactement le fond de la morale d'Épicure.

137. THÉODORE DE CYRÈNE. — Théodore de Cyrène, fut disciple d'Annicéris et d'Aristippe le jeune. Il paraît avoir été du même âge qu'Annicéris. Il fonda lui aussi une secte, celle des *Théodoriens*.

Au lieu du plaisir et de la douleur, il pose, comme fin à rechercher ou à éviter dans chacune de nos actions, le contentement et le chagrin. Par suite, il ne voit qu'une seule vertu, la prudence à nous procurer le contentement; et un seul vice, la sottise ou l'imprudence qui nous empêche d'éviter le chagrin. Il parle aussi de la justice; mais elle n'est pour lui que l'à-propos de chacun de nos actes bons ou mauvais. Ainsi tout est permis au sage, qui sait choisir le moment.

D'ailleurs il n'était pas détourné d'une pareille morale par la crainte de Dieu, puisqu'il enseigna formellement l'athéisme, dans son traité *des dieux*, le seul ouvrage qu'il ait écrit. Cette doctrine lui valut une condamnation devant l'Aréopage, et les auteurs ne sont pas d'accord sur l'issue de son procès. Selon les uns, il fut sauvé de la mort par Démétrius de Phalère; selon d'autres, il dut boire la ciguë, comme Socrate.

136. ÉVHÉMÈRE. — On ne sait rien de bien certain sur la vie de ce philosophe, mais son système a été, depuis, plusieurs fois employé et s'est appelé de son nom l'*évhémérisme*. Ce système consiste à dire que les dieux ne sont que des hommes que la crainte ou l'admiration ont divinisés.

Évhémère naquit peut-être en Sicile, d'autres disent à Messène, et il florissait probablement vers l'an 300.

Il exposait sa théorie dans un ouvrage intitulé: *Histoire sacrée*, qui ne nous est pas parvenu, mais dont beaucoup d'auteurs, païens et chrétiens, ont longuement parlé. S'appuyant sur les inscriptions des temples, il prétendait reconstruire l'histoire humaine de tous les dieux des Grecs et montrer que ceux que l'on adorait ainsi n'étaient que des rois ou des conquérants ou quelquefois des bienfaiteurs de l'humanité.

Quelle était la vraie pensée d'Évhémère? Voulait-il seulement combattre le polythéisme? Ou attaquait-il par le même moyen toute idée de la divinité? Les apologistes chrétiens l'ont entendu dans le premier sens et par suite l'ont approuvé; les défenseurs du paganisme au contraire l'ont déclaré athée. Les monuments qui nous restent ne nous permettent pas de trancher la question. Il est vrai qu'Évhémère ne se prononce que sur les dieux du paganisme; mais il n'est pas sûr qu'il en connût un autre, et, s'il connaissait la doctrine de l'unité de Dieu, il n'en a pas parlé.

§ 5. — École mégarique

137. Euclide. — Euclide naquit à Mégare vers l'an 440. Il ne faut pas le confondre avec Euclide le géomètre, qui vivait à Alexandrie sous les Ptolémées.

Euclide s'était déjà nourri des écrits de Parménide, quand il connut Socrate et s'attacha à lui, au point de venir tout exprès de Mégare à Athènes pour l'entendre. La distance entre les deux villes était d'environ 40 kilomètres. Il n'est donc pas admissible qu'Euclide y soit allé chaque soir pour en revenir le matin, comme on l'a affirmé, en ajoutant qu'il se déguisait en femme, pour éviter la peine de mort portée contre les Mégariens qui entraient dans Athènes. Il est certain qu'Euclide vint à Athènes recueillir les dernières paroles de Socrate le jour de sa mort.

Déjà à ce moment il avait fondé une école à Mégare. C'est là que se réfugièrent les disciples de Socrate, et Platon lui-même ne dédaigna pas de suivre ses leçons, et ses théories en ont gardé l'empreinte.

Selon Euclide, l'essence du bien c'est l'unité. D'où il suit que le monde, qui est multiple, est sans rapport avec le bien. De plus l'unité c'est l'être : d'où il suit que le monde qui change sans cesse n'est qu'une illusion. Dès lors le bien seul existe, et tout ce qui est est bien. Tout ce qui participe à l'unité est bien à un point de vue. C'est ainsi que, selon Euclide, Dieu est un bien, mais non pas le bien absolu.

Euclide avait pris dans l'École éléatique sa doctrine de l'unité, seulement; fondant cette théorie avec celle de Socrate, il lui donna une morale, et ce que Parménide disait du vrai, il le dit du bien. Il prit dans la même école sa dialectique. Il rejetait les comparaisons de Socrate et disait: « Si ces exemples sont tirés de choses semblables, il vaut mieux tirer la preuve de leur nature commune; s'ils sont tirés de choses différentes, ils ne sont pas concluants. » Pour détruire les opinions de ses adversaires, il s'attachait, comme les sophistes, à en tirer des conséquences absurdes; si bien que ses disciples y puisèrent une argumentation subtile qui leur valut le surnom de *disputeurs* (ἐριστικοί).

Avant Aristote, de l'aveu même de celui-ci, Euclide distingua l'acte et la puissance, mais c'était pour les confondre ensuite et pour dire que la puissance n'existe qu'avec l'acte, et que le passage de la puissance à l'acte est impossible. Cette conclusion était conforme à son principe que l'être c'est l'unité, et s'accordait d'ailleurs avec les doctrines des Éléates, qui niaient la possibilité du mouvement.

138. EUBULIDE DE MILET. — Eubulide ne fut pas le disciple immédiat d'Euclide; il vint après Clinomaque et après Ichthyas, dont on ne connaît guère que les noms; mais il acquit dans l'École une grande renommée. Il vivait dans le IV° siècle. Il combattit surtout Aristote.

En effet, les deux doctrines sont diamétralement opposées: tandis qu'Aristote part des données des sens, pour découvrir les lois de toutes choses, Eubulide, d'accord avec son école, part de l'idée de l'unité immuable et préfère rejeter le témoignage des sens plutôt que d'admettre l'existence du multiple. C'est pour rejeter la possibilité du multiple qu'il semble avoir composé les arguments fameux que Diogène Laërce nous a conservés, et dont voici les principaux :

Le chauve. — Un cheveu de moins ne rend pas un homme chauve. J'ôte ce cheveu. Mais un cheveu de moins ne le rendra pas chauve. J'ôte encore ce cheveu. Ainsi de suite, jusqu'au moment où il n'a plus de cheveux, et où l'argument force à dire qu'il n'est pas chauve.

Le tas. — Un grain de blé ne fait pas un tas. J'ajoute un grain de blé. Ce n'est pas un tas. Ajoutant ainsi indéfiniment un grain de blé, on n'a jamais un tas; toujours d'après le principe.

Le cornu. — Vous avez ce que vous n'avez pas perdu. Or vous n'avez pas perdu les cornes. Donc vous avez les cornes.

Le voilé. — Connaissez-vous cette personne voilée ? Non. Connaissez-vous votre père ? Oui. Or cette personne voilée est votre père. Donc vous connaissez votre père et vous ne le connaissez pas.

Le menteur. — Si vous dites : Je mens, et que vous mentiez en effet, vous mentez et vous dites la vérité.

On présente aussi cet argument sous une forme plus ingénieuse. — Epiménide a dit que les Crétois sont menteurs. Or il est Crétois. Donc il ment, et les Crétois ne sont pas menteurs. Mais il est Crétois. Donc il a dit vrai, et les Crétois sont menteurs. Or il est Crétois, etc.

On voit qu'en visant à la subtilité pour confondre ses adversaires, Eubulide finit par n'être qu'un maigre sophiste, et mérita le surnom de *disputeur*.

139. STILPON DE MÉGARE. — Stilpon né à Mégare, florissait vers l'an 300, et paraît avoir eu une grande renommée et une grande influence, puisqu'Antigone, après avoir pris Mégare, ordonna d'épargner la maison du philosophe et de lui laisser tous ses biens; ce que Stilpon ne

voulut pas accepter, disant qu'il lui suffisait de posséder la raison et la science.

Il professait la doctrine d'Euclide et ne fit qu'en tirer quelques conclusions. L'être n'a rien de contingent et le contingent ne peut pas être. Donc les choses du monde ne sont rien, et les idées même qui les expriment sont sans fondement. On ne peut donner à un sujet qu'un attribut identique. Par exemple on ne peut dire : Le cheval court ; car, si l'attribut diffère du sujet, on ne peut affirmer l'un de l'autre, et si cet attribut est identique à ce sujet, on ne pourra plus dire : Le lion court.

Avec ses principes, Stilpon devait conclure, comme il l'a fait, que le souverain bien est dans l'impassibilité de l'âme ; car tout ce qui fait l'objet de nos passions n'existe pas.

Toutes ces théories sont la conséquence rigoureuse de la doctrine d'Euclide : que l'unité seule existe.

140. DIODORE CRONOS. — Diodore, né à Jasos, en Carie, dans la seconde moitié du IVe siècle, appartenait à l'école de Mégare et devint l'hôte et l'ami de Ptolémée Soter. On dit que n'ayant pas répondu sur le champ à une difficulté que le roi lui proposait, il mourut de douleur. D'autres disent qu'il mourut de chagrin de n'avoir pu résoudre les arguments d'Eubulide, et particulièrement *le menteur*. Cependant Cicéron le qualifiait de *vaillant dialecticien*.

En effet, il attaqua toutes les doctrines qui ne partaient pas du principe mégarique de l'unité. Il s'en prenait particulièrement à trois ordres de faits : la possibilité du mouvement, le passage de la puissance à l'acte, la légitimité des propositions conditionnelles. Contre le mouvement il reprenait les arguments de Zénon d'Élée et en ajoutait d'autres. Contre la puissance et l'acte il ajoutait aux arguments d'Euclide que ce qui sera sera nécessairement et qu'ainsi il n'y a rien de possible, puisque tout est déterminé d'avance. Par les mêmes principes il rejetait les propositions conditionnelles purement contingentes et ne les admettait que dans le cas où l'antécédent et le conséquent sont liés d'une manière nécessaire.

On voit que de tout point cette doctrine mène au fatalisme. C'est encore la conséquence du principe : « L'unité seule existe. »

OBSERVATION. — Ainsi l'œuvre de Socrate semblait se perdre quelques années après sa mort. Des écoles formées par son inspiration, l'une exagérait la vertu, la rendait impraticable et d'ailleurs la faisait mépriser en la fondant sur l'orgueil ; une autre prenait déjà le contre-pied de ce que Socrate avait enseigné, en confondant le bien avec l'agréable ; la troisième se perdait dans les subtilités de la dispute et d'ailleurs rendait inutile toute morale en niant la possibilité de passer librement du mal au bien ou du bien au mieux.

Heureusement il restait un disciple immédiat de Socrate, celui que Dieu appelait à conserver et à perfectionner l'œuvre de son maître. Ce disciple fidèle, ce génie littéraire et philosophique, cet homme qui le premier a dévoilé à la raison humaine sa véritable nature et l'étendue de sa puissance : c'est Platon. A quelque école que l'on appartienne, on ne peut s'empêcher d'admirer la supériorité de son intelligence, la fécondité de son style, la droiture de son cœur et de sa volonté. Mais toute grandeur humaine a son côté faible. Platon a eu l'excès de ses qualités : la sublimité des vues de la raison lui a fait oublier les données de l'expérience, et la contemplation de l'image de l'infini lui a fait croire qu'il le possédait déjà.

§ 6. — PLATON. — L'ACADÉMIE.

141. VIE DE PLATON. — Platon naquit à Athènes, ou dans l'île d'Egine. l'an 430. Son père s'appelait Ariston et descendait, disait-on, de Cadmus; sa mère nommée Périctioné, descendait d'un frère de Solon. Lui-même porta le nom de son grand-père, *Aristoclès*, et reçut plus tard le surnom de Platon, qui lui est resté dans l'histoire. Il reçut une éducation brillante, dans laquelle les arts tenaient une grande place. Il cultivait plus particulièrement la poésie, quand il connut Socrate. Il avait alors vingt ans. Il avait déjà étudié la philosophie, sous la direction de Cratyle, disciple d'Héraclite, et d'Hermogène, disciple de Parménide. Socrate donna à son esprit une direction plus pratique, et Platon fut un de ses disciples les plus fidèles. On croit qu'il composa quelques dialogues du vivant même de Socrate. Quand son maître fut mis en accusation, il essaya de le défendre ; mais la foule le précipita hors de la tribune. Retenu par la maladie, il n'eut pas la consolation d'assister à ses derniers moments, qu'il a si bien racontés dans le *Phédon*. Il avait alors trente ans.

Après la mort de Socrate, Platon se retira à Mégare, auprès d'Euclide dont il écouta volontiers les leçons; de là il se rendit à Cyrène, auprès de Théodore, et ensuite en Egypte. Il visita aussi la grande Grèce, où il entendit Archytas de Tarente, et acheta si cher les trois livres de Philolaüs. C'est ainsi qu'avant d'enseigner lui-même il s'instruisit de toutes les doctrines.

S'étant rendu aussi en Sicile, auprès de Denys l'Ancien, il fut d'abord son ami. Mais sa franchise ayant déplu au tyran, celui-ci le retint d'abord prisonnier, puis le fit vendre comme esclave. Heureusement Annicéris de Cyrène le racheta. Il retourna alors dans sa patrie, vers l'an 380, et ouvrit son école dans les jardins d'Académus; il y continua ses leçons pendant vingt-deux ans. Il retourna encore deux fois en Sicile, espérant amener Denys à organiser son gouvernement d'après les idées qu'il lui suggérait. Il fut trompé dans son attente et revint à Athènes, où il mourut à l'âge de quatre-vingt-trois ans, l'an 347.

Ainsi la vie de Platon tout entière fut consacrée à l'étude puis à l'enseignement de la philosophie. Il ne remplit jamais aucune charge publique, peut-être parce qu'il vécut dans les plus mauvais temps de la république d'Athènes, sous la domination de Lysandre, puis des Trente, et enfin de Philippe, lorsque déjà il pouvait pressentir l'asservissement futur de sa patrie.

Quelques auteurs l'ont fait voyager jusque dans l'Inde, mais leur assertion ne paraît pas fondée, et si le fait était vrai, on en trouverait quelques traces dans ses écrits.

142. OUVRAGES DE PLATON. — Ce qui montre bien la haute estime que la postérité a toujours eue pour Platon, c'est que ses ouvrages nous sont parvenus en entier. Les œuvres de Platon, telles que nous les possédons aujourd'hui renferment 40 *dialogues*, 18 *lettres*, plus des *épigrammes* et des *définitions*.

Mais d'abord dans ces quarante dialogues, il y en a au moins neuf qui ne doivent pas lui être attribués, et tout ce qui vient après les dialogues est également supposé. Quelques auteurs ont voulu faire déclarer inauthentiques un bien plus grand nombre de dialogues ; mais leurs raisons ne nous paraissent pas concluantes, et ne doivent pas prévaloir contre la tradition. Cependant le doute est au moins permis pour cinq dialogues, outre ceux qui sont généralement rejetés. En voici la liste complète :

DIALOGUES AUTHENTIQUES

SUJETS DE DIALECTIQUE

Euthydème ou de la Sophistique.
Théétète ou de la Science.
Cratyle ou de la Propriété des noms.

SUJETS DE MÉTAPHYSIQUE

Le Sophiste ou de l'Être.
Parménide ou de l'Un.
Timée ou de la Nature.

SUJETS DE MORALE

1er *Alcibiade* ou de la Nature humaine.
Philèbe ou du Plaisir.
Ménon ou de la Vertu.
Protagoras ou les Sophistes.
Euthyphron ou le Saint.
Criton ou le Devoir d'un citoyen.

Apologie de Socrate.
Phédon ou de l'Immortalité de l'âme.
Lysis ou de l'Amitié.
Charmide ou de la Sagesse.
Lachès ou du Courage.
La Politique ou la Royauté.
La République ou de la Justice.
Les Lois.

SUJETS D'ESTHÉTIQUE ET DE MORALE

Le Banquet ou de l'Amour.
Phèdre ou de la Beauté.
Gorgias ou de la Rhétorique.
Hippias (minor) ou du Beau.
Ménexène ou de l'Oraison funèbre.
Ion ou de la Poésie.

DIALOGUES D'UNE AUTHENTICITÉ DOUTEUSE

Érixias, Axiochus, les Rivaux, sur la Justice, sur la Vertu.

DIALOGUES APOCRYPHES

Épinomis, Démodocus, Sisyphe, Hipparque, Minos, IIe Alcibiade, Clitophon, Théagès, Hippias (major.)

On a essayé d'indiquer approximativement l'époque à laquelle Platon a composé chacun de ses dialogues; nous ne dirons rien du résultat de ces recherches : on n'a pu obtenir que des conjectures.

143. DOCTRINE DE PLATON. — Platon a puisé ses doctrines chez tous les philosophes qui l'avaient précédé et surtout chez Socrate. Mais il a coordonné tout cela dans un vaste ensemble qu'il a fait sien. Il a traité successivement toutes les questions. La logique, la métaphysique, la psychologie, la théodicée, la morale, l'esthétique, les arts et les sciences: tout se présente sous sa plume, tantôt expressément, tantôt par digression, et comme par abondance de style. Il interroge les données des sens, avec les Ioniens et les Atomistes ; avec Pythagore et les Eléates, il donne la priorité à la raison ; avec Socrate, il interroge la conscience et recherche l'universel ; avec Pythagore, il croit à l'harmonie des êtres et du monde; mais il élève toutes ces théories à la hauteur d'une science par la recherche des *idées*, et au sommet des idées il place l'idée du *bien*.

La méthode qu'il suit est surtout celle de Socrate. Employant comme, lui l'interrogation ou l'*ironie*, il cherche la *définition* et, par là même, l'*universel*. Enfin au delà de l'universel, ou quelquefois dans l'universel même, il conçoit l'immuable, l'absolu : c'est l'*idée*.

Il a d'ailleurs deux doctrines : l'une élémentaire ou préparatoire et qu'il confie à tous : c'est la doctrine *exotérique* ; l'autre transcendante, qui est le terme de la première, qu'il n'expose qu'à ceux qui sont devenus capables de la recevoir : c'est la docrine *ésotérique*. Il déclare lui-même que cette dernière ne peut pas être exposée par écrit, et que la parole seule est capable de la mettre au jour. Aussi ses écrits ne renferment guère que la première. Mais ils en disent assez pour que nous sachions quel était le fond de cette doctrine supérieure, réservée aux initiés. C'est l'idée du bien, considérée comme l'essence même de Dieu, comme renfermant toutes les autres idées, comme principe et fin de toutes choses.

144. THÉORIE DE LA CONNAISSANCE. THÉORIE DES IDÉES. — La base de tout le système philosophique de Platon, c'est la théorie de la connaissance, et le couronnement de la théorie de la connaissance, c'est la théorie des idées, qui en même temps sert de fondement à tout le système et l'explique tout entier.

La connaissance de l'homme, selon Platon, a deux degrés : l'opinion (δόξα) et la science (ἐπιστήμη). La première a pour objet le monde sensible, la deuxième a pour objet le monde intelligible. L'opinion à son tour se présente sous deux formes : la conjecture (εἰκασία), et la croyance (πίστις) de même que la science a aussi deux formes : la connaissance discursive (διάνοια), et la pure intelligence (νόησις).

HIST. DE LA PHIL.

Les images des objets sensibles, venant frapper nos sens procurent des *sensations* (perceptions sensibles), qui ne sont que des apparences et qui nous permettent de *conjecturer* les qualités des objets perçus. L'âme qui voit ainsi les images des corps en conclut que les corps ressemblent à ces images et elle se forme une *croyance* ou une *opinion* sur la nature des corps. Mais comme ces objets sont variables, il ne nous est pas possible d'en faire l'objet de la science, qui ne porte que sur l'immuable. L'esprit généralise les qualités perçues, et conçoit par là la nature des objets : c'est la vue de l'universel. Ce sont les *notions* Mais elles participent encore à leur origine sensuelle et par suite variable, et surtout particulière et propre à chaque homme. Par le travail du raisonnement l'esprit atteint encore certaines notions, qui n'ont plus rien de variable : ce sont des vérités nécessaires, mais elles ne sont que le plus bas degré de la science, la *connaissance discursive*.

Au dessus des notions formées par la généralisation des qualités sensibles, au-dessus même des vérités nécessaires démontrées, la pure *intelligence* saisit et comprend les vérités nécessaires proprement dites, les modèles même sur lesquels toutes choses sont formées, les essences des choses, les principes absolus de toute démonstration. Ce sont les *idées*.

Les idées sont ordre et harmonie. Elles ne sauraient être conçues autrement : elles sont donc nécessaires. Je ne puis concevoir un temps où elles n'étaient ou ne seront pas vraies. Elles sont donc éternelles. Mais l'ordre, l'harmonie, qui les règle, qui les fait ce qu'elles sont, est à son tour une idée, l'idée supérieure à toutes les autres : c'est l'*idée du bien*. Au fond elles ne sont rien autre chose que cette même idée du bien, et si elles se distinguent, ce n'est que par rapport aux choses variables dont elles sont les modèles, mais en elles-mêmes, elles sont une seule et même idée.

Cependant ces idées qui sont en moi ne viennent pas de moi, elles sont au dessus de moi ; elles subsistent en dehors de moi, puisqu'elles sont éternelles : elles subsistent en Dieu, elles sont Dieu lui-même. Ainsi Dieu lui-même est intelligence et ordre. Il est le bien subsistant.

Or quand j'aperçois ces idées, je sens bien que je ne les apprends pas à ce moment là ; je les trouve en moi et elles s'offrent à moi comme une réminiscence (ἀνάμνησις). Il faut donc que je les aie perçues autrefois. Et puisqu'elles ne sont qu'en Dieu, c'est en Dieu que je les ai perçues, dans une vie antérieure, quand mon âme était en Dieu.

145. MÉTAPHYSIQUE DE PLATON. — Sur la grande question de l'être en général, Platon n'est ni avec Héraclite, pour lequel rien n'est stable et permanent, mais tout s'écoule, sans que ce mouvement universel ait une cause ni une fin ; ni avec Parménide, pour lequel l'immuable

seul existe et le mouvement est impossible. Platon concilie les idées de l'un et du multiple, et déclare que l'être renferme l'un et l'autre. Il appelle *fini* (πέρας,) ce qui est complet, l'immuable, qui n'acquiert rien et ne perd rien, et *infini* (ἄπειρον,) ce qui est déterminé, ce qui peut être augmenté ou diminué. C'est en ce sens, directement opposé au sens moderne des deux mots, qu'il dit que tout se compose de fini et d'infini. L'élément infini (indéterminé), c'est la matière; l'élément fini (déterminé), c'est l'application, la réalisation de l'idée.

Il y a ici un souvenir manifeste des doctrines de Pythagore, avec le même sens, ou à peu près, dans les mots « fini » et « infini ». Si l'espace nous le permettait, nous pourrions faire remarquer beaucoup d'autres ressemblances entre ces deux doctrines.

146. COSMOLOGIE DE PLATON. — Le monde est formé d'après les idées. La matière est éternelle. Mais Dieu y a mis l'ordre et l'harmonie, conformément à ses idées. C'est par bonté que Dieu a tout disposé dans le monde; c'est parce qu'il est bien, qu'il a tout ordonné pour le bien.

Platon ne conçoit pas la matière comme une substance essentiellement étendue, comme l'a fait plus tard Descartes; pour lui la *matière* est une *pure passivité*, une capacité de recevoir toutes les formes. Elle n'est même quelque chose qu'autant qu'elle reçoit la forme des idées. C'est déjà en germe la théorie d'Aristote sur la matière et la forme.

Cependant Platon croit que la matière est trop inférieure à Dieu pour qu'il ait agi sur elle immédiatement. Il a dû se servir d'une nature intermédiaire : c'est *l'âme du monde*. Peut-être par âme du monde n'entendait-il pas autre chose que les idées appliquées à la matière. On comprendrait alors les passages dans lesquels il parle du *Logos* qui est la raison divine, la parole de Dieu, et que lui aussi est l'intermédiaire par lequel Dieu a façonné le monde.

147. PSYCHOLOGIE DE PLATON. — Platon parle de l'âme humaine comme du principe de la pensée, de la vie et du mouvement, dans l'homme, et ne semble pas supposer qu'il soit nécessaire d'en démontrer l'existence, ni même de dire ce qui nous amène à la concevoir. L'âme tient tout à la fois au monde sensible et au monde intelligible. Elle a quelque chose de variable puisqu'elle éprouve des sensations, mais par sa participation aux idées elle entre dans le monde éternel et elle est immortelle.

Pour exercer les différents degrés de sa connaissance, il faut qu'elle ait différentes facultés. Elle a donc la faculté de sentir ou de percevoir les choses sensibles : ce sont les passions (ἐπιθυμητικόν). Elle a aussi la faculté d'abstraire et de généraliser, pour produire les notions (θυμός). Enfin pour saisir les idées, elle a l'intelligence (νοῦς). C'est là ce que nous appellerions aujourd'hui les facultés intellectuelles. Mais les mêmes puissances sont appétitives et actives et dès lors on les voit remplir les fonctions de la sensibilité et de la volonté. Les passions deviennent le principe de *l'amour animal;* le *thumos* devient le cœur, et fournit les *sentiments nobles* dans ce qui est passager; *l'intelligence* est alors tout à la fois le principe de l'amour supérieur, de *l'amour idéal*, et la *volonté libre*.

Quelques philosophes contemporains accusent Socrate et Platon, d'avoir méconnu la liberté de l'âme humaine. Nous ne pouvons nous ranger à leur opinion.

Platon ne nie pas la liberté, au contraire il en parle plus d'une fois. S'il n'en donne aucune démonstration, c'est que cette vérité n'avait pas été attaquée de son temps. Quand il recommande la justice, la recherche du bien, la pratique de toutes les vertus et particulièrement la tempérance, sans laquelle, dit-il, l'homme ne saurait être maître de lui-même, il suppose la liberté. Il nous semble donc que pour l'accuser de fatalisme ou de toute autre doctrine analogue, il faudrait qu'il l'eût dit formellement. Au contraire il définit l'âme « une substance qui a la faculté de se mouvoir elle-même ».

Mais, dira-t-on, il enseigne que la vertu est une science, que dès qu'on connaît le bien on le veut, et que l'homme qui fait le mal ne fait pas ce qu'il veut. Nous ne voyons en tout cela que des exagérations de mots, fondés sur cette intime persuasion, que l'homme est naturellement fait pour le bien absolu, et que pour lui faire faire le bien, il suffit de le lui montrer. Mais ces paroles ne disent pas qu'en faisant le bien dès qu'il le voit comme bien, l'homme ne le fasse pas librement.

148. Théodicée de Platon. — Nous l'avons dit déjà, Platon conçoit Dieu sous l'idée du bien; il l'appelle quelquefois simplement le *Bien*. Et comme l'idée du bien résume toutes les idées, Dieu résume en lui toutes les idées; il est la substance des idées. Éternel, immuable et absolu comme les idées, il est souverainement parfait. Il est la beauté même et le principe de toute perfection. Il est par là-même la souveraine intelligence et le principe des intelligences. C'est par sa lumière que nos intelligences voient les idées, comme nos yeux voient les objets corporels par la lumière du soleil.

Dieu a disposé la matière selon les idées et formé le monde, qu'il gouverne ensuite par une providence attentive aux moindres détails.

Dirons-nous que Platon conçoit Dieu comme libre? Oui, car il dit formellement que Dieu a disposé le monde en vue du bien. Et pour entendre cette proposition dans le sens de la nécessité il faudrait que Platon l'eût affirmé ainsi. C'est ce qu'il n'a pas fait.

Il est vrai que Platon considère Dieu comme *bon* par essence et faisant le monde parce qu'il est bon. Mais tous les théologiens catholiques disent la même chose, sans vouloir faire entendre que Dieu agisse nécessairement.

De plus, Platon est optimiste, et suppose que le mal qui est dans le monde, n'est qu'un moindre bien, rendu inévitable par la nature du contingent, qui ne peut posséder la perfection absolue; mais en cela il veut, comme plus tard Leibnitz, justifier la Providence, et s'il pense que la présence du mal est inévitable, il ne dit pas que le choix de tel bien soit nécessaire.

149. ESTHÉTIQUE DE PLATON. — L'esthétique, c'est-à-dire la théorie des sentiments, ou la théorie du beau, occupe une grande place dans la philosophie de Platon. Il avait pris de son maitre Socrate, cette haute estime du beau; mais on peut dire qu'il l'a mieux compris, et surtout que l'idée qu'il en a est bien plus élevée.

Au plus bas degré se trouve le beau physique, la beauté qui vient des formes; et Platon fait grand cas de cette beauté et reconnaît qu'elle attire l'âme humaine, mais il croit que ce n'est pas pour elle-même qu'on l'aime. Il pense que la beauté physique n'attire l'âme que parce qu'elle reflète l'âme. Donc la beauté de l'âme est supérieure à la beauté corporelle.

Cependant, au-dessus de la beauté de l'âme elle-même se trouve le monde des idées qui nous fournit le beau idéal, splendeur de l'idée du bien, qui résume en elle toutes les idées, et dont l'attrait excite toutes les grandes actions et particulièrement l'enthousiasme qui en est le mobile. Mais ce n'est pas tout.

Par delà l'idée du bien, se trouve le bien en soi, réel et subsistant, le bien absolu et immuable en lui-même, substance dont les idées ne sont que les images. Le bien en soi, c'est Dieu lui-même. Et Platon déclare que l'âme tend à s'élever jusqu'à cet amour, bien plus jusqu'à posséder par l'amour cette beauté absolue qui est Dieu, et on sent que les expressions lui manquent pour dire ce qu'il pressent du bonheur de celui qui arriverait à cet amour et à cette possession.

150. MORALE DE PLATON. — Fidèle aux principes de son maitre, Platon fait de la morale le but de toute sa philosophie. La loi morale est pour lui l'idée du bien, et cette idée est chez lui beaucoup plus détachée de l'idée de l'utile que chez Socrate.

L'être tend par sa nature à être tout ce qu'il peut être. Il tend donc à la perfection. C'est ainsi que la volonté tend naturellement vers le bien, que l'âme connait par les idées. Donc la perfection de l'âme c'est sa conformité aux idées, à l'idée du bien. Cette conformité c'est la *vertu*. Ainsi considérée, en général, la vertu s'appelle la *justice*. Elle consiste à disposer tous ses actes selon l'ordre voulu par les idées. La justice dirige ainsi l'homme à l'égard de lui-même, à l'égard de la société, à l'égard des choses mêmes et à l'égard de Dieu.

Considérée dans ses rapports avec les facultés de l'âme la justice constitue trois vertus: la *sagesse*, qui est la justice de la raison; le *courage*, qui est la justice du cœur; la *tempérance*, qui est la justice de la sensibilité physique, ou des passions. La *justice* proprement dite est la justice de la volonté, ou de l'âme tout entière.

La justice doit être recherchée pour elle-même, et il vaut mieux souffrir une injustice que de la commettre. Mais la justice porte avec elle-même sa récompense; seule elle donne le véritable bonheur, et l'homme qui se livre à l'injustice est le plus malheureux des hommes.

Bien plus, toute injustice doit être punie, et le châtiment purifie l'âme de la souillure que lui laisse la faute commise. D'où il suit que le coupable qui échappe au châtiment est plus malheureux que celui qui le subit; car son âme reste dans le désordre, qui seul est la cause du malheur.

Observation. — Nous n'avons pu que résumer très-succinctement ici les doctrines si fécondes de ce grand philosophe; pour le faire connaître dans tout son jour, il nous aurait fallu citer partout ses paroles. Mais l'espace nous manquait pour cela. En effet, les théories de Platon ne sont pas rangées dans un ordre classique; elles sont présentées dans de nombreux dialogues, avec toute l'abondance de style que comporte ce genre d'écrits, en sorte que pour citer textuellement une seule de ses pensées, il faudrait souvent plusieurs pages.

Cependant nous essayerons de suppléer autant que possible à cette lacune nécessaire en donnant ici l'analyse de deux de ses dialogues, que l'on peut compter parmi les plus beaux et considérer comme les plus capables de donner une idée exacte de la philosophie de Platon.

151. Analyse de la *République*. — L'objet propre de ce dialogue, au point de vue moral, c'est la justice, et si l'on en croit Platon lui-même, ce n'est que pour mieux faire voir ce que doit être la justice dans l'individu, qu'il la montre d'abord dans l'état. Mais il est facile de voir que Platon a voulu donner aussi son idéal du gouvernement.

Dans un préambule ordinaire à Platon, Socrate fait apparaître les différents personnages et décrit la situation. Puis le dialogue s'engage. L'ouvrage se compose de dix livres. Le premier livre est une sorte d'introduction où l'on cherche la définition de la justice. Thrasymaque la définit « l'obéissance à la loi » et pour lui la loi n'est que l'intérêt du plus fort. Socrate proteste et dit que la loi est en faveur du plus faible. Mais Thrasymaque soutient que le chef du gouvernement ne cherche que son propre intérêt, et que d'ailleurs l'homme injuste seul comprend ses intérêts. Socrate veut montrer au contraire que la justice seule rend heureux. Alors Glaucon donne le portrait de l'homme juste et de l'homme injuste, et sous une forme ironique, il dit qu'il faut paraître juste mais non pas vouloir l'être, car l'homme juste n'obtiendra que la torture et les verges; il sera chargé de fers et mis en croix. Adimante réplique qu'on ne doit pas rechercher la justice en vue du bien qu'elle procure.

Mais Socrate qui ne sépare pas l'idée du bonheur de celle de la justice reprend la démonstration de sa thèse et dit que l'on verra mieux la justice dans l'homme, en la considérant d'abord dans l'État. Il expose donc son État idéal.

La société s'explique par les besoins de chacun, que personne ne pourrait satisfaire s'il était seul. La première nécessité pour l'État c'est de conserver son territoire. De là les guerriers. Il faut au guerrier le courage, qui suppose une certaine colère, il lui faut ensuite l'agilité et la force. Son éducation doit être dirigée dans ce but. L'éducation comprend la gymnastique, qui exerce le corps, et la musique, qui met l'harmonie entre les puissances de l'âme. C'est par la musique que l'éducation doit commencer. La musique doit exprimer la beauté de l'âme, par la parole, l'harmonie et le rhythme. Platon exclut les poètes qui faussent l'idée des dieux, en leur attribuant les passions des hommes. La gymnastique comprend la nourriture et l'exercice du corps. Les guerriers doivent mener une vie commune dans les camps, aux frais de l'État, et ne posséder rien en propre. Ainsi le veut le bien de tous, et la condition ne paraîtra point dure à ceux qu'on y aura accoutumés dès leur enfance.

Les vertus nécessaires à la société sont : la prudence, chez les magistrats ; le courage, chez les guerriers ; la tempérance, chez les mercenaires. La justice n'est que l'harmonie entre ces trois ordres.

Les vertus nécessaires à l'homme sont aussi : la prudence dans la raison, le courage dans le cœur, la tempérance dans les passions, et la justice qui est l'harmonie entre toutes les facultés.

Les femmes doivent recevoir la même éducation que les hommes, prendre part aux mêmes exercices, dont Platon essaie de justifier l'inconvenance, en disant que ce qui est utile est honnête ; les femmes des guerriers doivent être communes à tous ; il ne faut pas que les enfants connaissent leurs parents.

Tel est l'idéal. Pour y atteindre, il faut que les rois soient philosophes. Le philosophe se distingue des autres hommes en ce qu'il a la science, tandis que les autres n'ont que l'opinion. Par la science, le philosophe connaît le vrai bonheur et veut le faire partager aux autres, mais il est incompris, et se voyant en butte à la haine il renonce à se mêler aux affaires et jouit en paix de son repos.

C'est ici, dans le viie livre, que Platon expose sa théorie de la connaissance, telle que nous l'avons donnée plus haut, mais il commence par l'allégorie de la caverne, que nous devons citer, en l'abrégeant toutefois.

« Dans une caverne n'ayant qu'une seule ouverture, des prisonniers sont enchaînés de manière à ne pouvoir pas même tourner la tête, en sorte qu'ils ne voient que ce qui est en face d'eux, au fond de la caverne. Par derrière, un feu placé à quelque distance de l'entrée de la caverne sert à les éclairer, et entre ce feu et la caverne est un chemin où passent des hommes portant divers objets, et quelquefois parlant entre eux. Les prisonniers voient les ombres de ces hommes et entendent l'écho de leurs voix. Ils sont forcément persuadés que ces ombres sont des réalités et que c'est d'elles que viennent les voix qu'ils entendent.

« C'est là l'image de la condition humaine. La caverne, c'est le monde sensible ; le feu qui l'éclaire, c'est la lumière du soleil. » Et toutes nos sensations ne sont que les ombres de la réalité.

« Qu'on détache un de ces captifs, qu'on le force de se lever et de regarder vers la lumière. L'éblouissement l'empêchera de discerner les objets dont il voyait auparavant les ombres. Que répondra-t-il donc, si on lui dit que jusque là il ne voyait que des fantômes et que maintenant il voit les réalités ? Il dira que ce qu'il voyait d'abord était bien plus réel. Ainsi fera l'homme que l'on essaie d'initier à la philosophie.

« Mais si on l'arrache à la caverne et qu'on le traîne au dehors, il résistera d'abord et entrera en fureur. Arrivé au grand jour il ne distinguera rien, mais peu à peu ses yeux s'accoutumeront et il finira par pouvoir non seulement distinguer les objets, mais encore fixer le soleil qui les éclaire. Alors il comprendra que tout ce qu'il voyait dans la caverne n'était que l'ombre des réalités qu'il contemple à présent.

« Ramené parmi ses anciens compagnons, il leur dira ce qu'il comprend et il sera traité de fou. »

Telle est la condition du philosophe parmi les autres hommes. Lui seul connaît la vraie condition du bonheur, parce que lui seul a l'idée du bien. Il s'élève à cette idée par la dialectique qui consiste à comprendre ce qui doit être et à en donner raison. Il s'y prépare par l'étude de toutes les sciences, mais avant de prétendre au gouvernement, il doit passer par toutes les épreuves et se montrer supérieur à tous. C'est alors qu'il est digne de commander ; car l'harmonie intérieure dont il jouit lui-même, il voudra la reproduire dans l'État.

Cet idéal de l'État parfait, gouverné par ceux qui sont les plus dignes, c'est l'*Aristocratie*.

Mais si l'harmonie est troublée, si la force l'emporte sur l'ordre (la gymnastique, sur la musique), les guerriers deviennent les maîtres et font prévaloir leurs goûts. C'est la *Timocratie*. Tel est, par rapport à lui-même, l'homme ambitieux.

Si la richesse prévaut, c'est l'*Oligarchie*, où il n'y a plus de justice, de mœurs, de bonne foi, ni de dévouement, mais la trahison, la corruption, la duplicité, l'égoïsme.

L'amour excessif des richesses excite la haine entre le riche et le pauvre, et bientôt les riches dépouillés et massacrés abandonnent le gouvernement à la multitude. C'est la *démocratie*. Ici plus d'harmonie entre les conditions diverses ; c'est le trouble, la confusion, l'anarchie. Et cela parce que les principes de l'éducation n'ont pas été observés, parce que les sens de l'enfant n'ont pas été occupés par le beau et l'honnête. « Sans se mettre en peine d'examiner quelle éducation a formé celui qui se mêle des affaires politiques, on l'accueille avec honneur, pourvu seulement qu'il se dise plein de zèle pour les intérêts du peuple ». Tel est le caractère de la démocratie. On le retrouve dans l'homme livré à tous ses caprices. « Il vit au jour la journée. Aujourd'hui il s'enivre, demain il ne boit que de l'eau ; quelquefois il se dit philosophe, le plus souvent il est homme d'État ; il s'élance dans la politique, parle et agit à tort et à travers. Aucun ordre, aucune loi ne préside à sa conduite, et il ne cesse de mener cette vie qu'il appelle libre, agréable et fortunée ». — « C'est un homme démocratique. »

Reste le gouvernement *tyrannique*. Il est engendré de la démocratie comme celle-ci l'est de l'oligarchie. C'est l'amour excessif de la liberté qui en est la cause.

« — Dans un État démocratique, vous entendrez dire de toutes parts que la liberté est le plus précieux des biens ; et que, pour cette raison, quiconque est né de condition libre ne saurait vivre convenablement dans un autre État. — Rien n'est plus ordinaire qu'un pareil langage. Or, c'est où j'en voulais venir. L'amour de la liberté porté à l'excès et accompagné d'une indifférence extrême pour tout le reste ne change-t-il pas enfin ce gouvernement et ne rend-il pas la tyrannie nécessaire ? — Comment donc ? — Lorsqu'un État démocratique, dévoré de la soif de la liberté, trouve à sa tête de mauvais échansons qui lui versent la liberté toute pure, outre mesure et jusqu'à l'enivrer, alors, si ceux qui gouvernent ne sont pas tout à fait complaisants et ne donnent pas au peuple de la liberté autant qu'il en veut, celui-ci les accuse et les châtie comme des traîtres et des partisans de l'oligarchie. — Oui, certes. — Ceux qui sont encore dociles à la voix des magistrats, il les outrage et les traite d'hommes serviles et sans caractère. Il loue et honore en particulier et en public les gouvernants qui ont l'air de gouvernés et les gouvernés qui prennent l'air de gouvernants. N'est-il pas inévitable que dans un pareil état l'esprit de liberté s'étende à tout ? — Comment cela ne serait-il pas ? — Qu'il pénètre dans les familles ? Je veux dire, que le père s'accoutume à traiter son enfant comme son égal, à le craindre même ; que celui-ci s'égale à son père, et n'a ni respect ni crainte pour les auteurs de ses jours, parce qu'autrement sa liberté en souffrirait. — C'est bien cela qui arrive. — Oui ; et il arrive aussi d'autres misères telles que celles-ci : sous un pareil gouvernement, le maître craint et ménage ses disciples ; ceux-ci se moquent de leurs maîtres et de leurs surveillants. En général, les jeunes gens veulent aller de pair avec les vieillards, et lutter avec eux en propos et en actions. Les vieillards, de leur côté, descendent aux manières des jeunes gens, en affectant le ton léger et l'esprit badin, et imitent la jeunesse, de peur d'avoir l'air fâcheux et despotique. — Tout à fait. »

Cette licence, qui est l'excès de la liberté, amène un excès contraire, et c'est ainsi qu'à la démocratie succède la *tyrannie*, qui est le gouvernement fondé sur le caprice d'un seul. Les hommes oisifs et prodigieux excitent la multitude contre les riches. Ceux-ci sont obligés de résister. Le peuple se choisit un défenseur qui devient bientôt un tyran. Dans le premier jour il sourit à tous ; il est prodigue de promesses. Mais il fait quand même des mécontents, qui l'accusent de ne pas chercher les intérêts du peuple, il les écarte, s'entoure de favoris et bientôt tout doit plier sous sa volonté. Que si le peuple, voyant qu'il s'est trompé, veut secouer sa chaîne, il ne la rendra que plus lourde. Voilà comment l'excès de la liberté amène la servitude.

Mais le tyran lui-même est-il libre ? Non. Il obéit lui-même à ses passions qu'il ne sait pas maîtriser ; il ne peut jamais rassasier ses désirs ; il vit dans une frayeur continuelle. Il est donc le plus malheureux des hommes.

Ainsi, pour l'homme comme pour l'État, le bonheur se trouve dans l'harmonie de toutes les puissances, dans la tempérance, qui soumet les désirs à la raison.

Ici Platon se justifie d'avoir exclu de sa République les artistes et les poètes, parce que, dit-il, leurs imitations ne sont que les images des objets, qui eux-mêmes ne sont que les images des idées. D'où il suit qu'elles ne peuvent engendrer que l'erreur et détruire l'harmonie des âmes.

Enfin il se résume et conclut que la justice est l'harmonie de l'homme aussi bien que de l'État, et que les institutions et l'éducation doivent concourir au même but : la justice qui seule donne le bonheur.

APPRÉCIATION. — Il y a dans ce dialogue de grandes vérités philosophiques, des détails de mœurs qui témoignent d'une grande expérience des hommes, un fonds d'idées généreuses, un amour vrai de la justice. Mais tout cela est gâté par une application trop exclusive d'un principe. La recherche du bien commun y efface complètement les droits de l'individu et même de la famille. La famille et l'individu disparaissent devant l'État. Ces exagérations sont généralement condamnées par tous les vrais philosophes et les vrais politiques, et la *République* de Platon a toujours été considérée comme une utopie. Mais si l'on fait abstraction de ce point de vue exclusif du bien commun, faussement compris, et même de cette préoccupation excessive de trouver le bonheur dans la justice, il restera dans cet ouvrage des beautés que l'on ne saurait se lasser d'admirer, surtout dans la description des défauts propres à chacune des formes du gouvernement. Il y a là une philosophie de la politique aussi vraie de nos jours qu'elle l'était du temps de Platon.

152. ANALYSE DU *Phédon*. — Dans ce dialogue, Platon expose l'entretien de Socrate avec ses disciples, le dernier jour de sa vie, dans sa prison, au moment où il se disposait à boire la ciguë. Socrate parle de l'immortalité de l'âme et en appuie la croyance, par le raisonnement et par le sentiment des hommes.

Echécrate, rencontrant Phédon à Phlionte, lui demande des détails sur les derniers moment de son maître. Et d'abord le motif du retard de trente jours après la condamnation. Phédon lui donne ce motif tel que nous l'avons raconté dans la vie de Socrate. Il commence ensuite sa narration.

Au dernier jour on laissa entrer dans la prison de Socrate tous ses amis, et plus tôt qu'à l'ordinaire. Il y avait neuf athéniens et cinq étrangers. Platon n'y était pas.

Quand ils entrèrent, on venait d'ôter les fers à Socrate, et ils trouvèrent auprès de lui Xantippe, sa femme, avec un petit enfant dans ses bras. Socrate la renvoya bientôt et commença ainsi :

« L'étrange chose, mes amis, que ce que les hommes appellent plaisir ! » Il éprouve du plaisir à n'avoir plus les fers qui le faisaient souffrir, et il dit que la douleur et le plaisir, quoique si opposés, semblent se tenir liés, et se succèdent toujours. Il explique à Cébès pourquoi il a traduit en vers les fables d'Esope : il y était invité par des songes. Il le charge de transmettre cette réponse à Evenus, qui le lui avait fait demander, et lui fait dire de se préparer à la mort. Simmias s'en étonne et Socrate démontre que, s'il n'est pas permis de se donner la mort, il convient de l'accepter avec joie. Et d'abord, il n'est pas permis de se donner la mort. Nous occupons un poste qu'il ne faut pas abandonner ; et semblables à des esclaves, nous sommes la propriété des dieux. En second lieu, le sage doit voir venir la mort avec joie. En effet, il va jouir du commerce des dieux et des hommes les plus parfaits qui ont vécu autrefois. De plus le vrai philosophe apprend chaque jour à mourir ; il lui serait donc ridicule de repousser la mort, quand elle arrive. Le philosophe ne travaille que pour son âme ; il cherche à la dégager des liens du corps qui la gêne. L'objet de l'âme ce sont les idées : le vrai, le beau, le bien ; toutes choses qui ne se voient pas des yeux du corps et que l'âme voit d'autant mieux qu'elle est plus dégagée de la matière. C'est donc après la mort que l'âme atteindra mieux son objet. Donc les philosophes ne s'exercent qu'à mourir.

L'âme existe après la mort. Au dire des anciens, les âmes reviennent après la mort : donc elles vivent. Mais il faut examiner cette vérité relativement aux animaux et aux plantes, où nous voyons que la vie naît de la mort, comme la mort succède à la vie.

De plus notre âme en naissant apporte avec elle ces idées, dont elle se souvient à l'occasion, et qui ne sont qu'une réminiscence d'une vie antérieure. Donc elle existait avant cette vie ; donc elle existera encore après la mort.

Cébès reconnaît que Socrate a démontré la préexistence de l'âme, mais non son existence après la mort. Alors Socrate répète sa preuve, que la vie naît de la mort et ajoute que ce qui est simple ne peut se dissoudre, ni se décomposer. Or l'âme est simple parce qu'elle connaît les idées. Le corps ne voit que le composé et le mobile, aussi il est composé et changeant ; mais l'âme qui voit les idées, simples et immuables doit être simple et immuable aussi. Elle est donc immortelle.

Il suit de là que les âmes qui n'ont pas aimé le corps, ni les choses du corps, en sortent pures et vont dans le séjour des dieux, contempler les idées qu'elles ont aimées ; mais les âmes qui ont aimé la matière en emportent quelque chose qui les alourdit, et d'ailleurs elles redoutent le monde intelligible ; c'est pourquoi elles errent autour des tombeaux et entrent ensuite dans des corps d'animaux semblables par leurs mœurs aux mœurs qu'elles ont eues elles-même pendant leur vie.

Mais, dit Simmias, peut-être que l'âme n'est que l'harmonie du corps. Peut-être, dit Cébès, l'âme n'est que l'habit du corps, et de même que le corps use plusieurs habits, et en porte enfin un qu'il n'use pas, ainsi l'âme après avoir animé plusieurs corps meurt avant d'avoir usé le dernier.

Ici Socrate met ses disciples en garde contre les vaines objections qui viennent après la démonstration d'une vérité, puis il répond : que l'âme ne peut être l'harmonie des éléments du corps, si elle existe avant le corps, comme ils l'ont admis, d'après les idées ; que d'ailleurs si l'âme était une harmonie, les âmes méchantes, qui sont dans le désordre, seraient moins âmes que celle des justes ; que de plus l'âme est en contradiction avec les tendances du corps ; et qu'enfin nous avons conscience que l'âme commande au corps, ce qui ne saurait être le fait de l'harmonie du corps.

Le contraire n'admet pas en lui son contraire : l'impair n'est pas pair ; le chaud n'est pas le froid. De plus le contraire n'admet rien de ce qui pourrait le rendre contraire. Or l'âme est le principe de la vie du corps. Donc l'âme ne saurait admettre la mort : donc elle est immortelle.

Mais si l'âme est immortelle, elle demande qu'on la cultive non seulement pour ce temps que nous appelons la vie, mais aussi pour toujours.

Or après la mort, l'âme n'emporte que ses vertus ou ses vices, qui feront son bonheur ou son malheur, dès son arrivée aux enfers. Car, l'on dit qu'après le trépas de chacun, *le génie qui a été chargé de lui pendant la vie* le conduit dans *un certain lieu où il faut que tous les morts se réunissent pour être jugés*, afin que de là ils aillent dans les enfers, pour le temps fixé, après lequel *un autre guide*, les ramène dans cette vie.

Le chemin qui conduit dans l'autre monde n'est ni unique ni simple. Une âme tempérante suit facilement son guide, mais celle qui est éprise d'amour pour le corps ne le suit que malgré elle, et comme elle est souillée de vices, elle ne trouve aucun ami dans le lieu où elle va.

Il y a plusieurs lieux merveilleux sur la terre et elle n'est point telle qu'on la décrit. D'abord si la terre est au milieu du ciel et de forme sphérique, elle n'a pas besoin d'air pour la soutenir, mais le ciel lui-même et son équilibre la soutiennent. La terre est fort grande *et il y a plusieurs autres peuples qui habitent des parties qui nous sont inconnues.* Une autre terre pure est en haut, dans ce ciel pur où sont les astres, et que la plupart appellent l'éther. Notre terre n'en est qu'une grossière image. Dans cette terre parfaite, tout est parfait. Les arbres, les fruits, les montagnes y sont admirables. Les pierres précieuses y sont infiniment plus belles que les nôtres. L'air est là ce que sont ici l'eau et la mer, et l'éther est pour eux ce que l'air est pour nous. Leurs saisons sont tempérées; ils vivent exempts de maladies; leurs sens sont plus délicats que les nôtres, d'autant que l'éther est plus subtil que l'air. Ils ont des bois sacrés véritablement habités par les dieux qui conversent avec eux. Telle est leur félicité.

Mais dans les cavités de notre terre sont des gouffres profonds et divers qui communiquent entre eux. Là coulent des fleuves de feu et de boue. Homère et tous les poètes appellent ces lieux le Tartare. Tous ces fleuves coulent ainsi dans des abîmes sans fond, et descendent jusqu'au milieu de la terre, mais pas au delà, car la seconde moitié devient montante. Le plus extérieur de ces fleuves c'est l'Océan. A l'opposé est l'Achéron, qui forme le marais Achérusiade, où se rendent les âmes des morts, jusqu'à ce qu'elles reviennent dans ce monde pour animer des bêtes. Entre ces deux fleuves coule le Puriphlégéthon, et à l'opposé de celui-ci coule le fleuve Stygien qui forme le marais du Styx, et qui est appelé par les poètes le Cocyte.

Tous les morts sont jugés là où leur démon les conduit. Puis les criminels incurables sont jetés dans le Tartare, d'où ils ne sortent jamais; ceux qui ont commis des péchés expiables vont aussi dans le Tartare, mais ils n'y restent qu'un an. Ceux qui ne sont que légèrement coupables vont au marais Achérusiade, d'où ils sortent après un temps pour recevoir la récompense de leurs vertus. Mais ceux qui ont passé leur vie dans la sainteté vont directement dans cette terre pure, où ceux que la philosophie a suffisamment purifiés habitent des demeures plus admirables et plus délicieuses.

C'est donc une magnifique récompense que nous attendons. Et si les choses ne sont pas exactement ainsi, elles sont du moins à peu près, et la chose vaut la peine d'être tentée. Dans tous les cas l'homme qui a pris soin de son âme, qui l'a ornée par la tempérance, le courage et la vérité, est toujours prêt à faire ce fatal voyage. Votre tour viendra à tous: aujourd'hui c'est pour moi.

Socrate dit ensuite à ses amis que la seule recommandation qu'il ait à leur faire, c'est qu'ils soient fidèles à ses enseignements. Criton lui demande comment il faut l'ensevelir et il répond agréablement: « Comme vous voudrez, si je ne vous échappe pas. » Et il part de là pour confirmer tout son discours, affirmant que son âme va quitter le corps, pour aller dans le séjour du bonheur.

Après cela Phédon raconte les derniers moments de son maître comme nous l'avons fait plus haut, dans la vie de Socrate.

153. QUELQUES AUTRES DIALOGUES. — Quand on a parlé de la *République* de Platon, il faut dire quelques mots des *Lois*. Ce dernier dialogue est une sorte de correctif du premier, Platon semble l'avoir écrit par condescendance pour la faiblesse humaine, comme si l'idéal de sa *République* était trop parfait pour la terre. La vérité est que la doctrine des *Lois* est bien plus exacte, car elle consacre tout ce qu'il y a de juste dans la *République*, sans tomber dans les exagérations condamnables qui déparent celle-ci.

Le *Théétète* est un autre complément à la *République* en ce qu'il donne aussi la théorie de la science, et y ajoute bien des considérations que l'on ne trouve pas dans le premier.

Le *Gorgias* se rattache aux deux précédents en ce qu'il montre que le véritable orateur doit avoir pour but de persuader la justice.

Le *Criton* est une belle introduction au Phédon. Criton essaye de persuader à Socrate de s'évader ; il a préparé toutes choses pour cela ; mais Socrate veut obéir aux lois de son pays et préfère subir la mort même injuste, plutôt que de ne pas accomplir les préceptes qu'il a toujours enseignés.

Nous ne pousserons pas plus loin cette petite revue. C'est Platon lui-même qu'il faut lire et ses œuvres sont heureusement sous la main de tous.

154. — APPRÉCIATION DE LA PHILOSOPHIE DE PLATON. — Platon reste fidèle à la doctrine de Socrate, mais il la développe, l'approfondit et en fait un système. C'est peut-être précisément dans cet esprit systématique que se trouve le principe de ses erreurs. En effet, parti de la théorie des idées, dans laquelle il y a une grande vérité exagérée, il veut faire concorder tout le reste de sa doctrine avec ce fondement. Aussi on a pu faire de ses différentes théories le tableau suivant :

CONNAISSANCES.	Idées,	Notions,	Sensations.
UNIVERS.	Dieu,	Ame du Monde,	Matière.
FACULTÉS DE L'AME.	Intelligence,	*Thumos*,	Passions.
SIÈGES DE CES FAC.	Tête,	Cœur,	Ventre.
LOGIQUE.	Apodictique,	Epichérématique,	Enthymématique.
MORALE.	Amour du bien,	Amour mélangé,	Amour animal.
POLITIQUE.	Caste savante,	Caste intermédiaire,	Artisans.

Toutes ces divisions se trouvent en effet dans Platon, et on sent que pour les obtenir il faut quelquefois forcer un peu la nature. Mais il est évident que Platon, considérant les idées comme les types des choses devait avoir une tendance à la synthèse *a priori*.

Sa théorie des idées, vraie dans le principe, pèche par excès. D'abord après avoir appelé *idées* les notions nécessaires conçues par l'âme *a priori*, il finit par y faire entrer tous les genres, qui ne nous sont connus que par l'expérience, comme Aristote l'a très bien compris. Ensuite il s'est égaré dans l'explication qu'il a voulu donner de l'origine en nous de ces idées, et son erreur, manifeste aux yeux d'Aristote, a jeté celui-ci, comme nous le verrons, dans l'excès contraire. Si Platon avait su restreindre les *idées* aux seules idées nécessaires, et voir comme Aristote qu'il n'y a de vraiment nécessaire a priori que les premiers principes, sans doute il aurait, mieux que son disciple, ramené ces principes à la seule idée d'être, comme il a d'ailleurs ramené toutes les idées à l'idée du bien. Mais une autre source d'erreur pour tous les philosophes anciens c'est qu'ils ne s'élevaient qu'avec peine à l'idée de la création. De là encore l'explication des idées par une vie antérieure de l'âme en Dieu ; de là l'*idéalisme* de toute la doctrine de Platon, où la matière est conçue comme une illusion.

Enfin cette même absorption du particulier dans l'universel l'a conduit dans cette utopie qu'il appelle l'idéal du gouvernement, où les intérêts privés, la liberté, les affections les plus légitimes, la morale même, tout est sacrifié à l'Etat.

En dehors de ces deux excès, on peut dire que tout le reste des doctrines de Platon, ainsi que la forme dans laquelle il les expose, est vraiment admirable.

155. Speusippe. — Le successeur de Platon, comme chef de l'Académie, fut Speusippe, son neveu, et marié à l'une de ses petites filles. Pendant huit ans, il se fit transporter à l'Académie, car il était paralytique. Contrairement aux usages de ses maîtres, il faisait payer ses leçons. Se voyant à bout de forces, il céda la direction de l'Ecole à Xénocrate. On ne connaît pas bien les circonstances de sa mort. Selon quelques-uns il aurait terminé ses souffrances et sa vie par le suicide.

Il ne nous reste que des débris de sa doctrine et de ses nombreux ouvrages, qu'Aristote acheta pour le prix de trois talents (environ 15,000 fr.).

Il paraît avoir modifié sensiblement les théories de son maître et y avoir mêlé les doctrines des Pythagoriciens, de l'École d'Elée et de l'École cynique.

Sous prétexte de ramener les sciences à l'unité, il déclare que la connaissance des objets est tellement liée, que l'on ne saurait en définir un seul, sans définir en même temps tous les autres. Comme Platon, il place le principe de la vérité dans la raison, mais il donne plus de réalité aux choses sensibles, et reconnaît une valeur scientifique à l'expérience des sens. D'ailleurs toutes les idées de la raison ne sont pour lui que l'unité elle-même qui est l'essence des choses. Par suite, le premier principe des choses n'est plus le bien, mais l'unité. Pour lui Dieu n'est plus le bien, mais l'unité, et encore il n'est que l'unité qui se trouve dans les choses; en sorte que son Dieu n'est que l'âme du monde. Il ne lui accorde pas même l'intelligence : c'est une unité abstraite qu'Aristote appelle un « non-être ». Aussi il disait que le bien n'est pas le principe des choses, mais le terme de leur développement, de même que l'animal est plus parfait que le germe d'où il sort.

En morale il faisait consister la vertu ou le bonheur dans une sorte de milieu qui n'est ni le plaisir ni la douleur. On voit que pour lui la vertu n'est pas la pratique de l'honnête et du juste, mais bien cette sorte d'indifférence que nous avons déjà rencontrée et que nous rencontrerons encore dans les théories philosophiques. S'il mit en pratique cette indifférence, par son égoïsme et son avarice, il fut assez voluptueux pour laisser croire que son cœur n'était pas d'accord avec son esprit quand il disait que le plaisir est un mal.

156. XÉNOCRATE. — Né à Chalcédoine, l'an 394, Xénocrate fut disciple de Platon et succéda à Speusippe comme chef de l'Académie. Il enseigna pendant vingt-cinq ans et mourut en 314. Son esprit manquait de facilité et il se comparait lui-même à un vase d'une embouchure étroite, qui reçoit difficilement mais conserve très-bien ce que l'on y met. Il acquit une grande estime chez ses concitoyens et même au dehors, par ses mœurs austères et par son désintéressement.

On n'a sur sa doctrine que quelques rares traditions, par lesquelles on peut voir qu'en conservant assez bien la morale de Platon, il comprit mal le reste de sa philosophie, et en mêla les doctrines avec celles de Pythagore. Il prit de celui-ci les symboles mathématiques, appela Dieu *la monade,* et la matière, qu'il confondait avec l'âme du monde, *la dyade.* Il croit pouvoir exprimer par différents triangles toutes les essences des choses, et représenter Dieu par le triangle équilatéral, les génies par le triangle isocèle et les choses terrestres par le triangle scalène. Ces formules mathématiques remplacent pour lui les *idées* de Platon. Aussi Dieu n'est plus le Bien, mais l'Intelligence pure. Cependant il ne méconnaît pas la liberté de l'âme humaine et dit que « les philosophes font volontairement ce que les autres hommes font par crainte. » Il enseigna aussi que le bonheur est la conséquence de la vertu ; mais il croit qu'on ne peut posséder à la fois les biens de l'âme et ceux du corps.

157. POLÉMON. — Né dans l'Attique, Polémon menait une vie fort dissolue, lorsqu'un jour, sortant d'une orgie, la tête encore couronnée de fleurs, il se montra tout-à-coup dans l'enceinte où Xénocrate enseignait. Celui-ci, sans paraître l'avoir remarqué, fit un tableau si repoussant des suites funestes de l'intempérance que Polémon rougit de son état, et, dès ce moment, s'attacha à Xénocrate. Il lui succéda même comme chef de l'Académie, et y continua fidèlement les mêmes enseignements, s'attachant à la morale beaucoup plus qu'à la dialectique. Il composa plusieurs ouvrages dont il ne nous reste rien. Il mourut à Athènes, vers l'an 272.

A Polémon succéda Cratès d'Athènes, que l'on ne connait pas autrement. Avec lui on trouve Crantor de Soli, dans la Cilicie, disciple de Xénocrate et de Polémon, dont le livre *de l'Affliction* est qualifié de « livre d'or » par Cicéron. On lui attribue aussi un commentaire sur Platon, qui aurait été le plus ancien.

— A ce moment la philosophie de Platon est déjà bien effacée, et elle va bientôt s'effacer davantage avec *Arcésilas*, qui fut disciple de Crantor et qui fonda la *Moyenne Académie*, et avec *Carnéade*, chef de la *Nouvelle Académie*. Mais avant de faire connaitre cette décadence il nous faut parler des autres grandes écoles socratiques.

§ 7. — Aristote. — Le Lycée

158. Vie d'Aristote. — Aristote naquit l'an 384, à Stagire, petite ville de la Macédoine, à l'entrée du golfe du Strymon, non loin du mont Athos, et qui parait avoir été au lieu où se trouve aujourd'hui le village de Stavro. Cette ville, avec son petit port, joua un rôle dans les guerres de Xerxès et pendant les guerres de Philippe. Le père d'Aristote, Nicomaque, était médecin du roi Amyntas, père de Philippe. Il appartenait à la famille des Asclépiades, que l'on faisait descendre d'Esculape. Sa mère, Phœstis, descendait directement d'une de ces familles de Chalcis, qui avaient fondé la colonie de Stagire.

Il parait qu'Aristote perdit sa mère de très bonne heure, et qu'il n'avait que dix-sept ans quand son père mourut. Il fut confié aux soins d'un ami de sa famille, Proxène d'Atarnée, en Mysie, qui habitait alors Stagire, et lui en garda une reconnaissance qui se manifestait encore longtemps après sa mort.

Les premières études d'Aristote se firent à Stagire, probablement en compagnie de Philippe. A l'âge de dix-sept ans il vint à Athènes. C'était le moment où Platon fit un second voyage en Sicile, qui dura trois ans. Ce n'est donc qu'à l'âge de vingt ans, en 364, qu'il commença à suivre les leçons de Platon, et il les suivit pendant seize ans, jusqu'en 348.

Pendant ce temps il ouvrit une école de rhétorique, dans laquelle il luttait contre Isocrate, et la réputation qu'il y acquit le fit envoyer en ambassade par les Athéniens auprès du roi Philippe. C'est pendant son absence que Platon mourut.

A son retour, ne se croyant pas en sûreté à Athènes, comme macédonien, il se rendit en Asie, auprès d'Hermias, tyran d'Atarnée, dont il épousa la fille, après que celui-ci eut été mis à mort par Artaxerce. Il se retira alors à Mitylène, où il demeura deux ans.

En 343, Philippe lui confia l'éducation de son fils Alexandre. Aristote instruisit son élève dans toutes les connaissances qu'il possédait lui-même : morale, politique, éloquence, poésie, musique, histoire naturelle, physique, médecine. C'est à Pella dans le palais appelé Phæum, qu'Aristote habitait alors avec son royal élève, et quelquefois à Stagire, qu'il avait fait relever de ses ruines et embellie de ses propres deniers. Il demeura auprès d'Alexandre jusqu'en l'an 335, au moment où celui-ci se disposait à passer en Asie.

Aristote se rendit alors à Athènes et ouvrit son école dans le Lycée, gymnase situé auprès du temple consacré à Apollon Lycien. C'est de là que son école s'appelle le *Lycée*, comme aussi parce qu'Aristote avait coutume d'enseigner en marchant, ses disciples furent surnommés *Péripatéticiens*.

Aristote, dont l'esprit était éminemment ami de l'ordre, eut soin d'imposer à son école une discipline maintenue par un chef ou archonte que l'on renouvelait tous les dix jours. Des banquets périodiques réunissaient de temps en temps tous ses disciples, et un article du règlement tracé par Aristote interdisait l'entrée de la salle du festin à tout convive dont la mise n'aurait pas été irréprochable.

Ses leçons avaient lieu le matin et le soir, et ces deux leçons de chaque jour constituaient deux degrés dans son enseignement : l'un pour les commençants et par là-même accessible à tous, et qui prit pour cela le nom d'enseignement *exotérique* ; l'autre pour ceux que des études précédentes avaient préparés à des études plus profondes, et appelé pour cela *acroamatique*. Il n'y a pourtant pas lieu de croire que ce dernier enseignement fût secret ou *ésotérique*, comme quelques-uns l'ont cru.

Aristote dirigea son école pendant treize ans et pendant ce temps il composa ces écrits nombreux dont la profondeur et l'exactitude étonnent d'autant plus que l'on fait plus de progrès dans les sciences.

Une grande intimité régna entre lui et son royal élève, jusqu'au moment où Alexandre fit périr Callisthène, qui était le neveu d'Aristote. A ce moment, sans doute, les rapports durent être plus gênés, mais c'est tout à fait injustement que l'on a accusé Aristote d'avoir été pour quelque chose dans la mort du conquérant. Au contraire il dut fuir devant la réaction quand son élève fut mort. Déjà cependant il avait dû quitter Athènes devant une accusation de sacrilège, parce qu'il avait élevé des autels à la mémoire de sa première femme et de son ami Hermias. On croit qu'il se retira alors à Chalcis, laissant la direction de son école à son disciple Théophraste.

C'est à Chalcis qu'Aristote mourut, l'an 322, succombant, à ce qu'on croit, à une maladie d'estomac, qu'il avait habilement combattue toute sa vie. Plusieurs l'ont accusé de s'être donné la mort ; mais cette assertion, contredite par des historiens dignes de foi, est encore opposée à la doctrine formelle d'Aristote contre le suicide.

159. TRAVAUX D'ARISTOTE. — C'est à dessein que nous disons « travaux » et non pas « écrits » d'Aristote. En effet ses écrits ne sont pas seulement le fruit d'une puissante intelligence, la plus vaste, la plus profonde et la plus sûre que le genre humain ait jamais connue, mais ils résultent surtout d'une immense érudition qui embrassa tout ce qui avait été écrit jusqu'à lui, et surtout d'un travail d'observation personnelle et vraiment scientifique, sur les animaux, les plantes, les phénomènes météorologiques. Les mathématiques, qu'il connaissait cependant très bien, sont la seule branche des sciences alors connues, qu'Aristote n'ait pas traitée; et dans tout ce qu'il a observé, il y a certainement des lacunes, inévitables pour lui, mais ce qu'il en a dit est resté parfaitement exact, quant aux phénomènes observés.

Par ses travaux sur la nature, Aristote est le fondateur des sciences d'observation; par sa Logique, il est le législateur de toutes les sciences; par sa Métaphysique, il a posé les bases de toutes les sciences *à priori*; par le reste de ses travaux, il a placé la philosophie dans ses véritables limites, mettant un frein aux hypothèses antérieures, arrêtant les écarts de l'imagination, à laquelle Platon donnait un trop libre cours. Il y a sans doute moins de poésie, et peut-être moins de grandeur dans les théories d'Aristote que dans celles de son maître; mais il y a certainement plus de vérité, plus de méthode, plus de clarté, et souvent plus de profondeur.

Voici la liste de ses écrits:

OUVRAGES SUR LA GRAMMAIRE ET LES LETTRES

De l'Art de la Rhétorique, en 3 livres.
Rhétorique à Alexandre (apocryphe).
De la Poétique (fragment).

OUVRAGES TOUCHANT AUX MATHÉMATIQUES

De la Mécanique, sous forme de questions.
Des lignes insécables, contre Xénocrate.

OUVRAGES COMPRIS SOUS LE NOM DE *Logique* OU *Organon*

Catégories, sur les termes.
De l'Interprétation, sur la proposition.
Premiers Analytiques, en 2 livres, sur le syllogisme.
Derniers Analytiques, en 2 livres, sur la démonstration.
Topiques, en 8 livres, sur l'art d'argumenter.
Réfutations des sophistes.

OUVRAGES SUR LA MÉTAPHYSIQUE

Métaphysique, en 14 livres.
Sur Xénophane, Zénon et Gorgias.

Ouvrages sur la physique ou sur la nature

Leçons de physique, en 8 livres.
Du Ciel, en 4 livres.
De la Génération et de la Corruption, en 2 livres.
Du Monde, à Alexandre (apocryphe).
Météorologie, en 4 livres.
Positions et noms des Vents, fragment d'un ouvrage sur les saisons.
Traité d'Acoustique (extrait).
Traité des couleurs.

Ouvrages sur les êtres vivants

Traité des Plantes, en 2 livres (texte grec refait sur l'arabe).
Histoire des Animaux, en 10 livres.
Des Parties des animaux, en 4 livres.
De la Génération des animaux, en 5 livres.
De la Vie (ou de l'Ame), περὶ ψυχῆς, en 3 livres, plus les petits traités appelés : *parva naturalia.*
De la Sensation et des choses sensibles.
De la Mémoire et de la Réminiscence.
Du Sommeil et de la Veille.
De la Divination par les songes.
De la Brièveté et de la Longévité de la vie.
De la Jeunesse et de la Vieillesse.
De la Vie et de la Mort.
De la Respiration.

Et les recueils de toutes sortes :
Petit recueil des récits surprenants.
57 sections de Problèmes, ou questions.

Ouvrages de morale et de politique

Morale à Nicomaque, en 10 livres.
Grande morale, en 2 livres,
Morale à Eudème, en 7 livres, } rédigés par ses disciples.
Sur les Vertus et les Vices (fragment).
Politique, en 8 livres.
Économique, en 2 livres (le 2° est apocryphe).
De la Physiognomonie.

Aristote avait composé aussi un *Recueil des constitutions politiques* grecques ou barbares, dont il ne nous reste rien, et plusieurs *autres ouvrages* dont nous ignorons les noms, mais dont les auteurs anciens nous ont conservé des fragments. On lui attribue aussi des *poésies* et des *lettres.*

160. **Histoire des ouvrages d'Aristote.** — Aristote, en mourant, avait légué ses écrits à Théophraste; celui-ci les légua à Nélée, son dis-

ciple. Les parents de ce dernier, en ayant hérité les portèrent à Sepsis, et les enfouirent pour les cacher. Plus tard ils les vendirent, très endommagés, à Apellicon de Téos, qui formait une bibliothèque à Athènes, et qui en donna un grand prix. Après la prise d'Athènes, Sylla les fit transporter à Rome, où ils furent revus et rétablis par un affranchi nommé Tyrannion, grammairien et philosophe très estimé, puis placé dans la bibliothèque publique d'Asinius Pollion. Plus tard Andronicus de Rhodes les publia, environ 200 ans après la mort d'Aristote.

Dès lors Cicéron les connut et les cita fort souvent ; plus tard Pline ne fit guère que les traduire ou les résumer, et Senèque s'en servit aussi. Mais ils ne furent guère répandus à Rome. A Alexandrie, au contraire ils trouvèrent des commentateurs.

Les premiers Pères de l'Église s'attachèrent de préférence à Platon; mais à partir de St Augustin, on commença à connaître Aristote. Cassiodore et Boëce surtout donnèrent des versions de quelques-uns de ses ouvrages.

Pendant ce temps les philosophes d'Alexandrie les portèrent jusqu'en Perse, où les Arabes les traduisirent, pour les rapporter plus tard en Afrique et en Espagne, au moment où l'Europe les avait oubliés. On les traduisit de l'arabe en hébreu et en latin, et c'est ainsi que la scholastique commença à les connaître.

Par les soins de St Thomas d'Aquin et du pape Eugène IV, une traduction complète fut faite sur le texte grec, et dès lors Aristote devint l'instituteur de l'Europe. Tout ce qu'il y eut de philosophes au moyen âge se forma à l'école de celui qu'on appelait par excellence *le philosophe*, et c'est lui qui donna à la scholastique cette logique sévère, méthodique et même pointilleuse, à force de vouloir être exacte et précise dans les termes. L'étude de la logique et de la métaphysique fut pour tous ces hommes une gymnastique intellectuelle qui leur assura une supériorité de raison que beaucoup méprisent aujourd'hui parce qu'ils ne peuvent pas la comprendre. Mais le plus beau témoignage en faveur des écrits d'Aristote c'est qu'ils ont servi à former St Thomas d'Aquin, et que celui-ci, à la lumière de la foi catholique, a pu, sans sortir des principes d'Aristote, élever ce grand édifice philosophique que l'esprit humain ne cessera jamais d'admirer : cette *Somme théologique*, dont les données rationnelles sont tellement exactes, que la raison se détruit elle-même chaque fois qu'elle veut les contredire ; tellement profondes, que tous les progrès véritables accomplis par la philosophie jusqu'à ce jour y sont comme prévus, et qu'on s'étonne de les y voir constatés en quelques lignes, après qu'on les a découverts, là où on ne les avait jamais aperçus.

Que faut-il donc penser d'Aristote ? Quelle était cette intelligence qui, avec si peu de secours antérieurs, est arrivée comme d'un seul élan à cette hauteur sublime ; cette intelligence qui a pu non seulement embrasser d'un regard toutes les connaissances de son temps et les systématiser, mais encore pénétrer si profondément dans la vérité, que ses principes renferment et semblent lui avoir indiqué d'avance tout le fruit des efforts de l'esprit humain pendant plus de vingt siècles?

Ajoutons cependant qu'il faut bien connaître Platon pour comprendre Aristote, comme il faut bien connaître Aristote pour ne pas s'égarer avec Platon, et qu'enfin il faut étudier sérieusement St Thomas pour échapper aux erreurs où les deux premiers pourraient conduire.

Disons mieux: Platon avait effacé l'homme et le monde; Aristote avait effacé Dieu; la foi catholique qui affirme Dieu et ses œuvres, dirigeant une intelligence comme celle de St Thomas a fait jaillir de ces sources un immense fleuve de vérité.

Théorie de la connaissance. — Pour Aristote comme pour Platon, la théorie de la connaissance est la base de tout le système philosophique. Nous avons déjà dit plusieurs fois en quoi consistent ces deux théories, ou plutôt en quoi elles diffèrent. Il sera pourtant utile de présenter ici celle d'Aristote sous un jour plus complet.

La connaissance, dont le désir est naturel à l'homme, a un double objet : les choses éternelles et les choses périssables. Les premières ne tombent pas sous les sens, et les dernières se divisent en sensibles et actuelles.

Les choses sensibles nous sont connues par la *sensation* (αἴσθησις). La présence de l'objet est nécessaire à la sensation; ce qui fait que : 1° la sensation ne dépend pas de nous; 2° elle ne donne que le présent; 3° elle ne donne que le particulier. Mais par suite aussi elle ne donne pas l'erreur. Les sens ne nous trompent pas.

Cependant l'imagination (φαντασία) conserve les perceptions sensibles. C'est que l'objet perçu dans la sensation a laissé dans le sens l'empreinte de lui-même, sans y rien laisser de la matière qui le compose, comme le sceau laisse son empreinte dans la cire, sans y rien laisser du fer dont il est fait. Aussi une seconde perception semblable, une troisième, etc., sont bientôt reconnues pour semblables, et la série de toutes ses images semblables (φαντάσματα), dégagées de ce qu'elles ont de particulier, fournit à l'intelligence un genre ou une espèce (εἶδος).

Ainsi les *idées* ne sont pas des êtres séparés; les genres et les espèces n'existent que dans les individus.

Les *idées* ne nous sont pas innées; nous les acquérons par l'expérience, qui n'est que la série des sensations ou plutôt la série des images sensibles fournies à la sensation. Le dégagement de l'universel, le premier degré d'une connaissance supérieure à celle des animaux, se fait par le *procédé dialectique* (διαλεκτικῶς) et ne donne que l'opinion (δόξα).

La science est un degré supérieur à celui-là. Mais la *science* (ἐπιστήμη) ne se fait que par démonstration. Son objet est la conclusion nécessaire. La conclusion s'obtient par le procédé logique (λογικῶς). Elle repose donc sur des principes, qui doivent être aussi nécessaires que les conclusions.

Les principes sont le point de départ des démonstrations. Ils sont donc indémontrables. L'âme les tire d'elle-même, puisque les sens ne les lui donnent pas. Cependant elle ne les apporte pas en naissant, puisqu'elle ne les connaît pas avant d'avoir perçu par les sens. C'est donc l'esprit lui-même qui les possède en puissance et qui les applique dans le raisonnement. On les met à découvert par le procédé analytique (ἀναλυτικῶς). Ils sont objet de la connaissance directe (νοητά) ; ils ne sont connus ni par la sensation, ni par la science ; c'est l'intelligence (νοῦς) qui les connaît, et cette connaissance constitue la sagesse (σοφία), supérieure à la pensée discursive (φρόνησις ou διάνοια).

Les principes sont fondés sur l'opposition des contraires : ce qui est et ce qui n'est pas. Ils se résument donc dans le principe de contradiction : « Rien ne peut, en même temps, être et n'être pas. »

Cependant les principes ne sont pas les mêmes pour toutes les sciences ; car il faut distinguer les objets éternels, des objets périssables. Dans les sciences des objets éternels les principes sont ce qui est nécessaire et éternel ; dans les sciences des objets périssables, les principes sont le cours ordinaire des choses. (ὡς ἐπὶ τὸ πολύ).

Ainsi la théorie d'Aristote sur la connaissance n'est nullement sensualiste, comme on l'a dit trop souvent. M. Barthélemy Saint-Hilaire, dans son analyse *de la Logique d'Aristote*, justifie pleinement cette théorie du reproche de sensualisme. Il remarque même qu'Aristote n'a jamais admis le fameux principe : *Nihil est in intellectu quod non prius fuerit in sensu*, et de plus que, lorsqu'il a comparé l'intelligence à un tableau sans inscription (*tabula rasa*), c'était dans un tout autre sens que celui qu'on lui attribue. Aristote dit que l'entendement peut se penser lui-même, et qu'alors l'objet de la pensée, identique au principe pensant, ressemble à une tablette sur laquelle il n'y aurait aucune écriture réelle.

Tout cela est vrai, mais il ne faudrait pas en conclure que jusqu'ici la philosophie tout entière a vu dans Aristote le contraire de ce qu'il dit. S'il n'a pas formulé expressément le principe que *tout ce qu'il y a dans l'intelligence lui vient de la sensation*, il a exposé une théorie qui repose sur ce principe ; si c'est dans un autre sens qu'il a comparé l'intelligence à la fameuse *table rase*, tous ses commentateurs ont bien vu que cette expression rendait bien sa pensée sur l'intelligence naissante. (¹) Car il n'admet dans l'intelligence *aucune idée déterminée* avant la sensation, et les principes qu'il découvre ensuite n'y

---

(¹) D'ailleurs cette même comparaison se trouve dans le traité *de l'Ame*, où il dit : « L'intellect passif est d'abord comme une *table rase*, comme on le voit dans la première enfance. »

sont tout d'abord qu'en *puissance* et non pas en *acte*. Or c'est là précisément et uniquement ce qu'Aristote combat dans la théorie des idées de Platon, considérée dans l'intelligence. Il combat d'ailleurs aussi et non moins énergiquement l'existence des idées en dehors de l'intelligence, les genres en dehors des choses et avant les choses, parce qu'il lui semble que Platon en fait des substances à part et indépendantes.

Nous reconnaissons avec M. Barthélemy Saint-Hilaire que Leibnitz n'a rien changé à la théorie d'Aristote, qu'il croyait cependant corriger, en ajoutant au fameux principe, *excipe : Nisi ipse intellectus*. Bien plus, nous dirons que Leibnitz lui-même ne s'est pas exprimé plus clairement qu'Aristote sur cette question, que comme lui il semble ne reconnaître dans l'intelligence que la faculté de formuler les principes de raison, tandis qu'il aurait pu trouver le véritable sens caché d'Aristote et la vraie manière dont il faut entendre cette théorie, dans S. Thomas d'Aquin, qui dit formellement que *l'intellect des principes est une habitude naturelle*. Et S. Thomas, qui mieux que personne a compris Aristote, ne croyait pas, en parlant ainsi, s'écarter de la doctrine *du Philosophe*.

162. La Logique d'Aristote. — Les six ouvrages que l'on désigne sous le nom de *Logique* ou d'*Organon* forment un tout suivi et complet. Aristote les a conçus ainsi. Mais ce n'est pas lui qui leur a donné les noms sous lesquels ils sont connus. Il les désigne quelquefois par *Méthode des procédés logiques* (μέθοδος τῶν λόγων) et plus souvent il semble n'y voir autre chose que ce qu'il appelle l'Analytique. Ces deux dénominations présentent l'ouvrage à deux points de vue opposés. Le premier le désigne tel qu'il est et comme devant servir de règle à l'intelligence qui poursuit la science, par voie de démonstration ; le second désigne plutôt le travail du philosophe à la recherche de ces mêmes règles et des principes de la démonstration.

Ainsi guidé par son but et par sa théorie de la connaissance, Aristote cherche d'abord ce qu'il y a de plus général dans les principes de la science, c'est-à-dire les attributs possibles de l'être, ou plutôt la classification générale de ces attributs ; ce sont les *Catégories* (Κατηγόριαι).

Il paraît qu'Aristote lui-même avait écrit aussi un traité des Catégorèmes, et que Porphyre n'a fait qu'y suppléer, en se servant de la *Métaphysique* et des *Topiques*, parce que ce traité était déjà perdu.

Analyse des Catégories. — Le traité des *Catégories* commence par donner, sans dire pourquoi, quelques définitions que l'on pourrait appeler grammaticales.

Homonymes se dit des noms semblables qui désignent des essences différentes ; *synonymes*, des noms semblables appliqués dans le même sens à des objets de même genre ; *paronymes*, des mots dérivés d'une même racine.

On peut considérer les mots séparément ou unis par le verbe dans une phrase.

Les mots représentent des choses de quatre ordres : 1° celles qui se disent d'un sujet et ne sont pas dans un sujet ; exemple: *homme*, qui se dit de Socrate, et n'a pas de sujet; 2° celles qui ne se disent pas d'un sujet, et sont cependant dans un sujet ; exemple : la *grammaire*, qui est dans l'intelligence et ne se dit de rien; 3° celles qui se disent d'un sujet et sont dans un sujet; exemple: *science*, qui se dit de la grammaire et est dans l'intelligence ; 4° celles qui ne se disent pas d'un sujet et ne sont dans aucun sujet; exemple : *Socrate*, qui n'a pas de sujet et ne peut être attribut.

Tout ce qui appartient à l'atttibut appartient aussi au sujet. Il faut cependant remarquer que, si l'attribut et le sujet appartiennent à deux genres non subordonnés, les différences de l'attribut ne sauraient convenir au sujet.

Les mots pris séparément ne peuvent exprimer qu'une des dix choses suivantes :

οὐσία,	la substance :	homme, cheval ;
τὸ ποσόν,	la quantité :	de deux coudées ;
τὸ ποιόν,	la qualité :	blanc, grammatical ;
πρός τι,	la relation :	double, demi, plus grand ;
ποῦ,	le lieu :	dans le lycée ;
πότε,	le temps :	hier, demain ;
κεῖσθαι,	la situation :	*il est* couché, assis ;
ἔχειν,	l'avoir :	*il est* chaussé, armé ;
ἄγειν,	l'action :	il coupe, il brûle ;
πάσχειν,	la passion :	il est coupé, brûlé.

Ce sont les dix *Catégories* (κατηγορίαι) ou attributions possibles d'un sujet. C'est la classification de tous les modes de l'être, en même temps que de toutes les dénominations possibles d'une réalité.

Ces dix catégories sont pour Aristote, les *genres suprêmes* des choses ; elles ne sont pas autant d'espèces de l'être, et l'être n'est pas le genre ; car il ne leur est pas attribué dans un sens *synonyme*, mais seulement *homonyme*. Aussi les catégories ne se définissent pas ; on ne peut que les expliquer.

La Substance proprement dite réside dans l'individu. Celle-là est *première* : elle n'est pas dans un sujet et ne peut être attribut.

Les espèces et les genres sont les substances *secondes*. Ils ne sont substances que parce qu'ils dénomment des individus.

La Quantité est *discrète* ou *continue* ou encore, elle *est formée de parties ayant une position*, ou *non formée de cette manière*.

La *quantité discrète* est celle dont les parties ne s'unissent pas en un terme commun; tels sont le *nombre* et la *parole*.

La *quantité continue* est celle dont les parties ont un point commun de jonction; tels sont *la ligne, la surface, le volume* et en outre *le temps* et *le lieu*.

Deux parties d'une ligne s'unissent dans un point ; deux parties d'une surface, dans une ligne; deux parties d'un volume dans une surface ; deux parties d'une durée dans un instant. Quant au lieu, il est occupé par le corps, qui change de lieu sans cesser d'en occuper un. Il est donc, lui aussi, continu.

La ligne, la surface, le volume et le lieu ont des parties douées de position relative ; le nombre, la parole et le temps ne sont pas ainsi composés; le nombre, parce qu'il n'y a pas entre ses parties un point commun de jonction ; la parole, parce qu'en outre ses parties ne sont pas permanentes; le temps, pour cette deuxième raison et, de plus, parce que ses parties n'ont pas de lieu fixe.

Le mouvement et l'action ne sont pas des quantités en eux-mêmes, mais seulement parce qu'ils coexistent au temps.

Egal ou inégal ne se disent que de la quantité.

On appelle RELATIF tout ce qui n'est dit être tel que par rapport à autre chose. On dirait mieux en latin: *Relativa dicuntur ea quæ id, quod sunt, aliorum dicuntur esse;* πρός τι δὲ τὰ τοιαῦτα λέγεται ὅσα αὐτὰ ἅπερ ἐστὶν ἑτέρων εἶναι λέγεται. Ainsi le double, la moitié, sont des dénominations relatives; quatre est le double de deux; cinq est la moitié de dix.

L'existence des relatifs se confond avec leur rapport à une autre chose.

Toute relation suppose deux relatifs, dont l'un est connu dès que l'on connaît l'autre. Aussi la définition de l'un renferme la définition de l'autre.

Il y a des relatifs *secundum dici* qui ne le sont que dans l'expression, et des relatifs *secundum esse*, qui le sont en réalité.

On appelle QUALITÉ ce pourquoi on est dit tel. Cette catégorie comprend :

1° l'habitude et la disposition (ἕξις καὶ διάθεσις); la première est plus stable, l'autre est passagère ;

2° La force et la faiblesse naturelle ;

3° Les qualités sensibles et les passions (παθητικαὶ ποιότητες καὶ πάθη).

4° La figure et la forme extérieure essentielle de chaque chose (σχῆμα τε καὶ ἡ περὶ ἕκαστον ὑπάρχουσα μορφή), par exemple : droit ou courbe.

Peut-être en trouverait-on d'autres.

Semblable ou dissemblable ne se disent que de la qualité.

Les six autres catégories ne sont pas analysées par Aristote. Au moyen âge on les étudiait dans un livre de Gilbert de la Porée, intitulé : *Sex principia*.

Il y a quatre sortes d'*opposition* (ἀντικείμενα).

1° Des relatifs; 2° des contraires; 3° de la possession et de la privation ; 4° de l'affirmation et de la négation. Les opposés relatifs se disent l'un de l'autre ; les contraires non ; les opposés par possession et privation se disent d'un même sujet ; les opposés par affirmation et négation, ne se disent ni l'un de l'autre ni d'un même sujet.

Cette dernière sorte d'opposition est la seule qui comporte la vérité, parce que seule elle contient le verbe. Deux contraires peuvent être faux en même temps ; mais deux opposés par affirmation et négation ne peuvent être faux en même temps.

Il y a cinq sortes de *priorité* : 1° de temps ; 2° d'éléments (car le composé suppose ses éléments) ; 3° d'ordre ; 4° de mérite ou de force ; 5° de causalité.

Il y a deux espèces de *simultanéité* : 1° de temps (et c'est la plus importante) ; 2° de nature, quand l'une ne peut aller sans l'autre, et que pourtant elles ne s'engendrent pas.

Le *mouvement* a six espèces, opposées deux à deux : la naissance et la destruction ; l'accroissement et la diminution ; l'altération et le déplacement. Ce dernier a son contraire dans un lieu contraire.

Il y a huit manières d'avoir (ἔχειν) : 1° avoir une qualité ; 2° avoir une quantité ; 3° avoir un vêtement, ou des armes ; 4° avoir un anneau au doigt ; 5° avoir des pieds, des mains ; 6° un tonneau a du vin ; 7° avoir une maison ; 8° une femme a un mari, un mari a une femme.

Voilà le résumé fidèle du traité des *Catégories*.

ANALYSE DE L'INTERPRÉTATION (ἑρμηνεία) OU TRAITÉ DU LANGAGE. — Ce livre traite des mots unis par le verbe dans la proposition, et principalement du jugement énonciatif (λόγος ἀποφαντικός).

L'acte de la pensée n'est pas sans vérité ou erreur ; ainsi la parole est vraie ou fausse par la composition et la division (σύνθεσις ἢ διαίρεσις), affirmation et négation.

Des éléments de la parole, Aristote n'étudie que le nom et le verbe.

Le *nom* (ὄνομα), est un mot significatif par convention, sans idée de temps, et dont aucune partie n'a de sens, prise isolément.

Avec une négation (non-homme) le nom est indéterminé, et il n'est plus un nom. Les génitifs, les datifs, etc., ne sont pas non plus des noms proprement dits.

Le *verbe* (ῥῆμα), est un mot significatif par convention, qui connote le temps. Aucune de ses parties n'a de sens, séparée, et il est toujours la marque de l'attribut.

Le discours (λόγος), composé du nom et du verbe, n'a de sens aussi que par convention ; mais chacune de ses parties a un sens par elle-même.

Tout discours n'est pas énonciatif, et n'exprime pas vérité ou erreur : une exclamation, une prière est bien une expression de pensée ; mais elle n'est ni vraie ni fausse. On ne considèrera ici que le discours énonciatif.

L'énonciation revêt deux formes : l'affirmation (κατάφασις) et la négation (ἀπόφασις). L'affirmation attribue une chose à une autre ; la négation sépare une chose d'une autre. La négation opposée à l'affirmation constitue la contradiction ; mais il faut pour cela affirmer et nier *le même du même* (τοῦ αὐτοῦ κατὰ τοῦ αὐτοῦ).

Quantité des propositions. Les choses sont universelles (καθ' ὅλον) ou individuelles (καθ' ἕκαστον). L'énonciation ne peut donc porter que sur ces deux ordres. Mais en énonçant des choses universelles on peut leur donner ou ne pas leur donner le signe de l'universalité. Universelles, l'affirmation et la négation du même sont *contraires*. Si l'une est universelle et l'autre particulière, elles sont *contradictoires*. Mais la contradiction se formule plus souvent en niant et affirmant le même attribut d'un même sujet universel : Tout homme est blanc ; tout homme n'est pas blanc. Pour la contrariété il faut nier l'universel lui-même : Aucun homme n'est blanc.

Les propositions contraires ne peuvent être vraies en même temps ; mais elles peuvent être fausses en même temps. De deux contradictoires marquées du signe d'universalité (tous), l'une est vraie, l'autre est fausse. Mais sans le signe d'universalité, elles peuvent être vraies toutes les deux.

La forme sous laquelle nous exposons aujourd'hui cette théorie, en distinguant la qualité et la quantité des propositions, nous vient d'Alexandre d'Aphrodise, commentateur d'Aristote.

L'énonciation est simple (μία) quand elle n'exprime qu'une seule chose d'une seule chose ; dans le cas contraire elle est multiple.

L'énonciation d'un fait présent ou passé, ou d'une chose éternellement en acte, est nécessairement vraie ou fausse ; mais pour les choses futures qui ne sont pas éternellement en acte, la même énonciation peut être vraie ou fausse, selon l'événement, qui peut également être ou n'être pas.

Aussi la nécessité renfermée dans la contradiction ne porte que sur l'alternative, et non sur l'un ou l'autre des deux faits. Il n'est pas nécessaire que demain il y ait un combat naval, ni qu'il n'y en ait pas ; mais il est nécessaire qu'il y en ait un ou qu'il n'y en ait pas.

La négation peut tomber sur le nom aussi bien que sur le verbe. Elle produit alors le nom indéterminé, tel que non-homme. D'où l'on obtient, en joignant simplement un nom et un verbe, quatre contradictions. 1° l'homme est, l'homme n'est pas ; 2° le non-homme est, le non-homme n'est pas ; 3° tout homme est, tout homme n'est pas ; 4° tout non-homme est, tout non-homme n'est pas. Mais en joignant au verbe un attribut, chaque contradiction se dédouble : L'homme est juste, l'homme n'est pas juste ; l'homme est non juste, l'homme n'est pas non-juste ; etc.

Les noms indéterminés ne sont pas des négations.

Il faut bien distinguer les propositions multiples des propositions simples, surtout dans les interrogations dialectiques, car dans les premières la réponse est multiple.

Les attributs divers qui sont vrais d'un sujet, pris séparément, ne le sont pas toujours quand on les combine en un seul. Cet homme est bon, cet homme est cordonnier, ne conclut pas : Cet homme est bon cordonnier.

On ne peut pas combiner ainsi les attributs : 1° quand ils sont de genres différents ; 2° quand ils sont tous deux accidents du sujet ; 3° quand ils sont accident l'un de l'autre ; 4° quand l'un est sujet de l'autre.

Au contraire, on ne peut pas diviser les attributs : 1° si dans les attributs il y a quelque contradiction au sujet lui-même, 2° lorsque l'un des attributs n'est qu'accidentel. Ainsi on ne peut pas dire d'un homme mort : C'est un homme ; ni dire : Homère est, comme on dit : Homère est poète.

Les *propositions modales*, de l'aveu d'Aristote, offrent des difficultés. Il en compte quatre espèces : 1° possible et non-possible, 2° contingent et non-contingent, 3° impossible et non-impossible, 4° nécessaire et non-nécessaire.

Où faut-il placer la négation pour contredire une proposition modale ? Elle ne doit pas tomber sur le verbe, qui est ici le sujet, mais sur le mode, qui est le vrai attribut : *possibile est esse*.

Voici la série des modales avec leurs contradictoires :

Il est possible que cela soit.	Il n'est pas possible que cela soit.
Il est contingent...	Il n'est pas contingent...
Il n'est pas impossible...	Il est impossible...
Il n'est pas nécessaire...	Il est nécessaire que ce ne soit pas.
Il est possible que ce ne soit pas.	Il n'est pas possible....
Il est contingent...	Il n'est pas contingent...
Il n'est pas impossible...	Il est impossible...
Il n'est pas nécessaire...	Il est nécessaire que cela soit.
δυνατόν εἶναι	οὐ δυνατόν εἶναι
ἐνδεχόμενον εἶναι	οὐκ ἐνδεχόμενον εἶναι
οὐκ ἀδύνατον εἶναι	ἀδύνατον εἶναι
οὐκ ἀναγκαῖον εἶναι	ἀναγκαῖον μὴ εἶναι
etc.	etc.

Entre le possible et l'impossible, l'affirmation de l'un suit la négation de l'autre, et la contradiction est dans les modes eux-mêmes. Entre le nécessaire et l'impossible il y a opposition contraire et ils se suivent par positions contradictoires. S'il est nécessaire qu'une chose ne soit pas, il est impossible qu'elle soit, et s'il est nécessaire qu'elle soit, il est impossible qu'elle ne soit pas. Ici il faut placer la négation au sujet.

Comment le possible suit-il le nécessaire? D'abord il y a deux possibles. Les forces raisonnables peuvent les deux opposés, mais les forces non raisonnables n'en peuvent souvent qu'un seul. Ainsi le feu ne peut que brûler. De plus on appelle possible ce qui est déjà en acte et ce qui n'y est pas encore. Cet homme peut marcher, se dit aussi bien de celui qui marche que de celui qui est assis. En sorte qu'une partie seulement du possible suit le nécessaire. Car ce qui doit être nécessairement peut être ; autrement le nécessaire serait impossible.

Les consécutions modales sont donc celles-ci :

Il est possible que ce soit	= Il n'est pas impossible que cela soit.
Il n'est pas possible...	= Il est impossible...

Il est impossible que ce soit	= Il est nécessaire que cela ne soit pas.
Il n'est pas impossible...	= Il n'est pas impossible que cela ne soit pas.

Il est nécessaire que ce soit   = Il n'est pas possible que ce ne soit pas.
Il n'est pas nécessaire que ce ne soit pas = Il est possible que cela soit.

Du possible à l'impossible par simple négation du verbe (sujet) ; du nécessaire au possible, par double négation du mode et du verbe.

Si l'on oppose à une proposition affirmative deux autres propositions, dont l'une nie le même attribut du même sujet, et l'autre affirme du même sujet un attribut contraire, la première sera plus opposée que la seconde à la principale.

ANALYSE DES PREMIERS ANALYTIQUES OU DU SYLLOGISME. — Avant d'aborder la théorie du syllogisme, qui est lui-même la base de la démonstration, Aristote en expose les éléments.

La *proposition*, (πρότασις) dans sa forme, est affirmative ou négative, particulière, universelle ou indéterminée; dans sa nature, elle est démonstrative ou dialectique.

La proposition démonstrative (ἀποδεικτική) est tantôt simplement syllogistique, affirmant ou niant un attribut d'un sujet, et tantôt démonstrative proprement dite, concluant le vrai de données préalables.

La proposition dialectique (διαλεκτική) est un des membres de la contradiction accordé comme vrai, par suite d'une interrogation contradictoire.

Le terme (ὅρος) est ce en quoi se résout la proposition, c'est-à-dire, l'attribut et le sujet.

Le syllogisme (συλλογισμός) est une énonciation dans laquelle, certaines assertions étant posées, par cela seul qu'elles le sont, il en résulte nécessairement une autre assertion différente des premières.

Ici Aristote parle du syllogisme complet, qui se suffit à lui-même, et du syllogisme incomplet, qui a besoin de données supplémentaires qu'on lui ajoute, en les prenant dans les données elles-mêmes où elles sont implicitement renfermées.

Un attribut est dit de tout le sujet, (κατὰ παντός) quand il n'est pas possible de prendre une des parties du sujet, dont on ne puisse dire l'attribut ; il n'est dit de rien, ou plutôt d'aucun des membres du sujet (κατὰ μηδενός) dans un sens inverse.

Vient ensuite la conversion des propositions (ἀντιστροφή). Et d'abord celle des propositions simples.

La proposition universelle négative se convertit dans ses propres termes (simplement, ont dit les scholastiques). Exemple : Aucun plaisir n'est un bien, équivaut à : Aucun bien n'est un plaisir.

La proposition universelle affirmative se convertit en particulière affirmative. Exemple : Tout plaisir est un bien ; affirme par là même que quelque bien est un plaisir.

La particulière affirmative se convertit simplement. Exemple : Quelque plaisir est un bien, équivaut à : Quelque bien est un plaisir.

La particulière négative n'a pas de conversion nécessaire. En effet de la proposition : Quelque plaisir n'est pas un bien, on ne peut rien inférer.

Viennent ensuite les modales, dont la conversion affecte non pas le mode mais la chose dite. Et dès lors, s'il s'agit du nécessaire, du possible ou de l'impossible, la conversion se fait exactement comme pour la proposition simple. Mais s'il s'agit du contingent qui peut se dire également du possible, du non nécessaire et même du nécessaire, il faut bien distinguer ces trois sens dans la conversion. Car, pour les affirmatives la conversion reste la même, mais elle diffère dans les négatives. En effet, si contingent signifie nécessaire ou non nécessaire, la conversion est encore la même, mais s'il signifie possible, l'universelle négative ne se convertit pas, tandis que la particulière négative se convertit simplement.

Aristote renvoie à plus loin l'exposition de cette théorie.

Il passe au syllogisme pour en étudier les figures (σχῆμα). Il explique d'abord les trois termes du syllogisme, et y distingue seulement ses extrêmes (τὰ ἄκρα) et le moyen (μέσον). Quant aux deux extrêmes il les appelle seulement le premier et le dernier, et il entend par là ce qu'il appellera plus tard le grand et le petit.

« Si le dernier, dit-il, est tout entier dans le premier, il faut nécessairement qu'il y ait syllogisme parfait des extrêmes.... Telle est ce que j'appelle la première figure. Ici le moyen est au milieu par position.

« Quand une même chose est à toute une chose et n'est aucunement à une autre, — ou qu'elle est totalement à chacune des deux, — ou n'est à aucune des deux, cette figure est celle que j'appelle la seconde. Alors le moyen est l'attribut des deux propositions..... Il est placé en dehors des extrêmes, et, par position, il est le premier. Dans cette figure il n'y a pas de syllogisme parfait.

« Si à une même chose une autre chose est attribuée totalement, et qu'une seconde ne lui soit attribuée aucunement, — ou bien que ces deux dernières à la fois soient attribuées à toute la chose, — ou ne soient attribuées à aucune partie de la chose, cette figure est celle que j'appelle la troisième.

Alors les deux attributs sont les extrêmes. Le moyen est placé en dehors des extrêmes ; mais, par position, il est le dernier. Il n'y a pas non plus de syllogisme parfait dans cette figure. »

C'est en ces termes, un peu embarassés comme expression, qu'Aristote distingue les trois figures du syllogisme. Les siècles suivants ont trouvé une expression plus simple, mais bien moins profonde et moins complète. On pourrait en dire autant de l'étude des modes concluants dans chaque figure.

Quant à la quatrième figure, ajoutée plus tard par Galien, c'est avec raison qu'Aristote n'en a pas parlé. Elle n'est que le renversement de la première.

Nous avons donné ce qui précède pour faire voir en partie la manière dont Aristote traite ces questions. Nous ne le suivrons pas dans son analyse de chacune des figures et de leurs modes concluants ou non concluants : nous sommes accoutumés aujourd'hui à une exposition beaucoup plus claire des mêmes vérités ; mais il ne faut pas oublier que c'est Aristote qui a fait le premier toutes ces théories.

Après les figures et les modes des syllogismes simples ou catégoriques, Aristote fait le même travail pour les syllogismes où entrent des propositions modales. Nous ne pouvons pas l'y suivre ici.

Il se résume ensuite et donne les règles générales du syllogisme. Il ne reconnaît que quatorze modes concluants, parce qu'il ne compte pas ceux de la quatrième figure que l'on a ajoutés depuis, comme modes indirects de la première.

Vient ensuite la méthode de trouver des syllogismes. Il étudie les rapports d'antécédent et conséquent entre les trois termes et détermine ces rapports pour chacune des conclusions. Ces rapports sont le rapport de compréhension du sujet à l'attribut, et le rapport d'extension de l'attribut au sujet ; c'est-à-dire que la compréhension de l'attribut doit entrer dans la compréhension du sujet, et l'extension du sujet dans celle de l'attribut.

Ces règles trouvent leur application dans toutes les sciences, dont l'expérience fournit les principes, tandis que la philosophie les démontre ou les fait voir clairement indémontrables.

Après avoir trouvé les syllogismes, il faut les ramener aux formes de l'une des figures ci-dessus indiquées. Pour cela il faut : 1° dégager les deux propositions (prémisses); 2° distinguer les générales des particulières ; 3° suppléer une proposition si elle manque; 4° bien voir ce qui rend les propositions concluantes; 5° examiner si l'on n'a rien pris d'inutile, ou si l'on n'a pas omis l'indispensable. Certaines réunions de propositions amènent une conclusion nécessaire et ne forment pas un syllogisme. 6° diviser les propositions en termes, y reconnaître le moyen et constater la figure employée ; 7° ne pas confondre les termes indéterminés avec les termes universels ; 8° moins s'attacher aux mots qu'à leur sens; 9° ne pas confondre les cas des noms; 10° veiller à la nature conditionnelle ou absolue, simple ou complexe des attributions; 11° veiller au sens quand on remplace un mot par un autre, et surtout au sens des mots combinés ; 12° bien placer le signe de l'universel : au sujet et non à l'attribut.

Il parle ensuite des syllogismes hypothétiques et promet d'en traiter ailleurs ; il ne l'a pas fait.

Il expose ensuite comment on peut faire passer un syllogisme d'une figure dans une autre.

Là se termine le premier livre des Analytiques, et la théorie du syllogisme, déjà si profondément analysée, n'est pas épuisée pour Aristote. Il l'a cependant traitée avec une profondeur d'analyse qui étonne d'autant plus, que rien d'analogue n'avait été fait avant lui, et que rien de mieux n'a été fait depuis, si ce n'est que la Scolastique y a ajouté des formules, dont Aristote n'avait donné que l'idée première, en exprimant par des lettres chacune des propositions et en variant ces lettres pour chaque figure. Dans le second livre des premiers Analytiques, il parle des propriétés des syllogismes, savoir : de la possibilité de donner à quelques-uns plusieurs conclusions ; ou de conclure le vrai, en un sens, de deux propositions fausses ; de tirer d'un syllogisme une conclusion réciproque, etc. Il traite ensuite de quelques sophismes, et enfin des formes de raisonnement autres que le syllogisme : l'Induction (ἐπαγωγή), l'Exemple (παράδειγμα), l'Abduction (ἀπαγωγή), l'Instance (ἔνστασις) et l'Enthymème (ἐνθύμημα).

Aristote fait grand cas de l'Induction et dit qu'elle constitue avec le syllogisme les deux seuls moyens de savoir. L'induction consiste pour lui à conclure le grand terme du moyen par le petit. Mais il faut pour cela que le petit terme représente tous les individus compris dans le moyen. Le syllogisme est en lui-même plus connaissable, mais l'induction est pour nous plus claire. Plus loin, dans les derniers Analytiques, il expliquera comment l'induction est seule capable de nous donner et nous donne, en effet, les majeures indémontrables du syllogisme et les premiers principes.

L'Exemple diffère de l'Induction en ce qu'il ne part pas de tous les individus compris dans le moyen, mais d'un quatrième terme semblable au petit.

Exemple : C'est un mal de faire la guerre à ses voisins, comme lorsque les Athéniens firent la guerre aux Thébains.

De même c'est un mal pour les Thébains de faire la guerre aux Phocéens qui sont leurs voisins.

Mais l'exemple diffère encore plus du syllogisme, car il conclut du particulier au particulier, en passant par l'universel.

L'Abduction est un syllogisme dont la mineure n'est pas évidente et où l'on prouve cette mineure avant d'amener la conclusion. Aristote l'appelle ainsi parce que le raisonnement semble s'écarter de son but.

L'Instance ou objection est un syllogisme dont la mineure contredit la mineure d'un premier syllogisme et par conséquent obtient une conclusion contradictoire.

L'Enthymème n'est pas chez Aristote l'argument que nous désignons aujourd'hui par le même nom. Pour lui, c'est un raisonnement qui ne conclut que d'une manière probable, car il est fondé sur un signe dont la présence peut n'être pas une raison suffisante d'affirmer la chose signifiée.

Ici Aristote dit quelques mots qui sont le principe même de l'emploi de l'observation dans les sciences naturelles. C'est que toute qualité présente dans un être doit avoir un signe extérieur et qu'ainsi le signe peut servir à connaître la nature propre des choses (φυσιογνωμονεῖν).

Dans les *derniers Analytiques,* Aristote expose les principes et les applications de la démonstration. Et d'abord toute démonstration repose sur une vérité antérieurement connue, sans que pour cela la conclusion puisse être appelée une réminiscence, comme disait Platon ; car on peut connaître un principe général, sans en connaître toutes les applications particulières. Les principes doivent être vrais et connus pour vrais. Sans cela il pourrait bien y avoir syllogisme, mais il n'y aurait pas démonstration.

On objecte que, s'il faut connaître les principes avant la démonstration, la science est impossible, puisqu'il y a quelque chose qui n'est pas démontré. Aristote répond que toute science ne vient pas de la démonstration, puisque les notions immédiates n'en viennent pas. D'ailleurs vouloir que toutes les parties de la science soient démontrées, c'est vouloir faire une démonstration circulaire, dans laquelle le principe sera tout à la fois plus connu et moins connu que lui-même.

Après cela il conclut que ce qui est su par démonstration est nécessairement tel qu'on le sait ; que la démonstration ne porte que sur l'universel, sur l'éternel, et qu'il n'y a pas de science proprement dite des choses périssables.

La démonstration repose sur l'universel ; or, par universel, il ne faut pas entendre les idées, comme des espèces à part, isolées des individus. L'universel n'est qu'un mot qui s'applique à plusieurs objets, comme vrai de tous, et non par simple homonymie. Le véritable universel ce sont les principes communs que toutes les sciences emploient pour leurs démonstrations. Tels sont le principe de contradiction, et cet autre, qu'*une chose est ou n'est pas*. Ces principes, ce n'est pas la science qui les démontre ; c'est la dialectique qui s'en occupe et les met en lumière, en procédant par interrogations contradictoires.

Parmi les sciences, les unes démontrent les causes des faits, les autres démontrent seulement les faits. Et quand deux sciences de ces deux ordres sont subalternes, celle du premier ordre est supérieure à l'autre.

Le premier ordre de sciences prend ses démonstrations le plus souvent dans le syllogisme de la première figure ; et le deuxième ordre les y prend exclusivement. « Donc la première figure est la forme suprême de la science. »

L'erreur vient principalement des fausses notions simples, puis des sophismes, et enfin des sens qui font quelquefois défaut.

Si un sens vient à manquer, une partie de la science manquera nécessairement aussi. Car tout savoir vient de la démonstration ou de l'induction. La démonstration part du général ; l'induction part des cas particuliers. Mais il est impossible d'atteindre le général autrement que par l'induction qui a son point de départ dans la sensation. Donc, si telle sensation manque, l'induction qui en dérive manquera aussi, et la démonstration n'aura plus de base à ce sujet.

On ne peut pas indéfiniment donner un attribut à l'attribut d'un sujet, ni un sujet au sujet d'un attribut. Il faut en dernière analyse trouver un sujet qui ne soit lui-même l'attribut de rien. D'où il suit qu'il y a des principes, et que tout n'est pas démontrable.

La démonstration générale vaut mieux que la particulière.

La démonstration affirmative vaut mieux que la négative.

Cependant la démonstration négative est supérieure à la démonstration par impossible.

La science qui donne à la fois le fait et la cause est supérieure à celle qui ne donne que l'un des deux. Celle qui n'a pas de sujet matériel l'emporte sur celle qui en a un. Celle dont le sujet est plus simple l'emporte sur celle dont le sujet est plus complexe.

Dans le IIe livre du même traité, Aristote recherche l'application de la démonstration aux objets de la science, et l'origine des premiers principes.

La recherche de la science peut avoir pour objet : 1° l'existence de la chose; 2° sa cause; 3° si elle est; 4° ce qu'elle est. Ces quatre questions se réduisent à deux : l'existence et la cause.

La connaissance par la définition n'est pas la connaissance par démonstration. Bien plus, elles s'excluent l'une l'autre. Car la définition peut servir de principe, et les principes ne se démontrent pas. De plus la définition donne l'essence de la chose, la démonstration la suppose ; la démonstration démontre une chose d'une autre; la définition n'attribue une chose qu'à elle-même.

Le syllogisme ne peut servir à définir.

La division pas plus que la définition ne peut être une démonstration. Elle ne donne rien de nécessaire : elle est même moins démonstrative que l'induction.

Enfin, la définition ne montre pas ce qu'*est* la chose, car elle devrait démontrer en même temps que la chose est. La définition donne l'essence. L'essence connue se confond avec la cause ; et chercher la cause d'une chose, c'est admettre que cette chose est.

Quand la cause et la chose même sont identiques, il n'y a pas de démonstration possible. C'est un principe qui ne se démontre pas et qui doit être connu.

La cause peut être ou n'être pas simultanée à l'effet, mais le terme moyen (c'est-à-dire la cause immédiate) est toujours simultané. La cause simultanée est le plus souvent employée pour terme moyen. Mais si l'on emploie comme moyen la cause non simultanée, elle lui est antérieure et, dès lors, on peut conclure la cause de l'effet qui l'a suivie, mais non l'effet de la cause.

Quelquefois les causes et les effets sont circulaires.

Aristote donne ensuite les règles de la définition qui consiste à rechercher les attributs essentiels. Ceux-ci sont égaux à leurs sujets ou plus étendus qu'eux. Ces derniers pris à part ne suffisent pas à la définition, mais pris ensemble ils ne peuvent convenir qu'à ce sujet.

Le première qualité d'une définition, c'est la clarté; celle de la démonstration, c'est la vérité.

L'existence de l'effet donne à connaître la cause et réciproquement. Cependant dans le particulier on peut connaître l'effet sans en connaître la cause. Mais, dans la démonstration proprement dite, un seul effet n'a qu'une seule cause, puisqu'on y considère la chose en soi.

Et maintenant d'où viennent les premiers principes? Comment nous sont-ils connus?

D'abord « il est absurde de penser que nous ayons (en naissant) ces principes ». Mais alors comment pouvons-nous les acquérir sans connaissance préalable ? C'est impossible. Il faut donc que nous ayons une certaine faculté de les acquérir.

Or tous les animaux ont la sensibilité. Dans les uns la sensation persiste, dans d'autres, non. Dans ceux-ci la connaissance ne va pas au-delà de la sensation ; dans les premiers, au contraire, il y a encore quelque modification dans l'âme. C'est la persistance de ces modifications multipliées qui donne à certains animaux la raison que d'autres n'ont pas. Ainsi, de la sensation vient la mémoire ; de la mémoire du même fait répété vient l'expérience, qui est une. C'est de l'expérience que se forme le principe de l'art et de la science.

« Ainsi ces principes ne sont pas précisément innés ; ils ne procèdent pas davantage de principes plus évidents qu'eux-mêmes ils naissent de la sensation. »

C'est donc une nécessité pour nous d'arriver par induction à la connaissance des premiers principes ; car c'est ainsi que la sensation elle-même arrive à nous donner le général. Mais parmi nos facultés quelques-unes ne sont pas toujours vraies ; la science et l'intelligence sont éternellement vraies. Or il n'y a rien de supérieur à la science, que l'intelligence même, et les principes sont plus évidents que les démonstrations. Donc il n'y a pas de science pour les principes; c'est l'entendement qui s'y applique : c'est donc lui qui est le principe de la science.

L'objet des *Topiques*, selon Aristote lui-même, est de trouver une méthode qui nous mette en état de raisonner sur toute espèce de sujets, en partant de données probables, et sans nous contredire. C'est-à-dire que les Topiques sont les lieux communs de la Logique, qu'il ne faut pas confondre avec ceux de la Rhétorique.

Le syllogisme est *démonstratif*, lorsqu'il part de principes évidents, *dialectique*, lorsqu'il part d'une opinion vraiment probable; *éristique*, lorsqu'il part d'une opinion qui n'a que l'apparence de la probabilité; *sophistique*, lorsqu'il semble s'appuyer sur le probable et n'en vient pas.

Les objets de toute discussion sont les objets des jugements et les objets des syllogismes. Tout cela équivaut à autant de propositions. Or, toute proposition porte sur le genre, sur le propre ou sur l'accident, car la différence appartient au genre. La définition elle-même n'est que le propre exprimant l'essence de la chose, mais ce qui lui appartient, à elle seule. Le genre est ce qui se dit essentiellement de plusieurs qui diffèrent en espèce. L'accident n'est rien de ces trois choses, mais il appartient à la chose. C'est aussi ce qui peut être ou ne pas être dans une chose. C'est de ces éléments que se forment toutes les propositions.

Aristote a parlé ici des universaux, comme d'une chose déjà expliquée ailleurs. Il dit ensuite que ces universaux sont toujours dans une catégorie, et il énumère les dix catégories, qu'il a exposées dans le premier livre.

L'attribution est essentielle, quand le sujet et l'attribut sont tous les deux dans la catégorie de la substance ; elle n'est qu'accidentelle, quand l'attribut est dans une autre catégorie.

La proposition dialectique est celle dont on peut raisonnablement discuter.

Il faut donc qu'elle ne soit ni évidente ni absurde. Les opinions dialectiques sont donc des opinions probables.

La question dialectique est une question pratique sur laquelle les avis sont partagés.

La thèse est une opinion paradoxale soutenue par quelque philosophe illustre. Toute thèse est une question dialectique, mais non réciproquement.

Ici Aristote répète qu'il ne faut pas discuter une question absurde ou évidente et il y ajoute les questions immorales, en disant que les unes et les autres méritent d'être non pas discutées mais châtiées. Et il donne pour exemple de questions de cette nature les deux suivantes : « La neige est-elle blanche ? — Faut-il honorer les dieux, faut-il aimer ses parents ? »

« Il y a deux sortes de méthodes dialectiques : l'induction et le syllogisme. On a dit précédemment ce qu'est le syllogisme ; l'induction est un passage du particulier au général. » — « Quatre instruments (ὄργανα) nous procureront des syllogismes et des inductions : 1° choisir des propositions; 2° préciser tous les sens divers d'une même chose; 3° découvrir les différences des choses; 4° distinguer les ressemblances

Dans le choix des propositions, il faut : prendre celles qui sont appuyées de quelque autorité, ou celles qui leur sont identiques ; — faire des extraits des ouvrages écrits; — faire des divisions, des classifications; — noter les opinions des auteurs.

On peut distinguer en général trois ordres de sujets : moraux, physiques, logiques. En philosophie on cherche à les traiter avec vérité; en dialectique on se contente de la probabilité.

Pour le sens des mots, il faut : ne pas s'arrêter au mot, mais aller à la signification, — regarder la chose et avec elle son contraire, — observer l'homonymie, les catégories, la dépendance des genres, la synonymie.

La différence doit être cherchée dans les genres comparés entre eux, voisins ou éloignés.

La ressemblance peut être cherchée dans des genres divers, ou dans le même genre.

La distinction des divers sens des mots rend les raisonnements plus clairs ; la connaissance des différences facilite la distinction des essences ; la connaissance des ressemblances facilite les inductions et les définitions.

Dans le IIe livre, Aristote expose les lieux de l'accident considéré en soi. Il expose comment on peut éviter l'erreur sur l'accident en y appliquant les quatre instruments dialectiques.

Dans le IIIe livre, il traite de la préférence à donner aux choses à raison de leurs accidents, et de l'usage que l'on peut faire de ces distinctions dans la dialectique.

Le IVe livre et le Ve exposent les lieux du genre et du propre comme éléments de la définition.

Le VIe indique les défauts possibles de la définition et les précautions à prendre contre ces défauts, dans la discussion.

Le VIIe, après avoir achevé de donner les conditions de la définition, par l'examen de l'idée du même et du divers, résume toute la Topique et amène le chapitre suivant et les *Réfutations*.

Le VIII⁰, passant à la discussion pratique expose les règles générales de la demande et de la réponse, et donne des conseils pratiques, dont voici le résumé succinct.

1° Prendre l'habitude de faire des conversions de syllogismes. Ici le mot *conversion* n'a pas le sens qu'Aristote lui a donné d'abord ; car il l'explique en disant : réfuter une question au moyen des autres et de leur conclusion. 2° S'habituer à reconnaître le pour et le contre. 3° Faire provision d'arguments sur les questions les plus ordinaires. 4° Préparer à l'avance des définitions, surtout sur les idées les plus ordinaires. 5° S'exercer à faire naître plusieurs assertions d'une seule. 6° Faire des récapitulations fréquentes de ses pensées en évitant le plus possible les syllogismes universels. 7° Les esprits peu familiarisés avec ces études doivent surtout s'adonner aux inductions ; les esprits déjà savants, aux syllogismes. Il faut aussi s'habituer aux propositions et aux objections, les deux ressources fondamentales de la Dialectique. 8° Enfin, il ne faut pas se commettre avec tous les adversaires : il en est avec lesquels on ne peut faire que de mauvais raisonnements.

Cette dernière pensée amène le traité suivant.

Le traité des *Réfutations sophistiques*, c'est-à-dire les ressources communes employées par les sophistes ; il indique ensuite les moyens de les combattre et d'en tirer des conclusions vraies et loyales.

A la fin, en manière d'épilogue, il rappelle les questions résolues dans toute sa Logique, et fait remarquer que, relativement à cette étude, il n'y avait pas de travaux antérieurs. « Pour la Rhétorique, on s'en était occupé dès longtemps et l'on avait produit beaucoup de travaux. Pour la *science du Raisonnement* au contraire, nous n'avions rien d'antérieur à nos propres recherches, qui nous ont coûté tant de peine et un temps si long. Si vous reconnaissez que cette science, où tout était ainsi à faire dès la base, n'est pas demeurée trop en arrière des autres sciences, accrues par des labeurs successifs, il ne vous reste à vous tous, ainsi qu'à tous ceux qui viendront à connaître ce traité qu'à montrer de l'indulgence pour les lacunes de ce travail, et de la reconnaissance pour toutes les découvertes qui y ont été faites. »

Notre résumé est déjà bien long et nous n'avons fait qu'indiquer une faible partie des richesses logiques que contient l'*Organon*. Nous avons dû en omettre beaucoup ; car il n'est pas possible d'abréger Aristote : il faudrait plutôt le développer.

Nous avons suivi dans cette analyse l'ouvrage de M. Barthélemy Saint-Hilaire, la *Logique d'Aristote*, travail consciencieux que l'on lira avec fruit, même en ayant sous les yeux l'ouvrage d'Aristote lui-même.

163. MÉTAPHYSIQUE D'ARISTOTE. — Ce qu'on appelle Métaphysique dans Aristote n'est autre chose que la science des principes, qui sert de fondement à toutes les sciences et les dirige toutes. Il y expose et réfute toutes les opinions des anciens sur les principes, et donne ensuite sa propre doctrine sur ce qu'il appelle la philosophie première ou la science de l'être. Il distingue *la substance*, qui seule est l'être véritable, des *accidents*, qui sont dans un autre. Les principaux accidents sont la *qualité*, la *quantité*, et les *relations*. L'être est un, et l'un est

l'être. Mais l'unité réelle se trouve dans l'individu et non dans le genre, comme le voulait Platon. Il faut distinguer encore dans l'être ; la *puissance* et l'*acte*. L'acte, c'est l'*existence* proprement dite et ensuite, c'est l'*opération*. Le *mouvement* est le passage de la puissance à l'acte. La puissance absolument parlant est la possibilité de tout acte ; c'est la *matière* capable de recevoir toute *forme*. La perfection est dans l'acte. Tout être en acte qui possède quelque puissance est imparfait. L'être parfait est acte pur. Ainsi l'être parfait n'a rien de la matière. La puissance ne peut d'elle-même passer à l'acte, elle a besoin pour cela d'une *cause efficiente*, laquelle n'agit que pour un but, qui est la *cause finale*. Ainsi les quatre principes des choses sont : la matière, la forme, la cause efficiente et la cause finale.

Platon ajoutait une cinquième cause, l'*Idée*, ou le modèle de la chose, conçu par la cause efficiente. Aristote dit que l'idée de la chose n'a pas d'autre réalité que la forme même de l'objet. Ainsi cette cinquième cause rentre dans la cause formelle.

De plus, il identifie la cause finale à la cause formelle, parce que l'acte de la chose en est tout à la fois la forme et le but. Mais le but ou la fin de l'être, c'est sa perfection, c'est le bien ; car tout mouvement tend vers le mieux. Le bien est donc l'acte pur et immobile. C'est donc le bien qui attire les puissances et les fait passer à l'acte : il est donc cause efficiente et motrice ou finale. Mais déjà la cause formelle se confond avec cette dernière, comme d'ailleurs le bien est la forme vers laquelle l'être tend. Donc le Bien, qui est l'*acte* pur et immobile, est, tout à la fois, la forme, le moteur et le but de l'être, et il ne reste d'autre cause avec lui que la matière ou la *puissance*. Mais l'acte est antérieur et supérieur à la puissance : le parfait précède l'imparfait.

Ainsi la raison remontant de cause en cause, reconnaît une cause première, qui est elle-même sans cause, un acte qui n'a jamais été en puissance, un acte pur et subsistant.

De plus l'imparfait tend vers le parfait : le minéral vers le végétal ; le végétal vers l'animal ; l'animal vers la vie humaine ; la vie humaine vers la vie divine. Ainsi tout se meut et tout est mû par l'acte le plus parfait. Or l'acte le plus parfait c'est la pensée : la pensée qui possède l'être et se possède elle-même et jouit de cette possession, sans tendre à autre chose. Donc l'acte pur est la pensée : c'est la pensée de la pensée (νοήσεως νόησις).

Ici nous atteignons la Théodicée.

164. THÉODICÉE D'ARISTOTE. — Aristote est le premier qui ait donné de l'existence de Dieu une démonstration régulière, non qu'il crût cette démonstration nécessaire en principe (nous avons vu qu'il compte le devoir d'honorer Dieu parmi les choses qu'il ne faut pas discuter) ; mais sans doute parce qu'avant lui quelques-uns avaient nié Dieu.

Il démontre l'existence de Dieu par la nécessité d'un premier moteur et par l'antériorité du parfait sur l'imparfait.

Il y a du mouvement dans le monde. Tout mouvement d'un mobile procède d'un moteur. Ce moteur à son tour peut être mû par un autre. Mais on ne peut procéder ainsi à l'infini. Il faut donc arriver à un premier moteur qui n'est pas mû, à un premier moteur immobile. C'est Dieu.

Ce moteur immobile ne meut pas par impulsion, car il y aurait réaction et par suite passivité dans le moteur immobile. Dieu donc meut toutes les créatures comme l'objet du désir meut l'âme, sans être mû lui-même ; il meut le monde par l'irrésistible attrait de sa beauté.

C'est là une conception magnifique, mais qui suppose dans toute créature une action spontanée et libre : ce qui n'est pas. Dieu ne meut donc pas le monde par son attrait. D'un autre côté la difficulté faite contre l'impulsion ne porte que sur l'impulsion de créature à créature et de corps à corps. L'impulsion que Dieu donne au monde est une création et ne souffre ni résistance ni réaction.

En établissant que nécessairement l'acte précède la puissance et le parfait l'imparfait, comme aussi par l'idée de l'acte pur, aussi bien que par l'idée de la pensée toujours en acte de se penser elle-même, Aristote démontre autant de fois l'existence de Dieu.

Et en réunissant toutes ces notions diverses qui présentent Dieu comme acte pur, perfection absolue, bien suprême, forme, moteur et fin de tout, cause première, moteur immobile, pensée de la pensée, Aristote donne de Dieu une idée qui s'approche beaucoup de celle qu'en donne Platon, si elle ne la dépasse pas.

Des mêmes principes Aristote conclut que Dieu, parce qu'il est l'intelligence et l'intelligible toujours en acte possède la jouissance suprême, la suprême félicité, et la vie parfaite et éternelle.

Mais Aristote reste bien au-dessous de Platon dans la notion de la Providence de Dieu. Platon en plaçant les idées en Dieu lui attribue une connaissance éminente du monde. Aristote croit que l'Intelligence parfaite ne saurait, sans déchoir, connaître l'imparfait. Il dit donc que Dieu ne connaît pas le monde ; car s'il le connaissait il en subirait l'action, et rien n'est passif en lui.

Ici encore, il faut, pour répondre, la notion de la création. Dieu connaît les créatures parce qu'il les fait ce qu'elles sont, et sans qu'elles l'informent. Il les connaît donc sans être passif.

Aristote admet donc que tout bien dans le monde vient de Dieu, non pas parce que Dieu l'y fait par sa providence, mais parce que le monde tend vers Dieu et s'enflamme du désir de la perfection à la vue de la perfection de Dieu.

S'il y a du mal dans le monde, il vient de la condition essentielle de la matière, qui n'est pas en puissance de toute perfection. Cependant le monde est le meilleur possible, car il tend sans cesse vers le mieux. Il y tend sans conscience et sans raison, mais d'une manière conforme à la pensée et à la raison.

165. COSMOLOGIE D'ARISTOTE. — Le principe du monde est donc tout à la fois Dieu et la matière. Cependant Aristote ne veut pas que l'on admette deux premiers principes ; car il en faudrait admettre un autre supérieur aux deux. Aussi Dieu et la matière ne sont pas pour lui deux principes réels : l'un est l'*acte*, l'autre est la *puissance*. Et la puissance est précisément ce qui n'existe pas encore.

Cette notion de la puissance paraît obscure à la plupart des commentateurs modernes. Il est pourtant à remarquer que le moyen âge, si rigoureux sur les principes, sur les notions et sur les distinctions des choses, n'y a vu aucune difficulté. Il devait entendre la puissance dans un sens rationnel. De fait il ressort de tous leurs dires que pour eux comme pour Aristote la puissance n'est autre chose que ce que nous appelons la possibilité. Or, en la concevant ainsi, on comprendrait comment Aristote attribue une matière à tous les êtres contingents. C'est qu'en effet les formes contingentes ont besoin d'*être possibles* pour être réalisées, et elles ne sont jamais réalisées au delà de leur possibilité.

Mais la vraie difficulté qui demeure dans le système d'Aristote c'est l'origine et la raison suffisante des formes ou des actes qui constituent le monde réel. Il les distingue de Dieu et ne leur assigne aucune origine.

Dans le monde physique, tout est composé de matière et de forme. La *forme* qui est l'acte de la chose est tout à la fois l'existence de cette chose, le principe de son activité, le principe de sa spécification, ce qui la constitue dans telle espèce. Aussi la forme s'appelle chez Aristote : εἶδος, ou ἐντελέχεια. La *matière*, qui est la puissance (ou la possibilité) de la chose, n'est rien sans la forme; mais elle la limite, la détermine, l'individualise.

La même forme peut être reçue dans plusieurs matières et constituer ainsi plusieurs individus d'une même espèce. Le genre n'a pas de forme réelle; il n'est qu'une forme logique, une idée, un mot. Chaque forme est tout entière dans le corps qu'elle constitue et dans chaque partie de ce corps. Les formes sont inertes ou *minérales, végétatives, animales* et *rationnelles*. La forme d'un degré supérieur possède toutes les propriétés de celles qui lui sont inférieures. Parmi ces formes, les unes sont vivantes, les autres ne le sont pas. Celles qui sont vivantes prennent le nom d'âmes. Il y a donc trois sortes d'âmes : végétative, animale, humaine. Ailleurs Aristote en distingue cinq : nutritive, sensitive, motrice, appétitive et rationnelle. Mais ce ne sont là que des facultés et non plus des âmes proprement dites. Il y a des formes périssables et des formes éternelles. Les premières commencent par génération et périssent par corruption. Les formes qui n'ont d'activité que par leur composition avec la matière ne sauraient subsister sans cette matière ; mais celles qui ont une activité propre, indépendante de la matière peuvent subsister séparées. Du nombre de ces dernières est l'âme humaine, qui par elle-même saisit l'être en soi, et tend à le posséder. Ici nous arrivons à la psychologie et à l'étude de l'homme.

166. ANTHROPOLOGIE D'ARISTOTE. — « L'homme est un animal raisonnable, sociable et religieux. » Comme tous les animaux il est composé d'une *forme* sensible et de *matière*. Mais cette forme qui est l'âme, principe de la vie du corps, est tout à la fois végétative, sensitive et rationnelle. Elle préside aussi bien à la nutrition du corps, à son mouvement et à ses sensations qu'aux opérations intellectuelles. Comme toute forme elle est tout entière dans le corps et dans chaque partie du corps. Ses opérations animales n'ayant plus d'objet ni d'instrument, si elle vient à être séparée du corps, ne peuvent demeurer en elle, si ce n'est comme en puissance éloignée ; mais ses opérations intellectuelles lui restent. Elle peut donc subsister. Donc elle ne périt pas avec le corps. Donc elle est immortelle.

Aristote distingue ainsi les facultés de l'âme. L'homme a d'abord les *puissances sensitives*, qui lui sont communes avec les autres animaux, puis les *puissances intellectives*, qui n'appartiennent qu'à lui. Dans les deux ordres il distingue l'*appréhension* et l'*appétit*, en d'autres termes, la faculté de connaitre et celle de désirer, de tendre vers un objet.

L'*appréhension sensitive* comprend : 1° *les sens*, qui, au nombre de cinq, perçoivent les impressions produites *hic et nunc* par les corps sur notre corps ; 2° *le sensorium commune*, qui compare et distingue les perceptions des différents sens ; 3° *l'imagination*, qui conserve les images perçues par les sens, et les reproduit ; 4° *la puissance estimative*, qui apprécie les qualités utiles ou nuisibles des corps ; 5° *la mémoire sensitive*, qui garde le souvenir de ces mêmes qualités. L'*appétit sensitif* se subdivise en concupiscible et irascible. Sous la forme *concupiscible* il recherche les choses utiles et fuit celles qui sont nuisibles. Il comprend les passions appelées : amour et haine, désir et aversion, joie et tristesse. Sous la forme *irascible*, il poursuit les mêmes buts, mais avec effort et en triomphant des obstacles, quand il y a lieu. Ses passions sont : l'espérance et le désespoir, la crainte et l'audace, et enfin la colère, qui n'a pas de passion opposée.

L'*appréhension intellective* comprend : 1° *l'intellect passif*, simple puissance de recevoir les espèces intelligibles, c'est-à-dire les conceptions générales abstraites. Mais comme ces espèces lui viennent des sens et que les sens les lui fournissent dans les conditions particulières du *hic et nunc*, l'âme possède 2° *l'intellect agent*, puissance active qui transforme les espèces sensibles *(species sensibiles, phantasmata)* en espèces intelligibles *(species intelligibiles, notiones)*, c'est-à-dire, qui généralise, par l'abstraction, les données particulières des sens. Alors seulement l'intellect passif les reçoit, les juge, les compare, conclut de l'une à l'autre, en un mot raisonne, et devient 3° *la raison*, faculté d'inférer une conséquence d'un principe. Quant aux principes eux-mêmes ils sont fournis par 4° *l'intellectus principiorum*, qui est une habitude naturelle, par laquelle nous jugeons des rapports nécessaires des choses, d'après leurs notions. Enfin, 5° la *mémoire intellectuelle* conserve sous forme d'habitude toutes les notions recueillies par l'intellect passif. *L'appétit intellectuel* ou rationnel, n'est autre chose que la volonté. Il ne se distingue pas en concupiscible et irascible, parce que son objet est le bien en tant que bien.

La pensée étant pour Aristote le plus haut degré de l'acte, le principe et la fin de toutes choses, la volonté est dirigée par l'intelligence ; les principes de raison sont en même temps des principes d'action, et l'action est comme la conclusion d'un syllogisme pratique. Aussi il appelle indifféremment la volonté un *intellect appétitif* ou un *appétit intellectuel*. Il reconnait formellement dans la volonté la *faculté de choisir*, mais seulement à l'égard du bien contingent. Il appelle l'*élection* un *désir délibéré*. Du reste il n'a pas cru devoir traiter longuement cette question ; mais aucun philosophe ancien ne conçoit mieux que lui la vraie nature de la liberté. Aussi saint Thomas n'a eu qu'à développer ses principes pour donner de la liberté la notion la plus exacte et la plus profonde que l'on puisse en donner.

Aristote n'est pas moins exact sur la notion de l'amour qui n'est pour lui que l'activité qui veut le bien d'autrui. D'où il conclut que l'amour rend heureux, et qu'il est plus doux d'aimer que d'être aimé, plus doux de faire du bien que d'en recevoir.|

Pourquoi M. Fouillée, qui expose avec complaisance cette théorie, en y ajoutant celle de l'amitié, dit-il ailleurs, dans la théodicée, « qu'Aristote et Platon ne s'élevèrent pas à la vraie notion de l'Amour ? » C'est que M. Fouillée est préoccupé d'une notion exagérée de la liberté, notion qui lui fait condamner souvent des théories exactes et même plus d'une fois l'empêche de les entendre dans leur vrai sens. Il est vrai qu'Aristote n'a pas vu le vrai rapport entre Dieu et le monde, puisqu'il a cru devoir conclure de ses principes que Dieu ne connaît pas le monde; mais il a conclu ainsi en partant des idées de l'acte et de la puissance et non point « parce qu'il identifie le bien avec l'intelligence. » La théologie catholique aussi, d'accord avec la philosophie classique, dit : « que Dieu est acte pur, qu'en Lui l'intelligence, la connaissance et l'amour sont un seul et même être, qu'Il n'est pas une substance intelligente, mais un acte subsistant d'intelligence, » et pourtant la théologie ne conclut pas de là que Dieu soit « une individualité à jamais absorbée dans la conscience de soi, qui agit sur le monde sans penser le monde. »

167. **Morale d'Aristote.** — La morale est la science qui dirige l'activité humaine. Or, tous les actes des hommes, actions, désirs, pensées, tendent vers un bien. Le *bien* total de l'homme, c'est le bonheur,

Ce bien ou bonheur complet n'est ni dans la volupté, ni dans la richesse, ni dans la considération, comme l'ont dit quelques-uns. D'autres ont admis un bien absolu. Or, le bien est essentiellement relatif aux choses que l'on dit bonnes; il ne saurait être le même pour tous. Il n'y a donc pas de bien universel. Cependant il y a un bien supérieur et parfait; c'est celui que l'on désire pour lui-même, qui est à lui-même sa fin. Et ce bien encore, c'est le bonheur.

La vertu est l'harmonie de toutes les actions de l'homme avec cette fin dernière de son activité. Mais il faut distinguer les *vertus intellectuelles* et les *vertus morales;* les unes ont pour principe l'intelligence, les autres la volonté ; les premières ont pour objet le vrai, les autres, le bien. Donc le désir et la volonté doivent se porter vers le bien, comme l'intelligence doit connaître le vrai. Mais le bien lui-même est connu par l'intelligence et déterminé par la raison. La vertu, dans l'âme, n'est ni une passion, ni une faculté; car ces deux choses ne sauraient nous rendre dignes de blâme, ni d'éloges. Il reste donc que la vertu soit une *habitude*, une disposition, une tendance, conforme à la raison. Et cette habitude nous dispose à tenir toujours le milieu entre deux vices opposés : l'excès et le défaut. C'est dans ce milieu qu'est la vertu.

Le juste considéré en soi se confond avec son objet, qui est l'*intérêt de tous.* L'action qui procure cet intérêt est *juste*, et celle qui le détruit est *injuste*. Ainsi comprise, la justice prescrit toutes les vertus et les renferme toutes.

Aristote le premier distingue la *justice commutative* et la *justice distributive*, et ajoute avec beaucoup de raison, que dans la première on n'a aucun égard aux personnes, quant à leur rang ou leur mérite, tandis que dans la seconde, c'est précisément de ce mérite qu'il faut tenir compte.

Pour juger les lois d'après l'idée de justice, Aristote remonte à l'origine de la société. La société est nécessaire parce que les hommes ont besoin d'un échange mutuel de services et de produits. Cet échange a besoin d'être réglé sur l'intérêt de tous, de manière que l'égalité puisse s'établir entre des choses qui ne sont pas comparables en quantité. De là l'invention de la monnaie. Ainsi les lois humaines ont pour objet de déterminer les règles de l'échange de tous biens, et leur principe est l'intérêt de tous. Les lois humaines ont donc une loi supérieure à elles, une loi antérieure au droit écrit : c'est le juste en soi, conçu par la raison. Et si une loi humaine est contraire à la première, l'acte qu'elle permet n'en est pas moins immoral. D'où il suit que l'injustice légale d'une action ne rend pas toujours injuste l'homme qui la fait;

la justice ou l'injustice de l'homme viennent du jugement qu'il porte lui-même sur son action. L'équité n'est que ce sentiment conforme au droit naturel qui supplée au droit écrit.

Ainsi en dernière analyse, l'action vient de la volonté, ou de la préférence, mais c'est l'intelligence qui détermine ce que l'on doit préférer. L'homme préfère le bien comme il a jugé le vrai. La préférence suppose un désir qui la sollicite, et ce qui excite ce désir c'est l'idée du bien inhérent à l'objet désiré. Enfin la volonté fixe le choix. Et c'est là l'homme lui-même, ajoute Aristote.

La *prudence* est pour Aristote une vertu purement intellectuelle, mais c'est la plus haute. Elle est l'attribut de l'homme sage. Elle a pour objet de connaître ce qui est pour l'homme une cause de bien ou de mal. C'est ainsi qu'elle préside à nos actions.

La prudence produit donc la sagesse, et la *sagesse* n'est que l'art de vivre de manière à atteindre le bonheur.

Ainsi la morale est la science du bonheur et de la vertu. La politique est l'art d'appliquer la morale.

168. POLITIQUE D'ARISTOTE. — L'État est une association de villages ; le village une association de familles ; la famille une association naturelle de l'homme et de la femme. Chacune de ces associations a pour fin la satisfaction d'un besoin. Donc l'État est un fait de nature et l'homme est fait pour la société.

D'ailleurs sa nature l'y pousse, et si l'homme en société est le premier des animaux, il en est le dernier quand il a renoncé aux lois et à la justice.

Mais l'État n'existe que par l'autorité d'un côté et l'obéissance de l'autre. C'est une harmonie que l'on retrouve dans toute la nature et surtout dans l'homme où le corps est naturellement soumis à l'âme. Et si le contraire a lieu chez les hommes corrompus, ils sont dans un état contre nature. On trouve aussi, selon la nature, la supériorité de l'homme sur la femme, et de l'homme en général sur les animaux inférieurs.

Sur ces données Aristote conclut qu'il faudrait confier le commandement à ceux dont le mérite est supérieur à celui de tous les autres réunis ; et que si un seul homme avait à lui seul un mérite supérieur à celui de tous ses concitoyens, il faudrait lui donner le pouvoir pour toujours.

L'État, c'est le corps politique d'où émane l'autorité, et dont les membres s'appellent citoyens. Il a la souveraineté, c'est-à-dire le droit de statuer sur les intérêts de tous. C'est la constitution qui détermine et attribue la souveraineté, et non pas la souveraineté qui détermine la constitution.

Le citoyen est l'homme qui jouit du droit de voter à l'assemblée publique et de juger au tribunal. Tout homme n'est pas citoyen en tant qu'homme. Ainsi les enfants, ni les esclaves ne le sont jamais; les artisans mêmes ne doivent pas l'être. « L'esclave, dit Aristote, travaille pour un individu; l'ouvrier ou mercenaire travaille pour le public. » D'où il conclut que ni l'un ni l'autre ne doivent prendre part au gouvernement, parce que leur vie tout entière est déjà occupée ailleurs.

Ici Aristote sacrifie forcément aux usages de son temps, et néanmoins il fait des efforts pour en sortir. Il détruit d'abord les raisons que l'on avait données avant lui pour justifier l'esclavage. Il en cherche de nouvelles dans les conditions morale de l'homme esclave. Il croit lui reconnaître une intelligence inférieure, incapable de se gouverner, et par suite une volonté qui doit être dirigée par une autre intelligence. Mais à la fin il reconnaît que cette distinction n'existe pas toujours et pose lui-même ce dilemme : Si l'esclave est capable de vertu, il ne diffère pas de l'homme libre, et si l'on dit qu'il est incapable de vertu, il faut ajouter qu'il n'est pas un homme. Cependant il a sa part de raison.

La civilisation chrétienne, avec sa patience qui ne brusque rien, mais qui atteint sûrement le but, a tiré la conclusion et a peu à peu aboli l'esclavage. Elle a aussi amélioré le sort des classes laborieuses, qu'elle ne pouvait pas dispenser du travail, en rendant leur travail plus libre, plus facile et plus fructueux. Mais les théories communistes modernes, au nom de la liberté, tendent à détruire cette œuvre, et ramènent à l'esclavage tous les citoyens ensemble, en voulant leur ôter et le choix de leur tâche et la propriété du salaire gagné. L'État seul serait le maître; il déterminerait la tâche, forcerait à l'accomplir, et pour que rien ne manquât aux conditions de l'esclavage antique, il aurait droit de vie et de mort.

Que l'on ne jette donc pas trop la pierre à Aristote : il n'a fait que maintenir le fait accompli et encore il en a sapé les bases, en montrant ce qu'il avait d'injuste. Ceux qui le blâment veulent ramener ce même mal, détruit par les conclusions tirées de ses principes.

D'ailleurs la vérité est qu'abstraction faite du droit de vie et de mort, l'esclavage n'est pas contraire à la loi de justice, et que si le christianisme est parvenu à l'arracher des mœurs de presque tout le genre humain, c'est en introduisant la loi de charité. En effet, si un homme peut vendre l'emploi de son temps pour quelques heures, il n'y a pas de raison pour qu'il ne puisse le vendre de même pour toute sa vie. Et si le vainqueur peut exiger un travail de son prisonnier, quelle loi de justice s'oppose à ce qu'il vende ce même travail à un autre qui l'exigera à sa place? Donc si l'esclavage n'existe presque plus et tend chaque jour à disparaître, nous le devons à la parole persuasive et efficace de N. S. Jésus-Christ. « *Aimez-vous les uns les autres.* »

Aristote distingue ensuite les formes de gouvernement: monarchie, aristocratie, démocratie, et les trouve toutes justes, pourvu qu'elles procurent le bien commun. Il ne suffit pas, dit-il, d'imaginer un gouvernement parfait; il faut surtout qu'il soit pratique et d'une application facile. En politique, il n'est pas moins difficile de réformer que de créer. L'homme d'État doit viser à améliorer l'organisation du gouvernement déjà constitué. Pour cela il doit connaître les différentes constitutions et les meilleures lois.

Aristote examine alors les différents caractères que peuvent revêtir les différentes formes de gouvernement. « Si l'État est assez riche pour indemniser chaque citoyen du temps qu'il donne aux affaires publiques, tous alors, surtout les pauvres, auront hâte de se rendre aux assemblées et aux tribunaux, et la multitude deviendra souveraine à la place des lois. Or dès que le peuple est monarque, il rejette le joug de la loi et se fait despote. Cette démocratie est, dans son genre, ce que la tyrannie est à la royauté. C'est là une déplorable démagogie. Ce n'est pas une constitution, »

Il examine de la même manière l'oligarchie, et partout il trouve que le pouvoir dégénère en tyrannie si les classes les plus riches ou les plus pauvres sont au pouvoir, soit ensemble, soit séparées.

D'où il conclut que la meilleure constitution est celle où le pouvoir est donné à la moyenne propriété. Mais il avoue que c'est ce qu'on rencontre rarement; car partout, les plus riches par leurs ressources, les plus pauvres par leur nombre, s'emparent du pouvoir pour eux seuls.

Plus loin examinant les causes des révolutions, il dit: « L'observation démontre que la marche habituelle des révolutions dans les démocraties est celle-ci: tantôt les démagogues, pour se rendre agréables au peuple, arrivent à soulever les classes supérieures de l'État par les injustices qu'ils commettent à leur égard en demandant le partage des terres ; tantôt ils se contentent de la calomnie pour obtenir la confiscation des grandes fortunes.. Dans les temps les plus reculés, quand le même personnage était démagogue et général, le gouvernement se changeait en tyrannie. Presque tous les anciens tyrans ont commencé par être démagogues; aujourd'hui, grâce aux progrès de la rhétorique, il suffit de savoir bien parler pour être chef du peuple. »

Il ne ménage, d'ailleurs, pas plus la monarchie que la démocratie. Car il veut que la loi gouverne et non l'homme. Il n'accepte la monarchie que lorsque le mérite exceptionnel désigne un homme à la royauté.

Dans toutes ces considérations sur les constitutions, Aristote ne voit que ce qui lui semble l'intérêt de tous, et de plus il raisonne comme si la constitution d'un peuple pouvait être élaborée après la formation de la société. Dans les faits, la constitution se forme avec le peuple lui-même et se dessine avec le temps et les circonstances. Toute constitution venue après coup, autrement que par la force des choses, ne peut être qu'une cause de division et de ruine.

169. APPRÉCIATION DE LA PHILOSOPHIE D'ARISTOTE. — Il n'y a que

deux excès, avons-nous dit, dans la doctrine de Platon, mais ces deux excès si l'on en tire les conséquences, détruisent la science en détruisant l'observation; anéantissent la matière et réduisent Dieu à une idée; ruinent toute l'activité individuelle, en réduisant l'homme à n'être qu'un rouage dans l'État, et rendent inutiles toutes ces belles théories morales, en rendant la morale impossible dans la société. Il y a là de quoi faire réfléchir sur l'impuissance de l'homme livré à lui-même, puisqu'il peut s'égarer à ce point, même lorsqu'il est doué d'un génie de premier ordre. Heureusement pour sa gloire, Platon n'a pas tiré les conséquences de ses erreurs.

On trouverait peut-être un plus grand nombre d'erreurs dans Aristote, par abus du raisonnement, mais ses erreurs sont presque sans conséquences. Son esprit est plus positif, il contrôle les sens par la raison et la raison par les sens, et malgré les tendances de son esprit porté plus que tout autre à la démonstration, à la synthèse, à la déduction et par conséquent à l'emploi de la raison, il préférera nier la raison ou du moins l'effacer par une origine sensuelle plutôt que de renoncer aux perceptions des sens. Tout cela est chez lui l'esprit d'exactitude et la réaction contre l'idéalisme de son maître.

Ainsi disposé il justifie le premier la méthode d'observation et l'emploie habilement et heureusement, deux mille ans avant que Bacon vienne s'attribuer la gloire d'avoir enseigné au genre humain à se servir de ses facultés, comme il s'en était toujours servi.

Aussi, il y a moins de grandeur dans Aristote, que dans Platon; mais il y a infiniment plus de vérités de détail, plus d'ordre et de méthode, plus de sûreté et en un mot plus de pratique. Il est le complément obligé de Platon, et à eux deux, ces esprits supérieurs et étonnants ont fondé à tout jamais la vraie philosophie. Et cela, ils l'ont fait, non certes sans les données de la Tradition primitive, mais avec des données tellement effacées, qu'en comparant à ces débris les flots de lumière qu'ils nous ont transmis, on croirait assister à une nouvelle révélation.

Nous ne ferons pas ressortir ici une seconde fois ce qu'il y a de faux dans les théories d'Aristote sur la connaissance, sur Dieu, sur la Providence, sur la justice même. Nos lecteurs savent déjà ce qu'il faut en penser. Ce sont des taches qui nous rappellent que le génie lui-même, quand il n'est pas éclairé par Dieu, a souvent des lueurs qui ne sont que des ténèbres.

170. THÉOPHRASTE. — Le premier chef du Lycée après Aristote fut Théophraste, né à Érèse, dans l'île de Lesbos, vers 372, et fils d'un foulon nommé Mélantas. D'abord disciple de Platon, il fut ensuite le meilleur disciple et l'ami d'Aristote. Comme ses maîtres, il eut à sup-

porter la haine des partisans du polythéisme et fut accusé d'impiété. Il mourut à Athènes dans un âge fort avancé.

Il continua et développa les travaux de son maître, surtout en histoire naturelle. Il nous reste de lui : *les Caractères*, que notre Labruyère a imités après les avoir traduits; un traité *sur la Sensation et les choses sensibles*, recueil des opinions de ses devanciers ; des fragments d'une *Métaphysique*, d'un traité *des Lois*, d'un livre *sur la Piété*; une *Histoire des plantes* ; un traité *des Causes de la végétation* ; un traité *des Pierres*, reste de nobreux ouvrages sur la minéralogie; enfin des fragments d'une *Histoire des animaux*. Il avait écrit aussi des ouvrages de rhétorique,

Il est bien difficile, avec ce qui nous reste de ses ouvrages, de donner même un aperçu sur ses doctrines. Le caractère général de sa philosophie semble avoir été à peu près celui de son maître, avec moins de solidité dans les principes, une morale plus relâchée et une certaine concession faite à la faiblesse humaine dans la recherche des raisons des choses. « Chercher, dit-il, la raison de toutes choses, c'est ruiner la raison et du même coup la science. »

De Théophraste, la direction du Lycée passa entre les mains de Straton de Lampsaque, mais avant lui on peut citer : Nicomaque, fils d'Aristote dont il ne nous reste rien, mais qui dut s'occuper de philosophie, puisque son père lui dédia un de ses traités de morale ; Eudème de Rhodes ou de Chypre, qui traita le syllogisme hypothétique, qu'Aristote avait négligé ; Dicéarque de Messine, et Aristoxène le musicien, de Tarente, qui tous les deux renouvelèrent l'opinion que l'âme est l'harmonie des mouvements du corps; Héraclide de Pont, née à Héraclée, dans le Pont, en 338, qui, disciple de Platon et ensuite d'Aristote. écrivit un traité des *Constitutions des divers États*, qui semble l'abrégé de celui d'Aristote que nous avons perdu.

171 Straton de Lampsaque. — Straton, né à Lampsaque, fils d'Arcésilas, et disciple de Théophraste, lui succéda en 285 et fut le chef du Lycée pendant 18 ans. On dit qu'il enseigna la philosophie à Ptolémée Philadelphe. Ses nombreux écrits sont entièrement perdus; on ne connait ses doctrines que par les jugements des auteurs anciens.

Il négligea la morale et la métaphysique pour se renfermer dans la science de la nature. Aussi il disait que la pensée est la même chose que la sensation, et que la sensation est un mouvement. En logique il est tellement nominaliste qu'il dit que le vrai ou le faux ne sont que dans les mots.

Il dit n'avoir pas besoin de Dieu pour expliquer le monde. Selon lui tout se fait dans le monde par le développement des qualités naturelles à chaque être.

Aristote avait rejeté le vide de la nature ; Straton l'admet, mais seulement dans le monde et non pas au dehors, et encore il n'affirme pas qu'il y soit. Il ne le voit que comme la conception d'une possibilité. Tandis qu'Aristote définit le lieu, « l'intervalle entre les limites extrêmes des corps », et le temps, « le nombre du mouvement, par antériorité et postériorité », Straton dit que le lieu est « l'intervalle entre le contenant et le contenu » et que le temps est « la mesure du mouvement et du repos ».

Tout ceci s'accorde avec cet autre principe que, pour Aristote, l'acte est le terme du mouvement, tandis que, pour Straton, l'acte lui-même est un mouvement.

En somme, Straton n'est qu'un disciple dégénéré d'Aristote et se rapproche d'Epicure.

Après Straton l'école péripatéticienne fut dirigée par Lycon, de Laodicée, en Phrygie, qui fut plus rhéteur que philosophe. On cite encore Ariston de Iulis, dans l'île de Céos, et enfin Critolaus, de Phasélis, en Lydie, qui devint chef de l'école en 155. Il est célèbre par son ambassade à Rome avec Carnéade et Diogène de Babylone, au nom des Athéniens. Il disait que les bonnes qualités de l'âme valent incomparablement mieux que tous les biens des corps, y compris le ciel et la terre.

§ 8. — Pyrrhon — Le scepticisme

172. Pyrrhon. — Le premier qui ait osé ériger le scepticisme en système, c'est Pyrrhon. Il naquit à Élis, où il florissait, vers l'an 340. Disciple d'Anaxarque d'Abdère, il voyagea avec lui ; il lut aussi les livres de Démocrite, puis s'attacha à l'école de Mégare. Venu à Athènes il trouva l'Académie dégénérée et en lutte avec Aristote, à côté de la mollesse des disciples d'Aristippe et du rigorisme des cyniques. Ces contradictions jetèrent son âme dans le doute et il crut y trouver la véritable sagesse.

Le sage, dit-il, en présence des affirmations contradictoires des dogmatiques et des négations absolues des sophistes, doit s'abstenir (ἐπέχειν). Sa doctrine s'appelle donc l'ἐποχή, c'est la suspension du jugement ; elle se résume dans la maxime : οὐδὲν μᾶλλον, *pas plus une chose qu'une autre*, ce qui constitue le doute pour l'intelligence, l'indifférence pour le cœur et pour la volonté. Mais son doute était purement objectif. Il ne doutait ni de lui-même, ni des perceptions de conscience, mais il ne voulait se prononcer en rien sur la réalité des objets perçus par les sens. Il reconnaissait les apparences ; et les apparences en tant qu'apparences ne sont pas contradictoires ; mais il n'affirmait rien de la réalité, parce qu'il lui aurait fallu admettre l'existence du contradictoire, ou trancher une alternative qui lui paraissait insoluble, ou trop difficile à résoudre.

Voici les dix raisons qu'il donnait de son doute, les fameuses *raisons d'époque*, δέκα τόποι ἐποχῆς.

1° La contradiction entre les diverses sensations des animaux;
2° la contradiction entre les jugements portés par diverses personnes sur un même objet;
3° la contradiction entre les jugements portés par la même personne en différentes circonstances;
4° la contradiction entre les jugements portés par un même sens ;
5° les altérations que subissent les choses matérielles ;
6° la variabilité des lois et des usages ;
7° les changements que semblent offrir les choses, selon leur position;
8°   »   »   selon le mélange de leurs éléments;
9°   »   »   selon les relations qu'elles ont entre elles ;
10° »   »   selon leur nouveauté, leur rareté ou leur fréquence

Ces dix raisons se résument en deux : les contradictions entre les jugements des hommes; les changements que subissent les choses.

173. TIMON DE PHLIONTE. — Le premier disciple de Pyrrhon fut Timon, né à Phlionte, dans le Péloponèse, vers le milieu du III° siècle av. J.-C. D'abord danseur de théâtre, puis philosophe, il fut disciple de Stilpon de Mégare avant de l'être de Pyrrhon. Il ouvrit plusieurs écoles en différents pays et vint enfin se fixer à Athènes, où il mourut dans un âge avancé.

Il avait écrit des comédies, des tragédies, des satires, dont la principale, appelée *Silles*(Σίλλοι),le fit surnommer le *Sillographe*: c'était une satire en vers hexamètres contre tous les philosophes, excepté Pyrrhon et Xénophane ; et quelques traités philosophiques.

Sa doctrine, d'ailleurs conforme à celle de son maître, se formulait ainsi : 1° Nous ne pouvons rien savoir sur la nature des choses; nous n'en connaissons que les apparences ; 2° nous devons donc ne rien affirmer, ni rien nier des choses, mais seulement de l'état de notre âme; 3° cette abstention d'opinion et de parti nous procurera la tranquillité de l'âme (ἀταραξία), qui est le vrai bonheur.

Après Timon on cite, comme disciple de Pyrrhon, PHILON, l'Athénien, et quelques autres dont on ne connaît guère que les noms.

Nous verrons le doute se reproduire bien des fois sous des formes quelque peu diverses; mais on ne peut pas dire précisément que le scepticisme ait fait école.

§ 9. — Épicure. — Les Épicuriens

174. Vie d'Épicure. — Épicure naquit à Athènes, dans le bourg de Gargette, l'an 341, d'une famille autrefois illustre. Mais son père tombé dans l'indigence s'en alla à Samos, où il se fit maître d'école, tandis que sa mère exerçait la profession de charmeuse ou de devineresse. Après avoir lu les ouvrages d'Anaxagore, d'Archélaüs et de Démocrite, il vint à Athènes suivre les leçons de Xénocrate et de Nausiphane. De retour à Samos, il fut obligé de quitter cette ville, à la mort d'Alexandre, et se réfugia à Colophon avec son père. C'est là qu'il fonda son école. Il habita ensuite Mitylène et Lampsaque et vint en 305 se fixer à Athènes, où il enseignait dans son jardin. Il mourut de la pierre en 270.

Il avait écrit jusqu'à 300 ouvrages, dont il ne nous restait rien, lorsqu'on a découvert il y a quelques années dans les ruines d'Herculanum une partie de son traité *sur la Nature*. On connaît d'ailleurs ses théories par Diogène Laërce, Sextus Empiricus et Lucrèce.

La facilité de son caractère, autant que le peu de sévérité de sa doctrine, lui attirèrent beaucoup de disciples qui lui furent très attachés et auxquels il donna de grandes preuves d'affection. Si l'on ajoute à ces conditions les circonstances politiques dans lesquelles il vivait, le dégoût de la vie qui dut s'emparer des âmes des Grecs, lorsqu'après la mort d'Alexandre ils se virent sans gloire et sans sécurité, livrés aux changements qu'amenait les rivalités des généraux du conquérant, on aura l'explication entière des succès d'un philosophe qui venait prêcher l'indifférence pour tout principe et la recherche unique du bien-être dans le calme de l'âme.

Fuir la douleur et la crainte, plus encore que rechercher le plaisir : tel était le but de la doctrine d'Épicure. Toutes les peines morales viennent de l'ignorance des vraies conditions des choses. De là la nécessité d'une nouvelle physique et d'une nouvelle logique, capable de nous affranchir de l'erreur et surtout des préjugés superstitieux. Il y avait donc trois parties dans sa théorie : *la canonique* ou logique, *la physique* et *la morale*.

175. Canonique d'Épicure. — Il ne veut pas de cette logique embarrassée d'une multitude de règles (la Logique d'Aristote), mais un art simple et facile, résumé en trois principes de connaissance, et quatre règles pour chacun de ces principes.

Il n'y a, dit-il, d'autre critérium de vérité que *les sensations* (αἰσθήσεις), *les anticipations* (προλήψεις), *et les passions* (πάθη). Les sensations sont les impressions que nous recevons des objets ; les anticipations sont les conceptions de l'intelligence, les idées des choses, acquises au moyen de la mémoire par les sensations répétées ; les passions sont les plaisirs et les peines que nous éprouvons.

Les *sensations* sont produites par les corpuscules que les corps émettent continuellement, qui atteignent nos organes et par le moyen des nerfs communiquent à l'âme certaines impressions. Les sensations ne peuvent être contrôlées ni par d'autres sensations, ni par la raison, qui dépend elle-même des sensations. Il faut donc admettre que les sens sont infaillibles. De là les quatre *canons* sur les sens.

1° Les sens ne trompent jamais.

2° L'erreur ne tombe que sur l'opinion.

3° L'opinion est vraie quand les sens la confirment ou ne la contredisent pas.

4° L'opinion est fausse quand les sens la contredisent ou ne la confirment pas.

Les *anticipations* ne sont pas toutes les idées que l'on peut se former des choses, mais seulement celles qui sont communes à tous les hommes. Dans la pensée d'Épicure, ce mot semble désigner les vérités de bon sens. En voici les règles.

1° Toute anticipation vient des sens.

2° L'anticipation est la vraie connaissance et la définition même d'une chose.

3° L'anticipation est le principe de tout raisonnement.

4° Ce qui n'est point évident par soi-même doit être démontré par l'anticipation d'une chose évidente.

Les *passions* sont dans l'âme aussi bien que les anticipations ; mais elles viennent aussi des sens. Ce qu'elles nous font connaître ce sont les rapports entre les choses et nous, au point de vue de notre bonheur. Elles sont donc aussi une source de connaissance ; mais les règles qu'Epicure donne à leur sujet, sont des règles de conduite et seront mieux placées dans sa morale.

A côté de ces sources premières de la connaissance, Épicure admet la *démonstration*; mais il la réduit à une sorte d'induction du signe à la chose signifiée. Il ajoute aussi comme règle une sorte d'anticipation générale qu'il appelle l'*équilibre*. Cette loi de l'équilibre peut se formuler ainsi : *Toute chose a son contraire*. C'est par ce principe qu'il croit que le nombre des êtres immortels est aussi grand que celui des mortels. —

176. Physique d'Épicure. — Rien ne se fait de rien, dit-il ; rien n'est créé, rien ne périt. Les corps se décomposent, mais leurs éléments subsistent. Donc les éléments des corps sont éternels. Ces éléments il les appelle *atomes*, c'est-à-dire insécables, parce qu'il les suppose étendus, mais indivisibles. Le mouvement leur est essentiel, et ce mouvement est rectiligne et vertical, suivant la loi de la pesanteur. Mais

dans ce mouvement il s'opère une déviation, qu'Epicure attribue tantôt au hasard, tantôt à une certaine spontanéité. Par suite de cette déviation les atomes se rencontrent et s'agglomèrent selon leurs affinités naturelles. C'est ainsi que se forment tous les corps. Si plus tard ces atomes se séparent de nouveau, et si les corps se détruisent, c'est qu'une force étrangère, vient s'interposer. Donc les atomes se meuvent. Mais ils ne peuvent se mouvoir qu'à la condition qu'il y ait du vide entre eux. Il faut donc admettre le vide. Le vide est infini en étendue, mais les atomes aussi sont en nombre infini. Ainsi le vide n'est complètement vide nulle part. Donc trois choses constituent le monde : les atomes, le vide et le mouvement.

Il n'existe rien au delà. Tout est corps, et pour Epicure, *corps* est synonyme d'*être*.

L'âme elle-même est donc un corps, divisible comme les corps, et par conséquent destinée à périr. Aussi, dit-il, nous la voyons vieillir avec le corps après que nous l'avons vue passer de la faiblesse de l'enfance à la force de l'âge mûr. Elle est quelque chose d'invisible et d'insaisissable, comme l'air, et d'actif comme le feu.

Les facultés de l'âme sont aussi de nature corporelle. La pensée est une sorte de sensation. La sensation proprement dite est une impression reçue par l'âme, mais cette impression, quoique plus subtile, est de même nature que les impressions du corps. Cependant malgré la grossièreté de cette âme, Epicure admet on ne sait pourquoi, un troisième principe dans l'homme; c'est l'esprit, c'est le messager des impressions du corps à l'égard de l'âme.

Avec une pareille théorie physique, Epicure n'a pas besoin de Dieu, pour expliquer le monde ; aussi avertit-il qu'il donne dans sa physique le moyen de se délivrer tout à la fois et des terreurs de la mort et de la crainte des dieux. Lucrèce, son fidèle interprète, nous le montre osant le premier regarder en face la *religion*, qui du haut du ciel montrait sa tête effrayante, et lui résister.

Cependant il croit qu'il y a des dieux. Ce sont des vapeurs immenses à forme humaine; ils ont cependant l'intelligence, et exempts des misères de la terre, ils jouissent d'un bonheur parfait que rien ne trouble, que rien n'émeut, ni nos crimes, ni nos vertus. Il veut pourtant qu'on les honore intérieurement; mais il est inutile de les prier: ils ne s'occupent pas de nous.

Voilà ce qu'Epicure appelle la vérité, la raison, la philosophie. Cette doctrine est selon lui la vraie source de bonheur, avec la morale que nous allons voir.

177. Morale d'Epicure. — Le souverain bien de l'homme, c'est le plaisir (ἡδονή). Mais le plaisir est de deux sortes: dans le mouvement, ou dans le repos. Le premier consiste à éprouver des sensations agréa-

bles, qui supposent un mouvement et quelquefois un certain effort. Le second est l'absence de toute douleur, le repos du corps et de l'âme. Voilà le vrai plaisir, le vrai bonheur : l'absence de trouble (ἀταραξία).

La vertu consiste à savoir se conduire de manière à goûter ce repos absolu. C'est d'abord la *prudence*, qui n'est que le calcul des moyens propres à procurer le plaisir parfait. C'est ensuite la *force*, qui nous fait mépriser toutes les craintes imaginaires ; la *justice*, qu'il faut observer pour éviter les ennuis que procure l'injustice, et par laquelle les hommes se facilitent mutuellement le bonheur ; c'est enfin la *tempérance*, qui n'est que la modération dans les plaisirs, afin de ne pas se rendre incapable de les goûter longtemps. C'est pour cela qu'il faut régler ses passions en suivant les quatre *canons* que voici :

1° Prenez le plaisir qui ne doit être suivi d'aucune peine.

2° Fuyez la peine qui n'amène aucun plaisir.

3° Fuyez la jouissance qui doit vous priver d'une jouissance plus grande ou vous causer plus de peine que de plaisir.

4° Prenez la peine qui vous délivre d'une peine plus grande, ou qui doit être suivie d'un plus grand plaisir.

Conformément à cette morale, Epicure recherchait surtout les plaisirs de l'esprit, vivait d'une manière extrêmement sobre, et conseillait, à son exemple, de ne pas s'engager dans les liens du mariage, pour n'avoir pas les soucis de la famille.

Nous sommes bien loin de Socrate et de Platon et même d'Aristote. Les idées ont disparu et, avec elles, les nobles croyances, les grandes aspirations, l'amour de la vérité pour elle-même, la science et presque la certitude. Tout est matière. Jusqu'ici cependant malgré les tendances de la théorie, la vie est encore honnête et il y a encore quelque générosité et quelque dévouement. Mais nous allons voir bientôt les disciples tirer les vraies conséquences des principes, et s'abandonner aux plaisirs des sens, qui seront pour eux le souverain bien.

Il n'est pas nécessaire que nous fassions ressortir la fausseté, l'immoralité et l'impiété du système d'Epicure. Nous dirons plutôt le bon côté ou du moins les résultats heureux de son observation toute sensible. En étudiant de plus près la matière, Epicure lui arracha plusieurs de ses secrets. C'est ainsi que le matérialisme moderne et le positivisme ont fourni à la science de précieux renseignements au point de vue des faits.

178. LES DISCIPLES D'EPICURE. — Les premiers disciples d'Epicure furent ses trois frères, ARISTOBULE, NÉOCLÈS et CHÉRÉDÈME, qu'il aimait tendrement. Ils ne paraissent pas s'être distingués dans la philosophie. Le plus brillant de ses disciples, fut MÉTRODORE DE LAMPSAQUE, qui

mourut avant lui. Il avait écrit plusieurs ouvrages, dont il ne reste que les titres. On cite encore POLYEN de Lampsaque, HERMACHUS de Mitylène, qu'Epicure institua son héritier, en 270, puis APOLLODORE l'ÉPICURIEN, dont les ouvrages, au nombre, dit-on, de 400, sont entièrement perdus. COLOTÈS, avait écrit un ouvrage avec ce titre : *Qu'à suivre les maximes des philosophes autres qu'Epicure, on ne jouit pas de la vie.* PHÈDRE est nommé avec éloge par Cicéron. PHILODÈME avait écrit des épigrammes, un *Abrégé des opinions des philosophes,* une *Rhétorique,* un traité *sur les vertus et les vices* et un autre *sur la musique,* dont les fragments qui nous restent font penser que cet art y était considéré au point de vue moral. Enfin ZÉNON l'ÉPICURIEN, peut-être le même que celui de Sidon, nommé par Diogène Laërce, est mentionné aussi par Cicéron.

On ne sait rien de bien précis sur la vie et les doctrines de tous ces hommes, mais on connaît assez la réputation des Epicuriens, dans l'antiquité, pour comprendre qu'au *plaisir dans le repos,* recherché par Epicure, ils préférèrent le *plaisir dans le mouvement,* et qu'ils recherchèrent les plaisirs des sens plus que les plaisirs de l'esprit. Tout le monde connaît l'épithète qu'Horace se donne lui-même, en répétant celle que l'on donnait alors à tous les épicuriens :

> Me pinguem et nitidum bene curata cute vises,
> Quum ridere voles, Epicuri de grege porcum. (I Epist. IV).

§ 10. — ZÉNON. — LE PORTIQUE.

179. ZÉNON. — On ne connaît pas la date de la naissance du fondateur du Portique. On peut dire seulement qu'il mourut vers l'an 264, après avoir vécu plus de quatre-vingt-dix ans. Il serait donc né avant Epicure; peut-être même a-t-il commencé à enseigner avant lui. Zénon naquit à Cittium, petite ville de l'île de Cypre. Son père, appelé Mnasée ou Démée, était un riche marchand et lui-même exerça cette profession. Mais un naufrage lui ayant fait perdre presque toute sa fortune, il se retira des affaires et se tourna vers la philosophie. Il avait alors près de trente ans. Pendant dix ans, il suivit les leçons de Cratès, le cynique, dont il trouvait la morale excellente, mais dont les mœurs le révoltèrent. Il alla donc à Mégare suivre les leçons de Stilpon, qui lui donna le goût de la dialectique, et cette disposition fut encore augmentée en lui par les leçons de Diodore Cronos. Revenu à Athènes il suivit les leçons des Académiciens Xénocrate et Polémon, et il ne dut pas rester étranger à l'enseignement de Théophraste, qui fleurissait alors, ou tout au moins, il dut lire les écrits d'Aristote ; car on en retrouve des

traces nombreuses dans sa théorie, comme aussi on y retrouve une partie de la doctrine d'Héraclite. Il se composa avec tous ces éléments un système mal lié, où rien n'est entièrement nouveau, ce qui a fait dire à Cicéron que « Zénon inventa des mots plutôt que des choses ».

Il établit son école dans le riche portique d'Athènes appelé Στοὰ ποικίλη (la Galerie peinte) et, par antonomase, Στοά, d'où est venu à son école le nom de Portique et à ses disciples celui de Stoïciens.

Il avait beaucoup écrit, et Diogène Laërce nous a conservé les titres d'un grand nombre de ses ouvrages; mais il ne nous en reste que quelques rares citations.

Les auteurs qui ont parlé de son système lui ont souvent attribué les doctrines de ses disciples, et il devient très difficile de faire à chacun sa part. Nous donnerons donc en commun la doctrine des Stoïciens, après avoir indiqué les principaux disciples de Zénon, qui paraissent avoir contribué en quelque chose à modifier le système.

180. DISCIPLES DE ZÉNON. — Parmi les premiers disciples de Zénon, on trouve d'abord PERSÉE, de Cittium, que son maître envoya à sa place auprès d'Antigone Gonatas, qui l'avait demandé lui-même, en disant que le disciple serait aussi capable que le maitre et aurait en plus l'avantage de la jeunesse ; puis HÉRILLE DE CARTHAGE, qui donna à la morale un but absolu et un but relatif, et CLÉANTHE D'ASSOS, né vers l'an 300. Celui-ci étant tombé dans la misère se fit porteur d'eau et ne cessa pas de cultiver la philosophie, travaillant la nuit pour vivre et étudiant ou écoutant, pendant le jour, les leçons de Zénon, que, dans sa pauvreté, il écrivait sur des morceaux de brique pour les conserver. Il pratiqua sévèrement la morale de son maitre et eut l'honneur d'avoir pour disciple Chrysippe, la colonne du Stoïcisme. Avec lui se trouvaient auprès de Zénon ARISTON DE CHIOS, chef de la secte des Aristoniens, qui rejetaient la logique et la physique, et ATHÉNODORE DE SOLI, qui suivait la même voie. Tous ces hommes paraissent avoir transformé la doctrine de leur maitre et même l'avoir complétée ; mais il manquait jusque là à ce système une intelligence capable d'en nouer toutes les parties, et Chrysippe vint heureusement accomplir cette mission.

CHRYSIPPE, né à Soli, en Cilicie (et non à Tarse, qui était la patrie de son père), vers l'an 280, était livré à l'oisiveté et aux plaisirs, lorsque la perte de son patrimoine le tourna à la philosophie. Il vint à Athènes et, après avoir entendu Cléanthe, il suivit d'abord les leçons d'Arcésilas et de Lacyde, tous deux académiciens, puis il retourna au Stoïcisme, dont il fut un si ferme soutien, qu'un ancien a dit de lui : *Ni Chrysippus fuisset, Porticus non esset*, et qu'on le surnomma la *colonne du Portique*. Il vint en effet rendre la vie au Stoïcisme qui se mourait; mais il y fit des changements si considérables que le stoïcien

Antipater écrivit un ouvrage entier sur les différences entre Cléanthe et Chrysippe. Il mourut, selon Apollodore, l'an 208 et selon Lucien, l'an 199.

On dit qu'il avait composé plus de sept cents ouvrages; il ne nous en reste que de rares fragments, sans titres.

Parmi ses disciples, on cite ZÉNON DE TARSE, et DIOGÈNE DE BABYLONE, que les Athéniens envoyèrent à Rome avec Carnéade et Critolaüs (vers 155). Les principaux Stoïciens après eux furent ANTIPATER de Sidon ou de Tarse (vers 142), PANÆTIUS de Rhodes, qui tint école à Rome et dont Cicéron fait assez de cas, pour le suivre dans son traité de *Officiis*, et enfin POSIDONIUS D'APAMÉE, disciple de Panætius, qui établit une école à Rhodes, à la fin du deuxième siècle avant J.-C.

De là le stoïcisme passa à Rome, où nous lui verrons des représentants illustres, jusqu'au XII° siècle après J.-C. D'abord les deux Scipions, Lælius, Caton d'Utique et Brutus. Plus tard Antistius Labéon et Sempronius Proculus, fondèrent la secte des proculiens. Enfin Sénèque, Épictète, Arrien et Marc-Aurèle en adoucirent les doctrines en les rapprochant davantage de la morale chrétienne, qui bientôt les éclipsa.

Cette philosophie, qui dura cinq siècles, a été tour à tour admirée et blâmée, parce qu'elle renferme en effet une opposition étonnante de sagesse et d'orgueil, de vertu et de crime. Mais son esprit d'impassibilité est resté si populaire que l'on dit encore vulgairement : « Vivre en philosophe », pour dire : « Vivre en Stoïcien ».

181. DOCTRINE DES STOÏCIENS. — Zénon voulut être plus à la portée de tous que Platon et qu'Aristote, plus facile qu'Antisthène. « Les Cyniques, dit Sénèque, excédaient la nature ; Zénon se borna à la vaincre. »

Le but de l'homme c'est la sagesse, et c'est la philosophie qui nous enseigne à l'atteindre. La sagesse n'est autre chose que la perfection. Mais ne pouvant jamais atteindre la perfection absolue, l'homme tâche d'y tendre sans cesse. Il y a trois degrés qui y conduisent : le jugement parfait, la science parfaite, la conduite parfaite. De là les trois branches de la philosophie : Logique, Physique et Morale.

182. LOGIQUE STOÏCIENNE. — Tout en disant que la raison est la règle de toutes choses, Zénon rejeta les idées de Platon et s'en tint à la théorie d'Aristote sur la connaissance, en lui donnant une forme qui la rapproche de celle d'Épicure.

Ce sont les Stoïciens qui les premiers ont proclamé le fameux principe : *Nihil est in intellectu, quod non prius fuerit in sensu*, qu'Aristote n'avait pas formulé, mais qui résume assez bien sa théorie. Ils dirent aussi nettement que l'âme est d'abord une table rase.

Le principe de toute connaissance est dans la sensation. Mais celle-ci n'est en quelque sorte que la matière première de la connaissance. Elle devient perception par le travail de l'esprit. Chrysippe ne veut pas qu'on explique la perception par la comparaison de l'empreinte du sceau : la perception saisit toutes les qualités et même la substance de l'objet. Elle devient alors la *vision compréhensive* (φαντασία καταληπτική).

En voici les caractères distinctifs :
1° Elle est produite par une chose qui existe ;
2° Elle est conforme à cette chose et en exprime les propriétés ;
3° Elle ne peut être produite par aucune autre chose. A ces signes on reconnaît la vérité de la perception.

Mais s'il y a des perceptions qui ne sont pas produites par des choses réelles, à quoi reconnaîtra-t-on que telle perception est produite par une chose qui existe ? Et puisqu'on ne connaît la chose que par la perception, comment savoir si celle-ci est conforme ? Enfin, qui dira dans ces conditions, si elle ne peut-être produite par aucune autre chose ?

A la vision compréhensive vient s'ajouter l'*assentiment*, qui la convertit en connaissance. C'est un acte de l'esprit, spontané, volontaire *et libre*. Cependant nous verrons bientôt des assentiments nécessités par l'évidence.

Enfin la réunion des perceptions solidement établies, et liées par des raisonnements inébranlables constitue la science. Hors de là c'est l'opinion.

Zénon comparait ces trois degrés de la connaissance à la main d'abord ouverte, qui ne saurait d'abord retenir les objets, ni les toucher dans toutes leurs parties : c'est la sensation ; puis fermée, et pouvant les mieux saisir : c'est le jugement ; et enfin fermée et serrée par l'autre main, de manière à ne pas laisser échapper ce qu'elle a saisi : c'est la science.

A ces connaissances actuellement acquises par les sens, les Stoïciens joignaient les *anticipations* (προλήψεις), qu'ils définissaient : « la conception naturelle de l'universel. » Ils entendaient par là ces conceptions abstraites auxquelles on donne, sans recherche et nécessairement, son assentiment, parce que, disaient-ils, elles sont évidentes.

Enfin considérant que plusieurs de ces jugements naturels sont communs à tous les hommes, ils les concevaient comme constituant la raison commune ou la *droite raison*.

Ainsi la pensée est à la fois passive et active : passive dans la perception, active dans le jugement.

Mais le jugement (libre sans doute) porte souvent sur des idées artificielles ou *notions*, qui forment par l'analogie, la composition, la proportion, l'opposition, la transposition des parties, la répétition, la privation.

Ils admettaient la théorie du syllogisme, mais n'y distinguaient que deux modes : le simple et le composé.

Ils combattirent les sceptiques en disant que le doute absolu est impossible, et qu'il détruit dans l'homme toute activité et toute morale.

183. Physique Stoïcienne. — Ils concevaient tout ce qui existe, toute substance, comme composé d'un principe actif et d'un principe passif, d'une *cause* et d'une *matière*, et ce composé ils l'appelaient *corps*. Ils disaient donc que *tout est corps*.

Dans l'homme ils concevaient l'âme comme le principe actif, et pour exprimer qu'elle est réelle, ils l'appelaient aussi corps ou matière. Mais cette matière était subtile et indivisible. Pour en exprimer l'activité, ils l'appelaient *un feu*; une étincelle du feu divin, qui est l'éther, source de la lumière. Mais ils la reconnaissaient intelligente et libre, et insistaient sur cette liberté.

« Rien ne se fait sans cause, disaient-ils. » Les causes s'enchaînent à l'infini : le passé contenait et déterminait le présent ; le présent contient et détermine l'avenir. Les règles et les lois de toutes choses, comme des linéaments, sont contenues dans les germes, dans les principes des choses et s'y développent nécessairement : telle est la raison universelle, principe, règle, cause de tout ce qui est. Cette raison c'est Dieu ou la Nature : ces deux noms sont équivalents pour eux. Souvent aussi ils l'appellent le Destin.

Ailleurs ils semblent reconnaître le vrai Dieu ; car ils le conçoivent intelligent, tout puissant, et dirigeant tout par sa Providence. Et cette Providence, ils la démontraient par le consentement unanime des peuples, par la notion du devoir et par le culte qu'impose la loi morale.

Mais tout cela concorde avec le reste de leur théorie panthéiste. Leur Dieu c'est l'âme du monde, et s'il dirige le monde, c'est selon les lois nécessaires contenues dans les principes des choses. Aussi ils accordaient parfaitement leur doctrine avec la mythologie, en disant : Dieu principe de vie s'appelle Zeus ; dans l'Éther, il est Athéné ; dans le feu, Héphaïstos ; dans l'air, Héra ; dans l'eau Poséidon ; dans la terre, Cybèle.

Donc, leur Dieu, c'est la Nature, et leur Nature n'est que l'activité du Monde. Le reste est la matière, éternelle d'ailleurs comme le principe actif. La même Nature agit raisonnablement et nécessairement dans le monde, en même temps que comme force physique, et c'est elle aussi qui agit comme raison dans l'homme.

L'univers n'est qu'un corps animé, dont toutes les parties sont liées et ne forment qu'un tout. L'âme (raison et Dieu) qui le meut est un feu qui s'allume et s'éteint tour à tour.

184. Morale Stoïcienne. — L'homme, comme tout être, est composé d'un principe actif et d'un principe passif. Ici c'est l'âme et le corps. Or, dans tout être, selon les lois nécessaires de la raison universelle (Nature, Dieu), le passif est soumis à l'actif. Il doit en être de même de l'homme. Mais l'homme est libre. Il doit donc établir en lui librement l'ordre de la raison. « **Vivre selon la raison.** »

Le vie de l'homme est donc une lutte de la liberté contre les passions ; mais au lieu de dire avec Platon, qu'il faut maîtriser les passions, les Stoïciens veulent les détruire. De là leur grande maxime : ἀνέχου καὶ ἀπέχου, *sustine et abstine*. D'ailleurs, souffrir n'est rien, car la douleur n'est pas un mal, et la vertu est le seul bien. Et la vertu, c'est la liberté recherchée pour elle-même.

Ce qui entrave la liberté est mauvais.

Ce qui augmente la liberté est bon.

Ce qui n'influe en rien sur la liberté est indifférent.

Dès lors les appétits du corps sont choses indifférentes pour le sage qui sait ne s'y livrer que librement. Aussi Zénon et Chrysippe ont autorisé toutes les débauches, même celles qui révoltent la raison, parce qu'elles sont contre nature ; ils ont permis en outre la polygamie et même l'anthropophagie, selon les usages des peuples.

D'ailleurs la liberté étant à elle-même son principe et sa fin, le sage ne relève que de lui-même. C'est un Dieu : plus qu'un Dieu ; car il a conquis lui-même sa liberté [1].

Dès lors le sage peut tout faire sans faillir, par cela seul qu'il est sage ; car le crime est une folie. Il peut donc se donner la mort ; il peut souiller son corps par les pratiques les plus honteuses, sans altérer la pureté de son âme. Et tout cela, beaucoup de stoïciens l'ont enseigné par le précepte et par l'exemple.

Voilà l'abîme où est venue s'engloutir cette doctrine qui naguère proclamait la vertu comme le seul bien et enseignait à mépriser toutes les douleurs comme toutes les jouissances. Sénèque lui-même, que nous verrons plus loin, et dont la morale est restée bien plus conforme aux premières données des Stoïciens et même s'est épurée encore, sans doute au contact de l'esprit chrétien, qui commençait à se répandre de son temps, n'a pas craint de conseiller le suicide.

Et cet abîme est le terme naturel de la route tracée par ce double principe : qu'il faut anéantir la sensibilité, et que la liberté à conquérir est le seul but de la vertu.

---

[1] Nous ne pouvons nous dispenser de remarquer ici que M. Fouillée qui reproche aux Stoïciens de n'avoir pas eu la vraie notion de la liberté, quoiqu'il leur attribue exactement la même doctrine que nous, accepte pour lui-même cette même doctrine puisqu'il dit (*Hist. de la phil.*, p. 101) : « Le devoir c'est la liberté se prenant elle-même pour fin » et ailleurs (p. 189) : « on n'était pas encore arrivé à considérer la liberté comme étant elle-même et par elle-même une fin ». Enfin (p. 208) Il condamne St Thomas en ces termes : « Le Dieu de St Thomas est plutôt une *nature* parfaite, qu'une *volonté* qui se rend parfaite librement. »

185. Appréciation. — Si dans la doctrine stoïcienne on ne considère que les grands principes, en laissant les dernières conséquences, on se trouve en présence d'une morale, austère sans doute, mais praticable par les âmes grandes et fortes, d'une morale pure et sublime ; si l'on ne considère que les expressions et surtout le sens des auteurs, on trouve dans cette doctrine l'affirmation de la raison et de la liberté unie à la défense de la certitude des sens on y trouve une grande idée de Dieu et la démonstration de la Providence, et l'on serait tenté de se croire déjà en plein Christianisme. Mais, quand des principes on descend aux dernières conséquences que les Stoïciens ont tirées eux-mêmes, on n'y voit plus que la justification de tous les crimes unie à la prétention de la plus scrupuleuse vertu ; on n'y voit plus que l'orgueil de l'homme, qui non-seulement veut s'égaler à Dieu en se déclarant indépendant de Lui, mais qui même se croit supérieur à Dieu sous le très-faux prétexte que la perfection acquise librement est supérieure à celle que Dieu possède par essence. Enfin, si, à travers les expressions magnifiques de science et de vertu, et en dehors du sens des auteurs, on juge la nature même de leur théorie d'après leurs propres données, leur dogmatisme énergique s'écroule dans le scepticisme, faute de base ; car leur prétendue raison vient des sens et n'a pas plus de valeur scientifique que les sensations, que rien ne peut vérifier ; leur liberté n'est plus que la soumission à une nécessité aveugle ; leur Dieu n'est plus qu'une force mécanique dont les mouvements sont réglés par sa construction ; leur Providence, qu'ils défendaient si bien, n'est plus que l'exercice nécessaire de cette même force mécanique ; et leur vertu, si sublime d'abord, n'est plus qu'une prétention orgueilleuse qui consacre tous les vices.

Voilà le double aspect du stoïcisme, et la raison pour laquelle il a été si profondément admiré, par les uns, et si énergiquement condamné, par les autres.

TROISIÈME ÉPOQUE
DÉCADENCE DE LA PHILOSOPHIE GRECQUE

186. Caractère et division de cette époque. — La grandeur de la philosophie grecque ne dura guère qu'un siècle. Les hommes de génie qui, tout en prenant des voies opposées, avaient enseigné à la raison à se connaître, ne trouvèrent pas des successeurs dignes d'eux. Dès le troisième siècle avant J.-C., on ne voit plus que des efforts impuissants, et les doctrines nouvelles qui paraissent, comme les philosophes qui essayent encore de continuer par leurs travaux et de soutenir par leur érudition les doctrines des grands maîtres, sont bien dégénérés de cet

éclat dont nous avons vu briller Platon et Aristote, et n'atteignent pas même à la puissance d'observation et d'induction d'Epicure, ni à la force de volonté de Zénon.

Cependant quelques écoles et quelques hommes isolés méritent d'être mentionnés.

Nous diviserons donc l'histoire de cette époque de décadence en quatre paragraphes.

1° Nouvelle Académie, fondée par Arcésilas. vers 280, avant J.-C.
2° Les philosophes continuateurs, du Ier au Ve siècle après J.-C.
3° Le nouveau scepticisme, fondé par Ænésidème, au Ier siècle après J.-C.
4° L'École d'Alexandrie, fixée par Plotin, vers 250 après J.-C.

Nous rattachons à cette dernière école le Gnosticisme et la Kabbale.

§. 1. — NOUVELLE ACADÉMIE.

187. CARACTÈRE DE CETTE ÉPOQUE. — Pendant que Zénon enseignait avec un caractère très affirmatif, il s'éleva à côté de lui une école nouvelle qui sembla prendre à tâche de le combattre et de combattre en même temps toutes les écoles. C'est la nouvelle Académie, qui à la vision compréhensive ou *cataleptique* de Zénon opposa son *Acatalepsie*. Ce mot désigne l'impossibilité de distinguer la vision compréhensible de celle qui ne l'est pas, l'impossibilité de savoir si la perception est ou n'est pas conforme à son objet. Les nouveaux académiciens se contentèrent d'abord de battre en brèche avec toutes les théories et finirent par enseigner que tout ce que nous savons n'est que *vraisemblance*, ou même *apparence*, et que nous ne pouvons rien affirmer sur la réalité des choses. C'est la théorie que Kant a exprimée plus tard en disant que « nos connaissances sont purement subjectives. »

On distingue quelquefois la moyenne et la nouvelle Académie. La moyenne, avec Arcésilas, aurait enseigné que la sagesse consiste dans le doute, et la nouvelle, avec Carnéade, aurait enseigné que nous ne connaissons que la vraisemblance des choses et que nos jugements ne sont que probables. Cette distinction ne nous paraît pas assez fondée.

188. ARCÉSILAS. — Arcésilas naquit à Pitane, en Éolie, vers l'an 316. Il suivit les leçons de Théophraste, de Crantor, de Diodore le Mégarien et de Pyrrhon, et étudia les livres de Platon. Il eut à cœur de relever l'Académie, tombée alors entre des mains inhabiles, mais il n'en saisit que le côté négatif.

Il voulut, comme Socrate, procéder par questions, pour détruire tous les autres systèmes, et il exagéra la formule de Socrate en disant : « Je ne sais pas même si je ne sais rien. » Mais il ne faut pas prendre cette parole avec le sens qu'elle pourrait offrir toute seule.

Les choses, selon Zénon, ne nous étant connues que par les sensations, il est impossible de vérifier si nos perceptions sont conformes aux choses, et la *vision cataleptique* de Zénon manque de fondement. Il proclamait donc l'*acatalepsie*. Il voulait dire qu'aucune perception n'est certainement *cataleptique* ou compréhensive. Mais d'un autre côté on ne peut jamais affirmer que la vision qui paraît conforme à l'objet ne le soit pas. C'est ainsi qu'il ne savait pas s'il ne savait rien.

Sa théorie n'affirme donc pas absolument, comme l'idéalisme, que nos idées sont purement subjectives et n'ont point d'objets extérieurs, mais elle dit que nos idées ne viennent pas exclusivement des choses présentes, et que la notion que nous en prenons peut n'en être pas la reproduction.

Zénon soutenait que le sage peut dans certains cas se fier aux représentations de son intelligence. Arcésilas lui opposait le rêve, le délire, et surtout la diversité des opinions humaines. C'est alors que Zénon indiqua comme caractère des perceptions vraies « qu'elles sont produites par l'objet ». Mais Arcésilas dit que cette règle ne servait de rien, si un autre objet est capable de produire la même perception. Alors Zénon ajouta ce dernier caractère de la perception vraie : « qu'elle se montre telle qu'aucun objet ne saurait le produire. » Et Arcésilas accepta ce caractère comme suffisant, se réservant d'en rendre la vérification impossible, par ses objections.

Il disait donc que le sage, ne pouvant atteindre avec certitude le vrai, doit se contenter de la vraisemblance pour se conduire, mais qu'il ne doit jamais en faire le fondement de la science. Il paraît par quelques textes des anciens qu'il aurait admis les vérités de raison où la réalité objective n'entre pour rien.

189. CARNÉADE. — Arcésilas en mourant, en 241, laissa sa doctrine à Lacydes de Cyrène, qui la professa jusqu'en 215. Il eut pour successeurs Évandre puis Télècle et Hégésinus.

Carnéade né à Cyrène, en 214 ou 219, et mort en 131, recueillit l'héritage d'Arcésilas des mains d'Hégésinus et le fit valoir contre Chrysippe. Aux théories serrées de celui-ci, il opposait les subtilités du raisonnement et surtout du sorite, et rendait également vraisemblables les propositions les plus contraires.

Plusieurs auteurs anciens ont cru que le doute de Carnéade et d'Arcésilas n'était qu'une préparation à leur enseignement secret, dans lequel ils professaient les vraies doctrines de Platon. Mais d'autres affirment le contraire, et en nous montrant, chez Carnéade, la théorie développée de l'*acatalepsie*, ils ajoutent qu'il alla jusqu'à nier la certitude des vérités de raison ; par exemple : que deux quantités égales à une troisième sont égales entre elles. Il aurait donc nié la possibilité de la science ; mais il est certain qu'il admettait la *vraisemblance*, comme **guide de la vie pratique.**

190. Disciples de Carnéade. — Diogène de Babylone n'est connu dans l'histoire de la philosophie que parce qu'il accompagna son maître Carnéade et Critolaüs dans l'ambassade que les Athéniens envoyèrent à Rome, vers l'an 155. Il essaya d'ouvrir une école dans cette ville; mais Caton, ayant entendu Carnéade soutenir successivement, devant la jeunesse romaine, la justice et l'injustice, et se faire applaudir dans les deux cas, conseilla de renvoyer au plus vite ce sophiste avec ses compagnons. On cite encore Métrodore de Stratonice, qui avait laissé la doctrine d'Épicure pour suivre Carnéade; Clitomaque de Carthage, dont le vrai nom était Asdrubal, qui succéda à Carnéade. Il avait écrit, dit-on, 400 volumes. Son disciple, Philon de Larisse, florissait vers l'an 90; il enseigna à Rome, où il eut pour auditeur Cicéron. Son doute était sincère et répugnait, paraît-il, à son cœur; car il désirait qu'on lui démontrât la certitude.

Antiochus d'Ascalon, lui succéda peu de temps après, il enseigna à Athènes, à Alexandrie et à Rome, où Cicéron fut son disciple et son ami. Nous n'avons rien de lui, mais ses doctrines sont souvent citées par les auteurs contemporains. Il semble avoir voulu concilier les doctrines de Platon et d'Aristote.

§ 2. — Continuation des grandes Écoles.

191. Nous arrivons au premier siècle après Jésus-Christ. La Grèce, qui depuis longtemps (146) est province romaine, a perdu avec la liberté, cet amour de la gloire, qui jusque-là lui avait donné la primauté sur tous les autres peuples, dans tous les genres de mérite. Les écoles de philosophie ne sont pas éteintes, mais on y voit plutôt des rhéteurs, des compilateurs, que des penseurs originaux.

Cependant au milieu de cette multitude d'hommes médiocres, dont les noms nous sont parvenus, on trouve quelques vrais philosophes, qu'il faut mentionner, non pas à raison de l'originalité de leurs doctrines, mais à raison de l'importance de leurs travaux.

192. Plutarque. — Au premier rang de ces auteurs, se trouve Plutarque, né à Chéronée, en Béotie, vers le milieu du Ier siècle après J. C. Ses *Vies parallèles* des grands capitaines de l'antiquité et ses *Œuvres philosophiques et morales* sont connues de tout le monde. On trouve dans ces dernières des conseils excellents, des appréciations fort justes, le plus souvent sous la forme du dialogue dans un style attrayant, semé d'anecdotes et de comparaisons pleines d'à-propos.

La doctrine de Plutarque relève de Platon plus que de toute autre, mais il en rejette les excès; il se sert aussi d'Aristote, quoiqu'il l'estime moins. Il prend de même chez les épicuriens et chez les stoïciens ce qui lui semble bon, et combat les uns et les autres dans leurs exagérations. L'esprit de sa doctrine morale est tout entier dans cette phrase : « Un homme qui craint de s'enivrer ne jette pas son vin, il le tempère. Ainsi, pour prévenir le trouble des passions, il ne faut pas les détruire, mais les modérer. »

193. APOLLONIUS DE TYANE. — On a coutume de citer parmi les philosophes de cette époque Apollonius, de Tyane, en Cappadoce. On devrait plutôt le classer parmi les magiciens ou les illuminés. Il naquit sous le règne de Tibère, au commencement du 1er siècle. Instruit dès sa jeunesse des leçons de Pythagore, il résolut de s'y conformer rigoureusement. Il s'abstenait de viande et de vin, marchait nu-pieds, couchait sur la dure, laissait croître ses cheveux. Après un silence de cinq ans, il voyagea en Asie, jusque dans l'Inde, en Egypte, en Ethiopie, en Grèce et en Italie, pour s'instruire des traditions et des mystères. A son retour il se signala par de nombreux prodiges et fut honoré comme un dieu. Sa mort resta complètement inconnue.

Philostrate a écrit sa vie et s'est plus attaché aux actes merveilleux qu'aux doctrines philosophiques de cet homme, que les derniers défenseurs du paganisme opposèrent plus d'une fois à Jésus-Christ, pour infirmer la conclusion tirée par les chrétiens, des miracles de l'Homme-Dieu.

Quelques historiens ou philosophes modernes ont essayé de découvrir un système philosophique dans ses doctrines, une sorte de préparation à l'éclectisme alexandrin. Nous n'y voyons qu'une doctrine morale semblable à celle de tous les législateurs de l'Asie : Zoroastre, Manou, Confucius ; et s'il y a chez Apollonius une doctrine métaphysique, c'est encore celle des mêmes philosophes.

194. DION CHRYSOSTOME. — A la même époque, vivait Dion, surnommé Chrysostome (bouche d'or) à cause de son éloquence. Né à Pruse, en Bithynie, il fut d'abord rhéteur et sophiste, puis rigide stoïcien, portant même sur ses épaules une peau de lion, comme les disciples d'Antisthène. Il nous reste de lui 80 discours, où l'on peut puiser des renseignements utiles.

195. LUCIEN. — L'auteur si connu des *Dialogues des Morts*, Lucien, naquit à Samosate, en Assyrie, vers l'an 120 de J. C. D'abord apprenti sculpteur, il devint philosophe, parce que son maître l'avait battu pour avoir cassé une table de marbre. Il écrivit d'abord un assez grand nombre de petits sujets de rhétorique, où déjà son esprit railleur se montre avec la facilité de son style, et il les récita en public à Antioche, en Grèce, en Italie et en Gaule ; mais il est surtout intéressant dans ses dialogues, où il attaque sans ménagements, par l'arme du ridicule, tous les défauts, les vices et les travers des philosophes. Il s'en prend également à toutes les sectes et ne s'appuie guère que sur le bon

sens. Il discréditait ainsi tout à la fois le paganisme et la philosophie antique, et préparait les voies à la religion chrétienne, qu'il ne connaissait pas.

196. Mentionnons encore son contemporain MAXIME DE TYR, dont les 41 dissertations renferment de nombreux renseignements, et chez qui l'on aperçoit déjà une tendance au Néoplatonisme. Pour lui le démon de Socrate est un des dieux inférieurs qui dirigent le monde par l'ordre de Dieu. ALEXANDRE D'APHRODISE, ainsi nommé de sa ville natale, Aphrodisias, en Carie, vivait à la fin du II° siècle. Il est célèbre par ses commentaires d'Aristote, et précieux par ses renseignements sur l'histoire de la philosophie. Mais le plus important parmi ces compilateurs c'est DIOGÈNE LAERCE, qui nous a conservé, dans ses *Vies, doctrines et sentences des philosophes illustres,* les catalogues de presque tous leurs ouvrages et souvent les seuls documents qui nous restent sur leurs doctrines. Il était surnommé *Laertius*, probablement parce qu'il était de Laërte, en Cilicie. On ignore entièrement l'époque de sa vie, que les historiens ont placée depuis le siècle d'Auguste jusqu'au IV° siècle après J.-C.. Mais il est très probable qu'il vécut à la fin du II°.

197. GALIEN. — Médecin, historien et philosophe, Galien, qui jouit au moyen-âge d'une autorité presque égale à celle d'Aristote, mérite une mention spéciale. Né l'an 131 de notre ère, à Pergame en Asie, il fut instruit dans toutes les sciences de son temps, par son père Nicon, qui était un architecte distingué. Il fréquenta en même temps toutes les écoles de philosophie et, après avoir embrassé la médecine, il vint à Rome, en l'an 164, et y demeura probablement le reste de sa vie, jusqu'à un âge très-avancé.

La plus grande partie de ses ouvrages est perdue; mais ce qu'il en reste suffit pour lui mériter une place distinguée dans l'histoire de la médecine, des sciences naturelles et même de la philosophie.

En métaphysique, il insiste sur la nécessité d'admettre une cause efficiente et une cause finale de la nature, et par suite il admet un Dieu intelligent, tout-puissant, infiniment sage et Créateur du monde, et s'élève avec force contre ceux qui « croient que tout se fait sans Providence. » Cependant le mot création n'a pas pour lui le même sens que pour nous. Il croit la matière éternelle et déclare n'être pas de l'avis de Moïse, sur l'étendue de la puissance de Dieu dans l'arrangement de la matière. Il dit très-bien que « Dieu ne fait que ce qui est possible », mais il étend trop l'impossibilité.

Relativement à l'âme, il flotte entre Aristote et Platon, accepte la définition du premier et les divisions du second, et finit cependant par concevoir l'âme comme quelque chose de matériel, et par suite n'en admet pas l'immortalité.

En morale, il prend pour point de départ la doctrine de Platon, l'idée du bien, ainsi que la division des vertus que nous appelons cardinales ; mais il insiste sur cette théorie que tous les penchants de l'âme, même de l'âme rationnelle, dépendent du tempérament. Du reste, il croit que l'exercice peut modifier les dispositions naturelles, et ne rejette pas les influences mystiques.

Mais si la partie théorique de ses ouvrages n'offre rien de bien neuf ni de bien solide, la partie historique est une mine précieuse pour la connaissance des doctrines antérieures, surtout pour l'histoire du Stoïcisme.

198. Ptolémée. — Le célèbre astronome d'Alexandrie, Claude Ptolémée, né vers l'an 110, n'est pas moins remarquable comme philosophe. Ne pouvant lui consacrer tout l'espace que mériterait sa doctrine philosophique, nous renvoyons à l'excellent article de M. Th. H. Martin, dans le *Dictionnaire* de M. Franck, où nous puisons ce que nous allons en dire. Sur les bases de la science et sur les facultés de l'âme, aucune théorie ancienne ne nous paraît plus rapprochée de la théorie classique actuelle.

L'élément principal de la pensée scientifique, c'est le jugement. Dans le jugement, Ptolémée distingue : *l'intellect*, qui juge ; *les sens*, qui lui servent d'instrument : *le raisonnement*, qui est la loi du jugement ; *les faits sensibles*, qui en sont la matière ; *la connaissance de la vérité*, qui en est le but. Mais tout dépend de la sensation et de l'intellect. La *sensation* atteint immédiatement et sûrement les phénomènes sensibles actuels, mais non les objets eux-mêmes ni leurs qualités permanentes. La sensation ne nous trompe que quand nous lui demandons ce qu'elle ne peut pas nous donner. Elle transmet à l'intellect qui ne peut rien sans elle, la notion des phénomènes ; mais la *mémoire* et l'*imagination* peuvent tenir lieu de sensation présente. C'est par là que l'*intellect* juge des sensations diverses d'un même objet, selon le temps et l'organe, et par suite des objets eux-mêmes et de leurs qualités persistantes. Il recueille et examine les témoignages divers des sens, les compare et les juge. L'intellect, a en outre, son objet propre ; *les notions universelles*, qu'il atteint immédiatement et avec certitude, mais toujours *à propos de la sensation présente ou passée.*

Les bêtes n'ont que les sensations, la mémoire et l'imagination. L'homme seul a de plus la raison (λόγος), qui développe et discerne ce qui était caché dans la mémoire. Si le langage intérieur de l'âme procède sans méthode ni raisonnement, l'intellect n'arrive qu'à l'*opinion* (δόξα) ou à la *conjecture* (εἰκασία). Mais s'il procède avec art, par des distinctions et des comparaisons méthodiques, fondées sur les différences et les ressemblances des objets, il arrive à la *science* (ἐπιστήμη) à la *compréhension* (κατάληψις). Par l'*induction*, il s'élève de choses particulières aux espèces et aux genres ; par la *déduction*, il redescend des genres et des espèces aux choses particulières.

C'est donc dans l'intellect qu'est le *criterium* de la sensation. Celle-ci n'atteint que les *accidents* fugitifs ; l'intellect atteint les *idées* et les *causes*. La sensation ne donne que des *à peu près* ; l'intellect atteint l'*exactitude*. Ainsi les sens nous donnent la notion de la circularité imparfaite ; l'intellect en tire la notion du cercle parfait.

Ptolémée est moins exact sur la notion de l'âme qu'il déclare invisible, insaisissable aux sens, mais divisible et composée d'air, de feu et d'éther. Mais, même sur ce point, il est intéressant à étudier au point de vue de la méthode.

Il ne l'est pas moins en logique et en métaphysique, où il reproduit et développe Aristote.

---

199. Enfin, à cette liste des philosophes grecs des premiers siècles de notre ère, ajoutons encore Philostrate l'Athénien et son ouvrage, *Vies des sophistes*, qui nous fait connaître les philosophes de cette époque ; mais il manque de critique. C'est lui qui a écrit la vie d'Apollonius de Tyane. Son ouvrage a dû être achevé l'an 217. Eunape, de Sardes, en Lydie, vivait dans le 4ᵉ siècle. Outre ses *Annales politiques*, il a écrit les *Vies des sophistes et des philosophes* de son temps. C'est un ardent défenseur du paganisme. Stobée (Jean) de Stobi, en Macédoine, a dû naître vers 430. Son *Recueil d'extraits choisis, sentences et préceptes* nous fait connaître plus de cinq cents auteurs, dont, pour la plupart, les œuvres sont perdues.

§ 3. — Nouveaux sceptiques

200. Dans le premier siècle de l'ère chrétienne, à la suite de la nouvelle Académie, dont nous avons constaté l'indécision, le scepticisme prit une forme nouvelle et fit école plus qu'aucune autre doctrine à cette époque ; c'est pourquoi nous n'avons pas voulu séparer les auteurs qui prirent part à ce mouvement. C'est d'ailleurs le dernier effort de la philosophie pure, en Grèce, et le spectacle de cette chute profonde a de quoi donner à réfléchir à ceux qui veulent philosopher sans règle et sans guide. Ceci encore était pour nous un motif de traiter à part le *scepticisme empirique* ou *nouveau scepticisme*.

201. Ænésidème. — Le premier d'entre ces nouveaux sceptiques, Ænésidème, naquit à Gnosse en Crète, probablement au commencement du 1ᵉʳ siècle de notre ère, et fonda son école à Alexandrie. Il écrivit de nombreux ouvrages, mais aucun ne nous est parvenu, si ce

n'est un extrait des *Discours Pyrrhoniens* (Πυρρωνίων λόγοι) qui se trouve dans la *Bibliothèque* de Photius.

Ænésidème se place, ou prétend se placer, exactement dans le doute pyrrhonien, qui diffère de celui des sophistes et de celui de la nouvelle Académie. Il ne nie rien : il doute.

Mais allant au delà de Pyrrhon dans son argumentation, il essaye de faire du scepticisme un système régulier et parfaitement logique.

Pour cela il attaque soit la légitimité des affirmations de la raison en général, soit le principe de la causalité. En cela il est plus hardi que tous ses devanciers, et l'on peut dire avec M. Em. Saisset, qu'il laisse peu à faire à Kant et à Hume, qui l'ont suivi, celui-là dans sa critique de la raison, celui-ci dans sa critique du principe de causalité. Sextus Empiricus nous a conservé les arguments d'Ænésidème contre le rapport de cause à effet : nous en parlerons en traitant de cet auteur.

202. Agrippa. — A la suite d'Ænésidème, on trouve dans le même doute Agrippa, dont l'époque n'est pas plus certaine. Il a dû vivre dans la deuxième moitié du 1ᵉʳ siècle. Nous ne connaissons de lui que ses *cinq motifs de doute*, que nous avons déjà énumérés, page 145. Les voici avec la manière dont ils sont commentés par M. Em. Saisset (*Dict.* de M. Franck.)

Le dogmatique rencontre cinq difficultés insolubles.

1° La contradiction (τρόπος ἀπὸ διαφωνίας) ;
2° Le progrès à l'infini (τρόπος εἰς ἄπειρον ἐκβάλλων) ;
3° La relativité (τρόπος ἀπὸ τοῦ πρός τι) ;
4° L'hypothèse (τρόπος ὑποθετικός) ;
5° Le cercle vicieux (τρόπος διάλληλος) ;

C'est-à-dire que : 1°, dès qu'un dogmatique pose un principe, on peut lui opposer que tous ne l'admettent pas, et s'il se borne à l'affirmer, il n'échappe pas à l'argument de la *contradiction*. Si, 2°, il invoque un principe plus général, on fera la même objection, et s'il en pose un autre plus général encore, on le poussera *indéfiniment*. 3°, il dira qu'il a atteint un principe premier, un principe évident. Alors on objectera que cette évidence n'est peut-être que *relative*. Si, 4°, il renonce à prouver, son principe restera une *hypothèse*. Si enfin, 5°, il essaye une démonstration, il ne pourra l'appuyer que sur un principe qui lui même a besoin de démonstration ; et le voilà dans le *cercle vicieux*.

On voit qu'il y a dans les arguments d'Agrippa bien plus de pénétration et de vigueur d'intelligence que dans les *dix motifs de doute* de Pyrrhon, que nous avons pu résumer exactement en deux, et dont on peut voir le détail page 145.

Cependant, non content de la brièveté et de la solidité apparente de cette argumentation, Agrippa voulut encore la resserrer. Il ramena donc tout le scepticisme à ce dilemme :

Par soi-même ou par autre chose (ἐξ ἑαυτοῦ ἢ ἐξ ἑτέρου)

Intelligible par soi, c'est impossible, à raison des contradictions des jugements, de la relativité de nos conceptions, du caractère hypothétique de tout ce qui n'est pas prouvé.

Intelligible par autre chose, c'est absurde, si rien n'est intelligible par soi. Ce serait un cercle vicieux ou un progrès à l'infini.

Et maintenant nous reconnaissons sans peine, avec M. Em. Saisset, que « simplifier ainsi les questions, c'est prouver qu'on est capable de les approfondir ; » mais nous n'ajouterons pas avec lui « c'est bien mériter de la philosophie. » C'est la détruire dirons-nous plutôt.

On peut répondre à Agrippa : Comment savez-vous qu'il n'y a pas de milieu entre les deux termes de votre dilemme ? que faire un cercle vicieux est une chose absurde ? que le progrès à l'infini est impossible, ou qu'il ne peut pas servir de fondement à un principe, sinon parce que certaines vérités sont connues par elles-mêmes ?

Ainsi le scepticisme est condamné à se détruire lui-même dès qu'il veut raisonner. La profondeur et la netteté ne lui servent de rien ; au contraire, mieux il se formule, plus ouvertement il prête le flanc aux coups qui doivent l'abattre. Et s'il prétend triompher encore de ce doute que nous jetons sur ses propres moyens de défense, il sera du moins obligé de se renfermer dans son doute et de se taire.

A cette école appartient aussi Antiochus de Laodicée et son disciple Ménodote de Nicomédie, puis le disciple de celui-ci, Hérodote de Tarse, qui fut le maître de Sextus Empiricus. C'est tout ce que l'on sait d'eux.

203. Sextus Empiricus. — On ignore le lieu et la date de la naissance de Sextus, surnommé *l'empirique*, de ce qu'il faisait partie de la secte des médecins appelés *empiriques*, parce qu'ils ne s'appuyaient que sur l'expérience, ne voulant pas comme les *méthodiques* rechercher les causes des maladies. Il vivait à Tarse au commencement du IIIme siècle.

Il avait écrit des *Mémoires empiriques sur la médecine*, des *Mémoires sceptiques*, des *Questions pyrrhoniennes* et un *Traité sur l'âme*. Il ne nous reste de lui que les *Hypotyposes pyrrhoniennes* et son traité *Contre les mathématiciens*.

Le second n'est guère que le développement du premier. L'un et l'autre sont le résumé du scepticisme. Ils sont précieux pour les renseignements qu'ils fournissent sur les pyrrhoniens, les stoïciens et les nouveaux académiciens. Sextus cite aussi beaucoup de philosophes des autres écoles, mais il paraît les connaître peu, et ne tient pas compte de leur époque.

Sextus établit très-nettement la place qu'occupent les sceptiques dans la philosophie. Il distingue : les dogmatiques, qui affirment connaître la vérité; les académiciens, qui nient la possibilité de l'atteindre ; les sceptiques, qui n'affirment ni ne nient rien à ce sujet. Le scepticisme, dit-il, oppose le sensible à l'intelligible, et conclut d'abord à la suspension du jugement (ἐποχή,) puis à l'absence des passions (ἀταραξία). Le sceptique ne dogmatise pas, mais il dit: J'ai froid ; J'ai chaud. Il ne nie pas les phénomènes ; il admet tout ce qui offense les sens et l'imagination; mais il n'admet rien de plus. Il dit : Le miel me paraît doux; mais il ne dit pas: Le miel est doux. Le phénomène est le critérium du sceptique, pour la vie pratique ; et le sceptique, par ce critérium, observe les lois de la nature, suit les coutumes, et pratique les arts selon les apparences connues.

Sextus reproduit les dix *tropes* ou motifs de doute de Pyrrhon, les cinq tropes d'Agrippa, avec le dilemme que nous avons fait connaître. Il développe ces arguments d'une manière ingénieuse et parfois subtile et sophistique.

Il donne aussi les arguments d'Ænésidème contre le principe de causalité, ou plutôt contre les applications de ce principe. Ces arguments sont au nombre de huit.

1° Ce qu'on donne pour cause est une chose obscure, que ne confirment pas les apparences.

2° On choisit arbitrairement une cause entre plusieurs qui pourraient expliquer le fait.

3° Ce qu'on donne pour cause ne rend pas compte de l'ordre des phénomènes.

4° On veut expliquer ce qui n'apparaît point aux sens comme ce qui y apparaît.

5° On rend raison des choses par des hypothèses.

6° On n'admet que les faits qui confirment les hypothèses.

7° On admet des causes qui contredisent les faits et même les hypothèses admises.

8° On rend raison d'un phénomène par un autre qui n'a pas moins besoin d'être expliqué.

Après les arguments généraux en faveur du scepticisme, Sextus passe aux arguments directs contre chacune des écoles dogmatiques et contre leurs principales affirmations. Nous ne pourrions pas le suivre dans les détails de sa critique.

Disons seulement qu'après avoir essayé de ruiner tous les critériums de certitude donnés par les différentes écoles, et montré, selon lui, qu'en toute hypothèse la vérité ne peut exister, et que d'ailleurs les signes ne sauraient la représenter, il s'en prend aux données de la physique et de la métaphysique. Il déclare que « les sceptiques, fidèles aux croyances de la vie commune, reconnaissent les dieux et les honorent, » mais que spéculativement ils doutent aussi bien des attributs de Dieu que de tout le reste, et il apporte de nombreuses raisons de leur doute. Il donne ensuite de nouveaux arguments contre l'existence des causes. Et ici nous remarquerons que ses arguments ne tendent pas seulement à établir l'impossibilité de connaître les causes, mais bien à démontrer que rien ne peut avoir une cause. Il essaye de détruire de la même manière toutes les notions des anciens sur la matière et sur les corps, sur le temps, l'espace et le mouvement. D'où il conclut que la science physique est impossible. Enfin il essaye de ruiner de même la science de la morale en établissant l'impossibilité de déterminer le souverain bien et l'art de bien vivre. Cependant il a soin de rappeler que son doute ne porte que sur la science théorique et non sur l'observation des lois morales.

En somme, les écrits de Sextus sont le mémorial complet du scepticisme ; mais presque rien n'appartient à Sextus dans les arguments qu'il donne, et il manque d'ordre et de critique dans la partie historique, qui n'en reste pas moins précieuse.

Nous ne prendrons pas la peine de réfuter son scepticisme : c'est une tâche que nous avons remplie d'avance, et plusieurs fois. Ajoutons seulement qu'après avoir déclaré formellement qu'il ne veut rien affirmer ni rien nier, en dehors des phénomènes, il argumente de manière à nier absolument toute existence ou au moins toute cause, vérifiant ainsi une fois de plus cette parole célèbre : « On ne fait pas au scepticisme sa part. »

§ 4. — École d'Alexandrie

204. CARACTÈRE DE CETTE ÉCOLE. — Nous touchons au terme de la philosophie grecque. Les grandes écoles qui s'étaient affirmées si catégoriquement en des sens opposés ne sont presque plus représentées et luttent en vain pour résister au flot montant du scepticisme qui tend à les envahir. D'ailleurs les quelques hommes qui auraient pu les soutenir encore sont entrés dans la voie de l'érudition et par là dans celle des concessions mutuelles, et enfin, du *syncrétisme*, qui accepte et mêle toutes les données. La fusion des systèmes s'opère et les esprits sont disposés à recevoir une théorie qui essayera de les concilier en prenant chez tous ce qui lui paraîtra bon : ce sera l'*éclectisme*. D'un autre côté, la raison, poursuivie jusque dans ses derniers retranchements et presque convaincue d'impuissance à atteindre la vérité, se révolte contre

cette condition qui lui est faite et cherche un nouveau point d'appui dans l'inspiration : ce sera le *mysticisme*.

L'école d'Alexandrie répond à cette double tendance. Elle met Platon en première ligne, mais elle y joint souvent les autres théories grecques et surtout les doctrines de l'Orient ; elle s'appuie sur l'extase, c'est-à-dire la communication avec la divinité, pour obtenir le vrai, que la raison semble lui refuser. Cette dernière tendance pourrait bien aussi avoir pour cause cette recrudescence d'esprit religieux que le Christianisme a provoqué chez les défenseurs eux-mêmes du paganisme, en les attaquant au nom de la religion seule d'abord, c'est-à-dire au nom d'une doctrine révélée.

L'école d'Alexandrie porte donc plusieurs noms. Elle s'appelle aussi le Néoplatonisme, l'Éclectisme Alexandrin, le Mysticisme Alexandrin.

Cette école ne se dessine bien qu'avec Plotin, qui naquit l'an 205 ; mais on la fait remonter généralement à son maître Ammonius Saccas, et à Potamon, maître de celui-ci, qui ont dû naître tous les deux entre 150 et 170. Nous remonterons même plus haut et nous chercherons les premières sources de cette école dans Philon le juif.

205. PHILON LE JUIF. — Philon, né vers l'an 30 av. J.-C. à Alexandrie, d'une famille sacerdotale étudia la Bible aussi bien que les lettres et la philosophie grecques. Platon et Pythagore furent ses auteurs favoris, si bien que l'on disait en voyant ses écrits : *Vel Plato philonizat, vel Philo platonizat*. Il mourut, dit-on, âgé de cent ans. Eusèbe et St Jérôme disent que vers la fin de sa vie il fut baptisé par St Pierre, et Photius ajoute qu'il abjura bientôt sa nouvelle foi, par suite de quelques mécontentements. Sans doute rien ne confirme cette allégation, mais l'absence de toute allusion au Christianisme dans ses ouvrages ne suffit pas pour la faire rejeter, puisque ces ouvrages auraient été écrits avant sa conversion et peut-être avant qu'il n'eût connaissance de la religion chrétienne.

Tous ses écrits semblent n'être, au premier abord, qu'un commentaire de Moïse ; mais en les lisant on s'aperçoit qu'il suit aussi Platon et Aristote. Il a inauguré un système d'exégèse qui consiste à ne voir, dans les faits racontés par la Bible, que des allégories et des symboles, et il croit faire valoir davantage les livres sacrés de sa nation en y montrant par des interprétations forcées les théories physiques ou métaphysiques inventées par les philosophes.

Ses théories ne forment pas un système unique et ne s'accordent même pas toujours entre elles. Tantôt il semble enseigner le dualisme et tantôt le panthéisme. Ici la matière est éternelle, et Dieu n'est que l'architecte du monde, ailleurs l'idée de création *ex nihilo* ne lui semble pas exprimer assez combien tout vient de Dieu, dont l'action, dit-il, n'est pas mesurée par le temps et s'exerce de toute éternité ; de Dieu, qui est dans tous les êtres, *qui est tout*.

Dieu, lumière éternelle, se réfléchit dans son *Verbe,* qui est son image. Ce Verbe ainsi émané de Dieu est une personne, une *hypostase,* le fils premier-né (ὁ πρωτόγονος υἱός), le *Verbe intérieur.* Une seconde émanation est le *Verbe prononcé,* qui se manifeste par l'univers. On voit ici la Trinité catholique, qui était certainement connue des prêtres juifs, réduite à une forme panthéiste. Philon fait de même pour les anges, dont il parle en plusieurs endroits comme en parlaient les Juifs, et qu'il réduit ailleurs à n'être que les idées de Platon.

Dans l'homme il distingue deux âmes, dont l'une, *sensitive,* réside dans le sang, et l'autre, *rationnelle,* siége des idées, est une émanation de l'essence divine. D'ailleurs outre ces deux connaissances, par les sensations et par les idées, il en exige une troisième, directement émanée de Dieu, communiquée à l'esprit comme une grâce, et par laquelle nous pouvons voir Dieu face à face, et tel qu'il est. Cette troisième connaissance, c'est la foi (πίστις), qui est la reine des vertus. Qui ne reconnaît ici la doctrine catholique, mêlée aux théories de Platon.

Il n'est pas moins rapproché de la doctrine catholique, lorsque parlant de la liberté de l'homme il dit que seul l'homme, indépendant de la loi de nécessité qui régit les êtres matériels, est capable de vertu et qu'à ce titre il est le plus beau temple que Dieu possède sur la terre; mais qu'à Dieu seul doit être rapporté tout ce qu'il y a de bon dans nos actions, parce que Dieu seul nous donne la vertu de faire le bien, « par sa grâce, cette vierge céleste qui sert de médiatrice, entre Dieu qui donne et l'âme qui reçoit. »

Les contemporains s'exagèrent beaucoup les contradictions qu'il y a dans Philon. Nous trouvons Philon assez d'accord avec lui-même. C'est que nous avons pour le juger la doctrine catholique, et la facilité avec laquelle nous faisons concorder ses théories sur l'âme et sur la liberté, nous fait croire que l'on pourrait peut-être expliquer de même la contradiction que nous avons signalée plus haut sur la matière, et absoudre Philon du panthéisme et du dualisme. Cependant nous ne sommes pas étonné que ses disciples, qui n'étaient ni juifs, ni chrétiens, y aient puisé l'un et l'autre.

206. Premiers Alexandrins. — Pour rapprocher Philon de Plotin, qui est réputé le vrai fondateur de l'École d'Alexandrie, il nous suffira de citer Numénius d'Apamée, qui, dit M. Franck, « précurseur immédiat de l'École de Plotin, admirait tellement les écrits du philosophe juif (Philon), qu'il y cherchait, beaucoup plus que dans Platon lui-même, le véritable esprit du platonisme.» Potamon d'Alexandrie, vient ensuite, et Diogène Laërce dit qu'il fonda l'École éclectique. Le peu qui nous reste de ses ouvrages ne nous permet pas de savoir s'il emprunta quelque chose à Philon. On place après lui Ammonius Saccas, ainsi surnommé parce qu'il avait été portefaix. Il était chrétien, et le seul livre qui nous reste de lui est une *Harmonie des Evangiles.* Mais

on sait qu'il avait essayé d'accorder Platon et Aristote, et il passait pour avoir réussi. Plotin le reconnaît pour son maître; Porphyre l'appelle « le plus grand des philosophes contemporains » et Longin « la plus haute intelligence qui ait paru. »

En même temps que Potamon, vivait aussi à Alexandrie ARISTOBULE le juif, qui continua les théories de Philon.

Ainsi l'Eclectisme Alexandrin, qui apparaît comme une sorte de renaissance à la fin de la philosophie grecque, n'est pas l'œuvre pure et simple des méditations philosophiques de Plotin, ni même un simple éclectisme des systèmes précédents de la Grèce unis aux systèmes de l'Orient ; c'est un retour à la Tradition primitive par l'intermédiaire d'un juif ; c'est encore une fois une corruption, un nouveau tissu d'erreurs, que la raison livrée à elle-même a tirées de la vérité révélée.

207. PLOTIN. — Plotin naquit en l'an 205 de J.-C., à Lycopolis, dans la haute Egypte. La première fois qu'il entendit Ammonius à Alexandrie, il s'écria : « Voilà l'homme que je cherchais ». Il avait alors vingt-six ans. A l'âge de 40 ans, il vint à Rome, où sa réputation lui valut l'amitié de Gordien. Porphyre, son disciple, qui a écrit sa vie le présente comme un homme extatique et inspiré. Il mourut à Rome, l'an 271.

Ses écrits, composés sans plan et sans style, furent rédigés en 54 livres et distribués en six *Ennéades*, par Porphyre.

Reconnaissant, que dans la théorie de Platon, les sens n'atteignent que les phénomènes et que la raison manque de point d'appui, Plotin a recours à un autre mode de connaissance qui est l'*extase*. Dans toute connaissance rationnelle, il y a encore dualité, ou *dyade*, distinction du sujet connaissant et du sujet connu. Pour arriver à l'unité parfaite, l'âme doit s'élancer hors d'elle-même, s'oublier elle-même et tout ce qui l'entoure, c'est l'extase (ἔκστασις), la simplification (ἁπλώσις), dans laquelle on ne voit plus que l'objet de sa contemplation qui est Dieu. Alors elle se dirige vers lui par l'amour, et quand elle le possède, elle en jouit dans l'*unification* (ἕνωσις), qui est l'absorption en Dieu.

Dieu, selon Plotin, est l'Un ou le Bien. C'est l'unité absolue, renfermant en elle-même éminemment tout ce qui est, sans être rien de ce qui est ceci ou cela. On ne peut pas dire qu'il est, dans le sens où nous le disons des choses ; mais encore moins peut-on dire qu'il n'est pas ; car rien n'est sans lui. On ne peut pas dire qu'il se connaît, car il est absolument simple, mais il a une intuition pure de lui-même, qui est au-dessus de la connaissance et qui fait qu'il n'a pas besoin de se connaître.

Mais Dieu qui est l'Un est aussi le Bien, et comme tel il engendre non par besoin, ni par nécessité, ni par liberté, mais par un mode supérieur à la nécessité et à la liberté, parce qu'il est le Bien. Il engendre d'abord le plus parfait, avant de descendre à l'imparfait. Il engendre d'abord un être égal à lui, qui ne se sépare pas de lui, c'est l'intelligence, l'ensemble des idées; c'est le Fils, le premier né. Vient ensuite l'activité, l'Ame ou l'Esprit, le démiurge, que le Verbe engendre de lui-même. Et ces trois émanations ne sont pas trois dieux, mais trois *hypostases* d'un même Dieu. Ce Dieu en trois personnes explique la science et le monde, mais la raison ne saurait l'expliquer. C'est un mystère que l'esprit saisit par intuition, dans l'extase.

Ces trois hypostases sont éternelles, et il n'y a entre elles que des antériorités d'origine. L'une n'est pas la cause de l'autre : elle en est le principe. Si elles diffèrent entre elles, c'est infiniment peu, et Plotin dit même qu'elles sont *infinies*.

Remarquons à ce sujet que Plotin est le premier à employer ce mot dans le sens que nous lui donnons aujourd'hui. Jusqu'à lui le mot *infini* signifiait indéterminé, indéfini ou incomplet, et le mot *fini* représentait la perfection déterminée, achevée.

Le monde procède de Dieu, selon Plotin, comme les personnes divines. Il emploie pour exprimer cette *procession* du monde les mots *création, émanation, irradiation,* etc., mais toujours il dit assez nettement que cette production du monde est dans la nature de Dieu qui est le bien. Donc il semble faire le monde éternel et nécessaire. Cependant il cherche à distinguer, autant que possible, la procession des deux hypostases divines, de la procession du monde. La première s'accomplit sans mouvement dans l'éternité; la deuxième s'accomplit avec mobilité pour les choses, dans l'espace et dans le temps. Il prétend aussi que cette procession est parfaitement libre du côté de Dieu, quoique Dieu ne puisse choisir de ne pas faire le monde, ni même de le faire autre : le monde, tel qu'il est, est imparfait; mais d'abord il est de sa nature d'être ce qu'il est, et d'ailleurs, par la loi de *conversion* ou de retour, chaque être remonte vers son principe; ainsi le monde lui-même tend à retourner vers Dieu, et là il obtiendra toute la perfection désirable. Ainsi le monde, imparfait en lui-même, est parfait dans son principe et parfait dans son terme: tel est l'optimisme de Plotin. D'ailleurs le monde ne saurait être placé ni dans l'espace qui n'est rien, ni dans la matière qui vient de Dieu avec la forme. Donc le monde est en Dieu.

Plotin a été compris bien diversement par les historiens, et on a quelque peine à reconnaître le même auteur dans les différentes analyses qu'ils ont données de ses ouvrages. C'est qu'il est très-obscur, qu'il affecte les expressions de Platon, dans des théories qui sont tirées de Philon et par conséquent de Moïse. Il est donc facile d'entendre ses doctrines dans un sens panthéiste, et c'est en effet le jugement qu'en portent la plupart des historiens, mais on peut aussi, en ayant soin de ne pas forcer le sens de ses paroles, le placer beaucoup plus près de la vraie doctrine philosophique. C'est ce que nous avons fait ; et nous sommes heureux de nous rencontrer cette fois, comme nous nous rencontrerons ailleurs, avec M. Fouillée, que nous combattons quelquefois.

Nous ne saurions décider, après mûr examen de la question, si Plotin fut réellement panthéiste, dans sa pensée, autant que les autres néoplatoniciens. Il nous semble au contraire que l'on pourrait mettre sur le compte de l'expression tout ce qu'il y a d'erroné dans ses théories.

208. AMÉLIUS. — Le plus remarquable des disciples de Plotin serait AMÉLIUS d'Étrurie. Son maître lui même déclarait qu'il entrait mieux dans le sens de ses idées que tous ses autres disciples. Il avait écrit près de cent ouvrages ; mais il ne nous en reste plus rien. Cette perte est d'autant plus regrettable que le vrai sens de la doctrine de Plotin nous reste encore caché. Après la mort de son maître, Amélius se retira à Apamée, où il mourut.

209. PORPHYRE. — Porphyre naquit à Tyr en 232, et porta longtemps le nom de Malkh (roi). Il reçut d'abord les leçons d'Origène le païen, disciple d'Ammonius Saccas, en même temps que Plotin, puis de Plotin lui-même, à Rome. Il avait suivi à Athènes les leçons de Longin, qui lui avait fait connaître Platon. Il ne demeura que quatre ans avec Plotin, qui l'envoya respirer un autre air en Sicile, parce qu'il avait voulu se suicider. Quand il revint de Rome en 273, Plotin était mort, et Amélius s'était retiré en Syrie. On le considéra donc comme le successeur de Plotin, à Rome, tandis qu'Amélius continuait son école dans l'Orient. La secte orientale pratiqua la théurgie, qui fut toujours repoussée par Porphyre ; ce qui lui valut le nom de *philosophe*, tandis que les disciples d'Amélius étaient qualifiés de *merveilleux* et de divins.

Porphyre passa de Rome en Sicile, où il habita longtemps, mais on ne sait ni le lieu ni la date de sa mort. Il parvint à un âge très avancé, et ne mourut pas avant l'an 302, puisqu'il rédigeait alors la vie de Plotin.

Il avait écrit plus de cinquante ouvrages, dont la plupart sont perdus. Le plus important était son traité contre les chrétiens, qui lui valut après sa mort une statue érigée par ordre du Sénat.

Les quelques ouvrages et fragments qui nous restent de lui ne permettent pas de saisir sa doctrine dans son ensemble. Il y a bien des obscurités, des contradictions au moins apparentes. Il paraît avoir gardé les théories de Plotin, mais avec un sens plus nettement panthéiste. Son troisième principe, l'âme, ne fait qu'un avec le monde. C'est le Dieu des Stoïciens.

210. DERNIERS ALEXANDRINS. — JAMBLIQUE, son disciple, qui, né à Chalcis, enseigna à Alexandrie, donna une autre forme à son pan-

théisme et commença cette série d'émanations de dieux inférieurs qui, pour Plotin et Porphyre, sont les anges et les démons, et pour lui deviennent tout autant de démiurges ou de créateurs du monde. Il pratiqua largement la théurgie, et ses disciples lui ont attribué un grand nombre de prodiges.

Le premier Alexandrin marquant que nous rencontrons après Jamblique, c'est PROCLUS, né à Bysance, en 412 ; il conserve toutes les théories de Plotin, mais il les approfondit et les raisonne davantage ; il fait un plus grand nombre d'emprunts à Aristote ; et comme il nous reste de lui plusieurs ouvrages importants, il offre une ample matière à l'étude de la philosophie néoplatonicienne. Notre cadre ne nous permet pas d'entrer ici dans les détails des nuances qui existent entre ses doctrines et celles de Plotin.

En même temps que Proclus, vivait OLYMPIODORE, dont il nous reste quelques écrits intéressants, publiés par Cousin, et après lui, DAMASCIUS, qui parait avoir rapproché les doctrines néoplatoniciennes de la vérité enseignée et répandue par l'Église catholique, quoiqu'il fût ennemi de la religion chrétienne. Il fut le dernier des philosophes grecs ; car un édit de l'empereur Justinien ferma l'école d'Athènes en 259. Damascius se retira à Alexandrie, où il mourut ignoré.

211. LE GNOSTICISME ET LA KABBALE. — A l'École d'Alexandrie se rattachent par la méthode et par le fond des doctrines le GNOSTICISME et LA KABBALE.

Le *Gnosticisme* se manifesta presque en même temps dans un grand nombre d'écoles qui ne s'accordaient que sur l'importance qu'elles donnaient à la *gnose*, sorte de science mystique, qu'elles prétendaient tenir par tradition et par révélation. On compte parmi les Gnostiques, SIMON le magicien, CÉRINTHE, SATURNIN, BASILIDE, VALENTIN, MARCION et MANÈS, le fondateur de la secte des Manichéens, qui tous furent combattus par les Pères de l'Église, comme des hérétiques, parce que la plupart étaient chrétiens et que d'ailleurs ils entrainaient des chrétiens dans leurs sectes. Leur doctrine n'est qu'une variété de l'Éclectisme alexandrin, et tient au même esprit qui régnait alors.

La *Kabbale* est une doctrine analogue, une tradition que des Juifs prétendaient tenir d'Abraham et d'Adam lui-même, et dans laquelle ils interprétaient la Bible dans un sens allégorique.

On trouvera assez de détails sur les deux systèmes dans le *Dictionnaire* de M. Franck. Mais nous remarquons que M. Drach déclare peu exactes les analyses que M. Franck a données de la Kabbale dans son ouvrage spécial sur ce sujet.

PHILOSOPHIE CHEZ LES ROMAINS

212. Observation. — Les Romains n'eurent pas de philosophie propre; elle leur vint toute faite des Grecs, et ils la conservèrent presque telle qu'ils l'avaient reçue. D'ailleurs cette condition n'est pas, à Rome, pour la philosophie seule. Leur langue, d'abord sœur de la langue grecque, s'imprégna de plus en plus des formes de celle-ci ; leur littérature n'en fut jamais que l'imitation ; leur religion était la même, sauf les noms qu'ils donnaient aux dieux.

Dans le principe, le peuple romain, occupé sans cesse par la guerre, semble n'avoir pas même eu le temps de réfléchir, et il n'est pas étonnant qu'on n'y trouve aucune trace des efforts naturels de la raison pour se rendre compte des choses. Quand leurs immenses conquêtes leur eurent fait des loisirs, lorsque surtout leur domination sur la Grèce eut amené à Rome cette multitude d'esclaves, d'affranchis et d'hommes libres, dont toute l'occupation était d'enseigner les arts libéraux, les Romains aussi prirent goût à la philosophie ; il fut de bon ton de connaître la langue grecque et de la parler, et le peuple-roi, lui aussi, voulut savoir les raisons des choses.

212. Sources de la philosophie chez les Romains. — Nous avons vu déjà qu'en l'an 155, *Carnéade, Diogène de Babylone* et *Critolaüs* furent envoyés en ambassade à Rome par la ville d'Athènes, et que là ils essayèrent de fonder des écoles de philosophie. Quoique leur séjour y ait été de courte durée, on peut croire qu'ils donnèrent aux Romains une idée générale des théories philosophiques de la Grèce, car le premier était de la nouvelle Académie, le second était stoïcien, et le troisième péripatéticien. Déjà, l'an 168, l'historien philosophe *Polybe*, amené prisonnier à Rome, où il demeura jusqu'en l'an 151, était l'ami de Scipion l'Africain, et dans le même temps *Panœtius* de Rhodes jouit aussi de l'amitié de ce grand homme et établit une école à Rome avant de devenir le chef du Portique. Mais ce fut surtout après la réduction de la Grèce en province romaine, en l'an 146, que commença cette immigration de grammairiens, de rhéteurs et de philosophes, par lesquels la jeunesse romaine fut instruite dans les arts des Grecs. Vers l'an 87, *Philon de Larisse*, philosophe de la nouvelle Académie, vint aussi s'établir à Rome et fut l'un des maîtres de Cicéron, qui entendit aussi l'épicurien *Phèdre*, les stoïciens *Diodote* et *Ælius*, et le péripatéticien *Staséas*.

214. Philosophes romains. — Lælius et Scipion paraissent avoir été les premiers d'entre les Romains qui se soient occupés de philosophie. Caton l'ancien était l'ennemi de ces spéculations. Après eux il faut arriver jusqu'à Cicéron pour trouver avec lui Pison, Cotta, Velléius, Balbus, et Pompée, puis Pomponius Atticus et M. Brutus, qui sont signalés comme ayant aimé l'étude et la sagesse. Excepté Cicéron, qui s'attacha de préférence à la nouvelle Académie, tout en faisant un choix de tout ce qui lui paraissait bon dans les autres doctrines, tous ces hommes paraissent avoir été stoïciens. Nous ne les connaissons d'ailleurs que par les sentiments que Cicéron leur prête.

La doctrine épicurienne trouva un illustre représentant à Rome dans Lucrèce, qui né l'an 95, se donna la mort, l'an 44, avant J.-C. Son poëme *de Natura rerum*, étant le principal monument qui nous reste des théories d'Epicure, nous n'en dirons rien, car nous ne pourrions que répéter ce que nous avons dit en parlant de ce dernier. Pline, le naturaliste, né l'an 23 après J.-C. et mort pour s'être trop approché du Vésuve, l'an 79, paraît avoir partagé les mêmes opinions.

Le stoïcisme fut représenté à Rome, après J.-C., par Sénèque, Epictète, Adrien de Nicomédie, et Marc-Aurèle. Nous devons en parler un peu plus longuement, après avoir donné quelques détails sur l'œuvre philosophique de Cicéron, le plus illustre des philosophes romains.

215. Cicéron. — *Marcus Tullius*, surnommé *Cicero*, né l'an 106 avant J.-C. à Arpinum, ville du Latium, est assez connu comme orateur et comme homme d'État, pour que nous nous dispensions de nous étendre sur sa biographie. Nous avons dit plus haut quels furent ses maîtres en philosophie. Il suffit d'avoir lu quelques-uns de ses discours pour savoir qu'il fut préteur et consul, qu'il sauva Rome de la guerre civile; il le répète assez souvent. En lisant son *Brutus*, on voit que pour peindre l'idéal de l'orateur, sous le nom d'Hortensius, il fait son propre portrait, et dans ses écrits philosophiques, il fait comprendre, quand il ne le dit pas formellement, que personne avant lui n'avait traité ces matières en latin. D'où l'on peut conclure que chez lui l'amour de la gloire l'emportait sur l'amour de la vérité. Sans ce défaut, il eût été un grand philosophe : la conviction lui ayant manqué, il n'a été qu'un éclectique. Il mourut victime de la haine d'Antoine, l'an 43 avant J.-C.

Ses ouvrages philosophiques. — Nous ne dirons rien ici de ses œuvres littéraires. Ses œuvres philosophiques, qu'il composa, pour ainsi dire à temps perdu, ou plutôt pendant que les malheurs politiques l'empêchaient d'exercer son influence oratoire au Sénat ou au Forum, ne manquent pas d'intérêt, quoique dépourvus d'originalité. D'ailleurs s'ils sont faibles pour les doctrines et si le demi-scepticisme de la nouvelle Académie s'y fait sentir quelquefois, ils rachètent cette double imperfection par les grâces de la forme et par l'abondance des documents historiques. Quoique sous ce dernier rapport on ne puisse pas le suivre aveuglément, Cicéron est pourtant d'un grand secours, et certains auteurs ne nous sont presque connus que par lui. Malheureusement beaucoup de ses ouvrages sont perdus.

Il avait écrit : *Hortensius seu de Philosophia* ; c'était une exhortation à la philosophie, dont saint Augustin fait le plus grand éloge ; *de Consolatione* ; *de Gloria* ; *de Virtutibus* ; *Epistola ad Cæsarem, de ordinanda Republica*. Tous ces ouvrages sont entièrement perdus.

Il nous reste quelques fragments des traités : *de Auguriis, de Fato, de Jure civili,* et des traductions du *Protogoras* et du *Timée* de Platon.

Les traités *de Legibus* et *de Republica* nous sont parvenus mutilés.

Enfin il nous reste en entier : *de Divinatione*, en deux livres ; *de Natura deorum*, en trois livres ; *Tusculanarum disputationum libri quinque* ; *de Finibus bonorum et malorum*, en cinq livres ; *Academicorum libri quatuor* ; *de Amicitia* ; *de Senectute* ; *de Officiis libri tres* ; *Paradoxa stoicorum sex*. Cependant les *Académiques* présentent des lacunes. Cicéron en avait fait deux éditions, l'une en quatre livres et l'autre en deux : il nous reste le deuxième livre de la première et le premier de la seconde.

Excepté le *de Officiis*, tous les traités de Cicéron ont la forme du dialogue ; mais ce n'est pas le dialogue de Platon, qui ressemble à une conversation animée : ce sont plutôt des suites de discours, interrompus seulement par quelques questions, comme dans les débats de la tribune.

En écrivant ces ouvrages, Cicéron avait pour but avoué, d'exposer en latin la philosophie des Grecs, et d'initier ainsi la jeunesse romaine à ces hautes méditations. Les doctrines qu'il a exposées ne lui appartiennent donc pas, mais il les a faites siennes, d'abord par un choix judicieux et ensuite par la disposition des matériaux. Il est inutile de faire ressortir le mérite du style, qui pourtant n'a pas toujours, dans ces matières, la clarté ni l'élégance que l'on admire dans ses discours.

Sa doctrine. — Pour Cicéron la philosophie est la science des choses divines et humaines et de leurs principes. Comme les grandes écoles de la Grèce, il la divise en Logique, Métaphysique, Physique et Morale. Sur la question de l'origine des idées, il flotte entre Platon, Aristote et Carnéade ; mais il est l'adversaire déclaré d'Epicure et de ses idées images.

Relativement à la certitude il expose les arguments pour et contre des anciens et se prononce pour la théorie du probabilisme, quoique dans le 2ᵉ livre des *Académiques* il démontre assez bien que retrancher au jugement la faculté de discerner le vrai, c'est lui ôter en même temps la possibilité de discerner le vraisemblable.

Il n'a d'ailleurs que peu de chose sur les procédés logiques, mais, comme il emploie le plus souvent la définition, la division et la déduction, il offre en plusieurs endroits des idées nettes et précises sur ces éléments de la méthode.

Une source de certitude à laquelle il est très attaché et qu'il met en lumière plus qu'aucun de ses prédécesseurs, c'est l'autorité du témoignage, et en particulier du consentement universel.

Il ne paraît pas tenir beaucoup aux questions de métaphysique générale; aussi ses arguments sur la nature de Dieu et sur la nature de l'âme manquent de force et même de conviction.

Il croit aux dieux sur le consentement unanime des peuples; il s'élève jusqu'à la notion d'un seul Dieu, sans être très précis sur ce point. Il admet de la même manière la Providence. Mais on lui reproche de ne pas se prononcer assez nettement sur cette question, après avoir fait parler les philosophes des différentes écoles. On a dit avec raison que son traité *de Natura Deorum* commence et finit par un *peut-être*.

Il définit l'homme : Un être composé d'une âme intelligente et d'un corps périssable et faible *(Homo ex animo constat, et corpore caduco et infirmo)*, devançant ainsi de dix-huit siècles la définition de M. de Bonald, avec une expression plus complète.

L'âme est immatérielle, intelligente, active et libre. Il démontre même cette dernière qualité de l'âme humaine.

Enfin l'âme est immortelle, et Cicéron croit aux récompenses et aux peines futures.

Sa morale est fondée sur les lois de l'honnêteté qu'il distingue de l'utilité, tout en soutenant que l'honnête amène naturellement après lui sa récompense, et que rien n'est vraiment utile que ce qui est honnête.

En politique, il suit à peu près en tout les opinions d'Aristote, et mieux que lui se prononce pour une forme de gouvernement où la monarchie, l'aristocratie et la démocratie se tempèrent l'une l'autre.

216. ANALYSE DU TRAITÉ DE FINIBUS BONORUM ET MALORUM, écrit à Tusculum, après la mort de sa fille et adressé à Brutus. — D'après l'explication que Cicéron donne lui-même de l'objet de son dialogue, on a traduit son titre par celui-ci : *Des vrais biens et des vrais maux*, c'est-à-dire, des biens qui sont la fin de tous les autres et pour lesquels on recherche tous les autres, et des maux qui sont le plus à craindre et que l'on cherche à éviter en évitant tous les autres.

Le dialogue est divisé en cinq livres. Dans le Ier, L. Torquatus expose la doctrine d'Épicure sur la fin de l'homme ou le souverain bien ; dans le IIe, Cicéron combat cette doctrine ; dans le IIIe M. Caton expose les théories des stoïciens sur le même sujet, et Cicéron le réfute dans le IVe, enfin dans le Ve Pison est censé exposer la doctrine d'Aristote, mais c'est celle de Cicéron, c'est-à-dire un mélange d'Aristote et de Platon.

Cicéron commence par réfuter les objections de ceux qui ne veulent pas que l'on écrive en latin les idées philosophiques, exprimées d'abord en grec.

Il entre ensuite dans son sujet, comme s'il rapportait une conversation, dont il introduit les interlocuteurs.

S'il n'aime pas Epicure, ce n'est pas à raison de son style sans ornement, mais à cause de la fausseté de ses opinions.

Epicure ne fait que de rares changements à la doctrine de Démocrite, et encore il gâte ce qu'il touche.

Il pose en principe les *atomes*, dans le vide infini, se mouvant d'un mouvement éternel et formant par leur adhésion tout ce que nous voyons. Ce n'est là qu'un principe matériel, et Epicure ne dit rien du principe formel, ni de la cause efficiente.

Il croit que les atomes sont attirés en bas par leur propre poids. Mais pour les faire se rencontrer il suppose *puérilement* une petite déclinaison, qui n'est pas possible dans son système et qui d'ailleurs n'explique pas la formation du monde.

Il emprunte tout à Démocrite et pourtant s'élève contre lui.

Epicure n'a pas de logique, il supprime les définitions.

— Alors Torquatus entreprend de justifier Epicure. Il soutient l'évidence du principe que le souverain bien est dans le plaisir, et ajoute que ce principe ne supprime pas la vertu et assure le bonheur.

. Et d'abord le souverain bien est celui qui ne se rapporte à aucun autre et auquel tous les autres se rapportent. Or, tout être vivant cherche le plaisir et fuit la douleur. Mais le vrai plaisir n'est pas dans le chatouillement des sens; car ce plaisir ne peut durer toujours. Donc le vrai plaisir c'est l'absence de toute douleur. Le philosophe épicurien ne craint ni les dieux, ni la mort, ni la maladie, qui est tolérable ou de peu de durée, et il jouit des voluptés présentes ou des voluptés passées. Tandis que celui qui est d'une opinion contraire est sans cesse en proie à la crainte sans espoir de soulagement.

La vertu, selon Epicure, nous enseigne à vivre heureux. La *prudence* nous délivre des préjugés et des craintes, nous fait distinguer les plaisirs naturels et faciles de ceux qui ne le sont pas, et nous affranchit ainsi des désirs qui tourmentent l'âme. La *tempérance* donne le calme à notre âme et nous fait mépriser des plaisirs éphémères dont les conséquences amènent de longues douleurs. Le *courage* nous fait affronter les terreurs de la mort. La *justice* nous met à l'abri des soupçons, des haines, des châtiments, et nous concilie l'amour de nos semblables. Enfin toutes les vertus nous font préférer les plaisirs de l'esprit, qui durent toujours, à ceux du corps, qui ne sont que momentanés.

Torquatus fait ensuite le tableau du bonheur du sage qui vit selon ces maximes.

— Dans le *second livre*, Cicéron réfute la morale d'Epicure, par la contradiction de ses propres principes, par la fausseté de leur application à la morale, par leur inutilité pour donner le bonheur.

Epicure ne définit pas le plaisir et quelquefois comme le vulgaire le fait consister dans les impressions agréables, tandis qu'ailleurs il le confond avec l'absence de douleur. Or il est évident que ce sont là deux choses différentes, puisque l'une a des degrés et l'autre n'en a pas. Pour établir son principe, il donne en exemple les animaux et les enfants. Mais qui ne voit que les animaux et les enfants ne cherchent pas l'absence de douleur, ou le plaisir dans le repos, mais plutôt le plaisir dans le mouvement ? D'ailleurs les enfants cherchent plutôt la conservation d'eux-mêmes que le plaisir. Ainsi Epicure se trompe sur la nature du souverain bien.

Son erreur vient de ce qu'il veut juger du bien par les sens. Or les sens jugent des impressions actuelles, mais la raison seule peut se prononcer sur la sagesse qui enseigne à rechercher le vrai bien. En excluant la raison, Epicure dégrade l'homme et le rabaisse au niveau des brutes. Tandis que la raison, qui est le privilége de l'homme, lui fait désirer de connaitre l'enchainement des choses, rattache l'avenir au présent, le porte à s'unir en société, et lui fait aimer ses semblables en lui apprenant qu'il n'est pas né seulement pour lui, mais pour les siens et pour sa patrie. Tout cela c'est l'amour de l'ordre, qui est la loi de l'honnête et le principe des quatre vertus dont Torquatus a parlé.

Le bien est bien par lui-même, et si la vertu n'est bonne que par son utilité, il ne saurait y avoir d'hommes de bien. Les grands hommes que nous présente l'histoire n'ont pas été des sectateurs du plaisir. Pratiquer la vertu par crainte de la peine n'est pas être vertueux.

Enfin cette doctrine, qui reconnaît la douleur comme le plus grand des maux, ne saurait en affranchir : elle ne peut donc pas donner le bonheur.

Dans le *troisième livre*, Cicéron commence par remarquer que la réfutation des stoïciens sera moins simple et moins facile que celle d'Epicure, parce que de tous les philosophes, les stoïciens sont ceux qui ont fait le plus de mots nouveaux et l'on peut dire de Zénon, qu'il a plutôt inventé des mots que des choses.

Après avoir introduit M. Caton et engagé avec lui la conversation sur le souverain bien, il le fait parler ainsi.

D'abord le but premier de tout animal est sa propre conservation. Le plaisir n'est pas par lui-même un motif d'action ; les connaissances et les arts sont dignes d'être recherchés pour eux-mêmes, et le plus formel objet d'aversion pour l'esprit, c'est le faux. Il suit de ces principes naturels qu'il y a des choses estimables et de choses méprisables. Rechercher les premières et fuir les secondes, c'est vivre selon la nature. C'est de ces principes que la raison s'élève à l'idée de l'honnête, que l'âme recherche ensuite plus que tout le reste.

L'honnête seul est le principe de toutes les vertus, seul il donne le bonheur vrai.

Le bien c'est ce qui est parfait de sa nature. Il est connu par la raison. C'est sa propre excellence qui le fait appeler bien, et il n'a point de degrés.

L'honnête est le seul bien. Ici Caton interroge la conscience universelle pour lui faire avouer ce principe. Il met ensuite en opposition la doctrine des péripatéticiens et celle des stoïciens sur le plaisir et la douleur, et dit que, selon la doctrine de ces derniers, la douleur ne diminue pas le bonheur, et que la durée n'ajoute rien à la vie heureuse.

Après une étude longue et subtile sur les choses indifférentes et parmi elles sur les choses à préférer ou à rejeter, il termine en témoignant son admiration pour cette doctrine et conclut que le sage est vraiment roi, riche, beau, libre et heureux et que seul il possède tous ces biens.

Dans le *quatrième livre*, Cicéron dit que, sans répondre directement, il va exposer la doctrine de Platon et de Speusippe, d'Aristote et de Théophraste.

Et d'abord pourquoi Zénon ne s'est-il pas contenté de ce qu'ils avaient dit ?

N'avaient-ils pas parlé de tout avec méthode, avec justesse, avec éloquence, tandis que les stoïciens parlent froidement et sèchement ? N'avaient-ils pas fait en logique toutes les distinctions nécessaires ? Les stoïciens n'ont pas même traité toutes les questions qu'ils avaient si bien résolues. On en peut dire autant et plus de la physique.

Enfin sur le souverain bien, ils avaient dit déjà, et plus complètement, qu'il consiste à vivre selon la nature. Ils avaient distingué les biens naturels de l'âme et ceux du corps, et étaient entrés dans beaucoup de détails et avaient conclu que l'homme porte en lui-même les principes qui l'invitent à ne rien faire que ce qui est honnête.

Pourquoi Zénon a-t-il rompu avec la tradition, et que voulait-il rejeter de leurs principes ?

Cicéron, par des questions successives passe en revue tous les principes communs aux deux doctrines et montre que la différence sur tous ces points n'existe guère que dans les mots.

Il demande comment il peut se faire que, partant des mêmes principes, les stoïciens arrivent à des conclusions si différentes ; pourquoi ils laissent de côté le corps et ne reconnaissent pas que la souffrance est opposée au bonheur ; pourquoi, ayant posé en principe que l'être cherche sa conservation, ils lui ordonnent ensuite de ne conserver qu'une partie de lui-même.

Cicéron combat alors directement le principe stoïcien, « qu'il n'y a pas d'autre bien que l'honnête. » Il commence par nier la proposition : « tout ce qui est bien est louable » et dit qu'Aristote ne l'accorderait pas. Donc, conclut-il, Zénon part de principes qui ne sont pas accordés. Qu'importe ensuite que tout s'enchaîne dans sa doctrine.

Après avoir relevé une fois le peu de différence entre Zénon et Platon ou Aristote, et essayé de montrer la fausseté de cette légère différence qui consiste à ne pas admettre de degré dans la sagesse, Cicéron termine ce quatrième livre en réfutant la théorie stoïcienne, que toutes les fautes sont égales.

Le *cinquième livre* est une éloquente exposition de la théorie morale d'Aristote, faite par Pison, à Cicéron, en présence de son frère Quintus, de son jeune cousin Lucius et de Pomponius Atticus. L'antiquité ne nous offre rien de plus complet ni de plus exact sur la question du souverain bien. Nous regrettons d'être obligé de l'écourter.

Pison montre d'abord rapidement, mais brillamment, que l'École péripatéticienne a traité toutes les questions et les a traitées à fond.

Sur le souverain bien, il distingue deux doctrines, l'une exotérique, l'autre réservée aux initiés.

D'abord le souverain bien est la loi suprême de la vie ; l'ignorer c'est donc ignorer l'art de vivre. Mais tout art a son objet hors de lui-même. Ainsi le souverain bien est hors de la vertu et avant la vertu, parce qu'il en est le principe. Il faut donc pour le connaître rechercher les mobiles naturels de nos actes.

Or ces mobiles sont, selon les diverses opinions des philosophes : la volupté, l'absence de douleur, les premiers besoins de la vie, lesquels par une double considération ont fourni six opinions sur le souverain bien, sans compter ceux qui adoptent plusieurs de ces mobiles à la fois.

De ces opinions, deux sont insoutenables, deux autres ont été déjà traitées.

Pour les autres, il faut dire d'abord que, de quelque manière qu'on établisse le souverain bien, dès qu'on n'y comprend pas l'honnête, on bannit de la vie les devoirs, les vertus et l'amitié. Celles qui mêlent à l'honnête la volupté ou l'absence de douleur déshonorent l'honnêteté qu'elles veulent consacrer. Restent donc les stoïciens qui ont pris toutes leurs opinions d'Aristote et de Platon et n'ont fait qu'en changer les termes. Pison va donc exposer la doctrine péripatéticienne.

Tout animal s'aime lui-même et travaille à sa conservation et à son perfectionnement. Il ne désire donc que ce qui est conforme à sa nature et à sa nature propre, dans laquelle cependant il y a des biens communs. C'est ainsi que le souverain bien est unique et quoique différent pour chacun il est cependant, en un sens général, le même pour tous : la parfaite intégrité de son être. Il y a contradiction à dire qu'un homme ne s'aime pas, et absurdité à prétendre qu'il s'aime en vue de quelque autre objet

Or la nature de l'homme est double : âme et corps. Pour l'un et pour l'autre il y a des actes conformes à leur nature. L'âme surtout a des vertus naturelles et d'autres volontaires. Celles-ci sont plus proprement appelées vertus. C'est la prudence, la tempérance, la force, la justice.

Ainsi la nature nous prescrit de nous aimer nous-mêmes, corps et âme, et par là d'aimer la vertu, et de la préférer aux avantages du corps Cette tendance naturelle est d'abord vague, faute de connaissance ; mais elle se développe peu à peu. Une force intérieure nous pousse à chercher notre perfection. On cache ses défauts corporels ; on recherche la beauté du corps, la santé, la force. Tout cela mérite d'être estimé. Mais l'homme ne désire pas moins de connaître, et les efforts d'un grand nombre prouvent que la science est estimable pour elle-même. L'activité est aussi dans la nature, et le repos n'est accepté que par force.

Cependant la nature qui a si bien disposé toutes choses en nous, pour la perfection du corps, a seulement ébauché la vertu en nous donnant de faibles notions de tout ce qui est grand. C'est à nous de les développer. L'honnête mérite d'être recherché non seulement pour notre propre perfection, mais pour son excellence propre. Quelle admiration n'excitent pas les exemples d'une vertu sublime ! Or les auteurs de ces actes les ont accomplis en s'oubliant eux-mêmes, et quand nous les admirons nous n'avons en vue que leur propre beauté. Et de toutes les vertus, les plus éclatantes sont les vertus sociales, dans lesquelles se réunissent toutes les vertus, sans se confondre toutefois.

Tous les devoirs sont inspirés par la vertu et tous les autres biens se rapportent au souverain bien. Aussi le sage est toujours heureux.

Cicéron, après une courte interruption, insiste sur cette dernière pensée et essaye de démontrer à Pison qu'il se contredit, quoique son principe et sa conclusion soient séparément acceptables. Tandis que chez les stoïciens tout est logique quoique le principe soit faux. Si la vertu seule est un bien, le sage est heureux même dans sa douleur ; mais si la douleur est un mal, comment le sage dans la douleur pourra-t-il être heureux ?

Pison répond que la différence entre Zénon et ses maitres n'est que dans les mots. Mais d'ailleurs rien n'empêche d'appeler heureuse une vie où il y a quelques afflictions, comme la moisson est très-heureuse avec une mauvaise herbe Ainsi la sagesse rend heureux, même avec quelques peines, et un sage peut être plus heureux qu'un autre.

Voilà ce qu'il faut prouver dit Cicéron. Et là-dessus il arrête la conversation.

217. ANALYSE DU TRAITÉ DE OFFICIIS, adressé par Cicéron à son fils, alors à Athènes, l'an 44. — Cet ouvrage se compose de trois livres, dont le premier traite *de l'honnête*, le deuxième *de l'utile*, et le troisième *de la comparaison de l'honnête et de l'utile*.

Au début Cicéron explique à son fils le motif qui le fait écrire ; il rappelle ses ouvrages précédents sur la philosophie, le service qu'il a rendu en mettant en latin les doctrines des Grecs, les droits qu'il croit avoir à écrire, et il exhorte son fils à lire ses ouvrages.

Le premier sujet qu'il veut traiter avec lui, c'est le devoir. C'est à pratiquer le devoir que consiste l'honnêteté de la vie. Aussi ce sujet a été traité par tous les philosophes ; mais il y a plusieurs écoles, et le droit d'en parler n'appartient qu'aux stoïciens, aux académiciens et aux péripatéticiens, parce que seuls ils mettent l'honnête avant tout. Il suivra donc les stoïciens, mais sans renoncer à son jugement propre. Il annonce la définition des devoirs, mais il se contente de les distinguer du souverain bien et de les diviser.

Il ne traitera pas ici de la connaissance des vrais biens, mais des préceptes particuliers qui doivent régler toutes les actions de la vie. On distingue le devoir parfait, *rectum*, κατόρθωμα, et le devoir moyen, καθῆκον. Il divisera son ouvrage d'après les trois questions de Panétius : 1° L'acte à faire est-il honnête ; 2° est-il utile ; 3° l'acte qui paraît utile n'est-il pas opposé à l'honnête ?

Ici, pour en venir à l'idée de l'honnête, Cicéron remonte au principe stoïcien exposé dans le traité *De finibus*, l'instinct de la conservation, et le désir inné de sa propre perfection. D'où il conclut que l'homme doit poursuivre l'honnête, parce qu'il possède la raison.

Il y a quatre sources de l'honnête : la *prudence*; la *justice*, la *force* et la *tempérance*.

L'objet de la *prudence* c'est la vérité. Nous y avons un penchant inné. Mais il faut éviter deux excès : 1° croire vrai ce qui ne l'est pas ; 2° consacrer trop de temps aux questions spéculatives, et négliger les affaires. Tout le prix de la vertu consiste dans l'action.

La vertu gardienne de l'ordre social se divise en deux : la justice et la bienfaisance.

La première loi de *justice* est de ne nuire à personne, si l'on n'y est forcé par une attaque injuste ; la seconde d'user comme d'un bien commun de ce qui est à tous, comme d'un bien propre de ce qui est à soi. Or la nature ne détermine pas les biens privés : ils viennent d'une ancienne occupation, comme lorsqu'on s'est établi le premier sur une terre sans maître ; ou de la victoire, comme les conquêtes faites à la guerre ; ou d'une loi, d'un contrat, d'une condition acceptée, ou du sort. D'où il suit qu'il faut respecter la propriété de chacun.

Le fondement de la justice est la bonne foi, qui consiste à être sincère dans ses paroles et fidèle à ses engagements.

Il y a deux sortes d'injustice : celle que l'on fait, et celle que l'on laisse, faire, pouvant l'empêcher. Quelquefois la crainte est la cause de l'injustice plus souvent c'est la cupidité. La cupidité elle-même est inspirée par l'amour des jouissances, par l'ambition. On laisse faire le mal par la crainte des inimitiés, ou du travail, et par négligence, ou parce qu'on a le cœur porté à d'autres occupations.

Les circonstances peuvent rendre injuste une action qui est juste en elle-même. Un devoir supérieur dispense de l'accomplissement d'un devoir inférieur. L'interprétation malicieuse de la lettre de la loi peut aussi devenir une injustice et justifier ce proverbe : *Summum jus, summa injuria*.

Il faut préférer la paix à la guerre, et faire celle-ci avec modération. Cicéron remarque ici que par générosité, on a adouci l'expression, en nommant l'ennemi *hostis* (hôte, étranger). La guerre doit avoir des causes justes. Il faut à l'exemple de Régulus garder la bonne foi même envers ses ennemis. Il faut observer la justice même envers les esclaves. Des deux manières de commettre l'injustice : la violence et la fraude, la dernière est la plus odieuse, et l'injustice la plus criminelle est celle qui s'enveloppe des dehors de la probité.

Il faut pratiquer la *bienfaisance* de manière à n'être nuisible à personne ; observer les limites de sa propre fortune et l'avantage vrai de celui à qui on accorde un bienfait.

De préférence nous devons faire du bien à ceux qui le méritent mieux par leurs mœurs, par leur attachement, par leurs services, par leurs relations de parenté avec nous. Viennent ensuite nos concitoyens et enfin tous les hommes.

La *force* ou *grandeur d'âme* doit avant tout être juste, et les stoïciens la définissent avec raison : La vertu combattant pour l'équité. Il est difficile à une âme forte de ne pas se laisser emporter au-delà de la justice, parce qu'elle poursuit la gloire.

Une âme véritablement grande recherche avant tout ce qui est beau et honnête, et affronte toutes les difficultés. Elle méprise ce qui excite l'envie du vulgaire et ne se laisse ni arrêter par la crainte, ni détourner par la convoitise.

C'est un préjugé que de mettre la gloire militaire au dessus du mérite civil. Cicéron se donne lui-même en exemple.

La force dont il est question ici réside dans l'âme, mais elle exige les forces du corps ; il faut donc exercer celui-ci pour le rendre capable d'obéir à l'esprit et à la raison. Mais il faut surtout s'exercer à la sagesse et ne pas se laisser emporter avec témérité. La grandeur d'âme ainsi réglée évite, à la guerre, toute cruauté inutile, et ne va pas sans motif au devant des périls, et dans les affaires civiles, elle cherche avant tout le bien commun ; si elle doit punir, elle le fait avec justice et sans colère. Enfin dans la vie privée, la grandeur d'âme nous fait acquérir la fortune et nous apprend à la conserver et à en user pour le bien de tous.

La *tempérance* qui commande le respect de soi-même et des autres, comprend la *bienséance* ou le *décorum*, qui se confond presque avec l'honnête. Elle consiste à mettre toutes nos actions en rapport avec l'excellence de notre nature, comme les poètes observent les bienséances littéraires en faisant parler leurs personnages selon le caractère de chacun d'eux. Elle règle les mouvements du corps et surtout ceux de l'âme, elle soumet les appétits à la raison.

Elle enseigne la décence dans les jeux et dans les paroles ; elle nous fait mépriser les plaisirs des sens, pour rechercher les plaisirs de l'âme, plus en rapport avec notre nature. Mais elle n'est pas la même pour tous et chacun doit y garder son naturel. C'est d'après ce principe que chacun doit choisir son genre de vie.

Les désirs de bienséance diffèrent aussi selon les âges et les conditions, et la conduite d'un jeune homme ne doit pas être celle d'un vieillard, ni la conduite d'un simple particulier celle d'un magistrat.

N'écoutons pas les cyniques, qui nous reprochent d'attacher aux noms une honte qui n'est pas dans les choses. Il est contraire à la pudeur de faire ou même de dire en public ce qu'on peut faire sans honte en secret.

Même attention pour les gestes et pour les vêtements : que rien en nous ne soit efféminé ; mais il est bon de donner au visage un teint viril et à tout le corps une propreté sans affectation. Il faut même exercer sa voix et sa diction pour ne pas choquer ceux qui nous écoutent. La maison même doit être en rapport avec le rang de celui qui l'occupe.

A la bienséance il faut joindre l'à-propos. C'est l'art de ne rien faire et de ne rien dire qui ne soit à sa place. Cicéron discute ensuite la convenance des professions. Il les distingue en libérales et serviles, et parmi les dernières il en trouve d'odieuses et de viles. Le commerce n'est pas noble s'il se fait en petit ; fait en grand, il n'est pas absolument blâmable ; mais le meilleur moyen d'accroître sa fortune, c'est l'agriculture.

Ayant achevé de traiter de ce qui est honnête, Cicéron compare entre eux les différents devoirs de cette classe, et déclare que les devoirs qui ont pour objet l'action et la vie sociale ont le pas sur les devoirs qui n'ont pour but que la science. Cependant, les devoirs de la pudeur l'emportent sur les intérêts mêmes de l'État, si toutefois il est permis de supposer une pareille opposition. Enfin, l'ordre des devoirs est celui-ci : les dieux, la patrie, les parents, les autres hommes.

Dans le *second livre*, Cicéron étudie comme mobiles de nos actions les besoins de la vie, la gloire et la fortune ; en un mot *l'utile*. Rien dans le monde ne nous est aussi utile ou aussi nuisible que les hommes, et d'ailleurs rien n'est vraiment utile que ce qui est honnête.

L'homme a besoin de la société ; dès lors le plus utile pour lui c'est de se concilier la bienveillance des autres. Pour cela il faut se faire aimer et non se faire craindre.

La gloire repose sur trois bases : l'amour, la confiance, et l'admiration du peuple. L'amour se gagne par les bienfaits ; la confiance par la prudence ; l'admiration, par les grandes qualités. Mais tout cela doit être uni à la vertu, et principalement à la justice. L'éloquence employée à défendre les innocents est aussi un excellent moyen d'acquérir l'estime, dans le jeune âge. Plus tard on emploiera les bienfaits, soit par des services personnels, soit par des dons d'argent ; mais il faut y garder une juste mesure entre l'avarice et la prodigalité.

Il faut aussi rendre service à l'Etat ; mais on ne doit jamais chercher à paraître servir le peuple au détriment de la République.

L'économie domestique et le soin de sa santé sont aussi des biens qu'il convient de poursuivre.

Enfin, dans la comparaison de l'utile à l'utile, les biens de l'âme doivent passer avant les biens du corps.

Le *troisième livre* compare *l'utile à l'honnête*: En principe, l'utilité ne peut pas exister en dehors de l'honnêteté. L'opposition ne peut être qu'apparente, et si la vertu semble contraire à un autre avantage, il faut suivre la maxime stoïcienne : « Le tort fait à autrui est plus contraire à la nature que la souffrance, la pauvreté ou la mort. » L'honnête est le seul bien désirable ou au moins le plus désirable en soi.

L'honnête homme n'hésite jamais entre son devoir et son intérêt. D'ailleurs, dès qu'une chose est honteuse, elle ne peut servir nos intérêts.

Ces analyses, déjà trop longues pour notre ouvrage, suffisent à faire connaître les doctrines de Cicéron, mais ne peuvent donner une idée exacte de l'intérêt qu'offrent les écrits philosophiques de Cicéron. Nous ne pouvions pas reproduire les exemple, les anecdoctes, les détails historiques dont ces traités sont semés et qui en rendent la lecture aussi attrayante qu'utile. Le fond de la doctrine y est à peu près sans reproche, car Cicéron ne tombe jamais dans les excès des écoles qu'il prend pour guides, et partout c'est le bon sens qui parle, avec le secours d'une riche érudition et d'une profonde expérience.

218. Sénèque. — *Lucius Annæus Seneca* naquit à Cordoue, en Espagne, l'an 2 après J. C. Il était fils de Sénèque le rhéteur, qui l'amena à Rome encore jeune. Il se livra tour à tour au barreau et à la philosophie. Sur une accusation que l'on croit calomnieuse, il fut exilé par Claude et rappelé, l'an 47, par Agrippine, qui lui confia, ainsi qu'à Burrhus, l'éducation de son fils Néron. Leurs efforts parurent d'abord couronnés de succès chez leur royal élève ; mais l'amour et la jalousie prirent bientôt le dessus, et Néron ne fut plus qu'un monstre. Sénèque s'abandonna à la crainte, au point d'écrire au Sénat pour justifier Néron d'avoir fait asssasiner sa mère. Cette bassesse ne le mit pas à l'abri des coups du cruel empereur. En vain il lui offrit tous ses biens, en se retirant à la campagne, ne mangeant que des fruits qu'il cueillait lui-même et ne buvant que l'eau qu'il puisait lui-même à la source, pour n'être pas empoisonné. Un centurion vint lui apporter l'ordre de s'ouvrir les veines. Alors Sénèque fit appel à sa philosophie et accepta la mort en stoïcien. Il avait 64 ans. C'était l'an 66.

Dans ses écrits, Sénèque se montre stoïcien dans toute la force du terme. Il s'est peu occupé de la partie spéculative, mais on peut voir, par ce qu'il en dit, qu'il pense au fond comme le Portique, et que son Dieu, dont il exalte la providence, n'est autre chose que l'âme du monde, comme l'âme n'est pour lui qu'un composé d'éléments subtils.

Il traite plus longuement la morale, et là il exagère même les excès des stoïciens. Le sage est libre en vivant selon la nature ; il est l'auteur de sa vertu : il se suffit à lui-même et se montre supérieur au monde, parce qu'il en méprise les peines aussi bien que les plaisirs. D'ailleurs il sait quitter la vie quand il ne peut plus la régler à son gré. C'est ainsi que Sénèque recommande le suicide comme le suprême exercice de la liberté.

Cependant, à côté de ces exagérations fâcheuses, on peut lire avec fruit une profonde analyse du cœur humain et des passions, et surtout relativement à la bienfaisance et à l'amour du genre humain, des doctrines bien supérieures aux principes de la philosophie païenne, et qui laissent voir l'influence naissante du christianisme.

Les écrits de Sénèque qui nous sont parvenus sont : *Consolation à Helvia; id. à Polybe ; id. à Marcia ; de la Constance du sage ; du Repos et de la retraite du sage ; de la Tranquillité de l'âme; de la Vie heureuse; de la Colère,* en 3 livres ; *de la Clémence,* en 2 livres ; *des Bienfaits,* en 7 livres ; *de la Providence; Questions naturelles ;* et les *Lettres à Lucilius,* au nombre de 124.

On y trouve aussi quelques pièces de vers et une facétie assez peu digne, sur la mort de Claude, qui a pour titre *Apocoloquintose,* et que pour l'honneur de Sénèque nous voudrions ne pas trouver dans ses œuvres.

319. ÉPICTÈTE. — On ne connaît pas la date de la naissance ni de la mort d'Epictète. Né à Hiérapolis en Phrygie, il était esclave d'Epaphrodite, lui-même affranchi de Néron. Il appartient donc à la deuxième moitié du premier siècle de notre ère. On cite de lui un trait qui montre jusqu'à quel point il pratiqua la doctrine des stoïciens. Un jour que son maître Epaphrodite s'amusait à lui tordre la jambe, il se contenta de lui dire plusieurs fois : « Vous allez la casser. » Le maître continua, et la jambe se rompit en effet. Alors Epictète ajouta: « Je vous avais bien dit que vous la casseriez. »

Affranchi par son maître, Epictète enseigna la philosophie à Rome, et lorsque Domitien eut chassé tous les philosophes, en 90, il se retira à Nicopolis en Epire, où la jeunesse romaine allait l'entendre.

Il est probable qu'Epictète n'a rien écrit, mais Arrien son disciple nous a transmis ses enseignements, dans son *Enchiridion* ou *Manuel d'Epictète*, et dans les *Entretiens d'Epictète*, ouvrage dont il ne nous reste que les quatre premiers livres des huit dont il se composait.

Le *Manuel d'Epictète* est un court résumé de ses maximes. Il est rédigé en langue grecque, en forme de sentences et presque sans ordre. On n'y trouve que des conseils moraux basés sur les théories des stoïciens, mais avec des adoucissements qui les rapprochent de la morale chrétienne. En voici les pensées principales.

Les actes de notre âme dépendent de nous : ils sont libres ; les biens extérieurs ne dépendent pas de nous. C'est faute de faire cette distinction que l'on s'afflige quand on n'a pas les biens extérieurs.

Il ne faut désirer que ce que l'on peut obtenir. On ne doit pas oublier, en aimant, que l'on aime des choses périssables.

Les obstacles naturels et inévitables n'enlèvent rien à notre liberté conforme à la nature, et l'homme sage ne veut rien que selon la nature.

On ne saurait justement être fier de la beauté des choses que l'on possède : cette beauté n'est pas en nous.

La vie est comme un voyage sur mer, où il faut être sans cesse aux ordres du patron et tout quitter pour lui obéir.

Réglons nos désirs sur les évènements, et ne cherchons pas que les évènements se règlent sur nos désirs.

Toute perte de bien est une restitution. Ton fils est mort ; tu l'as rendu. Usons de nos biens comme le voyageur use d'une hôtellerie.

« Il vaut mieux mourir de faim exempt de crainte et de chagrin, que de vivre dans l'abondance avec le trouble dans l'âme ; il vaut mieux aussi que ton esclave soit mauvais, que toi malheureux. »

« Si tu veux faire des progrès dans la vertu, aie le courage de passer pour un imbécile et pour un insensé. »

« Souviens-toi que tu es ici bas comme sur un théâtre, pour y jouer le rôle qu'il a plu au maître de te donner. »

En présence des présages, il faut dire : « Quels que soient les évènements, il dépend de moi d'en tirer un avantage. »

« Que la mort soit sans cesse devant tes yeux. Par ce moyen tu n'auras aucune pensée basse et tu ne désireras rien avec trop d'ardeur. »

Quand un malheur nous frappe, disons-nous à nous-mêmes ce que nous dirions à un autre en pareil cas : « C'est le sort de l'humanité. »

« O homme ! considère d'abord ce que tu veux entreprendre ; examine ensuite ta nature, pour voir si le fardeau que tu t'imposes est proportionné à tes forces. »

« Tous les devoirs se mesurent en général par les rapports qui lient les hommes entre eux. C'est ton père ? ton devoir est d'en prendre soin, de lui céder en tout, de souffrir ses réprimandes et ses mauvais traitements. Mais ce père est méchant ! Qu'importe ? La nature t'avait-elle lié nécessairement à un bon père ? Non, mais à un père. Ton frère t'a fait une injustice ? remplis tes devoirs envers lui, et ne considère point ce qu'il a fait, mais ce que tu dois faire et ce que la nature exige de toi. »

« Sache que le principal fondement de la religion est d'avoir des opinions droites sur les dieux ; de croire qu'ils existent, qu'ils gouvernent le monde avec autant de justice que de sagesse ; d'être persuadé que tu dois leur obéir, et te soumettre sans murmurer à tous les évènements, comme étant produits par une intelligence infiniment sage. »

« Garde le silence le plus souvent ; ne dis que les choses nécessaires, et toujours en peu de mots. Ne nous entretenons jamais de choses frivoles.... mais gardons-nous surtout de parler des hommes, soit pour les blâmer, soit pour les louer, ou pour les comparer entre eux. »

« Si l'on te rapporte que quelqu'un a mal parlé de toi, ne t'amuse point à te justifier ; réponds seulement : « Il n'a pas connu mes autres défauts, car il aurait dit encore plus de mal de moi. »

« Si cette action est mauvaise, ne la fais point ; et si elle est bonne, que t'importe le blâme de ceux qui te condamnent injustement ? »

220. Coup-d'œil général. — La philosophie grecque prenant ses fondements dans une tradition trop altérée a fait de vains efforts pour relever l'homme moral. Le besoin de vérité et de bien a fait surgir des travaux souvent dignes d'admiration, et Dieu a même suscité plus d'une fois des hommes de génie, pour arrêter la décadence de l'esprit humain. Malgré cela, la philosophie livrée à elle-même n'a pu que ralentir la marche descendante ; elle n'a pu l'arrêter. Les plus nobles élans vers la vérité ont abouti au scepticisme ; la notion du vrai Dieu n'a jeté que de rares lueurs et le peuple est demeuré dans son polythéisme abject, où, selon la parole énergique de Bossuet, « tout était Dieu excepté Dieu lui-même. » Le matérialisme règne sur les intelligences et sur les cœurs ; la morale d'Epicure est devenu universelle ; les belles théories des stoïciens sur la vertu n'ont pas introduit la justice de l'honnêteté dans les mœurs. Bien plus, les grands philosophes eux-mêmes n'ont pas su s'affranchir de ce vice contre nature qui fut la plaie du monde païen, et Socrate et Platon n'échappent pas à ce reproche. Les esclaves plus nombreux que les hommes libres, sont traités avec moins de respect que les bêtes, et le suicide souille souvent à la fin une vie consacrée à enseigner les plus belles théories morales. L'humanité a donc besoin d'une régénération ; la raison est presque effacée et une nouvelle révélation est nécessaire pour la ramener dans sa voie.

C'est alors, au milieu de l'attente universelle, lorsque tous les yeux sont tournés vers le Rédempteur promis dès le commencement, qu'apparaît l'Homme-Dieu.

Avec les enseignements et les exemples de Jésus-Christ, et surtout avec la force que seul il communique à la volonté, la raison humaine va prendre un nouvel essor et discernant désormais, sans incertitude, la vérité d'avec l'erreur, le beau d'avec le laid, le bien d'avec le mal, elle pourra mettre à profit tous les efforts des siècles précédents et les multiplier dans leurs résultats, par l'introduction des doctrines de l'Evangile. Ce sera la vraie philosophie classique, désormais sûre d'elle-même, pour tous ceux qui la chercheront de bonne foi. Ce sera la *philosophie catholique*.

Si l'on veut plus de développement à cette thèse, que nous ne faisons qu'indiquer ici, on pourra lire avec fruit l'*Histoire de l'Église* de M. l'abbé Darras, tome IVe, p. 163-194. On y trouvera une démonstration complète de l'impuissance de la philosophie païenne, de la dégradation universelle à cette époque et du besoin que le monde avait d'un rédempteur, même au simple point de vue de la raison.

2ᵉ PÉRIODE
PHILOSOPHIE DU MOYEN AGE

221. Division. — Nous comprenons sous ce titre, non-seulement le moyen-âge proprement dit, mais encore les premiers siècles chrétiens. C'est pourquoi nous diviserons cette période en trois époques, comme il suit :
1° Philosophie des huit premiers siècles chrétiens.
2° Philosophie scolastique.
3° La Renaissance. Décadence de la Scolastique.

PREMIÈRE ÉPOQUE
PHILOSOPHIE DES HUIT PREMIERS SIÈCLES CHRÉTIENS

222. Division. — Ce que nous devons surtout considérer ici c'est la philosophie chrétienne, comme ayant emprunté à la philosophie grecque tout ce que celle-ci avait de vrai, comme l'ayant corrigé par les données de la Révélation chrétienne, comme ayant préparé la philosophie scolastique. Mais il convient de mettre en regard les recherches de la philosophie non classique à cette même époque, c'est-à-dire les travaux des derniers philosophes païens et ceux des hérétiques, qui fournirent aux Pères de l'Église l'occasion d'exposer leur philosophie. A la fin nous rencontrerons les Arabes et nous exposerons, en un seul article, tous leurs systèmes, pour ne plus y revenir. Donc huit paragraphes :
1. Philosophie du Nouveau Testament.
2. Philosophes catholiques des 1ᵉʳ, 2ᵉ et 3ᵉ siècles.
3. Philosophes païens et hérétiques du même temps.
4. Philosophes catholiques des 4ᵉ et 5ᵉ siècles.
5. Philosophes païens et hérétiques du même temps.
6. Philosophes catholiques des 6ᵉ, 7ᵉ et 8ᵉ siècles.
7. Philosophes païens et hérétiques du même temps.
8. Philosophie des Arabes.

§ 1. — Philosophie du nouveau testament

223. Observation. — Lorsqu'au commencement de cette histoire, nous avons exposé brièvement la philosophie de l'Ancien Testament sous le titre « Philosophie de la Bible, » nous avions pour but de montrer que les Juifs eurent une philosophie qui, pour être moins méthodique que celle des Grecs, ne fut pas moins complète, au point de vue des vérités reconnues, au contraire.

Ici notre pensée est toute différente, nous ne voulons pas montrer que l'Evangile emploie quelquefois le raisonnement et fait de la philosophie ; nous voulons établir que la somme des vérités reconnues et démontrées par la philosophie classique chez les peuples chrétiens a été introduite dans le monde par la prédication de l'Evangile.

Et d'abord tout ce qu'il y a de vérités affirmés dans les livres de l'Ancien Testament, sur Dieu, sur l'âme humaine et sur la morale, était resté presque entièrement la propriété des Juifs, et les Grecs avaient même effacé par leurs discussions le peu que la Tradition leur en avait apporté. Si donc nous retrouvons les mêmes vérités affirmées hautement par les Pères de l'Eglise, nous sommes autorisés à en faire honneur à la prédication de l'Evangile qui répandit dans le monde les livres de l'Ancien Testament aussi bien que ceux du Nouveau.

Après cela il est inutile de rechercher en détail ce que le Nouveau Testament renferme de plus que l'Ancien, comme vérités philosophiques ; il est inutile de remarquer que Dieu y est montré avec plus de précision, dans sa nature et surtout dans la Trinité de ses personnes, qu'on y voit surtout éclater davantage son amour pour les hommes, qu'il s'y rapproche davantage des hommes et s'en laisse approcher avec plus de confiance, et qu'avec un culte plus spirituel, la morale devient aussi plus haute, car l'on y voit non-seulement recommandées, mais pratiquées, des vertus que l'ancien monde n'avait pas même conçues ; nous voulons dire la charité et la chasteté.

C'est ainsi que le Christianisme a réformé et presque créé la vraie philosophie.

En effet, nous l'avons amplement démontré par tout ce qui précède, la philosophie n'a pas découvert les vérités qu'elle démontre, quoiqu'elle puisse les découvrir, et bien plus, livrée à elle-même, elle n'a pas su garder intact le dépôt qu'elle avait reçu de la Tradition.

224. Vérités philosophiques rappelées par l'Evangile. — L'espace nous manque pour développer cette thèse et pour donner tout ce qu'on pourrait prendre de vérités dans le Nouveau Testament et dans l'Ancien, mais quelques citations suffiront pour démontrer que la philosophie classique actuelle a puisé dans l'Evangile beaucoup plus que dans Platon, et que, si quelquefois elle a emprunté aux philosophes païens quelques-uns de leurs arguments, pour mieux faire voir que la vérité est toujours d'accord avec la raison, elle ne leur a jamais emprunté les vérités elles-mêmes. Voici donc quelques-unes des vérités que renferme l'Evangile :

Il n'y a qu'un seul Dieu (*Marc.* xii, 29, et ailleurs) ; Il est esprit (*Joan.* iv, 24) ; Dieu seul est bon (*Luc.* xviii, 19) ; Dieu seul est sage (*Rom.* xvi, 27) ; Dieu est saint et trois fois saint ; il est tout-puissant (*Apoc.* iv, 8) : Il est lumière (I *Joan.* i, 5) ; Il est vérace (*Joan.* iii, 33) ; Il est fidèle à sa promesse (I *Cor.* i, 9). C'est le Dieu de patience et de consolation ; le Dieu d'espérance et de paix (*Rom.* xv, passim) ; le Dieu riche en miséricorde (*Eph.* ii, 4) ; Il nous a aimés le premier (I *Joan.* iv, 19). C'est Dieu qui a créé toutes choses *(Heb.* iii, 4*).* C'est Dieu qui fait tout en nous, qui nous donne le vouloir et le faire. *(Philip.* ii, 13). On sent qu'avec la diffusion de l'Évangile, le paganisme va disparaître : le nom *dieux* au pluriel, si souvent répété dans l'Ancien Testament, n'est pas employé une seule fois dans le Nouveau.

Dieu est Père, Verbe et Saint-Esprit, et ces trois ne sont qu'un (I *Joan.* v, 7). Enfin, pour tout résumer en un mot, Saint-Jean ajoute : Dieu est charité (I *Joan.* iv, 8).

« Au commencement était le Verbe... et le Verbe était Dieu... Tout a été fait par lui... Il est la lumière qui éclaire tout homme, à son entrée dans le monde... Et le Verbe s'est fait chair, et il a habité parmi nous, et nous avons vu sa gloire... C'est de sa plénitude que nous avons reçu la grâce » (*Joan.* i, passim). Quel besoin les premiers chrétiens avaient-ils de recourir à Platon, après ces paroles ? Et certes, on n'accusera pas St-Jean de les avoir puisées dans Platon, comme on a voulu voir un souvenir de Platon dans les théories catholique des Pères de l'Eglise.

M. Fouillée tient même que l'expression *lumen de lumine*, que nous chantons à la messe, dans le symbole de Nicée, a été empruntée à Plotin. C'est pour mieux appuyer sa théorie générale, que le dogme catholique s'est développé par les données de la philosophie grecque. Nous sommes d'un avis tout opposé, comme nous l'avons dit déjà, et ici en particulier nous ferons remarquer que l'Évangile dit : *Deus lux* (I. *Joan.* 1, 5*);* et ailleurs elle en dit autant du Verbe de Dieu : *Erat lux vera quæ illuminat omnem hominem.* N.-S. Jésus-Christ lui-même dit : *Ego sum lux mundi est (Joan* vii, 12*).* Or on sait que selon la doctrine de l'Evangile, le Verbe procède du Père, il est donc *lumière de lumière*, et d'ailleurs il est dit au livre de la Sagesse (vii, 26) : *Candor est lucis æternæ.* Nous ne voyons donc pas que le concile de Nicée eût besoin d'emprunter cete idée à Plotin. C'est plutôt celui-ci qui, venu deux siècles après S. Jean, la lui a empruntée.

En rectifiant l'idée de Dieu, l'Evangile rectifia aussi l'idée de l'homme ; il rappela que Dieu l'a créé à son image (*Gen.* i, 27), et qu'il l'a créé immortel (*Sap.* ii, 23), et surtout il donna à l'homme une haute idée de lui-même et l'ennoblit à ses propres yeux, en lui disant que Dieu lui-même s'est fait homme (*Joan.* i, 14). Mais en même temps il lui disait : « Tous les hommes ne sont que terre et cendre » (*Eccli.*

xvii, 31) et le Verbe « s'est anéanti en devenant semblable aux hommes » *(Philip.* ii, 7). C'était le préserver en même temps et de la dégradation et de l'orgueil, les deux vices contre lesquels la philosophie antique s'était montrée plus impuissante.

Aussi la morale de l'Evangile surpasse de beaucoup tout ce que les hommes avaient pu concevoir de plus noble. Il ne suffit plus de pratiquer simplement la justice, il faut aimer son prochain comme soi-même, et ce commandement marche de pair avec celui qui ordonne d'aimer Dieu *(Matth.* xxii, 40). Bien plus, l'observation de l'amour du prochain enferme l'observation de la loi tout entière *(Galat.* v, 14), et la loi s'accomplit dans l'amour *(Rom.* xiii, 10). Il faut s'aider mutuellement, porter les fardeaux, les uns des autres *(Galat.* vi, 2), et cet amour il faut l'avoir même à l'égard des plus petits, *(Matth.* x et xxv) qu'il faut en outre craindre de scandaliser *(Matth.* xviii, 6). Cette loi nouvelle condamne en cela toutes les lois païennes, qui livraient l'esclave, l'enfant et la femme à la merci du chef de famille. Aussi, le mariage devient un lien sacré, qu'il n'est pas permis de rompre; on lui rend sa sainteté première et on défend non-seulement les actes, mais les désirs même qui sont contraires à cette sainteté. *(Marc.* x, 12; *Matth.* v, 28 ; *Matth.* xix, 8). Enfin pour faire contrepoids à la honteuse dépravation des mœurs païennes, l'Evangile déclare louable et possible la virginité *(Matth.* xix, 12), et ses disciples ont démontré par les faits qu'elle est possible et excellente.

Voilà quelques-unes des données nouvelles que l'Evangile a apportées à la philosophie, et voilà le secret de la supériorité de nos doctrines philosophiques sur celles des temps anciens.

C'est ce travail de la raison, sur les vérités enseignées par Dieu au genre humain, que nous allons maintenant suivre, dans les siècles chrétiens.

§ 2. — Philosophes catholiques des 1ᵉʳ, iiᵉ et iiiᵉ siècles

225. Observation. — Laissant de côté, dans le Iᵉʳ siècle, l'*Epître* de S. Barnabé et le *Pasteur* d'Hermas, dont le fond est entièrement théologique, il est d'usage de parler dans les histoires de la philosophie des ouvrages de S. Denys l'Aréopagite. Mais depuis deux cents ans on semble être convenu de les rejeter comme apocryphes, et de les attribuer à un moine du Vᵉ siècle, comme aussi de nier sans autre forme que S. Denys l'Aréopagite soit le même que S. Denys le 1ᵉʳ évêque de Paris. C'est ainsi que M. Franck et M. Fouillée, dont les ouvrages sont récents disent encore: *le faux Denys l'Aréopagite*, et regardent comme démontrée la non-authenticité des ouvrages qui portent ce nom. Or c'est le contraire qui est aujourd'hui victorieusement démontré, et depuis les travaux de l'abbé Darboy, qui fut depuis archevêque de Paris et

qui est mort victime de la Commune en 1871, et après les nouvelles confirmations qu'a apportées à cette thèse M. l'abbé Darras, dans son *Histoire de l'Eglise*, il n'est plus permis de douter que S. Denys l'Aréopagite ne soit le même que S. Denys, Ier évêque de Paris, et que les ouvrages qui nous sont parvenus sous son nom ne soient réellement l'œuvre de ce même Denys, juge de l'Aréopage, que S. Paul convertit.

C'est pourquoi nous rétablissons à leur place ces ouvrages que tous s'accordent à considérer comme ayant une grande importance, mais que tous renvoyaient au cinquième siècle.

22. S. Denys l'Aréopagite. — Nous savons par les *Actes des Apôtres* (xvii, 34) que Denys était juge à l'Aréopage lorsque S. Paul vint y annoncer le Dieu inconnu, et qu'il fut un de ceux qui se convertirent. Il raconte lui-même dans une lettre à S. Polycarpe, qu'étant à Héliopolis en Egypte, avec Apollophane, alors son ami, ils furent témoins de l'éclipse de soleil, qui s'opéra contrairement à toutes les lois astronomiques, à la mort de N.-S. Jésus-Christ. Il avait alors environ vingt-cinq ans. Converti plus tard par S. Paul, il fut envoyé en Gaule par le pape S. Clément et reçut le martyre à Paris, l'an 119.

Les ouvrages que nous avons de lui sont : *De la Hiérarchie céleste; De la Hiérarchie ecclésiastique; Des Noms divins; Théologie mystique*, et dix *lettres*. Le but de ces écrits était de combattre les erreurs des hérétiques d'alors et particulièrement celles de Simon le Mage ; mais il déclare lui-même qu'il ne veut pas faire de polémique, mais établir si bien la vérité qu'elle se soutienne par elle-même contre toutes les erreurs. Aussi ses livres forment une sorte de somme théologique d'autant plus intéressante à consulter qu'elle nous donne la doctrine des premiers chrétiens. Nous ne pouvons dire ici que quelques mots de sa philosophie.

« Avant tout, dit-il, il faut proclamer que Dieu, essence suprême, a fait acte d'amour en donnant à toutes choses leur essence propre, et en les élevant jusqu'à l'être, car il n'appartient qu'à la cause absolue et à la souveraine bonté d'appeler à la participation de son existence les créatures diverses, chacune au degré où elle en est naturellement capable. »

« L'infini dans son excellence reste supérieur à tous les êtres : l'unité suréminente échappe nécessairement à toute conception ;.... nature suprême, intelligence incompréhensible, parole inénarrable sans raison, sans entendement, sans nom ; elle n'existe point à la façon des autres existences : auteur de toutes choses, cependant elle n'est pas de la façon dont les autres êtres subsistent, parce qu'elle surpasse tout ce qui est. »

S. Denys a ici l'intention évidente de combattre Simon le mage, qui faisait créer le monde par des Eons inférieurs à Dieu et en révolte contre lui. Et pourtant c'est sur ces textes, et sur d'autres tout-à-fait analogues, que

M. Bouchitté, dans le *Dictionnaire* de M. Franck, accuse S. Denys de n'être pas entièrement catholique et d'admettre au dessus de la Trinité, un autre Dieu supérieur comme les Alexandrins. Il donne ensuite une série de propositions résumées d'après les ouvrages de S. Denys, et, bien qu'il les rédige avec la pensée préconçue qu'elles sont hérétiques, nous avons le regret de lui dire que, même tel qu'il le présente, S. Denys n'est pas hérétique ; à plus forte raison ne l'est-il pas dans ses propres paroles.

De plus S. Denys dit, il est vrai, que les exemplaires des choses préexistent en Dieu et sont en lui dans une simple et suressentielle union ; il dit aussi que le mal n'est qu'une privation ; mais il n'a pas pris ces théories dans les Alexandrins ; au contraire, ceux-ci n'ont écrit qu'après lui, et s'il a fait entrer dans la théologie catholique les théories de Platon, il ne les a pas empruntées à Plotin.

M. Fouillée va plus loin encore d.. son affirmation que S. Denys suit les doctrines néoplatoniciennes. « Il n'est, .. il, aucun des termes les plus hardis de Plotin qui ne soit accepté par Den... t même exagéré encore. » Nous avons déjà répondu à cette accusation. M.. voici encore un texte de S. Denys lui-même, pour clore le débat.

« Dieu est célébré tantôt comme unité suprême, à raison de sa simplicité, de son absolue indivisibilité.... ; tantôt comme trinité, pour exprimer cette suréminente fécondité des trois personnes, d'où tire son origine et son nom toute paternité au ciel et sur la terre. Il est loué ici comme auteur souverain de tout, parce qu'effectivement toutes choses ont reçu l'être de sa bonté créatrice ; là comme sagesse et beauté, parce que les êtres, s'ils conservent leur nature dans sa pureté originelle, sont pleins de divine harmonie et de beauté céleste. Enfin, il est excellemment nommé notre ami, parce qu'une des personnes divines daigna se faire véritablement homme, rappeler à soi et s'unir l'infirmité humaine ; miraculeuse alliance, où deux substances se rencontrent dans le seul Jésus. » (*Des Noms divins*, c. I.)

C'est contre la doctrine gnostique des *éons* que saint Denys expose la hiérarchie céleste des neuf chœurs des anges, non cependant d'après des conceptions philosophiques, mais d'après l'Écriture Sainte et la Tradition.

227. DEUXIÈME SIÈCLE. — Saint JUSTIN, né à Sichem, en Palestine, fut d'abord philosophe Platonicien et se convertit au christianisme à la suite d'une conversation avec un prêtre chrétien, qui lui conseilla la lecture de la Bible. Nous avons de lui une *Exhortation aux Gentils*, dans laquelle il démontre l'absurdité du polythéisme et l'immoralité dont les dieux des Grecs donnent l'exemple : deux *Apologies*, dans lesquelles il montre avec beaucoup d'éloquence, l'injustice des lois portées alors contre les chrétiens. Il reçut le martyre, l'an 167.

Nous devons citer, parmi les ouvrages orthodoxes, le *Discours contre les Grecs*, de TATIEN, qui, d'abord disciple de saint Justin, devint plus tard hérétique. Dans cet ouvrage, Tatien montre le ridicule du prétexte des Grecs qui refusaient de lire les Saintes Écritures et d'étudier le Christianisme, parce que, disaient-ils, tout cela venait des Barbares. Il établit que les Grecs avaient tout emprunté aux peuples qu'ils appelaient barbares : leurs arts, leur religion et leur philosophie. Comparant ensuite la doctrine chrétienne à celle des Grecs, il fait voir que la première est seule raisonnable et vraiment morale.

ATHÉNAGORE écrivait aussi à la même époque une *Apologie*, où l'on peut voir une excellente réfutation du polythéisme et de cette erreur des Grecs qui appelaient athées tous ceux qui ne reconnaissaient qu'un seul Dieu.

HERMIAS de la même époque nous a laissé un livre intitulé *Les philosophes raillés*, Διασυρμός τῶν ἔξω φιλοσόφων, où l'on peut voir une satire spirituelle des absurdités émises par les philosophes païens.

S. IRÉNÉE, né dans l'Ionie, vers l'an 120, fut d'abord disciple de saint Polycarpe, qui l'envoya en Gaule auprès de saint Pothin, évêque de Lyon. Il succéda à celui-ci, l'an 178, et mourut martyr, l'an 202. De son ouvrage *Contre les hérésies*, il ne nous reste que la traduction latine, en 5 livres, et des fragments du texte grec. On y voit la réfutation des doctrines gnostiques de Marcion et de Valentin. Sa philosophie est aussi profonde que solide, pleine de grandes idées et riche d'expression. Il ramène au sens catholique plusieurs des théories de Platon.

228. TROISIÈME SIÈCLE. — CLÉMENT D'ALEXANDRIE, né à Athènes ou à Alexandrie, et converti au catholicisme par saint Pantène, lui succéda comme chef de l'École chrétienne d'Alexandrie, après avoir été ordonné prêtre. Profondément versé dans toutes les connaissances de son temps, il ne crut pas devoir renoncer à la philosophie en devenant chrétien, au contraire il s'en servit comme d'une base pour amener les infidèles à la foi chrétienne. Fuyant la persécution de Sévère, en 202, il se retira en Cappadoce, puis revint à Alexandrie. Quelques-uns disent qu'il y mourut martyr, l'an 217, sous l'empereur Caracalla. Cependant l'Église ne le compte pas parmi les saints, parce que, ne connaissant pas assez sa vie et sa mort, elle ne trouve pas de trace d'un culte qui lui ait été rendu. Ainsi parle l'abbé Darras, mais l'abbé Rohrbacher dit que l'on trouve son nom dans quelques martyrologes particuliers. Il nous reste de lui : *Exhortation aux Gentils*, le *Pédagogue* et les *Stromates* (tapisseries), plus des fragments de plusieurs autres ouvrages, avec un opuscule intitulé : « *Quel riche sera sauvé?* » Les *Stromates*, en huit livres, sont un répertoire précieux de pensées religieuses et philosophiques, recueillies dans tous les auteurs : l'*Exhortation* réfute une fois de plus le paganisme et en inspire l'horreur par le tableau qu'elle en fait et en le comparant à la religion chrétienne. Le *Pédagogue*, en trois livres, nous montre l'excellence de la morale

chrétienne, avec Jésus-Christ pour modèle. Lui aussi prend dans Platon tout ce qui peut s'accorder avec la doctrine chrétienne, et même dans un ouvrage intitulé *Hypotyposes*, dont il ne nous reste que des fragments, il essaya d'accorder entièrement Platon avec Jésus-Christ.

Citons un fragment de l'*Exhortation aux Gentils*, qui fera connaitre ce que Clément pensait des sources de la philosophie, et le justifiera du reproche qu'on lui a adressé d'être trop disciple de Platon.

Cessez donc enfin de peupler le monde de vos dieux. Pour vous, les vents, l'air, le feu, la terre, la pierre, le bois, le fer sont des divinités. De la science des corps célestes, de la noble astronomie, vous avez fait, pour spéculer sur la crédulité vulgaire, je ne sais quelle imposture d'astrologues. Mais à moi il me faut le Dieu des astres, le Dieu des vents, le Maître du feu et des éléments, le Créateur du Monde, Celui qui a donné au soleil sa lumière ! Je cherche Dieu, non les œuvres de Dieu. Qui d'entre vous aurais-je pour m'aider dans cette recherche ? Vous plaît-il de prendre Platon ? *Nous ne le répudions pas entièrement.* Eh bien ! Platon, comment procéderons-nous à la recherche de Dieu ? — « Le Père et l'Auteur de l'univers est difficile à trouver, réponds-tu, et si « l'on y parvient, il est impossible d'énoncer par des paroles cette découverte. » — Pourquoi ? demanderai-je. — « Parce que Dieu ne se peut énoncer. » — Courage, Platon. Tu touches à la vérité... Dans la conscience universelle et surtout dans les âmes cultivées, il y a quelques semences divines de vérité... Tu as dit toi-même : « Selon une antique parole, Dieu contient en soi le prin- « cipe, la fin et le milieu de toutes choses ; le bien est son essence, et il en est « l'auteur. De toute éternité la justice l'accompagne, pour le châtiment de « ceux qui s'écartent des règles divines. » D'où as-tu pris, ô Platon, cette exposition de la vérité... Tu l'as dit encore : « Il est des peuples que les « Grecs nomment barbares et qui sont plus sages que les Grecs. » Tu ne les a pas voulu nommer ; je le ferai pour toi. Je connais ceux qui furent tes maîtres... Les Egyptiens t'apprirent la géométrie ; les Babyloniens, l'astronomie ; les Thraces, leurs incantations ; les Assyriens, leur histoire. *Mais ce qu'il y a de raisonnable dans tes lois, tu l'as emprunté aux Hébreux.* »

Le *Pédagogue* dont parle Clément, c'est Notre Seigneur Jésus-Christ, « c'est notre Dieu sous la forme humaine dont il s'est revêtu sans rien perdre de sa divinité... Il est pour nous l'image, l'idéal immaculé que tous nos efforts doivent tendre à reproduire dans notre âme .. Le Pédagogue céleste s'occupe d'abord de la pratique et non de la théorie. Son but principal est de rendre l'âme meilleure et non de l'instruire, de former le sage et non le savant. Ce n'est pas que le Verbe ne nous ouvre aussi les trésors de la science, mais il ne débute point par là. »

TERTULLIEN, né à Carthage, vers l'an 160, était fils d'un païen. Après une jeunesse passée dans le désordre, il se convertit à l'âge de 30 ans, et instruit déjà dans les lettres profanes, il étudia dès lors les livres sacrés et les ouvrages de saint Justin et de saint Irénée. La vivacité de son tempérament en fit d'abord un vaillant athlète du Christianisme, et plus tard un ardent fauteur de l'hérésie de Montanus, dans laquelle il se jeta par exagération de l'esprit d'austérité. Il mourut vers l'an 245.

Parmi les 30 ouvrages qui nous restent de lui, on remarque : l'*Apologétique*, qui est une défense des chrétiens, adressée à Septime Sévère. Après plusieurs autres motifs, il apporte en faveur des chrétiens cette raison que, si l'on tolère la Philosophie, on doit tolérer le Christianisme, qui enseigne les mêmes vertus morales. Dans son livre *Contre les Juifs*, il fait voir que la religion chrétienne n'est que la perfection de la loi de Moïse, telle que l'avaient annoncée les prophètes. Dans son livre *de l'Ame*, il dit que l'âme de l'homme est naturellement chrétienne, parce que tout homme qui juge selon la raison reconnait la vérité du Christianisme, et entre autres choses, il remarque que, dans le malheur, on invoque Dieu au singulier et non au pluriel, et qu'un romain dans la détresse ne tourne pas ses yeux vers le Capitole, mais vers le Ciel. Dans ses écrits contre les hérétiques, il réfute les doctrines gnostiques d'Hermogène, de Marcion et de Valentin, ainsi que les théories dualistes des anciens philosophes, dans lesquels il comprend Pythagore, Platon et les Stoïciens. On y remarque l'argument *de la Prescription*, qu'il emploie contre les hérétiques, dans le livre qui porte ce nom, où il leur dit qu'ils viennent trop tard pour enseigner une vérité nouvelle. Ses traités de morale : *de Fuga, de Monogamia, de Exhortatione castitatis*, renferment bien des préceptes exagérés à côté de beaucoup de maximes dignes d'être étudiées.

Il ne faudrait pas pourtant, comme M. Artaud, dans le *Dictionnaire* de de M. Franck, lui faire un crime de sa langue philosophique ou théologique, qu'il était obligé de créer, et où, suivant les expressions des derniers philosophes grecs, il emploie certains mots dans un sens tout opposé à celui que nous leur donnons aujourd'hui. Par exemple, le mot *corpus*, qui est pour lui synonyme de *substantia*, d'où il conclut : *Quis negabit Deum corpus esse, si spiritus est ?*

ORIGÈNE, un des plus illustres Pères de l'Eglise et peut-être celui qui a le plus écrit, nous laisse malheureusement quelques doutes sur sa persévérance dans la foi chrétienne. Né à Alexandrie, l'an 185, il était fils de S. Léonide, qui mourut martyr sous Sévère, l'an 202. Jeune encore, il savait l'Ecriture Sainte par cœur, et son père allait respectueusement baiser sa poitrine pendant qu'il dormait. Il n'avait que dix-huit ans quand l'évêque d'Alexandrie, Démétrius, le chargea de diriger l'école d'Alexandrie, après S. Clément. On accourait en foule pour l'entendre, et le peuple sortant de ses conférences allait s'offrir au martyre. Lui-même fut mis en prison, l'an 249, et souffrit pour la foi de Jésus-Christ, mais on ne voulut pas le mettre à mort, espérant le vaincre. Il mourut à Tyr, l'an 254.

Ses ouvrages se divisent en bibliques, apologétiques, dogmatiques et moraux. Plusieurs ne nous sont pas parvenus, mais ce qui nous en reste est de la plus haute importance, au point de vue de la religion. Il se montre comme philosophe, principalement dans son traité *Contre*

Celse, où, suivant pas à pas les objections de ce philosophe païen contre la religion chrétienne, il le réfute avec un calme et une sévérité de style, qui contraste avec le langage passionné de son adversaire ; et dans son livre *des Principes*, dont nous n'avons plus qu'une traduction latine, qui est pleine de fautes et renferme plusieurs opinions hérétiques, dont quelques anciens ont essayé de le disculper les attribuant à ses disciples. Cependant Origène fut déposé du sacerdoce et excommunié par un concile provincial tenu à Alexandrie. Il protesta par une lettre aux églises d'Égypte, disant qu'on ne devait pas le rendre responsable des interpolations faites dans ses écrits. Il est donc probable qu'Origène n'a jamais professé les erreurs que l'on trouve dans son livre des Principes ; seulement, plusieurs hérétiques s'en sont prévalus. Ainsi sa vraie doctrine philosophique nous manque, et nous n'exposerons pas celle que l'on donne sous son nom.

En terminant ce paragraphe sur les philosophes catholiques des trois premiers siècles de l'Eglise, nous ne pouvons nous empêcher de protester d'abord d'une manière générale contre la tendance, que manifestent les articles consacrés à ces premiers Pères, dans le *Dictionnaire* de M. Franck, à interpréter dans un sens non orthodoxe des paroles qui le sont parfaitement dans le sens de leurs auteurs, et à faire dériver leur enseignement des théories néoplatoniciennes ou gnostiques ; ensuite contre cette phrase de M. Fouillée, qui tend à faire considérer la religion chrétienne comme un simple éclectisme philosophique : « Soit directement, dit-il, soit indirectement, Platon exerça sur « le christianisme l'influence la plus incontestable. Les Pères grecs le procla- « ment eux-mêmes. Ce christianisme compréhensif des premiers Pères ne « pouvait manquer de fondre en une même doctrine philosophique toutes « les vérités éparses chez les anciens philosophes. » Et pour établir ce qu'il avance, il apporte en preuve un texte de saint Justin et un autre de Clément d'Alexandrie, qui signifient et même disent tout le contraire. « Tout ce qui a été enseigné de bon par tous les philosophes, dit saint Justin, nous appartient à nous chrétiens. Tous les hommes participent au Verbe divin, dont la semence est implantée dans leur âme... C'est en vertu de cette raison séminale, dérivant du Verbe, que les anciens sages ont pu, de temps à autre, enseigner de belles vérités... Car tout ce que les philosophes ou les législateurs ont dit ou trouvé de bon, ils le devaient à une vue ou connaissance partielle du Verbe. Socrate, par exemple, connaissait le Christ d'une certaine manière parce que le Verbe pénètre toute chose de son influence.. Voilà pourquoi les doctrines de Platon ne sont pas tout-à-fait contraires à celles du Christ bien qu'elles ne soient pas absolument semblables... Tous ceux qui ont vécu selon le Verbe sont chrétiens, bien qu'ils aient été regardés comme athées ; tels étaient Socrate et Héraclite chez les Grecs, et parmi les barbares, Abraham, Ananias, Azarias, Misaël, Elie, ainsi que beaucoup d'autres. » Et Clément dit : « Semblables aux bacchantes qui ont dispersé les membres de Penthée, les diverses sectes de philosophie soit grecque, soit barbare, éparpillent en fragments l'indivisible lumière du Verbe divin. » Voilà les preuves de M. Fouillée. Il nous semble que ces textes disent, au contraire, que les chrétiens seuls possèdent la vérité complète, parce qu'ils la tiennent d'une révélation immédiate du Verbe, au lieu que les philosophes n'en possèdent que les fragments qui leur sont dévoilés par la raison, communication naturelle du Verbe.

Nous remarquons en passant, à propos de ces textes, que S. Justin devait avoir sur Héraclite d'autres données que nous, et que surtout il ne voyait pas en lui, comme M. Fouillée, le précurseur de la théorie du *devenir*.

M. Fouillée n'est pas plus heureux quand il essaye de montrer que la théologie des premiers Pères dérive des théories platoniciennes. Les textes qu'il apporte sont le plus souvent calqués sur des textes de l'Ecriture Sainte, dont les auteurs même les plus récents, ne passent pas pour avoir étudié Platon. La place nous manque pour citer en entier les textes nombreux que nous avons recueillis pour justifier notre assertion ; disons seulement que, dans l'Ecriture, Dieu est appelé *Deus absconditus* (Isaï. XLV, 15), *invisibilis* (Col. I, 15), *incomprehensibilis cogitatu* (Jer. XXXII, 19) ; et que le Verbe de Dieu est appelé *imago Dei invisibilis* (Col. I, 15), *splendor gloriæ et figura substantiæ ejus* (Heb. I, 13), *candor lucis æternæ* (Sap. 7, 26). Ailleurs Dieu est qualifié de *supergloriosus* (Dan. III, 53), *superlaudabilis* et *superexaltatus* (Dan. III, 54), *Deus deorum* (Deut. X, 17 et alibi), *rex magnus super omnes Deos* (Ps. 94, 3). Cent autres paroles en disent autant que S. Justin, Clément, Origène, et S. Denys, dans les textes cités par M. Fouillée.

Si donc, comme nous l'avons admis précédemment, les premiers Pères de l'Eglise ont fait des emprunts à Platon, c'était pour montrer la rationalité de leur foi, mais non pas pour la créer. Quant aux néoplatoniciens et aux gnostiques, bien loin qu'ils leur aient empruntés quelque chose, ils les ont combattus, et ce sont ces derniers qui ont emprunté leurs termes à Philon le juif, à S. Denys, à S. Justin, à Clément d'Alexandrie et même à Origène, sans compter Ammonius Saccas, qu'ils reconnaissent pour leur maitre et qui était chrétien.

§ 2. — Philosophes païens et hérétiques des Ier, IIe et IIIe siècles

229. Premier siècle. — On trouve dans le premier siècle les philosophes païens dont nous avons déjà parlé : Apollonius de Tyane, Sénèque et Épictète, et avec eux le juif Philon, qui nous avait paru avoir fourni les principes vrais d'où les Néoplatoniciens et les Gnostiques ont tiré leurs erreurs.

Dès le milieu de ce siècle, le gnosticisme se montre avec Simon le mage ou le *magicien*, qui d'abord philosophe essaya de se faire disciple de Jésus-Christ, croyant acquérir ainsi le don de faire des miracles. On sait comment S. Pierre refusa avec indignation l'argent qu'il lui offrait pour obtenir ce pouvoir. Il renonça dès lors à la foi chrétienne, et chercha désormais à nuire à l'Église naissante. Il professait publiquement la magie et faisait des prodiges qui lui attirèrent de nombreux partisans. Comme doctrine, il admettait deux principes, Dieu et la matière, qu'il regardait comme éternelle, et plaçant son Dieu supérieur dans une inaction absolue, il faisait émaner de lui une multitude de génies qu'il appelait *Æons*, αἰῶνες. Ces Æons avaient formé le monde, en se révoltant contre Dieu, et le plus divin d'entre eux résidait dans sa personne.

Cérinthe, de la même époque, ajoutait à cette doctrine que le Dieu des Juifs, *Jéhovah*, n'était que l'un des æons.

Basilide pensait comme Cérinthe et ajoutait que Jésus, dans sa passion s'était substitué Simon le Cyrénéen, qui avait été crucifié à sa place. Il imagina aussi plusieurs signes cabalistiques et plusieurs talismans numériques, entre autres le fameux mot αβραξας, qui représente en grec, le nombre 365.

230. Deuxième siècle. — Ici nous trouvons Philon de Biblos, Plutarque, Arrien, Celse, Galien, Lucien, Apulée, Maxime de Tyr, Diogène Laërce, et Ptolémée, que nous connaissons déjà.

Saturnin, Cerdon et Valentin continuent les erreurs des gnostiques. Ce dernier semble avoir systématisé davantage ses doctrines. — Dans le *Pléroma* (plénitude), habite la divinité, avec les *Æons* émanés de lui, formant quinze couples de génies mâles et femelles. Ils forment *trois ordres* superposés, et sont les principes de plusieurs générations. Jésus-Christ et l'Esprit-Saint sont les derniers descendants du premier couple : *Buthos* (la profondeur) et *Ennoia* (l'intelligence). Celui des æons qui a fait le monde, fier de son ouvrage, a voulu se faire passer pour Dieu. C'est pour cela qu'il a envoyé des prophètes aux Juifs. Les autres génies qui dirigent les astres, suivant son exemple, se sont fait adorer par les païens. C'est alors que, pour remédier au mal, Dieu fit naître deux autres æons, *le Christ* et *le Saint-Esprit*. Le Christ prit un corps humain, ne fit que passer par le sein de Marie. D'ailleurs il avait, comme tout homme, deux âmes, l'une animale, l'autre spirituelle. A son baptême dans le Jourdain, Jésus fut rempli du St-Esprit, qui lui donna la vertu de faire des miracles, et dès lors il enseigna qu'il ne fallait plus adorer le Dieu des Juifs, mais le *Père, en esprit et en vérité*. Les autres æons, irrités, soulevèrent contre lui les Juifs. Mais son corps, impassible, ne souffrit pas dans le crucifiement.

Nous avons donné cette doctrine uniquement pour faire voir combien il serait peu rationnel de chercher une doctrine philosophique sérieuse dans les théories des gnostiques. Ces absurdes conceptions, qui, propagées avec ardeur, désolèrent l'Église naissante, fournirent du moins aux Pères de l'Église l'occasion de préciser par écrit le dogme catholique, qui jusques-là ne se transmettait que par tradition.

Nous ne parlerons pas longuement de Marcion, qui aux théories de Cerdon joignit une morale d'une austérité exagérée ; ni de Montan, qui se donnait pour une incarnation du St-Esprit, et dont la morale sévère gagna Tertullien ; ni de Tatien, que nous avons vu d'abord orthodoxe et qui plus tard adopta les erreurs de Valentin et de Marcion. Comme ce dernier, il proscrivait le mariage et l'usage de la viande et du vin. C'est pourquoi les *Tatianistes* furent aussi appelés *Encratites* et *Hydroparastes*.

231. Troisième siècle. — C'est l'époque de Philostrate, d'Ammonius Saccas, de Plotin, de Longin et de Porphyre, comme philosophes païens.

Au premier rang des hérétiques de ce siècle se présente Tertullien, pour la seconde moitié de sa vie, et comme sectateur de Montan ; puis les Origénistes, qui s'appuyaient du nom d'Origène pour enseigner que les âmes humaines sont créées depuis le commencement du monde, que Jésus-Christ n'est fils de Dieu que par adoption, et que l'enfer ne durera pas éternellement.

Les Manichéens regardaient comme leur chef Manès, né en Perse, vers 240, élevé dans la religion et les sciences des mages, et qui dans un âge déjà mûr embrassa le christianisme. Mais bientôt il se fit une doctrine à lui, mélange de magisme, de gnosticisme, de philosophie grecque, avec quelques restes de vérités chrétiennes, et lui aussi se donna pour le Saint-Esprit, comme l'indique d'ailleurs le nom qu'il avait pris (*Manachem*, consolateur, comme le mot grec Παράκλητος.) Son vrai nom était Cubric.

Poursuivi par le roi de Perse, dont il avait fait mourir le fils par ses prétendus remèdes, il s'échappa de prison, vint à Charres, en Mésopotamie, où il fut confondu par l'évêque Archilaüs, dans une discussion publique qui n'avait pour arbitre que des païens ; puis ayant pris de nouveau la fuite et s'étant réfugié dans le désert, il fut saisi par ordre du roi, qui le fit écorcher vif.

Ses nombreux disciples se divisèrent bientôt, et Théodoret en comptait jusqu'à 70 sectes.

Le Manichéisme dans son ensemble enseigne qu'il y a deux principes des choses, l'auteur du bien et l'auteur du mal, *Dieu et Satan*. Les esprits ou les âmes sont l'œuvre de Dieu ; mais les corps sont l'œuvre de Satan. Cependant tous les êtres corporels ont une âme, et c'est ainsi qu'ils participent en quelque chose du bien. Mais les œuvres du corps sont mauvaises. C'est pourquoi il condamnait le mariage, et permettait les voluptés contre nature. Quelques-uns défendaient de couper un brin d'herbe ou de cueillir un fruit pour ne pas faire souffrir l'âme de la plante, d'autant plus que, selon la doctrine de la métempsychose qu'ils admettaient, cette âme pouvait être celle d'un homme, peut-être celle d'un parent ou d'un ami. Cependant les *auditeurs* pouvaient cultiver les plantes et tuer les animaux, et les *élus* pouvaient s'en nourrir, car en les mangeant ils en rachetaient les âmes.

Les Manichéens se répandirent d'abord en Asie, puis en Afrique et en Espagne, où ils prirent le nom de *Priscillianistes*. On les revoit plus tard, sous le nom de *Bulgares*, envahir le nord de l'Italie et le sud de la France. Lorsqu'Albi devint leur principal siège, ils furent appelés *Albigeois*, et toutes les hérésies qui, comme ces derniers, ont plus tard promené dans la France et l'Allemagne l'incendie et le meurtre, sortent de la même souche.

C'est qu'une idée, une théorie vraie ou fausse, dès qu'elle est admise par un grand nombre, ne reste pas une vaine spéculation ; elle produit ses effets, et son activité est plus grande encore, quand elle prend une forme religieuse. Ainsi l'intérêt, aussi bien que la raison, nous fait un devoir de ne pas rester indifférents aux doctrines philosophiques ou religieuses. La recherche et la défense de la vérité ne sont pas une simple satisfaction de l'intelligence ; elles sont la première condition de la vie heureuse ; car l'erreur ne saurait engendrer que le désordre et la ruine.

§ 4. — Philosophes catholiques des IVe et Ve siècles

232. Quatrième siècle. — Lactance, né à Sicca, en Numidie, selon les uns et selon d'autres à Firmium, en Italie, a été surnommé le *Cicéron chrétien*, à cause de l'élégance de son style. D'abord païen, il fut choisi par Dioclétien pour enseigner la rhétorique à Nicomédie. Voulant, comme tous les hommes lettrés de son temps, attaquer le christianisme, il l'étudia et se convertit. C'était vers l'an 300. Dès lors il se mit à écrire pour la défense de son nouveau culte. Vers l'an 318, Constantin le nomma précepteur de son fils Crispus. Il mourut à Trèves en 325 ou en 327. Ses ouvrages, plus remarquables par la forme que par le fond, et selon saint Jérôme «plus puissants à détruire l'erreur qu'à affirmer la vérité, » sont : *les Institutions divines*, en 7 livres ; un *abrégé* de cet ouvrage ; le traité *de la colère de Dieu* ; le traité *de l'Ouvrage de Dieu* et celui *de la Mort des persécuteurs*.

Dans ses *Institutions divines*, il renverse d'abord le polythéisme et établit l'unité de Dieu ; il indique les sources de l'idolâtrie, et les trouve dans l'oubli des traditions ; il critique tous les systèmes philosophiques et montre que leur sagesse est fausse ; il expose la philosophie chrétienne, comme la seule vraie ; il montre que Jésus-Christ seul a enseigné la vraie justice ; il fait voir que le culte chrétien est le seul raisonnable ; enfin il établit la vraie doctrine sur la fin de l'homme, et donne à ce sujet le dogme chrétien. Tel est son plan et l'objet des sept livres de son ouvrage. On en voit l'importance. Il est fâcheux que la solidité du fond ne corresponde pas à la perfection de la forme.

Le court mais solide ouvrage de Firmicus Maternus, *de Errore profanarum religionum*, nous intéresse particulièrement en ce qu'il prouve d'abord que toutes les mythologies ne sont que des altérations de la vérité qu'enseignent les Livres Saints, et s'appuie ensuite sur ces mêmes fables pour démontrer que le genre humain connaissait d'avance la divinité de Jésus-Christ.

Eusèbe, évêque de Césarée, en Palestine, né vers l'an 270, est l'un des plus érudits des écrivains chrétiens. Parmi ses nombreux ouvrages, deux surtout intéressent la philosophie et surtout l'histoire de la philosophie : *la Préparation évangélique* et *Démonstration évangélique*. C'est là qu'Eusèbe nous a conservé une multitude de fragments d'auteurs anciens dont les écrits sont perdus.

S. Athanase, évêque d'Alexandrie (né en 296 et mort en 373), très illustre par sa défense du dogme catholique de la Trinité, contre les Ariens, nous a laissé deux ouvrages d'une grande portée philosophique : le traité *contre les Gentils*, où il montre que le paganisme a ses racines dans un secret attachement de l'homme pour lui-même, qui le porte à se substituer à Dieu, et le traité de l'*Incarnation*, où il fait voir que le christianisme nous mène vers le vrai Dieu en nous détachant de nous-mêmes.

Nous ne pouvons que nommer S. Hilaire, évêque Poitiers, que S. Jérôme appelle *le Rhône de l'éloquence latine*; S. Basile, archevêque de Césarée, en Cappadoce; S. Cyrille, archevêque de Jérusalem; S. Grégoire de Nazianze, mort en 389; S. Grégoire de Nisse, mort en 396. Leurs écrits, qui sont surtout théologiques, renferment cependant bien des questions traitées philosophiquement. Il faut en dire autant de S. Ambroise, quoiqu'on l'ait surnommé le *Platon chrétien*, et de S. Jean Chrysostome, qui nous a laissé cependant un traité *de la Providence*. Nommons encore Rufin, dont les traductions furent longtemps la principale voie par laquelle l'Occident connut les œuvres des Pères grecs.

233. Cinquième siècle. — S. Jérôme, né l'an 330 ou 331, à Stridon en Dalmatie, et mort à Bethléem, en 420, appartient autant au quatrième siècle, qu'au cinquième. Ses travaux, très importants pour la science ecclésiastique, ne se rapportent pas directement à la philosophie, mais il faut reconnaître en lui le véritable esprit philosophique. Plus qu'aucun autre jusqu'à lui, il possède et emploie la critique historique, la philologie et l'observation géographique. L'érudition dont il nourrit ses ouvrages en rend la lecture très instructive.

S. Augustin, né à Tagaste, en Afrique, l'an 354, peut passer à bon droit pour le plus grand philosophe de l'époque qui nous occupe, en même temps qu'il est sans contredit un des plus illustres docteurs de l'Église. Élevé par sa pieuse mère, Ste Monique, dans la religion chrétienne, il se laissa de bonne heure entraîner dans les erreurs des manichéens, et ce ne fut qu'à l'âge de trente-trois ans, que les larmes de sa mère, les paroles de S. Ambroise, et la lecture de l'Écriture Sainte, gagnèrent son âme, déjà fatiguée par le vide de la doctrine qu'il suivait. Il revint donc au catholicisme et fut baptisé par S. Ambroise. Plus tard l'évêque d'Hippone l'ordonna prêtre et enfin le désigna comme son successeur. Il mourut l'an 430, au moment où les Vandales assiégeaient la ville d'Hippone. Les travaux de son épiscopat sont immenses ; mais nous n'avons à parler ici que de sa philosophie.

Les nombreux écrits de S. Augustin sont à peu près tous à consulter pour un philosophe ; mais plusieurs ont un caractère plus particulièrement philosophique. Nous n'indiquerons que ces derniers.

Le premier en date paraît être le traité *de Ordine*, dans lequel il expose une sorte de plan d'études, qui servit à la fameuse division des sept arts libéraux dont nous aurons à parler plusieurs fois. Viennent ensuite les trois livres *Contra Academicos*, les traités *de Beata vita*, *de Immortalitate animæ*, *de Quantitate animæ*, *de Musica*, *de Magistro* et les deux livres des *Soliloques*. Il dut composer plus tard les traités *de Libero arbitrio*, *de Vera religione*, *de Moribus Ecclesiæ*, en même temps qu'il écrivait ses disputes *Contre Faustus et les Manichéens*, qu'il disputait par lettres contre les païens Maxime, Longinien, etc., et contre plusieurs hérétiques. Citons encore le traité *de Natura contra Manichæos* et enfin *la Cité de Dieu* et *les Confessions*.

Tout le moyen âge attribuait aussi à S. Augustin : *Liber de Grammatica*, *Principia rhetorices*, *Principia dialecticæ*, et *Categoriæ decem*. On considère aujourd'hui ces ouvrages comme apocryphes, mais il est plus probable qu'ils furent seulement interpolés plus tard, et qu'ils appartiennent, en effet, à S. Augustin, dont ils offrent parfaitement la méthode et le style.

Sa philosophie est une heureuse alliance de Platon et d'Aristote. Il ne les suit pas comme ses maîtres, mais il accepte leurs théories, quand il les trouve d'accord avec la raison éclairée par la foi.

S'il est vrai, dit-il, que Platon ait le premier parlé des *idées*, il n'a inventé que le mot : la chose existait avant lui et devait être connue.

Saint Augustin ne dit pas précisément que ces idées nous soient innées, mais il dit expressément qu'elles ne nous sont pas fournies par les sens et que nous les voyons à la lumière de la raison. Cette raison n'est pas propre à quelqu'un de nous, mais elle est la même pour tous, c'est une communication de la lumière indéfectible dont le foyer est en Dieu. Jusque-là il n'est question que des premiers principes ou des notions absolues. Quant aux genres et aux espèces, qui portent aussi le nom d'*idées*, il reconnaît que Dieu les voit en lui-même en faisant le monde, et que dès lors elles sont éternelles en lui, et qu'elles y sont la vérité même. Mais en admettant que les idées générales doivent logiquement précéder dans la pensée de Dieu, il déclare que Dieu a aussi les idées des individus et qu'ainsi, avec la raison en général, la raison personnelle à chaque homme subsiste aussi en Dieu de toute éternité, comme connue par lui ; car Dieu ne saurait voir le tout sans en voir en même temps toutes les parties. On voit bien que cette théorie accorde Platon et Aristote et ne suit servilement ni l'un ni l'autre.

Avec les idées de Platon, saint Augustin accepte aussi les nombres des Pythagoriciens, mais ce mot *nombre* a chez lui un sens plus large et plus philosophique; il est synonyme d'*ordre* et de *loi* et, se confondant avec l'idée, y ajoute la perfection par l'harmonie.

On trouve répandues çà et là, dans les divers ouvrages de saint Augustin, toute une théodicée et toute une psychologie.

Nous ne ferons que nommer Salvien, prêtre de Marseille, qui, né sur les bords du Rhin, a écrit vers 420 son livre *De Gubernatione Dei*, où il veut raffermir, dans l'espérance et dans la foi en la justice de Dieu, les chrétiens découragés par les invasions des barbares.

§ 5. — Philosophes païens et hérétiques des IV° et V° siècles

234. Quatrième siècle. — Jamblique, Thémistius, Libanius, Julien l'Apostat, vivaient pendant ce siècle. Ils appartiennent tous à l'Ecole d'Alexandrie. C'est alors aussi qu'Eunape écrivait sa *Vie des philosophes*.

Les principaux hérétiques de ce siècle sont Donat et Arius. Leurs erreurs eurent un grand retentissement, surtout la dernière, qui, niant la divinité du Verbe de Dieu et par suite de Jésus-Christ, sapait la religion chrétienne par sa base. Les désordres sociaux causés par les Ariens sont incalculables, et on ne peut en avoir une idée qu'en se reportant aux guerres civiles qu'alluma le protestantisme au XVI° siècle. En dehors de ce point de vue moral, ces erreurs ne sont pas du ressort de la philosophie.

125. Cinquième siècle. — La philosophie païenne se meurt. A peine peut-elle citer quelques noms inconnus : Némésius, Hiéroclès, et Proclus, tous de l'Ecole d'Alexandrie. Ce dernier peut être considéré comme un illuminé ou un magicien, plutôt que comme un philosophe. Il s'intitulait l'*hiérophante de l'univers*, et se donnait pour être l'un des anneaux de la *chaîne hermétique*. C'est à Constantinople qu'il enseignait.

On compte dans ce même siècle plusieurs chefs hérétiques; Pélage, Nestorius, Eutichès, sont les plus renommés. Leurs erreurs, portant sur la grâce, sur la maternité divine de la Ste Vierge, et sur les deux natures que Jésus-Christ réunit en une seule personne, n'intéressent que très indirectement la philosophie. L'erreur des *pélagiens* y touche de plus près, en ce qu'elle prétend soustraire la liberté de l'homme à toute action de Dieu. Pendant le même temps, et comme réaction, les Prédestinatiens effaçaient au contraire, devant l'action de Dieu, toute liberté dans l'homme.

§ 6. — Philosophes catholiques des VIe, VIIe et VIIIe siècles

236. Sixième siècle. — C'est ici que commence la préparation à la Scolastique. Martianus Capella écrivait vers 490 une sorte d'encyclopédie, intitulée *Satyricon*, qui fut longtemps le manuel des écoles. Elle traite des sept arts libéraux, que l'on distinguait alors ainsi :

Le *Trivium*: Grammaire, Rhétorique, Dialectique.
Le *Quadrivium*: Arithmétique, Musique, Géométrie, Astronomie.

Boëce, né à Rome en 470, fut consul sous Théodoric, puis victime de la barbarie de ce roi, qui le fit mourir dans les tourments, en 536.

Ses œuvres philosophiques sont : *Dialogi in Porphyrium*, commentaire très-développé sur l'*Isagoge* de Porphyre ; *in Categorias Aristotelis libri quatuor ; in librum Aristotelis de Interpretatione*, dont il a fait deux éditions, la première en deux livres, la deuxième en six livres ; *Priorum Analyticorum* et *Posteriorum Analyticorum interpretatio ; Topicorum Aristotelis libri octo ; Elenchorum sophisticorum Aristotelis libri duo* ; ce sont tout autant de commentaires suivis et très détaillés de ces divers ouvrages d'Aristote, auxquels s'ajoutent : *In Topica Ciceronis commentariorum libri quatuor*. Viennent ensuite ses travaux personnels : *Introductio ad syllogismos categoricos ; de syllogismo categorico libri duo ; de syllogismo hypothetico*, où il rappelle d'abord qu'Aristote n'a pas traité cette question, et ajoute que Théophraste l'a à peine effleurée, et que, si Eudème l'a traitée plus longuement, c'est d'une manière trop peu pratique ; *Liber de Divisione ; Liber de diffinitione ; de Differentiis topicis libri quatuor ; de Disciplina scholarium ;* et enfin *de Consolatione philosophiæ libri quinque*, qu'il écrivit dans sa prison.

Nous avons aussi de lui deux livres sur l'arithmétique, cinq sur la musique, un sur la géométrie et plusieurs traités théologiques.

Ajoutons que les siècles suivants se sont formés à son école et ont appris de lui à connaître Aristote et la philosophie.

Son style est coulant et familier, mais trop abondant ; ce qui détourne l'attention du lecteur.

Dans son commentaire sur l'*Isagoge* de Porphyre, il traite la question des universaux, qui divisa si longtemps les philosophes du moyen-âge, et la résout d'avance d'une manière parfaitement exacte, et tout à fait comme saint Thomas l'a résolue plus tard. Les genres ne sont pas des êtres à part, mais ils ne sont pas non plus de pures conceptions de l'esprit, car ils sont renfermés avec toute leur compréhension dans chacun des individus.

Les cinq livres de Boèce *sur la musique* sont la principale source où nous puisons la connaissance de la musique des anciens. Ils renferment des choses extrêmement curieuses.

L'éloge que lui adresse à lui-même son ami Cassiodore nous le montre non-seulement comme philosophe, mais comme savant et même praticien dans la physique et la mécanique, et même comme ayant connu, onze ou douze siècles d'avance, les plus importantes découvertes des temps modernes. « Vous avez, lui dit Cassiodore, puisé l'érudition et surpris le secret des arts à leur source même. Loin des rives du Tibre, vous êtes allé vous asseoir aux écoles d'Athènes, et porter la toge parmi les rangs pressés des philosophes vêtus du *pallium*, dans le but de conquérir pour Rome les sciences de la Grèce. Vous avez sondé les profondeurs de la philosophie spéculative ; vous avez embrassé les diverses branches de la science pratique ; vous avez rapporté aux descendants de Romulus tout ce qui fut inventé de plus extraordinaire par les fils de Cécrops. Grâce à vos traductions, Pythagore le musicien, Ptolémée l'astronome, sont devenus italiens. Le mathématicien Nicomaque, le géomètre Euclide parlent une langue comprise par les enfants de l'Ausonie. Le théologue Platon, le logicien Aristote, discutent dans l'idiome des Quirites. Vous avez rendu aux Siciliens leur grand mécanicien Archimède, en le faisant parler latin. Les sciences, les arts que par mille génies la Grèce féconde avait enfantés, Rome en jouit maintenant, et le doit à vous seul. A la lumière de votre génie, la science de tant d'auteurs s'est réduite en pratique : des merveilles que nous aurions jugées impossibles se réalisent sous nos yeux. Nous voyons l'eau s'élancer des entrailles du sol, pour retomber en cascades bouillonnantes ; le feu courir par un système de pondération ; nous entendons l'orgue résonner sous le souffle qui gonfle ses tuyaux, et produire des voix qui lui sont étrangères. Des blocs humides sont jetés dans les profondeurs de la mer et y forment des constructions que l'humidité rend solides. Vous savez le secret de dissoudre les rochers sous-marins par votre art ingénieux. Les métaux mugissent, les grues d'airain de Diomède sonnent de la trompette dans les airs, le serpent d'airain siffle, des oiseaux artificiels voltigent et de leur gosier métallique, qui n'a cependant pas de voix, sortent les plus mélodieuses cantilènes. Mais c'est peu pour vous que toutes ces menues merveilles. Vous en êtes arrivé à reproduire les mouvements du ciel. La sphère d'Archimède règle son cours d'après le soleil, décrit le mouvement du zodiaque et démontre les phases diverses de la lune. Une petite machine est ainsi chargée du poids du monde ; c'est le ciel portatif, l'abrégé de l'univers, le miroir de la nature évoluant avec une incompréhensible mobilité dans les régions de l'éther. C'est ainsi que les astres, dont la science nous apprend le cours, semblent pourtant immobiles à nos yeux. Leur course nous paraît stable ; mais leur vélocité, démontrée par la raison, ne paraît point à nos regards. Vous avez réalisé toutes ces merveilles, dont une seule suffirait à la gloire du plus grand génie. »

Un homme d'un si grand mérite au milieu de ces temps barbares a suscité l'envie des ennemis de l'Église, et ils ont essayé de le lui ravir en le faisant passer pour païen ; mais leur assertion est bien tardive : elle eût fort étonné S. Anselme et S. Thomas, et le chroniqueur Trithème, qui vivait au XV° siècle, assure qu'il est honoré comme un saint dans plusieurs églises.

CASSIODORE, né en Calabre, vers 470, fut ministre du roi Théodoric, et quitta la cour assez à temps pour éviter le sort de son ami Boèce. Il alla fonder en Calabre le monastère de Viviers et y mourut âgé de près de cent ans. Là, il avait fondé une bibliothèque, et lui et ses moines copiaient des livres. Il nous a laissé un traité *de Septem disciplinis* (des sept arts libéraux), resté longtemps classique, et un livre *de Anima*, avec trois petits traités *de Oratione, de Orthographia* et *de Schematibus et Tropis*.

A cette même époque son ami EPIPHANE LE SCHOLASTIQUE traduisait les historiens de l'Église : THÉODORET, SOCRATE et SOZOMÈNE ; et SAINT GRÉGOIRE DE TOURS, écrivait son histoire de France où les Francs sont considérés comme les instruments de Dieu : *Gesta Dei per Francos.* C'est aussi l'époque du pape SAINT GRÉGOIRE LE GRAND, du mystique JEAN CLIMAQUE, et du poète VENANCE FORTUNAT, tous illustres en leurs genres, mais dont les écrits ne tiennent qu'indirectement à la philosophie.

237. SEPTIÈME SIÈCLE. — Saint ISIDORE DE SÉVILLE, ainsi surnommé parce qu'il était évêque de cette ville, et mort en 636, nous a laissé entre autres ouvrages : 20 livres d'*Origines et Etymologies*, et une *Chronique* ou histoire du monde, où bien des pages intéressent le philosophe.

On trouve aussi dans ses œuvres *Differentiarum libri duo*. Le premier livre traite des différences des mots : c'est une sorte de dictionnaire des synonymes ; le deuxième expose les différences des choses, qui quoique distinctes portent le même nom ou sont comprises dans une même dénomination. Le *De Ordine creaturarum* et le *De Natura rerum*, sont un petit résumé de la science de la Nature. Enfin son plus grand ouvrage *Sententiarum libri tres* est une somme théologique.

Le livre *des Etymologies* n'est pas, comme on pourrait le croire tout d'abord une simple étude philologique telle qu'on l'entendait encore il y a cinquante ans, c'est la vraie philologie contemporaine, où à propos des mots on étudie toute l'histoire de l'esprit humain. Il n'est pas rangé par ordre alphabétique, mais par ordre de matières, et ses vingt livres ou chapitres fournissent autant de traités spéciaux sur la grammaire, la rhétorique et la dialectique, les mathématiques, la médecine, les lois et les temps, les offices ecclésiastiques, sur Dieu, les anges et les ordres des fidèles, sur l'Eglise et les diverses sectes, sur les langues et les peuples, sur certains mots, sur l'homme, les animaux, le monde, la terre, les maisons et les champs, les pierres et les métaux, les travaux de la campagne, la guerre et les feux, les navires, les maisons et les vêtements, la nourriture, les instruments et les meubles.

238. HUITIÈME SIÈCLE. — LE VÉNÉRABLE BÈDE, né en Angleterre, en 672, prêtre et moine, mort en 735, nous a laissé un grand nombre d'ouvrages, qui furent très utiles de son temps, ce sont des abrégés sur chacune des connaissances d'alors.

Pour donner une idée de son esprit encyclopédique et de son importance dans les écoles, voici la liste de ses écrits philosophiques ou didactiques :

Incunabula grammaticæ artis Donati, de Octo partibus orationis liber, de Arte metrica, de Schematibus S. Scripturæ, de Tropis S. Scripturæ, de Orthographia, de Arithmeticis numeris, de Arithmeticis propositionibus, de Ratione calculi, de Loquela per digitorum gestus, de Ratione unciarum, de Argumentis lunæ, Computus vulgaris qui dicitur Ephemeris, de Embolismorum ratione, Decennovales circuli, de Cyclo paschali, de Constitutione mundi cœlestis terrestrisque, de Musica theorica et practica, qui parait apocryphe, *de Circulis sphæræ et polo, de Planetarum et signorum ratione, de Signis cœli, de Tonitruis, de Prognosticis temporum, de Mensura horologii, de Astrolabio, de septem Miraculis mundi, de Ratione computi, de Natura rerum, de Temporibus, de Sex Mundi ætatibus, de Temporum ratione, Axiomata philosophica, Sententiæ ex operibus Ciceronis excerptæ, Liber proverbiorum alphabeticus, Libellus de substantiis, de Elementis Philosophiæ, Epistola de æquinoctio vernali, de Divinatione vitæ et mortis, Tractatus de linguis gentium.*

Le reste de ses œuvres comprend des écrits historiques, hagiographiques, théologiques, des commentaires et des expositions de l'Écriture Sainte, des homélies. Tout cela forme six grands volumes in-4°, dans l'édition Migne.

Saint JEAN DAMASCÈNE, né à Damas, succéda à son père dans la charge de ministre du calife de Damas. Mais tombé en disgrâce, puis rappelé, il se retira dans le monastère de Saint-Sabas, et fut ordonné prêtre. Il mourut en 760. Ses ouvrages même de théologie, offrent un caractère philosophique. Les principaux sont : *de Fide orthodoxa*, *Dialectica*, *Physica* et *Institutiones primæ*. On les suivit longtemps dans les écoles.

§ 1. — PHILOSOPHES PAÏENS ET HÉRÉTIQUES DES VIe, VIIe ET VIIIe SIÈCLES

239. SIXIÈME SIÈCLE. — La philosophie païenne ne compte guère dans ce siècle que SIMPLICIUS, commentateur d'Aristote, et DAMASCIUS, le dernier des philosophes grecs.

Le grammairien hérétique JEAN PHILOPON commente quelques traités d'Aristote et écrit quelques livres.

Les hérésies nouvelles sont nombreuses, mais sans importance. Les principales hérésies des siècles précédents comptent encore quelques adeptes.

240. SEPTIÈME SIÈCLE. — La philosophie païenne est éteinte ; les hérésies nouvelles ne font que paraître, mais c'est le moment où MAHOMET publie son *Coran* (622) et se gagne des *croyants* par le sabre. Son livre est un ramassis de toutes les traditions et de toutes les conceptions précédentes. Il puise tout à la fois dans la Bible et dans le Talmud, chez les chrétiens et chez les hérétiques, et même dans les fables de l'Orient. Sa doctrine au point de vue philosophique, reconnaît un seul Dieu, et ordonne de le prier ; mais elle enseigne le fatalisme, et, tout en refusant l'usage du vin, permet un usage immodéré des voluptés sensuelles. La femme y est esclave ; on y permet la polygamie, et l'on y recommande de tuer les chrétiens. De plus, si l'on en juge par les résultats, on peut dire que cette religion anéantit chez l'homme tout amour du travail.

241. HUITIÈME SIÈCLE. — La seule hérésie remarquable à cette époque est celle des *Iconoclastes* ou briseurs d'images, qui, appuyés par les empereurs grecs, détruisirent les œuvres de l'art, et arrêtèrent pour longtemps l'art lui-même.

§ 2. — PHILOSOPHIE DES ARABES

242. COMMENCEMENTS. — Peu de temps après la mort de Mahomet (632), il s'éleva parmi les Arabes plusieurs sectes, qui expliquaient diversement le Coran, et on trouve déjà, chez plusieurs d'entre elles, bon

nombre de distinctions assez subtiles, qui font prévoir quel sera leur esprit philosophique. Le premier sujet de division fut la question de la liberté de l'homme. Les *Kadrites* l'affirment; les *Djabarites* la soumettent fatalement à l'action de Dieu; les *Motazales* se placent dans un certain milieu, plus près des Kadrites.

Ainsi, les esprits étaient déjà préparés à la philosophie quand les califes Abbassides, Al-Mansour (775), Haroun-al Raschid (809) et Al-Mamoun (833) firent traduire des ouvrages grecs et fondèrent des bibliothèques et des écoles. Aristote fut la principale source où les Arabes puisèrent leur philosophie, et l'introduction des théories rationalistes força les croyants à fonder une sorte de théologie raisonnée, pour défendre les doctrines du Coran ; ce fut le *Calâm* ou la parole, dont les sectateurs s'appelaient *motecallemîn*.

Deux écoles surtout furent célèbres dans la philosophie : celle de Bagdad, du ixe au xie siècle, et celle de Cordoue, pendant le xiie et le xiii[o].

243. ÉCOLE DE BAGDAD. — Le premier représentant de cette école fut KENDI ou ALKENDI, qui, jouissant d'une science universelle, fut chargé par le calife Al-Mamoun de traduire les œuvres d'Aristote.

AL-FARABI, médecin, mathématicien et philosophe, mort l'an 950, effaça par ses travaux les écrits originaux d'Al-Kendi, et fit des commentaires sur Aristote. Il a laissé une sorte d'abrégé des sciences, une comparaison des doctrines de Platon avec celles d'Aristote, et plusieurs ouvrages de morale. Il suit partout les doctrines d'Aristote, et on voit déjà chez lui une tendance à la doctrine d'Averroès sur l'intellect actif.

IBN-SINA ou, comme on prononçait alors Aben-Seina, d'où le moyen-âge a fait AVICENNE, fut le plus illustre docteur de l'école de Bagdad. Né l'an 980, il était déjà renommé comme philosophe, à l'âge de dix-sept ans. Il mourut l'an 1037, épuisé par la bonne chère et la débauche plus encore que par ses nombreux travaux. Ses deux principaux ouvrages sont *Al-Schefa* (la Guérison), espèce d'encyclopédie, *Al-Nadja* (la Délivrance), abrégé du premier, et le *Canon*, traité de logique. Sa doctrine est généralement conforme à celle d'Aristote, mais il l'expose avec plus de clarté et de précision, surtout dans la classification des sciences. Averroès lui reproche de suivre quelquefois les Motecallemin et d'admettre le panthéisme, dans sa *Philosophie orientale*, qu'il regarde comme la seule vraie exposition de ses propres pensées.

GAZALI, plus connu sous le nom de AL-GAZEL (né l'an 1038 et mort l'an 1111, est remarquable par son entreprise de ruiner la philosophie, en faveur de la foi musulmane. Dans ce but, il expose d'abord loyalement dans un premier ouvrage, *Makacid al-falâsifa* (les Tendances des philosophes) toutes les doctrines péripatéticiennes, et ensuite dans son *Tehâfot al-falâsifa* (Destruction des philosophes), il essaye de les renverser. Pour cela, il met en doute d'abord les données des sens et de la conscience, et semble tomber dans le scepticisme: mais il en sort par le mysticisme. Enfin dans un ouvrage intitulé *Base des croyances* que nous n'avons plus, il établissait la religion musulmane.

Lorsqu'il veut combattre les philosophes au sujet du principe de causalité, il soutient une théorie, qui ressemble à celle des *causes occasionnelles*, car il affirme que Dieu opère séparément dans l'homme, par exemple, le boire et l'étanchement de la soif.

Averroès et Tofaïl lui reprochent des contradictions et l'accusent de mauvaise foi dans son attaque des philosophes. Quoi qu'il en soit, son scepticisme apparent porta un coup mortel à la philosophie, et l'école de Bagdad disparut.

244. ECOLE DE CORDOUE. — Le premier nom remarquable que l'on rencontre dans l'école de Cordoue est celui de IBN-BADJA, plus connu sous le nom corrompu d'AVEN-PACE. Il mourut à Fez, en Afrique, l'an 1138, dans un âge peu avancé. Avec plusieurs ouvrages de médecine, il avait écrit plusieurs traités philosophiques et des commentaires sur Aristote, que ses compatriotes estimaient beaucoup. Sa philosophie est spécialement dirigée contre le mysticisme de Gazâli, et pour lui la science s'acquiert naturellement par l'union de *l'intellect passif* à *l'intellect actif*. Déjà ce dernier mot représente assez nettement une sorte de raison universelle subsistante. Il trace longuement et avec des vues morales assez justes les degrés et les efforts par lesquels *le solitaire* s'élève à cette science.

TOFAÏL ou IBN-TOFAÏL, son disciple, né vers 1105, fut l'ami du roi de Maroc, Yousouf, et lui présenta Averroès, dont nous allons parler, comme capable d'exécuter, conformément à sa demande, une analyse complète d'Aristote. Cherchant avec la plupart de ses compatriotes le mode d'union de l'âme avec l'intellect actif, il composa, pour expliquer sa pensée sur la marche à suivre, une sorte de roman philosophique, où il met en scène, en dehors de toute influence de la société, un homme qui, né sans père ni mère, s'élève par lui-même à tous les degrés de la connaissance. C'est le *Solitaire* de son maître, perfectionné.

IBN-ROSCHD (autrefois Aben Roschd), plus connu sous le nom latinisé d'AVERROÈS, fut le plus illustre des disciples d'Aven-Pace, et de tous les philosophes arabes. Né à Cordoue, vers l'an 1120, il se livra de bonne heure à l'étude de toutes les sciences, y acquit une grande réputation, et tour à tour en grande faveur ou en disgrâce auprès des rois de Maroc, qui commandaient alors à Cordoue, il mourut à Maroc, l'an 1198.

Malgré ses nombreux voyages, nécessités par ses fonctions de gouverneur de Séville, il écrivit un grand nombre d'ouvrages très importants, sur la médecine, sur les mathématiques et surtout sur la philosophie d'Aristote, dont il a commenté presque tous les écrits, en donnant plusieurs fois jusqu'à trois commentaires, différemment conçus, d'un même ouvrage. Le texte original de ces écrits ne nous est pas parvenu, mais il nous en reste des traductions en hébreu et en latin.

A l'imitation de ses maîtres, Averroès suit Aristote et ne cherche qu'à l'expliquer, mais c'est dans ce travail d'explication qu'il se fait souvent une doctrine à lui. Comme les autres arabes il cherche à concilier la matière avec Dieu, en donnant des âmes intelligentes aux astres, pour les faire servir d'intermédiaire entre Dieu et le monde ; comme son maitre Aven-Pace (Ibn-Badja), il rejette le mysticisme et n'a recours qu'à la science ; bien plus il parait dédaigner la morale.

Il s'est attaché spécialement à éclaircir la doctrine de l'intellect actif et de l'intellect passif d'Aristote; il admet une double influence du premier sur le dernier. D'abord, dans l'exercice des sens, l'intellect actif forme les espèces intellectuelles et les imprime à l'intellect passif, qui devient ainsi l'intellect acquis, et, dans un degré supérieur de connaissance, l'intellect acquis, faisant abstraction de toutes les formes qu'il a reçues, s'élève jusqu'à la contemplation directe de l'intellect actif universel, et celui-ci l'informe de telle manière que l'intellect passif disparait. D'après cette théorie, Averroès enseigne que l'immortalité est le privilège de l'âme universelle, et que l'âme personnelle n'étant que l'intellect passif, périt avec le corps. Cette doctrine fut vivement combattue par Albert le Grand et par saint Thomas, et la lutte dura longtemps sur ce point entre les thomistes et les averroïstes, parce que ceux-ci croyaient interpréter ainsi la vraie pensée d'Aristote, au sujet de l'âme séparée, et, n'attribuant comme lui l'immortalité qu'à l'intellect actif, ils lui prêtaient leur opinion sur l'unité et l'universalité impersonnelle de cet intellect.

Pour toute la philosophie des Arabes, nous avons suivi, quoique en gardant notre liberté de jugement, les excellents et consciencieux articles qu'y a consacrés M. Munk, dans le *Dictionnaire* de M. Franck, où l'on pourra lire avec intérêt des détails qui ne pouvaient entrer ici.

---

245. LES JUIFS. — Nous ne saurions terminer cet article sans dire quelques mots des Juifs qui à cette époque s'occupèrent de philosophie. L'exemple des Arabes fit naître d'abord chez les Juifs, vers la fin du VIIIe siècle, la secte des karaïtes fondée par ANAN BEN DAVID, qui, rejetant les traditions rabbiniques, n'acceptait que le texte de l'Ecriture et prétendait l'expliquer par la raison. De leur côté les *talmudiques*, furent obligés de s'instruire de la philosophie, et le rabbin SAADIA le premier (892-942) écrivit pour la défense de la raison, sans rejeter la révélation.

Son *Livre des croyances et des opinions* est intéressant pour l'histoire de la philosophie juive à son époque.

Au XIe siècle, on trouve en Espagne, avant les Arabes, le juif Ibn-Gebirol, qui passa pour musulman sous le nom d'Avicebron, et dont l'ouvrage *Source de la vie* est cité plusieurs fois par Albert le Grand et saint Thomas. Il adopta les théories d'Aristote et, ne concevant que Dieu seul comme une forme pure, il attribua à l'âme une matière, avec la forme.

Toutes ses idées ne furent pas suivies, mais les doctrines d'Aristote furent embrassées avec ardeur par les Juifs d'Espagne, si bien que Juda Hallevi crut devoir faire une réaction et écrivit en forme de dialogue une défense de la religion juive, renfermant la réfutation de la philosophie.

Au milieu de la lutte de ce double courant d'idées, parut Moïse ben Maïmoun, connu sous le nom de Maimonide, né à Cordoue, l'an 1135 et mort au vieux Caire en 1204. La persécution d'Abd-el-Moumen le força d'abord à simuler l'islamisme, tant qu'il habita Cordoue et plus tard Fez, mais enfin il il put s'embarquer pour saint Jean-d'Acre, visiter Jérusalem et se rendre en Égypte. C'est là qu'il acquit une grande célébrité comme médecin. Il s'était instruit profondément de la philosophie des Arabes, ayant pour maître un disciple d'Aven-Pace, et déjà en Espagne et dans le Maroc il avait écrit plusieurs traités.

Ses ouvrages portent sur le Talmud, sur la philosophie et sur la médecine. Il y avait fait preuve d'une grande érudition et d'une profonde intelligence. Albert le Grand et saint Thomas le citent avec respect.

Sa philosophie ne s'écarte pas de la foi et cherche à lui concilier la raison ; mais peut-être, dans cet effort, suit-il plus souvent la prétendue raison que la foi aux divines Écritures, essayant d'expliquer naturellement la plupart des miracles.

Ses théories sont d'ailleurs celles d'Aristote, telles qu'on les trouve commentées par les Arabes ; comme eux il insiste sur la distinction des deux intellects et professe que seul l'intellect agent survit au corps. Ce principe lui fait rejeter la résurrection des corps, pour la vie future.

Se fondant sur la même doctrine, sa morale a pour but la connaissance parfaite de Dieu. Mais comme il prétend qu'on n'y peut arriver que par la science, il condamne toutes les pratiques ascétiques et ne veut que le perfectionnement de l'intelligence ; ce qui suppose la connaissance de toutes les sciences; mais les sciences ne s'acquièrent que par un travail opiniâtre, qui suppose une volonté ferme, libre de toute passion et une bonne santé. Ainsi tout s'enchaîne et il y a des degrés successifs dans la vertu.

Nous ne pouvons pas entrer dans l'analyse de son grand ouvrage, *Moré nebouchîn* (le Guide des égarés), où ceux qui veulent approfondir tout à la fois la langue hébraïque et les théories des Juifs pourront puiser abondamment.

Il y a aussi des vues philosophiques pleines d'intérêt. On en peut lire un résumé dans le *Dictionnaire* de M. Franck.

Après Maïmonide le mouvement continua en faveur de la philosophie. Presque tous les livres des arabes et ceux de Maïmonide lui-même furent traduits en hébreu ; il y eut aussi des livres originaux, mais aucun de ces auteurs ne se fit une grande renommée.

DEUXIÈME ÉPOQUE
PHILOSOPHIE SCOLASTIQUE

246. DIVISION. — La philosophie scolastique, dont le caractère général est l'union, autant que faire se peut, des théories d'Aristote avec les données de la foi chrétienne, ne nous offre pas de distinction d'écoles. Sans doute, il y eut des luttes soutenues de part et d'autre avec vigueur, par de nombreux champions, mais elles portaient sur des questions de détail, et ne sauraient fournir matière à une division historique. Nous nous contenterons donc de suivre l'ordre des siècles, en distinguant cependant, comme on le fait généralement, trois âges, dont nous ferons autant d'articles séparés.

1er âge. Les commencements, IXe, X^e, XIe et XIIe siècles.
2e âge. L'apogée, XIIIe siècle.
3e âge. Le déclin, XIVe siècle.

§ 1. — LES COMMENCEMENTS DE LA SCOLASTIQUE
(IXe X^e XIe ET XIIe SIÈCLES).

247. NEUVIÈME SIÈCLE. — Dès la fin du huitième siècle, Charlemagne avait fait des efforts pour développer en France l'étude des lettres et des sciences. Sous son impulsion plusieurs écoles s'étaient ouvertes, et lui-même en avait fondé une dans son palais. ALCUIN, d'York, né en 734, en fut le premier directeur, et de là il étendit son influence dans tout le royaume. On se mit partout à recueillir et à réviser les manuscrits, et le goût des études devint général. Après avoir dépensé à cette œuvre toute son activité, Alcuin, sentant le besoin de repos, obtint la permission de se retirer dans l'abbaye de Saint Martin de Tours, où il mourut en 804.

Outre un grand nombre d'ouvrages théologiques et principalement de controverse contre les hérétiques, des livres de liturgie, de morale et d'hagiographie ainsi que beaucoup de pièces de vers, il a écrit des traités didactiques : *de Grammatica dialogus, de Orthographia, Dia-*

logus de Rhetorica et virtutibus, où il divise la philosophie en Physique, Ethique et Logique. La première comprend l'Arithmétique, l'Astronomie, l'Astrologie, la Mécanique, la Médecine, la Géométrie et la Musique ; la Logique comprend la Dialectique et la Rhétorique ; *de Dialectica dialogus, de Cursu et saltu lunæ*. On trouve encore dans ses œuvres les ouvrages suivants dont l'authenticité est douteuse : *Disputatio puerorum* ; c'est une petite encyclopédie enfantine, en forme de catéchisme ; *Propositiones Alcuini ad acuendos juvenes* : c'est la reproduction des problèmes du vénérable Bède. Tous ces ouvrages sont destinés aux enfants ; aussi ils sont fort courts et d'une exposition simple et claire. Ils n'offrent rien d'original : ce sont généralement des résumés de Boèce. Dans ses autres écrits son style, toujours élégant, est aussi nourri des philosophes et des poètes grecs et latins, que des Pères de l'Eglise.

Raban-Maur, disciple d'Alcuin, devint plus tard archevêque de Mayence, et répandit en Allemagne l'étude des lettres latines et la philosophie. Il mourut en 856, âgé de quatre-vingts ans. On a de lui un traité *de Universo*, où se trouvent bien des renseignements sur l'état des connaissances à cette époque, et plusieurs opuscules philosophiques qui ne sont que des commentaires sur Aristote.

De son vivant, le moine *Gottescalc* suscita des disputes et des troubles en enseignant sur la prédestination une erreur qui enferme la négation de la liberté humaine et de la justice de Dieu. Il fut condamné dans un concile, tenu par Raban-Maur, à Mayence, et dans un autre, tenu par Hincmar de Reims.

Jean Scot Erigène, ainsi nommé parce que l'Ecosse et l'Irlande se disputent sa naissance, dirigea l'école palatine, sous Charles le Chauve; mais il ruina sa renommée par son hérésie sur l'Eucharistie, qu'il regardait comme un simple souvenir de Jésus-Christ et de son sacrifice. De plus, chargé de combattre Gottescalc, il écrivit un livre *sur la prédestination*, où il tombait dans l'erreur opposée. Enfin son principal ouvrage, *de Divisione naturæ*, n'est pas exempt d'erreurs. — Il distingue : 1° la nature qui n'est pas créée et qui crée ; 2° la nature qui est créée et qui crée ; 3° la nature qui est créée et qui ne crée pas ; 4° la nature qui n'est pas créée et qui ne crée pas. La première, c'est Dieu, le créateur incréé ; la seconde, ce sont les causes premières, les idées, que Dieu a créées et déposées dans le Verbe ; la troisième, c'est le monde, qu'Erigène suppose créé de toute éternité, parce que, dit-il, un commencement dans l'acte créateur serait un accident en Dieu ; enfin, la quatrième, c'est Dieu considéré comme fin de toute créature. Dans la longue exposition de toutes ces théories, Erigène refuse toute durée à l'innocence d'Adam et d'Eve ; il nie l'éternité des peines de l'enfer, et entend dans un sens figuré bien des affirmations de l'Ecriture. Il ne nous paraît pas avoir enseigné le panthéisme, mais plus tard Amaury de Chartres et David de Dinan abusèrent de l'équivoque de ses expressions pour autoriser leur doctrine panthéiste.

Nous devons encore mentionner dans ce siècle Photius, patriarche de Constantinople, et le premier promoteur du schisme grec. Instruit dans toutes les connaissances de son temps, il écrivit plusieurs ouvrages, dont le plus important, le *Myriobiblon*, intéresse surtout la philosophie et renferme en grand nombre des extraits d'ouvrages que nous ne connaissons que par lui.

248. Dixième siècle. — Le dixième siècle compte un certain nombre d'historiens, des poètes et des troubadours, mais la philosophie n'y est représentée que par quelques arabes. Cependant un seul nom suffit à défendre ce siècle contre l'accusation d'ignorance.

Gerbert, né à Aurillac en Auvergne, au commencement du xe siècle, devenu pape en 999, sous le nom de *Silvestre II*, après avoir été archevêque de Ravenne, et mort en 1003, était instruit dans toutes les connaissances de son temps.

Ayant fait dans sa jeunesse un voyage en Espagne, il en rapporta les commentaires des Arabes sur Aristote et plusieurs des écrits de ce philosophe. On ne sait si c'est de la même source qu'il apprit la numération décimale, mais il est certain qu'il fut le premier à l'enseigner et à la répandre en France, avec les chiffres dont nous nous servons encore et que nous appelons *chiffres arabes*. L'origine de ces chiffres est une question restée pour le moment sans réponse.

Il avait écrit un assez grand nombre de traités d'arithmétique, dont les manuscrits ont été vus, mais dont un seul a été imprimé. C'est le moins important de tous. Il a pour titre *de Numerorum divisione*, et il enseigne l'art de multiplier et de diviser en comptant sur les doigts. Il nous reste aussi le livre *de Geometria*, d'une grande simplicité théorique et d'une grande valeur pratique; car il embrasse toutes les applications usuelles de la géométrie.

Gerbert passe pour avoir inventé les sphères armillaires; il s'en servait dans ses démonstrations astronomiques, dans l'école épiscopale de Reims, qu'il dirigea longtemps avec éclat et succès; mais nous avons vu cette invention attribuée à Boèce par son ami Cassiodore.

Il fit beaucoup pour se procurer les ouvrages anciens qu'il n'avait pas et fonda ainsi une bibliothèque, où il réunit beaucoup de livres, dont plusieurs se sont perdus depuis, mais dont probablement un bien plus grand nombre nous manqueraient sans lui. Il excita par tous les moyens le goût des études, écrivit sous forme de lettres plusieurs petits traités et en un mot fit revivre les écoles.

Nous n'avons de lui qu'un seul ouvrage philosophique; il est intitulé: *de Rationali et ratione uti* (du raisonnable et du raisonner). Ce n'est qu'une question de logique, où il établit, à la demande de l'empereur Othon III, que *faire usage de la raison* est accidentel à l'homme qui est essentiellement *raisonnable*, et que, l'accident pouvant servir d'attribut à la substance, c'est ainsi que *ratione uti* peut être attribué au sujet *rationalis*, quoique l'extension du sujet pris en lui-même et en général soit plus grande que celle de l'attribut pris aussi en général. Mais comme on ne peut dire : *homo utitur ratione* qu'à la condition de prendre le sujet dans un sens particulier, il n'en reste pas moins vrai que l'attribut est plus étendu que le sujet. La manière dont il traite cette question prouve qu'il avait une parfaite connaissance de la philosophie.

249. Onzième siècle. — Le onzième siècle, qui vit briller, en Orient, Avicenne et Al-Gazel, s'ouvrit en Europe par l'hérésie de Bérenger, renouvelée de Scot Erigène, sur l'Eucharistie (1047), et qui tint longtemps les esprits en émoi. Condamné par plusieurs conciles, en 1050, 1055, 1059, 1078, Bérenger se rétracta chaque fois et revint autant de fois à ses erreurs. On croit qu'il se rétracta définitivement et sincèrement, peu de temps avant sa mort, qui arriva en 1088. Il était né à Tours, vers l'an 1005. En dehors de son hérésie, il fut considéré comme un savant philosophe, très versé dans les lettres anciennes; mais dans son amour pour la science il exagéra les droits de la raison, et c'est cet esprit d'indépendance, qui en le jetant dans l'erreur, fit le malheur de sa vie et rendit inutiles toutes ses connaissances. On cite de lui cette parole : « Sans doute, il faut se servir des autorités sacrées quand il y a lieu, quoiqu'on ne puisse nier, sans absurdité, ce fait évident, qu'il est infiniment supérieur de se servir de la raison pour découvrir la vérité. » — On n'est plus chrétien avec un pareil principe. Et pourtant c'est précisément à cause de ce principe que l'Ecole moderne estime Bérenger; elle le regarde, à cause de cela, comme le précurseur de la philosophie indépendante, dont elle se glorifie. Mais l'indépendance qui n'a plus de règle n'est pas la liberté; c'est le désordre.

En même temps vivait le bienheureux Lanfranc, de Pavie, né en 1005 et mort en 1087. Il se distingua dans la controverse contre Bérenger, sur l'Eucharistie. Il se montra utile à la philosophie et aux études littéraires par la fondation d'une école longtemps fameuse, au monastère du Bec, dont il fut le prieur. Il y forma aussi une riche bibliothèque. Il eut pour disciple et pour ami S. Anselme, dont nous parlerons bientôt, et qui lui succéda, d'abord comme prieur du Bec, et ensuite comme archevêque de Cantorbéry. Les ouvrages qui nous restent de lui ne disent rien de sa philosophie.

Nommons encore S. Pierre Damien, né à Ravenne, vers 1005 et mort en 1072, à Faënza. D'abord religieux, puis abbé du monastère de Fontavellana, il fut promu en 1057 à la dignité de cardinal, évêque d'Ostie, mais il résigna bientôt sa charge, pour se retirer dans la solitude. Il connaissait la philosophie et les lettres antiques, mais il préférait chercher la sagesse dans les Livres saints et manifestait quelques craintes sur l'envahissement de l'esprit philosophique. Nous verrons cette pensée se développer davantage dans le siècle suivant.

Pendant ce temps Constantinople comptait parmi ses plus illustres philosophes MICHEL PSELLUS, dont le rôle politique fut remarquable et qui concourut à établir définitivement le schisme grec, avec le patriarche Michel Cérulaire. Né à Constantinople en 1018 et mort en 1079, Michel Psellus nous a laissé des Mémoires historiques très précieux, sur son siècle. Il était ardent platonicien et eut pour adversaire l'aristotélicien XIPHILIN, son ami. Mais l'un et l'autre se contentèrent du rôle d'initiateurs, et ne firent pas avancer la philosophie. Les ouvrages de Michel Psellus ne sont que des résumés.

Vers la fin de ce siècle, en 1080, un ecclésiastique de Paris, chanoine de Compiègne, sur la vie duquel nous n'avons aucun renseignement, ROSCELIN, commença la fameuse dispute sur les *universaux*. Il fut l'auteur du NOMINALISME. Cette doctrine consiste à dire que les genres et les espèces ne sont que des noms, et qu'il n'existe nulle part une substance qui soit, par exemple, la pierre ou la plante, en général. Si Roscelin s'en fût tenu là, on aurait passé par dessus l'exagération de ses termes, et on l'aurait sans doute laissé dire ; mais il transporta sa doctrine dans le mystère de la Sainte Trinité, et disant que les trois personnes divines ne sont que des manières d'être d'une même substance; il prétendit que le Père et le Saint-Esprit se sont incarnés aussi bien que le Fils. Saint Anselme fut le premier à l'attaquer et après lui, Guillaume de Champeaux soutint une théorie entièrement contraire et fut le chef des *réalistes*. Nous verrons que la querelle dura longtemps, même après la mort des deux hommes qui l'avaient soulevée.

Le nom le plus illustre de ce siècle est celui de SAINT ANSELME. Né à Aoste, en Piémont, l'an 1033, il fut d'abord disciple de Lanfranc, au monastère du Bec, en Normandie, lui succéda comme prieur, devint plus tard abbé de la même maison, et enfin lui succéda encore comme archevêque de Cantorbéry. Sa fermeté à défendre les droits de l'Église, contre les empiètements de Henri Ier, roi d'Angleterre, lui valut un exil de trois ans, qu'il passa en France ; puis il revint en Angleterre où il mourut l'an 1109.

Les principaux de ses ouvrages sont : le *Monologium*, qu'il fit paraître d'abord, sans nom d'auteur, sous le titre : *Exemplum meditandi de ratione fidei*, et le *Proslogium*, publié d'abord sous le titre : *Fides quærens intellectum*. On peut citer encore les traités *de fide Trinitatis*, contre Roscelin, et *de Grammaticâ* contre le nominalisme. Dans les deux livres *de Casu diaboli*, et *de Libero arbitrio*, il traite de la liberté de l'homme, de l'origine du mal, de la grâce et de la prédestination. Il a écrit aussi *de Veritate* et *de Voluntate Dei*.

Dans la question des universaux, il se montre *réaliste*, dans le sens de Platon, mais il n'a pas une doctrine suffisamment précise.

Ce qui rend surtout S. Anselme célèbre, dans l'histoire de la philophie, c'est, en général, la profondeur de sa métaphysique, un peu obscure dans le style, et en particulier sa *démonstration purement métaphysique de l'existence de Dieu*. La voici, telle qu'elle se trouve dans le *Proslogium* :

« Vous, Seigneur, qui donnez l'intelligence des choses de la foi, donnez-moi de comprendre, autant qu'il me sera utile, que vous êtes comme nous le croyons, et que vous êtes tel que nous croyons. Or nous croyons que vous êtes un être au dessus duquel on ne peut rien concevoir. Une nature si élevée n'existerait-elle pas, que *l'insensé a dit dans son cœur : Il n'y a point de Dieu ?* Mais l'insensé lui-même, quand il entend ces mots que je viens de prononcer (un être au dessus duquel on ne peut rien concevoir,) comprend ce qu'il entend, et ce qu'il comprend est dans son intelligence, encore qu'il ne comprenne pas que cet être est. Autre chose en effet est exister dans la réalité. Ainsi le peintre, lorsqu'il pense à ce qu'il va faire, a son tableau dans son intelligence, mais il ne voit pas son tableau dans la réalité. Mais lorsqu'il a peint son tableau, il l'a encore dans l'intelligence, et de plus il comprend que son tableau existe. »

« L'insensé donc est obligé de convenir qu'il a dans son intelligence l'idée d'un être au-dessus duquel on ne saurait rien imaginer de plus grand, parce que, lorsqu'il entend énoncer cette pensée, il la comprend, et que tout ce que l'on comprend est dans l'intelligence. Or, sans aucun doute, cet objet au-dessus duquel on ne peut rien concevoir n'est pas dans l'intelligence seule ; car, s'il n'était que *dans l'intelligence*, on pourrait au moins supposer qu'il est aussi *dans la réalité* ; et cette nouvelle condition constituerait un être plus grand que celui qui n'a d'existence que dans la pure et simple pensée. Si donc cet objet au-dessus duquel il n'est rien existait seulement dans l'intelligence, il serait cependant tel qu'il y aurait quelque chose au-dessus de lui, conclusion qui ne saurait être légitime. L'être au-dessus duquel on ne peut rien concevoir, existe donc et dans la pensée, et dans la réalité. »

Saint Anselme croyait avoir réduit, par là, à leur plus simple expression les arguments qui démontrent l'existence de Dieu, mais il perdait de vue la condition hypothétique de toute conception *a priori* ; ce qui rendait son argument insuffisant. C'est en effet un principe reconnu dans l'École que la définition ne dit rien de l'existence de la chose définie. Donc poser comme principe la définition d'un être c'est poser en hypothèse l'existence de cet être ; c'est partir d'une hypothèse. Et comment tirer d'une hypothèse une conclusion réelle ? Aussi S. Thomas s'inscrira en faux contre cette démonstration.

Nous préférons l'argument platonicien que saint Anselme avait donné dans son *Monologium* : « L'immense variété des biens, dit-il, ne peut subsister qu'en vertu d'un principe de bonté, un et universel, à l'essence duquel tous participent plus ou moins...... Celui-ci est nécessairement tel par lui-même, et aucun être ne l'est autant que lui. Il est donc souverainement bon et, en conséquence, souverainement parfait. » — « En argumentant de même de la grandeur inhérente à chaque être, on arrive nécessairement à un principe de grandeur, et, par conséquent, de bonté absolue. La qualité d'être aussi, qui appartient à toutes les individualités, se résout incontestablement en un principe absolu d'être. La gradation des êtres selon leur dignité ne peut pas créer une hiérarchie sans terme; elle exige nécessairement une dignité supérieure à toutes les autres...... Cette puissance suprême, cause de son existence propre, ne peut être venue après elle-même, ni être inférieure à elle-même. Direz-vous qu'elle fut faite de rien et du néant ? En passant même par l'absurdité d'une telle conclusion, il faudrait alors dire que le néant lui-même est cause..... Force est donc de conclure que cette puissance existe d'elle-même. »

Un moine de Marmoutiers, nommé GAUNILON, répondit à saint Anselme, par son *Livre en faveur de l'insensé (Liber pro insipiente)*, qui ne manque pas de sagacité, mais qui ne montre pas assez le faible de l'argument. Aussi S. Anselme répondit, en s'adressant cette fois au catholique, et crut triompher de son adversaire.

Nous n'admettons pas avec M. Bouchitté (*Dict.* de M. Franck, art. *Gaunilon*) que cet argument revienne à la question soulevée par Kant, de « la légitimité du passage du subjectif à l'objectif » et que dès lors « la subtilité scolastique dût méconnaître la portée » d'un argument dont la solution était réservée à « une psychologie plus avancée ». La psychologie n'a rien à voir en cette affaire, mais bien la plus pure métaphysique ; il n'y est pas question du passage du subjectif à l'objectif, ni de la légitimité de nos affirmations sur les objets de notre pensée ; saint Anselme ne raisonnait pas de la pensée à son objet, ni du fait intellectuel à sa cause, comme plus tard Descartes ; il analysait une idée conçue à priori et prétendait, sans avoir établi la réalité de l'objet de cette idée, conclure à la réalité de tout ce que cette idée renferme, oubliant, nous l'avons déjà dit, la condition toute hypothétique de son point de départ.

250. DOUZIÈME SIÈCLE. — Le douzième siècle s'ouvre au milieu de la querelle du nominalisme et lui fournit un nouveau défenseur du RÉALISME, qui en sera comme le chef. C'est GUILLAUME DE CHAMPEAUX, né au village de ce nom, près de Melun. Il commença à enseigner vers l'an 1100, à Paris, où il fonda en 1113 l'abbaye de Saint-Victor, succursale de l'abbaye de Saint-Victor de Marseille, et il y reprit son enseignement. Devenu plus tard évêque de Châlons, il mourut l'an 1121.

Il ne nous reste rien des ouvrages de Guillaume de Champeaux, et quelque intérêt que nous eussions à étudier le réalisme dans son chef, nous en sommes réduits pour apprécier cette question à l'exposition que nous en a faite Abailard, et dont nous pouvons justement suspecter l'exactitude, outre qu'elle n'offre rien de précis.

Le réalisme commença sans doute par affirmer l'existence réelle et substantielle des espèces et des genres et finit par enseigner que les espèces et les genres existent seuls véritablement ; la source de l'individualité n'étant qu'un accident, qui s'ajoute à l'essence de l'être. Bientôt on en vint à supposer une substance, ou, comme on disait, une *entité* spéciale pour chaque condition conçue dans un être. Il y eut dans le même Socrate, ou dans le même Paul, *l'animalité*, *l'homoïté* et la *Socratéité* ou *la Paulité*.

C'est que sous son apparente futilité, la question du réalisme et du nominalisme embrasse la philosophie tout entière, et avec elle les sciences et les arts, par les tendances que donnent aux esprits les différentes solutions, et par les conclusions si diverses que l'on en a tirées. Cependant, à vrai dire, la question est plus simple qu'on n'a bien voulu la faire, quoique depuis Platon jusqu'à nos jours elle semble à plusieurs être restée sans réponse. Nous verrons bientôt que saint Thomas l'a nettemens tranchée.

Pierre ABAILARD (ou Abélard) né en 1079 à Palais, près de Nantes et mort en 1142, est plus fameux par les vicissitudes de sa vie que par son talent, qui était remarquable. Doué d'un esprit souple et profond, mais indépendant, il ne sut accepter les doctrines d'aucun de ses maîtres, Roscelin, Guillaume de Champeaux, Anselme de Laon ; il les quitta tous promptement, et se mit à enseigner sans avoir appris. Sa parole facile et la nouveauté de ses conceptions lui attirèrent de nombreux auditeurs. Mais d'abord son attachement pour la fameuse Héloïse le força de s'exiler en Bretagne. A son retour il voulut enseigner la théologie, mais les erreurs que l'on remarqua dans ses doctrines, et dans lesquelles il eut pour adversaire Saint Bernard, lui valurent plusieurs condamnations, et, après s'être rétracté plusieurs fois, il finit par se retirer au monastère de Cluny, où il montra la sincérité de sa conversion par la pratique de toutes les vertus chrétiennes.

Jusqu'en 1836, les ouvrages d'Abailard que l'on connaissait portaient presque exclusivement sur la théologie. Ce fut Cousin qui publia alors plusieurs opuscules de lui, dont le but est tout philosophique. Les principaux sont : *Dialectique, Sic et non*, un fragment *sur les genres et les espèces* et des gloses sur plusieurs livres d'Aristote. Mais on peut voir l'esprit philosophique d'Abailard dans ses autres ouvrages : *Introduction à la théologie. Théologie chrétienne*, etc.

Son esprit incline à mettre la raison au dessus de la foi ; il va même jusqu'à dire que l'on doit croire, non parce que telle est la parole de Dieu, mais parce que l'on s'est convaincu que la chose est ainsi. Son admiration pour les anciens lui faisait préférer Platon à Moïse, au point de dire que celui-là montre mieux la bonté de Dieu que celui-ci. En Théodicée, il a professé par avance l'optimisme de Leibnitz. En morale il prétendait que l'action n'ajoute rien à l'intention, considérait le péché originel comme une *peine*, et non comme une *coulpe*, et enfin regardait la grâce comme n'étant autre chose que l'encouragement de l'exemple.

Mais la théorie capitale d'Abailard, pour son temps, fut le CONCEPTUALISME. C'était, selon lui, un milieu entre le nominalisme et le réalisme et il enseignait ainsi que les universaux ne sont ni des mots ni des choses, mais des conceptions de l'intelligence, formées par la réunion de ce qu'il y a de commun entre plusieurs êtres. Il est naturel de penser que Roscelin n'avait pas voulu dire autre chose, quoiqu'il s'exprimât autrement. C'était donc le nominalisme qui triomphait avec Abailard. En ce point il suivait Aristote, quoique dans plusieurs autres questions il fût plus rapproché de Platon. Toutefois sa doctrine n'est pas encore l'expression exacte de la vérité ; car elle n'indique pas dans les choses le fondement de nos conceptions universelles, comme l'avait déjà fait Boèce et comme devait le faire plus tard S. Thomas.

Avant Abailard et en même temps que lui, nous trouvons, dans une doctrine opposée, GILBERT DE LA PORRÉE, né vers 1070 et mort en 1154. Il soutint le réalisme et le poussa plus loin que Guillaume de Champeaux. Son traité de *Sex principiis* fut longtemps classique, et eut l'honneur d'être cité plusieurs fois par S. Thomas. Il y expose les six dernières catégories, qu'Aristote n'avait fait qu'énoncer. Ces six *principes* sont : l'action, la passion, le temps, le lieu, la situation et l'avoir. Il les appelle *formæ assistentes*, pour les distinguer des quatre premières catégories, qu'il appelle *formæ inhærentes*. D'abord chancelier de l'Eglise de Chartres, il assista, en 1140, à la condamnation d'Abailard; mais devenu évêque de Poitiers, en 1142, il enseigna lui-même plusieurs erreurs qui procédaient de son réalisme, et fut condamné par un concile tenu à Reims, en 1148, où saint Bernard soutint encore la foi catholique. Il disait, conformément à ses principes réalistes, *que la divinité est réellement distincte de Dieu, qu'elle est réellement distincte des trois personnes divines, et que par suite ce n'est pas la nature divine, mais seulement la seconde personne qui s'est incarnée, et enfin que tous les attributs de Dieu se distinguent réellement de Dieu lui-même*. Il montre d'ailleurs comme Abailard cet esprit de prétendue indépendance philosophique, qui renonce à tout guide.

Ainsi l'esprit des distinctions subtiles, qui s'emparait de toute l'Ecole, menaçait le dogme catholique, et la philosophie elle-même, celle d'Aristote surtout, qui semblait en fournir le germe, porta un instant la peine des méfaits que lui faisaient commettre ses maladroits interprètes. En effet les premières années du treizième siècle nous montreront une multitude d'erreurs condamnées sous le nom générique d'Aristotélisme, et dès la fin du douzième nous allons voir plusieurs hommes de mérite se défier de la philosophie scolastique et recommander la méditation et la prière. C'est le mysticisme chrétien, que les vrais philosophes catholiques n'ont jamais méprisé. Le premier théologien que nous allons rencontrer dans cette voie, c'est S. Bernard.

SAINT BERNARD, né en 1091, dans le village de Fontaine, en Bourgogne, d'une famille noble, quitta de bonne heure le monde et entra dans l'abbaye de Citeaux, près de Dijon ; plus tard il fonda le monastère de Clairvaux, près de Bar-sur-Aube, dont il fut le premier abbé, et il y mourut, l'an 1153. Nous l'avons vu déjà veiller à la conservation de la foi catholique, contre Abailard et Gilbert de la Porrée ; il réforma l'ordre de Citeaux ; il fut l'instigateur des Croisades ; il est regardé comme le dernier des Pères de l'Eglise, et honoré comme un de ses docteurs.

Sa philosophie, qu'il n'a pas exposée directement dans ses écrits, est celle de l'Eglise catholique ; et s'il se sert de la raison pour défendre la foi, on sent qu'il craint les empiétements des doctrines philosophiques qui plus d'une fois avaient engendré de son temps des erreurs théologiques. Aussi on voit qu'il préfère l'Ecriture Sainte à Platon et à Aristote, et la méditation et la prière aux subtilités de la dialectique. Cette direction d'esprit est ce qu'on appelle le *mysticisme ;* mais il ne s'agit pas ici de cette prétendue extase où l'imagination s'abandonne à ses rêves, comme dans l'école d'Alexandrie ; c'est l'âme humaine se livrant à l'action directe de Dieu et goûtant la vérité par le cœur plus qu'elle ne l'approfondit par la raison. C'est la pensée qu'exprimera plus tard l'auteur de l'*Imitation :* « *Cupio magis sentire compunctionem quam scire ejus definitionem.* »

C'est cette disposition d'esprit et de cœur qui donne tant de charme à son style, d'ailleurs tout rempli des expressions de l'Écriture. Une seule citation fera comprendre sa manière d'envisager les questions philosophiques. Après un court préambule, il commence ainsi son traité *De diligendo Deo :* « *Vultis ergo à me audire, quare et quomodo diligendus sit Deus ? Et ego : Causa diligendi Deum, Deus est ; modus, sine modo diligere. Est-ne hoc satis ? Fortassis utique, sed sapienti.* » Nous n'essayons pas de traduire, de peur d'ôter quelque chose au sublime de cette pensée.

Le pape Eugène III avait été religieux de Clairvaux ; Saint Bernard lui adresse son livre *de Consideratione*, pour l'engager à veiller à sa propre perfection et au salut de tous, dans la sublime charge dont il venait d'être honoré (1145) ; il l'invite à se considérer comme le serviteur de tous, selon la parole de N. S. Jésus-Christ : « Voici, lui dit-il, la voix du Seigneur dans l'Evangile : *Les rois des nations dominent sur elles ; qu'il n'en soit pas ainsi parmi vous.* Il est donc évident que la domination est interdite aux apôtres..... Voilà ce qui vous est défendu ; voyons ce qui vous est ordonné : *Que celui qui est le plus grand parmi vous devienne comme le plus petit, et que celui qui préside soit comme le serviteur.* »

Selon M. Fouillée, S. Bernard, dans ce passage « résiste avec éloquence à l'esprit profane de domination et d'usurpation qui animait alors la papauté. » Nous ne voyons nullement dans ces paroles le sens que leur prête M. Fouillée, et nous ne pensons pas qu'aucun théologien y ait jamais vu autre chose qu'une recommandation d'humilité chrétienne et de douceur dans le commandement.

Cependant, tandis que Saint Bernard essayait de détourner les esprits des excès de la forme scolastique, un autre docteur posait les fondements de la théologie scolastique.

PIERRE LOMBARD, ainsi surnommé parce qu'il était né près de Novare, en Piémont, après avoir enseigné à Reims, fut chargé d'une chaire à Paris, et devint évêque de cette ville, en 1159. Il mourut en 1160. Son ouvrage intitulé : *Sententiarum libri quatuor*, qui lui valut le titre de *Maître des Sentences,* est un cours complet de théologie, où les matières sont disposées avec méthode. Il fut longtemps le manuel de tous les étudiants, et le texte des leçons de tous les docteurs. On y voit plus que dans aucun ouvrage des siècles précédents l'union de la philosophie et de la foi, pour constituer la théologie. Il recherche, cite, explique et compare les textes de l'Ecriture, les sentiments des Pères, et les analyse, à l'aide de la métaphysique et de la logique.

Nous reconnaissons volontiers cette union, mais nous ne voyons pas pourquoi M. Franck, ou M. Bouchitté, l'auteur de l'article *Lombard (Pierre)*, dans son dictionnaire, et mort avant l'impression de la seconde édition que nous citons, en prend occasion de s'élever contre « le dédain de certains esprits de nos jours, pour la raison humaine et pour la philosophie. » Jamais les théologiens catholiques n'ont dédaigné la philosophie, et l'Eglise a été la première à défendre les droits de la raison humaine attaquée par les Traditionalistes. Mais la pensée de l'auteur de cet article, maintenu par M. Franck, porte plus loin. Il vise l'indépendance et même la supériorité de la raison, vis-à-vis de la foi, et c'est là que nous sommes obligé de le condamner. La foi a son domaine ; la raison a le sien ; elles s'unissent dans la théologie ; mais la foi y reste toujours supérieure. Et même dans la philosophie pure, son histoire nous a montré jusqu'ici, et elle nous montrera encore, que, lorsque la raison veut marcher sans guide, elle marche en aveugle et s'égare.

ALAIN DE L'ISLE, né en 1114, recteur de l'Université de Paris, puis évêque d'Auxerre, et enfin moine de Clairvaux, imita Pierre Lombard, dans son *De Arte sive de articulis fidei;* il a des tendances platoniciennes, et pourtant son livre a la méthode la plus scolastique.

HIST. DE LA PHIL.

Mais l'ouvrage de Pierre Lombard n'obtint pas l'assentiment de tous, et amena plusieurs esprits à se jeter davantage dans l'esprit mystique, à l'exemple de saint Bernard. Les trois chanoines de Saint-Victor, Hugues, né en Flandre, mort à Paris en 1140, Richard, né en Ecosse, mort en 1173, et Gauthier, réagirent contre la dialectique, firent l'éloge de la contemplation, et s'élevèrent contre Pierre Lombard et son aristotélisme. Le dernier écrivit, en 1181, *Contra quatuor labyrinthos Galliæ*, ouvrage curieux, qui est resté manuscrit.

Nous avons cependant de Hugues de S.-Victor quatre ouvrages assez scolastiques : *Eruditionis didascalicæ libri septem ; de Bestiis et aliis rebus, libri quatuor ; de Anima, libri quatuor; de Unione corporis et animæ tractatus parvus.*

Hugues de St-Victor distingue dans l'âme, qui est tout à la fois pour l'homme la source de la vie, de la sensibilité et de la pensée, trois facultés supérieures, qui sont : la raison, l'entendement et l'intelligence. « *La raison*, dit-il, est cette force de l'âme qui perçoit les natures des choses corporelles, leurs formes, leurs différences, leurs propres et leurs accidents. Elle abstrait des corps ce que nous y découvrons non par leur action, mais par notre considération. *L'entendement* (*intellectus*) est cette force de l'âme qui perçoit l'invisible, tel que les anges, les démons et tout esprit créé. L'*intelligence* (*intelligentia*) est cette force de l'âme qui n'a que Dieu au-dessus d'elle : elle voit en effet Dieu le suprême Vrai et vraiment immuable. Ainsi l'âme perçoit par les sens les corps, par l'imagination leurs ressemblances, par la raison les essences des corps, par l'entendement les esprits créés, par l'intelligence l'Esprit incréé. » (*De Anima*, lib. II, cap. 6.) Cette analyse de l'âme se rapproche de Platon plus que d'Aristote, et par conséquent elle s'éloigne de la théorie reçue à cette époque. Mais la raison ne se suffit pas à elle-même, si elle n'est aidée par Dieu, et Hugues recommande la prière, la contemplation, l'ascension de l'esprit, dont les degrés font arriver jusqu'à nous l'illumination divine et permettent à l'âme de contempler la suprême clarté de Dieu. Il ne faut donc pas chercher au dehors, dans les choses, ce que nous pouvons trouver en nous-mêmes.

Richard de S.-Victor a écrit : *De Præparatione animi ad contemplationem*, et *de Gratia contemplationis*. Comme son maître Hugues, il déclare que l'homme ne peut atteindre par lui-même à la connaissance de Dieu, et qu'il travaillera en vain à connaître les vérités supérieures s'il n'est illuminé par Jésus-Christ, « qui enseigne les choses terrestres dans la vallée, les choses célestes sur la montagne. » Ailleurs il dit encore : « Même à notre époque il s'est trouvé de prétendus philosophes, fabricateurs de mensonges, qui, voulant se faire un nom, ont cherché des nouveautés ; ils avaient moins de souci d'affirmer le vrai que de trouver du neuf..... Mais ils ont rendu si vaine cette philosophie du monde, autrefois si glorieuse, que chaque jour un nombre incalculable de leurs fauteurs les tournent en dérision, détestent leurs doctrines, et font profession de ne savoir que Jésus-Christ, et Jésus-Christ crucifié. Et voilà que beaucoup de ceux qui auparavant forgeaient dans l'usine d'Aristote sont enfin devenus plus sages, et apprennent aujourd'hui à marteler dans l'atelier du Sauveur (*De Contempl.* lib. II, cap. 2).

Avec l'Ecole de St-Victor, JEAN DE SALISBURY, évêque de Chartres, mort en 1180, condamnait l'abus de l'argumentation, mais il restait partisan d'Aristote et de la littérature ancienne.

Ce siècle, déjà si tourmenté par tant d'hérésies et de luttes philosophiques, fut encore bouleversé par les VAUDOIS, qui, sous prétexte de pauvreté évangélique, se séparèrent de l'Eglise catholique et défigurèrent plusieurs de ses dogmes, et par les ALBIGEOIS, qui renouvelaient les erreurs des Manichéens. Les uns et les autres se livraient au meurtre et au pillage. Enfin, les dernières années de ce siècle virent encore renaître le panthéisme, dans les théories d'AMAURY DE CHARTRES et de DAVID DE DINAN, qui tous deux semblent avoir puisé leurs erreurs dans Scot Erigène. Mais ici le panthéisme est formel. Le premier dit : « Tout est Dieu et Dieu est tout. » Le Créateur et la créature sont une même chose. Le second, après avoir distingué la pensée comme essence de Dieu et des âmes, et la matière comme substance des corps, finit par identifier la matière et la pensée, et, par conséquent, le monde avec Dieu.

Disons encore, pour compléter l'histoire des études à cette époque, que l'Université de Paris était alors si florissante qu'un auteur contemporain, Rigord, dans sa *Vie de Philippe Auguste*, dit : « Nous ne lisons point que ni Athènes, ni l'Egypte, ni aucune autre école du monde aient jamais eu un concours d'étudiants plus nombreux. » Cette émulation venait surtout des privilèges dont les étudiants étaient favorisés, privilèges qui donnaient à des hommes du peuple une considération égale à celles des nobles. C'est ainsi que se préparaient, lentement, mais sûrement, la fusion des classes et l'égalité des conditions.

— C'est dans le douzième siècle que vivait Averroës, le plus grand des philosophes arabes.

§ 2. — L'APOGÉE DE LA SCOLASTIQUE (XIIIᵉ SIÈCLE).

251. LES ARISTOTÉLICIENS. — Au commencement du treizième siècle on donna le nom d'Aristotéliciens à des hommes qui, s'appuyant sur les principes d'Aristote, enseignaient une foule d'erreurs. En voici quelques-unes :

Erreurs sur Dieu :

« En Dieu il n'y a point de Trinité, parce qu'elle est incompatible avec sa simplicité parfaite. »

« Dieu ne connaît rien que lui-même. »

« Dieu ne connaît pas les futurs contingents, parce que ce sont des choses particulières et que Dieu, connaissant par sa vertu intellective, ne peut connaître ce qui est particulier. »

Erreurs sur l'âme :

« L'entendement humain est éternel, parce qu'il n'a point de matière, par laquelle il soit en puissance, avant que d'être en acte. »

« L'intellect actif est une substance supérieure et séparée. »

« Les intelligences supérieures créent les âmes raisonnables, sans le mouvement du ciel ; les intelligences inférieures créent les âmes végétatives et sensitives, à l'aide du mouvement du ciel. »

« La volonté ne se meut point par elle-même, mais par les corps célestes. »

« La volonté est de soi indéterminée comme la matière, mais elle est déterminée par le bien désirable, comme la matière par l'agent. »

« La volonté est nécessitée par la connaissance, et l'homme ne peut s'abstenir de ce que lui dicte la raison ; ainsi on pèche par passion, mais non par la volonté. »

Erreurs sur le monde :

« Le monde est éternel, quant aux espèces qu'il contient. »

« Le philosophe doit nier simplement la création du monde, parce qu'il s'appuie sur des raisons naturelles : mais le fidèle peut nier l'éternité du monde, parce qu'il s'appuie sur des causes surnaturelles. »

« La création est impossible, mais il faut croire le contraire d'après la foi. »

Erreurs sur la Théologie :

« Il n'y a point d'état plus excellent que de s'appliquer à la philosophie. »

« Les philosophes seuls sont les sages du monde. »

« La loi chrétienne empêche d'apprendre. »

Ces erreurs et plusieurs autres furent condamnées par l'évêque de Paris en 1277. Déjà, dès 1215, pour des motifs semblables, on avait défendu de lire les livres d'Aristote, excepté la *Logique* ; mais cette défense dura peu.

252. Vue générale du XIII° siècle. — C'est donc parallèlement et dans le même temps, que l'erreur et la vérité se développaient, sortant des principes d'Aristote. Dans le même siècle, les ouvrages du grand philosophe furent condamnés et atteignirent leur plus haut degré d'influence. C'est le grand siècle du moyen-âge, qui s'ouvre avec Innocent III, qui vit se fonder les ordres de Saint-François et de Saint-

Dominique; c'est le siècle de saint Louis; c'est le plus beau temps de l'architecture ogivale et de l'art purement chétien; c'est le siècle de saint Thomas, et par contraste, c'est aussi le siècle de Roger Bacon, qui fut, mieux que son homonyme François Bacon, le vrai promoteur de la science moderne.

Dans ce même siècle l'Eglise tint trois conciles œcuméniques, le IVe de Latran, en 1215, le Ier de Lyon, en 1245, le IIe de Lyon, en 1274.

Pierre de Blois, qui mourut en 1200, laissait un *Traité des Sciences*; Guillaume d'Auxerre, mort en 1230, écrit une *Somme de Théologie*; Alexandre de Halès, mort en 1245, a écrit aussi une *Somme théologique*, en exposant les *Sentences* de Pierre Lombard; il connaissait toutes les œuvres d'Aristote, Platon et les Arabes. Vincent de Beauvais, mort en 1264, nous a laissé une sorte d'encyclopédie sous le titre de *Speculum majus*, ou de *Bibliotheca mundi, continens specula quatuor : doctrinale, historiale, naturale, et morale, in libros* XXXII *distributa*.

Dans le même temps Guillaume d'Auvergne, ou *Guillaume de Paris*, mort en 1249, et surtout S. Bonaventure, mort en 1274, réagissaient contre l'esprit des discussions scolastiques et tournaient les esprits vers la contemplation, et l'on peut attribuer une influence analogue à S. Antoine de Padoue, franciscain mort en 1231, et à S. Raymond de Pennafort, général des dominicains, mort en 1275. Avec ce dernier, saint Pierre Nolasque fonda, en 1223, l'ordre de la Merci, pour la rédemption des captifs, œuvre semblable à celle de l'ordre de la Trinité, fondé en 1199, par saint Jean de Matha et par saint Félix de Valois.

Nous devons parler plus longuement d'Albert le Grand et de son disciple saint Thomas, qui furent les lumières de la théologie et de la philosophie, puis de leur émule Duns Scot, ainsi que de Roger Bacon.

Enfin, pour que rien ne manque à la gloire de ce siècle, c'est dans ce temps encore que Marco Polo, de Venise, mort en 1298, fit son voyage dans l'Inde et dans la Chine et en écrivit la relation.

Cette rapide esquisse doit suffire pour montrer qu'au moyen-âge les ténèbres n'étaient pas aussi épaisses qu'on a bien voulu le dire, et que l'intelligence humaine pouvait se développer à l'aise sous la domination du christianisme et de l'Eglise.

253. Albert le Grand. — Albert, que ses contemporains et la postérité ont surnommé *le grand*, à cause de son savoir immense, appartenait à la famille des comtes de Bollstadt. Il naquit à Lawingen, en Souabe, l'an 1193, ou, selon d'autres, l'an 1205. Possédant à fond les écrits d'Aristote et des Arabes, il se livra avec ardeur à l'étude des sciences naturelles et même de l'alchimie, en même temps qu'il enseignait la philosophie. Entré l'an 1222 dans l'ordre des Frères Prêcheurs, il fut

chargé d'enseigner successivement à Hildesheim, à Fribourg, à Ratisbonne, à Strasbourg, à Cologne et à Paris. Le plus illustre de ses disciples, S. Thomas, suivit ses leçons dans ces deux dernières villes. Devenu évêque de Ratisbonne, en 1260, il résigna bientôt sa charge, comme incompatible avec ses travaux scientifiques, et se retira dans son couvent, à Cologne. Cependant il en sortit pour prêcher une croisade en Autriche et en Bohême, et après la mort de S. Thomas, il vint à Paris défendre la doctrine de son disciple, que plusieurs attaquaient. Il mourut en 1280.

La liste de ses ouvrages serait trop longue ; ils remplissent 21 volumes in-folio. Il y a des *Commentaires sur Aristote, sur l'Ecriture Sainte, sur S. Denys l'aréopagite, et sur les Sentences de Pierre Lombard ; une Somme théologique, un Abrégé de théologie*, etc.

Sa doctrine philosophique est celle d'Aristote, moins ses erreurs. Elle brille plus par l'érudition que par l'originalité; mais elle ne manque pas de profondeur, quoiqu'elle n'atteigne pas, à ce point de vue, celle de S. Thomas. Plus que tout autre il contribua à mettre en honneur la philosophie d'Aristote, en montrant, par l'emploi qu'il en fit, qu'on ne devait pas imputer à cette doctrine les erreurs de ceux qu'on appelait les Aristotéliciens. Il fit connaître aussi les travaux des Arabes qu'il cite assez souvent. En résumé, il donna une base solide aux études et en étendit le cadre, en même temps que l'interêt qu'il donnait à ses leçons inspirait le goût de la science à des milliers d'auditeurs.

Il a commenté presque tous les ouvrages d'Aristote, et quoiqu'il combatte ses erreurs, il expose cependant les théories de son auteur plutôt que les siennes propres, comme il le déclare plus d'une fois. Sur la question des universaux, il est d'accord avec Boèce. Plusieurs historiens disent qu'il accepte la preuve métaphysique de S. Anselme; mais les paroles sur lesquelles ils s'appuient ne nous paraissent pas concluantes : « *Soli Deo proprium est esse, et non posse non esse, et non posse cogitari non esse.* » Ces paroles nous semblent dire seulement que nous ne pouvons pas considérer Dieu comme simplement possible et pouvant ensuite passer à l'acte, et non que l'idée d'un être au dessus duquel on ne peut rien concevoir renferme l'existence de cet être On a prétendu aussi qu'il admet la théorie de l'émanation, tandis qu'il dit : *Mundus a primo Creatore solo Deo incipit per creationem. Deus ex nihilo fecit mundum.* En psychologie, il distingue les sens, la raison et l'intelligence, et emploie ce dernier terme dans le sens d'intuition du vrai en soi. Aussi il ajoute : La vie végétale est une ombre de la vie sensitive, les sens une ombre de la raison, la raison une ombre de l'intelligence.

Il avait sur les lois physiques des connaissances supérieures à celles de son temps, au point qu'on le crut magicien, et qu'on lui attribue les inventions les plus surprenantes. Mais il ne faudrait pas croire qu'il ait, comme tant d'autres de son temps, cherché la pierre philosophale. Il déclare au contraire que l'art est incapable de donner la forme substantive. Mais l'opinion qu'on avait de lui n'en prouve pas moins sa science supérieure.

254. SAINT THOMAS D'AQUIN. Reconnu comme le plus grand des théologiens, par ses contemporains, qui le surnommèrent *Doctor angelicus*, par la postérité, qui l'appelle *l'Ange de l'École*, et par l'Église, qui, au Concile de Trente, mit sa *Somme théologique* à côté de l'Écriture Sainte dans la salle des délibérations, S. Thomas d'Aquin serait aussi le plus grand des philosophes, si les doctrines qu'il nous a transmises n'étaient pas, en grande partie empruntées à Aristote ou inspirées par ses écrits. Ainsi le mérite sans égal des œuvres de S. Thomas, au point de vue philosophique revient en partie à Aristote et, par lui, à Platon et à Socrate. Il y a ajouté les données de la foi catholique, les doctrines des Pères de l'Église, ses propres méditations et il a fondu ensemble ce double fruit de la révélation divine et du génie humain pour en faire ce chef-d'œuvre qui s'appelle à juste titre *la Somme*, car il est la somme du savoir de l'humanité dans les questions les plus élevées. On a pu, depuis, éclaircir quelques points laissés dans l'ombre, se placer à un point de vue préférable pour certaines analyses ; mais l'ensemble de sa doctrine et la presque totalité de ses détails demeure comme le fondement inébranlable de toute philosophie et de toute théologie. Heureux qui sait le comprendre ! car plusieurs, l'ont dédaigné faute de l'avoir compris ; et ce livre qu'il écrivit, comme il le dit lui-même, « pour les commençants », a été banni des classes aujourd'hui, comme trop au-dessus des intelligences frivoles de notre époque. Sa langue et son style ne sont plus en rapport avec notre culture intellectuelle. Peut-être, avec notre langue française, formée par la dialectique de l'Ecole, où elle a puisé une clarté sans rivale, pouvons-nous mieux dire ce qu'a dit S. Thomas, mais à coup sûr, en dehors des vérités que seule peut fournir l'expérience, nous ne possédons que très peu de vérités qui ne soient pas, explicitement ou implicitement, dans la *Somme* de S. Thomas.

Thomas, fils de Landolphe de Sommacle, comte d'Aquin, naquit l'an 1226, au château de Rocca Secca, près du Mont-Cassin, dans le royaume de Naples. Ayant fait ses premières études chez les religieux bénédictins du Mont-Cassin, il voulut entrer dans l'ordre de S. Dominique, mais sa famille lui fit une violente opposition. Il triompha de tous les obstacles et parvint à sortir de l'Italie. Il vint d'abord à Paris, puis à Cologne où il reçut les leçons d'Albert le Grand, qu'il suivit encore à Paris. Son caractère silencieux et ami de la solitude, sa démarche un peu lourde, causée par un embonpoint assez marqué pour son âge, le firent surnommer par ses condisciples « *Bos mutus Siciliæ* » ; ce qui montre un jugement peu favorable pour son intelligence. Mais un jour, Albert le Grand, qui jusque-là paraissait partager l'opinion de ses disciples sur Thomas, l'ayant interrogé, celui-ci répondit d'abord par une définition, et ensuite il trouva dans cette même définition la réponse à toutes les difficultés que son maître put lui faire sur le même sujet. C'est alors qu'Albert, transporté d'admiration, s'écria, en parlant à tous ses auditeurs : « *Vos vocatis hunc bovem mutum, sed olim iste talem mugitum dabit, quod in toto mundo sonabit.* » La prédiction s'est largement réalisée. S. Thomas après avoir refusé tous les honneurs ecclésiastiques, quitta la France pour enseigner dans plusieurs villes d'Italie, notamment à Naples, et comme il se rendait au concile de Lyon, en 1274, il mourut dans l'abbaye de Fossencuve, près de Frosinone, dans la diocèse de Terracine. Sa piété et sa science lui valurent 50 ans après sa mort, les honneurs de la canonisation, en 1323. Et comme on objectait qu'il n'avait pas fait de miracles, le pape Jean XXII, répondit : « *Quot scripsit articulos, tot miracula fecit.* »

Saint Thomas a traité toutes les questions que la philosophie embrassait de son temps, c'est-à-dire toutes les sciences, excepté les mathémathiques. Ses œuvres, imprimées en 23 volumes in-folio, ou en 34 volumes in 4°, sont une mine inépuisable et une source toujours pure. Ne pouvant en donner la liste complète, nous indiquerons les principales.

Sur la Logique :

Totius Aristotelis logicæ summa ; c'est un résumé clair et approfondi de l'Isagoge de Porphyre et des quatre premiers livres de l'Organon d'Aristote; *Commentaria in Perihermeniam, in posteriores analyticos: de Véritate*, immense traité qui embrasse la Logique, la Métaphysique et la Théologie ; plusieurs opuscules: *de Natura Accidentis, de Natura syllogismorum, de Inventione medii, de Universalibus, de Natura generis, de Demonstratione, de Fallaciis.*

Sur la Physique :

De Physico auditu, commentaire sur les huit livres de la Physique d'Aristote; *de Cœlo et Mundo, de Generatione et Corruptione, Meteorologicorum libri quatuor,* commentaires sur les mêmes livres d'Aristote ; *de Motibus corporum cœlestium, de Natura luminis.*

Sur la Métaphysique :

In XII Libros Metaphysicorum, commentaire très développé, où cet ouvrage d'Aristote se trouve admirablement éclairci et complété ; *de Veritate*, dont nous avons déjà parlé; *de Tempore, de Instantibus, de Natura Loci, de Ente et Essentia*, opuscules profonds mais difficiles; *de Causis*, commentaire du fameux livre d'Avempace ou d'Al-Farabi, attribué longtemps à Aristote, et source de tant d'erreurs pendant le moyen âge; *de Potentia, de Malo, de Principio individuationis, de Æternitate mundi, de Fato.*

Sur l'âme:

De Anima, traité assez étendu sur la nature, les conditions et les opérations de l'âme humaine; *de Anima libri tres*, commentaire du même livre d'Aristote; *de Sensu et Sensato; de Memoria et Reminiscentia; de Somno et vigilia, de Somniis; de Sensu respectu singularium et Intellectu respectu universalium; de Intellectu et intelligibili; de Potentiis animæ*, autant de questions traitées d'après Aristote, mais avec beaucoup d'indépendance.

Sur la morale:

In X libros Ethicorum ad Nicomachum; Politicorum seu de rebus civilibus, libri octo, commentaires sur la morale à Nicomaque et sur la politique d'Aristote.

Plusieurs opuscules, dont le but est théologique, exposent aussi philosophiquement diverses questions de morale.

De plus toute la philosophie se rencontre dans les divers écrits théologiques dont nous allons parler.

Nous ne pouvons pas donner ici la liste de tous les écrits théologiques du saint Docteur, qu'il nous suffise de dire qu'il a commenté tout le Nouveau Testament, et une grande partie de l'Ancien; que sa *Catena Aurea*, sur les quatre évangiles est un chef d'œuvre d'érudition, un commentaire suivi, où s'enchaînent et s'expliquent mutuellement un nombre incalculable de pensées exclusivement empruntées aux Pères de l'Eglise; qu'il a écrit la *Somme contre les Gentils*, pour amener dans l'esprit des infidèles la conviction de la vérité de la religion catholique et enfin le chef-d'œuvre des chefs-d'œuvre, la *Somme théologique*, qu'il n'eut pas le temps d'achever; et que tous ces ouvrages, quoique théologiques, renferment un trésor de philosophie.

La *Somme théologique*, qui, tout en s'appuyant sur la foi, invoque perpétuellement la raison, soit pour pénétrer plus avant dans les mystères, soit pour en montrer la *convenance*, est divisée ainsi: Après un préambule sur la *Doctrine sacrée*, qui est la théologie, Saint Thomas divise son sujet en trois parties: 1° de Dieu et de la créature; 2° du *mouvement* de la créature raisonnable vers Dieu; 3° de Jésus-Christ qui est notre voie pour aller à Dieu.

La première partie embrasse trois traités: 1° de Dieu considéré dans son essence et dans ses attributs; 2° de Dieu dans la distinction des trois personnes divines; 3° de la *procession* des créatures de Dieu, et en particulier des anges et de l'homme, considérés dans leur nature et dans leurs facultés. C'est dans ce dernier traité que se trouve la psychologie de saint Thomas, comme sa théodicée se trouve dans le premier; car toutes les questions y sont traitées aussi bien au point de vue de la raison seule qu'au point de vue de la foi. Le traité de la Trinité, lui-même, semble un traité purement philosophique, et celui qui ne remarquerait pas le *seul point* où la *conséquence* n'est pas du ressort de la raison pourrait croire que le mystère de la Sainte Trinité s'y trouve démontré. Il n'en est rien, mais du moins, il y est magnifiquement exposé. On peut lire, pour s'en convaincre, l'éloquent résumé qu'en a donné le père Lacordaire, dans une de ses *Conférences* de Notre-Dame, à Paris.

La deuxième partie traite de la fin de l'homme et des moyens par lesquels l'homme y tend ou s'en éloigne. On y trouve les considérations les plus profondes et les plus exactes sur la fin, sur la béatitude, qui est la fin dernière de l'homme, sur les actes humains et sur tous les éléments qui concourent à les former, sur la moralité de ces mêmes actes, sur les passions qui souvent les inspirent, sur les habitudes en général et spécialement sur les vertus et sur les vices, sur le péché, sur les lois morales, et sur la grâce, qui nous aide à les accomplir.

Après ces considérations générales, comprises dans la partie appelée *prima secundæ*, Saint Thomas passe, dans la *secunda secundæ*, à l'examen détaillé des actes conformes ou contraires à chacune des vertus théologales et morales. Il achève cette partie par l'étude des conditions particulières ou spéciales faites par Dieu à quelques hommes et des devoirs propres à chacun de ces états, tels que la prophétie, l'extase, le don des miracles, la vie contemplative ou la vie active, l'épiscopat et la vie religieuse.

La troisième partie traite 1° de Jésus-Christ dans le mystère de son Incarnation, et dans tous les actes de sa vie mortelle ; 2° des Sacrements en général et en particulier ; 3° de la résurrection et de l'immortalité bienheureuse, fruit des mérites de Jésus-Christ, qui nous sont appliqués par les sacrements.

Voilà une bien faible idée des richesses intellectuelles, philosophiques et religieuses renfermées dans la *Somme* de Saint Thomas, un résumé bien insuffisant à faire soupçonner même ce qu'il y a de vérités profondes et sublimes autant que solidement établies dans ce résumé de la théologie catholique. On ne saurait imaginer, d'avance, ce que l'âme humaine tout entière, l'intelligence, le cœur, la volonté, peuvent gagner à cette étude, et combien largement on est payé, à la fin, des quelques efforts que l'on a dû faire pour s'initier à ces doctrines. Car il y a quelques efforts, même pour les esprits les mieux doués, et d'ailleurs il est indispensable d'emprunter, au moins pendant quelques années, le secours d'un maître vraiment capable. Mais une fois que l'on est parvenu à marcher seul, dans ces voies difficiles, quoique larges et bien tracées, on y trouve chaque jour des vérités que l'on n'avait pas aperçues tout d'abord.

Donnons maintenant un aperçu rapide des doctrines de saint Thomas, en philosophie.

La Science. En général, la science est la connaissance de la vérité par ses causes. Elle prend dans l'homme trois formes, et elle est surnaturelle, naturelle ou mixte, selon qu'elle présente les vérités révélées, ou les vérités connues par la raison, ou enfin des vérités qui participent de ces deux ordres. La première c'est la foi, qui a pour objet des vérités que la raison ne peut atteindre : elle présuppose la seconde, comme préambule aux articles de foi. La seconde est la connaissance naturelle ou la raison, ou encore la philosophie, qui, prise dans toute sa virtualité, atteint à une certaine connaissance de Dieu, fondement de notre foi. Mais ces mêmes vérités qui sont les préambules de la foi, et que la raison peut connaître, sont arrivées de fait à la connaissance du genre humain par la révélation, sans laquelle un petit nombre seulement, et après de longues études, et avec mélange de beaucoup d'erreurs, aurait pu les atteindre et les reconnaître. De ce nombre sont toutes les vérités de l'ordre moral et religieux. Car si ces vérités n'excèdent pas absolument les forces de la raison, elles excèdent les forces rationnelles du plus grand nombre des hommes. Aussi les philosophes chrétiens prennent pour guide la foi, même dans les vérités de raison, car le sophisme se mêle facilement à la démonstration, et c'est fort sagement que Dieu a voulu nous instruire lui-même de certaines vérités que la raison pourrait atteindre, afin d'en rendre la connaissance plus universelle et plus exempte d'hésitation et d'erreur. (*Summa ad Gent.* 1, 4.)

Dans l'ordre pédagogique, la première science à étudier c'est la Logique, parce qu'elle indique les procédés mêmes de la science. Viennent ensuite la Physique, qui étudie les corps en faisant abstraction, il est vrai, des accidents individuels, mais sans en abstraire les qualités sensibles ; puis les Mathématiques, qui non seulement font abstraction de tout ce qui est individuel, mais encore de toutes les qualités sensibles autres que l'étendue ; enfin les sciences Métaphysiques, qui font abstraction de tout accident matériel, pour ne voir plus que la chose en soi. Mais dans l'ordre ontologique, la première science, la philosophie première, c'est la métaphysique, qui seule rend compte des premiers principes de toute science.

L'objet de la science est donc l'universel. Les universaux sont réels, en dehors de nous, dans les choses, quant à la nature même dont ils sont la conception ; mais en tant qu'universels, et communs à plusieurs individus, ils n'existent qu'à l'état de conception dans notre intelligence. Le réalisme absolu est faux, car tout ce qui existe est individuel. Le nominalisme absolu est également faux, car il nie la réalité objective de nos conceptions universelles et rend la science impossible.

Il ne faut pas chercher dans toutes les sciences la même certitude, mais celle que comporte leur objet. « Il y en a qui ne tiennent pour vrai que ce qui est démontré mathématiquement. Ce défaut vient de l'habitude prise dans leurs études et peut aussi avoir pour cause l'incapacité de l'esprit à s'élever aux abstractions où l'imagination n'a point de part. » (*Métaph.* lib. 1, lec. 5.)

La Logique. La Logique de saint Thomas est celle d'Aristote, qu'il résume, qu'il commente, et dont il expose à chaque pas les données, mais avec une sûreté de vue, une profondeur d'intelligence, une clarté d'exposition qui la fait presque sienne. Il y ajoute d'ailleurs tout ce que les siècles précédents y avaient ajouté. Mais ce qu'on ne trouve nulle part ailleurs, ni dans Aristote ni dans ceux qui l'ont commenté, ce sont les raisons profondes de toutes les règles, de toutes les applications logiques.

La Métaphysique. L'objet de la Métaphysique c'est l'être en général considéré dans ses causes, dans ses principes. Et d'abord l'être n'est pas *univoque* dans tout ce qui est ; le mot n'a pas le même sens dans tous les cas : l'être de l'accident n'est pas l'être de la substance, l'être des substances créées n'est pas l'être de Dieu. L'être est l'objet de toute connaissance et la connaissance elle-même a ses principes dont le premier est le principe de contradiction : *Nihil potest esse simul et non esse.* Tout être est un, mais il a quatre causes : la cause formelle, qui est la forme même de l'être ; la cause matérielle, qui est sa matière, ce dont il est fait ; la cause efficiente, l'action qui le réalise ; la cause finale, le but pour lequel il est fait. Dans l'acte de la création, il n'y a pas de matière préexistante, elle est créée par Dieu en même temps que la forme. Dieu seul peut ainsi tirer l'être de rien.

Tout être est un, vrai et bon, en tant qu'être, et ces trois termes sont équivalents dans leur objet, quoiqu'ils diffèrent dans notre conception. *Unum et ens convertuntur ; verum et ens convertuntur ; bonum et ens convertuntur.* Ce sont là des propriétés transcendantales de l'être, comme l'être lui-même est transcendantal et supérieur à tous les genres. Mais l'être lui-même n'est pas un genre, car il ne se divise pas par de simples différences, mais par des modes qui n'ont entre eux rien de commun.

On distingue d'abord l'être *in se* et l'être *in alio*, la substance et l'accident. De là les dix Catégories ou Prédicaments. On distingue aussi l'être dans l'âme, la conception de l'être, et l'être hors de l'âme, la réalité. Il faut encore distinguer le même et le divers, le semblable et le différent, puis l'opposé et le contraire, l'antérieur et le postérieur, le possible et l'impossible. La quantité, la relation, la qualité et les autres prédicaments diffèrent entre eux comme ils diffèrent de la substance. Mais tout cela diffère encore plus de Dieu, qui est seul l'être parfait.

L'objet propre de la métaphysique c'est la substance, car c'est à elle que convient plus particulièrement le nom d'être.

La substance c'est la matière, c'est la forme, c'est le corps, composé de l'une et de l'autre. Mais la matière n'est rien par elle-même sans la forme. Il y a des formes pures qui subsistent en elles-mêmes, mais les formes matérielles n'existent pas sans la matière. C'est donc le composé, le corps qui est proprement l'être, excepté dans les formes pures.

Cependant la matière n'est pas un accident du corps, pas plus que la forme : elles ont toutes deux la condition de substance, dans le composé. Dans la génération du corps, ce n'est pas la matière qui est engendrée, ce n'est pas la forme non plus, mais le composé. La Matière est une pure aptitude à toutes formes, la Forme est la détermination, l'acte, la réalisation de l'être dans cette matière. Par sa forme, l'être est constitué dans telle espèce, par sa matière il est tel individu de cette espèce. C'est la forme qui, après avoir donné l'acte, la réalisation à l'être, lui donne encore toute son opération ; c'est par sa forme et selon sa forme que l'être agit. C'est elle donc qui est le principe de toutes les puissances de l'être. Les puissances sont actives ou passives, rationnelles ou irrationnelles, c'est-à-dire opérant avec raison ou sans raison. De la puissance l'être passe à l'acte, mais par le concours d'un être en acte, et non par la puissance elle-même. Si bien que la puissance suppose l'acte, et que l'être en acte ne saurait venir que de l'acte. Aussi l'être mêlé de puissance, tel que tous les êtres créés, suppose l'acte pur, qui seul est capable de donner le premier acte à la pure possibilité.

L'acte pur, sans mélange de puissance, c'est Dieu. Il n'a jamais été purement possible, il n'est pas en puissance de changer, il est immuable, il est. Seul il est capable de donner l'être substantiel, de donner la forme première, de réaliser la matière, qui sans la forme n'est rien qu'une pure possibilité. Donc tout ce qui est vient de Dieu, et en vient sans préexistence sous aucune forme, sans préexistence même de matière pure. Donc Dieu a tout créé de rien. Bien plus il conserve tout et continue de donner l'être à tout ce qui est, l'acte à toute puissance, la forme à toute matière ; car l'acte ne saurait venir que de l'acte, et la puissance qui ne peut d'elle-même passer en acte, ne saurait d'elle-même le conserver.

La diversité des êtres dérive de trois principes ; la matière, la forme et la privation. La privation n'est pas simplement l'absence d'une forme, mais l'absence d'une forme due à tel être selon sa nature. C'est la source de l'imperfection. C'est encore la source des contraires par la comparaison de la présence et de l'absence d'une condition.

Le passage de la privation à l'avoir, ou de l'avoir à la privation, comme aussi le passage de la puissance à l'acte : la génération, l'altération et le changement de lieu, se font par le mouvement. Le mouvement est donc la condition des êtres sensibles qui tous sont changeants, mobiles. Le mouvement est le grand agent du monde physique.

Au contraire le monde intellectuel vit hors du mouvement. Là tout est immuable, éternel et les sens ne sauraient y atteindre. C'est l'universel, le vrai, le beau, le bien objet de l'âme intelligente; c'est Dieu acte pur, auteur du monde, principe et conservateur de l'ordre du monde.

Dieu. Pour connaître Dieu tel qu'il est, il faudrait être Dieu lui-même. Dieu seul se connaît d'une connaissance naturelle, et aucune intelligence créée n'est capable par elle-même de voir Dieu. Nous ne saurions en donner une définition ; car il n'entre dans aucun genre, et il n'est pas lui-même un genre. Il nous est plus facile de dire ce qu'il n'est pas, que ce qu'il est. Nous savons qu'il existe, et cela de deux manières : par la foi et par la raison. Par la foi, en nous appuyant sur la parole de ceux à qui Dieu lui-même a parlé ; par la raison en nous élevant par les créatures à la connaissance du créateur. La notion que nous acquérons de Dieu par ce double moyen est imparfaite, mais déjà sublime. Ce n'est pas l'intuition directe, c'est comme dans un miroir ou une énigme. Dans le miroir des créatures, notre raison saisit cependant une haute idée de Dieu.

Mais d'abord elle constate son existence; car cette proposition « Dieu est » n'est pas une proposition immédiate et connue par elle-même, pour nous ; quoique du côté de Dieu elle soit nécessaire et immédiate. Il nous faut donc démontrer que Dieu est, et nous le démontrons par ses œuvres. Cette démonstration nous fait savoir qu'il est, mais ne nous le fait pas voir existant, pas plus qu'elle ne nous fait voir son essence.

Cependant nous y voyons que Dieu est l'être premier, l'être qui est par lui-même, qui est nécessairement et qui seul est nécessairement ; l'être simplement dit, l'être même sans succession ni changement, sans puissance de changer, de devenir ce qu'il ne serait pas ; l'être toujours en acte, acte pur, forme pure, non inhérente à quoi que ce soit ; qui n'est pas un corps, qui n'a rien du corps, qui n'est pas destinée à enfermer un corps; mais forme cependant, ayant son essence propre et déterminée ; essence qui ne diffère pas de son être, parce que l'essence de Dieu c'est son être ; essence absolument simple, sans aucune composition, dans laquelle la nature ne diffère pas du sujet qui a cette nature : car la divinité c'est Dieu ; essence très parfaite, qui contient éminemment, comme exemplaire, comme principe et comme fin, toutes les perfections des êtres créés, en sorte que toutes les créatures rappellent Dieu, mais aucune ne le représente.

Dieu subsiste en lui-même, et son être est substance, sans mélange d'accident; mais cette substance n'a rien de commun avec les substances créées, et le mot n'est pas univoque entre celles-ci et celle de Dieu. Aussi Dieu est absolument distinct de tout ce qui est, et son être n'a rien de commun avec l'être des créatures. C'est pour cela qu'il n'entre pas dans un même genre avec elles. Cette séparation absolue fait sa sainteté; cette suréminence fait sa grandeur, grandeur de perfection et de vertu, non de masse, car il n'a aucune quantité. Cependant il est infini, mais en lui ce mot signifie parfait, et non pas incomplet. Au contraire ce mot négatif est la négation d'une négation ; il signifie que Dieu n'a pas de limite, et s'il n'en a pas, ce n'est point par privation, mais par surabondance : il est tout être, il est ; c'est le nom qu'il se donne lui-même, et n'a besoin de rien, tandis que tout le reste tient son être de lui, et le reçoit sans cesse de lui. Il ne reçoit donc rien de personne, il n'est jamais passif ; rien ne saurait l'affecter, il ne peut pas souffrir et aucun mal ne peut l'atteindre. Il vit dans sa perfection absolue, dans l'entière possession de lui-même, dans la possession simultanée et parfaite de toute son éternité, qui n'a pas commencé, qui ne finira pas, mais qui ne dure pas à la manière du temps : car tout y est présent, et ce présent contient tout. Il vit dans son bonheur parfait, principe, moyen et fin du bonheur de toutes les créatures qui en sont capables.

Dieu connaît, et d'abord il se connaît lui-même, et cet acte en lui c'est son être, c'est son essence, et seul il peut se connaître comme il se connaît. Sa connaissance n'est pas d'abord en puissance, puis en acte, puis en habitude comme chez nous ; elle est toujours en acte, acte pur, acte subsistant et nécessaire.

Mais il connaît aussi les autres êtres, ceux qui ont été, qui sont et qui seront ou qui ne seront jamais, et cela dans un acte unique, sans composition ni division, mais pourtant d'une manière très distincte et très certaine ; il sait tout d'une science parfaite, sans erreur et sans hésitation, par un seul et même acte.

Il distingue le vrai du faux, le beau du laid, le bien du mal ; mais le faux ne le trompe pas, le laid ne le dépare pas, le mal ne le souille pas ; car il ne reçoit pas sa connaissance des choses, au contraire sa connaissance est le principe des choses, et c'est en lui-même qu'il les connaît.

Il en a une double connaissance : connaissance de simple intelligence pour toutes les choses possibles, et celle-là est nécessaire en lui, car son objet c'est lui : connaissance de vision pour les choses qu'il réalise librement par sa volonté, et celle-là est libre comme la volonté qui la détermine.

Dieu veut aussi, et d'abord il se veut lui-même, il se veut tel qu'il se connaît et parce qu'il se connaît ; il se veut d'une volonté absolue comme son être, d'une volonté parfaite, d'une volonté nécessaire, d'une volonté infinie, comme il se connaît et est parfait, nécessaire, infini. Il n'a pas tantôt la puissance, tantôt l'acte, tantôt l'habitude de vouloir ; il veut. Il se veut d'un acte seul et unique, acte subsistant, acte pur. Sa volonté c'est son être, et son être c'est lui, et ce qu'il veut, c'est lui, c'est son être, c'est sa perfection, c'est son bonheur infini, et tout cela c'est lui.

Mais à coté de ce vouloir nécessaire, Dieu a aussi un vouloir libre. Il veut librement quelques-uns des êtres possibles, et c'est lui qui les choisit ; en les choisissant il les veut, en les voulant il les fait. La raison de son choix c'est sa volonté, volonté toujours parfaite où le mal ne saurait pénétrer; car le mal est une privation. Il ne veut pas non plus l'impossible; car l'impossible n'a rien d'effectuable, et sa volonté est essentiellement effective: ce qu'elle veut se fait. En sorte que s'il ne peut vouloir ni faire l'impossible, ce n'est pas par impuissance, mais au contraire par perfection et par toute-puissance. Et tout cela en lui est encore un seul acte éternel et immuable quoique libre. Enfin tandis qu'il se veut parce qu'il est parfait, il veut les créatures parce qu'il est bon. Voilà la raison des raisons de tous les effets de la volonté de Dieu sur les créatures. Parce qu'il est bon, il veut du bien; en voulant du bien il le fait, et il crée même ce bien, parce que sa volonté ne saurait rencontrer ni obstacle ni impuissance et qu'aucun être ne préexiste à la volonté de Dieu. Cette volonté ne change pas et ses dons sont sans repentance; aussi ce qu'il a fait, il le conserve et rien ne retourne au néant. Mais la créature raisonnable, objet propre de la bonté de Dieu, il la meut vers sa fin qui est le bien, le bonheur parfait, et d'une volonté antécédente il veut le bonheur de tous. Mais pour sa gloire et pour notre mérite, il nous a créés libres, et, respectant notre liberté, il veut d'une volonté conséquente perdre ceux qui librement s'éloignent de lui et refusent sa récompense en refusant de se conformer à sa volonté. Ainsi rien n'échappe à sa volonté et celle-ci n'est jamais frustrée, bien que nous soyons libres. Enfin par cette même volonté, et toujours par un même acte parfaitement simple, Dieu ordonne, meut et dirige le monde, et tout ce qu'il renferme, y compris nos pensées et nos actes, qui n'en sont pas moins libres sous son impulsion toute-puissante et inéluctable.

Le Monde. Tout cet ensemble de corps que nous voyons sur la terre ou dans les cieux, tout ce qui tombe sous les sens et que nous appelons le Monde est l'œuvre de Dieu. On démontre philosophiquement que le Monde n'existe pas par lui-même, car il devrait alors avoir tous les attributs de Dieu; qu'il n'est pas une partie, ni une émanation de la substance de Dieu, car Dieu est absolument simple et immuable; donc le Monde est créé, c'est-à-dire que Dieu l'a fait de rien. La création n'est pas un mouvement, ni un changement; elle ne présuppose rien : c'est l'origine totale de l'être. Elle vient tout entière de Dieu et de Dieu seul, qui ne peut communiquer cette puissance à aucune créature. Donc le monde vient de Dieu et de Dieu seul et sans intermédiaire, et tout être, excepté Dieu, est créé par Dieu.

La création a commencé avec le temps et le temps a commencé avec elle. La raison ne saurait découvrir l'âge de la création; elle ne peut pas même démontrer qu'elle ait eu un commencement: car Dieu a éternellement le pouvoir de créer, il crée même par un acte éternel, il fait cette création instantanément sans la succession du mouvement. Il n'y a donc pas d'intervalle de temps nécessaire entre le commencement de la création, qui est l'acte de Dieu et son terme, qui est l'existence des choses. Le monde pourrait donc être créé de toute éternité. Mais nous savons par la foi qu'il a commencé.

Cette doctrine nous étonne aujourd'hui; mais S. Thomas y tient et il la répète plusieurs fois; il en expose les preuves en différents endroits de ses œuvres; dans certains passages il semble apporter lui-même les preuves du contraire, et conclut même jusqu'à un certain point l'impossibilité d'un nombre infini de succession; mais plus loin il explique sa pensée, la restreint et conclut de nouveau que rien ne s'oppose essentiellement à ce que le monde soit éternel.

Le monde corporel résulte de trois principes : la Matière, la Forme et la Privation. En effet les corps se transforment; l'union de deux substances de nature différente en produit une troisième, qui n'a plus rien de commun avec elles : cependant la matière est restée la même, et ce qui est changé c'est la forme. Reconnaissant ainsi dans tout corps un composé de matière et de forme, et considérant la forme comme le principe actif et la matière comme le principe passif, la forme comme le principe qui donne l'espèce, la matière comme le principe qui détermine tel ou tel individu de cette espèce; la forme comme ce qui actualise la substance et la fait être ce qu'elle est, la matière comme un principe apte à recevoir telle ou telle forme : il faut bien reconnaître en général une matière première capable de recevoir toutes les formes; qui seule n'est pas, mais sans laquelle les formes ne seraient pas non plus; qui n'est donc rien autre chose qu'une pure capacité, une puissance à toutes les formes. Mais si la matière reçoit une forme, elle est privée de toutes les autres, et si elle passe d'une première forme à une seconde, elle est privée de celle qu'elle avait. En sorte que la Matière et la Forme sont *per se* les principes substantiels des corps, mais *per accidens* la Privation vient exclure les autres formes pour lesquelles la matière à une égale aptitude.

La matière ne s'engendre pas et ne périt pas dans le monde : les formes nouvelles des corps naissent de l'activité des formes précédentes unie à la puissance de la matière; la privation accompagne forcément chaque transformation et chaque génération. La matière n'est donc ni engendrée ni corruptible depuis qu'elle a été créée par Dieu; mais elle a été d'abord créée en même temps que les formes primitives qu'elle a reçues.

Cependant le Monde qui n'a pas l'être par lui-même, en principe, ne l'a pas non plus et ne saurait l'avoir dans la continuation de son existence. En sorte que la conservation du Monde n'est autre chose que la continuation de l'acte créateur.

Dieu fait toutes choses dans le Monde avec nombre, poids et mesure ; tout y est dans l'ordre ; il gouverne tout, mène tout à sa fin, et tout y est bien dans l'ensemble. Le Monde est parfait en ce sens qu'il réalise le plan divin ; mais on ne saurait dire avec raison qu'il soit le plus parfait des mondes possibles : car la puissance de Dieu n'a pas de limites.

Les corps ainsi constitués par l'union d'une forme à une portion de la matière, ce qui donne pour résultat une substance capable de tomber sous les sens, sont naturellement étendus ; mais l'étendue ne leur est pas essentielle.

Au contraire le corps mathématique est essentiellement étendu et comme tel toujours divisible. Tandis que le corps naturel ne peut être divisible indéfiniment, et il faut nécessairement qu'il y ait un point où sa division atteint l'indivisible, et ce point a lieu au moment où la matière et la forme seraient séparées. Mais cette indivisibilité n'a rien de commun avec le point mathématique.

La forme prise à part et la matière prise à part, dans la pensée, sont aussi indivisibles, mais en deux sens différents, qui n'ont rien de commun non plus avec le point mathématique.

L'étendue des corps détermine l'étendue du lieu qu'ils doivent occuper et la somme des lieux de tous les corps détermine l'espace réel. Quant à l'espace au-delà du corps, il n'est rien qu'une pure imagination.

Le corps peut changer de lieu, tandis que le lieu est immobile, et son passage d'un lieu dans un autre constitue le mouvement local, instrument principal de tous les changements qui s'opèrent dans le Monde.

L'altération des corps est aussi une forme spéciale de mouvement.

La génération est une autre forme spéciale de mouvement, qui se fait dans le lieu, sans être un mouvement local. La génération a lieu dans une matière qui passe d'une forme à une autre, et se termine à un être nouveau. En même temps la forme que possédait précédemment cette matière se trouve détruite, et c'est ainsi qu'il faut entendre l'adage : *Generatio unius corruptio alterius.*

Nos modernes ont compris cette parole dans le sens que la pourriture serait capable par elle-même d'engendrer des êtres vivants, et ils y ont opposé cette autre parole : *Omne vivum ex vivo.* Sans doute ceci est exact, mais le reste ne l'est pas moins, entendu dans le sens que nous venons d'indiquer.

La génération d'ailleurs n'est pas de même nature pour les différents êtres.

En effet il y a des êtres qui vivent et des êtres qui ne vivent pas. Ceux-ci sont dits naturels ; les autres sont appelés vivants. Dans les premiers la génération d'un être nouveau se fait par la combinaison de plusieurs, et la forme nouvelle résulte de la combinaison des formes des éléments, mais ces formes disparaissent.

Les êtres vivants ont une forme vivante, supérieure à celles des êtres naturels, qui d'abord s'assimile d'autres corps, puis donne naissance à des germes nombreux dans lesquels naît une forme semblable à la sienne, sans que la sienne périsse. Les êtres vivants sont végétaux ou animaux. Les premiers ont la vie, mais ne sentent pas; les animaux vivent, se nourissent, croissent et se multiplient comme les végétaux, mais ils ont de plus la sensibilité et le mouvement local. La forme des animaux leur tient lieu de forme naturelle, et de forme végétale, en même temps qu'elle est forme animale : elle prend le nom d'âme. Elle possède une faculté appréhensive, qui perçoit les objets particuliers, qui conserve les images des objets perçus, qui en estime les qualités utiles ou nuisibles et garde le souvenir de ces qualités; pour ces différentes opérations elle s'appelle : les sens, l'imagination, la faculté estimative, la mémoire. Elle possède encore l'appétit sensitif, qui se distingue en concupiscible et irascible.

Enfin, au-dessus des plantes et des animaux se trouve l'homme, dont il faut parler spécialement.

L'Homme. Créé à l'image de Dieu et placé entre le monde, dont nous venons de parler, et les anges, dont la philosophie ne s'occupe pas, l'homme est, dans une substance unique, composé d'un corps et d'une âme; c'est un animal raisonnable. Véritable animal, il en a toutes les conditions : un corps informé par une âme vivante et sensible, et cette âme, véritable forme du corps, présente et tout entière dans chaque partie du corps, comme toutes les formes, lui donne d'abord la subsistance, l'actualise et lui donne les opérations d'un corps; elle est le principe de sa vie, préside à sa nourriture et à son développement, comme aussi à sa multiplication; elle lui donne aussi la sensibilité et le mouvement avec toutes les facultés de la vie animale. Mais cette même âme possède par elle-même une vie supérieure, c'est la vie intellectuelle. Ici encore se trouve la faculté appréhensive, l'intelligence, d'un côté passive pour recevoir les informations, les notions des choses, les idées, sous formes d'espèces intelligibles; d'un autre côté active, pour généraliser les espèces sensibles fournies par les sens et les fournir à l'intellect passif dans la condition qui lui convient. Cette même intelligence juge ces idées et raisonne sur elles : elle est alors la raison. Puis informée d'idées acquises qu'elle conserve en habitude, elle est la mémoire; enfin informée des premiers principes de raison, qu'elle voit par une intuition immédiate, dès qu'elle en a connu les termes, elle est l'intellect des principes. Par là et par la raison, elle peut s'élever jusqu'à la connaissance de Dieu. C'est son plus beau privilège.

L'âme humaine possède encore l'appétit intellectuel, la volonté, par laquelle poursuivant naturellement et nécessairement le bien absolu, que la raison lui découvre, elle se porte librement vers les biens particuliers qui la mènent au bien absolu. Et quand elle a reconnu son bien absolu en Dieu, elle s'attache à lui et en jouit.

Cette âme ne naît pas comme les autres des puissances de la matière et de l'activité des formes, elle est créée immédiatement par Dieu pour chacun de nous, et comme elle a des opérations qui ne sont pas nécessairement liées au corps, elle peut subsister en elle-même et elle survit au corps, pour ne mourir jamais.

L'âme connaît Dieu, elle désire Dieu, elle se sent faite pour Dieu; sa fin est en Dieu, elle est faite pour vivre éternellement avec Dieu, elle trouvera son bonheur en Dieu.

Mais l'âme sera-t-elle seule à vivre éternellement avec Dieu? — Bien que la raison ne puisse établir le dogme de la résurrection finale des corps, tel que nous le connaissons par la foi, elle peut néanmoins en pressentir la convenance. En effet l'âme n'est une substance complète dans son espèce qu'avec son corps, et bien que la subsistance de l'homme, sa personnalité, soit la subsistance et la personnalité de l'âme qui se communique au corps; cependant, une fois seule et séparée du corps, elle n'est plus un homme proprement dit, elle ne plus exercer qu'une partie de ses fonctions, de ses facultés, et son état naturel c'est d'être unie à son corps, sans lequel un grand nombre de ses puissances n'auraient plus d'exercice et par suite plus de raison d'être. Il est donc convenable, puisque l'âme doit vivre éternellement, qu'elle soit dans l'éternité avec son corps; il convient donc que le corps ressuscite un jour, que l'âme l'informe de nouveau et qu'elle ne s'en sépare plus.

La Morale. Toutes les opérations, tous les mouvements des êtres créés, tendent vers une fin. Les êtres purement physiques y tendent physiquement et d'une manière nécessaire, et leur mouvement vers cette fin est déterminé par leur nature, en sorte que tout se fait naturellement en eux. Les animaux qui sont doués de la perception sensible tendent aussi naturellement vers leur fin, et ils en prennent les moyens conformément aux impressions sensibles qu'ils reçoivent des choses, en sorte que leurs opérations sont multiples et variées, et leur puissances sensitives les déterminent selon le temps et les circonstances. L'homme a aussi sa fin naturelle, vers laquelle il tend nécessairement et cette fin c'est le bien en général, conçu par la raison, c'est le bien complet de l'homme, c'est le bonheur, dont la réalité subsistante est en Dieu, seul capable de satisfaire la tendance naturelle de l'homme vers le bien. La fin de l'homme c'est Dieu,

Mais cette fin ne peut être obtenue dans cette vie, ni par des moyens naturels. Ici-bas l'homme ne peut que prendre les moyens pour y arriver, et sa fin et les moyens de l'atteindre lui sont connus par la raison et par la foi.

Cependant beaucoup d'hommes, fermant les yeux à cette double lumière qui les éclaire de la part de Dieu, se trompent sur la nature du souverain bien, ou, le connaissant, se laissent entraîner par les passions et les appétits sensibles vers les choses créées, incapables cependant de combler la mesure de leurs désirs.

De plus, si l'homme poursuit naturellement le bien suprême, d'après la connaissance qu'il en a, il est libre de choisir les moyens de l'atteindre, en même temps que, semblable aux bêtes, il éprouve l'attrait des choses sensibles.

Donc, erreur sur la nature du bien, attrait pour les choses sensibles, liberté pour le choix des moyens : voilà les trois sources d'opération qui font dévier l'homme de la poursuite de sa véritable fin, qui est Dieu.

De là la nécessité pour l'homme d'une règle qui le dirige dans ses actes ; et cette règle, c'est la Loi morale. Cette loi, c'est la volonté de Dieu manifestée à l'homme, et elle se présente avec différentes conditions. Tantôt la volonté de Dieu à l'égard de l'homme est la conséquence nécessaire de la nature de l'homme et de ses rapports avec Dieu, avec lui-même et avec le monde ; tantôt elle est le résultat d'une intention particulière de Dieu, librement déterminée par lui, et librement voulue. La loi est donc naturelle ou positive. Quant à la connaissance que l'homme en a, elle est double aussi. La loi naturelle est inscrite au cœur de l'homme, sa raison la lui découvre, et Dieu d'ailleurs en avait instruit le premier homme ; il l'a redite à Moïse, et l'a rappelée plus d'une fois par ses prophètes et par son fils Jésus-Christ. La loi positive ne saurait être découverte par la raison ; mais Dieu l'a fait connaître au genre humain, et il veille à ce qu'elle ne soit jamais entièrement oubliée. Cette loi oblige l'homme à différents points de vue. D'abord par nécessité de précepte, à raison du droit que Dieu possède de diriger sa créature comme il l'entend ; ensuite par nécessité de moyen, en ce que, sans l'accomplissement intégral de cette loi, l'homme ne saurait atteindre sa fin, vers laquelle cependant il tend de toutes ses forces, et sans laquelle tout est perdu pour lui. Ainsi l'homme qui évite la loi n'en évite pas les conséquences, et tout rentre dans l'ordre. C'est la sanction de cette loi.

La Loi morale règle les actes humains, c'est-à-dire les actes que l'homme fait en tant qu'homme, d'une manière humaine, c'est-à-dire librement. Les actes naturels suivent les lois de la nature, les lois physiques, et l'homme ne saurait les diriger autrement ; les actes animaux excités par l'appétit sensitif suivent aussi leurs lois animales, mais ils peuvent être dirigés par la volonté raisonnable qui les domine. En sorte que les actes humains comprennent non seulement les actes intérieurs de la volonté libre, mais encore toutes les actions corporelles qui dépendent de cette même volonté.

L'acte humain conforme à la Loi morale est bon, et l'habitude d'un pareil acte est une vertu ; l'acte humain opposé à la Loi est mauvais, et l'habitude d'un pareil acte est un vice.

Chaque homme est responsable de ses actes. Il mérite une récompense s'il agit bien ; il mérite une punition s'il agit mal. Mais il faut pour qu'il y ait mérite, que l'acte soit vraiment un acte humain, produit avec une parfaite connaissance, une entière liberté et un plein consentement.

La loi morale renferme deux classes de préceptes : les uns sont premiers, et sont dans l'ordre pratique ce que sont les premiers principes de raison dans l'ordre spéculatif ; les autres sont secondaires, et ressemblent aux vérités démontrables par leur connexion aux premiers principes. Les préceptes premiers n'admettent pas l'ignorance, car ils sont connus immédiatement par la raison pratique, dont la première formule est : Faites le bien et évitez le mal. Quant aux autres, on peut être quelquefois excusable de les ignorer, et par là même excusable de ne pas les accomplir.

Car la loi n'oblige qu'autant qu'elle est connue et comme elle est connue. La connaissance de la Loi se présente d'abord sous une forme générale, embrassant à la fois tous les préceptes et tous les actes qu'ils règlent : c'est la syndérèse ; elle a aussi ses applications particulières à chacun des actes que nous allons faire ou que nous avons faits : c'est la conscience. En dernière analyse c'est la conscience qui oblige ; mais on est tenu d'éclairer sa conscience, et seule l'ignorance invincible excuse de la violation de la loi.

255. ROGER BACON. — Le nom de Bacon a quelque chose de prédestiné ; les deux hommes fameux qui l'ont porté se ressemblent tellement qu'on les confondrait, s'ils n'avaient vécu à plus de trois siècles de distance l'un de l'autre.

Roger Bacon, né en 1214, près d'Ilchester, dans le comté de Sommerset, en Angleterre, étudia d'abord dans l'université d'Oxford, dont l'esprit tranchait déjà sur les autres écoles de ce temps, et semblait préférer les sciences physiques à la philosophie. Après avoir puisé là une tendance à mépriser la science de son temps et à se tourner vers l'expérience, Roger Bacon vint à Paris, et, au lieu d'y suivre les leçons des maîtres de cette université si célèbre, il se fit le disciple d'un alchimiste, dont il nous trace lui-même le portrait intellectuel et moral et qu'il nomme Pierre de Maricourt. Avec son esprit indépendant et novateur, Roger Bacon eut tort de se faire religieux ; il entra dans l'ordre des Franciscains. Aussi c'est de son ordre même que lui vinrent toutes les persécutions qu'il endura, quand il eut commencé à dénigrer publiquement la philosophie, les maîtres illustres qui l'enseignaient alors et l'Église elle-même, et quand il émit plusieurs doctrines contraires à la foi catholique.

Pendant de longues années et à diverses reprises, il lui fut défendu d'écrire et d'enseigner ; mais il trouva de puissants protecteurs, qui lui firent rendre pour quelque temps la liberté. Ce fut d'abord Guy de Foulques, devenu pape, en 1265, sous le nom de Clément IV, par l'ordre duquel il écrivit ses idées, dans l'*Opus majus*, l'*Opus minus* et l'*Opus tertium*, et quelques années après la mort de celui-ci, Raymond Gaufredi, général des Franciscains, en 1292. Mais Roger Bacon n'avait plus que deux ans à vivre et laissa inachevé l'ouvrage qu'il commença alors, âgé de soixante dix-huit ans. Il mourut vers l'an 1294.

Ses nombreux ouvrages, que l'on s'efforça de faire disparaître après sa mort, ne nous sont parvenus qu'en lambeaux. On peut voir, dans ce qui reste, que Roger Bacon devança son époque. Quoique vivant avant la renaissance, il en possède déjà les qualités et les défauts. Il proclame l'inutilité du syllogisme et vante l'observation qui, dit-il « s'étend jusqu'à la cause qu'elle découvre. » Pour lui, la science vraie est celle qui a une utilité pratique, qui s'applique à la construction des maisons, à la fabrication des machines destinées à augmenter la puissance de l'homme. Il recommande avant tout l'étude des langues savantes, l'hébreu, le chaldéen, l'arabe, le grec : il savait lui-même ces langues. Il professe aussi une haute estime pour les mathématiques. Il relève autant qu'il le peut la puissance de la raison, qui est pour lui une perpétuelle révélation de Dieu et par conséquent aussi divine que la foi. Mais c'est en cela précisément qu'il va trop loin. Il rejette toute autorité philosophique et va jusqu'à dire que l'approbation universellement donnée à Aristote est une marque certaine de l'erreur de ces doctrines, tandis qu'ailleurs il veut retremper la science chrétienne aux sources grecques. En un mot, il se montre le précurseur de la science contemporaine, mais aussi du libre examen. Plus habile à détruire qu'à édifier et semblable à son futur homonyme, il est non pas un réformateur, mais un *réformiste*. On doit cependant reconnaître que, s'il n'a pas inventé, comme on l'a dit souvent, la boussole, les lunettes, la poudre à canon et peut-être la vapeur, il les a du moins entrevues de loin et en a deviné les puissants effets.

Sur la question des universaux, il croit dire autrement et mieux que Saint Thomas, en repoussant tout à la fois le nominalisme et le réalisme et en soutenant que l'individu seul est réel ; que le monde est fait pour des individus et non pour l'homme universel, et que cependant les idées universelles ne sont pas seulement dans l'intelligence, mais qu'elles expriment les caractères par lesquels les individus se ressemblent. En sorte que l'individu est l'être lui-même, et l'espèce est un rapport entre plusieurs êtres. Or, c'est précisément dans ce sens que saint Thomas avait tranché la question, en disant que l'espèce n'a pas d'existence réelle en dehors de l'individu, mais que tous les caractères dont l'ensemble constitue l'espèce se trouvent dans chaque individu.

Cette manière de résoudre la question de l'espèce et de l'individu amenait nécessairement la solution du principe d'individuation. Tous les philosophes ont plus ou moins distingué, en des termes différents, la forme et la matière, et ils ont attribué à l'une ou à l'autre le principe de l'existence ; mais il en sortait toujours une sorte de panthéisme. La scolastique, après Aristote, attribuait l'acte à la forme et la passivité à la matière, et en même temps la forme était l'ensemble des caractères spécifiques; la matière, la limite de la forme et par suite le principe de l'individuation. Roger Bacon, rejetant toutes ces théories, déclara que l'individu est individu parce qu'il existe ; l'être étant essentiellement individuel. C'était arrêter la question avant son terme, mais non la résoudre. Mais d'un autre côté ce n'était pas s'écarter beaucoup de la théorie de saint Thomas, qu'il prétendait combattre, et qui, tout en enseignant que la matière individualise la forme en la limitant, enseigne aussi formellement que les êtres sont créés individuellement et non en espèces, qu'un seul acte de la volonté du créateur produit simultanément la matière et la forme de chaque individu, et finit par dire que ce qui distingue un individu d'un autre, c'est son étendue et l'espace qu'il occupe, et que cette limite lui vient de sa matière.

Quoi qu'il en soit, nous ne pouvons admettre avec M. Emile Charles (*Dict.* de M. Franck), que la solution de Roger Bacon « ruine la théorie des formes substantielles..... simplifie les questions de la science en les séparant des hypothèses métaphysiques, et supprime les spéculations de l'École sur les substances séparées. » Non, la science ne peut se séparer de la méthaphysique ; il faut bien, bon gré malgré, qu'elle affirme quelque chose des substances et des causes de tout les phénomènes dont elle étudie les lois, et les substances séparées dont parlait l'École ne sont rien autre chose que les âmes humaines. Nous ne pensons pas qu'on ait encore supprimé cette « spéculation. »

Roger Bacon combat aussi, dans saint Thomas et dans toute l'Ecole, la théorie des *idées-images*. Il déclare qu'il n'y a pas d'intermédiaire entre l'objet connu et l'âme qui le connait, et que l'idée qui se forme en nous à mesure qu'un corps agit sur nos sens est un acte de l'âme provoqué par l'action de l'objet, et non pas une image de l'objet servant de moyen pour le connaitre. Ici encore nous sommes convaincu qu'abusant de l'équivoque des mots, Roger Bacon, comme plus tard Arnauld de Port-Royal, prête à saint Thomas et aux scolastiques une théorie qui n'est pas la leur. Nous avons exposé, page 243 la théorie de saint Thomas sur l'intelligence, et nous avouons n'avoir jamais vu dans les *espèces sensibles*, ni dans les *espèces intelligibles*, dont il parle, rien qui ressemble à cet intermédiaire, à cette idée-image qu'on lui prête. Les apparences sensibles de saint Thomas sont l'effet immédiat de l'action d'un corps sur les sens, et les apparences intelligibles sont le résultat de l'abstraction, qui ôte à cette perception le temps et le lieu, « *abstrahendo ab hic et nunc* », et ne laisse plus, en présence de l'intelligence que l'universel, qui seul est de son ressort.

Ainsi, nous l'avons dit, et nous ne pouvons que le répéter, en terminant ce numéro, Roger Bacon a l'esprit de François Bacon, que nous verrons plus tard; il comprend mal ses contemporains, et il les méprise, parce qu'il leur trouve des torts qu'ils n'ont pas. C'est encore, de nos jours, le défaut de l'Ecole expérimentale : elle ne voit pas que nous pratiquions avant elle tout ce qu'il y a de bon dans sa méthode, et que, dans cette même méthode, elle s'arrête en chemin, tandis que nous en atteignons le terme.

256. Duns Scot. — Jean Duns Scot, né en 1274, en Irlande ou en Ecosse, peut-être même en Angleterre, étudia à l'université d'Oxford et fut reçu docteur à Paris, en 1307. Il se mit aussitôt à y enseigner et devint bientôt la lumière de l'ordre des Franciscains, auquel il appartenait. Appelé à Cologne, il y mourut en 1308, âgé seulement de trente-quatre ans. Il laissait cependant de nombreux écrits et des disciples enthousiastes, qui soutinrent longtemps son opposition à saint Thomas. Ses œuvres forment 12 volumes in-folio. On y remarque principalement ses *Commentaires sur le Maître des Sentences,* qu'il écrivit pour réfuter Saint Thomas.

Ce qui distingue la philosophie de Duns Scot, c'est d'abord le réalisme, puis le principe d'individuation et enfin l'importance qu'il donne à la volonté, contrairement à saint Thomas, qui fait plus de cas de l'intelligence. Le reste de ses divergences avec le docteur angélique dérive presque toujours de ces trois chefs.

Ayant d'abord affirmé que l'universel est un être, parce que le non-être ne saurait être conçu, il suppose dans chaque être une *entité* particulière qui est son espèce ; mais, en même temps, il y voit une autre entité, comme principe de son individuation, c'est l'*hæccéité*. Etre ceci ou cela est une *entité positive*, qui n'est ni la forme, ni la matière, ni même l'union de l'une et de l'autre. Ses adversaires lui reprochèrent d'avoir multiplié, sans motif, les êtres. *Entia non sunt multiplicanda præter necessitatem.*

Contrairement à saint Thomas, qui semblait dire, malgré sa théorie de l'âme séparée et de sa subsistance distincte en cet état, que les âmes, étant de même espèce, ne se distinguent les unes des autres que par leur union avec des corps distincts, Duns Scot pose en principe que l'âme est une force ayant conscience d'elle-même et qui possède par elle-même sa *particularité.* Et comme l'individualité de l'âme se voit surtout dans ses actes de volonté, il devait mettre plus en relief la volonté, et placer le bonheur dans la volonté et non dans l'intelligence. C'est ce qu'il fit. De là toutes les disputes entre les *thomistes* et les *scotistes* sur la béatitude, sur l'éternité, sur la liberté, la grâce et la prédestination.

L'éternité de Dieu est *simultanée*, pour saint Thomas comme pour Scot ; mais la nôtre sera *simultanée*, d'après Scot, *successive*, d'après saint Thomas. Aussi saint Thomas croit et déclare qu'en dehors de la foi on ne peut pas démontrer la non-éternité du monde, et Scot démontre que le monde n'est pas éternel, par des raisons qui ne sont valables qu'autant que l'éternité est simultanée et non successive. Sur cette question la philosophie classique donne raison à Scot contre saint Thomas et démontre que le monde ne saurait être éternel, parce qu'il a des successions.

Il est une autre question aussi où Scot a toujours eu raison, nous ne dirons pas contre saint Thomas, mais contre les anciens thomistes ; mais cette question n'est pas philosophique. C'est le dogme de l'immaculée conception de la Sainte Vierge, que l'Eglise a défini le 8 Décembre 1854. Il fut longtemps affirmé par les scotistes et nié par les thomistes, qui allèrent probablement jusqu'à interpoler la *Somme*, pour y faire entrer leur erreur. En effet les preuves apportées par M. Lachat, pour établir que cette thèse n'est pas de saint Thomas, nous paraissent au moins très fortes, sinon péremptoires.

Selon Scot, la volonté divine est antérieure à la vérité et à la loi morale. Le bien est bien parce que Dieu le veut ainsi. Ici la philosophie classique n'est pas avec lui : elle déclare que la raison du bien se trouve dans l'essence même de Dieu et que Dieu ne saurait changer la loi morale éternelle, pas plus que se changer lui-même.

Nous ne saurions terminer l'étude de ce siècle sans nommer RAYMOND LULLE, de Palma, île de Majorque, né en 1235, auteur de *l'Ars Magna*, sorte de mécanisme logique, moyennant lequel les propositions et les syllogismes se montraient tout faits à l'œil du lecteur, qui avait soin d'en mouvoir les cercles et de les placer d'après la question posée. Ses efforts pour convertir les Arabes lui font plus d'honneur que son art. Il fut lapidé par les mahométans et mourut martyr à Bougie, en 1315.

§ 3. — DÉCLIN DE LA SCOLASTIQUE (XIV° SIÈCLE).

258. THÉOLOGIENS SCOLASTIQUES. — Le seul nom remarquable que l'on puisse encore citer dans le quatorzième siècle est celui de GUILLAUME D'OCKAM. Né à Ockam, dans le comté de Surrey, en Angleterre, il se fit franciscain, fut disciple de Duns Scot et devint plus tard son adversaire. Sa mort eut lieu en 1347. Il ressuscita le nominalisme, dans

un sens analogue à celui de Roger Bacon ; ce qui ne l'empêche pas d'attaquer saint Thomas en même temps que Duns Scot. Il condamne aussi la théorie des idées-images, dans le même sens que Roger Bacon Jusque là il reste dans la vérité, et son seul tort est de voir dans S. Thomas une théorie qu'il n'a pas émise. Mais il tombe lui-même dans une grave erreur, quand, tirant les conclusions des principes de Duns Scot il déclare que « Dieu pourrait décréter bien ce qui est mal. » Plus que tout autre il contribua à répandre ce principe que Leibnitz appellera plus tard le principe de moindre action et qu'il exprime de deux manières : *Entia non sunt multiplicanda, præter necessitatem.* » ou autrement : « *Frustra fit per plura quod fieri potest per pauciora.* » Mais ces principes sont plus anciens que lui. Il s'en servait contre le réalisme.

Avec lui DURAND DE SAINT POURÇAIN, mort en 1332, soutint les mêmes doctrines.

A la même époque JEAN BURIDAN, qui vivait encore âgé de plus de soixante ans en 1358, soutint aussi le nominalisme. A l'imitation de Raymond Lulle, il essaya de donner des règles pour trouver les moyennes, dans les syllogismes, et on nomma son art le *pont-aux-ânes*. Il attaque la théorie de la liberté d'indifférence, mais c'est pour en conclure le fatalisme, ou au moins un *déterminisme* très prononcé. C'est sans doute en exposant de vive voix sa théorie qu'il faisait l'argument qui l'a rendu célèbre et qu'on appelle *l'âne de Buridan*. Cet argument n'est pas dans ses ouvrages. Le voici : « Un âne se trouve ayant également faim et soif, entre un boisseau d'avoine et un seau d'eau. Que fera-t-il ? Les deux attractions sont les mêmes. S'il se décide pour manger d'abord, ou pour boire, c'est qu'il a le libre arbitre. Sinon, il mourra de faim et de soif, entre un boisseau d'avoine et un seau d'eau. »

Citons encore WALTER BURLEIGH, qui dans sa théorie des universaux essaye de se placer entre Duns Scot et Guillaume d'Ockam. Il apporte sur cette question quelques raisons neuves. THOMAS DE BRADWARDIN, archevêque de Cantorbéry, confondit la liberté avec la volonté nécessaire. Ses opinions furent condamnées en 1348. JEAN WICLEFF enseigna la même erreur au milieu de beaucoup d'autres, et ameuta contre les évêques le peuple et les seigneurs. L'archevêque de Cantorbéry fut massacré. Condamné en 1392, Wicleff mourut la même année.

258. THÉOLOGIENS MYSTIQUES. — Toutes ces distinctions sans fin et les erreurs qui les accompagnaient amenèrent une réaction.

JEAN TAULER, né à Strasbourg en 1290, dominicain, et illustre prédicateur, mort en 1361, essaya de détourner les esprits de ces disputes stériles en les dirigeant vers la pratique des vertus chrétiennes, par l'union de l'âme avec Dieu. Quoiqu'en pense M. Franck, nous ne trouvons rien que de très-catholique, rien de néplatonicien, dans le mysticisme de Tauler.

Jean Charlier, connu sous le nom de GERSON, du village où il était né, en 1362, dans le diocèse de Reims, suivit la même voie. Devenu chancelier de l'université de Paris, il employa tous ses efforts à réformer les mœurs et les études dans le clergé, alors bouleversé par le grand schisme. Ses avis fondés sur les principes gallicans n'ayant pas été suivis au Concile de Constance, il quitta le concile et se retira à Lyon, dans le couvent des Célestins. C'est là qu'il écrivit ses livres ascétiques. Il y mourut en 1429. Il exposa et recommanda la théologie mystique, comme supérieure à la théologie spéculative. Elle consiste à saisir Dieu par l'amour plutôt que par l'intelligence et à se laisser guider par la foi plus que par la raison. C'est le mysticisme chrétien. M. Jourdain, qui veut quand même (*Dict.* de M. Franck.) y voir le mysticisme alexandrin, s'étonne d'abord que Gerson ait pu avec cet esprit tourné vers la contemplation, se livrer avec tant d'activité à la vie publique. Cette union de la vie active à la vie contemplative est ordinaire chez les Saints. Plus loin le même M. Jourdain exposant les principes théoriques de Gerson sur la théologie mystique, donne comme théorie propre du chancelier l'exacte théorie des facultés de l'âme d'après saint Thomas, et ne cesse pas d'y voir les principes d'un mysticisme qu'il s'efforce de trouver différent de la foi catholique dans ses conséquences. Le seul point sur lequel Gerson soit réellement dans l'erreur, c'est l'origine arbitraire qu'il donne à l'idée du bien, en disant après Duns Scot et Ockam : « Dieu ne veut pas certaines actions parce qu'elles sont bonnes ; mais elles sont bonnes parce qu'il les veut. » Nous n'avons pas à parler ici de la part que prit Gerson au Concile de Constance et des opinions gallicanes qu'il y fit prévaloir en faisant déclarer le Concile supérieur au pape. Il faut se reporter à ces temps troublés du grand schisme pour comprendre comment un si grand esprit put tomber alors, dans cette erreur, tandis que cent passages de ses écrits témoignent de la pureté de sa foi. Malgré cette erreur Gerson jouit encore d'une réputation de piété incontestable. Plusieurs l'ont cru l'auteur de l'*Imitation de Jésus-Christ*, que l'on attribue plus généralement à THOMAS A KEMPIS, chanoine régulier de Cologne, né en 1389, mort en 1471, ou encore à Gersen, bénédictin piémontais, qui vivait dans le XII° siècle.

Nous ne saurions passer sous silence l'appréciation, que donne M. Fouillée, de l'*Imitation de Jésus-Christ*. Après avoir appelé ce livre « l'admirable
« expression d'un mysticisme populaire » et en avoir indiqué exactement le caractère, « dans le souffle d'une piété ardente qui préfère à la science l'amour, »
il ajoute: « Mais quelque admirable que soit ce livre par la connaissance de la
« vie contemplative, il est loin de donner une idée exacte et complète de la

vie réelle, surtout de la vie civile et politique. C'est la morale du religieux qui
« a fait vœu d'obéissance, plutôt que de l'homme et du citoyen libre. » Et après
avoir cité encore deux pensées de ce livre, il dit : « C'est l'idée du droit qui est
« ici repoussée, c'est le commerce des hommes qui est rejeté, c'est le dégoût
« de la vie sociale qui est inspiré. Une telle doctrine encourage la tristesse
« et l'inertie : préoccupée du seul soin de rapprocher l'homme et Dieu, elle
« reste indifférente aux grandes injustices sociales. Par cela même, elle ex-
« primait fidèlement le véritable esprit du moyen âge. » C'est cette appréciation qui est à nos yeux « une grande injustice. » Injuste envers le livre,
injuste envers le moyen âge, M. Fouillée se montre plus encore injuste envers tous les catholiques qui font profession de piété. Car tous lisent et reli-
sent l'*Imitation*, tous en inspirent leurs pensées et leurs actes, et pourtant,
qui, mieux qu'eux, exerce tous les devoirs de la vie réelle, de la vie civile et
et politique? qui, mieux qu'eux se montre homme et vraiment libre? qui
mieux qu'eux respecte le droit d'autrui, et travaille à réparer par la charité
les « grandes injustices sociales. » Les hommes qui passent leur vie dans les
cercles, les cafés, les théâtres, les maisons de corruption, les bals et autres
fêtes mondaines, sont-ils donc plus utiles à la société que ceux qui soignent
les malades et les vieillards dans les hospices, qui instruisent gratuitement les
enfants des pauvres, se contentant d'obtenir en retour, de la société, un
morceau de pain assaisonné d'injures ; qui consacrent leur vie tout entière à
opérer le rapprochement entre les classes riches et les classes pauvres, dont
la vie sociale moderne développe l'antagonisme?

Il faut citer encore parmi les mystiques de ce temps, le bienheureux
Suso, bénédictin de Constance, mort en 1365, et Jean Ruysbroeck,
ainsi nommé du lieu de sa naissance près de Bruxelles, en 1293, mort
en 1387, qui tous deux suivirent peut-être de trop près les doctrines de
Maître Eckart, mort en 1328, et condamné en 1329, avec les Beghards, dont il avait été le docteur.

Les Beghards, ou Beggards étaient dans le principe, des religieux,
particulièrement de l'ordre de St François, qui faisaient profession
d'une vie plus austère et plus contemplative. Ils s'adjoignirent bientôt
de nombreux laïques qui vivaient en commum et suivaient les mêmes
pratiques. On les interdit, mais ils ne voulurent pas se séparer et remplirent bientôt l'Europe de leurs clameurs contre le pape et les évêques.

Leurs erreurs partaient toutes d'un seul principe. Ils se disaient
parvenus à un tel degré de perfection par la seule contemplation, que
tout leur était permis, sans qu'il leur fût possible de pécher. Par là-
même ils se disaient indépendants de l'Église, et ajoutaient que la
vertu n'est imposée qu'aux *imparfaits*, aussi bien que le culte extérieur, tandis que les *parfaits* pouvaient sans crime donner à leur corps
toutes les satisfactions.

Dans le même temps, d'autres philosophes combattaient les doctrines d'Ockam au nom de la philosophie pure.

C'était d'abord Pierre d'Ailly, né à Compiègne en 1350 et mort à Avignon en 1419 ; puis Dominique de Flandre, vaillant métaphysicien et scolastique exact ; enfin le plus connu de tous, Raymond de Sebonde, qui était médecin à Barcelone en 1436. Même en traitant des questions théologiques, il montre sa prédilection pour la philosophie. Dans son *Liber Creaturarum*, appelé depuis *Théodicée*, il cherche à prouver la Trinité des personnes en Dieu par la raison, et par les créatures qui en offrent l'image ; le péché originel par ses effets dans le genre humain ; la résurrection du corps, l'Incarnation et la Rédemption par des raisons de convenance, sans invoquer la foi. A part cela, ses doctrines sont exactes et scolastiques. Il devance Kant en démontrant l'existence de Dieu comme un postulat de la notion du devoir et du mérite.

259. Observation sur la Scolastique. — Née du mélange, ou plutôt de l'accord de la foi avec la philosophie grecque et principalement avec la philosophie d'Aristote, la Scolastique a représenté pendant longtemps la philosophie chrétienne ; on ne peut pas dire qu'elle en soit la dernière expression ; mais nous ne l'avons certes pas dépassée, et le tort des trois derniers siècles, y compris la première moitié du nôtre, c'est de l'avoir dédaignée sans la connaître. Par suite, tant d'erreurs sont entrées dans les esprits même les meilleurs, qu'il nous faut retourner en arrière pour reprendre la marche de la vraie philosophie. Ses qualités reposaient, tout à la fois, sur les vérités certaines fournies par la foi, garantie que n'eurent jamais les philosophes grecs, puis sur la logique inflexible et la solidité de la philosophie d'Aristote. Son principal défaut fut de ne prendre qu'Aristote et de l'interpréter sans aucun terme de comparaison. Ce culte, en quelque sorte matériel et mécanique du raisonnement, qu'on lui reproche avec quelque raison, fut la source de sa force et en même temps le principe de sa décadence; mais il servit à l'éducation intellectuelle de l'Europe, et comme la plus brillante des universités d'alors était celle de Paris, ce fut la langue française qui, plus que toutes les autres, profita de cette formation.

Nous avons vu la Scolastique se former peu à peu, pendant quatre siècles, conserver tout son éclat pendant un siècle, et décliner ensuite. Nous allons la voir s'affaisser, devenir un objet de mépris et disparaître, jusqu'à notre époque où l'on a, depuis quelques années, commencé à lui rendre justice.

Le principe même qui faisait sa force, la logique minutieuse, devint bientôt un abus, et la subtilité remplaça le solide. Les esprits se fatiguèrent, s'aperçurent du vide et se jetèrent dans le mysticisme. Un esprit droit pouvait encore se tenir dans le vrai, par une heureuse union de la méthode logique et de la méthode mystique ; mais celle-ci, à son tour, engendra des erreurs nombreuses et ne fit pas moins de mal que la dispute et le sophisme. Une nouvelle méthode était nécessaire, celle qui ne scinde pas l'âme humaine et qui emploie simultanément toutes ses facultés. Mais il faudra des siècles encore avant que cette méthode complète soit généralement comprise. Tout d'abord on s'aperçoit seulement que l'observation fait défaut et on se jette exclusivement dans cette voie découverte la dernière. Aussi, nous verrons les écoles s'égarer encore bien des fois, avant que se dessine nettement cette méthode exacte et complète qui fait notre force aujourd'hui, cette philosophie classique, qui résume toutes les vérités définitivement acquises, et qui fournit les moyens de marcher sûrement à la découverte de celles qu'il nous reste à conquérir et qui sont du ressort de la raison humaine.

C'est de cette philosophie classique que Mgr Gonzalez, évêque de Cordoue, dit avec raison : « Considérée dans son fonds et dans son essence, la philosophie scolastique ne peut périr : elle durera autant que le monde, parce qu'elle est l'écho logique et scientifique de l'idée chrétienne ; c'est l'efflorescence naturelle et spontanée de la religion de Jésus-Christ, qui durera jusqu'à la consommation des siècles. »

TROISIÈME ÉPOQUE

LA RENAISSANCE. — RUINE DE LA SCOLASTIQUE

(XVe ET XVIe SIÈCLES).

260. Coup-d'œil général. — Le concile de Florence, dont l'un des buts était la réunion de l'église grecque à l'église latine, amena en Italie plusieurs savants grecs, en 1438. La prise de Constantinople, en 1453, fit affluer dans l'Occident bon nombre d'autres savants qui apportèrent avec eux les ouvrages complets des anciens, que l'on ne connaissait qu'en partie, et excitèrent une curiosité nouvelle pour la langue grecque et pour la littérature et la philosophie païennes. On commença à opposer Platon à Aristote, puis on méprisa l'autorité des anciens et on voulut construire à neuf toute la philosophie, sur les seules données de la raison. Cette disposition d'esprit pénétra dans les questions de foi : on rejeta l'autorité de l'Église, et les passions aidant, on proclama le libre examen et la réforme. Ce fut le protestantisme commencé en 1517. Mais quand on eut rejeté tout ce que l'on savait jusque là et qu'il fallut édifier, les uns s'abandonnèrent à leurs propres conceptions et firent un rationalisme panthéiste, les autres s'appuyèrent sur l'expérience et fondèrent le naturalisme, les autres gardant le sens de la foi, sans s'appuyer sur l'Église, tombèrent dans l'illuminisme. Ainsi la vérité sembla un instant disparaître ; mais l'observation prit bientôt le dessus, et il en sortit la philosophie moderne.

Ce sont ces divers principes de mouvement philosophique qui nous serviront à diviser cette époque.

Nous ne pouvons pas donner beaucoup d'étendue à l'exposition de tous ces efforts divers de la pensée humaine, quoique plusieurs méritent d'être approfondis. Nous conseillons à ceux qui désirent plus de détails et qui n'ont pas le temps de faire de longues recherches, la lecture des articles du *Dictionnaire* de M. Franck qui traitent des hommes dont nous allons parler. Ils y trouveront des détails suffisants et l'exposition généralement exacte de tous ces systèmes, quelquefois même des études entièrement neuves et que l'on ne trouve pas ailleurs.

261. Grecs venus en Occident. — Gémiste Pléthon, né à Constantinople, vint au concile de Florence en 1438 et employa sa présence en Italie à faire connaître ses doctrines philosophiques. Il soutenait avec ardeur les théories des Alexandrins et se montrait peu chrétien. C'est lui qui inspira à Côme de Médicis la fondation de l'Académie de Florence.

Jean Bessarion, né à Trébizonde en 1389, vint aussi en Italie en 1438, et s'étant, dans le concile, prononcé pour les Latins, il fut créé cardinal. Il mourut à Ravenne en 1472. Il était disciple de Pléthon et se montra platonicien très exalté.

Georges Scholari, plus connu sous le nom de Gennadius, né à Constantinople vint aussi au concile de Florence en 1438. Fortement attaché aux doctrines d'Aristote et, par là même, ennemi de Gémiste, il fit brûler le livre de ce dernier *sur les Lois*, de Platon.

Georges de Trébizonde, né dans l'île de Crète, en 1396, vint en Italie en 1430 et mourut à Rome en 1486. Il soutint une lutte très-vive contre Platon, qu'il attaqua dans un livre intitulé : *Comparaison d'Aristote et de Platon*. Il avait publié plusieurs traductions de divers ouvrages d'Aristote.

Théodore Gaza, né à Thessalonique, vint en Italie en 1429 et mourut dans les Abruzzes en 1478. Il donna aussi des traductions d'Aristote.

262. Premier mouvement de renaissance. — Le cardinal Nicolas de Cusa, né à Cusa, près de Trèves, en 1401, et mort à Todi, dans l'Ombrie, en 1464, était un savant modeste. Il essaya de remettre en honneur le système pythagoricien, que la terre tourne autour du Soleil. Sa philosophie est platonicienne mêlée de données d'Aristote et de Pythagore. La connaissance des objets sensibles ne nous vient que par une double image et ne donne que des opinions, mais la connaissance de l'infini ramène tout à l'unité. Il a écrit *de Docta Ignorantia, de Conjecturis*, où il montre une philosophie mystique; *de Sapientia et de Cœna*, où il se montre grand philosophe; *de Reparatione Calendarii, de Staticis experimentis, de Mathematicis complementis*, où il se montre savant.

Laurent Valla, né à Rome, en 1406, mort à Naples, en 1457, est surtout remarquable comme promoteur de la renaissance des lettres anciennes, mais il est cité avec estime par Leibnitz, comme philosophe. Il écrivit contre la scolastique.

Marsile Ficin, né à Florence, en 1433, mort en 1499, fut le plus ardent disciple de Gémiste Pléthon, et, quoiqu'il fût prêtre, on peut dire que dans ses ouvrages et même dans ses prédications, le chrétien disparaît pour faire place au platonicien. Il se servit contre Aristote de l'interprétation donnée à ses pensées par ses commentateurs, Alexandre d'Aphrodise et Averroès, sur l'immortalité de l'âme.

Ange Politien (*Cino* de Monte Pulciano), né en 1454, mort à Florence, en 1494, ne mérite d'être cité que par ses traductions de Platon et d'Aristote. Il favorisa aussi la renaissance des lettres.

Jean Pic de la Mirandole, né en 1463, près de Modène, mort en 1494, à Florence. Il n'est remarquable que par sa brillante mémoire et sa précoce érudition. A l'âge de vingt-trois ans il proposa de soutenir neuf cents thèses *de omni re scibili*. Il essaya de concilier Platon et Aristote, mais il manquait tout à la fois de matériaux et de génie. Il estimait fort la kabbale et en tirait une sorte de mystique chrétienne.

François Pic de la Mirandole, son neveu, mort assassiné en 1533, suivit les traces de son oncle, mais avec moins de talent. Il a écrit la biographie de son oncle et celle de Jérôme Savonarole.

Louis Vivès, né à Valence en Espagne, en 1492, et mort en Belgique, en 1540, écrivit entre autres ouvrages : *de Prima philosophia*, et *de Anima*. Il rejette la distinction de l'intellect en actif et passif, confond la mémoire sensitive avec la mémoire intellectuelle. Comme Platon il fait du corps l'instrument de l'âme.

Foxo Marcillo, né à Séville en 1528 et mort en 1558, a beaucoup écrit. Il se montre éclectique et cherche surtout à concilier Platon et Aristote ; mais ce qu'il veut avant toutes choses c'est de se montrer penseur indépendant. Il admet que certaines idées innées, telles que celles du vrai et du bien, concourent avec les sens à former notre connaissance. Ennemi des formes scolastiques, il accuse Aristote de manquer de méthode et veut qu'avant de philosopher on étudie le grec et la rhétorique. Ses préférences se portent vers Platon. D'ailleurs il reste partout chrétien et d'accord avec saint Thomas, même en des questions secondaires. On remarque dans ses écrits : *de Natura philosophiæ*, *Compendium Ethices*, des *Commentaires* sur plusieurs dialogues de Platon, *de Demonstratione*, *de Usu et exercitatione dialecticæ*, *de Studii philosophici ratione*, et enfin un traité littéraire, *de Styli informandi ratione*.

François Vallès, médecin de Philippe II, qui fut roi d'Espagne de 1556 à 1598, nous a laissé un livre intitulé : *De his quæ scripta sunt physice in libris sacris, sive de Sacra philosophia.* Il rejette l'opinion, commune alors, que le fétus humain est d'abord informé par l'âme sensitive, et dit que le fétus ne vit que par l'âme raisonnable, infuse au corps par Dieu. Il déclare que la physiognomonie, ou ce que nous appellerions aujourd'hui la phrénologie, n'est pas une chose vaine, mais il ajoute que les tendances naturelles peuvent être modifiées par l'éducation et surtout par la grâce de Dieu. Il croit que la différence entre l'homme et la bête vient moins de la raison que de la science : les bêtes, dit-il, ont leur part de raison; l'homme seul a la science. Il n'admet pas la certitude absolue dans les vérités physiques et ajoute que le besoin absolu que nous avons de connaître ces choses exige une vie future où ce besoin sera satisfait.

Gomez Pereira, autre médecin de Philippe II, publia en 1554 un livre de philosophie intitulé : *Antoniana Margarita*, du nom de son père et de sa mère. Pour lui, les sensations animales sont dues à une attraction magnétique et non à une âme sensitive. En dehors des vérités religieuses, la spéculation philosophique doit être libre. Les sensations, dans l'homme, ne donnent pas la perception de l'objet, mais seulement d'une modification subjective. Les modifications de l'âme ne se distinguent pas de l'âme elle-même. L'acte d'intelligence se fait sans le concours des espèces intelligibles. Il rejette aussi la théorie d'Aristote sur la matière première. En sorte que Pereira a émis d'avance plusieurs théories que Descartes a fait prévaloir plus tard, et il n'a pas eu l'honneur d'être nommé.

Nous trouvons à la même époque, en Espagne, une femme, Oliva Sabuco, qui, sans montrer un profond génie philosophique, sut exposer assez nettement cette science et y ajouter quelques idées neuves. Dans sa *Nouvelle philosophie de la nature de l'homme*, elle dit que les sensations ne sont pas dans les organes, mais dans le cerveau. Elle dit encore que les principes du monde ne sont pas la matière, la forme et la privation, mais le soleil par sa chaleur, la lune par ses influences, etc.

Enfin on peut citer encore pour l'Espagne, Perez de Oliva, Pedro Nunez, Alexis Vanegas et Jérôme de Urrea, qui tous travaillaient à propager le mouvement de renaissance.

Juste-Lipse, né à Isch, près de Bruxelles, en 1547, et mort en 1606, travailla, de concert avec Casaubon et Scaliger, à la renaissance des lettres anciennes. On peut le citer aussi comme philosophe, pour trois de ses ouvrages où il se montre stoïcien et recherche surtout un but moral ; mais sa politique est douteuse, et ayant changé trois fois de religion, il finit par n'en avoir aucune.

Nicolas Taurel, né à Montbéliard, en 1547, et mort à Altdorf en 1606, essaya d'accorder la philosophie et la théologie, en disant que l'une s'adresse à l'intelligence, l'autre à la volonté, et que, par conséquent, elles ne peuvent être en opposition. Il attaquait Aristote sur sa théorie de la connaissance passive, disant que la connaissance est le fruit de l'activité de l'âme et que la raison est innée.

263. Le Protestantisme. — Martin Luther, né à Eisleben, en Saxe, l'an 1483, devint chef du protestantisme en 1517, et mourut en 1546. D'abord il combattit Aristote autant que l'Église, mais par l'influence de Mélanchthon, il en vint à estimer ce philosophe et même à l'appeler *acutissimum hominem*. Cependant il lui reprochait sa doctrine sur la liberté; car on sait que Luther enseignait que le libre arbitre n'existe pas dans l'homme, et que Dieu punit les méchants du mal qu'il leur a fait faire. La doctrine de Luther n'est nullement philosophique; c'est un mysticisme poussé à l'excès, dans lequel l'homme n'est que l'instrument absolument passif de la grâce de Dieu. D'ailleurs il ne permet pas que l'on raisonne ses principes : il faut les admettre sur parole, sous peine de s'attirer ses anathèmes.

Si quelqu'un s'avisait de nous objecter que l'Église en fait autant, nous répondrions que l'Église permet que l'on se rende compte de son autorité divine et qu'elle donne des preuves de cette autorité; ce que Luther n'aurait pas pu faire.

264. Tendances rationalistes. — Pomponace, né à Mantoue en 1462, mort en 1524, était partisan d'Aristote. Il trouvait des oppositions entre la foi et la philosophie, mais ne voulait abandonner ni l'une ni l'autre. Son esprit rationaliste ne l'empêchait pas de croire à l'astrologie, selon le préjugé de son temps.

Erasme, né vers 1466, à Rotterdam, mort en 1536, fut le promoteur de l'esprit philosophique moderne, dans son indépendance de la religion, aussi bien que du mouvement littéraire. Il défendit la liberté contre Luther, dont il approuvait cependant la réforme, mais à un point de vue purement rationaliste.

Il faut citer ici comme vivant à la même époque Machiavel, né à Florence en 1469, mort en 1527, qui n'a traité qu'une seule question, mais une question éminemment philosophique, la politique. C'est dans son livre *du Prince*, qu'il expose sa théorie. L'État principe et fin de toute politique. Tous les moyens sont bons pour sauver l'État. Il faut employer la force et même la ruse là où la loi ne suffit plus. Sa théorie est indépendante de toute religion.

Thomas Morus, en anglais More, né à Londres en 1480, fut grand chancelier d'Angleterre sous Henri VIII, pendant deux ans, puis résigna sa charge, pour ne pas approuver la réforme religieuse imposée par le roi. Après avoir enduré la prison pendant plusieurs mois, il fut décapité en 1535 pour n'avoir pas voulu se séparer de l'Église catholique. Parmi ses nombreux ouvrages en anglais et en latin, nous citerons seulement son *Utopie : De optimo reipublicæ statu, deque nova insula Utopia*. C'est un écrit politique dans le genre de *la République* de Platon ; il y propose le communisme.

Jean Bodin, né à Angers en 1530 et mort en 1596, se montre partisan de la magie et ennemi de toute religion positive, dans ses traités : *De la République, Démonomanie*, et *Universæ Naturæ theatrum*.

Alexandre Piccolomini, né à Sienne en 1508, mort en 1578, fut le premier à écrire la philosophie en langue vulgaire : ce qui fut alors un grand scandale. Il était partisan d'Aristote; sa philosophie est classique, et il reste chrétien ; mais lui aussi veut philosopher en dehors de la foi.

François Piccolomini, né à Sienne, en 1520, mort en 1604, s'occupa surtout de morale. Il a écrit : *Universa philosophia de moribus*, et des commentaires sur Aristote.

Pierre de la Ramée, ou Ramus, né à Cuth, dans le Vermandois, en 1515, est un des hommes les plus saillants de cette époque. D'abord catholique, il se fit protestant en 1561, et périt dans le massacre de la St-Barthélemy, en 1572, victime d'un ennemi personnel, Jacques Charpentier.

Après avoir fait des prodiges de courage et de persévérance, pour s'instruire, travaillant la nuit pour lui-même, tandis qu'il servait comme domestique au collège de Navarre, pendant le jour, il parvint à pouvoir prétendre au grade de docteur, et présenta pour thèse la proposition suivante : « *Quæcumque ab Aristotele dicta sint commentitia esse ;* que tout ce qu'a dit Aristote n'est que fausseté. » La seule proposition souleva une tempête ; mais Ramus la défendit, niant imperturbablement tous les principes que lui opposaient ces hommes qui ne savaient s'appuyer que sur Aristote, si bien qu'il reçut le bonnet de docteur.

A partir de ce moment sa vie n'est qu'une longue lutte contre toutes les écoles de son temps, avec des alternatives de revers et de brillants succès. Pendant ce temps, il réforma la grammaire et la rhétorique, la logique, les mathématiques, et il en aurait fait autant pour le reste des arts libéraux, sans les luttes civiles qui survinrent. En 1562, il fut chassé de Paris avec les calvinistes. Rentré en 1563, il s'attira pour toujours la haine de Jacques Charpentier, en le dénonçant au conseil privé du roi, comme ne sachant pas les mathématiques qu'il était chargé d'enseigner, comme lecteur royal, et comme exigeant un salaire de ses écoliers. Charpentier jura de se venger, et plusieurs fois il essaya de le faire assassiner. Il y parvint enfin, en 1572, au milieu du massacre de la Saint-Barthélemy.

La principale réforme de Ramus portait sur la logique. Rejetant les formules abstraites d'Aristote comme inutiles pour la recherche de la science et l'usage de la vie, il revient à la dialectique de Platon, dont le principe est inné dans la raison, et qui se perfectionne par l'art et la pratique. Cette pratique consiste dans l'étude des raisonnements tels qu'ils ont été faits par les philosophes et les orateurs. On voit ici une tendance à la méthode d'observation ; mais nous avouons que, pour le cas, elle nous paraît déplacée. Il fut le premier à diviser la logique, comme le fit depuis Port-Royal, en « idées, jugements, raisonnements et méthode. »

GROTIUS (Hugo de Groot), quoique venu beaucoup plus tard, dans le seizième siècle, doit être placé ici, à cause de son esprit rationaliste. Dans son livre *De jure belli et pacis*, il étudie le droit naturel, comme principe de toutes les lois et surtout de ce que l'on a appelé depuis le *droit des gens*. Le droit naturel est conforme à la droite raison, qui, à son tour, est conforme à la nature raisonnable ; et, comme celle-ci est l'œuvre de Dieu, le droit naturel n'est autre que la volonté de Dieu. Grotius a ainsi donné l'exemple de la philosophie du droit. Né à Delft en Hollande, en 1583, il mourut en 1645.

265. TENDANCES SCEPTIQUES. — Michel de MONTAIGNE, né en Périgord, l'an 1533, mort en 1595, ne voit partout que contradiction et mal, et par une sorte d'indifférence égoïste, il n'essaye pas même de chercher la vérité ni le bien, et dit : « Que sais-je ? » Cette disposition d'esprit se manifeste dans ses *Essais*, ouvrage où il parle de tout et de tous, mais surtout de lui-même, racontant, avec un style sympathique qui lui est propre, ses vertus et ses vices, sans se blâmer de ces derniers. Nous verrons plus loin ce qu'en dit Pascal, dans son *Entretien avec M. de Sacy*.

Pierre CHARRON, prêtre et prédicateur en renom, de son temps, montre aussi une grande tendance au scepticisme, qui n'est que de l'indifférence. Il naquit à Paris, en 1541, et mourut frappé d'apoplexie, en 1603. Dans son livre *de la Sagesse*, il peint les faiblesses de l'homme, impuissant à connaître la vérité, ce qui d'ailleurs lui paraît de peu d'importance. Il semble confondre l'âme avec le cerveau et l'homme avec la bête. Il ne fait d'ailleurs aucun usage des vérités religieuses; il avertit lui-même qu'il veut s'en tenir à la philosophie.

SANCHEZ, juif, né en Portugal, vers 1555, reçu médecin à Montpellier, en 1573, mort à Toulouse en 1632, passe peut-être à tort pour sceptique. Il attaque la méthode scholastique, et c'est en ce sens qu'il intitule son livre : « De la très noble science qui consiste à savoir qu'on ne sait rien. *Tractatus de multum nobili et prima universali scientia, quod nihil scitur* ». Dans le cours de l'ouvrage il se montre le précurseur de Bacon, en professant l'inutilité du syllogisme et la nécessité de recourir à l'observation. Il exagère beaucoup les faiblesses de l'intelligence humaine, et c'est là probablement ce qui l'a fait regarder comme sceptique.

Ulric Wildius lui répondit, à Leipsick, en 1661, par son traité : *Quod aliquid scitur*, et Hartnach fit réimprimer son livre à Stettin en 1665, avec ce titre : *Sanchez aliquid sciens*.

Il ne faut pas confondre ce Sanchez philosophe demi-sceptique avec François Sanchez le grammairien de Las Brozas, en Estramadure (Sanctius Brocensis), ni avec Sanchez, jésuite, né à Cordoue, et théologien distingué, qui tous vivaient à la même époque.

La Mothe le Vayer, né à Paris en 1588, et mort en 1672, fils de magistrat, magistrat lui-même, académicien en 1639, précepteur du duc d'Orléans frère de Louis XIV et enfin du roi lui-même, dont il acheva l'éducation, estimé de tous pour sa sagesse antique écrivit cependant, outre ses œuvres littéraires : *De la vertu des païens, discours pour montrer que les doutes de la philosophie sceptique sont d'un grand usage dans les sciences. Du peu de certitude qu'il y a dans l'histoire*, et enfin *Dialogue à l'imitation des anciens*. Dans ces divers écrits, il professe un scepticisme modéré et enseigne que la parole humaine est trompeuse et que la certitude n'existe que dans la parole de Dieu.

266. Tendances mystiques et panthéistes. — Jean Reuchlin, né dans le duché de Bade, en 1455, et mort en 1522, fut professeur, puis avocat et remplit plusieurs charges publiques. Il professait que la philosophie vient de la Révélation et de la Kabbale, et que Platon et Pythagore, aussi bien que Zoroastre, ont puisé leurs doctrines dans la Bible et chez les Hébreux. Il a écrit *de Verbo mirifico* et *de Arte cabalistica*.

Philippe Bombast de Hohenheim, connu sous le nom de Paracelse, né à Einsiedeln, en 1493, et mort en 1541, était médecin et porta son mysticisme jusque dans la médecine. Toute sa philosophie est dans la physique. Il distingue le *macrocosme*, qui est le monde, le *microcosme*, ou l'homme, et *Dieu. L'archæum*, principe d'harmonie, réunit ces trois ordres, et il prétend en expliquer tous les détails par une communication directe avec Dieu. Son système est un mélange d'astrologie, d'alchimie et de philosophie grecque, fondues dans le christianisme.

Cardan, né à Pavie, en 1501, mort en 1576, était médecin, naturaliste, mathématicien et philosophe, et se distingua par plusieurs découvertes dans les sciences ; mais il s'abandonne souvent à une sorte d'hallucination. Son système philosophique reproduit le panthéisme stoïcien, mais il le conçut successivement sous différentes formes. Il démontre la simplicité de l'âme et son immortalité ; mais il déclare que ces dogmes, vrais en théorie, sont dangereux dans la pratique, à cause des guerres de religion qu'ils suscitent.

Michel Servet, né à Villanueva, en Aragon, en 1509, parcourut toute l'Europe, dans une sorte de besoin d'enseigner son idéal du monde, sorte de panthéisme chrétien. Repoussé par les protestants aussi bien que par les catholiques, il s'attira la haine de Calvin, qui finit par le saisir à Genève, et profitant des lois alors existantes, le fit brûler vif comme hérétique, l'an 1553. Son panthéisme était ainsi conçu : *Dieu*, l'un absolu, fait émaner de lui *les idées*, dont Jésus-Christ est le centre, et forme par elles *les choses*. Jésus-Christ n'est pas Dieu, mais il est le médiateur entre Dieu et l'homme, comme centre du monde idéal.

Giordano Bruno, né à Nole, en 1548, se fit dominicain, puis sortit de l'ordre et changea plusieurs fois de religion ; mais dominé par les théories néoplatoniciennes, il conçut un panthéisme mystique, dans lequel Dieu, d'abord simple puissance, devient variété et contraste et se résout dans l'unité vivante. Avec cela il a quelques grandes vues sur la réforme des études, mais pas assez de méthode. N'ayant pas voulu rétracter ses erreurs, le Saint-Office le condamna comme hérétique et le livra au bras séculier, qui le fit brûler vif, l'an 1598.

La mort de Giordano Bruno est devenue un des grands arguments de l'impiété moderne contre l'Eglise. Nous ne répondrons pas à ses attaques, parce qu'on l'a fait plusieurs fois, dans des livres spéciaux, et parce que, pour donner nos raisons, il nous faudrait un volume : il s'agit en effet de rétablir les droits de la vérité, et ces droits sont aujourd'hui entièrement méconnus ; il faudrait ensuite rétablir la vérité historique des procédés de l'inquisition. A ce sujet nous ne relèverons pas les insinuations malveillantes que M. Franck emprunte à Bayle, pour les imprimer dans cet article. Mais nous ne pouvons accepter que l'on fasse de Giordano Bruno un martyr de la liberté, et presque de la vérité. Quoi qu'en dise M. Franck, ce n'est pas la liberté, mais la raison qui découvre la vérité, dans les questions qui ne sont pas déjà résolues par la Révélation, et la liberté ne consiste pas à pouvoir impunément professer des doctrines aussi immorales et aussi antisociales qu'elles sont fausses, impies et blasphématoires. Et d'ailleurs nous ne voyons pas qu'aujourd'hui plus qu'alors un Etat laisse mettre en question le principe même qui sert de base à sa vie sociale. Ce principe était alors le christianisme, la religion catholique, dans le pays où Bruno fut puni. Les protestants, là où ils régnaient, ne le tolérèrent pas, et Calvin n'avait pas mieux traité Servet.

Vanini (Pompée *Ucilio*), né à Naples, en 1586, professa aussi dans ses *Dialogues sur la Nature, reine et déesse des mortels*, un panthéisme naturaliste. Il fut condamné par le Parlement de Toulouse et brûlé vif, après avoir eu la langue coupée, l'an 1619.

Ces châtiments nous font frémir aujourd'hui, parce que nous traitons avec douceur tous les coupables ; mais, pour les expliquer, il faut se reporter au temps où ils ont eu lieu et voir qu'ils étaient dans l'esprit de cette époque. On croyait alors que, pour détourner du crime, il fallait non seulement punir de mort les criminels, mais encore frapper l'imagination et effrayer par l'aspect des supplices. Du reste il est parfaitement avéré que l'Eglise n'était pour rien dans le choix ni dans l'application de la peine, lorsqu'elle déclarait un homme « obstiné dans l'hérésie. » Observons encore que, sur trois châtiments de ce genre, que l'histoire de la philosophie nous force à mentionner, le tribunal de l'Inquisition n'eut à se prononcer qu'une seule fois, et ne fit que déclarer la culpabilité. Le premier est tout entier à la charge de Calvin et des protestants ; le dernier, à celle du Parlement de Toulouse, qui prononça la sentence et la fit exécuter.

Jacob Boehm, né en 1575, près de Gorlitz, où il exerça toute sa vie la profession de cordonnier, se distingua cependant par une doctrine basée sur l'illuminisme et écrivit plusieurs ouvrages. Comme plusieurs des panthéistes de son époque, il distingue trois principes des choses : Dieu, la nature cause et la nature effet, en ajoutant aussi que Dieu est tout cela à la fois.

Robert Fludd, né à Milgate, dans le comté de Kent, en 1574, médecin, mort à Londres, en 1637, professait un panthéisme mystique qu'il appuyait sur la Kabbale et faisait ainsi venir de la Révélation primitive. Pour lui, la création est éternelle, et voici comment il l'entend : Dieu renferme en lui tous les contraires dans une parfaite identité, et la production des choses n'est que la séparation de ces principes.

Jean-Baptiste Van Helmont, né à Bruxelles, en 1577, mort en 1644, fut aussi un médecin mystique, bien qu'il ait recommandé l'expérience. Il méprise la scolastique et particulièrement le syllogisme, ainsi que l'autorité des anciens. Comme Paracelse, il prétend voir en Dieu l'*archæum* ou principe de tous les phénomènes de la nature. Comme Robert Fludd, il croyait avoir découvert une panacée et un breuvage d'immortalité. Cependant, malgré son illuminisme, l'expérience lui fit faire plusieurs découvertes chimiques. C'est lui qui le premier a nommé les *gaz*, dont il semble avoir pris le nom du mot allemand *Geist*, esprit.

François Van Helmont, fils de Jean-Baptiste, né à Vilvorde, en 1618, mort en 1690, suivit la profession et les principes de son père. Il fut médecin, alchimiste, chercha la pierre philosophale, l'élixir de vie, et professa un panthéisme mystique.

267. Tendances expérimentales. — En tête des hommes qui à cette époque travaillèrent à faire progresser la science en recourant à l'observation, nous devons citer le chanoine Copernic, qui a attaché son nom au système astronomique définitivement adopté par les modernes. Il avait puisé ce système dans les livres de Philolaüs, et, de son temps, le cardinal de Cusa s'était prononcé pour le même système ; mais Copernic le fit sien par les nouvelles observations qu'il y ajouta. Il était né à Thorn en Prusse, l'an 1473, et mourut l'an 1543, au moment où il venait de recevoir son livre *De revolutionibus orbium cœlestium*, qu'il n'avait pas voulu publier plus tôt.

Telesio, né à Cosenza, en Calabre, l'an 1508, mort en 1588, s'en prit aussi à la méthode scolastique et à Aristote et recommanda l'observation. Mais lui-même pratiqua mal cette dernière méthode, car il n'a laissé qu'un système basé sur des hypothèses, avec des tendances au naturalisme.

CESALPINI, né à Arezzo, en Toscane, l'an 1519, mort en 1603, était médecin de Clément VIII et professeur de la Sapience, à Rome. Il pressentit la découverte d'Harvey et parle de la circulation du sang ; mais il ne connut que la circulation pulmonaire. Comme Vanini, il croit à la génération spontanée, et avec des idées justes il a un langage presque panthéiste. Il plaçait l'âme dans le cœur.

GALILÉE, né à Pise, en 1564, mort en 1642, avait d'abord été destiné à la médecine, mais il préféra s'adonner aux mathématiques. Professeur à Pise, puis à Padoue et à Florence, il se fit remarquer par des idées nouvelles et par d'importantes découvertes en physique. Mais il fut surtout combattu pour son système astronomique. Comme Copernic, il enseignait que la terre tourne autour du soleil. Les opposants lui objectèrent, fort mal à propos, les textes prétendus contraires de l'Ecriture Sainte, et au lieu de répondre que la Bible ne dit rien à ce sujet, il voulut, lui aussi, s'appuyer sur l'Ecriture Sainte. C'est ce qui permit à ses ennemis de le faire condamner. Il avait alors soixante-dix ans. On le priva de la liberté d'enseigner et il fut obligé de s'enfermer dans le palais de l'archevêque de Sienne, et plus tard, dans sa propre maison, avec défense d'y recevoir des personnes pour leur communiquer ses théories.

On a beaucoup écrit dans ces derniers temps sur Galilée soit dans le but d'attaquer l'Eglise, soit dans le but de la défendre, et chaque année nous en apporte encore plusieurs.

Le mal, dans cette affaire, vint d'abord de l'esprit de parti, par lequel les professeurs qui jusque là avaient enseigné l'opinion contraire, furent aveuglés par ce préjugé, appuyé de l'amour-propre, et ne virent pas que Galilée avait raison. Le même préjugé leur fit prendre pour une affirmation formelle en leur faveur des textes de l'Ecriture sainte, qui s'adressant à tous devaient parler le langage de tous, mais qui ne disent rien pour ni contre l'un ou l'autre des deux systèmes. Les théologiens se laissèrent tromper par leurs dires, et la question ayant été amenée de part et d'autre sur le terrain théologique, il se trouva en effet, à la charge de Galilée, des propositions condamnables, qui n'étaient pas d'abord dans son cœur, que le besoin de se défendre lui suggéra mal à propos et dans lesquelles son système lui-même se trouva enveloppé. Ces circonstances expliquent suffisamment la sentence, et, en mettant l'Eglise hors de cause, elles ne permettent pas qu'on l'accuse d'avoir voulu en cela étouffer le libre examen, dans une question purement scientifique.

CAMPANELLA, né en Calabre, l'an 1568, mort à Paris en 1639, quoique dominicain, attaqua la scolastique et Aristote. Il voulut, lui aussi, baser la philosophie sur l'observation, mais il reconnaissait en même temps comme source de connaissance la révélation. Cependant sa *Cité du soleil*, sorte de roman politique, n'offre guère qu'une religion rationaliste. Ses adversaires le firent condamner comme coupable tout à la fois contre l'Etat et contre la religion, et il demeura en prison à Naples pendant vingt-sept ans. Urbain VIII, le même pape que l'on accuse d'avoir été dur pour Galilée, le fit réclamer, comme pour le juger lui-même ; ensuite il le fit évader. Campanella vint en France, et Richelieu l'accueillit à Paris.

Plein d'ardeur pour la science, CAMPANELLA avait lu tous les ouvrages scientifiques de son temps et acquis une immense érudition philosophique; mais son imagination l'emportait hors de la voie. Tantôt il combat Aristote en faveur de Platon, tantôt il lutte contre tous les païens à la fois en faveur du christianisme, tantôt il combat le mouvement exagéré de la Renaissance, plus souvent il secoue l'autorité d'un nom et cherche à démontrer « que l'on peut fonder une philosophie nouvelle, après celle des Grecs ; qu'il est permis d'être d'un autre avis qu'Aristote ; qu'il n'est pas permis de donner pour raison la parole d'un maître. » Cependant il respecte et défend même contre ses adversaires la philosophie de saint Thomas, qui, dit-il, n'est pas le disciple d'Aristote, mais de la sagesse chrétienne. Il combat le scepticisme et déclare que, s'il est permis de douter de la réalité ou du moins de l'exactitude objective des perceptions des sens, on ne saurait douter de la réalité du *moi*, ni de ses actes, ni des plus évidents de ses attributs. De cette connaissance certaine, la raison peut s'élever à la connaissance de Dieu, que l'âme connait d'ailleurs par une sorte de *contact intime* de la divinité.

Dans les sciences des corps, il recommande l'observation unie au raisonnement, mais l'expérience doit commencer, tandis que dans les sciences métaphysiques et morales, c'est la raison qui a le rôle principal, sans exclure l'observation interne.

Sa thèse personnelle en métaphysique est celle-ci: L'être et le non-être forment la dualité primitive. L'un et l'autre possèdent dans un sens contradictoire trois primalités ou propriétés premières. L'être est constitué par la puissance d'être, par le sentiment de l'être et par l'amour de l'être, et Dieu lui-même est dans ces conditions. Le non-être, au contraire est l'impuissance, l'ignorance, la haine essentielle de l'être. En Dieu les primalités de l'être sont pures de tout mélange, tandis que dans les autres êtres ces mêmes conditions sont plus ou moins mêlées aux conditions du non-être.

Campanella admet aussi, avec Platon, l'âme du monde, et suppose que les astres sont animés et se parlent entre eux dans un langage spécial. La sensibilité n'appartient pas seulement aux animaux: la lumière voit ; l'air entend le son et les métaux eux-mêmes sentent les coups reçus, comme le bois sent la douleur du feu. L'univers est la *statue vivante* de Dieu.

En politique, il conseille aux Espagnols de ne pas considérer l'Amérique comme une mine d'or, mais d'y conserver et développer la population, véritable richesse d'un pays.

Il veut aussi une monarchie universelle, dont le roi serait Jésus-Christ représenté par son vicaire, le pape. Puis de là s'élançant dans le monde des rêves, il écrit sa *Cité du Soleil*, imitée de la *République* de Platon et de l'*Utopie* de Thomas Morus, où la société, dirigée par le grand Métaphysicien et ses trois ministres, le pouvoir, la science et l'amour, possèderait tout en commun, les terres, les richesses, les femmes et les enfants, et où le travail et l'éducation seraient réglés par les fonctionnaires publics.

L'ordre que nous venons de donner aux idées de Campanella nous parait être l'ordre dans lequel il les a lui-même conçues et montre l'influence progressive des idées nouvelles sur son esprit vaste, mais trop ardent et peu solide.

Nous avons plus longuement parlé de lui, moins à cause de son influence philosophique, que parce qu'il fut l'image vivante de la Renaissance. Ajoutons qu'il avait écrit de nombreux traités, dont la plupart valent mieux que ceux dont nous avons parlé et se tiennent plus près de la scolastique.

KÉPLER, né à Weil, dans le Wurtemberg, en 1571, mort à Ratisbonne, en 1630, peut être considéré comme le premier promoteur de la philosophie de la science, et c'est à ce titre que nous le mentionnons. On sait que ses titres de gloire sont relatifs à l'astronomie, où il a découvert les trois lois qui portent son nom, et bien d'autres faits, lois et instruments inconnus avant lui. Sa philosophie de la science est essentiellement religieuse. Il fait tout venir de Dieu et rapporte tout à lui ; il pratique et recommande la prière, mais sa religion est une religion naturelle et rationaliste ; pratiquement il était protestant.

268. PHILOSOPHES RESTÉS FIDÈLES A LA SCOLASTIQUE. — Après avoir lu ce tableau des divagations philosophiques et religieuses dues en grande partie à la renaissance des lettres et au Protestantisme, il ne faudrait pas croire que la philosophie scolastique était morte. Pour démontrer le contraire on n'a qu'à citer tous les *Artium cursus*, *Philosophiæ cursus* et autres livres classiques de philosophie que publiaient alors les *Complutenses*, les Jésuites de Coïmbre et d'Alcalà, les professeurs des universités d'Italie, de France et d'Allemagne. La philosophie officielle était encore toute scolastique. Mais, phénomène que nous retrouvons de nos jours, tandis que l'enseignement des écoles conservait la vérité, quelques hommes isolés répandaient des doctrines plus ou

moins subversives, et comme ils criaient plus fort que les autres, ils finirent par étouffer la voix de la vérité, qui n'a jamais cessé de se produire, mais qui pendant trois siècles a essayé en vain de se faire entendre.

Les noms de ces professeurs qui résistèrent au mouvement de la Renaissance sont peu connus, pour la plupart, mais nous pouvons citer l'augustin ALPHONSE DE VERACRUZ, qui écrivit *Recognitio summularum cum textu Petri Hispani et Aristotelis;* CHISTOBAL PLAZA et ses *Commentaria in octo libros Aristotelis de physica auscultatione;* le milanais ALEMANNI (1559-1634) et sa *Summa totius philosophiæ;* les jésuites TOLEDO, RUBIO, HURTADO, MENDOZA, PEYNADO; le P. FRANÇOIS ALFONSO et sa *Dialectica;* les dominicains FRANÇOIS DE SYLVESTRIS, de Ferrare, commentateur de la *Somme contre les Gentils* et auteur de plusieurs œuvres philosophiques; DIEGO MANSIO, qui commenta plusieurs ouvrages d'Aristote; DIEGO ORTIZ et ses *Summulæ;* PAUL SOCINAS, auteur des *Questiones metaphysicales;* le portugais JUAN DE SANTO THOMAS, auteur d'un cours de philosophie; JUAN MARTINEZ DE PRADO, qui commenta plusieurs écrits d'Aristote, et tant d'autres oubliés, dont les travaux prouvent la vitalité de la scolastique, bien qu'on y remarque quelques influences des idées nouvelles.

Pendant que ces hommes maintenaient la scolastique dans les défauts que lui avaient apportés les deux derniers siècles, et refusaient toute introduction d'éléments étrangers, d'autres essayaient une restauration progressive par un double mouvement : l'un en arrière pour revenir à la sobriété et à l'exactitude d'Albert le Grand et de saint Thomas; l'autre en avant, pour suivre le mouvement littéraire et critique de la Renaissance.

JÉROME SAVONAROLE, ce dominicain fameux par ses déclamations contre le clergé et contre les grands, par son enthousiasme fanatique, qui d'abord fut la cause de sa popularité, puis de sa puissance, et enfin de sa mort sur un bûcher, où le fit monter la vengeance des nobles de Florence, fut aussi un philosophe remarquable pour son temps. Né à Ferrare en 1452, il mourut à Florence en 1498. Il n'aimait pas Aristote; mais il se montrait disciple de S. Thomas. Dans son *Triomphus Crucis*, il suit le plan de la Somme contre les Gentils, et dans son *Gouvernement de Florence*, il suit le plan du *De Regimine* de saint Thomas.

THOMAS DE VIO, plus connu sous le nom de cardinal CAJETAN (*Caietanus*), parce qu'il était de Gaëte, naquit en 1469 et mourut en 1534. Il était dominicain; il fut fait évêque de Gaëte, puis cardinal. Sans savoir le grec, ni l'hébreu, ni même le latin classique, il se montra supérieur aux scolastiques précédents, et revint à S. Thomas. Il présente cependant, au milieu de ses doctrines exactes, bon nombre d'opinions nouvelles. Outre ses écrits théologiques, parmi lesquels il faut citer son *Commentaire de la Somme* de S. Thomas, il nous a laissé un traité de *de Ente et Essentia* et un autre *de Analogia entis*.

Cajetan fut suivi et imité par *Chrysostome* JAVELLI, de Milan, mort en 1538, dont les œuvres, en 2 vol. in-folio, contiennent des commentaires sur le *de Anima* d'Aristote, et sur le *de Causis*, qu'il attribue à Proclus. Sa philosophie est un mélange de Platon, d'Aristote et de S. Thomas, avec beaucoup d'opinions nouvelles.

FRANÇOIS VICTORIA, théologien dominicain, qui mourut à Salamanque en 1549, est un de ceux qui eurent le plus d'influence sur le mouvement scolastique progressif. Ses *Prælectiones* se font remarquer par l'élévation des idées, la noblesse du style, l'indépendance des opinions et la justesse du jugement. Il reste partout chrétien et thomiste, avec des idées personnelles. On fait cas principalement de celle qui a pour titre : *De Indis*, où il réfute toutes les raisons que l'on donnait alors pour faire la guerre aux Américains et justifier la conquête de leur pays ; *de Potestate Ecclesiæ, de Potestate civili, de Jure belli*, sont aussi très estimées, et Grotius y a puisé sans le dire.

DOMINIQUE SOTO, né à Ségovie, en 1492, et mort en 1560, était aussi de l'ordre de St Dominique. Il commenta dans sa jeunesse la *Logique*, la *Physique* et le *De Anima* d'Aristote ; mais ces travaux se ressentent de son inexpérience ; il s'y montre réaliste. Son œuvre capitale est le traité *de Justitia et Jure ;* c'est un traité complet de morale, de droit naturel, de droit des gens, de droit public et de droit politique. C'est, comme il le déclare lui-même, une *philosophie du droit*. Le droit, dit-il, est autre chose que le domaine, il lui est antérieur et supérieur, et il est plus étendu. Tout domaine est un droit; tout droit n'est pas un domaine. Ainsi le droit est le genre dont le domaine est une espèce. Le droit de propriété ne peut exister que dans un être qui se possède lui-même, dans un être libre. Dieu est donc le premier propriétaire, le propriétaire absolu. Sur la terre, l'homme est le seul être qui puisse avoir droit de propriété. Les choses ne sauraient avoir ce droit, quoi qu'en ait dit Gerson.

Le droit de vie et de mort n'appartient qu'à Dieu, dans un sens direct et absolu. La société n'a ce droit que d'une manière relative, pou le bien de la société.

MELCHIOR CANUS, dominicain aussi, était né à Tarancon, ville de la province de Tolède, en Espagne, en 1509, mort en 1560. Il brilla au concile de Trente. Son écrit principal est *De Locis theologicis*. Ce n'est pas un livre dont le but soit philosophique ; mais il l'a écrit en philosophe. Il y montre l'idée de la philosophie, la dégage de toutes les questions inutiles, en montre les rapports avec les autres sciences, et en discutant les questions, il les accompagne de nombreux exemples qu'il analyse. Il reconnaît la valeur des grands philosophes ; mais il ne veut pas que l'on prenne des opinions pour des raisons.

Suarez (François), né à Grenade en 1548 et mort à Lisbonne en 1617, était jésuite. Il fut professeur à Alcalà, à Salamanque et à Rome. Écrivain très fécond, il nous a laissé 23 volumes in-folio. Son style est clair; ses doctrines toujours orthodoxes. C'est un profond philosophe et un théologien de premier ordre. On regrette cependant de le voir s'écarter quelquefois de la doctrine de St Thomas, notamment dans la question de la grâce, où il se rapproche de Molina, par un système qu'on a appelé le *Congruisme*. Mais il ne faudrait pas confondre Suarez avec ses prétendus disciples, avec le *Suarisme*. Mgr Gonzalez l'appelle « le plus scolastique des scolastiques après St Thomas. »

En philosophie, il devance Descartes, lorsqu'après avoir distingué la conscience réflexe, dans laquelle on pense que l'on pense, et la conscience directe, où l'on sait seulement que l'on pense, par le fait même que l'on pense, il déclare que personne ne peut penser et croire qu'il n'existe pas. Il devance aussi et combat Malebranche et Gioberti, en démontrant qu'on ne peut pas voir Dieu par des moyens naturels, et que la vision de Dieu est essentiellement surnaturelle.

Il est à remarquer que l'objection que se fait ici Suarez est prise de St Thomas, qui l'avait prise dans Boèce, et celui-ci avait pu la prendre et l'avait vraisemblablement prise dans Platon : or cette objection n'est autre chose que la théorie de la vision en Dieu de Malebranche, ou mieux encore la théorie ontologiste de Gioberti et de ses partisans, qui, de nos jours encore, prétendent que nous voyons les idées de toutes choses dans l'idée de Dieu, laquelle nous serait perpétuellement présente. Il n'y a rien de nouveau en philosophie.

A ces noms ajoutons encore le cardinal Sadolet (1478-1547), le cardinal Hosius, polonais (1504-1579), le cardinal Tolet, ou Toledo, espagnol (1532-1596) ; les jésuites Vasquez (1551-1604), Louis Molina (1535-1601), connu par son système sur la grâce, Salmeron (1515-1585), Maldonat (1534-1583), tous espagnols, Canisius, allemand (1520-1597); les dominicains Jean Medina, mort en 1546, et Barthélemy Medina, mort en 1580, tous deux de l'université de Salamanque ; Ambroise Catharin, de Sienne (1483-1553), Bañez (1527-1604) et Pierre Soto, mort en 1563, tous les deux espagnols. Leurs écrits, moins philosophiques, étaient cependant basés sur la philosophie de St Thomas.

Nous pensons que c'est là plus qu'il n'en faut pour établir que la philosophie scolastique ne cessa pas d'être en honneur pendant la période de la Renaissance.

3ᵉ PÉRIODE

PHILOSOPHIE MODERNE

269. Division. — Les esprits étant disposés, comme nous venons de le voir, à se séparer de la tradition des écoles, pour refaire la philosophie et la science, deux hommes, sans se connaitre, et chacun dans son sens, donnèrent la dernière impulsion à cette tendance, et la philosophie moderne fut fondée. Le premier caractère de cette philosophie fut l'indépendance, mais un mouvement en sens inverse s'opéra bientôt, et on allia l'indépendance de la raison avec une érudition plus étendue et plus profonde que jamais. Chacun de ces deux éléments fournit ses propres excès, et engendra différentes erreurs ; mais pour ceux qui ne rompirent pas avec la tradition catholique, ce double élément rationnel et expérimental fut une source de solides progrès et, après leur avoir donné la vraie méthode philosophique, mit en lumière les données désormais acquises de la philosophie classique.

Trois siècles presque entiers ont été employés à ce travail. Nous diviserons donc d'abord cette période en trois siècles et, dans chacun de ces siècles, nous distinguerons en autant de paragraphes les principales écoles qui s'y développèrent.

XVIIᵉ SIÈCLE

§ 1. — Les réformateurs Bacon et Descartes.

270. Bacon. — François Bacon, fils de Nicolas Bacon, garde des sceaux de la reine Elisabeth, naquit à Londres, l'an 1561, fit ses études au collège de la Trinité à Cambridge, et dès l'âge de seize ans crut reconnaitre le vide de la philosophie scolastique. Il fut d'abord attaché à l'ambassade d'Angleterre, en France, mais ayant perdu son père, à l'âge de vingt-ans, et se trouvant sans fortune, il se mit à l'étude du droit et exerça la profession d'avocat. A l'âge de vingt-cinq ans il préludait à son grand œuvre philosophique par une brochure intitulée : *Temporis partus maximus.* (La plus grande production du temps). On voit dans ce titre quelle opinion il avait de lui-même.

En 1592, il fit partie de la chambre des communes. Il était déjà avocat au conseil extraordinaire de la reine. C'est en cette qualité qu'il consentit à se faire l'accusateur public du comte d'Essex, dont il avait peu auparavant sollicité et obtenu l'appui. Mais cette lâche adulation ne lui servit de rien du vivant d'Elisabeth.

Il fut plus heureux sous Jacques I*er*, en appuyant ses projets, dans la chambre des communes et peut-être par la publication en 1605 d'un essai en anglais de l'ouvrage qu'il fit paraître en 1623 : *De Dignitate et Augmentis scientiarum*. Jacques I*er* le nomma *conseiller ordinaire du roi*, le revêtit successivement de plusieurs charges et enfin en 1618, il le fit grand chancelier et baron de Vérulam, et plus tard, en 1621, vicomte de Saint-Alban, avec une riche pension. Il avait déjà publié, en 1620, son *Novum organum*, destiné selon lui, à remplacer *l'organon* d'Aristote.

Mais sa félicité et sa gloire ne durèrent pas longtemps. Accusé en 1621 d'avoir vendu la justice et d'avoir apposé le sceau royal aux concessions intéressées du duc de Buckingham, il s'avoua coupable, et, privé de sa charge, il fut frappé d'une amende de 40,000 livres sterling et enfermé dans la Tour de Londres. Le roi, dont il avait couvert l'honneur en renonçant à se défendre, le délivra bientôt, mais il dut le laisser dans la vie privée. C'est alors qu'il écrivit plusieurs autres ouvrages et revit ceux qu'il avait déjà publiés. Il mourut en 1626, instituant par son testament plusieurs fondations en faveur de l'avancement des sciences ; mais sa modique fortune ne permit pas de remplir ses intentions.

Bacon s'était distingué comme jurisconsulte, comme orateur et comme historien. Mais c'est surtout comme philosophe que la postérité lui a fait jusqu'à ces derniers temps une auréole de gloire dont on est bien revenu aujourd'hui.

Pour Bacon, la philosophie n'est que la science de la nature, mais il croit que cette science peut atteindre un degré tel que l'homme puisse dominer la nature et la transformer à son gré. C'est dans ce but qu'il entreprend la réforme philosophique qu'il appelle *Instauratio magna*. C'est le titre de son grand ouvrage, mais il n'en a écrit que les deux premières parties. Les quatre autres que l'ouvrage devait avoir sont à peine indiquées dans ses opuscules. Il nous suffira donc de donner une courte analyse des deux premières parties, dont nous avons déjà indiqué les titres.

Le traité *de la Dignité et de l'Accroissement des sciences* est divisé en huit livres. Dans le premier, Bacon montre historiquement combien tous les grands hommes ont fait cas de la science et le profit qu'ils en ont retiré. Au commencement du second il exhorte le roi à favoriser les études et indique surtout la fondation de plusieurs écoles et bibliothèques. Puis il entre en matière et divise la science, selon les trois facultés de l'esprit : mémoire, imagination, raison ; d'où il tire la division de la science et *histoire*, *poésie* et *philosophie*. L'histoire se divise à son tour en *naturelle* et *civile* ; et à côté de cette dernière se trouvent l'histoire ecclésiastique et l'histoire littéraire. L'histoire naturelle, en prenant ce mot dans un sens plus étendu qu'on ne le fait aujourd'hui, se subdivise encore en histoire des *générations*, des *prétergénérations* et des *arts*. Nous ne sommes là encore qu'au deuxième chapitre du deuxième livre, qui en a treize, et Bacon s'en va ainsi jusqu'à la fin de l'ouvrage, divisant et subdivisant, toujours avec le même arbitraire et avec peu d'utilité.

Le *Novum organum* a la prétention, comme l'indique son titre, de remplacer la logique d'Aristote et de donner aux hommes un nouvel instrument pour découvrir les secrets de la nature. Il se divise en deux parties : *pars destruens* et *pars astruens*. C'est-à-dire que la première partie est destinée à renverser les fausses méthodes, et, dans la pensée de Bacon, toutes les méthodes suivies jusque-là étaient fausses ; la deuxième partie a pour but d'enseigner la nouvelle méthode, la seule vraie, l'induction basée sur l'élimination.

1re *partie*. La logique employée jusque-là est inutile et même nuisible à l'avancement des sciences. Le syllogisme n'enseigne que ce que l'on sait déjà et ne peut servir à inventer. Il faut une méthode d'invention. C'est l'induction. Mais l'induction elle-même a été mal pratiquée jusqu'à présent. Après une observation trop rapide, on s'élève des données des sens aux principes généraux. On conclut donc d'une manière anticipée. C'est pourquoi Bacon appelle les principes ainsi conçus, des *anticipations de la nature*. La véritable induction ne doit se faire qu'après des observations multipliées dans lesquelles on s'assure des opérations de la nature, et l'on découvre les causes et les essences réelles des choses. Les principes ainsi découverts sont les *interprétations de la nature*.

Il reste cependant encore un obstacle à faire disparaître : ce sont les *causes d'erreurs*. Bacon les trouve dans les préjugés, qu'il appelle des *idoles*. Nous avons indiqué ailleurs la classification qu'il en donne. C'est d'abord le préjugé commun à tout le genre humain (*idola tribus*), que Bacon explique ainsi : « L'esprit n'est pas comme un miroir plan qui réflète les images des choses telles qu'elles sont, mais comme un miroir d'une surface inégale, qui confond sa propre figure avec les figures des objets qu'il représente. » C'est ensuite le préjugé personnel (*idola specus*), sorte d'idole enfermée dans la caverne obscure de l'intelligence, et à laquelle l'homme sacrifie souvent la vérité. C'est encore le préjugé contracté dans les relations sociales (*idola fori*), où les mots tiennent souvent la place des choses. C'est enfin le préjugé d'école (*idola theatri*), qui nous fait prendre pour l'expression de la vérité les systèmes imaginés par les philosophes. Les systèmes des philosophes pèchent de trois manières : ils sont *sophistiques*, lorsqu'ils ramènent tout à une opinion préconçue ; *empiriques*, quand ils s'appuient sur un nombre insuffisant d'observations ; *superstitieux*, quand ils mêlent à la vérité de prétendues révélations.

Toutes ces causes d'erreurs unies à l'emploi de fausses méthodes ont retardé les sciences, d'autant plus que la *philosophie naturelle* était négligée et que l'on avait un *respect excessif de l'antiquité*.

Il faut donc rassembler un plus grand nombre d'expériences, les mieux choisir et les disposer selon la *véritable échelle*, qui permettra de s'élever, par degrés continus, des faits aux axiomes inférieurs, de ceux-ci à d'autres plus élevés et enfin aux plus généraux. L'esprit s'élance trop vite ; il faut, non pas lui donner des ailes, mais lui attacher du plomb.

2ᵉ *partie*. Le but de la science est d'augmenter la puissance de l'homme, en lui permettant de produire de *nouvelles natures*. Pour cela il faut connaître les *formes*, c'est-à-dire, les essences des choses, et les *causes* qui les produisent. Ces deux sortes de recherche sont l'objet de la *métaphysique* et de la *physique*.

Tel est le but de la science; mais pour l'atteindre, il faut donner secours : 1° aux *sens*, par une bonne *histoire naturelle* (Bacon entend par ce mot la connaissance de toutes choses et de leurs qualités) ; 2° à la *mémoire*, par des *tables méthodiques*, où tous les faits observés seront classés de manière à faciliter l'induction ; 3° à la *raison*, par l'usage de la méthode *inductive*. Les tables dont il est ici question servent à mettre en évidence la *forme* d'une qualité. Il faut 1° la *table d'essence et de présence*, où l'on inscrit tous les faits dans lesquels cette qualité se trouve ; 2° la *table de déclinaison et d'absence*, où doivent entrer tous les faits où la qualité ne se trouve pas, tandis que l'analogie fait supposer à priori qu'elle devrait y être ; 3° enfin la *table de degrés et de comparaison*, où l'on note les différents degrés de cette même qualité dans les différents faits où elle se trouve. C'est au moyen de ces observations que Bacon croit arriver sûrement à exclure tout ce qui n'est pas la qualité cherchée et finalement à découvrir l'essence de cette qualité. Nous ne pouvons pas le suivre dans la *première* et la *deuxième vendange*, dans les *instances solitaires*, les *instances du rayon* et les *instances du cercle*, ni dans celles *du jour* ou *du crépuscule*, etc.

Il y a certainement du bon dans les règles de méthode indiquées par Bacon. Mais d'abord il les gâte lui-même, par ce style imagé jusqu'au ridicule ; il poursuit un but plus que téméraire : la transmutation des natures; il dénigre tous ses prédécesseurs et prêche la méthode d'observation, en la donnant comme sienne, lorsque tous les savants l'employaient sans lui ; il veut appliquer à toutes les sciences une méthode qui n'est logique que pour les sciences du contingent ; enfin cette méthode, excellente en elle-même, il l'environne de tant de précautions inutiles, qu'il retarde les sciences, au lieu de les faire avancer.

Les ouvrages de Bacon restèrent longtemps inconnus, ailleurs qu'en Angleterre, et toutes les grandes découvertes se firent sans lui.

Il essaya lui-même l'application de sa méthode, mais elle ne l'empêcha ni de rêver l'impossible et l'absurde, comme de prolonger indéfiniment la vie d'un homme, de lui conserver la jeunesse, de multiplier ses forces physiques, etc., ni de se tromper bien des fois dans ses conclusions. Et si, dans la recherche de la nature de la chaleur, il est arrivé avec sa méthode à quelque chose qui approche de la vérité ; il a méprisé le télescope, le microscope, et même les simples lunettes destinées à corriger la vue ; il a affirmé que la lune n'est pas un corps solide et que les étoiles ne sont que des flammes ; enfin il a rejeté comme une pure imagination le système de Copernic.

Si l'on veut s'édifier davantage sur le compte de Bacon on n'a qu'à lire ses œuvres, et on pourra le juger à sa juste valeur, sans même s'aider de Joseph de Maistre, qui le rabaisse un peu au-dessous de zéro.

Mais, nous l'avons dit en commençant, cette rectification n'est plus guère nécessaire aujourd'hui : on est bien revenu de l'admiration de commande que l'on professait pour Bacon.

271. DESCARTES. — René Descartes naquit à la Haye, en Touraine l'an 1596. Ayant fait ses études au collège de la Flèche, dirigé alors par les Jésuites, il en sortit plein d'incertitude sur tout ce qu'on lui avait enseigné. Après avoir vécu quelques temps à Paris, il prit du service dans les armées du prince de Nassau, et en sortit au bout de quatre ans ; il se retira en Hollande, en 1629, après avoir visité une partie de l'Europe. Il vivait alors dans une complète solitude n'entretenant des relations qu'avec le père Mersenne, qui le tenait au courant des travaux de ses contemporains et des objections que rencontrait sa méthode, publiée en 1637. En 1649, il se rendit auprès de la reine Christine, en Suède, et mourut à Stockholm en 1650. Ses restes furent rapportés à Paris, dix-sept ans après, et déposés à Sainte-Geneviève du Mont.

Son *Discours de la Méthode* renferme toute son œuvre philosophique et presque toute sa philosophie. Nous en donnerons une analyse. Il publia en outre : les *Méditations sur la philosophie première*, les *Passions*, un traité *de l'Homme*, et quelques écrits sur la physique.

ANALYSE DU DISCOURS DE LA MÉTHODE *pour bien conduire sa raison et chercher la vérité dans les sciences*. — Ce discours, écrit en français, parut pour la première fois à Leyde, en 1637. Il ne renferme pas de division proprement dite, mais Descartes avertit lui-même que « s'il semble trop long pour être lu en une fois, on le pourra distinguer en six parties. »

1re PARTIE. — *Diverses considérations sur les sciences*. « Le bon sens est la chose du monde la mieux partagée, car chacun pense en être si bien pourvu, que ceux mêmes qui sont plus difficiles à contenter en toute autre chose n'ont point coutume d'en désirer plus qu'ils n'en ont. » D'où Descartes conclut que la raison est naturellement égale en tous les hommes, et que la diversité des opinions vient de ce que nous conduisons nos pensées par différentes voies. « Car ce n'est pas assez d'avoir l'esprit bon, mais le principal est de l'appliquer bien. Il ne croit pas que son esprit soit plus parfait que ceux du commun, mais il pense avoir eu beaucoup d'heur de ce que les circonstances lui ont fait trouver une méthode par laquelle il a le moyen d'augmenter par degrés sa connaissance. Il en a déjà recueilli de tels fruits qu'il ne croit pas pouvoir mieux faire que de continuer à marcher dans cette voie.

En publiant ses idées il pourra voir s'il se trompe, et son dessein n'est pas d'enseigner la méthode que chacun doit suivre, mais seulement celle qu'il a suivie, et cette connaissance pourra être utile à quelques-uns sans être nuisible à personne.

Nourri aux lettres dès son enfance, il avait un extrême désir de les apprendre, croyant y trouver la connaissance claire et assurée de tout ce qui est utile à la vie. Mais à la fin de ses études, il changea d'opinion, malgré la célébrité de l'école où il avait étudié et l'estime que l'on y faisait de lui, pour ses succès.

Cependant il ne laissait pas d'estimer les exercices des écoles ; il en connaissait les avantages : il avait donné assez de temps aux langues, à l'éloquence, aux mathématiques, qui lui plaisaient surtout, « à cause de la certitude et de l'évidence de leurs raisons, » il révérait « notre théologie, et prétendait autant qu'aucun autre à gagner le ciel. » Quant à la philosophie, qu'il voyait cultivée par les plus excellents esprits, il s'apercevait qu'on y dispute encore toutes les questions et en concluait que tout y est douteux, sans avoir la présomption d'espérer trouver mieux que les autres. Enfin les autres sciences, empruntant leurs principes de la philosophie, ne pouvaient être solides.

C'est pourquoi, dès que l'âge le lui permit, il abandonna ses maîtres pour n'étudier qu'en lui-même et dans le livre du monde. Il se mit donc à voyager, mais partout il trouva la même incertitude, et l'extravagance de plusieurs coutumes lui apprit à ne rien croire trop fermement de ce qui n'est appuyé que sur l'opinion commune. Il se mit donc à rentrer en lui-même et ce moyen lui réussit beaucoup mieux.

2ᵉ PARTIE. — *Règles de la méthode.* Étant en Allemagne, et n'ayant d'autre occupation que de réfléchir, il vit d'abord qu'une œuvre conçue et exécutée par un seul vaut mieux que celle où plusieurs hommes ont travaillé. Il ne croyait pas que l'on dût renverser tout d'un coup l'ordre établi, pour bâtir sur de nouveaux fondements ; mais il crut devoir ôter de son esprit toutes les opinions qu'il avait reçues jusque là, pour les remplacer par de meilleures. Cependant il ne se donne pas en ceci comme un modèle. « La seule résolution de se défaire de toutes les opinions qu'on a reçues auparavant en sa créance n'est pas un exemple que chacun doit suivre. Et le monde n'est quasi composé que de deux sortes d'esprits auxquels il ne convient aucunement. » Savoir : ceux qui se croient plus habiles et ceux qui se croient moins habiles que les autres. Pour lui il ne trouvait personne dont les opinions fussent préférables à celles des autres et se trouvait ainsi contraint d'entreprendre lui-même de se conduire. Mais il résolut d'aller lentement.

La Logique lui semblait plus propre à expliquer à autrui ce que l'on sait, ou même à parler de ce qu'on ne sait pas. L'analyse des anciens géomètres et l'algèbre des modernes lui semblaient trop abstraites et trop attachées aux figures ou aux chiffres. Il lui sembla donc devoir « chercher quelque autre méthode qui, comprenant les avantages des trois, fût exempte de leurs défaut. » Pour cela il crut avoir assez des quatre préceptes suivants, pourvu qu'il fût fidèle à les observer.

1ᵒ *règle.* Ne recevoir jamais aucune chose pour vraie, qu'il ne la connût évidemment telle.

2ᵒ *règle.* Diviser les difficultés en autant de parcelles qu'il serait requis pour les mieux résoudre.

3ᵒ *règle.* Conduire par ordre ses pensées, en commençant par les objets les plus simples.

4º règle. Faire partout des dénombrements entiers, au point d'être assuré de ne rien omettre.

Ensuite comme direction générale de ses études, il prit modèle sur les mathématiques et s'efforça d'en suivre la marche. Il arriva ainsi à se démontrer des vérités qui lui paraissaient autrefois très-difficiles. Mais après s'être exercé quelque temps sur les mathématiques, il vit qu'avant d'aller plus loin et se porter sur les autres sciences, il devait d'abord asseoir solidement sa philosophie. Cependant il crut devoir différer ce travail, parce qu'il n'avait alors que vingt-trois ans.

3ᵉ PARTIE. — *Règles morales de provision*. Avant d'abattre son logis pour le reconstruire, on a soin de pourvoir d'un autre pour attendre : ainsi, afin de n'être pas irrésolu dans ses actes, pendant qu'il le serait dans ses jugements, il se forma une morale par provision, consistant en quatre maximes.

1º Obéir aux lois et coutumes de son pays, retenant constamment la religion en laquelle Dieu lui avait fait la grâce d'être instruit dès son enfance, et suivant d'ailleurs les opinions les plus modérées, sans s'engager en rien pour l'avenir.

2º Être ferme et résolu dans ses actions, autant qu'il le pourrait, sans dévier de la voie qu'il aurait une fois choisie, quoique douteuse ; imitant en cela le voyageur égaré dans une forêt, qui ne doit ni s'arrêter, ni changer de direction ; car par ce moyen, s'il n'atteint pas son but, du moins il sortira de la forêt et pourra reconnaître son chemin.

3º Tâcher plutôt à se vaincre qu'à vaincre la fortune, et à changer ses désirs plutôt que l'ordre du monde. C'est la maxime d'Épictète : ne vouloir que ce qui dépend de nous, et c'est en ce sens que Descartes l'explique.

4º Enfin, passant en revue les diverses occupations des hommes, il en conclut que la meilleure, pour lui, était d'employer sa vie à cultiver sa raison, comme il avait commencé à le faire.

Ne gardant donc que ces maximes et se débarrassant de tout le reste de ses opinions, il se remit à voyager et il fit ainsi pendant neuf ans, sans avoir pris aucun parti sur les questions que l'on a coutume de discuter, sans même avoir cherché encore les fondements d'une philosophie plus certaine que la vulgaire.

Il se retira donc dans la solitude et s'efforça de mériter l'estime que l'on commençait à avoir pour lui.

4ᵉ PARTIE. *Preuves de l'existence de l'âme et de l'existence de Dieu*. Pour mieux découvrir la vérité, il prend le parti de rejeter comme faux tout ce en quoi il pourrait imaginer le moindre doute, afin de voir s'il ne lui resterait point après cela quelque chose en sa créance qui fût entièrement indubitable. Il rejette donc tout ce qui vient du témoignage des sens, parce qu'ils nous trompent quelquefois ; il rejette les démonstrations, parce qu'il y en a qui s'y égarent ; il rejette toutes les affirmations de son esprit, parce que ces mêmes pensées peuvent nous venir dans le rêve, et qu'alors elles sont fausses. « Mais aussitôt après je pris garde que, pendant que je voulais ainsi penser que tout était faux, il fallait nécessairement que moi qui le pensais fusse quelque chose ; et remarquant que cette vérité : *je pense, donc je suis*, était si ferme et si assurée que toutes les plus extravagantes suppositions des sceptiques n'étaient pas capables de l'ébranler, je jugeai que je pouvais la recevoir sans scrupule pour le premier principe de la philosophie que je cherchais. »

Dès lors qu'il pense, il peut bien feindre qu'il n'a pas de corps, que le monde n'existe pas et qu'il n'est dans aucun lieu ; mais il ne peut feindre pour cela qu'il n'est pas, et au contraire s'il ne pensait pas il ne pourrait pas concevoir qu'il est. D'où il conclut : je suis une substance dont toute l'essence est de penser et qui pour être n'a pas besoin d'un lieu, ni ne dépend d'aucune chose matérielle. Ainsi l'âme est distincte du corps, et plus aisée à connaître que le corps.

Il croit donc avoir trouvé une proposition certaine et, des qualités qu'il lui voit, il conclut « que les choses que nous concevons fort clairement et fort distinctement sont toutes vraies. »

Mais, voyant que douter est imparfait et que c'est une plus grande perfection de connaître que de douter, il se demande d'où il a pris l'idée de quelque chose de plus parfait que lui. Pour tout le reste qui n'est pas au dessus de lui, il peut le tenir de lui-même, si ces choses sont, et du néant, c'est-à-dire, de son imperfection, si elles ne sont pas. Mais l'idée d'un être plus parfait que lui ne peut venir ni du néant ni de lui-même ; car dans les deux cas, quelque chose naîtrait de rien. Donc toute idée de perfection ne peut venir que d'un être parfait réellement existant. Donc Dieu existe. Rien de ce qui est imparfait n'est en lui ; il n'a rien de corporel, et de plus, s'il existe quelque autre chose que lui, cela vient de lui, dépend de sa puissance et ne peut subsister un moment sans lui.

Les vérités mathématiques sont certaines, parce qu'elles sont évidentes, mais rien en elles ne nous assure de l'existence de leur objet ; au lieu que l'existence est comprise dans l'idée de l'être parfait. La difficulté que l'on éprouve à le connaître vient de ce qu'on ne s'élève pas au dessus des choses sensibles. Et malgré la maxime des écoles, qu'il n'y a rien dans l'entendement qui n'ait premièrement été dans le sens, il est certain que les idées de Dieu et de l'âme n'y ont jamais été.

Toutes les autres choses que nous estimons certaines sont moins certaines que l'existence de Dieu, et « cela même que j'ai tantôt pris pour une règle, à savoir, que les choses que nous concevons très clairement et très distinctement sont toutes vraies, n'est assuré qu'à cause que Dieu est ou existe, et qu'il est un être parfait, et que tout ce qui est en nous vient de lui. » « Mais si nous ne savions point que tout ce qui est en nous de réel et de vrai vient d'un être parfait et infini, pour claires et distinctes que fussent nos idées, nous n'aurions aucune raison qui nous assurât qu'elles eussent la perfection d'être vraies. »

— On remarquera ici un cercle vicieux dont il nous paraît difficile d'absoudre Descartes. Appuyé sur le principe de l'évidence, il a démontré l'existence de Dieu, et maintenant il dit que l'évidence n'existe qu'autant que l'on sait déjà qu'elle vient de Dieu. Ce défaut de logique vient s'ajouter au défaut de base ; car dès le point de départ, on aurait objecter : Comment savez-vous que ce qui est évident est vrai ? Comment savez-vous que douter est imparfait et que savoir est plus parfait ? Vous répondrez que c'est évident. Mais cette évidence elle-même manque de base, et si vous la prenez pour point de départ, comment pouvez-vous forcer le sceptique à l'accepter? Et d'un autre côté, si vous l'acceptez, pourquoi ne pas lui reconnaître tout son domaine et rejeter le témoignage des sens?

5ᵉ PARTIE. — *Ordre des questions de physique que l'auteur a examinées.* Ici Descartes résume sommairement son *Traité du monde et de la lumière*, qu'il n'osa pas publier de son vivant. Il n'ose affirmer que Dieu a créé le monde selon la description qu'il en donne, il dit même qu'il est plus probable que Dieu l'a fait tout d'un coup tel qu'il est; mais il insiste sur son hypothèse et donne à comprendre que, pour lui, cette hypothèse est l'expression de la réalité. Or il suppose que Dieu crée seulement de la matière, sans aucune qualité seconde, et du mouvement, qu'il maintient dans des lois constantes, et il dit avoir montré comment ces deux principes suffisent à produire tout ce que nous voyons, tel que nous le voyons, avec les plus menus détails. Ces détails ont été trouvés faux, par la science moderne, mais il devance cette dernière dans son principe, par l'idée d'une évolution lente, et on sent qu'il y tient.

Parlant ensuite de son traité *de l'Homme*, il expose surtout la structure du cœur et la circulation du sang, citant la découverte de Harvey, qui était récente alors. Il analyse plus brièvement le reste de ce même traité, et indique son opinion que les bêtes ne sont que des machines, ainsi que la distinction de l'âme humaine et du corps.

6ᵉ PARTIE. *Ce qu'il faut pour avancer dans la vérité, et quelles raisons l'auteur a eues d'écrire.* Au début de cette sixième partie, Descartes donne à entendre que l'exemple de Galilée, qu'il ne nomme pas, et dont il fait comprendre qu'il partageait l'opinion sur le mouvement de la terre, en disant qu'il ne la partageait pas, l'ont fait renoncer à publier les deux livres qu'il vient d'analyser. Mais il a cru devoir faire connaître les questions de physique qu'il y avait résolues, car au lieu de cette philosophie spéculative qu'on enseigne dans les écoles, on en peut trouver une pratique, par laquelle, connaissant la force des actions du feu, de l'air... nous les pourrions employer... à tous les usages auxquels ils sont propres, et ainsi nous rendre comme maîtres et possesseurs de la nature.

— Ici Descartes se rencontre avec Bacon, mais avec moins de témérité.

Il désire une entente entre les savants pour se communiquer les expériences. Il indique l'ordre dans lequel on doit faire ces expériences : c'est de commencer par les plus obvies. Mais pour celles qui viennent ensuite, il ne peut les faire tout seul, et c'est en grande partie pour cela qu'il s'est décidé à dire quelque chose de ses précédentes découvertes, outre qu'il craignait qu'en ne disant rien des ouvrages qu'il avait écrits, et dont on connaissait l'existence, il ne fût taxé d'erreur.

Il a écrit en français, pour être compris de tous, pensant que ceux qui savent le latin ne le mépriseront pas pour cela. Enfin il n'écrit ni par ambition, ni par vaine gloire, mais pour acquérir des connaissances de la nature, utiles pour la médecine.

Donnons maintenant un abrégé de la philophie de Descartes.

Pour Descartes, comme pour les anciens, la Philosophie est la science pratique de toutes choses dans les causes qui les expliquent.

Elle comprend deux parties : la Métaphysique et la Physique. La première embrasse la théorie de l'origine de nos connaissances, les attributs de Dieu et la nature de notre âme. La deuxième reconnait les principes premiers des choses matérielles et la composition de l'Univers. De ces deux branches premières de la philosophie dérivent toutes les sciences, que l'on peut ramener à trois : la mécanique, la médecine et la morale. Celle-ci est la dernière, comme étant le plus haut degré de la sagesse. Comme Bacon il veut que la Philosophie ait pour but l'amélioration des conditions matérielles de l'homme sur la terre, en le rendant maître des forces de la nature, et méprise cette philosophie des écoles qui n'offre que des discussions stériles, et dont « la logique est plus propre à enseigner aux autres ce que l'on sait, qu'à apprendre ce que l'on ne sait pas. »

C'est pour asseoir cette philosophie sur des bases solides qu'il se met à douter avec les sceptiques ; il accepte tous leurs arguments sur les contradictions des hommes, sur les erreurs des sens et de la mémoire, les difficultés de discerner la veille du sommeil, et y ajoute même, contre les vérités mathématiques, que peut-être un esprit malin prend plaisir à nous présenter l'erreur sous les apparences de la vérité. C'est de ce doute universel et effrayant qu'il croit sortir et faire sortir les autres, en disant : « Moi qui doute, je pense ; je pense, donc je suis. » Mais ici il oublie qu'il n'a douté qu'en apparence, et que celui qui douterait véritablement, qui aurait accepté sa dernière raison de scepticisme pourrait attribuer à quelque esprit malin l'évidence apparente de cette induction. Nous disons induction ; car Descartes remonte de l'effet à la cause, et malgré la forme quelque peu syllogistique qu'il donne à sa pensée quand il veut l'expliquer, il se défend avec raison d'avoir fait un syllogisme. Ce serait en effet un cercle vicieux, après avoir posé le doute universel, de prendre pour principe : Tout ce qui pense existe. Mais au lieu de partir de cette vérité pour majeure, il voit l'être dans le fait même de la pensée, et il l'affirme parce qu'il l'y voit.

L'âme est une chose qui pense. Il déduit cette définition de ce qu'il a pu s'affirmer lui-même, en partant du fait seul de sa pensée, sans y introduire autre chose. Si cette proposition n'exprimait qu'un attribut elle serait exacte et légitimement déduite de la première affirmation. Mais il veut en faire une définition et voir dans la pensée toute l'essence de l'âme. La conclusion est plus vaste que le principe. Il est vrai que dans le mot *pensée* Descartes comprend toutes les opérations intellectuelles et morales. Mais d'abord son principe ne l'y autorise pas, puisqu'il n'y a dans le doute que la pensée, et non le jugement ni la volonté ; et ensuite, quand même le jugement et la volonté seraient dans sa première affirmation « je pense » il ne s'ensuivrait pas que l'âme n'est que cela ; de ce que l'âme s'est reconnue dans son opération, il ne s'ensuit pas qu'elle opère toujours.

Il tire aussi de cette première vérité, que l'âme est distincte du corps. Ceci est plus exact. Car si l'âme a des opérations où le corps n'entre pas, il s'ensuit légitimement qu'elle subsiste en elle-même indépendamment du corps. Mais il pousse trop loin cette distinction, et présente l'âme et le corps comme deux substances distinctes. Il est vrai qu'il dit ailleurs que leur union est substantielle ; qu'il se défend de les avoir trop séparées ; mais il faut bien que sa parole soit allée plus loin que sa pensée, car c'est de lui que date la diffusion de cette théorie toute platonicienne, dans laquelle le corps n'est que l'instrument de l'âme. On trouve dans Descartes une contradiction semblable au sujet du siége de l'âme. Après avoir dit que l'âme est tout entière dans tout le corps, sans pourtant participer en rien à son étendue, il dit qu'elle a son siége dans la glande pinéale. Ici encore la plupart de ses disciples ont pris pour la véritable pensée de Descartes la théorie qui s'écartait des doctrines scolastiques.

Il y a plus, non seulement le corps et l'âme sont deux substances distinctes, mais les modifications qu'elles éprouvent ne sont pas le fruit d'une action réciproque, mais le résultat d'une opération immédiate de Dieu. Les idées de l'âme ne viennent pas des perceptions obtenues par les sens ; les mouvements du corps ne viennent pas des mouvements de l'âme : les uns ne sont que l'occasion des autres. Descartes n'a pas, il est vrai, formulé cette dernière doctrine d'une manière aussi précise ; mais elle ressort de ses paroles, et son école prétend la tenir de lui.

Sur la question des idées, tantôt il distingue les idées adventices qui viennent des sens, et les idées innées qui n'en viennent pas ; tantôt il renonce à cette distinction ; ici il dit que les idées innées sont en très petit nombre, ailleurs, qu'elles sont innombrables ; plus loin il appelle innées toutes les idées, parce que, dit-il, les sens ne nous donnent rien de semblable à ce qu'est l'idée.

Nous avons vu, dans son *Discours de la Méthode*, comment il s'élève de l'idée du parfait, à la certitude de la réalité de Dieu, et cela par deux chemins. Le premier consiste à chercher la cause de la présence de cette idée en nous, et cette preuve, quoique obscure pour quelques-uns, peut être soutenue. Le deuxième en disant que la notion de l'être parfait renferme celle de son existence, ce qui revient à l'argument de saint Anselme, et pèche par le même défaut : le passage d'une définition à l'existence de l'objet défini, ou soit, d'un principe hypothétique à une conclusion réelle. Il reprend et développe ces preuves dans ses *Méditations ;* il répond aux objections, mais sans succès ; il répond en particulier, et par deux phrases obscures, à l'accusation de cercle vicieux qu'on lui faisait, et que nous avons renouvelée en son lieu ; mais de l'aveu même de ses plus grands admirateurs ses réponses ne portent pas. M. Francisque Bouillier (*Histoire de la Phil. Cartésienne*) essaye de suppléer à ce défaut et suggère à Descartes cette réponse : « Sans nul doute, l'évidence en elle-même, telle qu'elle se fait dans notre esprit, se suffit entièrement à elle-même et n'a pas plus besoin d'une autorité qui la confirme que la lumière, d'une lumière qui l'éclaire. Demander une preuve à l'appui de cette évidence, c'est demander quelque chose de contradictoire. Mais il n'est pas contradictoire de rechercher quel peut être en dehors de notre esprit le fondement de cette irrésistible autorité de l'évidence. Or Descartes a raison de placer ce fondement en Dieu. Croire à l'évidence, c'est croire à la véracité de la faculté de connaître; croire à la véracité de la faculté de connaître, c'est croire à la véracité de celui qui a mis en nous cette faculté. La dernière raison de l'évidence est donc bien en Dieu ; c'est bien en Dieu seul, en un Dieu souverainement parfait, qui ne peut ni se tromper ni vouloir nous tromper, qu'elle a son fondement objectif et sa garantie suprême. En ce sens Descartes a eu raison de dire : « Ainsi je reconnais très clairement que la certitude et la « vérité de toute science dépendent de la seule connaissance du vrai « Dieu » (5ᵉ *Médit.*), et Pascal a très bien dit, d'après Descartes: « Dieu « et le vrai sont inséparables; si l'un est ou n'est pas, s'il est certain ou « incertain, l'autre est nécessairement de même. » Sans doute, dirons-nous à notre tour, tout cela est vrai pour un homme qui croit naturellement à ses facultés; mais pour celui qui les a d'abord toutes rejetées, et qui a cru devoir le faire, pour trouver un fondement à sa certitude : celui-là ne peut plus s'appuyer sur l'affirmation d'une faculté, lui demander l'existence de Dieu, la notion de sa perfection, l'assurance que cette perfection consiste à ne pouvoir ni se tromper ni tromper les autres, l'assurance que ce Dieu est bien l'auteur de notre nature, de notre être, de nos facultés, de nos idées même, et ensuite asseoir sur cette somme de vérités la certitude du premier jugement d'où elles dérivent toutes. Là est le cercle vicieux, prévu par Agrippa, et on ne saurait l'éviter quand on accepte le principe du scepticisme. Encore convient-il d'ajouter qu'aucun sceptique n'était jamais allé si loin. Tous, ils admettaient les apparences comme des apparences, et implicitement ils admettaient aussi le sujet qui les perçoit.

Le doute méthodique a donc fait plus de mal aux intelligences que le scepticisme lui-même. Nous le verrons pendant de longues années achever de renverser ce qui restait encore debout de la grande philosophie scolastique, amonceler des ruines, essayer de bâtir sur un sable mouvant, ôter tout prestige à la vérité et lui contester le droit qu'elle a de se défendre contre les intrusions de l'erreur. C'est un libéralisme intellectuel, principe du libéralisme moral dont nous souffrons encore. Le premier enseignait, sans le dire, qu'il faut accorder le même respect à l'erreur et à la vérité, bientôt il a demandé en faveur de celle-là les droits de celle-ci, alors le second a proclamé et fait accepter en pratique, qu'il faut laisser au mal la liberté qui est le droit exclusif du bien. Nous accordons cependant bien volontiers que Descartes n'a pas vu toutes ces conséquences, mais les Jansénistes de Port-Royal les ont vues et se sont hâtés d'en faire accepter le principe.

Descartes a longuement traité dans plusieurs de ses ouvrages la preuve de l'existence de Dieu. Il a peu parlé de ses attributs. Toujours par le même procédé, qui consiste à remonter de notre imperfection à la perfection de Dieu, il reconnaît en Dieu tout ce qui est perfection en nous, et lui refuse tout ce qui en nous est imperfection. Il reconnaît donc que Dieu ne doute pas, qu'il n'éprouve ni inconstance, ni tristesse, qu'il ne peut ni nous tromper, ni permettre qu'on nous trompe invinciblement. C'est par là qu'il dissipe le fantôme de l'esprit malin, que dans son doute il avait supposé pouvoir nous tromper. Reconnaissant que c'est une imperfection aussi que d'être composé d'un esprit et d'un corps, il déclare que Dieu n'est pas composé, et qu'ainsi il n'a point de corps.

Comme la liberté lui semble une perfection, il l'attribue à Dieu, dans un degré souverain. Mais il va trop loin dans cette pensée, et déclare que « les vérités métaphysiques ont été établies de Dieu et en dépendent entièrement, aussi bien que tout le reste des créatures. » « Ne craignez point, ajoute-t-il, d'assurer et de publier partout, que c'est Dieu qui a établi ces lois en la nature, ainsi qu'un roi établit les lois en son royaume. » Il s'en explique même davantage ailleurs. « Vous demandez, en outre, ce qui a poussé Dieu à créer ces vérités (éternelles et nécessaires) ? Je réponds, qu'il lui était également libre de faire qu'il ne fût pas vrai que toutes les lignes menées du centre à la circonférence fussent égales, que de créer le monde. » Ce qui revient, dit Mgr Gonzalez, à nier toute distinction réelle et primitive entre le bien et le mal, entre le vrai et le faux, et ouvrir la porte au scepticisme absolu, en niant le principe de contradiction, loi nécessaire de la raison.

Cependant, il conçoit tout autrement la liberté de l'homme. Ici il se rencontre avec Leibnitz et dit : « L'indifférence est le plus bas degré de la liberté, et fait plutôt paraître un défaut dans la connaissance qu'une perfection dans la volonté ; car si je connaissais toujours clairement ce qui est vrai et ce qui est bon, je ne serais jamais en peine de délibérer quel jugement et quel choix je devrais faire, et ainsi je serais entièrement libre, sans jamais être indifférent. » Ainsi Descartes ne croit pas devoir, dans l'homme, séparer la liberté de l'entendement, et il les sépare en Dieu. Cependant la volonté de Dieu ne peut s'exercer indépendamment de sa sagesse infinie, qui voit le vrai et le bien immuables. Heureusement tous les disciples de Descartes ne l'ont pas suivi dans cette erreur.

Avec une pareille doctrine sur l'essence du bien, on ne conçoit pas comment Descartes a pu soutenir l'optimisme et dire : « Il est certain que Dieu veut toujours le meilleur. » Quand il veut se justifier de cette inconséquence qu'on lui reproche, il répond que ce monde est le meilleur parce que Dieu l'a voulu ainsi. Mais alors tout autre monde qu'il aurait choisi eût été aussi le meilleur, et dès lors que devient son optimisme ? Il faut ajouter cependant qu'il s'est peu étendu sur cette théorie. Ce sont ses disciples qui l'ont développée.

Descartes déclare que, selon sa pensée, Dieu a créé le monde d'un seul jet, et qu'il ne s'est pas imposé tout d'abord les lois de formation lente et successive qui règlent aujourd'hui les choses ; mais il croit aussi que Dieu aurait pu n'en créer d'abord que le germe et le soumettre à un développement progressif. Ici, nous l'avons dit déjà, nous croyons que la vraie pensée de Descartes est la seconde et non la première. Mais, sans doute, il n'ose pas contredire l'opinion alors universellement reçue.

Sur la conservation du monde, Descartes dit :

« Il est certain, et c'est une opinion communément reçue entre les théologiens, que l'action par laquelle Dieu conserve le monde est toute la même que celle par laquelle il l'a créé. » Il résulte de là une dépendance de la créature à l'égard de Dieu, que Descartes exprime ainsi : « Avant qu'il nous ait envoyés en ce monde, Dieu a su exactement quelles seraient toutes les inclinations de notre volonté ; c'est lui-même qui les a mises en nous, c'est lui aussi qui a disposé de toutes les autres choses qui sont hors de nous, pour faire que tels ou tels objets se présentassent à nos sens à tel ou tel temps, à l'occasion desquelles il a su que notre libre arbitre nous déterminerait à telle ou telle chose, et il l'a ainsi voulu, mais il n'a pas voulu pour cela l'y contraindre. » Ici on sent que Descartes s'efforce de ne rien dire qui ne puisse être admis par chacune des deux écoles, alors et aujourd'hui encore en lutte, au sujet de la nature de la prescience de Dieu et de son action sur notre liberté.

Pour ce qui est du monde, remarquons d'abord comment Descartes s'assure de son existence. Au lieu d'en croire simplement ses sens, il a recours à la véracité divine pour s'assurer que nous ne sommes pas trompés quand nous croyons invinciblement à l'existence des corps par les impressions que nous en recevons.

Ensuite il n'admet comme qualités propres de la matière que l'étendue et le mouvement, tandis que toutes les autres qualités corporelles, couleur, son, chaleur, goût, odeur, etc., sont bien plus dans nous-mêmes que dans les corps. Il admet bien dans les corps quelque chose qui produit en nous telle sensation, mais ce quelque chose n'est pas tel que la sensation nous le fait concevoir ; c'est bien plutôt un certain mouvement, qui se traduit dans nos sens par telle sensation.

Ce mouvement qui pour Descartes est le fond de tous les phénomènes corporels, il ne l'attribue pas à la matière comme force active, pas même à l'âme, qu'il déclare incapable de mouvoir la matière, mais à Dieu seul. De là nécessairement la théorie des causes occasionnelles que Malebranche développera ; de là aussi cette doctrine que les idées adventices sont formées en nous par Dieu et non par les corps.

Peut-être aussi de cette théorie du mouvement, et surtout de la séparation de l'âme et du corps, dérive pour Descartes la théorie de l'automatisme des bêtes. Pour lui les bêtes n'ont pas d'âme ni rien qui y ressemble, elles n'ont aucune connaissance, pas même cet instinct que tout le monde leur reconnaît ; elles ne souffrent pas, elles n'ont aucune passion. Tous leurs mouvements se font par une chaleur intérieure qui en fait de pures machines. Bon nombre de Cartésiens ont suivi le maitre sur cette théorie ; mais d'autres, d'accord avec le bon sens du genre humain et avec toute la philosophie classique, reconnaissent dans les animaux un principe sensible, capable de perceptions, de sensations et de passions qui est en même temps le principe de leur vie et de leurs mouvements, quoiqu'il ne soit ni spirituel ni immortel.

La philosophie de Descartes se répandit d'abord en Hollande, où il habitait. Plusieurs professeurs de l'Université d'Utrecht embrassèrent avec ardeur ses doctrines. Ce fut d'abord Réneri, puis Régius (1598-1679), qui d'abord l'ami et le disciple bien-aimé du maitre, poussa trop loin son zèle, fit attaquer publiquement la doctrine scholastique et souleva des tempêtes. Le plus ardent des adversaires qui se montrèrent alors contre Descartes, fut Voët, ou Voëtius (1593-1685), qui venait d'être élu recteur de l'Université d'Utrecht. Protestant fanatique et zélé partisan d'Aristote, il accusa Descartes d'athéisme, lui reprocha en même temps d'être un espion des Jésuites, dangereux pour les lois et la religion de la Hollande. Il commença par le combattre dans les thèses parfois exagérées de Régius, et fit défendre la « philosophie nouvelle » dans l'Université. Bientôt il fit écrire par Schoockius un livre diffamatoire, auquel Descartes répondit. Mais Voëtius fit condamner cette réponse comme diffamatoire, et Descartes put craindre un moment de voir ses livres brûlés par la main du bourreau. Mais il fit casser le jugement, et prenant l'offensive à son tour, il fit citer Schoockius, qui rejeta sur Voëtius les calomnies que son livre renfermait. C'est alors que Régius se sépara de Descartes et se lança dans des théories nouvelles, que Descartes ne voulut pas approuver, car elles se rapprochaient des doctrines de Hobbes et de Gassendi.

Des luttes à peu près semblables se produisirent dans les universités de Leyde et de Groningue. Mais Descartes mourut pendant ces luttes.

La mort de Descartes ne fit qu'accroître l'engouement pour sa philosophie et l'ardeur de l'opposition ; philosophes, théologiens, religieux et évêques, magistrats, hommes du monde, seigneurs et princes, toutes les classes de la société y prirent part. Il serait trop long de citer tous les noms et plus long encore de raconter les détails de cette longue histoire, que M. Francisque Bouillier a pris la peine de rechercher.

Le point le plus remarqué dans cette philosophie fut d'abord son esprit d'indépendance. Aussi elle eut immédiatement pour adeptes les opposants de l'Église, ou de la religion officielle : les jansénites en France, les partisans de Coccéius dans les Pays-Bas. Aussi Port-Royal et l'Oratoire furent-ils les premiers soutenants du Cartésianisme en France. De là des accusations d'hérésie, d'impiété lancées contre tous les cartésiens, des condamnations synodales, des censures prononcées par les universités, et même des poursuites judiciaires faites au nom des chefs d'états, pour la défense du repos public, qui vinrent se joindre aux attaques déjà très passionnées des professeurs qui enseignaient les doctrines d'Aristote.

Mais la nouvelle philosophie ne négligea pas les moyens de soutenir la lutte et de s'assurer la victoire. Elle publia des livres innombrables, elle organisa des conférences publiques, elle fit cause commune avec tous les partisans de la libre-pensée d'alors : en un mot elle devint une secte. C'est ainsi qu'elle triompha et s'établit dans les esprits, au point de se glisser dans les théories de ceux-là même qui restaient les plus fidèles à la philosophie scholastique.

Cependant son triomphe même fut la cause de sa chute. Quand elle n'eut plus d'opposant pour l'obliger à se surveiller et à se tenir dans de sages limites, cet esprit d'indépendance, qui était son caractère propre, produisit ses fruits, et à tort ou à raison on en fit dériver les doctrines les plus étranges, en sorte que n'ayant plus d'unité, elle fut bientôt méconnaissable.

Elle produisit d'abord le panthéisme de Spinoza, le monadisme de Leibniz, le scepticisme de David Hume, et l'idéalisme de Berkeley avec le psychologisme de Reid ; puis le criticisme de Kant, et par lui le subjectivisme de Fichte et de Schelling, ainsi que l'absolu devenir de Hégel. Elle a pénétré même dans les théories qui lui sont logiquement opposées, quoique en sens inverse, l'ontologisme et le traditionalisme; elle a infecté les œuvres les plus pures de nos écrivains catholiques jusqu'à ces dernières années. Mais son résultat le plus sensible a été d'abord le rationalisme, qui rejette le surnaturel, puis le positivisme, qui rejette la notion même de la substance pour n'être pas obligé de constater l'âme et Dieu.

Heureusement son action, qui n'a jamais été universelle, ne devait pas non plus durer toujours, et la grande philosophie de St Thomas, un moment laissée dans l'ombre, puis incomprise et méprisée, vient de faire comme une réapparition et promet de reprendre bientôt son domaine dans les intelligences, sous l'heureuse impulsion produite par la belle encyclique de Léon XIII.

§ 2. — École de Bacon. — Sensualisme.

272. Hobbes. — Thomas Hobbes naquit à Malmesbury, dans le comté de With, en Angleterre, en 1588. Il était fils d'un ministre. Il montra une intelligence précoce, et ses études, qu'il fit à l'université d'Oxford, furent achevées à l'âge de dix-huit ans. C'est en 1642 qu'il publia son traité *de Cive*. Après avoir publié en 1650 un *Traité sur la nature humaine*, il publia en France, en 1651, son *Léviathan*, dans lequel il traite non plus du citoyen, mais de la cité. Il publia encore une *Logique; de Corpore; de Homine*; il y ajouta plus tard sa *Biographie*, en vers latins, et mourut en 1679.

Il divise la philosophie en *logique, philosophie première, physique* et *politique*. Tout cela est pour lui le perfectionnement de la science, le fruit naturel de nos facultés, mais il n'y voit que des corps. et soutient que Dieu et l'âme ne sont pas du domaine de la philosophie. Les corps seuls sont des substances; Dieu n'est que l'étendue indéfinie et l'âme n'est qu'une apparence sans réalité; raisonner c'est additionner et soustraire. Il veut dire que c'est ajouter ou retrancher un élément à une idée précédente. L'erreur que l'on peut commettre dans ce calcul, vient des mots que l'on emploie sans les connaître. La vérité elle-même est dans les mots, non dans les choses. Nous ne connaissons pas les choses elles-mêmes, mais seulement les idées que nous en avons.

« La nature de l'homme, dit Hobbes, est la somme de ses facultés. » Il distingue ces facultés en physiques et morales, mais il les suppose toutes dans un même sujet, qui est le corps, quoiqu'il dise : les facultés de l'esprit. Dans ces dernières il distingue les facultés principes de conception, des facultés principes d'affection. Les premières se développent dans un mouvement qui va des organes au cerveau, les secondes, dans un mouvement de la tête au cœur. Hobbes ne reconnait pas la volonté: il la confond avec le sentiment. Il ne voit donc que deux facultés morales : l'intelligence et la sensibilité, et encore sa théorie de l'intelligence mène droit au scepticisme: car rien ne permet d'affirmer des choses dont nous ne connaissons que les images ; et sa théorie du sentiment, outre qu'elle n'est au fond qu'une théorie de la sensation, ramène l'idée du bien à l'agréable. Ce qu'il appelle volonté n'est que le mouvement produit par une sensation plus agréable, et ce qu'il nomme liberté c'est le pouvoir d'exécuter ce mouvement. Et il a soin d'expliquer sa pensée en disant que la liberté n'est que l'absence d'empêchement, la possibilité de se mouvoir dans l'espace, *la possibilité et non la puissance, la facilité et non la force*. Enfin il déclare expressément que tous ces mouvements sont nécessités par la causalité première de Dieu.

Pour mettre l'homme en rapport avec Dieu et lui recommander de l'honorer, Hobbes a recours à la foi, car il reconnaît que sa philosophie ne saurait l'y conduire.

Ce qu'on a le plus remarqué dans Hobbes, c'est sa théorie politique. Elle est fondée sur sa théorie morale. L'homme n'est mû que par le plaisir : il n'agit donc que par intérêt personnel. Loin donc d'être naturellement sociable, l'homme est naturellement *l'ennemi de son semblable*. La guerre est donc l'état de nature. D'où il suit que le droit naturel, c'est *le droit du plus fort*. Mais l'homme ne saurait être heureux dans cette guerre perpétuelle ; il cherche donc *la paix*. Or pour obtenir cette paix, il se met en société, il cède une partie de son droit absolu sur toutes choses, et cette cession doit être mutuelle et faite selon une juste compensation. C'est *le contrat*, ou l'échange des droits. C'est de ce contrat que dérivent la justice et l'injustice, qui n'existaient pas auparavant. Celui qui viole ce contrat renonce à la paix, et par suite au bonheur ; mais comme du même coup il trouble la paix de tous les autres, il faut que ceux-ci aient des moyens de l'empêcher d'agir ainsi. De là le *pouvoir civil*, qui n'est que la force mise au service de la loi du contrat. Le pouvoir civil, selon Hobbes, a besoin d'être le plus fort, et c'est pour celà qu'il le place dans la *monarchie absolue*, dans laquelle le souverain reçoit tout et ne doit rien à personne. Tout ce qu'il ordonne devient juste ; ce qu'il défend devient injuste ; ce qu'il déclare vrai devient vrai ; il dispose des personnes et des biens ; il représente tous les citoyens ; il est la cité vivante. C'est le *Léviathan*. Et ce pouvoir que le souverain tient du peuple est inaliénable, sans quoi il ne serait plus absolu et perdrait toute sa force pour faire respecter la paix.

On a accusé Hobbes d'être en contradiction avec lui-même en concluant du principe du contrat à la monarchie absolue. Nous trouvons au contraire que sa conséquence est très légitime, et que dans ses principes, il ne saurait y avoir aucune sécurité, aucune paix assurée, en dehors de ce pouvoir absolu et inaliénable d'un seul. Le pouvoir résidant en tous, et surtout capable de modification, serait une menace perpétuelle contre la paix, chez des hommes dont le seul mobile est l'intérêt personnel.

273. GASSENDI. — Pierre Gassendi, ou plutôt Gassend, naquit en 1592, au village de Champtercier, près de Digne. Il se montra brillant élève au collège de Digne et à l'université d'Aix, et il prit le bonnet de docteur à Avignon. Chanoine de Digne avant d'être dans les ordres, il fut ordonné prêtre en 1617. Il obtint alors la chaire de philosophie à l'université d'Aix, et ne l'occupa que six ans. Il fit alors plusieurs voyages à Paris, où il connut Descartes, et en Angleterre, où il fut mis en relation avec Hobbes. Plus tard le cardinal de Richelieu lui fit accepter la chaire de mathématiques au collège royal de France. Par raison de santé il revint en Provence, habita Aix, Digne et Toulon, et après un quatrième voyage, à Paris, pour achever son ouvrage sur Épicure, il mourut à Digne en 1655.

Il avait suivi et soutenu activement les nouvelles découvertes en physique, publié, dans sa jeunesse, une condamnation d'Aristote, adressé des *objections* à Descartes, sur ses *Méditations;* mais son principal ouvrage ne fut publié qu'après sa mort en 1658 : *Animadversiones in decimum librum Diogenis Laertii, de vita, moribus, placitisque Epicurii.*

Faisant dériver des sens toutes les connaissances, Gassendi avait fait connaître sa philosophie dans ses objections à Descartes; mais quand il voulut exposer sa théorie, lui qui avait rejeté l'autorité d'Aristote, et qui même était allé trop loin dans ce sens, crut devoir s'appuyer de l'autorité d'un ancien et choisit Épicure. Dans ce but, il s'efforça de démontrer qu'on l'avait jusque là mal compris, et après l'avoir réhabilité avec beaucoup d'érudition, il s'efforça de faire revivre ses théories physiques, en se séparant de sa morale, et de tout ce qui, dans sa doctrine, était contraire à la foi catholique. Il voulut concilier la théorie des atomes avec le dogme de la création, probablement parce que ce système lui paraissait plus commode pour expliquer les lois physiques, qu'une observation mieux entendue faisait alors découvrir chaque jour.

Mais le caractère propre de sa philosophie est dans le *sensualisme,* qui fait venir des sens toutes connaissances. Cette doctrine exagérée servit du moins de contrepoids à l'idéalisme de Descartes, en affirmant à priori la certitude des perceptions fournies par les sens et par la conscience, tandis que Descartes voulait tout faire dériver des conceptions évidentes de la raison. Aussi ce dernier créait un monde dans son imagination, tandis que Gassendi découvrait les lois du monde réel.

274. LOCKE. — Jean Locke, naquit à Wrington, dans le comté de Bristol, en 1632, il fit ses études au collège de Westminster, puis à l'université d'Oxford. Il prit goût à la philosophie, par la lecture des écrits de Descartes. Partageant la fortune et les revers du comte de Shaftesbury, il occupa diverses charges publiques, s'exila avec lui en Hollande, revint dans sa patrie avec Guillaume III, d'Orange, et sa santé

ne lui permettant plus de remplir les devoirs de la charge qu'il occupait, il se retira à Oates, dans le comté d'Essex, et y mourut, l'an 1704, dans des sentiments de piété qu'il manifesta publiquement.

Il laissait plusieurs ouvrages de philosophie, d'éducation, de religion et autres, dont le principal est l'*Essai sur l'entendement humain*. Divisé en quatre livres, il traite : 1° des notions innées ; 2° des idées ; 3° des mots ; 4° de la connaissance. Dans le premier livre, il combat la théorie des idées innées, admises par Descartes. Il essaye de démontrer que ni les idées spéculatives ni les idées pratiques ne sont innées, pas même dans leurs éléments ; que ces idées que l'on considère comme innées ne sont ni premières ni universelles. Dans le deuxième livre, il suppose l'âme naissante comme une table rase et s'efforce de montrer la formation de toutes les idées, par la *sensation*, pour les choses extérieures, et par la *réflexion*, pour les opérations de l'âme.

Toutes les idées ainsi acquises, il les appelle *simples*, et en admet en outre de *composées*, formées par la combinaison des premières. Cette théorie n'est donc pas le sensualisme pur : c'est l'*empirisme*. Dans le troisième livre, il traite avec beaucoup de sagacité, pour son temps, les rapports du langage et de la pensée. Il attribue au langage plusieurs erreurs et en indique les remèdes, en même temps qu'il exalte l'importance du langage, sans tomber à ce sujet dans les exagérations où tombera Condillac. Dans le quatrième livre, il traite de la légitimité de nos connaissances et reconnaît deux sources de certitude : l'intuition et la démonstration. Ici dans l'exposition de sa théorie il semble ne pas reconnaître le monde extérieur comme objet de la connaissance intuitive, mais ailleurs il dit nettement sa pensée à ce sujet et admet par intuition l'existence de l'âme et l'existence du monde, et par démonstration l'existence de Dieu. Cependant, si empirique qu'il soit, il admet les hypothèses en physique, à la condition de les vérifier par des expériences, et il dit aussi, qu'en présence des évènements surnaturels, l'expérience doit se taire devant l'autorité du témoignage.

Ainsi Locke n'est tombé ni dans le scepticisme ni dans l'empirisme absolu, où devait le conduire son principe. Mais son principe n'en est pas moins faux, car il conduit logiquement à nier tout à la fois et le monde et Dieu : car l'être, et surtout l'être infini, ne tombe pas sous l'expérience.

§ 3. — École de Descartes.

275. Louis Delaforge, publia en 1664, à Paris, un ouvrage ayant pour titre : *Traité de l'âme humaine, de ses facultés, de ses fonctions, et de son union avec le corps, d'après les principes de Descartes*. Il

n'attribue à Dieu qu'une action générale pour produire les corrélations entre l'âme et le corps, ou tout au plus une action particulière pour celles qui ne sont pas volontaires ; mais il attribue à l'action de la volonté humaine les mouvements du corps voulus, toujours cependant sous l'action générale de Dieu.

276. Claude de CLERSELIER (1614-1686), ami de Descartes et son correspondant après la mort du père Mersenne, recueillit et publia les ouvrages posthumes de Descartes, avec le concours de Louis Delaforge et de Jacques ROHAULT, dont il fit son gendre, par amour pour la philosophie de Descartes. Tous les trois contribuèrent puissamment à la diffusion des doctrines cartésiennes.

377. CLAUBERG (1622-1665) fut un des premiers à répandre en Allemagne la philosophie nouvelle. La Logique de Port-Royal cite avec éloge sa *Logica vetus et nova*.

Dans son livre *De conjunctione animæ et corporis humani*, il professe, avant Malebranche, la théorie des causes occasionnelles, qu'il exprime par le terme de *causes procathartiques*. Poussant plus loin que Descartes la doctrine de la création continue, il croit pouvoir comparer notre rapport de créature avec Dieu, au rapport qui existe entre nos pensées et notre âme. Cette comparaison est très fausse, car elle tendrait à exprimer que nous sommes des modifications de Dieu. C'est par là que Spinoza arrivera au panthéisme.

278. Balthazar BEKKER (1634-1698), ayant conclu des principes de Descartes que les anges et les démons ne peuvent pas agir sur les hommes, puisque l'esprit n'agit pas sur le corps, fut persécuté par ses corréligionnaires et à la fin destitué de sa charge de pasteur et retranché de la communion protestante. Il avait écrit entre autres ouvrages: *Candida et sincera admonitio de philosophia cartesiana*, et *Le monde enchanté*, à l'occasion de la comète de 1680, pour rassurer contre elle les esprits de ses contemporains. C'est ce livre qui causa sa perte.

279. Arnold GEULINEZ, né à Anvers en 1625, fut professeur à Louvain, puis à Leyde, où il mourut en 1669. Les principaux de ses ouvrages sont : *Logica fundamentis suis, a quibus hactenus collapsa erat, restituta ; Metaphysica vera et ad mentem peripateticam;* Γνῶθι σαυτόν, *sive Ethica ; Annotata majora in principia philosophiæ Renati Descartes*. Il y règne partout un ton de douleur résignée, que l'on attribue aux malheurs qu'il éprouva pendant sa vie.

Sa philosophie, encore scholastique pour le fond, accepte et développe même tous les principes de Descartes. Il sépare plus nettement que celui-ci l'âme et le corps, qu'il considère comme deux substances ; il devance Malebranche dans le système de l'*Occasionalisme*, et déclare avant Leibnitz, que l'âme et le corps sont deux horloges qui marquent la même heure, avec des mouvements indépendants ; il incline vers les théories de Spinoza et semble ne reconnaître dans les corps qu'un seul corps, dans les esprits qu'un seul esprit ; enfin il prélude à Kant, en disant que nous attribuons aux choses les modes de nos conceptions.

En morale, il laisse de côté la division classique des vertus et recommande la diligence, l'humilité et l'obéissance. Mais toutes ces vertus sont au service de la raison. Et comme, selon lui, la vertu consiste dans *l'amour effectif*, qu'il distingue de *l'amour affectif*, il finit par résumer la morale dans l'amour de la raison.

Ici sans doute l'expression dépasse sa pensée, car il montre partout des sentiments chrétiens ; mais il n'en est pas moins vrai que l'ensemble de ses doctrines exagère encore le rationalisme, qui était en germe dans Descartes.

280. ARNAULD DE PORT-ROYAL. — Antoine Arnauld, le vingtième des vingt-deux fils de l'avocat Antoine Arnauld, naquit à Paris, en 1642. L'abbé de Saint-Cyran, tristement fameux dans l'histoire du jansénisme, le détourna du barreau et le poussa vers l'état ecclésiastique. Arnauld fut reçu docteur de la Sorbonne, en 1643. La même année, sous l'inspiration de Saint-Cyran et de Jansénius, il écrivit son livre *de la Fréquente communion*, qui lui suscita bien des persécutions, et fit de lui un chef de parti. Il fut rayé de la Sorbonne en 1643, eut quelque repos après la *paix de Clément VII*, en 1669, mais en 1679, craignant Louis XIV, il quitta la France, et se retira dans les Pays-Bas. Il mourut à Liège, en 1694.

En philosophie, il était cartésien, quoiqu'il ait adressé au père Marsenne des *Objections* contre les *Méditations* de Descartes, et l'influence des théories de ce dernier se fait sentir partout dans les écrits d'Arnauld. Il écrivit contre Malebranche le livre *des Vraies et des fausses idées*, où il combat la théorie des *idées-images*, plutôt que celle de la *Vision en Dieu*. Mais son principal titre comme philosophe c'est *l'Art de penser*, connu sous le nom de *Logique de Port-Royal*, qu'il écrivit, dit-on, en huit jours, avec l'aide de Nicole, et que le duc de Chevreuse dut apprendre en quatre jours, après l'avoir résumé en quatre tableaux.

ANALYSE DE L'ART DE PENSER. — Après un petit avis, où l'on expose l'occasion de la composition de cet ouvrage, on trouve deux discours de Nicole, l'un « où l'on fait voir le dessein de cette nouvelle logique », l'autre « contenant la réponse aux principales objections que l'on a faites contre cette logique. »

Il définit ensuite la logique, « l'art de bien conduire sa raison dans la connaissance des choses, tant pour s'instruire soi-même que pour en instruire les autres », et donne ensuite la division de l'ouvrage, en quatre parties, et les raisons de cette division.

1re PARTIE. *Réflexions sur les idées ou sur la première opération de l'es-*

prit, qui s'appelle concevoir. Les idées sont le fondement de toute la logique et on peut les considérer : 1° selon leur nature et leur origine ; 2° selon la principale différence des objets qu'elles représentent ; 3° selon leur simplicité ou composition ; 4° selon leur étendue ou restriction ; 5° selon leur clarté et obscurité, ou distinction et confusion.

« Le mot *d'idée* est du nombre de ceux qui sont si clairs qu'on ne peut les expliquer par d'autres, parce qu'il n'y en a point de plus clairs et de plus simples. » Il s'efforce surtout de les distinguer des images, et montre très bien que souvent une idée très distincte n'a qu'une image confuse, comme un polygone de mille angles ; que nous concevons très bien des choses que nous ne saurions imaginer : la pensée, par exemple. D'où il conclut que toute parole correspond à une idée, et plus loin, que les idées ne sont pas arbitraires comme les mots, et sont autre chose que les mots. Passant ensuite à l'origine des idées, il combat la théorie de Gassendi, qui les fait venir des sens, et cite le fameux principe de Descartes, « *Je pense, donc je suis* », pour établir que les idées d'être en général de la pensée et du moi ne viennent pas des sens.

« Tout ce que nous concevons est présenté à notre esprit, ou comme manière de chose, ou comme chose modifiée. » De là les noms *substantifs* et les noms *adjectifs* ou *connotatifs*. Il insiste sur la distinction des substances et des modes. Il expose les catégories d'Aristote, délare qu'elles sont très peu utiles et essaie de les remplacer par sept autres, en ajoutant que l'étude des catégories accoutume les hommes à se payer de mots. Viennent ensuite quelques règles logiques sur les signes.

Il distingue ensuite les idées abstraites des idées de parties séparables d'un même objet, puis les idées générales, particulières ou singulières, où il définit la *compréhension* et *l'étendue* des idées. Il expose assez longuement les cinq universaux de Porphyre : le genre, l'espèce, la différence, le propre et l'accident. Parlant des termes complexes il distingue l'addition *explicative*, de l'addition *déterminative*, et les équivoques où l'on peut tomber dans les termes complexes. Les idées sont claires ou obscures pour différentes causes, mais surtout parce que nous attribuons aux choses les modifications que nous éprouvons par elles : il en donne de nombreux exemples, et en prend occasion de démontrer plusieurs vérités religieuses et morales. La confusion vient aussi des mots mal compris ; d'où la nécessité de définir. On distingue les définitions de choses d'avec les définitions de mots. Ces dernières sont arbitraires, ne peuvent être contestées et peuvent toujours servir de principes. Faute de faire ces définitions, on dispute sur des mots. Dans les discussions il faut toujours substituer mentalement la définition au nom que l'on emploie. Mais il ne faut pas tout définir : ce serait souvent inutile, ou même impossible. Il ne faut pas, sans raison, changer les définitions reçues, ni employer un mot dans un sens très éloigné de l'usage, ou contraire à l'étymologie. Enfin les définitions de noms ne sont arbitraires que pour soi-même, quand on expose sa propre doctrine, mais non dans l'exposition des termes employés par un autre. Ici l'auteur fait remarquer que bien des locutions prennent par l'usage ou par les circonstances un sens qu'elles n'ont pas par elles-mêmes, et il en donne plusieurs exemples.

2ᵉ PARTIE. *Réflexions que les hommes ont faites sur leurs jugements*. Ces jugements sont des propositions composées principalement de *noms*, de *pro-*

noms et de *verbes*. Peut-être est-ce à la grammaire d'en traiter, mais cette étude est certainement utile à la logique. Les *noms* sont des mots destinés à signifier tant les *choses* que les *manières* de choses. Les premiers s'appellent *noms substantifs*, les autres, quand ils marquent en même temps le sujet auquel ils conviennent, s'appellent *noms adjectifs*. Les manières conçues par abstraction, sans les rapporter à un sujet, s'expriment par des noms substantifs Au contraire, ce qui est de soi substance peut être conçu comme dans un sujet et s'exprime par un adjectif comme *humain* ; alors ces adjectifs, dépouillés de leur rapport avec tout sujet, redeviennent substantifs, comme *humanité*. Certains noms, comme *roi*, *philosophe*, passent pour substantifs et sont de vrais adjectifs. Certains adjectifs sont pris substantivement et expriment un sujet universel, comme *le rouge* et *le blanc*.

Les pronoms tiennent la place des noms, mais ne font pas le même effet sur l'esprit. Ils présentent comme voilée la chose que le nom découvre. On évite ainsi de répéter le nom ; ce qui serait ennuyeux. De là l'invention des pronoms *personnels*, *relatifs*, et autres. Le propre de ce dernier est de lier au sujet ou à l'attribut une proposition incidente. Arnauld remarque ici que la conjonction française *que* est un vrai pronom relatif. Il indique la même fonction pour l'article grec ὁ, ἡ, τό, et en prend occasion de répondre au ministre Jean Claude, sur son explication du texte: *Ceci est mon corps, qui est livré pour vous.*

En traitant du verbe, Arnault ne fera que répéter ce qui a été dit dans la *Grammaire générale*. C'est de la sienne qu'il veut parler, mais il ne le dit pas. Le verbe est un *mot dont le principal usage est de signifier l'affirmation*. Il exprime en outre le désir, la prière, le commandement, mais ce n'est qu'en changeant d'inflexion et de mode. Le verbe *être* seul, qu'on appelle substantif, est demeuré dans la simplicité de son sens principal, et on a pris l'habitude de joindre en un seul mot le verbe et l'attribut. On a même joint quelquefois le sujet lui-même aux deux autres termes. On a fait entrer aussi dans un seul mot l'idée du temps « au regard duquel on affirme. » Ici Arnaud critique la définition d'Aristote: *Vox significans cum tempore*, et plusieurs autres fondées sur le même point de vue. Et après avoir justifié sa propre définition, il la complète ainsi : « *Vox significans affirmationem, cum designatione personæ, numeri et temporis*. Enfin il remarque que même dans les jugements négatifs le verbe n'exprime que l'affirmation.

Arnault expose ainsi la théorie des propositions. Il ne distingue pas la proposition du jugement. La distinction des propositions entre elles est donnée d'après les scolastiques, ainsi que les diverses oppositions des propositions, savoir : les *contradictoires*, les *contraires*, les *subcontraires* et les *subalternes*. Les propositions sont simples ou composées. Il y en a de simples qui paraissent composées et qui ne sont que complexes. Cette complexité peut être dans le sujet ou dans l'attribut. Les incidentes sont explicatives ou déterminatives ; pour en juger il faut avoir plus d'égard au sens qu'à l'expression. Une proposition peut être fausse seulement dans ses termes complexes. Dans les propositions appelées *modales*, l'erreur peut tomber uniquement sur le mode. Sur ce sujet, Arnault donne toute la théorie scolastique, et fait de même sur les différentes espèces de propositions complexes. Les chapitres suivants sont plus pratiques et renferment de judicieuses observations sur les cas où il est difficile de reconnaître le sujet ou d'en apprécier l'extension, comme aussi sur les propositions où le verbe *est* veut dire *signifie*. Il parle ensuite de la division, de la définition, de la conversion des propositions : tout cela d'après les scolastiques.

3ᵉ Partie. *Du raisonnement.* Cette partie traite du raisonnement et de toutes ses règles, ainsi que des autres arguments qui peuvent se ramener au syllogisme, et enfin des lieux de grammaire, de logique et de métaphysique. En tout cela Arnault n'a d'autre mérite que celui de la clarté, car le fonds, sauf les exemples, en est entièrement emprunté aux scolastiques, ou à Aristote, qu'il condamne cependant toutes les fois qu'il le peut, non seulement dans quelques opinions erronées, qu'il a soin de choisir comme exemples de faux raisonnements, mais encore pour le fonds même de la logique, qu'il lui emprunte tout entière. Enfin cette partie se termine par l'examen des faux raisonnements ou sophismes.

4ᵉ Partie. *De la méthode.* Nous connaissons par *intelligence* les premiers principes, à raison de leur évidence. D'autres vérités nous sont connues par la *foi* en l'autorité d'un autre, ou par la raison, mais avec quelque doute : c'est alors l'*opinion* ; et enfin par la raison et avec une entière conviction : c'est la *science*. Les pyrrhoniens ont nié la science, mais ils n'ont jamais été bien persuadés de leur doctrine. Que si l'on peut douter si l'on dort ou si l'on veille, si les choses existent, au moins on ne saurait douter que l'on pense, et celui qui sait qu'il pense est certain qu'il est. Les choses qui nous sont connues par l'esprit sont plus certaines que celles qui nous sont connues par les sens. Il y a des choses que nous connaissons clairement ; il y en a d'autres qui sont obscures, mais que nous espérons éclaircir ; enfin il y en a qu'il est impossible de connaître avec certitude. Au premier genre appartient ce qui est connu par démonstration ; au deuxième les matières philosophiques ; mais il faut avoir soin d'en exclure tout ce qui est du troisième, ce qui est au dessus de nous : comme ce qui tient de l'infini, que nous ne saurions comprendre. Il y a cependant des choses incompréhensibles dans leur manière, qui sont certaines dans leur existence, par exemple : Dieu, l'éternité, la divisibilité de la matière. — Il n'est peut-être pas inutile de remarquer que, pour cette dernière chose, Arnauld la présente d'une manière qui la rend non seulement incompréhensible, mais absurde. « Quel moyen de comprendre, dit-il...., que le plus petit grain de blé enferme en soi autant de parties, quoique à proportion plus petites, que le monde entier ? » Et comme il a tant fait que d'affirmer la divisibilité à l'infinie de la matière, il s'efforce de la démontrer par des raisons mathématiques

« La méthode est l'art de bien disposer une suite de plusieurs pensées, ou pour découvrir la vérité quand nous l'ignorons, ou pour la prouver aux autres quand nous la connaissons déjà. Il y a deux sortes de méthodes : l'*analyse* ou méthode de résolution, ou encore méthode d'invention ; la *synthèse* ou méthode de doctrine. « On ne traite pas d'ordinaire par analyse le corps entier d'une science, mais on s'en sert seulement pour résoudre quelque question » — On voit qu'Arnauld n'a pas encore la vraie notion de la méthode analytique, bien qu'il s'aide d'un manuscrit de Descartes et d'un autre de Pascal. — Toutes les questions sont ou de mots ou de choses. Dans les questions de choses, on cherche : 1° les causes par les effets; 2° les effets par les causes; 3° le tout par les parties ; 4° une partie par le tout et quelque autre partie. La première chose à faire est de bien concevoir la question proposée. L'inconnu que l'on cherche doit être manifesté par les conditions posées, et ce sont ces conditions qu'il faut observer sans en ajouter de nouvelles. Or l'analyse consiste dans l'examen des conditions connues de la question à résoudre. Arnauld en donne pour exemple la preuve de l'immortalité de l'âme donnée par Descartes. L'analyse aussi bien que la synthèse va du connu à l'inconnu, mais la première prend les conditions connues dans la chose même à connaître, au lieu que la synthèse les prend dans des vérités plus générales. « Ces deux méthodes ne diffèrent que comme le chemin qu'on fait en montant d'une vallée en une montagne, de celui que l'on fait en descendant de la montagne dans la vallée. » En terminant ce deuxième chapitre, Arnauld cite les quatre règles de la méthode de Descartes, comme pouvant être utiles pour se garder de l'erreur, surtout dans l'analyse, quoiqu'elles soient générales pour toutes sortes de méthodes.

Il traite ensuite de la synthèse, qu'il appelle *méthode de composition*. « Elle consiste principalement à commencer par les choses les plus générales et les plus simples, pour passer aux moins générales et aux plus composées. » Telle est surtout la méthode des géomètres, dans laquelle on observe trois choses en général :

1° *Ne laisser aucune ambiguité dans les termes.* De là les définitions.

2° *N'établir les raisonnements que sur des principes clairs et évidents.* De là les axiomes.

3° *Prouver démonstrativement toutes les conclusions.* C'est l'objet des théorèmes.

Et de ces trois chefs on peut tirer les cinq règles suivantes :

« *Règle pour les définitions.* 1° Ne laisser aucun des termes un peu obscurs ou équivoques, sans le définir. 2° N'employer dans les définitions que des termes parfaitement connus et déjà expliqués.

« *Règle pour les axiomes.* 3° Ne demander en axiomes que des choses parfaitement évidentes.

« *Règle pour les démonstrations.* 4° Prouver toutes les propositions un peu obscures, en n'employant à leur preuve que les définitions qui auront précédé, ou les axiomes qui auront été accordés, ou les propositions qui auront déjà été démontrées, ou la construction de la chose même dont il s'agira, lorsqu'il y aura quelque opération à faire. 5° N'abuser jamais de l'équivoque des termes, en manquant d'y substituer mentalement les définitions qui les restreignent et qui les expliquent. » — Toutes ces règles sont prises de l'*Art de persuader*, de Pascal. — Après avoir, dans les chapitres suivants, développé toutes ces règles, Arnauld se résume, répète ces mêmes règles et y en ajoute trois : une pour les axiomes : « Recevoir pour évident ce qui n'a besoin que d'un peu d'attention pour être reconnu véritable ; » et deux *pour la méthode*: 6° « Traiter les choses, autant qu'il se peut, dans leur ordre naturel, en commençant par les plus générales et les plus simples, et expliquant tout ce qui appartient à la nature du genre avant que de passer aux espèces particulières. 7° Diviser, autant qu'il se peut, chaque genre en toutes ses espèces, chaque tout en ses parties, et chaque difficulté en tous ses cas. »

Enfin dans les cinq derniers chapitres, Arnauld parle de ce que nous connaissons par la foi, soit humaine, soit divine. Il justifie en la précisant la croyance à l'histoire, aux miracles et aux évènements prédits.

281. Nicole. — Pierre Nicole, né à Chartres, en 1625, mort à Paris, en 1695, mérite d'être mentionné pour sa participation à l'*Art de penser*, pour ses *Essais de morale*, et surtout comme directeur des *petites écoles*, où il forma tant d'hommes remarquables, Racine en particulier. Il était moins janséniste et peut-être plus cartésien qu'Arnauld, ce qui ne l'empêcha pas de s'occuper activement des *Provinciales* de Pascal. Cependant avant de mourir il se sépara d'Arnauld sur la question de jansénisme. Il avait écrit aussi plusieurs autres traités où l'esprit de religion l'emporte sur l'esprit philosophique.

282. Pascal. — Quoique Pascal se montre peu favorable à la philosophie et qu'on ne puisse pas trop le regarder comme un cartésien, il convient cependant d'en parler ici, et de le rapprocher de ses amis Arnauld et Nicole, puisqu'il était comme eux *solitaire de Port-Royal*.

Blaise Pascal, fils d'Etienne Pascal, second président de la cour des aides, en Auvergne, naquit à Clermont, l'an 1623. Son père quitta sa charge et vint s'établir à Paris, pour mieux s'occuper de l'éducation de ses enfants, et il fit lui-même l'éducation de Blaise son unique fils. On sait comment Pascal trouva tout seul, à l'âge de douze ans, une partie des éléments de la géométrie, sur la seule définition que son père lui avait donnée de cette science. Il fut bientôt plus avancé que ses maitres en mathématiques; il s'occupa beaucoup des nouvelles théories physiques; démontra la pesanteur de l'air et son action dans le baromètre et dans les pompes; fit construire une machine arithmétique, qui épuisa sa santé, et dès lors il ne s'occupa plus que de religion. Il écrivit les *Provinciales*, contre la morale des Jésuites, à l'instigation d'Arnauld et de Nicole, et il parait avoir cité de bonne foi des textes que ses amis lui donnaient tronqués. Il préparait une démonstration de la religion catholique, et ce sont les idées qu'il écrivait dans ce but sur des bouts de papier, qui recueillies après sa mort ont formé l'ouvrage si connu sous le nom de *Pensées*. Trois morceaux détachés, qui semblent avoir été destinés tous les trois à entrer dans la préface d'un traité *sur le Vide*, auquel il travaillait, sont devenus les trois opuscules connus sous ces trois titres: *De l'autorité en matière de philosophie; de l'Esprit géométrique; de l'Art de persuader*. C'est dans le dernier que Pascal donne les règles de la définition, du raisonnement et de la méthode, telles qu'Arnauld les lui a empruntées et que nous avons déjà fait connaitre La pensée principale du premier de ces opuscules est que l'*autorité*, excellente en théologie, n'a rien à voir dans la philosophie ni dans les sciences physiques ; et il reproche à ses contemporains de faire précisément le contraire. C'est pour n'avoir pas suivi aveuglément les plus anciens que nos pères ont pu faire quelque progrès dans les sciences; nous ne devons donc espérer d'avancer qu'à la même condition. Les anciens vivaient dans la jeunesse du monde; nous profitons de leur expérience : c'est donc nous qui sommes les anciens; et c'est faire injure à la raison humaine que de la déclarer incapable de progrès.

Dans son *Entretien avec M. de Sacy*, Pascal décrit admirablement le stoïcisme d'Épictète et le scepticisme de Montaigne, et dit qu'il trouve grand avantage à les lire tous les deux ; car l'un est le correctif de l'autre. Épictète est, de tous les philosophes, celui qui a le mieux connu les devoirs de l'homme. Il lui recommande une soumission absolue à la volonté de Dieu, qui fait tout avec sagesse; et de plus il lui enseigne à accomplir ses devoirs humblement et dans le secret. Mais à côté de ces lumières, ce grand esprit avait aussi de l'orgueil. Il croyait que l'homme peut faire tout bien par lui-même et se rendre parfait librement et par ses seules facultés. Ce qui le conduit à d'autres erreurs, comme, que l'âme est une portion de la substance divine; que la douleur et la mort ne sont pas des maux, et que l'on peut se tuer quand on ne sait plus souffrir les maux de sa position. Montaigne est chrétien, mais il a voulu chercher une morale fondée sur la raison et il est tombé dans le doute universel. Il n'ose rien assurer, rien affirmer, pas même son doute, et il dit : « Que sais-je? » Il bat en brèche tous ceux qui affirment ou nient en leur demandant des preuves de leur affirmation. Par ce moyen il abaisse à ses propres yeux la raison dénuée de la foi et la force à reconnaitre sa faiblesse. Mais avec ce même principe il ne connait pas les droits de la morale et ne la pratique que par coutume et pour faire comme les autres. Ce sont les deux voies que doivent se partager les hommes, en dehors de la foi. La révélation seule fait connaitre à l'homme sa force et sa faiblesse : force qui vient de Dieu, faiblesse qui vient de la nature et du péché.

On a souvent opposé la philosophie de Pascal, dans ses petits opuscules, à celle qu'il montre dans ses *Pensées*, et on a dit que dans les premiers écrits il défend avec force les droits de la raison humaine, tandis qu'il rabaisse cette même raison jusqu'à l'anéantir, dans ses *Pensées*. Il nous semble qu'on aurait pu voir dans les *Pensées* mêmes la raison de cette apparente contradiction. Elle vient de ce mélange de grandeur et de faiblesse que Pascal reconnait dans l'homme et sur lequel il insiste, en disant que la religion seule est capable de diriger l'homme, parce que seule elle lui montre tout à la fois sa grandeur et son néant.

M. Fouillée présente la même opposition, mais il la présente autrement. Selon lui Pascal reconnait la matière comme infiniment grande par l'étendue, mais il l'anéantit devant la pensée, pour anéantir ensuite celle-ci devant la charité. En effet, voici une des pensées de Pascal, qu'il cite : « De tous les
« corps ensemble, on n'en saurait faire réussir une petite pensée : cela est im-

« possible, et d'un autre ordre. De tous les corps et esprits, on n'en saurait
« tirer un mouvement de vraie charité ! cela est impossible et d'un autre ordre. » Jusque là M. Fouillée a raison. Mais croirait-on que M. Fouillée condamne ce troisième ordre dont parle Pascal, l'ordre de la charité, et l'appelle
un mysticisme du moyen-âge ? Sans doute Pascal était janséniste, tout le
monde le sait, mais la doctrine que M. Fouillée lui reproche comme janséniste est la pure expression de la doctrine catholique sur la grâce. Ce n'est
pas parce qu'il dit que « Dieu fait tout en nous, par sa grâce » et que « nous
ne l'aimons que s'il se fait aimer de nous » que Pascal est janséniste ; pas
plus qu'il ne « retombe, en méconnaissant notre liberté naturelle et personnelle, dans une morale de plaisir et d'intérêt, » parce qu'il dit que Dieu se fait
aimer par l'attrait de sa grâce, par un attrait spirituel. Enfin M. Fouillée
reproche à Pascal de considérer la *foi* et la *charité* comme des dons *surnaturels*. C'est encore une fois la pure doctrine catholique, et M. Fouillée la lui
reproche comme une doctrine personnelle. Enfin, s'appuyant sur le texte si
connu de Pascal : « Trois degrés d'élévation du pôle renversent toute la juris-
« prudence. Un méridien décide de la vérité.... Le droit à ses époques.....
« Plaisante justice qu'une rivière borne ! Vérité en deçà des Pyrénées, erreur
« au delà. » M. Fouillée en conclut que Pascal n'admettait « ni morale naturelle, ni droit naturel, » et après avoir cité avec horreur cette autre pensée : « Il faut que la justice de Dieu soit énorme comme sa miséricorde : or
» la justice contre les réprouvés est moins énorme et doit moins choquer que
« la miséricorde envers les élus, » M. Fouillée ajoute : « Ainsi c'est le Dieu
bon qui choque Pascal ! Qu'est-ce donc en définitive que son Dieu ? » —
Son Dieu, répondrons-nous encore, c'est le Dieu de l'Église catholique, et l'erreur de Pascal n'est nullement dans ces textes. Oui, Dieu est plus étonnant
quand il se donne lui-même aux élus, après leur avoir donné la grâce *surnaturelle*, pour mériter cette récompense *surnaturelle*, que lorsqu'il punit
justement ceux qui ont abusé de sa grâce et méprisé le sang de son Fils.

Non, quoiqu'en pense le rationalisme moderne, tout « l'amour de Dieu et
des hommes » que les hommes pourront fonder sur « le *moi*, aimant et aimable, le vrai principe de cet universel amour », n'atteindra jamais la hauteur
d'un seul acte d'amour surnaturel. Cela est impossible, répéterons-nous avec
Pascal, c'est d'un autre ordre.

Nous prions le lecteur de ne pas se méprendre sur notre pensée, en lisant
ce qui précède. Ce n'est pas Pascal, que nous avons voulu défendre, c'est la
doctrine catholique. Quant à Pascal, bien qu'il soit pour nous un grand esprit
et un grand cœur, nous ne conseillerons jamais la lecture de ses écrits, pas
même de ses *Pensées*; car outre l'esprit janséniste qui s'y manifeste plus d'une
fois, il y règne un esprit de doute qui peut faire beaucoup de mal ; et la prétention de donner la foi par le seul secours de la raison nous a toujours paru
une grande erreur. Or malgré le surnaturel qu'on lui reproche, l'ouvrage de
Pascal est fondé sur cette prétention.

Les noms qui vont suivre appartiennent moins à l'École cartésienne,
que les précédents : on pourrait les revendiquer aussi pour la philosophie scolastique, surtout Bossuet. Mais tous les historiens les comptent dans l'École de Descartes.

283. Sylvain Régis, né dans le pays d'Agen, en 1632, étudia d'abord la théologie, puis, sous l'inspiration de Clerselier et de Rohault, il s'adonna à la philosophie de Descartes, qu'il s'efforça de répandre dans toute la mesure de son pouvoir. Il fit des conférences publiques à Toulouse, à Montpellier et à Paris. Mais l'engouement qu'il excita engendra des craintes, et on le pria de suspendre ses cours. C'est alors qu'il écrivit son *Cours entier de philosophie, ou Système général selon les principes de Descartes*; mais l'opposition dura dix ans, et son livre ne parut qu'en 1690. Il réfuta ensuite Huet, Duhamel et Spinoza. Il mourut en 1707.

Au fond, Régis se croit plus cartésien qu'il n'est en réalité. Il accepte les grands principes de Descartes ; mais, quand il s'agit de les appliquer, il en modifie les conséquences dans un sens presque purement scolastique. Ainsi, il accepte le *Cogito, ergo sum*, mais il n'admet pas que l'âme soit seule connaissable directement. Il admet non moins directement la certitude objective des sens et la réalité des corps.

Il rejette les idées innées au sens de Descartes et déclare que rien n'est dans l'intelligence que par les sens ; mais que l'idée de Dieu, de notre âme et des corps ne nous quitte jamais. L'étendue que nous attribuons aux corps vient de l'union de notre âme avec le corps. C'était déjà la théorie de Geulinx ; ce sera celle de Kant.

En conséquence de sa théorie des idées, il combat Malebranche sur sa théorie de la Vision en Dieu, et déclare que l'idée que nous avons de Dieu n'est pas Dieu lui-même, mais une simple modalité de notre âme.

Sur la question des rapports entre l'âme et le corps, il se place entre les Cartésiens et leurs adversaires, disant que Dieu est l'auteur premier des mouvements de l'âme et du corps, car les créatures ne sauraient être que causes secondes ; mais que l'âme détermine les mouvements que Dieu produit en nous.

Sur la conservation des êtres, il rejette l'expression de création continuée, parce que ces mots lui semblent exprimer une répétition d'actes, et il dit que Dieu crée les êtres dans une action indivisible, qui n'a pas de succession, qui n'est pas même le commencement d'une action successive, et les conserve par une action indivisible aussi qui a pour terme, non pas les substances comme substances, mais les substances dans leurs modes.

Tout cela manque de netteté et peut-être d'exactitude. Mais cette inexactitude apparente que la plupart des historiens ont fait ressortir, urgée et condamnée ensuite ou approuvée, selon leurs opinions sur ces questions, nous semble venir plutôt des expressions que de la pensée de l'auteur. Nous croirions plutôt qu'il a voulu rendre en termes cartésiens les doctrines scolastiques, sans se douter qu'il les altérait en en changeant les termes.

Peut-être faut-il en dire autant de sa doctrine sur la création *ex nihilo*. Il rejette cette expression comme signifiant, selon lui, que l'être aurait pour cause le néant : ce qui est évidemment absurde. Puis il ajoute que « la matière n'a pas commencé dans le temps ; ce qui ne veut pas dire qu'elle soit éternelle. » Quel est le sens que Régis donne à cette phrase ? Nous n'en voyons point de raisonnable, si ce n'est qu'il ait cru dire avec saint Thomas : « La matière n'est pas engendrée ; mais elle n'est cependant pas éternelle. » Si c'est là ce qu'il a voulu dire, il a fort mal fait de changer l'expression ; car il semble dire que la matière est créée par Dieu de toute éternité, tandis que S. Thomas entend seulement que la matière ne procède pas d'un autre principe dont elle serait la transformation. Régis dit encore que le monde est réellement *infini*, c'est-à-dire sans bornes, et il croit que Descartes l'a entendu ainsi en le disant *indéfini*. Ceci vient aggraver son erreur précédente.

Sur la liberté de Dieu, il pense avec Descartes que rien ne lui échappe, pas même les attributs essentiels des choses, et que, si 2 et 2 font 4, c'est que Dieu l'a voulu ainsi. Il se rapproche cependant de Leibnitz, en ce que, s'il admet que la liberté de Dieu soit *indifférente*, en ce sens qu'elle est indépendante des choses, il n'admet pas que Dieu soit indifférent à l'égard de lui-même. Aussi il n'accepte pas l'*optimisme* de ceux qui veulent que Dieu soit déterminé par le meilleur dans chaque *volonté particulière*, ni celui qui ne voit cette détermination que dans les *volontés générales*; mais il déclare que Dieu produit le meilleur par une seule volonté simple et immuable qui embrasse tout dans un seul acte. C'est dans ce sens qu'il entend que chaque chose est bien dans le monde, par rapport à l'ensemble. C'est toujours la même incertitude entre deux théories opposées, la même obscurité d'expressions.

284. BOSSUET. — Jacques Bénigne Bossuet naquit à Dijon, en 1627, d'une famille distinguée dans le parlement de Bourgogne. Il fit brillamment ses études au collège de Navarre, à Paris. De toutes les branches des connaissances il ne négligea que les mathématiques, qu'il regardait comme inutiles à la religion. D'abord évêque de Condom, en 1669, il résigna cette charge en 1670 pour se livrer tout entier à l'éducation du Dauphin. C'est pour son royal élève qu'il écrivit tous les traités philosophiques que nous avons de lui : *la Logique*, le traité *de la Connaissance de Dieu et de soi-même*, le traité *du Libre arbitre*, aussi bien que le *Discours sur l'histoire universelle*. Nous ne dirons rien de ses autres ouvrages ; ils sont nombreux et connus. L'éducation du Dauphin fut achevée en 1681, et Bossuet fut alors nommé évêque de Meaux. Il mourut de la pierre en 1704. Son influence fut très grande, et malheureusement il n'en usa pas pour défendre la vraie doctrine, dans l'assemblée du clergé de France en 1682. Sa philosophie est entièrement classique ; elle dérive de la scolastique et de Descartes;

il la présente avec simplicité et clarté; mais on dirait qu'il cherche à éviter d'être profond, si bien qu'il n'a rien d'original, lui qui est si grand dans ses autres écrits.

ANALYSE DU TRAITÉ *de la connaissance de Dieu et de soi-même.* — « La sagesse, dit-il d'abord, consiste à connaître Dieu et à se connaître soi-même. La connaissance de nous-mêmes nous doit élever à la connaissance de Dieu. » De là la division de son traité en deux parties: 1° Connaissance de soi-même; 2° Connaissance de Dieu.

Bossuet étudie dans l'homme: 1° l'âme, 2° le corps, 3° l'union des deux. Le chapitre *de l'âme*, divisé en vingt paragraphes, traite successivement des opérations sensitives, puis des opérations intellectuelles.

Dans les premières il étudie d'abord les cinq sens, et fait remarquer que ce sont là des facultés de l'âme, quoique leurs instruments soient dans le corps. Les *sensations* sont accompagnées de *plaisir* ou de *douleur*. Le plaisir est un sentiment agréable, qui convient à la nature, la douleur est un sentiment fâcheux, contraire à la nature. — Outre les cinq sens, il y a dans l'âme un *sens commun* qui réunit les perceptions des cinq autres, plus l'*imagination*, qui reproduit les images des objets absents. Puis viennent les *passions*, qui sont l'attraction et la répulsion causées par le plaisir et la douleur. Bossuet les énumère et les classe comme Aristote et saint Thomas, en les attribuant à l'appétit *irascible* et au *concupiscible*. Enfin comme eux encore il résume toutes les passions dans l'amour.

Dans les opérations intellectuelles, dont l'objet est le vrai, connu ou réputé tel, il distingue l'*entendement* et la *volonté*. L'entendement, ou l'esprit, la raison, le jugement et la raison, est la lumière que Dieu nous a donnée pour nous conduire. Entendre, c'est discerner le vrai du faux. L'entendement redresse les erreurs des sens; c'est lui qui juge des choses perçues par les sens, et surtout de l'ordre. C'est le premier jugement porté sur de fausses apparences, et non la perception des sens, qu'un second jugement redresse. L'entendement juge aussi des choses qui ne tombent pas sous les sens. L'imagination, en créant des images fausses, peut nuire à l'entendement: il ne faut pas la laisser dominer. La mémoire se rattache à l'imagination. L'emploi de ces diverses facultés produit les trois opérations: entendre, juger, raisonner. Vouloir est une action par laquelle nous voulons le bien et fuyons le mal et choisissons les moyens pour parvenir à l'un et éviter l'autre. Ce qui est désiré pour l'amour de soi s'appelle fin. Nous voulons ainsi nécessairement le bien en général, et librement les biens particuliers. Le *libre arbitre* est le pouvoir de choisir une chose plutôt qu'une autre. C'est ce qui nous rend dignes de louange ou de blâme, selon que nous faisons bien ou mal. On use bien ou mal de sa liberté: le bon usage s'appelle *vertu*, le mauvais s'appelle *vice*. Les principales vertus sont la *prudence*, la *justice*, la *force*, et la *tempérance*. Les passions nous portent au vice, et ce n'est pas la raison qui les guide; mais elle doit guider la volonté. Enfin toutes ces facultés ne sont que la même âme, en tant qu'elle fait telle ou telle chose.

Le corps est organique, c'est-à-dire composé de parties de différente nature, qui ont différentes fonctions. Il a trois *mouvements*: l'un *naturel*, de haut en bas; un autre *vital*, de nourriture et d'accroissement; le troisième *animal*, excité par certains objets. Nous ne pouvons pas suivre Bossuet dans la description de toutes les parties du corps, si brève qu'elle soit pour un pareil sujet. On en a souvent admiré l'exactitude.

L'âme et le corps sont étroitement unis. Le corps est un par la correspondance de ses parties, et l'âme lui est unie dans son tout, comme à un seul organe. Si difficile que soit la question de l'union de l'âme et du corps, on en voit quelque chose dans les opérations de l'une et de l'autre. L'âme est visiblement assujettie au corps par les sensations; mais elle le meut par la volonté. C'est parce qu'elle est sensitive que l'âme peut et doit être uni à un corps. La volonté n'a naturellement aucun pouvoir sur le corps, et le corps ne peut naturellement rien sur l'âme ; mais, parce qu'elles sont unies, ces deux substances sont dans une mutuelle dépendance : « ce qui est une espèce de miracle perpétuel. » — On voit ici l'inspiration de Descartes et l'oubli de la doctrine scolastique. — L'union de l'âme et du corps se voit dans ses effets. Les sensations sont attachées à des mouvements des nerfs. Les nerfs sont ébranlés par les objets du dehors qui frappent les sens. Cet ébranlement des nerfs frappés par les objets se continue jusqu'au dedans de la tête et du cerveau. Le sentiment est attaché à cet ébranlement des nerfs. Mais l'âme qui est présente à tout le corps, rapporte le sentiment qu'elle reçoit à l'extrémité où l'objet frappe. Quelques-unes de nos sensations se terminent à un objet; les autres, non. Cependant, ce qui se fait dans les nerfs, n'est ni senti ni connu ; pas plus que ce qu'il y a dans l'objet qui le rend capable de les ébranler, ni ce qui se fait dans le milieu par où l'impression de l'objet vient jusqu'à nous. En sentant nous apercevons seulement la sensation elle-même, mais quelquefois terminée à quelque chose que nous appelons objet. Les sensations servent à l'âme à s'instruire de ce qu'elle doit rechercher ou fuir, pour la conservation du corps qui lui est uni. Mais cette instruction serait imparfaite, ou plutôt nulle, si nous n'y joignions la raison Enfin les sens nous font encore connaître toute la nature.

Dans ce qui suit, Bossuet essaye d'expliquer ce que fait le corps dans l'imagination et on y voit une ébauche de la théorie de l'association des idées, théorie alors peu connue. Faisant ensuite la même étude physiologique sur les passions, il ébauche aussi la théorie de l'action réflexe ; mais il montre trop de confiance en l'hypothèse des *esprits animaux*.

« Voyons maintenant dans le corps ce qui suit les pensées de l'âme. C'est ici le bel endroit de l'homme. » Ici l'âme est libre, elle commande, parce qu'elle est plus noble, et le corps lui obéit promptement. Mais que fait le corps dans les opérations intellectuelles ? D'abord l'intelligence, la connaissance de la vérité, n'est pas une suite de l'ébranlement nerveux, et la preuve en est que la vérité comme telle, ne blesse jamais, si vive qu'elle soit, et qu'elle n'éprouve pas de changement, comme les sensations. Cependant l'intelligence ne s'exerce qu'avec l'aide de la sensation et de l'imagination. La volonté, loin d'être sous la dépendance des organes, leur commande, et par là devient maîtresse des passions. On voit le même empire de l'âme sur le corps dans l'attention, qui est une application volontaire de notre esprit sur un objet ; mais dans cet acte l'âme se sert du cerveau, parce qu'elle a besoin des images sensibles.

Après cela il n'est pas difficile de distinguer les mouvements corporels, des opérations de l'âme, quoique ces deux choses soient liées ensemble. Tout ce qui se fait dans le corps depuis les organes jusqu'au cerveau et depuis le cerveau jusqu'aux organes, appartient au corps; mais la sensation, la connaissance et le commandement de la volonté sont l'âme.

Dans le quatrième chapitre, Bossuet traite *de Dieu, créateur de l'âme et du corps, et auteur de la vie.* L'homme est l'ouvrage d'un grand dessein et d'une sagesse profonde. L'âme d'abord, avec sa triple faculté de connaître la vérité, de l'aimer et de sentir ce qui affecte le corps auquel elle est unie, est admirablement disposée pour son bonheur. Le corps lui aussi, destiné à procurer à l'âme des sensations et à lui servir d'instrument pour ce qu'elle veut faire, n'est pas moins bien disposé pour sa double fin. — C'est la première preuve de l'existence de Dieu. — A ces admirables facultés vient se joindre la raison. Elle a pour objet les vérités éternelles, qui sont Dieu même, où elles sont toujours subsistantes et parfaitement entendues. — Deuxième preuve de l'existence de Dieu.

Cependant l'âme n'est pas parfaite, et par l'imperfection de son intelligence, elle connaît qu'il y a ailleurs une intelligence parfaite.

C'est ainsi qu'elle s'élève jusqu'à Dieu, par la connaissance d'elle-même, et en le connaissant elle se sent capable de l'aimer; elle y voit qu'elle est faite à l'image de Dieu. Cette ressemblance s'opère en elle d'abord par la connaissance de la vérité et elle s'achève par une volonté droite. De là, si elle fait réflexion sur son corps, l'âme se connaît supérieure à lui et apprend que c'est par punition qu'elle en est devenue captive, tandis qu'elle devait le gouverner. Enfin dans cette connaissance d'elle-même et de Dieu, l'âme voit tous ses devoirs.

Comme appendice à son traité, Bossuet, dans le cinquième chapitre, parle *de la différence entre l'homme et la bête.* Et d'abord, les hommes ont voulu donner du raisonnement aux animaux, pour excuser leurs sentiments dégradés, et ils en donnent deux arguments: 1° Les animaux font toutes choses aussi convenablement que l'homme; 2° Ils sont semblables aux hommes dans leurs organes.

Bossuet répond que, si les animaux font tout convenablement, ils ne connaissent pas cette convenance. Cette même convenance se retrouve dans toute la nature, ce qui montre qu'elle est l'œuvre d'une haute intelligence, mais non qu'elle agisse avec raison. En second lieu, si les animaux nous ressemblent par les organes, ils ne nous ressemblent pas par le raisonnement : ils n'apprennent pas; on les dresse à faire certaines choses, mais sans connaissance de cause. Ce qui distingue surtout l'âme humaine et l'élève au dessus des bêtes, c'est qu'elle connaît Dieu, le bien, les vérités éternelles, l'ordre du monde la perfection de Dieu, l'amour qu'elle lui doit, les récompenses ou les peines qui lui sont réservées. Les animaux n'inventent rien. L'homme invente par la réflexion, par la liberté, et c'est ce qui produit tant de diversité entre les hommes. Les animaux sont soumis à l'homme, ils n'ont pas de raisonnement et l'on ne sait pas où s'arrête la ressemblance entre leurs organes et les nôtres.

Il y a deux opinions sur le principe des mouvements des animaux. L'opinion la plus commune et la plus ancienne suppose dans les animaux un instinct, qui est une sorte de sentiment. L'autre opinion à peine indiquée par deux auteurs précédents, a pris un peu plus de vogue depuis M Descartes, qui attribue les mouvements des animaux à un pur mécanisme. Selon la première opinion, les animaux ont une âme sensitive, et leur instinct n'est que le plaisir et la douleur que la nature a attachés pour eux à certains objets. Mais on objecte que, si les animaux ont une âme, elle doit être sans étendue et indivisible et dès lors spirituelle et immortelle. On répond qu'elle ne serait spirituelle qu'avec l'intelligence, qu'elle ne possède pas. Elle n'est donc pas un corps, sans être un esprit. Dans la seconde opinion, il n'y a pas d'âme, mais seulement une force mise en mouvement par les impressions des corps et qui meut les membres en retour. D'ailleurs les esprits changeant de nature avec les différents mélanges des humeurs, les animaux seront plus ou moins vifs. On objecte que cette opinion ne satisfait pas le sens commun, et ses partisans répondent que, si peu de personnes la comprennent, c'est que peu savent s'élever au-dessus des préventions des sens et de l'enfance.

En finissant, Bossuet résume les facultés de l'âme et surtout la connaissance des idées, où il trouve la connaissance de Dieu et le désir de l'immortalité : il en conclut que l'âme est immortelle et termine par une exhortation à vivre pour la vie future.

285. MALEBRANCHE. — Nicolas Malebranche, fils de Nicolas, secrétaire du roi, naquit à Paris, en 1638. A cause de sa très-faible santé, son éducation se fit presque entièrement dans sa maison, et il n'en sortit que pour faire sa philosophie au collège de la Marche, et suivre les cours de théologie à la Sorbonne. Entré dans la congrégation de l'Oratoire, il ne s'occupa d'abord que de travaux de critique et d'érudition, mais la lecture du *Traité de l'homme*, de Descartes, lui révéla sa vocation philosophique. C'est après dix années d'études qu'il publia la *Recherche de la vérité*. Plus tard il publia les *Méditations métaphysiques et chrétiennes*, et les *Entretiens sur la métaphysique et sur la religion*. Il mourut d'épuisement en 1715.

Malebranche est cartésien par la méthode et par le principe de l'évidence, et même il tient en si grand honneur la vue intuitive de la raison qu'on lui a reproché de n'avoir pas toujours maintenu la distinction de l'ordre naturel et de l'ordre surnaturel. Arnauld et Bossuet le combattirent sur ce point.

Il analyse l'homme comme Bossuet, et par conséquent, il suit la philosophie scolastique, mais plus qu'un autre il insiste sur la nécessité de maîtriser les passions, de s'arracher à la dépendance du corps et de l'imagination, pour se livrer à la raison et à Dieu. Ici vient la vue de l'entendement pur, qui n'est autre que la *vision en Dieu*. Dieu possède en lui les idées de toutes les choses qu'il a faites ou qu'il peut faire, et ces idées sont Dieu lui-même. Dieu lui-même se manifeste continuellement à notre âme par l'idée de l'infini, qui est l'idée de Dieu, et c'est dans cette idée toujours présente à notre intelligence que nous voyons, non pas toutes choses, comme on le fait dire à Malebranche, mais seulement les idées des choses, les essences des choses, les vérités éternelles. Cependant chacune de ces idées ne se montre actuellement à notre entendement pur, qu'à mesure que nous éprouvons le sentiment de la présence de l'objet réel de cette idée ; et ce sentiment, c'est Dieu lui-même qui le produit en nous, à mesure que l'objet se trouve présent ; car les créatures n'agissent pas les unes sur les autres.

Telle est la théorie de Malebranche sur l'intelligence, théorie que l'on a appelée de la *vision en Dieu*. Malebranche lui-même n'est pas toujours aussi précis, ni toujours aussi près de la vérité. Bien des fois on pourrait croire, qu'il parle d'une vue directe de Dieu, en qui nous verrions toutes choses ; ailleurs il semble dire que nous y voyons non seulement les idées universelles, mais encore les corps, pris dans le particulier. Nous croyons avoir résumé exactement la pensée de Malebranche, et ainsi entendu, on voit qu'il n'est pas loin de la théorie classique. Il s'en écarte cependant, d'abord en ce qu'il n'attribue rien aux sens et à la perception des objets, ensuite, en ce qu'il paraît entendre son idée de l'infinie, d'une vue actuelle et continue, tandis qu'il devrait la réduire à une conception habituelle.

Malebranche est plus exact dans l'affirmation de l'universalité de la raison. Quand nous voyons une vérité de raison, nous voyons en même temps que tous les autres hommes la voient ou doivent la voir comme nous. D'où vient cette conviction, sinon de ce que nous voyons que la raison est commune à tous et que nous la puisons tous à la même source ? Cette raison c'est le Verbe de Dieu, qui éclaire tout homme. C'est pourquoi elle est infaillible.

Nous croyons que Malebranche est parfaitement classique dans sa théorie de la volonté et de la liberté, mais les expressions dont il se sert, rapprochées de sa théorie sur l'indépendance des créatures entre elles et leur dépendance absolue de Dieu, ont fait dire à quelques-uns que Malebranche supprime la liberté, quoiqu'il l'affirme et l'explique absolument comme saint Thomas. M. Bouillier est de cet avis, et M. Fouillée va plus loin. Non seulement il dit que Malebranche a des principes qui nient la liberté, mais il croit même que ces principes mènent logiquement au panthéisme.

La philosophie de Malebranche nous offre, outre la vision en Dieu, deux autres théories célèbres : ce sont les *causes occasionnelles* et l'*optimisme*. Malebranche semble dire assez formellement, que le corps n'agit pas sur l'âme, ni l'âme sur le corps, et même qu'aucune créature n'agit sur aucune créature, mais que Dieu fait tout en tous les êtres. Mais il est moins formel que Geulincx sur cette question, et peut-être qu'on a exagéré ici la pensée de Malebranche. Sa véritable pensée est peut-être tout entière dans ce passage : « Il n'y a qu'une seule cause qui soit vraiment cause, et l'on ne doit pas s'imaginer que ce qui précède un effet en soit la véritable cause. Dieu ne peut même communiquer sa puissance aux créatures ; il n'en peut faire de véritables causes; il n'en peut faire des dieux. » Cette pensée n'offre rien par elle-même qui ne soit très juste, et elle ne s'écarte pas de la théorie classique qui, ne donnant qu'à Dieu seul la causalité première, appelle les créatures des *causes secondes*. C'est peut-être ce qu'entendait Malebranche par *causes occasionnelles*.

Enfin Malebranche croit que Dieu, en se déterminant à choisir parmi tous les mondes possibles celui qu'il a fait, a choisi celui *qui manifesterait le mieux ses attributs*, celui dont *les lois générales seraient les plus simples*, celui qui, moins parfait peut-être en lui-même, permettrait à Dieu de suivre en le créant *des voies plus parfaites*. Tel est son *optimisme*. Il est difficile de dire s'il va plus loin que Sylvain Régis.

286. FÉNELON. — François de Salignac de la Mothe-Fénelon, né au château de ce nom, dans le Périgord, l'an 1650, fit ses études d'abord à Cahors, puis à Paris, au collége du Plessis, et enfin à Saint-Sulpice, pour la théologie. Ordonné prêtre en 1674, il voulait aller dans les missions du Canada, puis dans celles du Levant, mais il en fut deux fois détourné par sa famille. En 1677, l'archevêque de Paris le chargea de diriger la maison des *nouvelles catholiques*, et c'est pour elles qu'il écrivit son traité *de l'Education des filles*. Chargé par le roi, sur la proposition de Bossuet, d'une mission en Saintonge, pour convertir les protestants, il ne voulut aucun appareil militaire, et réussit par sa douceur. C'est en 1688 qu'il fut chargé de l'éducation du duc de Bourgogne, pour lequel il écrivit le *Télémaque*, et le traité *de l'Existence de Dieu*. Neuf ans après, il devint archevêque de Cambrai, et c'est là qu'il écrivit les *Maximes des Saints*, qui lui attirèrent une si violente polémique de la part de Bossuet, et lui procurèrent l'occasion de montrer sa parfaite soumission aux décrets du Saint-Siége. Presque en même temps on vit éclater sa patience et sa soumission à la volonté de Dieu, lorsqu'un incendie dévora sa bibliothèque et ses manuscrits. La publication de son Télémaque, faite par un secrétaire infidèle, lui attira la disgrâce de Louis XIV, et il dut vivre dans l'isolement. Son disciple, le duc de Bourgogne, ne l'abandonna jamais, mais il mourut avant lui. Fénelon mourut lui-même à Cambrai, l'an 1715, neuf mois avant le roi.

La philosophie de Fénelon est tout à la fois cartésienne et scolastique, et elle n'offrirait rien de particulier, sans la réfutation de l'optimisme de Malebranche et de son système sur la grâce, et sans le *quiétisme* condamné avec les *Maximes des Saints*.

Dans la *Réfutation du système du P. Malebranche, sur la nature et la grâce*, Fénelon partant du principe admis par l'oratorien, que Dieu est déterminé invinciblement à créer le meilleur monde possible, démontre que dès lors le monde devient nécessaire et éternel, inséparable de la perfection divine, et Dieu lui-même. Il réfute aussi une autre opinion du P. Malebranche, selon laquelle la Providence de Dieu ne s'étendrait qu'aux lois générales. Il défend aussi énergiquement la liberté contre les théories du P. Malebranche, qui malgré lui semblait les anéantir.

Dans le livre des *Maximes des Saints*, Fénelon pousse trop loin la doctrine tout à fait catholique du pur amour de Dieu, et contrairement à son intention il prêche l'anéantissement de l'activité humaine, dans un acte perpétuel d'amour de Dieu, d'où il veut qu'on exclue tout retour sur soi-même, et où Dieu fait tout, sans que l'âme s'en occupe. C'est le *quiétisme*, qui fut condamné à l'instigation de Bossuet.

Ne pouvant faire connaître ici tous les disciples de Descartes, contentons-nous de citer encore le Père ANDRÉ, jésuite (1675-1764), à qui l'attachement aux doctrines nouvelles procura bien des ennuis et des souffrances, sans qu'il se décidât jamais à y renoncer franchement, malgré les injonctions réitérées de ses supérieurs. Cousin en a pris occasion en publiant les œuvres du P. André, de manifester ses sentiments hostiles aux jésuites, et de faire de son auteur un martyr de la vérité. Mais les pièces mêmes qu'il publie suffisent à un esprit droit pour juger que, si le P. André était de bonne foi dans les idées de Descartes, les jésuites avaient raison d'y voir une source de nombreuses erreurs. Le Père André avait travaillé longtemps à une *Vie de Malebranche*, qui est restée inédite. Il publia huit *Discours sur le beau*, et treize autres sur diverses questions de philosophie.

On y trouve des choses très intéressantes : mais il pousse les erreurs de Descartes plus loin que Descartes lui-même. Par exemple, il distingue plus formellement dans l'homme deux substances que le besoin unit, tandis que Descartes s'en était défendu en répétant que l'union de l'âme et du corps est substantielle.

Il nous faut aussi dire un mot du Père BUFFIER, jésuite aussi. Né en Pologne de parents français, en 1661, il mourut en France en 1737. Il a laissé de nombreux ouvrages destinés aux écoles, et, comme philosophie, *Traité des vérités premières; Éléments de Métaphysique; Examen des préjugés vulgaires*, avec quelques autres traités moins importants. Il tient à la fois de Descartes et de Locke ; il devance Reid, en beaucoup de points, et principalement en ce qu'il fait reposer sa philosophie sur le sens commun, et qu'il y trouve l'autorité des vérités premières. « Voilà, dit M. Francisque Bouillier, dans son introduction aux œuvres du P. Buffier, ce qui donne à cette philosophie une physionomie toute particulière, qui, dans l'histoire de la philosophie moderne, doit lui assurer une place entre le catholicisme qui finit et le sensualisme qui commence. » Un pareil éloge serait une condamnation, s'il était vrai. Mais les termes même indiquent ce qu'il faut en penser : car le catholicisme n'a pas fini alors, ni depuis. Heureusement, pour lui, le P. Buffier reste parfaitement catholique, bien que sa philosophie ne soit guère scolastique. Il est vrai pourtant d'ajouter que, telle qu'elle est, sa philosophie n'éclaircit rien, au contraire, et que ses théories métaphysiques ont été plus nuisibles qu'utiles.

A la liste des disciples de Descartes, il faudrait joindre celle de ses adversaires. Outre Voët, le ministre protestant d'Utrecht, dont nous avons déjà raconté l'opposition, nous indiquerons seulement les suivants.

Rodolphe CUDWORTH (1617-1688), anglais, partisan des idées de Platon, combattit Descartes dans son *Vrai système intellectuel de l'Univers*. Il réfute en particulier sa théorie cosmologique, sa démonstration de l'existence de Dieu, sa doctrine sur la liberté de Dieu à l'égard des vérités nécessaires, sa tendance à ne voir dans l'âme qu'une cause occasionelle des mouvements du corps. Mais tel n'est pas le but premier de son ouvrage. Il veut y démontrer l'existence de Dieu. Pour cela il classe les systèmes athées et les ramène à deux formes; le matérialisme mécanique et le matérialisme dynamique. Puis croyant qu'aucun des deux ne laisse place à l'action de Dieu, il conçoit un système du monde, renouvelé de Platon, dans lequel une substance particulière, espèce d'âme inférieure qu'il appelle le *médiateur plastique*, servirait d'instrument à Dieu pour façonner et mouvoir le monde, à l'âme pour mouvoir son corps, et serait en même temps le principe de la vie des plantes et des animaux. C'est après cette préparation qu'il entreprend de démontrer l'existence de Dieu. Il établit d'abord que cette démonstration est possible à la raison. Ensuite il prouve Dieu par l'idée que nous en avons, mais en donnant à cette preuve la forme que lui donnera Leibnitz. Il le démontre en second lieu par l'existence des êtres créés, qui supposent un être existant par lui-même, lequel est nécessairement parfait. Enfin il remonte des idées de l'homme à celui qui en est la source première : ici il est tout à fait platonicien. Il recherche ensuite l'idée de Dieu dans l'histoire ; il la voit affirmée par tous les peuples, par tous les philosophes qui, dit-il, ont connu même, par les Hébreux, le mystère de la Sainte-Trinité. Il y a dans cette partie de son ouvrage une immense érudition. Mais il s'y glisse aussi beaucoup d'erreurs qui lui valurent une condamnation : son livre fut mis à l'index.

Henri MORE (1614-1687), dans des lettres à Descartes; PARKER (1640-1687), évêque anglican d'Oxford, dans son traité *Sur Dieu et la Providence*; le Père BOURDIN, dans ses *Objectiones septimæ*; le Père DANIEL (1649-1728), dans son *Voyage au monde de Descartes*, et dans son *Histoire de la conjuration formée à Stockholm contre Descartes*, attaquèrent aussi les idées nouvelles, les premiers sérieusement, le dernier par le ridicule. C'est le même moyen qu'employa Huet, dont nous aurons à parler plus loin.

§ 4. — Cartésiens dissidents.

287. SPINOZA. — Baruch Spinoza (ou Spinosa), né à Amsterdam, l'an 1632, d'une famille de juifs portugais, reçut une éducation soignée, mais son maitre Van den Ende passait pour enseigner l'athéisme à ses élèves. Après avoir étudié avec ardeur la théologie et la physique, il lut Descartes et y puisa les principes de sa philosophie. Dès lors il douta des doctrines de la synagogue, et évita la société des rabbins. Ceux-ci, ne pouvant le ramener, essayèrent de le faire assassiner, mais le coup n'ayant pas réussi, ils l'excommunièrent. Spinoza quitta Amsterdam, se fit polisseur de verres pour les lunettes et devint très-habile dans cet art. Il partageait son temps entre ce travail et l'étude. Atteint de phthisie, depuis sa jeunesse, il vivait très-sobrement, et avait des manières douces et paisibles. A ce moment il admettait toutes les religions, comme également capables de procurer le salut. Il avait changé son nom de Baruch, contre celui de Benedict, probablement parce qu'il s'était fait baptiser. Les auteurs ne sont pas d'accord sur ce point. Il refusa les dons d'argent qu'on voulut lui faire, et même une chaire de philosophie. L'apparition de son *Traité théologico-politique* lui suscita de nombreux opposants. L'ouvrage fut interdit et circula sous divers faux titres, pour donner le change. Spinoza avait publié auparavant une *Démonstration des principes de Descartes*, en latin, comme le traité théologique ; mais l'échec de ce dernier le dégoûta, et il ne publia plus rien. Spinoza mourut en 1677.

C'est après sa mort, mais la même année, que parut en latin, l'*Ethique*, d'abord écrite en hollandais. C'est le plus important de ses ouvrages, et celui où se trouve son panthéisme.

Toute la philosophie de Spinoza découle de sa méthode logique, et celle-ci dérive de Descartes. Laissant de côté, comme insuffisante pour la science, la connaissance par simple *ouï-dire*, ou par *expérience-vague*, il rejette également la *raison-discursive*, c'est-à-dire le pur raisonnement qui ne démontre pas ses principes et n'accepte que la *raison* qui part d'un principe clair et évident et en voit toutes les conséquences. Le point de départ de ce procédé c'est l'*intuition-immédiate*, dont l'objet premier est l'être parfait, ou la *substance*, l'*être en soi*, conçu par soi.

Ainsi Spinoza ne veut employer, pour arriver à la connaissance de la vérité, que la raison pure et le raisonnement basé sur l'intuition de la raison. Il rejette l'expérience. Sa forme est toute géométrique, et il prétend déduire mathématiquement de l'idée de l'être en soi, tout le développement dont l'être est capable. Mais, quoi qu'il veuille faire, il est obligé de prendre dans son expérience des idées qu'il donne comme conçues à priori. C'est une première contradiction, et elle ruine son système ; car il montre par là la nécessité de consulter l'expérience ; et dès qu'on la consulte, il faut accepter d'elle tout ce qu'elle donne. Voici maintenant son système.

La substance, ou l'être en soi, est essentiellement être ; elle est donc sans négation, elle est infinie.

Elle se détermine cependant elle-même et se manifeste par des attributs qui la représentent tout entière. Ces attributs sont des infinis relatifs, en ce sens qu'ils expriment tout un point de vue de la substance. De plus ils sont en nombre infini, pour représenter tout l'être de la substance.

Enfin les attributs eux-mêmes se manifestent dans des modes finis, mais en nombre infini. Si les modes étaient infinis, les attributs eux-mêmes deviendraient la substance, et s'ils n'étaient pas en nombre infini, ils ne représenteraient pas les attributs d'une infinité relative.

Substance, attributs et modes, sont distincts, mais inséparables. S'il en manquait un seul, tout disparaîtrait. Tout cela est éternel. C'est Dieu lui-même.

J'entends par *Dieu*, dit-il, un être absolument infini, c'est-à-dire une substance constituée par une infinité d'attributs infinis, dont chacun exprime une essence éternelle et infinie.

De cette infinité d'attributs, nous n'en connaissons que deux : la pensée et l'étendue. En sorte que, pour nous, Dieu est un être infiniment pensant et infiniment étendu.

L'attribut de la pensée se développe en un nombre infini de modes ; ce sont les âmes qui pensent.

L'attribut de l'étendue se développe en un nombre infini de modes ; ce sont les corps.

Ainsi l'univers n'est autre chose qu'une infinité de nombres infinis de modes exprimant l'infinité des attributs infinis de Dieu, et dont nous ne connaissons que les esprits et les corps, les uns et les autres en nombre infini.

Tout ce développement divin est absolument nécessaire. On n'y peut rien retrancher ni ajouter ; on n'y peut même rien changer sans bouleverser le tout. En sorte que tout est nécessaire et que la liberté est impossible, aussi bien en Dieu que dans l'homme.

L'âme humaine, en effet, est une pensée, une pensée qui s'affirme, dont l'objet est le corps lui-même. En sorte, que Spinoza définit l'âme « l'idée du corps. » Le corps passe par tous les modes qu'il doit représenter et l'âme conçoit et pense ces modes, elle en est la conception. C'est ainsi que l'âme a conscience d'elle-même ; car il est de l'essence de la pensée de se penser elle-même. Mais en outre, elle s'affirme, et cette affirmation c'est la volonté, c'est l'idée acte. Ne demandez pas à Spinoza d'autre liberté pour l'âme.

Et pourtant Spinoza construit sur de pareilles données une théorie morale. Il conçoit Dieu comme la perfection absolue ; chaque attribut de Dieu, comme une des formes de cette perfection, chaque mode d'être comme une expression finie de l'un des attributs et par suite comme une perfection relative et limitée. Ainsi, chaque être est dans un certain degré de bien. Le bien de l'âme, la pensée est supérieure à l'étendue, qui est le bien du corps. L'âme elle-même est d'autant plus parfaite que l'objet de sa pensée est plus parfait. Donc, pour être parfaite, elle doit penser Dieu, elle doit vivre avec Dieu. Et Spinoza ajoute, nous ignorons sur quel principe, qu'elle doit aimer Dieu.

Et en effet, il est étrange de voir l'auteur de ce monstrueux système, épris, de bonne foi, d'un amour ardent pour ce Dieu-tout, ce Dieu-univers, qu'il conçoit, qu'il forme lui-même.

A la théorie morale de Spinoza se joint une théorie politique, dont les principes et les premières conclusions sont les principes et les conclusions de Hobbes. Mais Spinoza croit y voir de sérieuses différences.

Le droit se mesure à la puissance de chaque être ; car toute nature tend à faire tout ce qu'elle peut. Dès lors la force seule légitime toute action, et on a tous les droits dès qu'on est le plus fort. De ces principes il fait dériver, comme Hobbes, une monarchie absolue, avec cette différence, qu'il déclare la pensée indépendante du monarque, et que, de plus, le droit du souverain n'est pas absolu, mais seulement proportionné à sa puissance. Et Spinoza se console et console ses adeptes en disant que l'intérêt même du monarque l'empêchera d'abuser tyranniquement de son pouvoir.

Voilà le Spinozisme tout entier. Il part d'une définition arbitraire ; rejette sans motifs la principale source de nos connaissances ; donne de Dieu une notion contradictoire : l'étendue-pensante, le simple-composé, etc. ; enfin, il nie la liberté morale et rend la morale impossible, tout en voulant la soutenir.

288. Leibnitz. — Gottfried Wilhelm Leibnitz (il a souvent signé lui-même Leibniz) naquit à Leipzig, en 1646. Ayant perdu son père dès l'âge de six ans, il perdit sa mère pendant qu'il suivait les cours de l'université. Il dirigea donc lui-même ses études et dès sa plus tendre enfance il se nourrissait de la lecture des livres nombreux qui composaient la bibliothèque de son père. Il tomba d'abord sur les anciens, les admira et s'imprégna de leur style et de leurs idées : c'étaient surtout Platon, Aristote, St Anselme et St Thomas. Plus tard, il lut Bacon,

Campanella, Képler et Galilée, et c'est ainsi qu'il acquit une sorte d'érudition universelle. Il menait de front toutes les sciences, mais son esprit était particulièrement tourné vers les mathématiques. Il essaya de transporter dans la philosophie la rigueur des démonstrations géométriques. On le voit dans le *de Arte combinatoria*, écrit en 1665, où il s'efforce de donner des règles pour découvrir à priori la vérité ou la fausseté d'une proposition.

Voulant faire sa carrière de la jurisprudence, il fut reçu docteur en droit à Altdorf, refusa, par esprit d'indépendance, la chaire qu'on lui offrait dans cette ville, et se fixa à Nuremburg. Là il s'affilia à la confrérie occulte de la Rose-Croix, il se fit initier à l'alchimie, et apprit ce que l'on savait alors de chimie.

De 1667 à 1672, nous trouvons Leibnitz à la cour de l'électeur de Mayence, Jean Philippe. Il écrit alors sur la philosophie, la jurisprudence, la politique, défend Aristote et saint Thomas, tout en condamnant les abus de la scolastique. Dans le même temps il fait des recherches de physique et de mécanique *(Theoria motus abstracti*, *Theoria motus concreti)*, où, rectifiant Descartes, il établit les bases de la dynamique. Descartes avait cru que la quantité de mouvement, mesurée par le produit de la masse par la vitesse, reste constante dans la nature; Leibnitz démontra que ce qui est constant c'est la force, dont la mesure est le produit de la masse par le carré de la vitesse. Il avait alors vingt-cinq ans (1671).

Venu à Paris, en 1672, il y étudia « la profonde géométrie » avec Huyghens, lut les ouvrages de Pascal, qui l'étonnèrent et lui ouvrirent une horizon nouveau, discuta théologie avec Arnauld, et politique avec Colbert. Il voulut détourner Louis XIV de ses projets contre l'Allemagne et l'engager à prendre l'Egypte, mais ses projets furent repoussés. Pendant ce temps il travaillait à perfectionner la machine arithmétique de Pascal et posait les bases du calcul infinitésimal. Colbert voulut le faire entrer dans l'Académie française, mais il refusa pour rester protestant.

En 1676, le duc Jean Frédéric de Brunswick Lunebourg lui confia la charge de bibliothécaire de Hanovre. Avant de s'y rendre il fit un second voyage à Londres, où il connut le chimiste Boyle, le mathématicien Collins et le savant Oldenbourg. Il échangea aussi des lettres avec Newton, alors à Cambridge.

Newton et Leibnitz se partagent la gloire du calcul infinitésimal, qu'ils trouvèrent tous les deux sans se connaître. Il paraît démontré aujourd'hui que Newton inventa en 1665 la *théorie des fluxions*, mais ne la publia qu'en 1687, tandis que Leibnitz, ayant acquis par une lettre une idée de la découverte, la développa et publia son *calcul différentiel* en 1684. Avant ces deux génies, Fermat, Wallis, et Cavallieri, et après eux Jacques Bernouilli, et Jean Bernouilli, peuvent revendiquer leur part dans le mérite de cette riche découverte.

Leibnitz s'installa à Hanovre en 1677, et y demeura quarante ans. Il écrivit alors l'histoire de la maison de Brunswick Lunebourg, dans laquelle il emploie le premier la géologie, la linguistique et l'archéologie ; et, s'il s'y trompe quelquefois, il a du moins le mérite d'avoir inauguré cette voie. Cependant l'ouvrage est resté inachevé.

Il s'occupait alors de réformes politiques ; de toute part on lui demandait des conseils ; Pierre le Grand le nomma son conseiller de justice, avec une pension de mille thalers. Fier de cette confiance, Leibnitz se mit à l'œuvre et posa les bases de tout ce qui s'est fait plus tard pour la civilisation de la Russie. Il tenta aussi de réunir les églises protestantes à l'Église catholique, et il eut pour cela des relations suivies avec Bossuet ; mais il ne comprit pas que la seule conciliation possible était de faire passer les protestants au catholicisme.

Il mourut à Hanovre, en 1716.

PHILOSOPHIE DE LEIBNITZ. — Le caractère dominant de sa philosophie est un vaste éclectisme. Il prend chez tous quelque chose de bon, mais il a aussi un fonds entièrement personnel. Il n'a nulle part exposé l'ensemble de son système : il faut le chercher dans un grand nombre de dissertations, en latin, en français, ou en allemand, dans ses lettres et surtout dans deux ouvrages importants: *Nouveaux essais sur l'entendement humain,* qu'il écrivit pour corriger Locke, et la *Théodicée*. On a aussi la *Monadologie*, résumé précieux qu'il écrivit pour le prince Eugène.

Pour la méthode, Leibnitz est cartésien, en ce sens que, comme Descartes, il procède des principes évidents aux vérités que la raison peut en déduire. Cependant, il emprunte aussi à Bacon, et reconnaissant que le *principe de contradiction* et la *déduction* ne donnent que le possible, il cherche un autre principe dans la raison pure et trouve celui de la *convenance* ou de la *raison suffisante*, dont il se sert comme du levier universel de la philosophie.

« Rien ne peut être sans une raison suffisante et tout ce qui a sa raison suffisante existe. » C'est Platon et saint Thomas s'ajoutant à Aristote.

De ce principe Leibnitz déduit le principe *du meilleur* et tout son *optimisme*, ainsi que la *loi de continuité*, ou, en d'autres termes, le principe que la *nature ne fait point de saut*. Le médiocre n'a pas de raison d'être, dit Leibnitz, quand le meilleur est possible, et l'hiatus ou le vide entre les degrés des êtres n'a pas de raison suffisante, dès que la continuité est possible.

Cette méthode est essentiellement rationnelle et déductive ; mais

Leibnitz ne négligea pas les expériences, dans les sciences physiques.

Cosmologie, Monadisme, Harmonie préétablie. — Descartes, en donnant pour essence à la matière *l'étendue*, ne pouvait y voir d'autres phénomènes que *le mouvement*, et croyait pouvoir les déduire à priori des lois de la mécanique.

Leibnitz accepta d'abord cette théorie ; mais bientôt il en comprit l'erreur et déclara que le vice radical du cartésianisme, c'est *une fausse notion de la substance*. En effet l'étendue suppose quelque chose d'étendu, et de plus elle ne saurait être conçue comme la source du mouvement, lequel suppose une force qui meut ou qui se meut.

Leibnitz suppose donc l'espace peuplé de *forces simples*, qu'il appelle des *monades*. Elles sont de quatre espèces.

1° *les monades nues*, éléments de la matière ;
2° *les âmes des bêtes* ;
3° *les esprits finis,* les âmes humaines ;
4° *la monade suprême*, Dieu ;

et selon la loi de continuité, il n'y a pas de passage brusque d'une espèce à l'autre.

Toutes ces monades sont des forces simples, incorruptibles, qui ne peuvent périr que par annihilation ; toutes possèdent plus ou moins *l'appétition* et *la perception*. L'appétition est une sorte d'effort interne qui les modifie et les développe; la perception est cette propriété qu'elles ont de représenter en elles-mêmes, quoiqu'à différents degrés, tout l'univers. Cependant tout cela est purement interne et les monades n'ont aucune action mutuelle. Mais aussi tout s'y fait dans une harmonie universelle selon la loi établie par Dieu.

Les perceptions ne diffèrent que par la *clarté* et la *conscience*. Dans les monades de la matière, les perceptions sont obscures et inconscientes ; les âmes des bêtes ont quelques perceptions claires ; les âmes humaines en ont un plus grand nombre de claires avec beaucoup d'inconscientes; Dieu n'a que des idées adéquates. L'appétition de chacune est dans les mêmes proportions.

Ainsi, pour Leibnitz, *les corps* sont des composés d'âmes inconscientes. L'étendue des corps résulte de la réunion de ces éléments sans étendue, grâce à leur résistance, qui les empêche de se compénétrer. L'espace n'est que la relation des monades entre elles, et le temps est la relation successive de leurs modifications.

Les âmes des bêtes sont préformées depuis la création, mais leurs perceptions restent inconscientes jusqu'à la naissance de la bête, dont le germe existait aussi préformé dans un autre être. Ces âmes sont *indestructibles*, mais non pas *immortelles;* car l'immortalité suppose la *persistance de la conscience, et de la personnalité*, conditions qui sont le propre des âmes douées de raison.

L'âme humaine est aussi une monade ; elle a toutes les facultés des âmes des bêtes, et comme celles-ci elle vit en grande partie de la *consécution*, fruit de la mémoire. Mais elle a de plus *la raison*, par où nous connaissons les vérités nécessaires, ce qui nous fait connaître Dieu et nous rend capables de liberté.

Dans ses *Nouveaux essais sur l'entendement humain*, Leibnitz s'efforce d'établir, contre Locke, que notre esprit met du sien dans nos connaissances, et que, s'il n'a pas d'idées innées, au sens de quelques cartésiens excessifs, il se possède au moins lui-même, avec la perception du nécessaire. Il complète donc ainsi le principe aristotélicien de Locke : « *Nihil est in intellectu quod non prius fuerit in sensu..... nisi ipse intellectus.* Descartes d'ailleurs avait déjà dit : « Je ne me persuade pas que l'esprit d'un petit enfant médite dans le ventre de sa mère, sur les choses métaphysiques. ... Il a les idées de toutes les vérités qui de soi sont connues, *comme les personnes adultes les ont lorsqu'elles n'y pensent point*. » Et Leibnitz dit à son tour : « Les sens, quoique nécessaires pour toutes nos connaissances actuelles, ne sont point suffisants pour nous les donner toutes..... Les sens ne nous donnent point ce que nous portons déjà avec nous..... Les idées et les vérités nous sont innées comme des inclinations, des dispositions, des *habitudes*, ou des virtualités *naturelles*. »

Les principes innés de la raison que Leibnitz admet, sont d'abord :

Le principe de contradiction : Rien ne peut être et ne pas être en même temps. Puis

Le principe de la raison suffisante : Rien n'existe sans une raison suffisante et tout ce qui a sa raison suffisante existe. Et ce principe comprend, à son tour :

Le principe de la cause efficiente : Tout ce qui est ou se fait a une cause.

Le principe de la cause finale : Tout ce qui est ou se fait, est ou se fait en vue d'une fin.

Le principe de continuité : La nature ne fait point de sauts.

Le principe de moindre action : Tout se fait dans l'univers par les voies les plus courtes (avec le moins de temps et de force).

Le principe des indiscernables : Il n'y a pas deux êtres absolument pareils et indiscernables.

Remarquons ici que ces principes dont on fait honneur à Leibnitz, comme les ayant mis en lumière le premier, étaient employés par les scolastiques. Il suffit de lire saint Thomas pour s'en convaincre.

La liberté est le caractère propre de l'âme humaine dans son activité. L'âme est *spontanée* et *intelligente* ; les actes qu'elle peut faire sont *contingents* : c'est assez, selon Leibnitz, pour constituer l'acte libre. Les monades matérielles ont aussi une activité spontanée, pour des actes contingents, mais elles agissent sans conscience. Une âme est d'autant plus libre qu'elle voit mieux ce qu'elle a à faire. Dieu seul est parfaitement libre. La liberté ne suppose pas l'indifférence ; car la détermination dans ces conditions n'aurait pas de raison suffisante. Dieu lui-même n'est pas indifférent, en agissant ; il voit le plus grand bien et il le fait. La prescience et la providence de Dieu n'enlèvent rien à notre liberté ; car Dieu sait ce que nous ferons, mais il sait que nous le ferons librement. De même il est l'auteur de notre activité et des conditions dans lesquelles nous agissons : donc il nous fait agir librement.

— Cette théorie, qui est presque celle de saint Thomas, manque cependant d'une condition que le saint docteur donne comme la raison de notre liberté : c'est le choix. Leibnitz, au contraire, est déterministe, et il devait l'être, en vertu de son système des monades et de l'*harmonie préétablie*.

Leibnitz ayant posé que les monades sont sans influence les unes sur les autres et que tout se fait en elles en temps et lieu convenables, selon l'harmonie déterminée par les lois posées par Dieu au commencement, suppose, d'accord avec ses principes, que l'âme et le corps sont sans action réciproque, mais éprouvent des modifications harmoniques, qui se rencontrent toujours, comme deux horloges bien réglées marquent la même heure, quoique leurs mouvements soient indépendants.

ANALYSE DE LA *Théodicée* DE LEIBNITZ. — Ce mot, dans la pensée de l'auteur, signifie *justification de Dieu*. Plus tard, à la suite de Victor Cousin, on l'a pris dans le sens de *théologie naturelle*. Le titre de l'ouvrage, qui en indique assez le but, est : *Essai de Théodicée sur la bonté de Dieu, la liberté de l'homme et l'origine du mal*.

Préface. Il est utile de se faire une conviction réfléchie sur la nature de Dieu. On se fait une fausse idée de la prescience et de la providence de Dieu. C'est un fatalisme dangereux qui mène à ne plus se croire responsable. De plus c'est une erreur impie qui fait Dieu l'auteur du mal et le montre *méchant* ou *impuissant*. Leibnitz croit avoir dans son système de bonnes réponses à toutes les objections contre Dieu, et principalement à celles que Bayle a pris plaisir à renouveler dans son *Dictionnaire*. Il écrit d'ailleurs à la demande de la reine de Prusse, Sophie Charlotte. Il écrit en français, parce que Bayle a écrit en cette langue, et afin que l'ouvrage soit lu par ceux qui en ont le plus besoin.

Discours de la conformité de la foi et de la raison. C'est une sorte d'introduction. Bayle avait exagéré les difficultés, non pour rester dans le doute, mais pour confondre la raison. Leibnitz déclare fausse et dangereuse cette manière de raisonner : il ne peut pas y avoir contradiction entre la raison et la foi ; l'une et l'autre sont un don de Dieu. La plupart des objections ne sont que des apparences de vérités que l'on prend à tort pour démontrées. La foi ne contredit que nos erreurs et nos préjugés.

Première partie. Leibnitz expose d'abord les difficultés : 1° la liberté paraît nécessaire pour que l'homme soit responsable : mais elle paraît impossible si Dieu *sait* d'avance ce que fera l'homme et surtout s'il *pourvoit* à tout dans le monde, de manière que rien n'arrive que par sa volonté. 2° Dieu paraît responsable du *mal* que font les hommes, s'il est l'auteur de leurs actions, ou même si simplement il permet le mal, pouvant l'empêcher. Leibnitz répond d'abord à la 2° objection, par sa théorie de *l'optimisme*, et ensuite à la 1ʳᵉ par sa théorie *déterministe* de la liberté.

1. Dieu, infiniment intelligent, bon et puissant a dû créer le meilleur des mondes qu'il conçoit ; sans quoi son acte n'eût pas eu de raison suffisante.

En effet, dans ce monde : les maux sont plus rares que les biens : le mal physique est une nécessité de la condition des créatures matérielles ; le bonheur des méchants, dans cette vie, sera compensé par le bonheur des bons, dans l'autre. D'ailleurs, le mal résulte de l'imperfection des créatures : c'est une *limitation* : sa cause n'est pas *efficiente*, mais *déficiente*. Dieu ne le veut pas *antécédemment*, mais *conséquemment*, comme impliqué dans le monde, même le meilleur.

Mais, dit-on, Dieu, étant la cause de tout ce qu'il y a de réel dans l'action mauvaise, concourt au mal. Non, répond Leibnitz ; pas plus que le courant du fleuve qui est la seule cause de tout le mouvement des bateaux qui flottent sur lui, n'est la cause du retard des plus lourds sur les plus légers.

II. Dieu, dit-on encore, prévoit infailliblement tous nos actes ; donc nous ne sommes pas libres. Leibnitz répond: Dieu est certain que nous agirons ainsi, mais que nous agirons librement.

Mais encore, Dieu ne prévoit pas seulement nos actes ; il les règle, il les *préordonne*. — Oui, sans doute, dit Leibnitz, Dieu nous détermine en nous donnant des raisons d'agir, et la pleine indifférence que l'on rêve, comme une condition de la liberté est chimérique, impossible et absurde.

Mais nous nous sentons libres. — Oui, au seul sens raisonnable de ce mot. L'âme est un *automate spirituel*. On est libre par cela seul qu'on agit spontanément et avec intelligence. L'acte peut être déterminé par des raisons ; il suffit que le contraire ne soit pas impossible pour que l'on soit libre.

Le *sophisme paresseux*, par lequel on prétend rester dans l'inaction, sous prétexte que ce qui doit arriver arrivera, est absurde. Car ce qui doit arriver, doit arriver parce que nous ferons ce qu'il faut pour cela. Quant à nous, sans savoir ce qui doit arriver, nous exécuterons la *volonté présomptive* de Dieu, en faisant toujours le mieux.

Mais enfin, où est le mérite ? — Les actes déterminés n'en sont pas moins bons ou mauvais, et nous en sommes responsables, parce qu'ils sont nôtres. Il est donc juste qu'une *connexion* étroite attache à *toute mauvaise action* sa *peine*, à *toute bonne action* sa *récompense*. C'est l'harmonie préétablie entre les causes efficientes et les causes finales.

Deuxième partie. Bayle pose en principe que Dieu n'a pas pu vouloir augmenter sa béatitude en créant ; d'où il conclut (à tort) qu'il a dû créer tout pour le bonheur de l'homme. — Leibnitz répond : Qu'est-ce que l'homme dans l'univers ? Les autres créatures sont inférieures, mais infiniment plus nombreuses. Le tort de Bayle est d'assimiler Dieu à un bienfaiteur humain : c'est de *l'anthropomorphisme*. Dieu ne devait pas, pour rendre l'homme heureux, diminuer le bien de l'ensemble. — Ici, c'est Leibnitz qui a tort, en voulant réfuter Bayle. Le nombre des créatures non raisonnables n'est pas un motif pour les préférer à l'homme. Dieu a fait l'homme pour Lui-même, et tout le reste pour l'homme.

Bayle va jusqu'à accepter le manichéisme pour expliquer la part faite au mal dans le monde. Non, dit Leibnitz, il n'y a pas de principe du mal, qui n'est qu'une privation inhérente à l'essence limitée de la créature.

Bayle accepte en Dieu tantôt la nécessité absolue, et tantôt la doctrine que sa volonté est la seule cause de la distinction du bien et du mal. Leibnitz nie que Dieu agisse nécessairement d'une *nécessité métaphysique*, mais il croit qu'il agit librement avec la *nécessité morale* de produire le mieux. Quant à ceux qui croient que Dieu a établi le bien et le mal, par un décret arbitraire, ils déshonorent Dieu ; ils lui ôtent le titre de bon ; car tout ce qu'il aurait pu faire eût été également bon. La justice, à son tour, n'est pas un choix hasardeux en Dieu. A la vérité, Dieu ne doit rien aux créatures, mais il se doit à Lui-même de les diriger avec justice et avec bonté.

Mais les nécessités métaphysiques limitent la puissance de Dieu et le soumettent à un *fatum*. — Non, car ces nécessités sont l'essence même de Dieu.

On dit encore : Si Dieu fait le meilleur possible, il fait donc d'autres dieux. — Non, le meilleur possible n'est pas le parfait ; il est créé, et comme tel il n'est ni éternel ni se suffisant à lui-même.

Enfin, si l'on dit que Dieu n'est pas libre, parce qu'il doit faire le mieux, c'est qu'on veut une chimérique liberté d'indifférence, plus impossible encore en Dieu que dans l'homme ; car il faudrait que la suprême raison se déterminât sans raison.

Troisième partie. Le *mal physique* a souvent pour cause le *mal moral* ; il en est le châtiment, il est donc le fruit de notre liberté et n'enlève rien à la bonté de Dieu.

I. D'abord le *mal physique* n'est en général qu'une forme du *mal métaphysique*, c'est-à-dire, de l'imperfection essentielle des créatures. Les monstres, qui sont tels vus en particulier, doivent contribuer à la beauté de l'ensemble ; les bouleversements terrestres et même planétaires rentrent dans l'ordre.

Mais les hommes et les animaux souffrent. — Les animaux souffrent moins qu'on ne pense ; car ils n'ont pas la réflexion. Et l'homme serait content de son sort, s'il était sage. Les joies de l'homme de bien compensent ses peines ; et la peine elle-même est l'assaisonnement du plaisir. La mort même, fort redoutable pour les païens, est pour le chrétien l'aurore d'une vie plus heureuse que celle-ci.

II. Ainsi le mal physique n'offre pas de difficulté, s'il est mérité. Mais alors surtout on nie que nous soyons libres. — Sommes nous *intelligents ?* doués d'une activité *spontanée ?* nos actes sont-ils *contingents ?* Oui. Donc nous sommes libres. Et en effet : notre intelligence est supérieure à celle des animaux : elle a des perceptions distinctes ; elle peut peser les raisons. Notre âme est spontanée comme toute monade ; elle agit toute seule, puisqu'elle ne reçoit rien du dehors. Enfin nos actes sont contingents ; c'est certain ; mais nous ne sommes pas vis-à-vis de ces actes dans une complète indifférence.

La théorie de la liberté d'indifférence est absurde ; elle détruit tout ; on gagne tout à la rejeter. Pour être déterminée par les meilleures raisons, l'âme n'est pas cependant soumise au *fatum* ; car ces raisons, elle les veut, elle les fait siennes ; c'est la vraie liberté. C'est aussi la liberté de Dieu. Il ne lui convient nullement d'agir sans raison. Il agit selon le *principe de la convenance*. Il pourrait faire autrement. Mais il fait ainsi pour faire le mieux.

Cette *convenance* n'est pas élastique. C'est une affaire de raison ; et ce qui choque la raison ne saurait être convenable. Bayle a donc tort de demander pourquoi Dieu n'a pas fait qu'une coupure nous fût agréable. Ce qui met la vie en danger ne doit pas être accompagné d'un plaisir trompeur, ni d'une funeste indifférence. — On ne pourrait pas généraliser ce principe. Les plaisirs des sens sont souvent trompeurs. Il est vrai que quand ils sont nuisibles ils sont accompagnés de douleurs, mais bien souvent il est trop tard. Aussi Leibnitz a raison de dire ailleurs que la douleur n'est pas pour faire éviter le péril présent et qu'elle a coutume de servir plutôt de châtiment de ce qu'on s'est engagé dans le mal, et d'admonition pour n'y pas retomber une autre fois.

Dieu a trouvé convenable de faire des lois : la raison ne peut se complaire dans le désordre. Ici Leibnitz discute longuement et soutient cette proposition que les lois du mouvement ne sont ni nécessaires ni capricieuses, mais convenables.

Dieu voit tout d'un seul regard : ce qui est libre, il le voit libre. Le certain n'est pas toujours nécessaire ; le libre n'est pas la même chose que l'incertain. Quant à l'action de Dieu sur la créature, comprise comme Spinosa, elle détruit la liberté. Leibnitz craint même que la théorie cartésienne de la création continuée ne mène à la négation de la liberté. Mais il admet cette doctrine pour le fonds, en l'expliquant. Dieu agit pour continuer l'être à chacune des créatures, et s'il leur donne en même temps la substance avec les accidents, l'essence avec ses modes, la nature avec ses opérations, il est certain que, suivant la priorité de raison d'être, la nature est toujours avant ses opérations, et qu'ainsi c'est toujours elle qui en est la cause. On voit par là comment la créature peut être cause du péché.

Leibnitz répond ensuite à des objections de détails que Bayle tire de cette théorie.

Si l'âme peut changer les accidents des choses, elle a la puissance créatrice. — Non, dit Leibnitz, personne ne pense que disposer en différents sens une cire molle soit employer la force créatrice. C'est un abus de mots.

Si l'âme était la cause de ses pensées et de ses volitions elle en connaîtrait la nature ; or elle ne la connaît nullement. Elle ne peut dire comment se forment ses idées et ses sentiments, ni juger, ni aimer de telle manière, quand elle veut — Non, dit Leibnitz, il n'est pas nécessaire que l'âme connaisse tout cela pour le faire, pas plus que la goutte d'huile qui s'arrondit sur l'eau ne connaît la géométrie.

L'ouvrage se termine par un intéressant dialogue de Laurent Valla sur l'accord de la prescience et du libre arbitre, et Leibnitz donne à ce dialogue une suite pour mieux expliquer la difficulté selon ses théories optimistes.

APPRÉCIATIONS DE LA PHILOSOPHIE DE LEIBNITZ. — Il y a de la grandeur, de la vérité et quelques éclairs de génie dans la philosophie de Leibnitz; mais il y a aussi des excès de système. On ne saurait rejeter absolument aucune de ces théories, mais on ne saurait non plus en admettre aucune sans la corriger, et souvent il est difficile de préciser le point jusqu'où on peut le suivre et où l'on doit l'abandonner ; car les questions qu'il traite touchent toutes aux mystères qu'offrent à notre intelligence les rapports du fini avec l'infini.

On a pu voir que sa théorie de la connaissance est assez classique : dans sa théorie des monades, on peut accepter la simplicité des éléments du corps, mais on ne saurait penser avec lui que les monades n'ont aucune action l'une sur l'autre, ni que toutes ont des perceptions ; sur la question de la liberté, il est plus difficile de dire où s'arrête la vérité des principes déterministes ; mais il est généralement reconnu aujourd'hui que la liberté ne consiste pas à agir sans motif, mais au contraire avec raison ; cependant on n'admet pas que les motifs soient déterminants par eux-mêmes : ils le deviennent par le choix de notre volonté libre, qui laisse quelquefois le meilleur pour suivre le pire.

Enfin l'optimisme lui-même semble fondé en raison jusqu'à un certain point, et notre raison se plaît à penser que Dieu fait toutes choses dans des vues d'une sagesse infinie, et que le mal que renferme le monde est dans les conditions mêmes du monde tel que Dieu l'a choisi : mais on n'oserait pas affirmer que ce monde est le meilleur possible, encore moins que Dieu ne pouvait en choisir un autre. S. Thomas, par exemple, cherche et trouve des *raisons de convenance* à toutes les œuvres de Dieu, mais il ne dit pas qu'il n'y avait rien de mieux. C'est qu'en effet la perfection des êtres créés est dans l'ordre de l'indéfini, et cet ordre n'a pas de limite extrême autre que l'infini lui-même. En sorte qu'aucune créature ne saurait être la plus parfaite possible, en restant simple créature. Mais la vie surnaturelle, communiquée à une créature, la place dans un ordre au-dessus duquel rien n'est possible, et, dans cet ordre, N.-S. Jésus-Christ qui réunit dans une seule personne la Divinité et l'humanité est certainement l'œuvre la plus parfaite possible de la puissance et de l'amour de Dieu. Avec cela notre monde est le meilleur possible.

289. BAYLE. — Pierre Bayle, né à Carlat, dans le comté de Foix, l'an 1647, était fils d'un ministre calviniste. Dans le cours de ses études, qu'il acheva à Toulouse, chez les Jésuites, il se convertit au catholicisme ; mais les instances de sa famille le ramenèrent aux pratiques plus faciles de Calvin. Il se rendit alors à Genève, et après avoir été précepteur dans plusieurs maisons, puis professeur de philosophie à l'université calviniste de Sedan, il passa en même temps que Jurieu, dont il était le collègue, à Rotterdam, lorsque l'université de Sedan fut supprimée. Là les intrigues de Jurieu parvinrent à le faire destituer, et Bayle se réjouit de son indépendance. Atteint d'une affection de poitrine, il mourut la plume à la main, en 1706.

Il laissait de nombreux ouvrages, dont le principal est le *Dictionnaire historique et critique*. Toutes les questions philosophiques y sont traitées et mises en doute. Il trouve partout des raisons pour et contre et semble se plaire à prendre la raison en défaut. Il avait beaucoup lu Montaigne, dans sa jeunesse, et peut-être aussi « la honte de paraître inconstant », puisqu'il avait deux fois changé de religion, lui faisait dire, que le meilleur moyen de ne jamais se mettre en contradiction avec soi-même, c'est de ne jamais rien affirmer.

Nous avons vu comment Leibnitz, qui cependant faisait grand cas de son intelligence, de sa logique et de son érudition, a essayé de répondre à toutes les difficultés soulevées par Bayle.

290. HUET. — Pierre Daniel Huet, évêque d'Avranches, précepteur du Dauphin, fils de Louis XIV, était né à Caen, en 1630, et mourut à Paris en 1721. On s'accorde à le considérer comme très-érudit et habile écrivain. Mais il eut le tort d'exagérer les faiblesses de l'esprit humain et d'ôter à nos facultés toute certitude naturelle, pour mieux soumettre, pensait-il, la raison à la foi. Cette erreur se montre déjà dans sa *Démonstration évangélique*, qui d'ailleurs renferme des matériaux excellents ; mais elle paraît dans tout son jour, dans le *Traité de la faiblesse de l'esprit humain*. Son système ne peut se soutenir, puisque, si rien n'est certain en dehors de la foi, le fait lui-même de la révélation devient indémontrable et la foi n'a point de base. Aussi, dans notre siècle, quand les *Traditionalistes* ont renouvelé l'erreur de Huet, l'Église a pris la défense de la raison méconnue.

Cependant tout n'est pas à dédaigner dans la critique que fait l'évêque d'Avranches des systèmes philosophiques, et particulièrement dans la *Critique de la philosophie cartésienne*, on trouve relevées bien des erreurs que Descartes avait posées comme principes de sa philosophie et ses arguments y sont plus d'une fois justement condamnés. En effet, comme le dit Huet, notre existence personnelle n'est pas le premier objet de notre connaissance; nous connaissons notre âme par la raison et non par la perception : la preuve de la spiritualité de l'âme telle que la donne Descartes est insuffisante ; l'âme n'est pas mieux connue que le corps ; le moi n'est pas tout entier dans la pensée ; certaines idées dérivent des sens : etc. Mais à son tour Huet a tort contre Descartes dans plusieurs autres propositions : par exemple, que l'évidence est une marque incertaine de la vérité, ou que l'idée de l'infini dérive du fini.

§ 5 — PHILOSOPHES MORALISTES.

291. LA ROCHEFOUCAULD. — François VI, duc de la Rochefoucauld, prince de Marsillac, naquit en 1613. Naturellement mélancolique, il fut jeté par les circonstances plutôt que par goût dans les intrigues de cour qui amenèrent la Fronde. Il s'y distingua par son activité et sa bravoure,

mais après la paix il regretta de s'être livré à ce qu'il appelait « un métier pour les sots et les malheureux, dont les honnêtes gens et ceux qui se trouvent bien ne se doivent point mêler. » Rentré dans la vie privée, il écrivit ses *Mémoires* et ses *Maximes*, sans cesser d'entretenir un commerce d'amitié et de relations suivies avec tout ce qui se distinguait alors par le talent ou par la naissance. Il mourut en 1680, entre les bras de Bossuet.

On s'accorde généralement à dire que La Rochefoucauld fonde systématiquement la morale sur l'égoïsme, qu'il ne donne pas d'autre mobile à nos actions que la vanité et l'intérêt, et quelques-uns vont même jusqu'à trouver ses théories appuyées sur des principes matérialistes.

Nous croyons ce jugement exagéré, et il nous semble que La Rochefoucauld, faisant un livre de critique de de mœurs, plutôt que de morale, n'a voulu peindre que les défauts du cœur humain, et particulièrement les vices qu'il voyait dominer autour de lui. Il est vrai que sa philosophie dérive de Locke, mais elle n'est pas précisément matérialiste.

Quand à sa théorie morale citons les pensées les plus incriminées et nous verrons s'il n'est pas possible de les absoudre du reproche de fatalisme et même d'égoïsme.

« La nature fait le mérite, la fortune le met en œuvre. » *(Maxime 153)*. « Nos qualités sont presque toutes à la merci des occasions. » *(Maxime 170)*. « Notre sagesse n'est pas moins à la merci de la fortune que nos biens » *(Maxime 323)*. — En expliquant ces maximes, et les autres qui leur ressemblent, l'une par l'autre, on les réduira à une pensée très-vraie ; savoir : que le mérite réel reste caché tant que les circonstances ne le découvrent pas, et que l'homme vertueux doit sa vertu au milieu dans lequel il a vécu plus encore qu'à sa raison et à sa volonté.

« La philosophie triomphe des maux passés et des maux à venir ; mais les maux présents triomphent d'elle » *(Maxime 22)*. Si l'on admet quelques exceptions à cette pensée, elle restera profondément vraie.

« Toutes nos vertus ne sont qu'un art de paraître honnêtes » *(Premières pensées, n° 54)* « Les vertus se perdent dans l'intérêt comme les fleuves se perdent dans la mer » *(Maxime 171)*. « La vertu n'irait pas si loin, si la vanité ne lui tenait compagnie » *(Maxime 200)*. — Qu'on entende ces paroles comme l'expression d'un fait assez général, et non comme la formule d'une loi, et l'on ne pourra s'empêcher de reconnaitre qu'elles sont malheureusement trop vraies.

« L'amitié la plus désintéressée n'est qu'un commerce où notre amour propre se propose toujours quelque chose à gagner » *(Maxime 83)*. « Il n'y a pas de passion où l'amour de soi-même règne si puissamment que dans l'amour » (*Max.* 267) « Il en est du véritable amour comme de l'apparition des esprits : tout le monde en parle, mais peu de gens l'ont vu » *(Maxime 76).*

« Notre repentir n'est pas tant un regret du mal que nous avons fait qu'une crainte de celui qui nous en peut arriver » *(Max.* 180).

« Les passions les plus violentes nous laissent quelquefois du relâche, mais la vanité nous agite toujours » *(Max,* 443.*).* — Tout cela s'explique encore comme constatation d'un fait.

« Le mal que nous faisons ne nous attire pas tant de persécution et de haine que nos bonnes qualités » (*Max.* 29). « Il n'est pas si dangereux de faire du mal à la plupart des hommes que de leur faire trop de bien » (*Max.* 238). — Quel est l'homme au cœur bon et dévoué qui n'a éprouvé plus d'une fois la triste réalité de ces deux pensées? Non pas précisément que les hommes détestent chez les autres les bonnes qualités comme telles, ni qu'ils puissent concevoir de la haine d'un bienfait reçu, considéré comme bienfait : mais parce que les bonnes qualités des autres prennent aux yeux de beaucoup les apparences du vice ou au moins de l'erreur, ou même semblent nuire à nos intérêts ou choquer nos sentiments: c'est en cela qu'on les déteste. Ou encore lorsqu'on a fait du bien à quelqu'un et qu'on est obligé de s'arrêter, celui-ci ne voit plus le bien qu'on lui a fait, mais seulement celui qu'il n'obtient pas. De là cette aversion qui s'appelle justement ingratitude.

Ailleurs, La Rochefoucauld exagère sans doute l'influence du physique sur le moral, mais il n'y a pas moins beaucoup de vrai sous cette pensée excessive : « La force et la faiblesse de l'esprit sont mal nommées, elles ne sont, en effet, que la bonne et la mauvaise disposition des organes du corps. » Il est facile de constater, en effet, que si le tempérament ne fait pas tout dans le caractère, ce qui serait un fatalisme matérialiste, il y est au moins pour beaucoup. La volonté ne peut se porter que sur ce que l'âme connaît, et il est une force d'âme que ne connaîtra jamais celui qui a le tempérament lymphatique, comme aussi, il est une douceur de caractère dont n'éprouvera jamais le sentiment celui qui par constitution est fougueux. Par le même principe, il est des âmes qui ne sauraient prendre une résolution énergique et d'autres qui se décident avant d'avoir réfléchi.

Ainsi tout en reconnaissant que l'âme humaine est capable d'autres vertus que celles que lui prête La Rochefoucauld, nous ne saurions condamner absolument la critique qu'il fait de l'égoïsme des hommes. Ce vice existe, en effet, dans l'âme humaine; on peut le corriger, mais la plupart n'y songent même pas, et plusieurs, s'ils y songeaient, n'auraient pas le courage de l'entreprendre et le plus souvent n'auraient pas la persévérance nécessaire pour l'achever.

292. LA BRUYÈRE. — A côté de La Rochefoucauld nous devons placer La Bruyère, quoique le seul livre qu'il nous a laissé ne soit pas un livre de philosophie, moins encore que les *Maximes* du premier.

Jean de la Bruyère, né à Dourdan, en 1639, et mort à Versailles en 1696, fut d'abord trésorier dans la généralité de Caen, puis chargé d'enseigner l'histoire au duc de Bourgogne, auquel il resta attaché toute sa vie, en qualité d'hommes de lettres, avec une pension de mille écus.

Sortant peu, mais observant beaucoup, il écrivait en rentrant chez lui les remarques qu'il avait faites, et en même temps il traduisait les *Caractères* de Théophraste. D'abord, il ne fit qu'ajouter quelques-unes de ses propres pensées à la suite de cet ouvrage, mais en 1687 il publia son propre travail sous le titre de *Caractères*.

On y trouve un fond de critique de mœurs souvent aussi triste que dans La Rochefoucault, mais on y voit plus facilement le correctif à côté du sentiment ou du jugement trop sévère. Il y a de plus une haute estime de la philosophie pratique à côté d'un certain mépris pour la spéculation, une condamnation très nette et très spirituelle des *esprits forts*, qui, faibles en réalité, se vantent de ne pas croire en Dieu, et La Bruyère donne pour cela les preuves de l'existence de Dieu et de l'immortalité de l'âme, en les empruntant à Descartes.

293. CUMBERLAND. — Vers la même époque, Richard Cumberland, né à Londres en 1632, pasteur, puis évêque anglican, mort à Péterborough en 1718, écrivait son traité *de Legibus naturæ*, où il s'efforce de relever les notions morales, abaissées par Hobbes; il cherche le fondement des lois morales dans la nature humaine et les reconnaît antérieures à toute convention, ayant pour auteur Dieu lui-même, et pour sanction le bonheur ou le malheur de l'individu; mais il les fait consister dans la bienveillance, dont nous devons être animés les uns pour les autres, et dans cette bienveillance il trouve la raison et la forme de tous nos devoirs publics et privés. Il inaugure donc la morale du sentiment que nous verrons se développer, pendant le dix-huitième siècle, chez d'autres auteurs, dont le plus connu est Adam Smith.

§ 6. — PHILOSOPHES SCOLASTIQUES DU XVIIe SIÈCLE.

La philosophie scolastique n'était pas entièrement éteinte pendant que se développait, se corrompait ou s'améliorait la philosophie de Descartes. De nombreux auteurs gardèrent fidèlement les doctrines thomistes, ou pures ou avec quelques alliances de la philosophie nouvelle; outre Bossuet, et Fénelon, dont nous avons déjà parlé, nous ne citerons que les plus importants parmi ceux dont les noms nous sont parvenus.

Antoine Goudin, né à Limoges, en 1639, dominicain, professeur à Avignon, puis à Paris, mort en 1695, publiait alors sa *Philosophia juxta inconcussa D. Thomæ dogmata*, que M. Roux Lavergne a réédité en 1850, et dont nous avons joint un résumé aux différents traités de St Thomas, dans nos *Excerpta*. C'est la pure doctrine de l'ange de l'École, résumée et discutée dans les formes de la scolastique du dernier âge, et dans le style de la Renaissance, mais avec les termes de l'École.

A le même époque Jean de S. Thomas écrivait son *Cursus Philosophicus*, et le bénédictin français Caramuel (1606-1682) publiait au milieu d'un grand nombre d'ouvrages, sa *Theologia rationalis, sive in auream angelici Doctoris Summam meditationes et observationes liberales philosophiæ scholasticæ*, dont le titre seul indique l'esprit, quoiqu'il soit plus thomiste par la forme que par le fond. Citons encore, parmi les français, Duhamel (1624-1706), oratorien, *Philosophia vetus et nova*, et, plusieurs autres ouvrages ; Dupasquier, *Summa philosophiæ scholasticæ* ; et Guérinois (1640-1703) dominicain, *Clipeus philosophiæ thomisticæ*.

Chez les Espagnols, outre les jésuites Vinas et Losada et Théodore Quiros (1599-1662) dominicain, auteurs d'ouvrages élémentaires, il faut nommer avec distinction le P. Ceballos, de l'ordre de S. Jérôme, *La fausse philosophie, crime d'Etat*, et le P. Alvarez, dominicain, *Lettres critiques*, qui tous deux travaillent à réagir contre les tendances nouvelles.

En Italie, le jésuite J.-B. de Benedictis (1622-1706), *Philosophia peripatetica* offre à peine quelques traces de cartésianisme, et le dominicain Roselli, *Summa philosophica, ad mentem Angelici Doctoris*, s'attache plus au fond qu'à la forme.

D'autres, en Espagne, tels que Martinez Cuadros, Codorniu, Forner, Hervas, Castro, et surtout André Piquer, mêlent à un fond thomiste plusieurs idées de Descartes ou d'autres. Le dernier admet l'idée de Dieu comme innée et recommande d'étudier tous les systèmes.

C'est dans le même sens, que le Portugais P. Alméida écrivait alors ses *Récréations philosophiques*.

Citons encore le cardinal Bellarmin (1542-1621), le cardinal du Perron (1556-1618) ; les jésuites Becan (1550-1624), Thomas Sanchez (1551-1601), Pineda (1557-1637), Arriaga (1599-1667), tous espagnols ; Lorin (1559-1634), Serrarius (1555-1609); Chokier ou Choclæus (1571-1650) tous les trois français ; Virin (1580-1635), d'Anvers; François Herrera (1548-1630), dominicain de l'université de Salamanque; Marchini (1586-1636), barnabite italien ; Gretser (1551-1625), jésuite allemand. Leurs ouvrages traitant des sujets théologiques contribuèrent cependant beaucoup à maintenir en honneur la philosophie de S. Thomas.

Ils la conservent avec une parfaite unité, ne s'en écartant que dans certaines questions de détails ; tandis qu'à la même époque, c'est-à-dire à la fin du XVII° siècle, la philosophie de Descartes avait subi déjà tant de transformations qu'elle était devenue méconnaissable.

XVIIIme SIÈCLE

§ 1. — ÉCOLE DE LEIBNITZ.

294. DISCIPLES DE LEIBNITZ. — Jean Chrétien WOLF, né à Breslau en 1670, fut professeur à l'Université de Halle, en 1707 ; puis, exilé par le roi de Prusse, il vint dans celle de Marbourg, en 1723, et enfin fut rappelé à Halle, en 1740. Il mourut dans cette dernière ville en 1754.

Cartésien dans sa jeunesse, puis disciple de Leibnitz, il se nourrit des doctrines de ce dernier et s'attacha à les répandre en y mettant un ordre à lui. Il aurait voulu conduire l'enseignement philosophique avec la précision et la certitude que comporte la géométrie. Il a tracé une sorte de classification des sciences, ou plutôt un plan d'études philosophiques. Il rencontra beaucoup d'adversaires, ou même d'ennemis ; mais il eut aussi de nombreux disciples, et sa philosophie régna en Allemagne jusqu'à Kant.

Ses nombreux ouvrages, qui remplissent 23 volumes in-4°, traitent par ordre toutes les parties de la philosophie. Ils sont écrits en partie en allemand et surtout en latin. On y trouve une *Logique*, une *Ontologie*, une *Cosmologie*, une *Psychologie empirique*, une *Psychologie rationnelle*, une *Théologie naturelle*, une *Philosophie pratique*, un traité du *Droit naturel*, un traité du *Droit des gens*, une *Philosophie morale*. Tout cela est en latin. Ses autres ouvrages sont en allemand et traitent des questions moins générales, mais toujours philosophiques.

Sa philosophie est en général celle de Leibnitz, avec plus de méthode ; mais il s'y mêle plusieurs idées de Descartes. Il s'éloigne cependant quelquefois de Leibnitz, notamment en ce que, pour lui, les monades inférieures n'ont point de perception, et que, de plus, il considère l'harmonie préétablie comme une hypothèse. Mais où il diffère surtout de son maître, c'est dans le mépris qu'il professe pour la scolastique. Cependant son style n'a rien de clair ni d'élégant ; il est rude, peu correct, souvent barbare. Il délaye les questions au point de lasser le lecteur. C'est à lui que pensait Voltaire quand il a bafoué le style lourd des philosophes allemands.

BULFFINGER, professeur à Tubingue, se montre partisan de Leibnitz dans les deux ouvrages dont voici les titres : *Commentationes philoso-*

phicæ de origine et permissione mali, præcipue moralis ; Commentatio hypothetica de harmonia animi et corporis humani, maxime præstabilita ex mente Leibnitii.

Thummig, mort en 1728, a écrit : *Institutiones philosophiæ Wolfianæ* et d'autres ouvrages dans le sens de Leibnitz.

Canz, de Tubingue (1690-1753) publia, en 1728, *Philosophiæ Leibnitzianæ et Wolfianæ usus*.

Hansch (1683-1752) suit de plus près Leibnitz et ne reçoit pas l'influence de Wolf, dans ses *Selecta moralia* et son *Ars inveniendi*.

Baumgarten (1714-62), de qui nous avons un traité intitulé : *Esthetica*, est le premier qui ait écrit un traité spécial sur l'esthétique et qui l'ait considérée comme une branche de la philosophie.

Samuel Reimarus, de Hambourg (1694-1765), après s'être montré leibnitzien dans sa *Théorie de la raison, ou méthode pour bien user de la raison dans l'étude de la vérité*, et dans ses *Observations physiques et morales sur l'instinct des animaux*, laissa manuscrit, en mourant, un traité intitulé : *Schutschrift für die vernünftigen Verehrer Gottes* (Écrit pour les adorateurs raisonnables de Dieu) que Lessing publia sous le titre de *Fragments de Wolfenbüttel*. C'est une déclaration de guerre faite à la révélation au nom de la raison, et par là Reimarus est le chef de cette école d'exégètes rationalistes, qui depuis n'a cessé d'attaquer le christianisme et son divin fondateur, N.-S. Jésus-Christ.

Baumeister (1708-1785) nous a laissé : *Institutiones philosophiæ methodo Wolfiano conscriptæ*, et *Historia doctrinæ de mundo optimo*, ouvrages dont les titres seuls disent assez quelle était sa philosophie.

295. Adversaires de Leibnitz. — Le plus ardent et le plus dangereux ennemi de Leibnitz fut le piétiste Joachim Lange, qui professa la théologie protestante à Halle, de 1709 à 1744. Il forma une sorte de croisade contre Wolf, l'accusant de mettre en péril la religion et l'ordre social et d'enseigner l'athéisme. Il publia, entre autres livres dans ce but : *Causa Dei et religionis naturalis adversus atheismum*. Il communiqua sa haine à ses collègues, en particulier à Strahler et à Muller, et chercha par tous les moyens à faire interdire cette doctrine dans toutes les facultés. Mais il s'attaquait moins à la vraie philosophie de Leibnitz qu'à la forme que Wolf lui avait donnée.

Les deux suivants s'attaquent plus directement à Leibnitz lui-même, mais avec moins d'animosité.

Rudiger (1673-1731) fut disciple de Thomasius, qui avait été le plus acharné détracteur d'Aristote, et qui avait mis en avant la philosophie du sens commun. Il combattit principalement, dans Leibnitz, l'harmonie préétablie, pour revenir à l'influx physique. Mais ce n'est pas pour se rapprocher de la théorie scolastique ; car, entendant comme Locke l'origine des idées, il pousse le sensualisme au point d'attribuer une étendue à l'âme.

CRUSIUS (1712-1775), disciple de Rüdiger, combattit dans Leibnitz le principe de la raison suffisante et le déterminisme ; soutenant au contraire la théorie de la liberté d'indifférence. Non moins sensualiste que son maître, il affirme que le temps et l'espace sont les attributs de Dieu. Cependant il dit avec Descartes que le fondement de la certitude, c'est la véracité divine, et d'un autre côté il déclare, avec l'école Ecossaise, que le critérium immédiat de la certitude, c'est une inclination nécessaire et instinctive de notre nature, qui nous fait juger que la chose est telle que nous la concevons. Enfin il combat aussi l'optimisme.

§ 2. — ÉCOLE SENSUALISTE.

296. CONDILLAC. — Etienne Bonnot de Condillac, né à Grenoble en 1715, d'une famille de robe, fut, ainsi que son frère, l'abbé Mably, destiné à l'état ecclésiastique ; et quoiqu'il n'en ait pas exercé les fonctions, cette profession cependant l'arrêta dans les écarts où aurait dû le jeter son système sensualiste. Il connut Diderot et J. J. Rousseau, mais il ne les suivit jamais dans leurs erreurs religieuses. Après avoir été sans trop de succès le précepteur de l'infant duc de Parme, il entra à l'Académie. Il mourut en 1780, dans l'abbaye de Flux, près Beaugency, dans l'Orléanais, dont il était bénéficier.

Ses principaux ouvrages sont : l'*Essai sur l'origine des connaissances humaines,* où il ne fait qu'expliquer Locke, reconnaissant avec lui comme source de nos idées les sens et le travail de l'âme sur ses propres perceptions, et le *Traité des sensations,* où il devient absolument sensualiste, ne reconnait pas d'autre faculté à l'âme que la sensibilité, et dit que les idées ne sont que des *sensations transformées,* niant ainsi l'activité de l'âme, qu'il avait reconnue d'abord.

On a aussi de lui le *Traité des systèmes,* un *Traité des animaux,* une *Histoire générale des hommes et des empires,* une *Logique,* écrite à la demande du roi de Pologne, en 1777, et un *Cours d'études pour l'instruction du prince de Parme.*

Condillac a surtout traité dans ses ouvrages l'origine de nos connaissances, et il a tellement généralisé cette question, qu'elle embrasse toute sa philosophie.

D'abord simple disciple de Locke, il admit son principe que l'âme est une table rase, et pour expliquer, avec lui, les idées par les sens et la réflexion, il fit intervenir le langage. C'est dans les mots eux-mêmes qu'il trouve le principe de l'abstraction, de la généralisation, du jugement et du raisonnement, en un mot de tout ce que Locke appelle la réflexion. Il confond le moyen avec la cause, et c'est ainsi qu'il a pu prononcer cette parole devenue célèbre : « Une science n'est qu'une langue bien faite. »

Après avoir assigné au langage la fonction d'engendrer la pensée, il fait venir le langage lui-même d'une création lente et successive obtenue par l'humanité après mille essais imparfaits, tels que le langage d'action d'abord, puis les cris inarticulés, puis quelques articulations simples, etc. Le langage parlé proprement dit ne serait arrivé ainsi qu'après de nombreuses générations.

Telles étaient les théories de Condillac dans son *Essai sur l'origine des connaissances humaines*, c'est-à-dire dans sa première philosophie.

Mais dans son *Traité des sensations* il va beaucoup plus loin. Il s'efforce de ramener à un seul les deux principes admis par Locke, et donne la sensation non seulement comme la source de nos connaissances et même de toute nos opérations, mais encore comme le principe de toutes nos facultés. Supposant d'abord une statue ayant les mêmes organes que nous et douée d'un esprit encore dépourvu de toute idée, il lui présente une rose, et il prétend que la statue la sent et s'aperçoit de l'impression reçue, que cette impression lui plaît, qu'elle se la rappelle, la désire et se plaint de ne plus l'avoir, en compare le parfum avec les autres odeurs qu'on lui fait sentir. Condillac agit de même pour tous les autres sens, et bientôt il conclut que, par la seule sensation, sa statue fait tout ce que nous faisons. Il ne s'aperçoit pas que dès le principe il fait faire à cette statue des actes dont elle n'a pas la faculté d'après l'hypothèse.

Voici comment il analyse l'âme et expose la génération de ses facultés.

« Lorsqu'une campagne s'offre à ma vue, je vois tout d'un premier coup d'œil et je ne discerne rien encore. Mais quand j'en regarde un seul, les autres sont comme si je ne voyais plus, et parmi tant de sensations, il semble que je n'en éprouve qu'une. » « Ce regard est une action par laquelle mon œil tend à l'objet vers lequel il se dirige : par cette raison, je lui donne le nom d'*attention,* et il m'est évident que cette direction de l'organe est toute la part que le corps peut avoir à l'attention. Quelle est donc la part de l'âme ? Une sensation que nous éprouvons comme si elle était seule. » « L'*attention* que nous donnons à un objet n'est donc, de la part de l'âme, que la sensation que cet objet fait sur nous. »

« Comme nous donnons notre attention à un objet, nous pouvons la donner à deux à la fois.... et nous disons que nous les comparons.... La *comparaison* n'est donc qu'une double attention : elle consiste dans deux sensations qu'on éprouve, comme si on les éprouvait seules, et qui excluent toutes les autres. »

« Nous ne pouvons comparer deux objets.... qu'aussitôt nous n'apercevions qu'ils se ressemblent ou qu'ils diffèrent. Or, apercevoir des ressemblances ou des différences, c'est juger. Le *jugement* n'est donc encore que sensation. »

« La *réflexion* n'est qu'une suite de jugements qui se font par suite de comparaisons; et, puisque dans les comparaisons et les jugements, il n'y a que des sensations, il n'y a aussi que des sensations dans la réflexion. » La réflexion qui réunit dans une seule image les qualités séparées dans plusieurs prend le nom d'*imagination*. « Lorsqu'un jugement est renfermé dans un autre, on le peut prononcer comme une suite du premier, et c'est ce qu'on entend par faire un *raisonnement*. Ce n'est autre chose que prononcer deux jugements. Il n'y a donc que des sensations dans nos raisonnements. » Ainsi toutes les facultés de l'*entendement* sont renfermées dans la *faculté de sentir*.

« En considérant nos sensations comme représentatives, nous venons d'en voir sortir toutes les facultés de l'entendement. Si nous les considérons comme agréables ou désagréables, nous en verrons naitre toutes les facultés qu'on rapporte à la volonté. » Ici Condillac décrit la *privation* et le *besoin*, puis le *malaise* et l'*inquiétude* qui en résultent. Vient ensuite le *désir*, qui n'est, selon lui, que la direction de nos facultés vers l'objet dont nous sommes privés; la *passion* n'est qu'un désir tourné en habitude. S'il s'y joint le jugement que nous obtiendrons l'objet désiré, c'est l'*espérance*, et, si nous jugeons qu'il n'y a pas d'obstacles, nous disons : *Je veux*. On est dans l'usage d'entendre par *volonté* « une faculté qui comprend toutes les habitudes qui naissent du besoin. »

« Enfin le mot *pensée*, plus général encore, comprend dans son acception toutes les facultés de l'entendement et toutes celles de la volonté. Car, penser c'est sentir, donner son attention, comparer, juger, réfléchir, imaginer, raisonner, désirer, avoir des passions, espérer, craindre, etc.

« Nous avons expliqué comment *les facultés de l'âme naissent successivement de la sensation; et on voit qu'elles ne sont que la sensation, qui se transforme*, pour devenir chacune d'elles. »

Telle est la doctrine de Condillac; nous l'avons prise dans sa *Logique*, où il l'expose avec plus de brièveté, mais c'est celle qu'il avait donnée dans le *Traité des sensations*. Nous ne pensons pas qu'il soit nécessaire de la réfuter : on voit facilement que Condillac confond les phénomènes où l'âme est active avec ceux où l'âme est passive, et si l'on se rappelle notre analyse des facultés de l'âme on comprendra facilement qu'une fois que l'on a confondu l'attention et la sensation, on doit ramener à la sensation toutes les autres opérations intellectuelles. La chose est moins facile pour la volonté, mais celui qui ne voit pas l'*acte* qui distingue *regarder* de *voir*, peut très-bien confondre le désir avec la sensation et la volonté avec le désir.

Il ne faudrait pas conclure de ce qui précède que Condillac ait été matérialiste. Au contraire, il redresse Locke qui avait dit : « Nous ne pouvons pas savoir si Dieu ne pourrait pas donner la pensée à la matière, » et il répond que, sans connaître la nature de l'âme, il suffit de savoir que la pensée est une, pour conclure que son sujet doit être *un*. Bien plus, on a dit, avec quelque raison, que le système de Condillac doit conduire à l'idéalisme : car, si tout est sensation, quel moyen avons-nous d'affirmer que l'objet de nos sensations est réel et existe au dehors de nous ? Et, en effet, Diderot remarque que Berkeley prend ses principes chez Condillac.

297. Helvétius. — Claude Adrien Helvétius, né à Paris, en 1715, et mort dans la même ville en 1771, se montre aussi nettement sensualiste que Condillac ; mais ce qui lui appartient dans sa philosophie, c'est sa théorie morale, quoique le fond de cette théorie appartienne à Épicure. L'ouvrage où il expose cette doctrine est intitulé: *de l'Esprit*. Ce livre eut un immense succès à son apparition, mais il fut condamné par l'autorité, et Helvétius dut s'exiler quelque temps en Angleterre. A son retour, il trouva de nombreux antagonistes et il écrivit le *Traité de l'homme*, pour défendre les principes qu'il avait émis d'abord. Voici ces principes :

Tout est sensation dans l'homme. S'il est plus parfait que les animaux, ce n'est que par la délicatesse de ses organes. Les sensations excitent les passions, et les passions sont l'unique principe de nos actions La liberté n'est qu'un mot vide de sens. L'homme n'agit et ne peut agir que pour rechercher le plaisir et fuir la douleur : l'intérêt personnel est toute sa loi. La vertu n'est qu'un nom dont on décore les qualités utiles des choses ou de celui qui sait les rechercher. L'amour filial, l'amour de la patrie, le dévouement, quel qu'il soit, n'est qu'un calcul d'intérêt, un mode d'action dans lequel on trouve son plaisir.

Toutefois celui-là seul est appelé vertueux, dont le plaisir personnel concorde avec l'intérêt des autres. Celui-là est injuste qui ne voit pas cet accord et nuit aux autres en cherchant son plaisir. Et encore cet accord, Helvétius ne le fait pas venir d'une volonté libre, mais d'une disposition des passions, et cette disposition vient, selon lui, de l'éducation.

Toutes les âmes sont égales et c'est l'éducation seule, c'est-à-dire le milieu dans lequel on se trouve et les habitudes que l'on y prend, qui fait naître la diversité qui existe entre les hommes. Tout se réduit à développer uniformément toutes les passions, sans que l'une l'emporte sur l'autre.

Telle est la théorie morale qui découle logiquement du sensualisme et encore on sent que l'auteur fait des concessions à l'usage commun ; car rien dans ses principes ne justifie le sacrifice qu'il exige de notre plaisir dans le but de favoriser l'intérêt d'autrui.

298. D'Holbach. — Paul Thyri, baron d'Holbach, né à Hildesheim,

en 1723, mort à Paris, le 21 janvier 1789, est plus remarquable comme ennemi de la religion, que comme philosophe. Après avoir rendu quelques services à la science et à l'industrie par des traductions d'ouvrages allemands, il se fit l'amphytrion des encyclopédistes. Diderot, d'Alembert, Marmontel, J.-J. Rousseau, et les autres se réunissaient chez lui et s'encourageaient mutuellement à poursuivre l'œuvre commune que dirigeaient Voltaire. Mais le baron d'Holbach ne se contentait pas de cette action indirecte. Il écrivit pour sa part plus de vingt-cinq pamphlets anti-chrétiens, sans compter les œuvres de plus longue haleine, telles que le *Christianisme dévoilé* et le *Système de la nature*. Ces deux ouvrages furent condamnés par le Parlement, ainsi que plusieurs autres de moindre importance. On croit que c'est lui qui a écrit *le Bon sens du curé Meslier*, ouvrage que quelques-uns ont attribué à Voltaire.

Le premier de ces trois écrits est une impudente diatribe contre le dogme et la morale du christianisme, que l'auteur s'efforce de montrer comme faux, inutiles et nuisibles. Les deux autres professent l'athéisme le plus révoltant, et prétendent démontrer la fausseté de chacun des attributs de Dieu.

Enfin, dans le *Système social*, d'Holbach essaye de tracer des règles morales et politiques en dehors de toute religion.

Sa philosophie, si l'on peut ravaler jusque là le nom de cette science, était toute matérialiste.

Cependant ses contemporains s'accordent à le représenter comme un homme simple et bon, « faisant le bien sans espoir de récompense. »

299. LAMETTRIE. — Julien Offroy de Lamettrie, né à St-Malo en 1709, mort à Berlin, en 1751, fut aussi ennemi de la religion que d'Holbach, quoiqu'il n'ait écrit aucune attaque directe contre elle, mais plus matérialiste que lui. Il était médecin des gardes, et s'étant aperçu pendant une maladie qu'il fit, au siége de Fribourg, que ses facultés morales s'affaiblissaient avec ses organes, il en conclut que la pensée n'est qu'un produit de l'organisation. Il écrivit donc l'*Histoire naturelle de l'âme*, où il expose cette doctrine. Son livre fut vivement blâmé et il perdit sa place. Il publia alors contre les médecins *la Politique du médecin de Machiavel*, qui l'obligea à se réfugier à Leyde, pendant que son livre était brûlé publiquement. Un autre livre, intitulé l'*Homme machine*, eut le même sort à Leyde et l'auteur dut quitter la Hollande. Il se rendit en Prusse, où il devint familier avec Frédéric. Il mourut à Berlin, pendant qu'il sollicitait son retour en France, par l'entremise de Voltaire.

300. BONNET. — Charles Bonnet, né à Genève, en 1720, et mort dans la même ville en 1793, sans avoir quitté la Suisse, appartient à l'école sensualiste, par la théorie des idées, mais loin de participer à l'esprit irréligieux de son école, il se montre plein d'amour pour Dieu,

dont il voit l'action en toutes choses. Cependant il est plutôt théiste que chrétien.

Le caractère propre de sa philosophie consiste d'abord à ne séparer jamais l'âme du corps, et même à vouloir étudier l'âme dans le corps. Il n'admet pas la conscience et croit que nous ne connaissons l'âme que par les modifications qu'elle imprime au corps. Les idées ont leur principe dans les mouvements des fibres nerveuses. Il étudie longuement ces fibres et croit qu'il y en a une pour chaque variété de sensation. De plus, il croit expliquer la mémoire par ce fait qu'une fibre déjà mue d'une certaine manière, reprend ce même mouvement avec plus de facilité, à une seconde impression de l'objet, et c'est à cette mobilité que l'âme reconnait une impression répétée, et la distingue de celle qui se présente pour la première fois.

C'est la réflexion, c'est-à-dire l'application volontaire de l'âme aux idées sensibles, qui produit les idées abstraites, et celles-ci, même les plus spiritualisées, viennent des sens.

L'âme est une force active, et son activité s'exerce sur elle-même et sur le corps. Bonnet appelle liberté l'activité elle-même et volonté chacune des déterminations de cette activité. La volonté est excitée par le plaisir et la douleur, par le jeu des fibres. Ainsi, selon Bonnet, la volonté ne s'exerce que par la connaissance, d'où il suit que plus un homme a de connaissance plus il a de liberté.

Voilà ce que l'on trouve dans l'*Essai analytique sur les facultés de l'âme*, ouvrage qui commence, comme celui de Condillac, par la supposition d'une statue vivante, dont Bonnet sépare ou réunit les différents sens, pour étudier les idées qui dérivent de chacun d'eux ou de plusieurs combinés.

Dans sa *Palingénésie philosophique,* Bonnet expose que l'âme n'est jamais sans un corps et qu'à la mort elle reste unie à un corps nouveau qui existait déjà, pendant la vie, renfermé dans le corps calleux du cerveau. Il se développe alors de nouveaux organes dans ce corps d'une nature très-subtile, et d'ailleurs, celui-ci garde les traces de ses impressions antérieures. L'homme commence cette nouvelle vie dans l'état intellectuel et moral où il se trouvait à la fin de celle-ci, de manière qu'il y a toujours progrès, sans solution de continuité.

Il admet une évolution semblable chez les animaux et croit que Dieu n'a créé d'abord que des animaux imparfaits, qui renfermaient en germe les espèces plus parfaites et d'où celles-ci sont sorties après plusieurs séries de perfectionnements, séries qui correspondent chronologiquement aux révolutions terrestres.

§ 3. — Sensualisme pratique.

301. Voltaire. — Il n'est aucun nom dans l'histoire de la philosophie et des lettres qui excite à la fois autant de mépris et autant d'admiration que celui de Voltaire. On a dit que l'on pourrait extraire de ses ouvrages un livre de piété, en même temps qu'on y trouve les plus horribles blasphèmes contre Jésus-Christ. Ajoutons que l'on peut en extraire aussi une théodicée parfaitement orthodoxe, une défense de la liberté, une apologie de la raison, un traité de loi morale naturelle, et mille autres théories philosophiques excellentes, à côté des sarcasmes contre Dieu et sa providence, d'un sensualisme qui détruit la possibilité même de la liberté, qui nie la raison, et la moralité, à côté d'un cynisme impudent qui glorifie le crime et vilipende la vertu. M. Bersot, dans sa *Philosophie de Voltaire*, sans être un ennemi du christianisme et tout en blâmant Voltaire de n'avoir pas vu ce qu'elle renferme de vrai, essaye de le justifier de tous les autres reproches et s'efforce d'en faire le promoteur de la raison, le défenseur de la justice, l'apôtre de la liberté. Sans doute, c'est là le masque dont Voltaire a couvert la tâche infâme qu'il s'était donnée, mais au nom de la raison il attaqua tout ce qui est saint et raisonnable, et le triomphe de la raison qu'il prétendait poursuivre n'était que la ruine de l'Église et de la religion chrétienne. Pour exécuter ce plan, il fallait se donner les airs d'un philosophe de bon-sens, et c'est ce qu'il a fait; mais il fallait surtout mentir et se moquer, et il n'a pas failli à cette double tâche.

François-Marie Arouet, qui ne prit que plus tard le nom de Voltaire, était fils d'un receveur de la chambre des comptes; né à Châtenay, près de Paris, le 20 février 1694, il ne fut baptisé que le 22 novembre. Comme il faisait ses études au collège Louis-le-Grand, sous la direction des jésuites, un de ses maîtres, le père Le Jay, lui prédit, à ce que nous apprend Condorcet, qu'il serait le coryphée du déisme. L'abbé de Châteauneuf, son oncle, l'introduisit dans le monde, notamment chez Ninon de l'Enclos, et lui apprit à faire peu de cas de la religion. Emmené en Hollande, par l'ambassadeur, il s'en fit renvoyer par une intrigue amoureuse. A son retour, son père le chassa de la maison paternelle. Il avait écrit jusque-là des pièces fugitives et il s'occupait déjà de *la Henriade* et du *Siècle de Louis XIV*. Accusé d'être l'auteur d'un pamphlet contre Louis XIV, il fut mis à la Bastille. Il écrivait alors *Œdipe* et le poëme de *la Ligue*. Le duc d'Orléans le fit mettre en liberté. La première représentation d'*Œdipe*, qui eut lieu en 1718 le réconcilia avec son père. Quelques années plus tard (1724) il vit J.-J. Rousseau et se brouilla pour toujours avec lui. Il blessa par des paroles inconvenantes et par une satire le chevalier de Rohan et le duc de Bourbon. Le premier le fit battre par ses valets et le second le fit mettre à la Bastille. En sortant il fut exilé et passa en Angleterre, où il fréquenta surtout les *freethinkers* (libres-penseurs), et il en rapporta *cinq tragédies, le Temple du goût, l'Histoire de Charles XII* et les *Lettres anglaises*. Comme ce dernier ouvrage attaquait le gouvernement français, un arrêt du Parlement le fit brûler par la main du bourreau, et Voltaire s'en alla en Prusse, où commencèrent ses relations avec Frédéric II ; il revint bientôt de la Prusse ; mais il y retourna plus tard chargé d'une mission qui réussit. En 1748, il parvint, après plusieurs refus, à entrer dans l'Académie, en protestant de son attachement à la religion. Mais bientôt, devenu odieux à tous, il se retira à la cour du roi de Prusse. Il y acquit une grande influence, qu'il conserva pendant quelque temps en méprisant les Français; mais ayant écrit contre le savant Maupertuis, une satire intitulée *Akakia*, il se brouilla avec le roi, qui fit brûler son livre par la main du bourreau. Comme il fuyait la cour, le roi le fit arrêter à Francfort, et on le retint pendant trois mois, jusqu'à ce qu'il rendit sa décoration et son brevet de pension. Il vint alors en Savoie, habita quelque temps les Délices, près de Genève et finit par se fixer à Ferney. Pour apaiser l'animadversion publique, il se confessa et communia, en feignant d'être malade. Il avait déjà joué la même comédie en 1723.

Rentré à Paris en février 1778, il y fut accueilli triomphalement, se fit recevoir franc-maçon le 7 avril et mourut le 30 mai, après avoir répondu au curé de St-Sulpice qui l'invitait à reconnaître la divinité de Jésus-Christ : « Hélas ! laissez-moi mourir tranquillement. » On lui refusa la sépulture ecclésiastique, mais l'abbé Mignot, son neveu, abbé commanditaire de Scellières, dans l'Aube, le fit enterrer dans son abbaye. En 1791, ses restes furent transportés au Panthéon.

Ses ouvrages, sauf un petit nombre n'ont pas pour objet la philosophie. C'est surtout dans ses lettres que l'on peut voir ce qu'il en pense, malgré le double aspect que nous avons déjà signalé dans ses doctrines. Il est facile de juger, par l'acharnement qu'il y met, que les lettres où il dit et répète : « Ecrasons l'infâme, » en parlant de la religion, sont celles qui expriment son véritable dessein et que celles où il expose une philosophie appuyée sur le bon-sens ne sont qu'une arme défensive et quelquefois même indirectement offensive.

On ne peut donc pas dire que Voltaire fût matérialiste, ni athée ; il était avant tout, et par-dessus tout, impie et ennemi déclaré du christianisme. C'était le but unique et avoué de toute sa philosophie, dans laquelle on trouve çà et là bien des théories exactes, des pensées justes et nouvelles, de même qu'on trouve dans sa vie quelques actes de bienfaisance pour pallier les ingratitudes habituelles de son mauvais cœur.

Et encore il ne serait pas impossible de démontrer que toutes les réhabilitations auxquelles il travailla pendant de longues années avaient un tout autre but que la bienfaisance, et qu'il s'agissait surtout de trouver en défaut les jugements rendus au nom de la religion, ou par un gouvernement dont les lois étaient basées sur le christianisme.

302. LES ENCYCLOPÉDISTES. — Nous ne pouvons que nommer ici, à la suite de leur chef, les encyclopédistes, qui ne virent dans la philosophie qu'un moyen de combattre ce que leur école appelait « la superstition et la tyrannie » c'est-à-dire, la religion et le pouvoir.

DIDEROT, né à Langres en 1712, mort en 1784, était un savant universel ; il commença l'Encyclopédie avec d'Alembert et l'acheva seul. Il se montrait nettement matérialiste et athée, et même il enseignait ces doctrines avec une sorte d'enthousiasme.

D'ALEMBERT, né à Paris en 1717, mort en 1783, était un mathématicien de premier ordre, émule d'Euler et supérieur à Lagrange.

Il a laissé des travaux nombreux et profonds sur la mécanique. Il travailla avec Diderot à l'*Encyclopédie*, mais il abandonna cet ouvrage avant qu'il ne fût achevé. Il en écrivit surtout le *Discours préliminaire*, qui est une classification des sciences d'après Bacon. Il est sensualiste, mais il distingue essentiellement l'esprit de la matière.

SAINT-LAMBERT, né en 1716, près de Nancy, mort en 1803, est l'auteur du poème des *Saisons*. Il se crut philosophe et écrivit le *Catéchisme philosophique*, à l'usage des enfants. C'est un énorme et ennuyeux recueil de dissertations matérialistes et athées, entremêlées de dialogues immoraux et d'anecdotes licencieuses. C'est dans cet ouvrage qu'il définit l'homme. « Une masse organisée et sensible, qui reçoit de tout ce qui l'environne et de ses besoins cet esprit dont il est si fier. » Il ne prêche d'ailleurs que les plaisirs des sens, nie la vie future et indique le suicide comme suprême consolation. Heureusement les enfants auxquels ce livre est destiné ne l'ont jamais lu et ne le liront jamais.

§ 4. — RÉACTION CONTRE L'ÉCOLE SENSUALISTE.

303. CLARKE. — Samuel Clarke, né à Norwich, en 1675, mort en 1729, est avant tout un théologien anglican, mais il faut le remarquer aussi comme philosophe, parce que toute sa vie il combattit les conclusions matérialistes de l'école de Locke. Il défendit la spiritualité, la liberté et l'immortalité de l'âme. Il attaqua l'athéisme de Hobbes et le panthéisme de Spinoza. C'est dans ce double but qu'il publia sa *Démonstration de l'existence et des attributs de Dieu*, et son *Discours sur les devoirs immuables de la religion naturelle*. Il n'appartient à aucune école, et ses arguments n'ont rien de bien nouveau. Il se mon-

tre partisan de la preuve *a priori*, par l'idée de l'être nécessaire, mais en réalité l'ensemble de son argument est *a posteriori*, puisque le fond en est ainsi conçu : 1° Quelque chose a existé de toute éternité, puisque quelque chose existe aujourd'hui; 2° Un être indépendant et immuable a existé de toute éternité, car le monde n'a pas en soi la raison de son existence ; 3° Cet être indépendant, immuable et éternel existe par lui-même, car il ne peut être sorti du néant, ni avoir été produit par aucune autre cause.

Le seul argument qui lui soit propre est malheureusement une erreur, et c'est cet argument qui fait toute l'originalité de sa philosophie. Clarke l'avait emprunté à Newton ; le voici : Nous concevons nécessairement un espace sans bornes et une durée sans limites. Or la durée et l'espace ne sont pas des substances ; ce sont des propriétés qui ne sauraient exister sans un sujet. Il existe donc un être réel, sans limites comme l'espace, infini en durée comme le temps, dont l'espace et le temps ne sont que les attributs. Cet être, qui est le *substratum* de l'espace et du temps, c'est Dieu. Leibnitz combattit cette erreur, mais Clarke ne fit que s'attacher davantage à sa théorie. Nous ne prendrons pas la peine de la réfuter : nous avons successivement montré ailleurs que l'espace et le temps ne sont pas réellement infinis et que dans cette abstraction où nous les voyons indéfinis, ils ne sont autre chose que la posssibilité de faire durer des êtres et de placer des corps. Ce ne sont pas là les attributs de Dieu, que nous concevons nécessairement comme simple, sans étendue et sans durée.

Idéalisme.

304. BERKELEY. — Georges Berkeley, naquit à Kilkrin, en Irlande, devint évêque de Cloyne, et mourut à Oxford, en 1753. Berkeley se rattache à Clarke en ce sens que comme lui il combat le matérialisme qui résultait de l'école de Locke; il se rattache à Hume, dont nous allons parler, en ce que, pour mieux établir l'existence des esprits, il a cru devoir nier la réalité objective des perceptions sensibles, refuser la *causalité efficiente* à tout objet physique et réserver pour les esprits seuls cette causalité, soutenant que dans les phénomènes corporels il y a succession constante, mais non causalité constatée. David Hume n'a eu qu'à faire un pas de plus, pour nier toute causalité et nier ainsi les esprits aussi bien que les corps. Par là aussi Berkeley se rattache à l'école empirique anglaise et au positivisme français, qui, depuis les travaux de John Stuart Mill sur Berkeley, commencent à reconnaître celui-ci comme leur chef.

Les principaux ouvrages de Berkeley sont la *Théorie de la vision* et le *Traité sur les principes de la connaissance humaine*. Il a écrit aussi plusieurs dialogues.

Si la doctrine de ces ouvrages ne paraît pas la même au premier abord, on peut reconnaître, en l'approfondissant, qu'elle se résume dans les trois théories suivantes, avec un enchaînement qui montre que Berkeley avait élaboré tout son système avant de rien écrire.

1° Dans les perceptions acquises de la vue, l'extériorité, la distance et la grandeur, que nous affirmons des objets, ne sont pas des perceptions directes du sens de la vue, mais des jugements rapidement obtenus par l'interprétation des signes naturels, et cette interprétation ne vient ni de l'instinct, ni de la raison, mais de l'expérience.

2° Les notions générales conçues comme idées abstraites, ne sont rien autre chose que des idées concrètes d'objets individuels, dans lesquelles nous laissons dans l'ombre toutes les conditions particulières.

3° L'extériorité des objets de nos perceptions ne consiste pas en un substract de qualités sensibles, quelque chose qui, sans être une sensation, nous donne nos sensations ; l'extériorité consiste en ce que nos sensations se présentent en groupes unis par une loi permanente, indépendamment de nos volontés.

La conclusion de tout cela est que la matière n'existe pas, et que les idées que nous avons des phénomènes sensibles ne sauraient nous venir que d'un esprit qui les produit en nous selon certaines lois d'association. Que ces idées, n'étant pas toujours actuelles en nous, ne subsistent donc pas en nous, et cependant ne doivent pas cesser d'être quelque part, sans quoi elles ne pourraient pas revenir. Il faut donc qu'elles subsistent dans un esprit qui les possède toujours, qui en est le lieu indispensable, et qui les cause en nous. Cet esprit c'est Dieu. — C'est par cet argument que Berkeley croyait démontrer l'existence de Dieu et ruiner à tout jamais le matérialisme et l'athéisme. Il ne fit qu'amener le scepticisme et son homologue le positivisme.

Scepticisme.

305. HUME. — David Hume naquit à Edimbourg, en 1711. Il vint en France de bonne heure ; mais trop pauvre pour vivre à Paris, il se fixa dans les environs de Reims et de la Flèche. Ses premiers ouvrages, *Traité de la nature humaine* et *Essais de morale et de politique*, n'eurent aucun succès. Il les publia en Angleterre, quelques années plus tard, avec ses *Essais sur l'entendement humain*, mais sans autre résultat. Sa réputation commença avec la publication de ses *Recherches sur les principes de morale*, et ne fit que s'accroître par l'*Histoire des révolutions d'Angleterre*. Il mourut à Edimbourg en 1776.

Hume dérive de Locke, en ce qu'il n'admet aucune idée de raison, et fait tout dériver de l'expérience du sens ; il continue et développe Berkeley en ce qu'il porte contre l'esprit, contre le *moi*, la négation que celui-ci faisait tomber sur la matière. On pourrait dire aussi qu'il dérive de Pyrrhon, d'Arcésilas, de Sextus Empiricus, et de tous les sceptiques anciens, car il apporte presque les mêmes arguments et arrive aux mêmes conclusions ; mais il ne paraît pas s'être beaucoup appuyé sur eux, ni peut-être bien rendu compte de leur doctrine. Enfin, en morale, il dérive de Hutcheson, dont nous allons parler, en ce qu'il fait du bien l'objet d'un sentiment et non d'une idée.

Hume a conscience de son scepticisme et il le donne comme la science certaine. Tandis que la philosophie dogmatique prétend connaître ce que les choses sont en elles-mêmes, la science que propose Hume, et qui est le scepticisme, ne prétend savoir que ce que les choses sont pour nous et en nous. Et cette science purement subjective, non seulement il la croit certaine, mais il prétend l'appuyer sur ce que « nous ne saurions la soupçonner d'être chimérique, sans tomber dans un scepticisme qui détruirait en même temps toute spéculation et toute morale. » Et, comme on a fixé les lois des révolutions planétaires, on doit pouvoir fixer les lois de notre intelligence. Il se montre donc le précurseur de Kant.

Or voici, selon lui, les lois de l'intelligence : Les états de conscience sont de deux sortes : 1° les impressions ou perceptions actuelles ; 2° les idées, qui ne sont que des impressions plus faibles. C'est là comme l'étoffe dont l'âme fait l'assortiment et le mélange. Ces états de conscience se relient par les lois de *l'association des idées*, lesquelles sont fondées sur un triple rapport : 1° la *ressemblance ;* 2° la *contiguïté* de temps et de lieu ; 3° la *succession constante,* qu'il appelle aussi succession nécessaire : c'est ce que nous appelons le rapport de causalité. Il avait d'abord admis aussi le *contraste,* qu'il rejeta plus tard, comme n'étant que la ressemblance.

Hume n'admettant pas d'autres principes de nos pensées ne peut rien dire de la substance. En effet, avec ces données il peut affirmer les perceptions actuelles et la succession *habituelle* de nos idées, succession d'après laquelle telle perception suit toujours et même nécessairement telle autre perception, comme la perception de lumière suit celle du soleil ; mais ce n'est là pour lui qu'une succession nécessaire, fondée sur une loi de notre intelligence, sur une habitude, et de laquelle on ne saurait inférer que l'un soit la cause et l'autre l'effet. Car, dit-il, les sens ne nous donnent rien de la cause ni de l'effet, mais seulement l'expérience de leur succession constante, et la raison ne pouvant conclure que de l'identique à l'identique, sortirait d'elle-même, si elle concluait de l'effet à la cause, puisque la cause et l'effet ne sont pas identiques. Donc nous ne saurions affirmer la substance, sinon comme une simple association de phénomènes ; et ici, ce que Berkeley n'avait dit que de la matière, Hume le dit du *moi*.

Ainsi, pour Hume, l'âme, le moi, est « un faisceau, une collection de différentes perceptions, qui se succèdent l'une à l'autre avec une rapidité incroyable. » Et il s'efforce de démontrer par l'expérience que nous ne percevons pas plus notre propre causalité que celle des corps extérieurs, sous le très-faux prétexte que nous ne percevons pas la nature de l'influence de notre âme sur nos membres. Reste à conclure que tout ce qu'il y a de permanent sous la mobilité perpétuelle de nos impressions et de nos idées, c'est la nécessité où nous sommes de conduire nos pensées de tel objet à tel autre. Et cette nécessité, cette contrainte intérieure n'est autre chose que *l'habitude*, qui « donne à l'esprit une *facilité* à accomplir quelque action ou à concevoir quelque objet, et en second lieu lui imprime une *tendance* ou une inclination à le faire. » L'induction, par laquelle nous attendons les mêmes effets après les mêmes causes, n'est qu'un fait de l'habitude produite par la répétition des mêmes successions de phénomènes.

De tout cela Hume conclut, à tort, que toute notre science des choses n'est qu'une *probabilité*, une *croyance*. Ce ne serait pas même cela, si ses théories étaient vraies. Car si rien ne nous donne l'idée de cause, d'où pourrions-nous prendre que nos impressions ont pour cause, même probablement, les choses réelles.

Enfin, comme il se rejette sur la *croyance*, après avoir détruit tout principe de connaissance objective, il se rejette sur le *sens moral*, qu'il emprunte à Hutcheson, pour trouver une philosophie pratique, après en avoir sapé toutes les bases. En effet, il a nié la réalité du moi, la réalité du monde, et pour les mêmes raisons la réalité de Dieu, et il dit ensuite : « La morale n'est pas l'objet de l'entendement, mais du sentiment ; le bien est senti comme le beau : le bien est le beau moral ; il y a un *sens*, un instinct *moral*. » Et cet instinct moral, corollaire de l'habitude qui nous fait associer les idées, détermine aussi la succession de nos actions, sans que la liberté intervienne.

Morale du sentiment.

306. HUTCHESON. — François Hutcheson, né dans le nord de l'Irlande, en 1694, après avoir étudié à Glascow, en Ecosse, ouvrit une école à Dublin, et devint, à l'âge de 35 ans, professeur à l'université de Glascow, où il mourut en 1747. Il fut le précurseur de l'Ecole écossaise, qui ne se dessina bien qu'avec Reid, mais il se distingue surtout par sa morale sentimentaliste, dans laquelle il continue Cumberland et précède Adam Smith.

Il a écrit en latin, un *Abrégé de logique*, une *Métaphysique*, un *Abrégé de philosophie morale*, et en anglais trois autres ouvrages sur sa théorie morale, dont le principal est : *Système de philosophie morale*.

Sa logique est celle de l'École, ainsi que sa métaphysique ; sa psychologie est celle de Locke ; mais sa morale s'en distingue et il la fait dériver d'une faculté dont il n'a pas parlé dans son analyse des facultés de l'âme. Cette faculté nouvelle c'est le *sens moral*.

« Je désigne, dit-il, par le nom de *sens interne*, la faculté que nous avons d'apercevoir le beau, l'ordre, l'harmonie, et par le nom de *sens moral*, cette détermination à approuver les affections, les actions, ou les caractères des êtres raisonnables qu'on nomme vertueux. »

Le *sens moral*, aussi bien que le *sens interne* dont parle Hutcheson, est inné ou instinctif, et universel. Et il s'appuie sur ces conditions pour dire que le sens moral, est la loi morale qui se traduit par la *bienveillance* naturelle que nous éprouvons les uns pour les autres. Sa théorie politique, qu'il essaye de fonder sur sa théorie morale, est exactement celle de Cicéron ; mais il se rapproche de Rousseau, en niant l'origine divine du pouvoir et en le faisant venir du peuple avec les limites que suppose cette dernière origine.

Nous ne dirons qu'un mot de Home, qui continue les théories de Hutcheson, et de Ferguson, qui admet à la fois le principe moral de Hobbes et d'Helvétius, l'intérêt ; celui de Cumberland et de Hutcheson, la bienveillance ; et y ajoute le perfectionnement de soi-même. Il formule ainsi toute la morale dans ces trois lois : 1° la loi de conservation personnelle ; 2° la loi de société ; 3° la loi de progrès.

307. Adam Smith. — Adam Smith, né à Kirkaldy, en Écosse, l'an 1723, fut professeur à l'Université de Glascow, et mourut en 1790. Il se rattache à l'école de la morale du sentiment, par sa *Théorie des Sentiments moraux*, et il est compté parmi les économistes les plus distingués par ses *Recherches sur la nature et les causes de la richesse des nations*. Il fut aussi par son enseignement oral, un des chefs de l'École écossaise ; mais il ne publia rien sur ces questions et brûla presque tous ses papiers avant de mourir.

Suivant de près son maître Hutcheson, il fonde la morale sur la *sympathie*, ce penchant irrésistible qui nous fait partager les joies et les peines d'autrui. Il analyse ce sentiment, en recherche minutieusement les applications, et croit démontrer que tous les actes louables ont pour principe cette tendance naturelle. Il s'efforce d'établir d'abord que les jugements moraux que nous portons sur les actions des autres précèdent ceux que nous portons sur nous-mêmes, et croit que c'est de la vue des actions d'autrui et du sentiment qu'elles nous inspirent que nous tirons la notion du bien et du mal.

Bien plus, pour apprécier la moralité de nos actes, nous avons besoin de nous supposer spectateurs. Dès lors nous appelons honnêtes les actions qui attirent notre sympathie, et déshonnêtes celles qui nous sont antipathiques. La raison n'a pas autre chose à faire que de recueillir les cas particuliers et de les généraliser pour formuler des lois morales, que nous confions ensuite à la mémoire, pour servir de règle à nos jugements moraux.

De cette même sympathie et de la reconnaissance naturelle qu'éprouve la personne obligée envers la personne qui l'oblige, Adam Smith tire la notion du mérite et du démérite. De là aussi l'origine du remords, et de la joie d'une bonne action accomplie.

Cependant il fait plus de cas de l'appréciation de notre conscience personnelle, pour nos propres actes, que de toutes les appréciations d'autrui, pourvu que nous les examinions en spectateur impartial et éclairé. La conscience alors lui représente l'humanité et Dieu lui-même.

Toute cette théorie morale du sentiment, quelque nom que l'on donne à ce dernier, pèche par la base. Elle prend l'effet pour la cause. En effet, ce sentiment, s'il existe, doit avoir un principe supérieur, et la sympathie que nous éprouvons pour une action bonne ne peut venir que de ce que, préalablement, nous l'avons jugée bonne. Il faut donc chercher ailleurs l'idée du bien et du mal.

La théorie économique d'Adam Smith est longuement et profondément traitée, dans les *Recherches*, dont nous avons parlé. Adam Smith y traite l'origine de la richesse, la nature du capital et sa véritable source, qui est le travail, les théories précédentes d'économie politique et enfin les revenus de l'État. Le prix des choses vient tout entier du plus ou du moins de travail qu'elles exigent pour se les procurer : donc la vraie source de la richesse n'est pas dans le sol, mais dans le travail. De plus le droit de propriété repose essentiellement sur le travail personnel. Enfin le travail est encore le plus sûr moyen d'amélioration morale de l'homme.

Après avoir longuement étudié ces propositions, en les appuyant de mille exemples, Adam Smith cherche les moyens d'améliorer le travail et les trouve dans cette double loi : division et liberté du travail. Il profite de cette loi pour soutenir et louer, peut-être outre mesure, la Constitution anglaise basée sur le *self-governement*, dans lequel le rôle de l'État est presque effacé. On peut lui reprocher plus encore de s'être trop attaché à cette tendance vraiment trop anglaise, que nous appelons le *côté pratique*, qui consiste à ne rechercher en toutes choses que l'utile.

§ 6. — Les économistes.

308. Quesnay. — François Quesnay, né à Mercy (aujourd'hui dans le département de Seine-et-Oise), en 1694, mort à Paris en 1774, est le fondateur de l'école des économistes.

Contrairement à Adam Smith, que nous venons de voir, mais qui vint après lui, il pensait que l'unique source de richesses, c'est le *travail agricole*, qui donne d'abord la nourriture et l'entretien de l'ouvrier et ensuite un excédant qu'il appelait *produit net*. Le travail industriel était déclaré improductif. D'où il concluait que seul *le produit net* doit supporter l'impôt, mais aussi que le propriétaire foncier doit seul prendre part aux affaires, et assurer d'ailleurs à l'industriel la liberté du travail. C'est de ce principe incomplet que sortirent d'abord la ruine des maîtrises et des jurandes et ensuite la concurrence. Il était d'ailleurs partisan de la monarchie absolue, qu'il regardait comme un gouvernement paternel, tandis qu'il ne voyait que licence et désordre dans les démocraties.

309. Montesquieu. — Charles de Secondat, baron de la Brède et de Montesquieu, naquit au château de la Brède, près de Bordeaux en 1689. Il était président à mortier à Bordeaux, lorsqu'il fit paraître sans nom d'auteur les *Lettres persanes*, qui commencèrent sa gloire littéraire, le firent entrer à l'Académie et furent cependant le seul motif pour lequel le cardinal de Fleury s'opposa d'abord à sa présentation. Ayant résigné sa charge il visita l'Allemagne, l'Italie, la Suisse, la Hollande et l'Angleterre. Après son retour, il publia les *Considérations sur les causes de la grandeur et de la décadence des Romains*, et quatorze ans plus tard, en 1748, l'*Esprit des lois*, auquel il avait travaillé vingt ans. Il mourut en 1755. Il avait publié plusieurs autres ouvrages, dont les uns se rapportent à ceux que nous avons nommés, et les autres sont purement littéraires.

L'*Esprit des lois* est divisé en 31 livres, dont chacun renferme de 3 à 45 chapitres, quelquefois très courts. Montesquieu y traite d'abord des lois en général, puis des lois dans leur rapport avec les principes du gouvernement, avec la force offensive et défensive, avec la liberté politique et civile, avec la nature du climat et même du terrain, avec les mœurs du peuple, avec le commerce, avec l'usage de la monnaie, avec le nombre des habitants, avec la religion établie, avec la nature de leurs objets, et enfin des changements que les lois ont subis en France.

Il est impossible de donner l'analyse des innombrables questions traitées dans cet ouvrage et de la manière plus ou moins exacte dont elles sont résolues. On y remarque un grand esprit d'égalité et de liberté pour tous ; mais bien des fois cet esprit d'indépendance est poussé trop loin, et l'ouvrage se ressent de l'esprit qui régnait en France au moment où il fut écrit, quoique Montesquieu n'ait jamais été l'ami des encyclopédistes. Quelques autres exagérations viennent des idées mêmes de l'auteur.

Par exemple voici une pensée à laquelle il tient trop exclusivement : « Les lois doivent être tellement propres au peuple pour lequel elles sont faites, que c'est un très grand hasard si celles d'une nation peuvent convenir à une autre. » Saisi de cette pensée il va jusqu'à dire : « Il semble, humainement parlant, que ce soit le climat qui a prescrit des bornes à la religion chrétienne et à la religion mahométane. » Disons cependant que Montesquieu défend très souvent la religion catholique, quoiqu'il ait contre elle des phrases assez malheureuses, et que l'on puisse juger par ses paroles qu'il estimait que toutes les religions sont bonnes, pourvu qu'elles conviennent au climat et aux mœurs du pays.

Une doctrine qui est propre à Montesquieu, c'est que le principe, c'est-à-dire l'agent moteur du gouvernement républicain, c'est *la vertu*, tandis que *l'honneur* est le principe de la monarchie ; il veut donc que les lois d'une monarchie aient pour mobile l'honneur et celles d'une république, la vertu, qu'il a soin d'expliquer dans le sens de vertu politique.

En économie politique il a à peu près les mêmes idées qu'Adam Smith, sur l'importance du travail.

En résumé, l'*Esprit des lois*, est un livre plein d'observations précieuses, mais qu'il faut lire avec circonspection ; il a puissamment contribué à l'introduction de la nouvelle constitution de la France et de la législation moderne. Or il y a eu dans cette réforme beaucoup de bien à côté de beaucoup de mal.

310. MABLY. — Gabriel Bonnot de Mably, frère aîné de Condillac, et ecclésiastique comme lui, mais sans aller au-delà du sous-diaconat, naquit à Grenoble en 1709. D'abord partisan du pouvoir absolu, tant qu'il fut l'aide et le conseil du ministre cardinal de Fleury, il devint démocrate quand il se fut brouillé avec son protecteur.

Dès ce moment, non seulement il se nourrit des historiens grecs et latins, mais encore il voyagea en Grèce et en Italie, pour aller puiser à sa source l'esprit républicain. C'est de là qu'il apporta les mots, devenus depuis si magiques, de *patrie*, de *citoyen*, de *souveraineté du peuple*. Mais il croit devoir fonder le bonheur du peuple sur le mépris des richesses; et dès lors il réprouve non seulement le luxe, mais encore le commerce, l'industrie et les arts, et veut rendre les citoyens égaux dans la pauvreté et dans l'ignorance, unie à l'absence de sentiments. Il repousse l'instruction développée comme une source d'inégalité, et pour la même raison il ne veut pas d'autre sentiment que celui du besoin. En conséquence il veut abolir la propriété personnelle. Pour accomplir ce programme, il trouve et propose la communauté. Toutes ces doctrines se manifestèrent dans le *Droit public de l'Europe*, et dans plusieurs autres ouvrages de politique et d'histoire qu'il publia dans la suite. Il ne prévoyait pas la révolution, mais il appelait de tous ses vœux le « renversement de la vieille machine. » Il mourut en 1785.

311. J.-J. ROUSSEAU. — Né à Genève, en 1712, d'un pauvre artisan, Jean-Jacques Rousseau perdit sa mère en naissant et fut bientôt privé de son père. D'abord protestant, il se convertit en apparence au catholicisme, pour trouver une ressource contre sa misère. Il fut tour à tour apprenti, valet de chambre, séminariste, truchement d'un moine quêteur, employé au cadastre, professeur de musique, précepteur, secrétaire d'ambassade, compositeur musicien, puis commis de caisse et enfin écrivain philosophe. Doué d'un esprit droit, mais guidé par le seul sentiment et livré de bonne heure aux passions sensuelles, il offre dans ses opinions le contraste qui existait dans son âme. Sentant dans son cœur la honte de sa misère, le remords de ses fautes et de certaines actions indignes, comme d'avoir exposé ses enfants à l'hospice, et d'un autre côté apercevant dans sa raison l'idée du beau, et dans son cœur l'amour du bien, il prit en haine la société qu'il regardait comme la cause de ses malheurs et se mit à rêver une réforme.

Mais il faut faire deux parts de sa philosophie. Les théories spéculatives sont généralement belles et nobles. Il attaque le matérialisme et l'athéisme et va même jusqu'à se prendre d'un vrai enthousiasme pour l'Évangile. Mais quand de la spéculation il passe à la pratique et qu'il traite la morale et la politique, il tombe dans les doctrines les plus avilissantes pour la nature humaine, et ne voit plus qu'un monde dans lequel Dieu n'est pour rien.

Selon lui, les hommes vivaient d'abord séparés sans aucun lien de famille ni d'amitié, mais en paix les uns avec les autres, lorsqu'après de nombreuses générations, un « contrat social » intervint, qui fut l'origine des lois, de la propriété, de l'inégalité et de la guerre. Aussi le progrès qu'il rêve n'est pas un progrès intellectuel et moral ; il en exclut les lettres, les arts, les sciences et même l'industrie, et ne cherche qu'une répartition égale des biens et une vie plus libre et plus simple, imposée par les lois. L'État serait le maître absolu, le dépositaire de toutes les volontés, le propriétaire de tous les biens, qu'il céderait cependant aux citoyens, légitimant ainsi leur propriété et changeant en droit ce qui n'était auparavant qu'une usurpation. La souveraineté du peuple est indivisible, inaliénable et infaillible, parce qu'elle est la volonté générale. En sorte que rêvant l'égalité et la liberté, il ne propose que le despotisme et l'esclavage, puisque son pouvoir législatif n'a aucun contrepoids, et de plus il ne peut obtenir aucune stabilité, car la souveraineté du peuple étant inaliénable, Rousseau déclare formellement que les lois formulées par ses représentants ou *commis*, n'ont aucune valeur sans la ratification du peuple, et que de plus le peuple peut rompre quand il veut le pacte qu'il a conclu.

Ici il dit que le législateur doit avoir la force de transformer la nature humaine ; ailleurs il veut que les lois respectent les mœurs du pays, et plus loin il dit que *peut-être* l'esclavage est nécessaire pour donner plus de loisir aux hommes libres afin de leur permettre de maintenir leur liberté. Tantôt il déclame contre la monarchie, tantôt il affirme que la démocratie est impossible pour des hommes et que des dieux seuls pourraient se gouverner ainsi. Enfin tout en proclamant la liberté absolue de la conscience en matière de religion, il crée une religion déiste et veut que la pratique en soit obligatoire sous peine de mort.

Ajoutons que Rousseau nous trace, dans son *Emile*, le plan d'une éducation selon la nature, avant tout négative, et sans Dieu jusqu'à vingt ans, comme le vrai idéal de l'éducation. C'est bien le corrolaire obligé de son *Contrat social*.

Les principaux ouvrages de Rousseau sont : *Discours sur l'origine et les fondements de l'inégalité parmi les hommes; Discours sur l'économie politique; Emile, ou de l'éducation; Profession de foi du vicaire savoyard; Contrat social.*

Il mourut en 1778.

312. Price. — Richard Price, plus remarquable en ce qu'il défendit les droits de la raison et les notions *a priori*, contre Locke et contre Hutcheson, est aussi compté parmi les politiques économistes de cette époque. Né en Angleterre, en 1723; il mourut en 1791.

313. Priestley. — Joseph Priestley est aussi un partisan des idées nouvelles, mais il fut surtout théologien calviniste, adversaire de Reid, et matérialiste déclaré. Né en 1733, il mourut en 1804.

314. Turgot. — Anne-Robert-Jacques Turgot, connu comme ministre des finances de Louis XVI, fut aussi un philosophe digne d'attention. Né à Paris en 1727, il mourut en 1781. Il appartient à l'École des économistes et peut être considéré comme l'un des fondateurs de la science de l'économie. Il partageait les idées de Quesnay sur le travail agricole, mais il accordait plus d'importance que lui à l'industrie. Il fut aussi partisan de toutes les libertés et écrivit dans l'*Encyclopédie* des articles assez remarquables, entre autres l'article *Existence*, où, partant des principes de Locke, il constate le *moi*, et fait sortir de l'idée du *moi* celle de la réalité des objets extérieurs. L'espace nous manque pour analyser ici son projet de constitution, qui, s'il eût été

adopté, aurait amené en France toutes les réformes nécessaires, sans les ruines et les hontes qui les ont accompagnées par la Révolution.

315. CONDORCET. — Marie-Jean-Antoine-Nicolas Caritat, marquis de Condorcet, naquit en 1743, à Ribemont, en Picardie et mourut en 1794, dans un cachot de Bourg-la-Reine, où l'avait jeté la Convention. Il était très habile mathématicien et appartenait aux encyclopédistes aussi bien qu'aux économistes. Comme ses amis, il écrivait contre la « superstition et la tyrannie. » C'est là surtout ce qu'il attaque dans son *Esquisse d'un tableau historique du progrès de l'esprit humain*, en même temps qu'il y enseigne la perfectibilité indéfinie, en développant les idées de Price, de Priestley et de Turgot, et en supposant que l'humanité a commencé par l'état sauvage et ne s'est élevée que graduellement et lentement à la vie sociale.

§ 7. — ÉCOLE ÉCOSSAISE.

316. REID. — Thomas Reid, né en 1710, à Strachan, en Écosse, était fils d'un ministre presbytérien, et fut destiné aux mêmes fonctions. Après avoir étudié à l'Université d'Aberdeen, où il eut pour maître le professeur Georges Turnbull, dont les idées offrent les tendances de l'École écossaise, il fut bibliothécaire, puis pasteur d'une petite paroisse, plus tard professeur à Aberdeen, où il publia les *Recherches sur l'entendement humain*, et enfin à l'université de Glasgow, où il succéda à Adam Smith, dans la chaire de philosophie, et publia les *Essais sur les facultés intellectuelles*, et les *Essais sur les facultés actives*. Il mourut en 1795.

Après avoir, comme il l'avoua lui-même, embrassé l'idéalisme de Berkeley, Reid en aperçut le défaut dans le scepticisme de Hume, qui n'en est que le développement, et ne pouvant se décider à douter de tout, il commença à ne plus vouloir douter de la matière, puis, s'étant aperçu que toute cette théorie reposait sur celle des idées représentatives, il commença à se demander si ce principe avait quelque évidence, s'il était bien certain que notre esprit ne voit les choses que dans ses propres idées qui en sont les images, et après avoir cherché pendant quarante ans l'évidence de ce principe, il vit bien que son seul point d'appui était l'opinion des philosophes. Bien plus, cette hypothèse de l'idée intermédiaire entre les corps et notre intelligence n'explique rien, et n'a aucune raison d'être. Distincte de l'âme et des objets, cette idée doit être une substance, elle est donc matière, ou esprit, ou les deux à la fois. Matière, quelle union peut-elle avoir avec notre âme? esprit, quel rapport a-t-elle avec les corps? et pourquoi ne pas admettre aussitôt dans l'un et l'autre cas la communication directe et immédiate de notre âme avec les objets? enfin esprit et corps, il y a contradiction. Reid prit donc le parti de nier tout intermédiaire entre l'objet perçu et l'esprit qui perçoit, et déclara que la perception sensible est un fait primitif, aussi certain que la conscience et qui est aux vérités empiriques ce que sont les axiomes aux sciences de démonstration.

Le fait de la perception porte avec lui-même l'assurance de la réalité extérieure de l'objet perçu. De même les perceptions de conscience portent avec elles l'assurance de notre être personnel qui subsiste identique sous la succession des phénomènes internes.

Reid attaque aussi la théorie du jugement donnée par Locke. Le jugement n'est pas, au début, le résultat d'une comparaison. L'âme ne commence pas par des notions abstraites qu'elle comparerait ensuite pour produire le jugement; car comment conclurait-elle à l'existence réelle des deux éléments comparés? Au contraire l'âme commence par affirmer immédiatement et dans l'ensemble concret de tous leurs éléments l'existence réelle des choses qu'elle perçoit.

Enfin il attaque encore dans Locke la théorie de la table rase et, mettant en lumière ces vérités *a priori* que nous trouvons toujours à côté des données expérimentales, il en montre les caractères d'universalité, d'immutabilité, d'antériorité, et en conclut qu'elles sont les lois fondamentales de l'intelligence, le fruit spontané de la raison.

Tout ce qui précède est tiré des *Recherches sur l'entendement humain*. Voici le reste des théories de Reid que l'on trouve dans les *Essais sur les facultés intellectuelles et sur les facultés actives*.

Dédaignant les subtilités de la dispute, il admet comme indiscutables ou comme accordés un certain nombre de principes, tels que : la certitude des faits de conscience, de la mémoire, de la réflexion sur soi-même, de l'identité du principe pensant, qui est le *moi*; la distinction de la substance d'avec ses modifications; la réalité objective de nos connaissances; la vérité des doctrines universellement admises par le genre humain; enfin la certitude de tout ce qui, en général, est l'objet de la conviction de tout homme raisonnable.

Ces principes posés, Reid prend pour guide la réflexion, et, rejetant plus complètement qu'aucun autre avant lui la division générale des opérations intellectuelles, adoptées dans toutes les logiques, depuis Aristote jusqu'à Port-Royal, « concevoir, juger, raisonner, » parce que, dit-il, de ces trois opérations, la deuxième suppose et renferme la première, et la troisième renferme les deux autres, il renonce à donner une analyse complète des facultés de l'âme, et croit devoir admettre comme des facultés distinctes : les sens, la mémoire, la conception, l'abstraction, le jugement, le raisonnement, le goût, la perception morale et la conscience.

La première distinction entre les facultés ou les opérations de l'âme ne se fonde plus sur ce que le corps y concourt ou n'y concourt pas, mais sur la nature même des opérations, sans distinction de ce qui nous est commun avec les bêtes et de ce qui nous est propre. On n'y voit donc plus les facultés sensitives à côté des facultés intellectuelles. Ce dernier terme de *facultés intellectuelles* représente chez Reid toutes les facultés appréhensives des anciens, et les facultés appétitives y prennent le nom de facultés actives. C'est un premier pas vers la division devenue officielle en France depuis Cousin, mais la sensibilité, que les anciens laissaient un peu dans l'ombre, est ici complètement absente

De plus Reid donne une nouvelle direction à la psychologie, en la séparant de la métaphysique et en la traitant comme une science d'observation. Il a aussi le premier mis en lumière un phénomène intellectuel, qu'il appela *les suites d'idées*, et que son disciple Dugald Stewart appellera les *Associations des idées*. Ce dernier nom a prévalu. Le mot de Reid convenait mieux à la chose que l'on désigne et que l'on étudie; mais le mot *association* serait plus juste pour désigner ce qu'on devrait étudier dans ce même phénomène.

Reid s'est placé plus près de la vérité que tous les philosophes du dix-huitième siècle; il a même apporté quelques lumières aux données précédentes de la philosophie classique; mais, il a trop abandonné celle-ci, il s'est trop contenté du simple bon sens, comme point de départ et n'a pas suffisamment approfondi les bases de sa théorie.

C'est de lui que dérive cette philosophie superficielle qui a été le plus souvent la philosophie de la France pendant le XIX⁰ siècle.

Après Reid, nous trouvons Oswald et Beattie, qui continuent l'École écossaise et plus que leur maître rejettent les recherches métaphysiques et s'appuient sur les principes universellement reconnus par le *sens commun*, sans vouloir en rechercher la légitimité.

Reid a fait école en Angleterre, mais surtout en France, où l'Université a accepté presque toutes ses théories.

§ 8. — LA SCOLASTIQUE AU XVIII⁰ SIÈCLE.

317. Malgré les efforts conjurés du doute, du matérialisme et de l'impiété, puissamment soutenus dans leur œuvre de destruction par la franc-maçonnerie qui prenait alors une extension nouvelle, la philosophie scolastique régnait encore dans les écoles, comme le prouvent les nombreux ouvrages qui parurent dans ce siècle et dont nous ne pouvons donner qu'une liste très-incomplète, en nommant les principaux auteurs qui défendaient encore les doctrines de S. Thomas ou de Scot.

GASPARD JUÉNIN (1650-1713), oratorien, *Institutiones theologicæ* ; François JANSENS ELINGA, né à Bruges, dominicain, mort en 1715, *Auctoritas D. Thomæ Aquinatis, quinti Ecclesiæ doctoris*, etc.; HENRI DE S. IGNACE, carme flamand, mort en 1720, *Theologia vetus ad mentem resoluti doctoris J. Bacchoni, carmeliticæ doctrinæ principis, adjuncto lumine angelici solis D. Thomæ Aq. de Deo uno et trino* ; François VAN RANST, dominicain, d'Anvers, mort en 1720, *Lux fidei, D. Thomas, doct. ang. splendidissimus catholicæ fidei athleta*; Jacques ECHARD, de Rouen, dominicain (1644-1724), *Sancti Thomæ Summa suo auctori vindicata Vincentio Bellovacensi*. L'auteur croit trouver dans Vincent de Beauvais toutes les doctrines de S. Thomas. Sébastien KNIPPENBERG, de Cologne, dominicain (?-1733), *de Providentia Dei* ; François SERRY, de Toulon, dominicain (1659-1738), *Schola thomistica vindicata*; Vincent GOTTI, de Bologne, dominicain (1644-1742), *Theologia schol. dogm. juxta mentem D. Thomæ Aqu.*; Barthélemy DURAND, mineur observantin, *Clypeus theologiæ scotisticæ* ; Paul-Gabriel ANTOINE, jésuite (1679-1743), *Theologia universa* ; BERNARD DE BOLOGNE, *Institutio theologica Joannis Scot nervo instructa*; Alexandre POLITI (1679-1752), clerc régulier des écoles pies à Florence, *Philosophia peripatetica ad mentem S. Thomæ Aquinatis* ; Dom Marc COUCHÉ, de Besançon, bénédictin, *Commentaria in Summam D. Thomæ* ; Gabriel GAUGEREAU, de Toulouse, dominicain (?-1754), *Doctoris Angelici D. Thomæ panegyricus in angelica Academ. Tolosan. Schola* ; Jean PATUZZI, dominicain italien (1700-1769), *Diffesa della dottrina dell'angelico dottore S. Tommaso*, q. 154, 2, 2 ; Bernard-Marie DE ROSSI (de Rubeis), dominicain (1687-1775), *de Gestis et scriptis et doctrina S. Thomæ Aquinatis* ; Saint ALPHONSE DE LIGUORI, né à Naples en 1696, fondateur de la Congrégation du *Très-Saint Rédempteur*, évêque de Saint-Agathe-des-Goths, mort en 1787, écrit, toujours dans un sens très-scolastique, un grand nombre d'ouvrages, parmi lesquels il faut distinguer *Theologia moralis*, dont la doctrine est estimée presque à l'égal de celle de S. Thomas, et qui a valu à ce saint le titre de Docteur de l'Église; Dieudonné LABYE (1712-1799), dominicain, *Summa S. Thomæ, sive compendium theologiæ moralis P. Billuard* ; Joseph SIMIOLI (1712-1799), *Cours de théologie* ; Hyacinthe GERDIL (1718-1802), barnabite, cardinal, a laissé plus de cent ouvrages, en latin, en italien et en français ; il combat Descartes, Locke, Spinosa, J.-J. Rousseau et beaucoup d'autres ; Pierre SANCHEZ (1740-1806), *Somme de théologie sacrée*.

Plusieurs de ces ouvrages et surtout de ces auteurs mériteraient autre chose que cette simple mention, mais l'espace nous manque. Qu'il nous suffise de constater que la scolastique était vivante pendant tout le XVIII⁰ siècle.

Mais nous avons fait sortir de sa place et renvoyé à la fin de cette courte notice, pour lui donner une mention spéciale, le nom et l'ouvrage le plus important de cette époque dans les défenseurs de S. Thomas. Charles-René Billuart, dominicain, né à Revins en 1685, mort en 1757, nous a laissé, avec un grand nombre d'autres ouvrages, *Summa S. Thomæ, hodiernis academiarum moribus accommodata.* C'est un ouvrage très-estimé pour l'explication de la pensée du grand Docteur.

§ 7. — École critique. — Kant.

318. Kant. — Emmanuel Kant, né à Kœnisberg, en 1724, était fils d'un sellier, qui lui enseigna surtout le sentiment religieux, le sentiment du devoir, l'amour du travail et l'horreur du mensonge. Il fut professeur dans sa ville natale, qu'il ne quitta jamais, et sa vie ne fut troublée par aucun évènement. Il n'eut pas même à souffrir de l'envie, malgré la réforme totale qu'il voulut apporter dans la philosophie. Il mourut en 1804.

Jusqu'en 1759, les écrits qu'il publia, excepté ses thèses pour obtenir le titre de professeur, roulent exclusivement sur des questions de physique, d'astronomie et de météorologie. A partir de ce moment au contraire presque tous ses écrits sont philosophiques, mais il n'a pas encore conçu son système. Ce n'est qu'en 1770, dans sa dernière thèse, qu'on en voit le germe, et c'est en 1781 qu'il fit paraître la *Critique de la raison pure*, et en 1788, la *Critique de la raison pratique*. Dans cet intervalle et après, jusqu'en 1798, où il renonça à ses cours, il publia un grand nombre d'écrits, dont les principaux sont : *Critique du jugement, Éléments métaphysiques de la science de la nature, Éléments métaphysiques de la doctrine du droit, Éléments métaphysiques de la doctrine de la vertu, Critique de la religion dans les limites de la simple raison.* Ce dernier ouvrage lui attira au moins un blâme, sinon une condamnation, et il dut promettre d'être plus réservé sur ce point à l'avenir.

Pour mettre un terme à l'opposition entre les affirmations des dogmatiques et le scepticisme, que Hume venait de renouveler, Kant entreprend de faire la *critique* de la raison. Au fond c'est l'idée qu'avaient eue déjà, après bien d'autres, Descartes, Locke, Berkeley et Hume; mais Kant procède autrement et avec une méthode plus complète. Il se pose un double but :

1° Déterminer la part de la raison dans la connaissance, et combattre ainsi l'erreur de l'empirisme.

2° Discuter la valeur des affirmations de la raison, et mettre ainsi un terme aux disputes entre les dogmatiques et les sceptiques, trop absolus, les uns dans leurs affirmations, les autres dans leurs négations.

Et d'abord il y a dans notre connaissance deux sortes d'éléments. Les uns nous sont fournis par les sens, et ils sont empiriques. Les autres sont de l'ordre rationnel. Il faut déterminer ces derniers. Voilà ce que personne n'avait fait.

Dans la morale, au contraire, rien n'est empirique, car tout y porte le caractère de l'universalité. Tout y est donc rationnel.

Il est facile de démontrer l'existence des éléments rationnels dans notre connaissance, mais il faut surtout en déterminer la valeur. La raison rend l'expérience possible, puisque celle-ci seule ne donnerait que des faits particuliers et séparés; mais dans les spéculations métaphysiques, la *raison pure* ne peut rien affirmer sur des objets qui dépassent l'expérience, et que l'intuition ne nous montre pas. La *raison pratique* au contraire s'impose à toute volonté; elle a donc une valeur objective. Il s'ensuit que la loi morale est vraie; mais dès lors la liberté, l'immortalité de l'âme, la Providence de Dieu sont vraies aussi. Tel est le plan général de la philosophie de Kant.

« Notre siècle, dit-il, est le siècle de la critique; rien ne peut s'y soustraire, ni la religion avec sa sainteté, ni la législation avec sa majesté. » Il réclame donc le libre examen, la libre exposition de toutes les doctrines, même fausses ou pernicieuses. C'est à la raison et non aux gendarmes de les redresser. Tel est son esprit d'indépendance.

Voici maintenant comment il développe ses pensées.

319. CRITIQUE DE LA RAISON PURE (ou théorique, ou spéculative). — L'exercice des sens est nécessaire à la connaissance pour lui fournir les matériaux de la pensée, mais seul il ne saurait suffire à expliquer même l'expérience. En effet, les sens ne donnent que le particulier, toujours contingent. Donc l'universel n'en vient pas, le nécessaire non plus. Or il y a des connaissances dont l'objet est universel et nécessaire, témoins les mathématiques, le sens commun. Il faut donc à ces connaissances des éléments autres que ceux qui nous sont fournis par les sens. Bien plus, l'expérience elle-même en a besoin. Seule, elle serait sans lien, sans unité. Les principes nécessaires ne viennent donc pas de l'expérience, puisque seuls ils la rendent possible.

Il faut donc distinguer dans la connaissance les éléments *a posteriori* et les éléments *a priori*. Nos jugements sont *analytiques* ou *synthétiques*. Dans les premiers, le sujet renferme le prédicat. Ces jugements ne font qu'expliquer le sujet. Dans les seconds, au contraire, le sujet ne renferme pas le prédicat; ces jugements augmentent nos connaissances. Les jugements analytiques sont *a priori*; ils n'ont pas besoin de reposer sur l'expérience. Mais les jugements synthétiques sont *a posteriori* ou *a priori*, selon que l'idée que le prédicat ajoute au sujet est fournie par l'expérience ou par l'entendement. Telles sont les vérités mathématiques démontrées. Donc, trois espèces de jugements : les premiers sont fondés sur le principe d'identité, les deuxièmes sur la perception, les troisièmes sur la *raison pure*. L'*a posteriori* et l'*a priori* sont la *matière* et la *forme* de la connaissance. Il convient de dégager l'une de l'autre et de reconnaître dans les trois facultés spéculatives les éléments *a priori*. Ces trois facultés sont la sensibilité, l'entendement et la raison. Nous aurons ainsi l'*esthétique transcendante*, la *logique transcendante* et la *dialectique transcendante*.

C'est par cette triple étude que Kant se propose de distinguer la réalité de l'apparence, le *phénomène* du *noumène*. Car, dit-il, les choses ne nous sont connues qu'à travers les formes que leur imposent nos facultés, et, si nous étions faits autrement, nous les verrions autrement. Je veux, dit-il encore, introduire en philosophie une révolution analogue à celle qu'a introduite Copernic en astronomie. Tandis qu'avant lui on supposait le soleil tournant autour de la terre, il a montré qu'avec les mêmes apparences, la terre tourne autour du soleil. Jusqu'ici on a cru que l'intelligence se règle sur les choses ; supposons au contraire que les choses se règlent sur notre intelligence, du moins quant à la connaissance que nous en avons.

SENSIBILITÉ. Les perceptions du sens intime et des sens externes nous offrent des éléments particuliers et variables, et des éléments universels. Ces derniers constituent la nature de la sensibilité, ils ne peuvent venir que de cette faculté, ils sont les conditions subjectives de nos perceptions. Ces éléments sont le *temps* et l'*espace*. Nous voyons universellement et nécessairement dans le temps tous les faits de sensibilité interne, et de plus nous voyons dans l'espace tout ce qui nous arrive par les sens. Voilà les données *a priori*, ou *les formes de la sensibilité*. D'où il suit que nous ne pouvons pas affirmer que le temps et l'espace soient dans les choses, ni qu'ils aient une réalité hors de nous. — Cette théorie est étrange, au premier abord, mais quand on considère que nous ne pouvons concevoir le temps et l'espace, ni comme finis, ni comme infinis, ni même comme indéfinis, on serait tenté de dire que Kant a peut-être raison. Cependant on ne saurait admettre que le temps et l'espace n'aient aucun fondement dans les choses.

ENTENDEMENT. Nous avons énuméré précédemment en détail les données *a priori* et subjectives auxquelles Kant donne le nom de *Catégories de l'entendement*. Ainsi c'est notre entendement qui impose aux choses la singularité ou la pluralité, l'affirmation ou la négation, la relation de cause à effet, celle d'accident à substance, etc. Kant ajoute que toutes les affirmations formulées par notre entendement supposent *a priori* ces trois principes que nous imposons aux choses : 1° Tout phénomène a sa raison dans un autre ; 2° tous les phénomènes sont en harmonie mutuelle; 3° sous tous les phénomènes, la même quantité de substance ou de force persiste. C'est ce que Leibnitz appelait le principe de la raison suffisante, le principe de l'harmonie réciproque, le principe de la permanence de la force. D'où il suit que les relations harmoniques que nous supposons entre toutes les parties de l'univers et leur liaison nécessaire ne sont que des *formes subjectives de notre entendement*, et que la *science positive* n'est possible que dans les limites de l'expérience et selon les *formes* de la sensibililité et de l'entendement.

RAISON. Les données de la sensibilité et de l'entendement, même avec leurs éléments *a priori*, laissent encore subsister la diversité dans la connaissance. La raison ramène toutes ces données à *l'unité*. Telle est sa *forme subjective*. C'est la recherche de cette unité, du principe premier, de *l'inconditionné*, de *l'absolu*, qui engendre la métaphysique. Ainsi le principe premier de ce qui se passe en nous s'appelle *l'âme*; le principe premier de tous les phénomènes naturels s'appelle *le monde*; le principe premier de l'âme et du monde s'appelle *Dieu*. Voilà les éléments naturels de la raison, les *idées* qui constituent la métaphysique.

Mais la métaphysique pure est-elle possible ? Non dit Kant. Les idées de la raison sont supérieures à l'expérience, elles ne sont pas intuitives et la raison ne dit rien sur leur réalité objective. Il s'efforce donc de ruiner la *psychologie rationnelle*, en disant qu'elle ne peut, de la simplicité et de l'unité de la pensée, affirmer la simplicité de l'âme. Il veut ruiner aussi la *cosmologie rationnelle*, dans laquelle il trouve des *antinomies*, c'est-à-dire des questions sur lesquelles on peut également soutenir les deux contradictoires : la *thèse* et l'*antithèse*. Deux de ces antinomies sont mathématiques. 1° Le monde est-il limité dans le temps et dans l'espace ? Oui et non. 2° Le monde est-il divisible en parties simples, ou est-il divisible à l'infini ? Les deux peuvent encore se soutenir. Pour résoudre ces deux antinomies, Kant rejette à la fois la thèse et l'antithèse, disant que le temps et l'espace sont des formes de la sensibilité. Les deux autres antinomies sont dynamiques. 1° *thèse* : Il existe une liberté morale; *antithèse* : Il n'existe qu'un déterminisme physique. 2° *thèse* : Il existe un être nécessaire; *antithèse* : Il n'y a que des êtres contingents. Ici Kant accorde, pour les deux questions, la thèse et l'antithèse, dans des points de vue différents.

Sur la liberté, Kant dit : Sous les *apparences* de nos actes, enchaînés par les rapports nécessaires de cause à effet, il y a la *réalité* de notre *caractère moral*, qui seul est libre, tandis que les motifs et les mobiles dont l'ensemble détermine notre caractère engendrent nécessairement tous nos actes. C'est ainsi que Kant croit démontrer tout à la fois que celui qui connaîtrait tous nos motifs et nos mobiles pourrait calculer notre vie future comme on calcule une éclipse de lune, et que cependant nous pouvons être libres. Quant à démontrer la liberté elle-même, il croit ne pouvoir le faire que par la raison pratique. Enfin il essaye de détruire la *théologie rationnelle* (spéculative). Contre la preuve *téléologique* ou des causes finales, il dit que nous ne connaissons pas tout l'univers, et que d'ailleurs, dans ce que nous en connaissons, le bien ne nous révèle pas assez Dieu, et le mal nous le cache trop. Pour détruire l'argument des causes efficientes, il dit que cette preuve suppose l'identité entre la nécessité et la perfection, et dès lors retombe dans la preuve de saint Anselme. Enfin, il rejette cette dernière preuve, la preuve *ontologique*, parce que, dit-il, nous ne pouvons pas passer de l'idée qui est dans notre entendement à l'objet qui est en dehors, et pour affirmer, comme un attribut, l'existence nécessaire de l'être parfait, il faut d'abord poser que cet être parfait est réel hors de notre pensée.

Après avoir battu en brèche toutes ces grandes vérités, au nom de la raison théorique, il va les affirmer toutes au nom de la raison pratique.

320. CRITIQUE DE LA RAISON PRATIQUE. — La raison pratique impose le devoir, sous forme de principes universels. « Agis toujours de telle sorte que la maxime de ta volonté puisse revêtir la forme d'un principe de législation universelle. » L'universalité de ces principes fait leur obligation. C'est l'*impératif catégorique* qui s'impose à toutes les volontés, comme à des puissances *autonomes*. Partant de cette idée, Kant réfute toutes les théories morales précédentes, basées sur l'éducation (Montaigne), sur la constitution civile (Mandeville, hollandais, né en 1670), sur la sensation (Épicure), sur le sens moral (Hutcheson), sur la tendance à la perfection (Wolf et les stoïciens), sur la volonté de Dieu (Crusius, allemand, né en 1712, après Duns Scot et Guillaume d'Ockam).

L'objet des lois morales, quoique non connu par l'intuition est supposé par ces lois mêmes. Elles sont obligatoires, donc elles sont possibles. Donc *l'âme est libre*. Elles supposent aussi l'idée du bien, qui produit dans l'âme le sentiment moral, *mobile subjectif de la vertu*. La vertu est désintéressée, mais elle rend digne du bonheur. L'union des deux est le *souverain bien* (vertu et bonheur).

Le premier élément du bonheur c'est la *sainteté*, qui est *l'idéal de la vertu*. Mais cet idéal ne peut être atteint dans un temps limité ; c'est un progrès indéfini, qui suppose *l'immortalité de l'âme*.

Le souverain bien est l'harmonie de la moralité et du bonheur. Or, cette harmonie ne peut être réalisée que par la cause du monde, et cette cause doit être intelligente. Elle suppose donc *l'existence de Dieu*. Dès lors la loi morale est la volonté de Dieu. C'est la *religion*.

321. CRITIQUE DU JUGEMENT. — Après avoir écrit la critique de la raison pratique, Kant s'aperçut qu'il avait omis la critique de deux espèces de jugements : le *jugement esthétique*, qui porte sur le beau et le sublime, et le *jugement téléologique*, qui porte sur la finalité. Il écrivit donc la Critique du jugement, destinée à prendre place entre les deux premières.

Et d'abord, pour donner du beau une idée complète, il le définit à quatre points de vue différents. 1° Le *beau* est l'objet d'une satisfaction libre de tout intérêt. Par conséquent, l'idée du beau est indépendante de l'existence de l'objet. 2° Le *beau* est ce qui plait universellement sans concept. C'est-à-dire que nous n'en jugeons pas d'après une idée préconçue, mais seulement par la satisfaction simultanée de l'imagination et du jugement (par la variété dans l'unité). 3° La *beauté* est la forme de la finalité d'un objet, en tant qu'elle est perçue sans représentation de fin. C'est-à-dire que nous voyons dans la beauté une convenance qui nous parait faite à dessein, sans que nous nous arrêtions à considérer le but. 4° Le *beau* est ce qui est reconnu sans concept comme l'objet d'une satisfaction nécessaire. Cette satisfaction est nécessaire par son universalité, surtout puisqu'elle ne repose pas sur une idée universelle.

Telle est, pour Kant, l'idée du beau, objet du jugement esthétique, et distinct de la perfection, objet d'un jugement esthétique et logique tout à la fois, qui suppose un concept *a priori*.

Le *sublime* est aussi l'objet d'un jugement esthétique, mais, contrairement au beau, il suppose un désaccord entre l'imagination et la raison, en ce sens qu'il étonne l'imagination et contente la raison. Le sublime est *mathématique* ou *dynamique*, selon qu'il a pour fondement la grandeur ou la puissance. Mais ce jugement doit être aussi sans concept préalable, pour rester dans l'ordre esthétique. Il y a d'ailleurs un sublime logique et un sublime moral. Cependant, quoique distincts les jugements esthétiques et les jugements moraux sont liés ensemble et concourent au même but ; mais les derniers impliquent l'idée d'obligation et supposent un objet réel, tandis que les premiers ne sont que des *formes subjectives* de nos facultés, sans objets réels.

Dans les *jugements téléologiques*, ou jugements sur la finalité des choses, Kant distingue la *finalité* intérieure ou *immanente*, et la *finalité relative*. La première nous parait comme l'objet direct d'un dessein de la nature, la seconde comme un moyen d'atteindre ce dessein premier. C'est ainsi qu'en voyant les êtres organisés nous jugeons nécessairement que toutes leurs parties sont disposées dans un but déterminé. Ce jugement est nécessaire ; mais Kant ne lui donne aucune réalité objective : c'est encore une *forme subjective* de notre intelligence.

Ici Kant fait la critique de toutes les théories relatives aux causes finales, le hasard d'Epicure, le panthéisme de Spinoza, l'âme du monde des stoïciens, la cause intelligente de tous les théistes ; il croit qu'aucune de ces théories ne peut s'établir à l'exclusion des autres, parce que le *mécanisme* qui engendre les deux premières ne rend pas compte du concept de la *finalité*, et que le principe des causes finales qui sert à établir les deux autres n'a qu'une valeur subjective, propre à la constitution de notre entendement. Mais il pense que, dans l'entendement divin, la finalité et le mécanisme se confondent dans un principe unique, inaccessible à notre intelligence, et où l'opposition disparaît.

Pour les mêmes raisons il rejette spéculativement la conception d'une fin dernière de toutes choses, et refuse à cette conception une certitude objective, mais, encore une fois, il trouve la preuve de cette fin dernière, de Dieu principe et fin de tout, dans les lois morales.

Dans ses autres ouvrages intitulés *Éléments métaphysiques*, Kant essaye d'établir une théorie de la matière déterminée *a priori* et il opte pour une combinaison de *forces attractives et répulsives*, qui selon lui, n'exigent pas le vide ; puis il s'efforce de déterminer la *métaphysique des mœurs,* ou les lois morales, qu'il déclare ne pouvoir être fondées que sur la raison. Le grand principe du *droit* est celui-ci : « Agis de telle sorte que le libre usage de ta volonté puisse subsister avec la liberté de tous. » Le *droit positif* doit être fondé sur le *droit naturel*. Dans ce dernier, Kant distingue le *droit inné* et le *droit acquis*, et dans celui-ci, le *droit privé* et le *droit public*, lequel se subdivise à son tour en *droit politique, droit des gens* et *droit cosmopolitique*. Toute cette métaphysique du droit est pleine de vues larges, et comme, après tout, Kant est un homme de bien, il ne s'écarte pas, dans les détails, des principes d'une saine morale, approuvant les réformes amenées en France par la Révolution, mais condamnant le meurtre juridique de Louis XVI ; mais sa théorie manque de base. Au fond, il ne voit qu'une chose dans le droit, sauvegarder la liberté de tous ; mais quelle est l'étendue de la liberté ? quelles en sont les limites ? C'est ce qu'il ne saurait dire et ce qu'on ne dira jamais tant qu'on définira le droit, « la liberté de chacun prise pour fin par la liberté des autres. »

Ce qui distingue, selon Kant, les *devoirs de vertu* des devoirs de droit, c'est qu'on peut nous contraindre à ceux-ci, tandis qu'on ne saurait nous contraindre à ceux-là, quoique nous nous y reconnaissions également obligés intérieurement. Les devoirs de vertu nous sont imposés par la raison, et c'est leur concept *a priori* qui produit nécessairement en nous le *sentiment moral,* la *conscience morale,* l'*amour des hommes,* le *respect de soi-même*. La métaphysique de la vertu nous enseigne à développer en nous ces *conditions subjectives ;* sous sa forme *didactique*, elle nous fait connaître les devoirs de vertu et sous sa forme *ascétique*, elle nous exerce à les pratiquer.

Enfin dans un ouvrage spécial, Kant soumet à la critique le christianisme lui-même. Il ne veut pas même savoir s'il est révélé ou non. Il le juge au point de vue moral et se croit en droit de le rejeter s'il ne résiste pas à cet examen de la raison. Il en accepte les dogmes et même ce qu'il appelle les légendes, c'est-à-dire les faits évangéliques, mais seulement comme propres à développer le sentiment moral, sans leur attribuer aucune vérité certaine.

322. Appréciation. — Kant nous offre la plus vivante démonstration de ce principe désormais constaté par l'histoire de la pensée humaine, qu'il ne faut pas prendre au sérieux le scepticisme. C'est la théorie sceptique de Hume qui inspira à Kant la pensée de faire la critique des facultés de l'âme, et une fois entré dans cette voie, il n'en est sorti qu'avec une contradiction, après avoir traité d'illusion tout ce que le genre humain avait perpétuellement affirmé. Sans doute quelques dogmatiques avaient mis de la témérité dans leurs affirmations ; mais était-ce une raison pour que l'affirmation universelle du genre humain pût être mise en doute? Et si nous admettons une fois avec Kant que la raison théorique n'a aucune portée objective, comment savons-nous que nous sommes soumis à la loi du devoir? Sur quoi peut reposer cette obligation? Avant de conclure de l'idée du devoir à la réalité de son objet et des autres conditions qu'elle suppose, ne faudrait-il pas soumettre cette loi elle-même à la critique? Et si on soumet l'idée du devoir à cette épreuve, après avoir accepté en principe que la connaissance théorique n'a point d'objet, croit-on que cette loi morale en sortira intacte? Et si la loi morale est douteuse, que deviendront les affirmations que l'on veut appuyer sur elle seule? Nous allons voir en effet le développement des théories de Kant amener le dernier terme de l'absurde.

Cependant, ce grand esprit aurait pu faire mieux. Il y avait en lui l'étoffe d'un grand philosophe : il n'a créé qu'un système négatif dont la limite extrême est le néant. Nous ne conseillerons donc pas aux jeunes gens la lecture de ses œuvres, malgré les nombreuses observations de détail et les analyses profondes qui s'y trouvent mêlées aux erreurs, parce que ce système, dans la rigueur apparente de sa logique, pourrait exercer sur eux un mirage trompeur et les séduire. Et les dangers de cette séduction sont rendus manifestes par l'engouement qu'excita le système de Kant, et par les théories qui en sortirent.

La philosophie de Kant suscita en Allemagne une véritable révolution dans les idées, et si quelques-uns l'attaquèrent avec acharnement, un bien plus grand nombre crut qu'on ne pouvait plus désormais se livrer à des réflexions philosophiques sans prendre pour base la *Critique de la raison*. Parmi ses nombreux disciples, plusieurs se tinrent dans les limites posées par le maître; quelques-uns en tirèrent des conséquences hardies et firent école. Nous les verrons dans le dix-neuvième siècle.

323. Coup-d'œil général sur le xviii° siècle. — Le mouvement commencé par la Renaissance et déterminé par Bacon et Descartes s'achève et montre ses fruits au XVIII° siècle. On a voulu d'abord philosopher sans égard pour la foi, on a ensuite pensé et écrit contre elle, et bientôt la raison, privée de son gardien divin, a vu autour d'elle tant d'erreurs qu'elle a fini par douter d'elle-même. Les opinions qui divisèrent les scolastiques portaient sur des questions de détails, mais les bases restaient inattaquées et inébranlables : on était encore d'accord sur les principes et sur les grandes vérités. Les systèmes du XVIII° siècle ébranlent les fondements mêmes de la philosophie, effacent toute lumière et ramènent les ténèbres du paganisme.

Toute vérité, disait Bacon, doit être contrôlée par les sens. Les sens ne voient que des corps, dirent d'Holbach, Lamettrie et les leurs ; donc, il n'y a que des corps. Les sens se trompent, disait Descartes, seule la conscience de ma pensée reste certaine, et dans cette pensée je vois que mon âme existe. Donc il n'y a que des âmes, dit Berkeley. Les sens, dit Hume, ne voient que des faits successifs ; ils ne voient aucune cause, puisqu'ils n'en voient pas la causalité. On ne saurait donc affirmer une cause par ses effets. Il n'y a donc rien de certain dans la science.

On ne saurait contrôler les sens, la mémoire, ni la raison, dit Reid. Il faut se contenter d'accepter les données que tout homme de bon sens croit certaines.

Mais Kant arrive et il dit : Tant qu'on n'aura pas fait la critique de la raison, on manquera d'une base solide. Mais il se trouve que la raison ne sait pas se justifier elle-même, et Kant conclut qu'elle ne donne rien de certain.

Le but de la philosophie, avait dit Bacon, doit être d'asservir la nature à l'homme en la forçant à lui livrer ses secrets et à lui soumettre ses forces. Je vais me faire pour un temps, avait dit Descartes, une morale de provision, en attendant d'en avoir découvert une solide ; car tout ce qu'on m'en a dit jusqu'ici est peut-être le fruit de l'invention humaine. Donc la morale religieuse est une superstition, dirent les encyclopédistes, et la vraie morale consiste à poursuivre le bien-être matériel par tous les moyens possibles.

Donc, dirent ceux qui n'avaient pas étudié la philosophie, nous ne savons pas s'il y a un Dieu, si nous avons une âme, s'il y a une récompense ou une peine après la mort. Profitons de la vie présente. A notre tour d'être riches, à notre tour de jouir, à notre tour de commander. Et la révolution, ayant pénétré dans les idées, passa bientôt dans la pratique. Ce fut un désordre inconnu jusque là. Là société se désagrégea, car le lien social était détruit : et l'on crut voir au contraire qu'elle se formait pour la première fois, parce que tout fut centralisé. La libre acceptation du pacte social était remplacée par la crainte, et depuis, la société ne vit plus que par la force, qui a pris la place de l'amour et du respect. Mais, ce qu'il y eut, de plus redoutable et ce qui dure encore : la révolution était dans les idées, la notion des choses fut détruite : le bien s'appela mal, et le mal s'appela bien. Combien de temps faudra-t-il pour redresser les intelligences, pour remettre en honneur la vérité et la vertu ?

Nous verrons la conscience, le bon sens et surtout les restes de la foi combattre les effets de la révolution, dès les commencements du siècle suivant. Mais il faudra longtemps avant qu'on en aperçoive le principe. Bien des gens auront horreur de ses excès et s'enivreront de ses erreurs. Ils voudront faire une alliance impossible entre le mal et le bien. Plus de lutte ouverte, diront-ils ; à chacun ses opinions ; la liberté est une bonne chose : laissez faire ; il y a excès des deux côtés ; chaque parti doit faire des concessions à l'autre. Dans l'état des esprits nourris des idées nouvelles, même à leur insu et malgré eux, ce langage semblera dicté par la raison : on accordera toute confiance à ces hommes de la fausse paix ; ils prendront le pouvoir qu'on leur cèdera volontiers et, fiers de leur méthode de conciliation, ils se croiront habiles et nécessaires. Sous prétexte de liberté, de tolérance et de paix, ils n'auront peur que de l'excès du bien ; c'est pourquoi, enchaînant chaque jour celui-ci de plus en plus, ils donneront au mal tous les privilèges. C'est la conséquence des idées fausses.

XIXe SIÈCLE.

324. DIVISION DES MATIÈRES. — Nous entrons dans le siècle même où nous vivons ; bientôt nous atteindrons des auteurs qui sont morts récemment ou qui vivent encore. Ici les matériaux sont nombreux, les écoles se sont multipliées, les systèmes ont succédé aux systèmes, les auteurs sont nombreux et leurs ouvrages atteignent un chiffre incalculable. Nous devrons nous borner à ceux qui ont une véritable importance. Mais il n'en faut pas moins établir des divisions. D'un autre côté, pour ne pas trop nous écarter de l'ordre chronologique, et ne pas revenir au commencement du siècle après avoir parlé de quelques contemporains, nous diviserons ce siècle en deux parties. La première comprendra les commencements jusqu'à la seconde République française qui amena en Europe une recrudescence d'idées nouvelles ; la seconde partira de cette même République et s'étendra jusqu'à nos jours.

I. PREMIÈRE MOITIÉ DU XIXᵉ SIÈCLE

§ 1. — Continuation de l'école critique

Systèmes dérivés de Kant.

325. Fichte. — Jean-Théophile Fichte, naquit au village de Rammeneau, dans la haute Lusace, en 1762, et mourut à Berlin, en 1814. Fils d'un simple artisan, il dut son éducation à l'estime que fit de ses heureuses dispositions le baron Miltitz. A la fin de ses études, il fut précepteur particulier, puis professeur à Iéna et enfin à Berlin, pendant l'occupation de l'armée française.

Le premier ouvrage de Fichte est l'*Essai d'une critique de toute révélation* (1792), que l'on crut d'abord être de Kant, et qui lui valut l'amitié et les attentions de ce philosophe. Il publia plus tard : *Idée de la théorie de la science* (1794), et *Fondement de la théorie de la science* (1794); puis : *Leçon sur la mission du savant*, et enfin la *Philosophie du droit* (1796) et *Théorie de la religion* (1806), sans compter les *Discours* et plusieurs autres ouvrages moins importants.

Les titres seuls de ces ouvrages indiquent assez combien la doctrine de Fichte dérive de celle de Kant. Mais nous verrons mieux cette origine en analysant la doctrine de Fichte.

Kant, en faisant la critique de la connaissance, en avait fait une forme subjective, et de plus, en s'appuyant sur la loi morale, il n'avait pas trouvé d'affirmation objective antérieure à celle de la liberté de l'âme. Cette idée va devenir plus absolue dans Fichte.

C'est la critique de la science non vulgaire, mais philosophique, que Fichte entreprend. La science doit être *une* et former un *tout*. Elle doit donc avoir un principe *un* et *absolu* sans lequel rien ne serait certain. Ce principe doit renfermer en lui-même la *matière* et la *forme* de sa connaissance et les tenir de lui-même. Ce principe, il le trouve dans le *moi*, qui se pose lui-même dans tout jugement. *Je suis moi*, dit-il, $a = a$. Ce principe est le plus incontestable de tous.

Jusque là tout est juste, mais Fichte va plus loin, et déclare que le *moi* est cause de lui-même, en prenant conscience de lui-même : qu'il est cause-effet, fait-action, acte-fait. Voilà l'erreur fondée sur un abus de mot, sur l'équivoque du mot *poser*. Tout le reste va dériver de ce faux principe.

Le moi pose primitivement son propre être; c'est son premier acte, et par un acte suivant, *le moi oppose au moi absolu un non-moi absolu*. Le *non-moi* est le second principe, qui n'est absolu que dans sa forme, tandis que le *moi* est absolu dans sa forme et dans sa matière. Mais le caractère absolu, même incomplètement, du *non-moi* est la contradiction du caractère entièrement absolu du moi, et pour résoudre cette contradiction, il faut un troisième principe, absolu seulement dans sa matière, et qui est celui-ci : *Le moi divisible* (matière et forme) *s'oppose à lui-même et dans lui-même un non-moi indivisible, et ils se limitent ainsi réciproquement.* C'est cette *limitation* qui n'est absolue que dans sa matière.

Ces trois principes sont : l'affirmation, la négation et la limitation, ou, en d'autres termes, la *thèse*, l'*antithèse* et la *synthèse*.

En résumé : *le moi et le non-moi se déterminent réciproquement,* proposition complète et absolue, dans laquelle l'analyse découvre les deux suivantes : 1° *Le non-moi détermine le moi ;* c'est le principe de la *philosophie théorique,* ou de la connaissance, dans laquelle le *moi* semble passif à l'égard des objets; 2° *le moi détermine le moi ;* c'est le principe de la *philosophie pratique,* ou de la volonté, dans laquelle le *moi* se montre comme la seule réalité absolue, et nous apprend que le monde est son œuvre, son idéal réalisé, qui n'a d'existence que dans le *moi.*

Telle est la doctrine de l'*idéalisme critique* ou du *subjectivisme absolu,* dans laquelle disparait l'ombre de réalité que la critique de Kant avait laissée aux choses.

Nous ne sommes plus ici en présence du scepticisme, qui s'abstenait de prononcer un jugement, c'est la négation absolue des sophistes. Un pas de plus dans cette théorie va tout réduire au néant, si même ce pas est nécessaire; car déjà dans les données de Fichte, le moi n'est pas, mais il se fait, il devient chaque fois qu'il prend conscience de lui-même.

Le moi, absolu et pris en soi, est sans étendue et sans mouvement ; c'est un point mathématique. Éprouvant le besoin de se développer, il s'élance dans un mouvement centrifuge vers l'infini, mais il est rejeté sans cesse vers lui-même par l'impossibilité d'atteindre ce but, quoique la résistance même active et renouvelle ses efforts. C'est dans ce mouvement que le *moi* prend conscience de lui-même et du *non-moi,* qui vient de lui.

Quelle force d'imagination, et, le dirons-nous ? quelle tolérance de l'absurde ne faudra-t-il pas pour sortir de ces données et entrer dans la vie réelle? pour individualiser ce moi absolu et ce non-moi, tout aussi absolu que lui, et accepter en principe la distinction des personnes ? pour déterminer après cela les rapports entre les hommes, poser les limites du droit, en un mot écrire une morale complète, qui dans la pratique règle toutes choses comme dans un monde réel? C'est pourtant ce que Fichte a osé faire. Nous ne le suivrons pas dans ses raisonnements, parce que nous ne saurions ni les justifier, ni les présenter avec une apparence de logique.

Fichte a lui-même et successivement tiré toutes les conséquences qui découlent de son système, au point de vue moral. D'abord, sa morale est celle de Kant, seulement, il accentue davantage sur cette pensée que *la liberté est la fin dernière de l'homme.* L'homme est une fin pour lui-même et pour les autres. Plus tard, dans le *Traité de la destination de l'homme,* il prend la loi morale comme une force mystique, qu'il appelle la foi, et déclarant la science « absolument vide », il dit : La loi morale nous fait croire aux réalités qu'elle suppose. C'est la doctrine de Kant, mais avec une tendance mystique. Ce mysticisme devient bientôt un panthéisme idéaliste, et le *moi* humain est remplacé par le moi *divin*, activité pure, sans substance et sans personnalité ; moins que cela, dans les derniers écrits de Fichte, Dieu n'est plus que l'ensemble des actes inspirés aux hommes par sa pensée. Et l'on trouve dans un de ses derniers ouvrages cette parole insensée : « Toute conception religieuse qui personnifie Dieu, je l'ai en horreur et je la considère comme indigne d'un être raisonnable. »

Quant aux conséquences logiques du système de *l'idéalisme subjectif*, Schelling et Hégel vont se charger de les tirer.

326. SCHELLING. — Frédéric-Guillaume-Joseph de Schelling, naquit à Léonberg, dans le Wurtemberg, en 1775. Il fut condisciple d'Hégel à Tubingue, et disciple de Fichte à Iéna. Il enseigna successivement à Iéna, à Wurtzbourg, à Munich et enfin à Berlin où il succéda à Fichte et à Hégel. Si nous le plaçons avant ce dernier, c'est que par son système il le précède naturellement. Il mourut en 1854, aux bains de Ragatz, en Suisse.

Après une série d'ouvrages où il restait assez d'accord avec Fichte, Schelling publia le *Système de l'idéalisme transcendantal* (1800), où sa pensée, jusque là à peine ébauchée, se manifeste complètement. Quand nous disons qu'elle se manifeste, il ne faut pas entendre par là qu'elle soit clairement exposée, au contraire, il faut une sorte de nécessité, comme celle qui nous oblige en ce moment, pour s'imposer la rude tâche de lire, de comprendre, et d'analyser un pareil ouvrage, où la pensée principale est noyée dans un déluge de propositions aussi nuageuses qu'abstraites et qui pour la plupart choquent le sens commun, après même qu'on en a lu la prétendue démonstration rigoureuse.

Le point de départ de Schelling est celui de Fichte. Le principe de la connaissance philosophique c'est le *moi*. Voici comment :

« Toute connaissance repose sur l'accord d'un *objectif* avec un *subjectif*. » L'objectif en général c'est la *nature ;* le subjectif c'est le *moi*. Dans la connaissance le sujet et l'objet sont inséparables et identiques, et pour avoir la raison de cette identité, il faut la détruire. De là les deux manières de philosopher. La première, celle des sciences naturelles, pose d'abord l'objectif, et recherche comment le subjectif s'accorde avec lui ; l'autre, celle de la philosophie transcendantale, prend le subjectif comme élément premier et se demande comment l'objectif vient s'accorder avec lui.

La philosophie transcendantale commence donc par le doute universel de la réalité de l'objectif. Mais notre nature affirme quand même, par un préjugé fondamental, qu'il y a des choses hors de nous, et la tâche de la philosophie transcendantale est de montrer la nécessité de ce préjugé, en partant du subjectif seul.

La seule proposition première et absolument connue est la proposition : *Je suis*. Cette autre : *Il y a des choses hors de moi*, ne peut être certaine que par son identité avec la première.

Ainsi la philosophie transcendantale n'a pas à démontrer l'existence des choses, mais seulement que c'est un préjugé naturel et nécessaire d'admettre comme réels les objets extérieurs. C'est son premier caractère. Le second consiste à séparer d'abord les deux propositions : Je suis ; et Il y a des choses hors de moi, pour mieux en montrer l'identité. Elle n'a donc pour objet direct que le subjectif, ou pour mieux dire la connaissance en tant que subjective, et ce subjectif y devient sans cesse objectif.

De ce point de vue, il faut démontrer la possibilité de la science, ou soit : Comment les représentations subjectives peuvent s'accorder parfaitement avec des objets existants, qui en sont tout à fait indépendants ; et d'un autre côté : Comment la pensée seule peut modifier un objectif, de telle sorte qu'il s'accorde parfaitement avec elle. Ces deux problèmes constituent, l'un la philosophie théorique, l'autre la philosophie pratique, la conscience et la liberté.

Mais ces deux problèmes offrent une contradiction qui ne peut être résolue que dans une philosophie supérieure, à la fois théorique et pratique, dans la philosophie transcendantale. Ici nous trouvons le principe absolu de toute production dans la volonté. La même activité est productive sans conscience dans le monde, et productive avec conscience dans l'acte libre. Telle est la raison de l'harmonie préétablie entre la conscience et la nature.

Mais où est le principe de cette double activité ? La philosophie transcendantale nous montre dans l'activité esthétique, dans l'art, cette double forme de l'activité, avec et sans conscience.

Ce n'est là que l'introduction et en quelque sorte le plan du système. Voici maintenant une idée des développements.

D'abord, il faut à la connaissance un principe suprême, qui concilie l'objectif avec le subjectif. Ce principe doit être inconditionnel, pour ne dériver d'aucun autre. Or les jugements analytiques, comme dans les propositions identiques, sont seuls connus inconditionnellement : par exemple : A = A. Mais ici il n'y a pas de connaissance réelle ; car il n'y a rien d'objectif affirmé. Le premier principe doit donc être une proposition synthétique pour être une connaissance réelle. Mais les propositions synthétiques ne sont pas inconditionnelles, ou certaines par elles-mêmes. Il y a ici contradiction, à moins de trouver une proposition à la fois analytique et synthétique, à moins de trouver le point où le sujet et l'objet sont une seule et même chose. Cette condition est remplie dans le moi prenant conscience de lui-même, dans la proposition : *Moi = moi*, où le sujet et l'objet sont identiques. C'est l'intuition pure, dans laquelle le sujet s'objective lui-même à lui-même, produisant et produit. C'est le postulat de la philosophie ; le principe indémontrable, parce que l'intuition est libre. La liberté est notre principe unique, et le monde objectif n'est que la limitation de notre liberté, qui d'elle-même est une virtualité infinie. Le *moi* agit sur la limite, et pour cela elle doit être réelle ; mais en même temps le *moi* se voit limité par elle, et dès lors elle est idéale. La limite est donc dépendante et indépendante du moi. C'est une contradiction dont la solution se trouve dans l'analyse de la conscience et de la liberté, selon la philosophie transcendantale.

Au premier moment de son histoire philosophique, le *moi* sujet-objet, mais sans avoir conscience de lui-même, s'élance hors de lui-même dans un effort vers l'infini. Au deuxième moment, il se sent limité, mais il n'aperçoit que la limitation : c'est la sensation : c'est la vue de l'objet. Au troisième moment, le *moi* s'aperçoit sentant, c'est-à-dire sujet. Telle est la première époque de l'histoire de l'intelligence. Schelling compare ces trois moments au magnétisme, à l'électricité et au galvanisme, voulant montrer par là que les lois de la nature sont les mêmes que celles du *moi*.

A la deuxième époque, le *moi* prend conscience du temps et de l'espace, par la double perception du sens intime et des sens externes. Puis il prend conscience de sa causalité et se reconnaît comme sujet produisant son objet. Et lorsque cette activité lui est apparue comme un échange infini de productions et de perceptions, dans le cercle infini, le *moi* prend conscience de la nature organique.

A la troisième époque, l'intelligence entre dans la réflexion, où se produisent l'abstraction et le jugement, et où le *moi* tend à se reconnaître comme intelligence, à s'abstraire de l'objet et à confondre la notion avec l'objet. Mais pour achever cette abstraction transcendantale, il faut avoir recours à un acte absolu, qui entre dans le domaine de la philosophie pratique.

Jusqu'ici le *moi* avait tout produit nécessairement et sans conscience, désormais il produira avec conscience et librement. C'est le postulat de la conscience qui est l'abstraction absolue du moi. Ici le *moi* se saisit comme principe de l'idéal et comme principe du réel. De là procède la lutte qui constitue la philosophie pratique.

L'acte de la volonté est dans le temps, dès lors il a quelque chose de nécessaire. Cette contradiction ne peut s'expliquer que par une double condition de la volonté : l'une positive, par laquelle elle est le fruit de l'intelligence ; l'autre négative, par laquelle elle ne peut être sans une autre intelligence. Ainsi l'intelligence suppose un monde d'intelligences.

Cherchant ensuite à faire naître, *a priori*, des mêmes données, la morale et la politique, Schelling s'efforce de mettre un frein aux excès de la liberté, sans autre instrument que la liberté elle-même. De là sa théorie du progrès indéfini se développant nécessairement dans l'histoire. Et le principe de ce progrès indéfini, il le trouve dans une sorte de destin-providence, qu'il appelle l'identité absolue du subjectif et de l'objectif, de l'inconscient et du conscient, un principe qui n'est ni sujet, ni objet, ni tous les deux à la fois, qui ne peut arriver à la conscience. C'est ainsi qu'il se représente Dieu, « cet absolu identique, auquel ne peut s'appliquer aucun attribut emprunté aux choses de l'intelligence ou de la liberté, qui ne peut donc jamais être l'objet de la connaissance, qui ne peut être l'objet que de l'hypothèse éternelle sur laquelle repose l'activité, la foi. » C'est à ce dernier terme que Schelling arrive, dans la *Philosophie de l'absolu*, laquelle devait compléter la *Philosophie de la nature*, comme celle-ci avait complété l'*Idéalisme transcendantal*.

Partir de la conscience du *moi* et en déduire *a priori* un système de phénomènes reproduisant exactement le monde, les âmes et Dieu : tel était le problème que Schelling s'était chargé de résoudre. Nous ne croyons pas utile de démontrer qu'il ne l'a pas résolu. D'ailleurs, quand même ses propositions seraient rigoureusement enchaînées, elles ne donneraient jamais qu'une hypothèse, et il nous faut expliquer des réalités.

327. HÉGEL. — Georges-Guillaume-Frédéric Hégel, né à Stuttgard en 1770, étudia la théologie protestante à Tubingue, avec Schelling. Il enseigna à Iéna, puis à Nuremberg, à Heidelberg et enfin à Berlin, où il succéda à Fichte. Il mourut du choléra en 1831.

D'abord sincèrement attaché au système de Schelling, Hégel publia plusieurs ouvrages pour combattre les systèmes opposés ou pour en tirer les conséquences. Le dernier et le plus important de ces ouvrages est la *Phénoménologie de l'esprit* (1807), sorte d'histoire du développement intellectuel, selon le système de l'idéalisme absolu. Plus tard il commença à se faire un système à lui, dont il exposa les premiers linéaments dans sa *Logique* (1812) et dans *l'Encyclopédie des sciences philosophiques,* et qu'il montre achevé dans la *Philosophie de l'histoire,* l'*Esthétique* et la *Philosophie de la religion,* qui sont des leçons publiques.

La *Logique* de Hégel n'a rien de commun avec ce qu'on appelle communément de ce nom, du moins dans le fond de sa pensée. Pour lui c'est la science de l'idée, qui est la raison pure, Dieu dans son éternelle essence. Le premier principe n'est plus comme pour ce qu'il appelle « la logique de l'entendement, » le principe de contradiction ; c'est le principe de l'identité des contraires. Telle est la logique absolue ou transcendante.

Hégel, en effet, rejette l'absolu qui semble résider hors du monde et hors de l'esprit humain. Pour lui l'absolu est *immanent* au monde, il est la raison même, qui se réalise elle-même, qui est réelle parce qu'elle est raison, toujours vivante et mobile, essentiellement en mouvement, à la fois nécessité et liberté, ou plutôt conciliation entre l'une et l'autre, conciliation entre l'être et le néant : c'est le *devenir*. Rien n'est, absolument parlant : tout devient ; « Dieu n'est pas : il se fait. »

Ce devenir absolu, principe de toutes choses se développe éternellement, dans un rhythme ternaire sans cessé répété. C'est le passage perpétuel du non-être à l'être et de l'être au non-être ; c'est la *thèse*, l'*antithèse* et la *synthèse*, formule suprême de la raison, fondement de toute logique, et forme de toute réalité ; c'est l'idée enveloppée et en puissance, puis l'idée réalisée et enfin le retour de l'idée réalisée à l'état d'idée en soi. Le type de ce rhythme, c'est la Trinité.

Cette loi logique se manifeste encore dans le monde : *l'idée absolue,* inconsciente, que Hégel appelle l'idée concrète, se développe par la pensée et constitue la *nature,* puis, revenant à elle-même, elle prend conscience de soi et constitue l'esprit.

Tout cela est la genèse de Dieu, qui s'opère dans le monde et s'achève dans l'esprit humain.

Hégel, loin de reculer devant l'absurdité de ses théories, a défendu son principe de l'*identité des contraires,* disant que c'est là le secret du progrès universel, de la pensée et de la vie. Penser, c'est unir des idées différentes, dans une seule idée qui les concilie ; vivre c'est passer d'un contraire à l'autre, par une action qui les domine. En un mot sa théorie identifie toutes choses et proclame l'*identité de l'identique et du non-identique.*

Il est évident que ce perpétuel *devenir* ne peut s'opérer que d'une manière nécessaire ; mais Hégel n'hésite pas à qualifier de libre cette nécessité. Le mouvement se manifeste d'abord dans le temps et l'espace et produit la matière. Ses combinaisons produisent les astres, puis les êtres organisés, les plantes et les animaux et enfin les hommes, où l'activité libre prend conscience d'elle-même. Mais l'individu humain sent sa liberté limitée par la liberté des autres et comprend qu'il ne possède qu'une partie de cette liberté universelle, qui fait toutes choses nécessairement, mais qui est libre parce qu'elle fait tout d'elle-même. Ainsi la liberté de Hégel n'est qu'un déterminisme absolu.

Mais sa théorie politique ajoute encore si c'est possible à cette désolante théorie psychologique. L'Etat est « la substance de l'individu ; » c'est-à-dire que chaque citoyen n'est qu'une manifestation, un accident, par rapport à l'Etat. L'individu est sacré pour un autre individu ; mais l'Etat a tout pouvoir sur chacun d'eux. Rien n'est bien, que ce que l'Etat ordonne ; rien n'est mal, que ce que l'Etat défend. Et l'Etat se personnifie dans son chef, qui devient l'*Etat fait homme*.

Mais à leur tour les Etats plus faibles sont soumis au caprice des Etats plus forts. *La nation victorieuse est toujours meilleure que la nation vaincue.*

Enfin au-dessus des Etats se trouve l'humanité dont les destinées vont s'accomplissant et se manifestent dans les arts, où l'esprit pénétrant la matière la forme à son image, et cela à différents degrés. Au plus bas de ces degrés se trouve l'architecture, qui n'exprime que l'idée inconsciente et produit le sentiment de l'immobile infini. L'idée devient plus visible dans la statuaire, quoique l'âme n'y paraisse pas. Celle-ci se montre dans la peinture par l'expression du regard ; mais on n'en voit qu'un moment. Jusqu'ici l'art est seulement *objectif*. Le sentiment plus animé et plus mobile se manifeste dans la musique ; mais il est encore tout *subjectif*. Il faut donc un art qui concilie l'un et l'autre : c'est la poésie.

Tandis que le sentiment esthétique, mis en acte par l'art, représente le divin au dehors, le sentiment religieux le représente au dedans de l'homme. Mais la religion qu'il produit est fille de l'imagination. Elle se représente Dieu comme un être extérieur à l'humanité et au monde. C'est une dualité qui ne pouvait être que provisoire. Dans l'Orient l'infini domine et inspire la crainte et l'obéissance passive ; en Grèce les dieux ont la forme humaine, quoique le Destin rappelle l'infini. Enfin le christianisme est la synthèse de la religion de l'infini et de la religion du fini ; fruit de l'union du génie oriental et du génie grec, il adore un dieu-homme. C'est la plus haute expression du sentiment religieux.

Hégel croyait probablement avoir rendu, par ce blasphème, un éclatant hommage à la religion chrétienne, en l'expliquant selon son système. Cependant il ne s'arrête pas là. Il conçoit quelque chose de supérieur à la religion chrétienne ; c'est la science du devenir, qu'il appelle la philosophie. Là, plus d'autorité extérieure à l'esprit humain; l'homme ne se soumet qu'à lui-même. Il n'y a plus distinction entre celui qui commande et celui qui obéit; l'homme s'adore lui-même; car il reconnaît sa pensée comme l'essence même des choses.

Qu'on ne s'étonne pas après cela de trouver parmi les disciples de Hégel : le docteur Strauss, qui, dans sa *Vie de Jésus*, soutient que la vie de Jésus-Christ est un mythe, qu'il faut remplacer par un Christ idéal, par l'humanité divinisée; Feuerbach, qui ne veut pas qu'on dise : « Que la volonté de Dieu soit faite », mais « que la volonté de l'homme soit faite » ; car c'est la volonté de l'homme qui est, dans son essence, la loi même et la fin de l'univers. Dieu n'est pour lui que l'homme idéalisé, tel qu'il doit être, tel qu'un jour il sera.

Nous croirions faire injure à nos lecteurs si nous entreprenions de réfuter Hégel et ses disciples, soit dans leurs blasphèmes, soit dans leurs absurdités.

327. JACOBI. — Frédéric Jacobi, né à Dusseldorf en 1743, fut d'abord commerçant à Genève, occupa plusieurs charges dans l'administration; il fut conseiller privé à Dusseldorf et président de l'Académie des sciences de Munich. La mort de son fils et de sa femme lui fit résigner cette fonction. Il mourut en 1816.

Il pensait et écrivait en homme du monde, sous une forme à la fois grave et poétique, familière et énergique. Il considérait la philosophie au point de vue pratique. Mais les résultats de la critique de Kant le poussèrent lui aussi à chercher le critérium de la vérité.

Tandis que la dialectique ancienne accepte les données du particulier pour s'élever à l'universel et à l'absolu, et que Kant n'accorde qu'une valeur subjective aux notions générales des choses qu'il fait dériver des formes innées de la sensibilité et de l'entendement, Jacobi comprenant que, dans le sens de la philosophie critique, on ne saurait passer de l'idée à l'objet, ni de l'objet à l'idée, croit trouver le fondement inébranlable de toute vérité dans la *science immédiate* qu'il appelle *la foi*. Il affirme que la raison fournit l'être réel, dans ses conceptions absolues, comme les sens fournissent le réel contingent dans leurs perceptions.

Il sent bien que ce système manque d'une base rationnelle, aussi il l'appuie sur le sentiment, et déclare que cette affirmation du sentiment a la valeur d'une démonstration.

Cette sorte de foi rationnelle, et païenne, comme il l'appelle lui-même, lui fournit l'intuition immédiate d'un Dieu distinct du monde, de l'âme, de sa liberté et de son immortalité, et des vérités morales. Il croyait ainsi calmer les consciences effrayées par le doute et par le criticisme.

En employant, pour désigner sa connaissance immédiate et concrète, le mot *foi*, il attirait à lui les cœurs chrétiens ravagés déjà par le protestantisme, et c'est ce qui donna quelque force à sa théorie. Mais Hégel lui-même lui reproche la vanité de son critérium dont le contenu est vide, dit Hégel, et se trouve bien loin du contenu de la foi chrétienne. Le même Hégel combat ensuite ce principe en disant que cette prétendue connaissance immédiate est parfaitement médiatisée par l'enseignement qu'elle suppose, tout comme la foi chrétienne, malgré le baptême, dit-il, qui est un sacrement, ne dispense pas de recevoir l'enseignement chrétien.

La philosophie de Jacobi est donc une réaction contre le criticisme de Kant, contre l'idéalisme qui en est la conséquence et contre le nihilisme qui devait en résulter et en résulta en effet. Jacobi ne croyait pas faire un système, il se déclare l'adversaire de toute spéculation méthodique; mais en fait il opposait une théorie à une autre, un critérium à un autre, une dialectique à une autre et par suite une philosophie à une autre. Il ne se contentait pas d'affirmer son principe que la pensée de l'être renferme la réalité objective, il essayait de raisonner son principe et d'en montrer l'évidence, en disant : Demander si les intuitions de la raison et du sentiment sont vraies, c'est demander si l'esprit humain est un fantôme ou un mensonge.

Malgré cela, il est facile de voir que son système manque de base, et d'ailleurs, il n'offre rien de nouveau que la forme sous laquelle il est présenté.

Parmi ses ouvrages nous citerons : *Lettres sur la doctrine de Spinoza* (1785; *David Hume et la foi, ou idéalisme et réalisme* (1787); *Lettre à Fichte* (1799); *de l'entreprise du criticisme de rendre la raison raison raisonnable ou de mettre la raison d'accord avec l'entendement* (1801).

328. SCHOPENHAUER. — Arthur Schopenhauer, né à Dantzig en 1788, fut d'abord dans le commerce. Mais en 1809 il suivit à Gœttingue les leçons de Schulze et à Berlin celles de Fichte. Quatre ans après il soutint à Iéna sa thèse de doctorat, ayant pour titre : *De la quadruple racine de la raison suffisante*. Il vint ensuite à Weimar, où il connut Gœthe. En 1819 il publia la première partie de son grand ouvrage : *Le monde comme volonté et comme représentation*, dont le deuxième volume ne parut qu'en 1844. Il professa sans succès à Berlin en 1820; il publia encore en 1836 : *La volonté dans la nature*. Mais tous ces ouvrages furent dédaignés du public.

Ce n'est qu'en 1830 qu'il commença à être goûté pour son livre sur *la Liberté de la volonté*. C'est alors qu'il eut pour disciple Frauenstadt et Lindner.

Il mourut d'une apoplexie pulmonaire en 1860, âgé de 72 ans.

Ses derniers ouvrages, réunis sous le titre de *Parerga und Paralipomena*, ne parurent qu'après sa mort, par les soins de Frauenstadt, qui déjà de son vivant avait publié une exposition complète de sa doctrine.

Voici comment il conçoit la philosophie. D'abord il n'y a pas de métaphysique pour lui, car elle n'est possible que dans le domaine de l'expérience, et se réduit à la cosmologie. De plus elle ne saurait dire d'où vient le monde ni où il va, mais seulement ce qu'il est. Et le monde n'est autre chose qu'une volonté. C'est la volonté qui crée pour elle-même la représentation du monde. Aussi il rejette toute religion et déclare que « depuis 1800 ans la religion a mis une muselière à la raison »; que « toute religion positive est proprement l'usurpatrice du trône qui appartient à la philosophie », et que « la Religion catholique enseigne à mendier le ciel, qu'il serait trop incommode de mériter ».

Les autres questions philosophiques, il les traite dans l'ordre suivant : Théorie de la connaissance, Théorie de la nature, Esthétique, Morale. Mais tout cela n'est au fond qu'une seule et même chose ; car tout cela n'est que représentation et volonté.

Théorie de la connaissance. — L'Intelligence. — « Le monde est ma représentation », tel est le point de départ de toutes les théories de Schopenhauer. Cependant il essaie de démontrer son principe en disant que tout ce qui existe pour la connaissance n'est objet que par rapport à un sujet. La représentation est un fait concret qui suppose et contient un sujet et un objet. D'où il conclut, fort à tort, que le monde n'est autre chose que l'objet de notre représentation, que par suite il n'est qu'un phénomène cérébral, que si la matière n'existe pas, elle n'est pas moins vraie en ce sens que sa représentation suit les lois de notre intelligence, en sorte que la matière est « un mensonge vrai. »

Cette représentation du monde se produit dans l'intelligence à raison des trois formes que celle-ci possède naturellement, comme lois de ses représentations, savoir : l'idée de temps, l'idée d'espace, l'idée de causalité. Les deux premières unies et réalisées par la troisième engendrent la représentation de la matière, le monde.

La matière comme causalité a pour corrélatif l'entendement, dont l'unique fonction est de connaître la causalité.

Les représentations de la connaissance sont *intuitives* ou *abstraites*. Celles-ci sont formées des premières, par la réflexion ou la *raison ;* car la raison ne donne qu'après avoir reçu.

De la raison naissent le *savoir* et la *science*, qui est le plus haut degré de la connaissance.

Tout cela se produit par l'association des idées sous la direction de la volonté. Car c'est à tort que l'intelligence a usurpé le premier rang parmi les facultés. L'intelligence dérive de la volonté, et d'ailleurs elle a les défauts d'être successive, d'éparpiller ses pensées, d'oublier, de vieillir avec le cerveau.

Il ne faut pas oublier que pour Schopenhauer la pensée n'est pas l'acte d'une substance simple, mais bien une modification du cerveau.

Théorie de la nature. — La Volonté. — En étudiant l'intelligence on n'a vu que le paraître; on va maintenant voir l'être. La volonté est ce que chacun connaît immédiatement; elle se manifeste par le corps. Mais le corps ne diffère de la volonté que comme objet de la connaissance; subjectivement ils sont identiques. La volonté c'est l'être même : le corps n'en est que la manifestation immédiate.

La volonté dont parle ici Schopenhauer, n'est autre que la force qui réside en général dans tout être, ou qui, selon Leibnitz, constitue tout être. Mais cette force il l'appelle volonté pour mieux identifier l'esprit et la matière, et parce que nous connaissons la volonté en nous-mêmes, tandis que la force nous est connue par représentation. C'est à raison de cette manifestation immédiate, comme aussi de sa causalité, que la volonté est pour Schopenhauer avant l'intelligence, qu'elle est l'être lui-même, réel et substantiel. L'organisme ou le corps occupe la seconde place, parce qu'il manifeste la volonté en elle-même. Enfin l'intelligence vient en troisième lieu : elle ne manifeste la volonté qu'au dehors d'elle-même; elle n'est qu'un accident, une apparence.

Voici quelques-unes des raisons qu'il apporte en preuve de la prééminence de la volonté : 1° L'objet de l'intelligence est la volonté : donc celle-ci est le *prototype*, celle-là l'*ectype*. 2° La volonté sous forme de *désir* se trouve dans tous les animaux. 3° Chez tous les animaux la volonté est entière, tandis que l'intelligence a divers degrés. 4° L'intelligence se fatigue; la volonté est infatigable. 5° Une forte somme d'intelligence ne donne pas plus de volonté. 6° Les dons de l'esprit sont considérés comme venant de la nature, les actes de la volonté comme venant de nous. 7° *Cœur* étant employé pour *volonté*, on marque qu'on estime la volonté en embaumant le *cœur* et non la *tête* qui signifie l'intelligence. 8° L'identité de la personne repose sur la volonté et non sur l'intelligence qui change avec le temps. 9° L'intelligence cesse dans le sommeil, tandis que continuent les fonctions organiques qui manifestent la volonté.

Nous croyons inutile de faire remarquer que plusieurs de ces propositions sont des sophismes et que les autres ne prouvent rien pour la thèse de l'auteur. Il ne faut pas oublier non plus la confusion entre *volonté* et *force*.

Schopenhauer considérait sa théorie comme la traduction métaphysique de la physiologie de Bichat, et celle-ci comme l'expression physiologique de sa philosophie.

Il donne à la volonté trois caractères essentiels : l'identité, l'indestructibilité, la liberté. Mais tous ces caractères ne conviennent qu'à la volonté comme chose en soi, à la volonté infinie, dont les autres volontés ne sont que les formes variables.

Pour appeler volonté les forces physiques et chimiques il s'appuie sur les expressions figurées telles que : le *désir* du fer de s'attacher à l'aimant, les *tendances* des minéraux les uns pour les autres ; leur *choix*, puisqu'ils se recherchent ou se fuient, que telle plante *veut* tel terrain de préférence à tel autre.

De la même manière le principe de la vie est identique à la volonté. Les êtres vivants ont subi plusieurs évolutions, parce que la volonté de vivre, pour lutter contre les forces inorganiques a dû s'objectiver en diverses formes végétales et animales toujours supérieures.

Mais dans les unes comme dans les autres c'est toujours la même volonté *une* et *identique*.

La volonté est encore *indestructible*. Étant en dehors du temps, elle est en dehors du changement. Mais la mort ? Notre philosophe la déclare une illusion ; car l'espèce étant indestructible, qu'importe la perte de l'individualité, d'une individualité qui porte en soi la possibilité d'individualités sans nombre ?

Enfin la volonté est *libre* en elle-même dans la chose en soi, quoique *nécessitée* comme phénomène. Cette sorte de contradiction s'explique dans le système de Schopenhauer, en ce que la volonté est à elle-même sa propre fin. La *finalité* de la nature, dit-il, est *immanente*, la volonté étant la cause, la matière, la forme et la fin de cette même nature.

Mais qu'est-ce que la volonté ? Notre philosophe déclare « qu'il n'y a aucune réponse possible à cette question », car nous ne connaissons la volonté que comme objet, et non comme chose en soi, parce que cette connaissance est conditionnée.

« Pour conclure, dit-il en terminant ce livre du *Monde comme volonté et comme représentation*, l'essence universelle et fondamentale de tous les phénomènes, nous l'avons appelée volonté, d'après la manifestation dans laquelle elle se fait connaître sous la forme la moins voilée ; mais par ce mot nous n'entendons rien autre chose qu'une X inconnue. En revanche nous la considérons comme étant, au moins par un côté, infiniment plus connue et plus sûre que tout le reste. »

THÉORIE ESTHÉTIQUE. — L'ART. — Tandis que les individus sont soumis à la loi du devenir, l'*idée* reste immuable ; c'est l'objectivation immédiate et adéquate de la *chose en soi*, de la *volonté*. Elle est l'intermédiaire entre le monde de la représentation phénoménale et le monde de la volonté ; elle achemine donc les âmes vers la beauté.

« Dans la contemplation esthétique (contemplation de l'idée), d'un seul coup la chose particulière devient l'idée de son espèce, et l'individu qui contemple devient un pur sujet de connaissance. » Ainsi s'exprime notre auteur, tâchons de le traduire en langue vulgaire. La contemplation est esthétique moyennant deux conditions : la première, c'est que l'on ne tient pas compte de l'objet individuel, mais seulement de sa forme, de son espèce ; la deuxième, c'est que le sujet qui contemple n'y met aucun intérêt, il s'arrête à sa contemplation, et ne veut pas autre chose. En effet, l'auteur ajoute : Cette contemplation doit être calme ; il faut que la personnalité s'efface pour faire place au génie, dont la mission est de connaitre les idées indépendamment de la raison suffisante, et dont la nature est de rester sujet pur de connaissance. S'efforçant ensuite d'analyser le génie, il le compare à une sorte de folie, le range parmi les *monstra per excessum*, et n'en fait pas moins une simple modification du cerveau. Selon lui le génie et la volonté croissent en raison inverse. « Dans l'état normal, dit-il, le cerveau contient 2/3 de volonté et 1/3 d'intelligence ; chez les hommes de génie (état normal) il y a 2/3 d'intelligence et 1/3 de volonté. » Il faudrait être bien convaincu des principes de Schopenhauer, pour juger ce dernier état moins normal que le premier ; à moins que « normal » ne signifie « ordinaire. » Et de plus comment trouver une commune mesure entre l'intelligence et la volonté ?

D'ailleurs, cette opposition entre la volonté et le génie, n'est qu'un moment de cette théorie, car l'auteur ajoute bientôt que l'artiste, en contemplant la nature, ne contemple après tout que sa volonté, son idée, objet de la contemplation esthétique, n'est après tout que sa volonté objectivée, et par suite, comme l'artiste n'est autre chose que sa volonté, la nature et lui ne font qu'un, il y a unité entre le sujet et l'objet. Et cela doit être, d'après Schopenhauer ; car le semblable seul peut connaitre son semblable. L'esprit ne comprend que l'esprit, la nature ne saurait être connue que par la nature ; il faut donc pour que l'esprit contemple la nature, que celle-ci s'identifie à l'esprit, ou que l'esprit s'identifie à elle. Tel est le travail de l'artiste : il complète la nature en s'ajoutant à elle. Telle est l'*intuition*, la vue des idées, la contemplation du beau. C'est elle qui fait le génie de l'artiste.

Il reste bien des obscurités dans l'analyse de l'art. Nous n'essaierons pas de les faire disparaitre, de peur de prêter à l'auteur des idées qui ne seraient pas les siennes. En effet, il nous serait facile d'éclaircir ces pensées et même de les rendre vraies ; mais dirions-nous alors ce que pensait l'auteur ?

Ajoutons que Schopenhauer classe les arts d'après son principe qu'ils sont la volonté objectivée, et voici l'ordre qu'il leur donne en commençant par le plus inférieur, celui où l'objectivation de la volonté est plus imparfaite, et allant par degré jusqu'au plus parfait, celui où la volonté est entièrement objectivée : l'architecture, la sculpture, la peinture, la poésie, la musique. La musique, selon lui, se rapproche davantage de l'absolu, parce que les sentiments qu'elle exprime sont plus universels. Peut-être aurait-il dû dire « plus vagues. »

Mais l'art n'est pas un chemin pour sortir de la vie : c'est une consolation pour y rester. Voilà ce qui le déprécie aux yeux de notre auteur; car nous verrons bientôt que pour lui le but de l'homme philosophe doit être de sortir de la vie.

Théorie morale. — La liberté. — La volonté, qui, prise en elle-même, est un désir aveugle et inconscient de vivre, après s'être développpée dans la nature inorganique, le règne végétal et le règne animal, arrive dans le cerveau humain à la conscience d'elle-même. Alors se produit un fait merveilleux. L'homme comprend que la réalité est une illusion, la vie une douleur ; que le mieux pour la volonté, c'est de se nier elle-même ; car du même coup tombent l'effort et la souffrance qui en est inséparable. Il n'y a pas en effet d'autre alternative : il faut ou bien que la volonté, prenant au sérieux tout le monde qui l'entoure, veuille maintenant, avec une connaissance pleine et entière, ce qu'elle n'avait voulu jusques là que sans connaissance, comme un appétit aveugle, et qu'elle s'attache de plus en plus à la vie : c'est l'affirmation du vouloir vivre; ou bien, il faut que la volonté, éclairée par la connaissance du monde, cesse son vouloir ; et que dans tous les phénomènes qui la sollicitent à agir, elle trouve non des motifs d'action, mais des empêchements et des apaisements, pour arriver ainsi à la liberté parfaite par le parfait repos : c'est la négation du vouloir vivre (Th. Ribot, *La philosophie de Schopenhauer*, p. 119, 120).

C'est ainsi que notre philosophe rattache la morale à son principe philosophique.

Il en déduit immédiatement cette conséquence que l'égoïsme est immoral parce qu'il est le vouloir-vivre personnel ; tandis que celui qui a reconnu l'identité de tous les êtres, dont le moi n'est rien qu'une illusion passagère, ne distingue plus entre lui-même et les autres, et s'abandonne à la sympathie, ou plutôt à la pitié *(Mitleid)* qui est la vraie forme de la charité *(Menschenliebe)*; car vivre, c'est souffrir. D'ailleurs cette pitié pousse au sacrifice de soi-même pour les autres, elle est donc le principe de la justice ; elle est le commencement de la morale, car elle est un moyen de nier son vouloir-vivre. La pitié atteint son point culminant dans la justice et la charité, *neminem lædę, omnes juva*. On n'y arrive que par la négation complète du vouloir-vivre, par l'ascétisme, tel que les saints l'ont pratiqué. Et le plus haut degré de l'ascétisme est la charité volontaire et absolue. Nous allons voir bientôt dans quel sens Schopenhauer admire cette vertu.

Cette négation du vouloir-vivre, attestée par l'exemple des saints, prouve que la volonté est libre. Mais elle est libre dans son être et non dans ses opérations. L'homme, qui n'est autre chose qu'une des objectivations de la volonté, est soumis à la même loi. En tant qu'il *est*, il est libre ; en tant qu'il *agit*, il est nécessité. *Im esse, nicht im operari liegt die Freiheit*. Et cela parce que les manifestations de la volonté dans la nature et dans l'homme sont soumises à l'enchaînement continu et déterminé des raisons suffisantes. Aussi chaque homme n'a de libre que son *caractère*. Quant à ses actes, ils sont la résultante déterminée de deux facteurs : le caractère et les motifs. C'est la doctrine de Kant, obtenue en partant d'un autre principe.

D'ailleurs, toute cette analyse ne sert que pour la théorie. En pratique il n'y a rien de libre. La vertu ne s'apprend pas plus que le génie. Aussi l'auteur ne prend pas la peine d'étudier les devoirs de l'homme.

Après cela l'auteur voit bien quelques difficultés, quelques contradictions même dans sa théorie ; mais il s'en tire en disant que *la liberté est un mystère*.

Pourtant, de ce mélange de vérités et d'erreurs, il tire une conséquence, c'est que la morale ordonne à l'homme de fuir la tendance à vouloir vivre, et cela non comme individu, mais comme espèce. Voici comment il amène cette conclusion, et quel moyen il propose pour atteindre ce but.

La vie est l'effort de la volonté. Tout effort naît d'un besoin. Tant que le besoin n'est pas satisfait, il y a douleur ; et s'il vient à être satisfait, ce n'est que pour un moment, et la satisfaction fait place à un nouveau besoin, d'où nouvel effort et nouvelle douleur. Donc la vie c'est la douleur, et vouloir vivre c'est souffrir. Mais l'homme est l'objectivation la plus complète de la volonté : il est donc le plus malheureux des hommes.

Ainsi, la douleur est positive, et le plaisir est négatif.

Le monde est donc essentiellement mauvais, et il ne sera jamais bon. Le prétendu progrès est une chimère. Ni l'individu ni l'espèce ne peuvent espérer le bonheur. Le bonheur c'est de ne pas être. Il faut donc que l'homme travaille à son propre anéantissement, non par le suicide, qui, en niant la vie, ne nie pas le vouloir-vivre, au contraire, qui, en faisant disparaître l'individu, laisse subsister l'espèce ; mais par la chasteté absolue qui arrêterait la propagation de l'espèce humaine.

Il explique cette conclusion en disant que chaque homme n'est qu'une objectivation consciente de la volonté. Si l'individu meurt, sa conscience, son intelligence périt avec lui, mais la volonté demeure et va s'objectiver dans une autre intelligence. En sorte que la volonté passe d'un corps dans un autre, non par métempsycose, mais plutôt par palingénésie. Il n'est pas étonnant que dans cette nouvelle génération on ne se souvienne pas de la vie antérieure, puisque la volonté seule a survécu. Donc le suicide ne serait pas un remède au mal, qui est la vie.

Pour supprimer la vie il faut supprimer la volonté. Ce résultat s'obtient par la chasteté absolue.

Pour appuyer cette désolante théorie, Schopenhauer ne craint pas de citer en même temps les maximes des Bouddhistes avec celles des auteurs ascétiques chrétiens, il va même jusqu'à faire à N.-S. Jésus-Christ l'injure de le considérer comme le premier promoteur de sa prétendue morale.

Il déclare expressément que la forme religieuse de sa philosophie c'est le bouddhisme, par lequel aussi on prétend arriver au *niwana*, repos absolu, négation de la pensée et de la volonté, état de parfaite indifférence où le sujet et l'objet disparaissent, parce qu'il n'y a plus de représentation, plus de volonté s'objectivant sous les formes du monde. Cependant cet état, n'est pas, selon lui, le néant. Ce serait le néant pour celui qui veut vivre et qui considère le monde comme étant la réalité; mais pour le vrai philosophe, qui a su atteindre la suprême et complète négation de la volonté, ce monde qu'est-il? — Rien. Il n'a donc perdu que l'illusion pour entrer dans la véritable réalité, le *niwana*, néant par rapport au monde, parce que rien de ce qui est de ce monde ne sert à le composer, mais réalité en lui-même, quoique d'une nature inexprimable, et seul véritable bonheur.

Et on appelle cela de la philosophie !

Il nous paraît inutile de faire remarquer combien ces rêves d'une imagination malade manquent entièrement et de base et de preuves, quoique les différentes parties du scepticisme soient logiquement enchaînées et se tiennent bien ensemble, si l'on veut bien accorder le point de départ. Mais sur quoi reposent les premières données de cette prétendue philosophie? Sur rien. Qu'y a-t-il donc d'étonnant qu'elles mènent au rien?

Et pourtant Schopenhauer a eu des disciples ! On dirait même que quelques-uns ont voulu faire passer sa théorie dans la pratique, et sans compter le nihilisme russe qui en applique toutes les conséquences et semble se hâter d'attendre le résultat, il est en France surtout un mal que nous ne voulons pas nommer et qui devient de plus en plus général, par lequel l'espèce disparaîtra bientôt avec les individus, s'il n'y est pas porté remède. Schopenhauer n'a pas connu ce crime de lèse-humanité, ou du moins il n'en a pas connu la diffusion, mais ses principes de morale l'obligeraient à l'approuver, s'il pouvait en être témoin aujourd'hui, et il devrait le reconnaître pour le légitime fruit de sa philosophie.

§ 2. — École de Kant.

329. Salomon MAIMOUN (1753-1800), fils d'un pauvre rabbin de la Lithuanie, vint en Allemagne dans le désir de s'instruire, commença par un commentaire du *Moré Nebouchim* de Maimonide, publia bientôt un *Essai sur la philosophie transcendantale*, puis une *Histoire du progrès de la métaphysique en Allemagne*, de Leibnitz à Wolf, écrivit encore plusieurs ouvrages dans le sens de Kant et finit par se séparer de lui dans la partie positive, quand il publia son *Essai d'une nouvelle logique*.

Sur les notions de *temps* et d'*espace*, il se tient entre Leibnitz et Kant, et, tout en déclarant la question insoluble, il dit qu'elles expriment, non les rapports des objets au sujet pensant, mais les rapports extérieurs des objets entre eux. Il est d'ailleurs plus sceptique qu'idéaliste. Il croit l'idéalisme irréfutable, mais non certain. Il distingue dans la connaissance l'élément variable qu'il déclare subjectif, et l'élément stable qu'il attribue à l'objet. D'où il conclut que nous ne connaissons objectivement que les mathématiques pures, et que la connaissance empirique est une pure illusion.

Avant les *Catégories*, il suppose les *formes* de la pensée, auxquelles correspondent les catégories. Ainsi à l'*affirmation* correspond la *réalité* de l'objet. Bien plus ces formes elles-mêmes dérivent toutes d'un même principe, la *déterminabilité* du jugement, laquelle donne le positif des formes de la pensée, tandis que le principe de *contradiction* en donne la partie négative. C'est par là qu'il ramène les jugements *hypothétiques* aux jugements *catégoriques*, et fait reposer tout jugement sur la *substance*, objet de la conscience en soi et objet déterminable.

Dès lors il n'admet pas que les formes de nos jugements puissent s'appliquer aux objets réels de l'expérience, mais seulement aux objets de la connaissance *a priori*, tels que les mathématiques.

C'est cette tendance sceptique qui amènera la philosophie de Fichte.

330. Charles Léonard REINHOLD, né à Vienne en 1758, mort en 1823, fut d'abord novice chez les Jésuites, et en sortit par la suppression de l'ordre ; il passa ensuite chez les Barnabites, et enfin vit ses idées changées dans une société de libres-penseurs. Venu à Leipzig, il y obtint (1786) une chaire de philosophie dans l'Université d'Iéna, qu'il abandonna plus tard (1794) pour celle de Kiel.

Il travailla beaucoup à propager la philosophie de Kant, et publia dans ce but ses *Lettres*. Découragé par le syncrétisme de la métaphysique d'alors, il vit avec bonheur apparaître la *Critique* de Kant, qui élevait la morale au dessus de la spéculation. Le premier volume de ses lettres, dont la première nous fait un triste tableau de l'incohérence de la philosophie de ce temps, est encore l'exposé le plus clair et le plus enthousiaste de la philosophie de Kant, dans sa partie théorique. Le second est consacré à la partie pratique.

Mais il trouvait une lacune à la critique de Kant et crut la combler dans sa *Nouvelle théorie de la faculté représentative,* où il croit trouver le principe commun de nos connaissances dans la *conscience synthétique* du sujet pensant et de l'objet perçu, fruit de la *faculté représentative,* qui n'est que l'ensemble des trois facultés : Sensibilité, entendement, raison.

On attaqua sa théorie, tout à la fois comme inutile et comme insuffisante, et Reinhold lui-même se rangea à ce dernier sentiment quand parut Fichte.

Cependant ses relations avec Jacobi, l'amenèrent à modifier encore ses idées, et il publia dans ce sens ses *Paradoxes de la dernière philosophie* et ses deux *Lettres à Lavater et à Fichte,* sur la foi en Dieu.

Plus tard la *Logique* de Bardili (1799) le porta à admettre que les lois de la raison sont en même temps les lois des choses, parce que la faculté logique considérée universellement n'est autre chose que la manifestation de Dieu, principe commun de toute réalité et de tout savoir.

Pensant avec raison que les divergences d'opinion viennent surtout du désaccord sur le sens des mots, il voulut remédier à cette source de confusion, par sa *Synonymique à l'usage des sciences philosophiques.*

Enfin son dernier ouvrage, *Qu'est-ce que la vérité?* montre le besoin d'une certitude, qu'il n'a pas trouvée jusque-là et qu'il demande tout à la fois à la raison et à la révélation, à son intelligence et à son cœur.

L'histoire des variations philosophiques de Reinhold est celle des variations de la pensée allemande de son temps.

331. Jacques-Sigismond Beck, né à Lissau, en 1761, a interprété Kant d'une manière distinguée, et quelquefois s'est séparé de lui. Il combat le scepticisme de Schulze et n'accepte pas les idées de Reinhold ; mais tout en voulant sortir du doute, il arrive à conclure que la philosophie transcendantale, n'est que l'art de se comprendre soi-même, et ne prétend pas à démontrer la valeur objective de nos connaissances. Beck considère chacune des catégories de Kant comme une *représentation primitive,* une synthèse spontanée, une intuition qui crée elle-même son objet, et qu'il faut distinguer de la *notion,* synthèse réfléchie tirée de l'objet perçu. Celle-ci vient de la *reconnaissance primitive,* second acte de la représentation qui, joint au premier, produit l'unité objective.

Kant avait accordé l'existence réelle objective au *noumène*, ou chose en soi; Beck rejette cette doctrine et déclare que l'existence des choses n'est absolument rien et que le noumène est purement subjectif. Son principal ouvrage a pour titre : *Seul point de vue possible d'où la philosophie critique doit être envisagée*, c'est le 3ᵉ volume de ses *Extraits explicatifs des ouvrages critique de Kant* (1796).

332. Charles VILLERS, français, né en Lorraine, en 1765, mort à Gœttingue en 1815, ayant quitté la France pour fuir les dangers qu'il s'était attirés par trois publications satiriques, se retira à Gœttingue, où il obtint plus tard une chaire dans l'Université (1811). Ses livres eurent un grand retentissement en Europe. Quoique né protestant, il eut le bonheur de mourir dans le catholicisme.

Son principal ouvrage : *Philosophie de Kant, ou principes fondamentaux de la philosophie transcendantale*, fit connaître en France le mouvement philosophique de l'Allemagne. Il y attaque d'abord les systèmes, alors régnants, de Locke et de Condillac, et expose ensuite la critique de la raison pure. Il le publia en 1801. Un autre de ses ouvrages : *Essai sur l'esprit et l'influence de la réforme de Luther*, fut couronné par l'Institut en 1804.

333. Wilhelm KRUG (Vittemberg 1770 — Leipzig 1841) prit une part active aux évènements politiques et militaires de son temps, tout en enseignant la philosophie. Il avait, en 1805, succédé à Kant, dans sa chaire; mais il la quitta en 1809, pour aller enseigner à Leipzig.

Disciple fidèle de Kant, il expose avec plus de clarté que de profondeur toutes les idées du maître et accepte franchement le criticisme; mais dans son dernier ouvrage, *Philosophie fondamentale*, il y apporte une modification importante, puisqu'il en rejette l'idéalisme.

La conscience, dit-il, est une synthèse du savoir et de l'être dans le *moi*, synthèse qui se reproduit d'une manière déterminée dans chaque pensée; mais cette synthèse déterminée ne peut s'expliquer sans une synthèse primitive de l'être et du savoir dans le moi, laquelle constitue primitivement la conscience. C'est là un fait primitif, supérieur et inexplicable.

L'être objet du savoir est rapporté au *moi* qui le connaît et en même temps à un être en dehors du moi. La conscience pose donc comme également réels le *moi* et le *non-moi*. Sur quoi est fondée cette conviction? Quel est le rapport de l'être au savoir, de la réalité aux idées?

Deux réponses sont possibles : ou l'un des deux est posé par l'autre; ou bien tous les deux sont posés primitivement ensemble.

Dans la première hypothèse, il y a deux solutions également insuffisantes : le *réalisme*, qui explique l'idée par l'être, et l'*idéalisme*, qui explique l'être par l'idée. Le *réalisme* admet une réalité indépendante du savoir ; dès lors il ne peut plus expliquer l'idée : il se perd dans le *matérialisme*. L'*idéalisme*, posant en principe l'idéal, le dépouille de toute réalité; l'être ne saurait en sortir : il se perd dans le *nihilisme*.

Il ne reste donc que la deuxième hypothèse, qui, renonçant à déduire l'un de l'autre l'être et le savoir, les pose tous les deux comme premiers, dans une synthèse primitive de la conscience : c'est le *synthétisme transcendantal*, qui renonce à expliquer cette synthèse primitive et la pose avec une absolue certitude supérieure à toute démonstration.

Krug expose faussement les deux premiers systèmes qu'il combat; et le sien n'est qu'une hypothèse de plus, si on le fonde sur les raisons qu'il apporte.

334. Nous ne ferons que nommer quelques autres disciples ou propagateurs des doctrines de Kant, qui n'offrent rien d'original, tels que : Lazare BEN DAVID, juif de Berlin (1762-1832); Jean-Henri ABICKT (Volksted, 1762 — Wilna, 1804); Charles-Henri HEYDENREICH (1764-1801), qui cependant corrigea à certains égards le système du maître ; Jean HOFFBAUER (1766 — Halle 1827) ; Jean-Adam BERGK (1769 — Leipzig 1834), qui appliqua les idées de Kant à la philosophie du droit ; Ferdinand BORN, né à Leipzig en 1785, qui traduisit Kant en latin; Jacques MATTER, français (1791-1864), dont les ouvrages très nombreux témoignent d'une très grande érudition, mais sans idées personnelles.

§ 3. — ADVERSAIRES DE KANT.

335. Jean-Auguste EBERHARD (Halberstadt, 1738-1809) se distingua parmi les adversaire de Kant, si bien que celui-ci lui répondit, honneur qu'il n'accorda qu'à un petit nombre. C'est dans le *Magasin philosophique* qu'il publiait ses attaques. Un de ses articles commence ainsi : « La philosophie de Kant sera dans l'avenir un document très curieux pour l'histoire des aberrations de l'esprit humain. C'est à peine si l'on croira que nombre d'hommes d'un mérite vraiment supérieur, parmi lesquels Kant doit être compté des premiers, aient été si fermement attachés à un système dépourvu de fondement, et qu'ils aient pu le défendre avec tant de passion et même de succès. » Il essaie ensuite de démontrer que la philosophie de Kant se trouve sous une aure forme dans le stoïcisme, dans Leibnitz, Berkeley et autres.

Malheureusement Eberhard n'a pas pour lui-même une doctrine plus solide, et les nombreux ouvrages de philosophie qu'il a écrits n'offrent que peu d'intérêt.

336. Théophile-Ernest SCHULTZE (Thuringe 1761-1833) a joué un

grand rôle dans le mouvement philosophique de l'Allemagne, après Kant. Il avait d'abord écrit plusieurs ouvrages sur Platon; mais l'apparition de la *Critique de la raison pure* changea la direction de ses idées, et tout en acceptant le mouvement nouveau, il combattit, dans son *Énésidème*, l'idéalisme qui en était le résultat, en même temps que le dogmatisme de ses adversaires. Il soutint la lutte avec ardeur, publia dans ce but un grand nombre d'ouvrages, et eut l'honneur de voir Kant lui-même lui répondre.

Il n'est pas précisément sceptique. Il admet la réalité des perceptions et les principes de sens commun; mais il croit impossible de justifier la valeur de nos facultés, et veut qu'on s'en serve sans les soumettre à la critique. Plus tard, il se rapprocha du dogmatisme de Jacobi.

337. — Les adversaires de Kant furent nombreux. Nous citerons encore : TIEDEMANN (1747-1806), l'historien de la philosophie, dont l'opposition ressemble à celle d'Eberhard ; GARVE (1742-1798) un des plus solides; HERDER (1744-1803), qui écrivit la *Métacritique de la critique de la raison pure;* HAMANN, SCHWAB et WEISHAUPT, le fondateur de l'*Illuminisme*, furent les plus constants ; STATTLER, dans son *Anti-Kant*, et BAADER, dans le livre intitulé: *Extravagance absolue de la Raison pratique de Kant*, se montrèrent les plus violents.

§ 4. — ÉCOLE DE FICHTE.

338. — La philosophie du *subjectivisme absolu*, ou du moi indéterminé, inventée par Fichte, n'eut que peu de partisans fidèles. Outre Schelling, qui la développa et Reinhold qui la modifia, et dont nous avons fait connaître les doctrines, on peut citer principalement: NIETHAMMER, né en 1776, qui publia en collaboration avec Fichte un *Journal philosophique*, et plusieurs autres ouvrages ; Frédéric-Charles FORBERG (1770-18..), qui fut l'ami dévoué de son maître et le plus ardent défenseur de ses doctrines. Il écrivit dans le *Journal philosophique* et publia, avec une introduction de Fichte, *Développement de l'idée de la religion*, dont l'athéisme fut pour l'un et pour l'autre une source d'oppositions contre lesquelles ils crurent devoir se justifier. Jean-Baptiste SCHAD (1758-1830), élève des jésuites, puis novice bénédictin, publia d'abord plusieurs ouvrages théologiques assez orthodoxes ; mais bientôt, entraîné par les théories de Fichte puis par celle de Schelling, il se fit expulser de son couvent. Son ouvrage le plus remarquable est : *Exposition populaire de la doctrine de Fichte et de la théorie qui en découle*. Enfin Christian-Frédéric MICHÆLIS (1770-1834) suivit moins fidèlement son maître, et a laissé plusieurs ouvrages philosophiques, dont la plupart n'offrent aucune trace de l'influence de Fichte.

339. Novalis. — Il convient de placer ici, entre les disciples de Fichte et ceux de Schelling, un homme qui, plus poëte que philosophe, s'inspira du premier et inspira peut-être plutôt qu'il ne suivit le second. Frédéric de Hardenberg, connu sous le pseudonyme de Novalis, né dans la Saxe en 1772, nourri dans les sciences, mais n'aimant que les idées et surtout l'absolu, trouva trop étroit le subjectivisme de Fichte, et avec son imagination de poëte, se dit à lui-même, comme il fait dire aux *Disciples de Saïs*, dans le poëme en prose qui porte ce nom : « Aucun mortel, dit Saïs dans l'inscription qui est au bas de sa statue, aucun mortel ne peut lever mon voile. — Si nul mortel ne peut lever le voile de la déesse, il faut nous-mêmes devenir immortels. » Le moi humain ne peut mener à l'absolu, partons du moi absolu, que notre moi soit Dieu, nous connaîtrons Dieu. Ce blasphème de poëte devient une philosophie, dans les conceptions de Schelling et de Hégel.

§ 5. — École de Schelling.

340. — Ce panthéisme idéaliste où l'esprit humain est tout n'effraya pas les Allemands. Une fois livrés à la critique de Kant qui ne laissait plus de réalité au monde, ils acceptèrent avec faveur la philosophie de Fichte qui donnait au moins une sorte de réalité au *non-moi* en le faisant créer par le *moi;* mais le besoin d'absolu, les fit encore suivre avec empressement une doctrine où le *moi* qui s'objective le *non-moi* n'est plus un être particulier, mais le grand tout. Aussi Schelling eut des disciples, dont plusieurs, il est vrai, le quittèrent pour suivre Hégel, dont les déductions semblaient plus logiques, ou pour s'attacher à Jacobi dont le système reconnaissait dans la matière autre chose qu'une œuvre de l'esprit, et accordait au monde une existence indépendante. Mais plusieurs des disciples de Schelling lui restèrent fidèles, et protestèrent avec lui contre l'accusation de panthéisme dont on les accusait avec raison. Nous nous contenterons de les nommer.

Patrice Zimmer (1752-1820) s'efforça en vain d'allier le catholicisme avec l'idéalisme absolu, dans sa *Théorie philosophique de la religion,* (1805); Joseph Weber, né en 1753, suivit une voie presque semblable dans son *Union de la philosophie, de la religion et du christianisme* (1808); Henri Steffens (1773-1845), David Suabedissen (1773-1839) n'offrent rien de remarquable; Antoine Kayssler, publia en 1804, *Idée de la philosophie de Schelling*, et *De la nature et de la destinée de l'esprit humain;* Frédéric Ast né en 1778, développa avec talent la philosophie de son maître et publia avec quelques autres ouvrages, *Esquisse des principes de l'esthitique* (1807), *Esquisse de l'esthétique* (1803), *Principes fondamentaux de la philosophie* (1829). Il publia aussi un ouvrage d'érudition sur la vie et les ouvrages de Platon. Georges KLEIN (1776-1820), qu'il ne faut pas confondre avec deux autres Klein qui vivaient à la même époque, fut un disciple distingué de Schelling et exposa fidèlement ses théories : *Théorie de l'entendement* (1810), *Essai pour établir les bases de la morale comme science* (1811) ; *Exposition de la théorie philosophique de la religion et de la morale* (1818). THANNER et Thadée RIXNER (1783-1838) exposèrent cette philosophie dans des ouvrages classiques. Ce dernier travailla surtout à l'histoire de la philosophie et devint disciple de Hégel. A. BUCHNER et Frédéric BACHMANN en firent l'application à la religion et à la morale. Nommons encore une fois J.B. SCHAD, qui, après avoir été disciple de Fichte, se tourna vers Schelling.

341. Les principaux adversaires de Schelling furent Herbart et Bouterweck, dont nous parlerons plus loin, Jacobi dont nous avons déjà parlé, ainsi que les disciples de ce dernier, que nous allons faire connaître, et tous ceux qui en Allemagne conservaient encore quelque amour de la religion, quoique certains théologiens aient cru pouvoir expliquer ses doctrines dans un sens chrétien.

Tennemann dit : « Cette école produisit un esprit d'exaltation et de vertige, fécond en idées bizarres et paradoxales, érigeant en sagesse supérieure les imaginations les plus capricieuses et les plus hasardées, favorisant les folies mystiques et la superstition, enfin rappelant l'époque des rêveries néoplatoniciennes. »

Le tableau n'est pas flatté, et pourtant il nous semble que c'est encore beaucoup d'honneur pour une théorie si vide que d'avoir pu produire quelques résultats ; ou plutôt, disons mieux, cet engouement fait peu d'honneur au bon sens de ceux qui s'y sont livrés. Le seul résultat logique de cette prétendue philosophie, qui proclame l'identité absolue du sujet et de l'objet de la connaissance, c'était le système de Hégel, l'identité des contraires.

§ 6. — ÉCOLE DE HÉGEL.

342. Le système de l'absurde, l'identité des contraires, l'identité de l'identique et du non-identique, l'éternel devenir dans lequel l'absolu est et n'est pas en même temps, puisqu'il se fait sans cesse, ne rebuta pas les esprits, comme on aurait pu le croire : au contraire, Hégel eut de nombreux disciples, et il en a encore au moment où nous écrivons. Nous ne parlons pour le moment que des premiers, qui tous étaient allemands, réservant pour plus tard ceux des autres pays, où l'idéalisme absolu ne pénétra que lentement, et lorsqu'on semblait l'abandonner en Allemagne.

Fred. Wilhelm Hinrichs, publia en 1822: *La religion dans ses rapports intérieurs avec la science*, avec une préface de Hégel, et en 1826, *Éléments de Logique*. Lud. de Hennings donna, à Berlin en 1825, *Principes de la morale;* Joan. Rust en 1825, *Philosophie du Christianisme;* Charles Kapp, la même année, fit paraître la 1ʳᵉ partie de son *Encyclopédie de la philosophie;* K. Gabler, en 1827, *Système de la Philosophie théorétique;* J. Gottlieb Musmann, la même année, *Science de l'âme* et en 1828, *Logique*. Louis Michelet, né à Berlin, en 1801, de parents français, publia en 1828, *Système de philosophie morale;* et après plusieurs autres ouvrages, toujours dans le sens hégélien, il fit paraître, en 1841, *Leçons sur la personnalité de Dieu et l'immortalité de l'âme*, où il s'efforce de justifier le système de Hégel devant la religion et devant la philosophie classique. Joseph Saling publia à Berlin, en 1829, *La justice dans son développement spirituel et historique*. Louis Noack, dans son *Idée de la religion selon Hégel*, Jullien Schaller, né en 1810, dans sa *Philosophie contemporaine pour l'intelligence et l'apologie du système hégélien*, Henri Schkarz, dans *Dieu, la nature et l'homme, système de théisme substantif*, s'efforcent aussi de justifier la théorie du devenir. Rosenkranz la défend aussi dans sa *Vie de Hégel*, et *Système de la science*, mais il y apporta quelques modifications et publia plus tard *Ma réforme du système de Hégel*. Gaspard Schmidt (1806-1856) publia sous le pseudonyme de Max Stirner, *Le moi individuel et ce qui lui appartient*. Louis Marie Feuerbach, né en 1884, fit paraître, en 1839, *La philosophie et la religion*; en 1841, *l'Essence du christianisme;* en 1843, *la Philosophie de l'avenir*. Mais il se montra plus hardi que Hégel, et fut désavoué par quelques hégéliens.

§ 7. — Systèmes dissidents.

Aux écoles de Fichte, de Schelling et de Hégel se rapportent, quoiqu'avec de grandes différences, certains systèmes qu'il nous faut faire connaître, ainsi que leurs auteurs.

343. Charles Solger (1780-1819), professa à Berlin d'abord dans le sens de Fichte, puis il suivit Schelling, et enfin modifia ses idées dans le sens de Spinoza. Il a écrit: *Erwin, ou quatre dialogues sur le beau* (1815); *Dialogues philosophiques* (1817), *Cours d'esthétique*, qui ne parut qu'après sa mort, en 1829. Sa méthode consiste à obtenir l'*inspiration* par le *dialogue*, et il l'appelle l'*ironie mystique*, parce que d'un côté elle rit de tout ce qui est contingent, pour s'élever de l'autre plus librement vers l'absolu, qui se révèle à l'âme dans la pensée dialoguée. La vérité se manifeste par l'*idée*, qui est le *vrai*, pour la pensée pure; le *bien*, pour la vie sociale; le *beau*, quand elle se réalise dans un phénomène.

Le savoir commun ne donne de l'idée qu'une connaissance incomplète, où il y a des oppositions; mais la vraie dialectique réduit les oppositions à l'unité et conduit l'âme jusqu'à la fin, qui est l'intuition immédiate de Dieu dans l'unité de l'idée. Dans cette connaissance le sujet lui-même s'unit à Dieu et se divinise, car il n'est lui-même que l'idée divine réalisée.

344. Frédéric SCHLEIERMACHER (Breslau, 1768, Berlin, 1834) mêla la théologie (protestante) à la philosophie. Pour lui, la philosophie est une contemplation vivante qui nous fait sentir la divinité, dont l'unité éternelle se manifeste dans les phénomènes du monde et dans la conscience de l'homme. La religion y ajoute l'amour de cet être absolu que la philosophie contemple. Et l'amour de l'infini nous unit à lui. Cette union constitue l'immortalité. Mais cette double connaissance philosophique et religieuse ne peut se faire sans la morale, dont les devoirs portent tout à la fois sur la vertu et sur les biens de cette vie. Il a écrit: *De la religion* (1799); *Principes d'une critique des divers systèmes de morale* (1803); *Monologues* (1822); *La foi chrétienne d'après les principes de l'église évangélique* (1821).

345. BARDILI. — Christophe-Godefroi Bardili (1761-1806) attaqua tout à la fois Kant, Fichte et Schelling, et crut trouver le salut de la philosophie dans une nouvelle analyse de la vérité. Dans toute pensée la vérité est une pensée logique et la même identité doit se trouver dans les choses. Toute identité logique est l'expression d'une identité ontologique ou réelle. Or, selon lui, il y a identité logique partout où il n'y a pas contradiction. D'où il suit que tout ce qui est possible existe.

Bardili n'arrive pas logiquement à cette grossière erreur; il y tombe peu à peu en voulant éviter l'idéalisme qu'il combattait et auquel le conduisait fatalement son principe. Car si le fondement de la vérité est dans la connexion que l'esprit aperçoit entre un sujet et un attribut, il n'y a que des vérités logiques. C'est pour éviter cette conclusion qu'il transforme son identité logique en identité méthapysique. Mais là encore, une véritable identité ne donnerait que des vérités nécessaires. Alors il transforme son identité en convenance. Or la convenance ne donne que la possibilité. Il n'ose pas reculer, et pour obtenir le contingent, il affirme l'existence du possible.

Ses ouvrages sont nombreux. C'est dans le principal, *Esquisse de la logique première*, qu'il expose ses idées.

346. BOUTERWECK. — Frédéric Bouterweck (1776-1828) dérive de Kant, en ce que, comme lui, il veut faire la critique de la connaissance; mais ne pouvant se résoudre à admettre l'idéalisme, il cherche dans son *Apodictique*, ou *Traité de la certitude démonstrative*, un principe qui puisse être commun aux sceptiques et aux dogmatiques, qui s'im-

pose de lui-même et qu'on ne puisse révoquer en doute. Ce principe il croit le trouver dans le fait de la pensée, où il trouve non seulement le fait *je pense*, mais encore le fait *je sais que je pense*. Il trouve dans ce fait la double affirmation simultanée et également primitive de la pensée et du savoir, en même temps que deux réalités connues : le *sujet* pensant et le *fait* de la pensée. C'est la conclusion de *l'Apodictique logique*. Passant alors à *l'Apodictique transcendantale*, il affirme que l'idée générale de l'être est aussi bien connue du sceptique que du dogmatique, et que cette idée se présente comme correspondant à une réalité, sentie par le sceptique lui-même.. D'où il conclut que cette idée d'être a une valeur ontologique. Elle n'est pas un simple régulateur de la pensée, comme l'entendait Kant ; elle est supérieure à la pensée puisqu'elle est présente dans toute pensée ; elle n'est donc pas le produit de la pensée ; elle n'est donc pas un produit imaginaire : il faut donc l'admettre comme la donnée première d'une *faculté absolue de connaître*. De là cette idée passe dans la *raison* pour en régler les opérations, dans le *sentiment*, pour lui servir d'objet. Cette idée supérieure à la raison, à l'entendement, à la sensibilité, exprime l'être réel absolu, et fournit la certitude de la connaissance. C'est là le jugement absolu et premier, synthèse primitive, dans laquelle la *réflexion absolue* distingue le *sujet* et l'*objet*, qui dans ce système ne sont pas le produit l'un de l'autre, mais se posent simultanément. De ce principe l'*Apodictique pratique* tire l'affirmation du *moi* comme *réalité individuelle*, qui s'affirme par un jugement théorique et pratique, comme pouvant *vouloir* ou *ne pas vouloir*, comme une *virtualité* libre. C'est le principe réel de tout le système, que Bouterweck d'ailleurs affirme, sans donner jamais les preuves qu'il promet sans cesse.

347. SCHLEGEL. — Frédéric-Guillaume Schlegel, né en 1772, écrivit d'abord dans le sens de Fichte, puis il se rapprocha de Schelling et même de Hégel. Mais son amour pour l'art et la littérature romantique, dont il fut un des chefs, le poussèrent à étudier le moyen-âge, et cette étude changea ses idées. Il se fit catholique en 1808, et dès lors sa philosophie devient aussi soumise à la religion que jusque-là il l'avait voulue indépendante. Il ne sut cependant pas la corriger entièrement et la rendre tout à fait catholique. Mais sa *Philosophie de l'histoire*, qu'il publia en 1829, est plus orthodoxe et offre de grandes et belles idées. Il mourut la même année et n'assista pas à la gloire que lui obtint ce dernier ouvrage, gloire qui fit bientôt oublier la renommée scandaleuse de *Lucinde*, son premier écrit (1799), dans lequel il prêchait l'abandon de toute morale, sous prétexte de liberté et d'amour de l'art. Nous n'indiquerons pas ses autres ouvrages, qui eurent moins de retentissement.

348. BAADER. — François Xavier de Baader (Munich 1765-1841) à

la fois philosophe et théologien, élevé dans la religion catholique, combattit le rationalisme ; mais il tomba dans un mysticisme qui le fit condamner par l'Église, avec laquelle il eut cependant le bonheur de se réconcilier avant sa mort. Son premier ouvrage, *Extravagance absolue de la raison pratique de Kant*, est de 1797 ; c'est une lettre à Jacobi. Son dernier ouvrage, *Leçons sur une théorie future du sacrifice et du culte*, est de 1839. Entre ces deux dates, il en fit paraître vingt autres, dont les principaux sont : *Leçons sur la philosophie religieuse* (1827); *Leçons sur la dogmatique spéculative* (1828); *Révision des préceptes de l'école de Hégel*. Enfin, après sa mort, on fit paraître, en 1841, *Le catholicisme occidental et le catholicisme oriental*. Dans ces ouvrages il attaque tour à tour Kant, Fichte, Schelling et Hégel. Ce qu'il attaque surtout en eux c'est leur rationalisme et le vide de leurs théories au point de vue pratique. Partout il se montre chrétien, il veut même rester catholique ; mais il s'en écarte par mysticisme et offre quelques tendances panthéistes. Cependant ses écrits sont remplis d'observations très justes et de préceptes excellents. Mais on ne saurait le lire avec trop de défiance.

Le fond de son système est celui-ci : Il y a trois moments dans l'homme : l'*innocence* originelle ; 2° le libre arbitre ou *l'épreuve*, dans laquelle l'homme est tombé. Mais la chute a été réparée par le sacrifice de l'Homme-Dieu, et dès lors l'union à Jésus-Christ par le sacrifice doit ramener l'homme là où aurait dû le conduire l'innocence originelle, au troisième moment, qui est : 3° *l'amour*, dernier terme, où l'homme s'unit à Dieu. De ces trois moments, Baader se plaît à étudier le second, et il le fait avec profondeur, avec verve, avec génie même. Il dissémine ses pensées dans une foule de petites brochures, contrairement aux habitudes allemandes, qui consistent à faire de gros volumes ; mais on peut suivre dans l'ensemble de ses œuvres une pensée unique, que l'on pourrait appeler la philosophie de la rédemption, seulement la religion qui en résulte est trop indépendante de l'Église et plus protestante que catholique. Il ne cache pas d'ailleurs ses prédilections pour l'Église grecque, contre l'Église latine, dans laquelle il n'aime pas la suprématie du pape.

349. Herbart. — Jean Frédéric Herbart, né à Oldenbourg en 1776, mort à Gœttingue en 1841, passe aux yeux de plusieurs pour un simple continuateur de Kant; mais il s'en sépare dans plusieurs points, ramène quelques idées anciennes ou antérieures à Kant, et conçoit même plusieurs théories qui lui sont personnelles. Il ressemble à Kant par l'esprit de critique, par le point de départ expérimental, par la négation de la valeur objective de la raison, et aussi en ce qu'il met comme lui la morale au-dessus de toute discussion théorique. Mais il n'accepte pas la critique telle que Kant l'a faite ; il préfère

revenir au doute de Descartes ; il n'admet pas non plus les catégories ni l'idéalisme qui en résulte. Il croit cependant que sa philosophie procède de celle de Kant et la ramène dans la voie.

Et d'abord il croit à une philosophie stable, dans les vérités démontrées, capable de recevoir de l'accroissement, mais non de changer et de se détruire sans cesse elle même. La philosophie n'a pas pour lui un objet déterminé ; elle est l'*élaboration des notions* recueillies par toutes les sciences particulières.

La *logique* est chargée de rendre les notions claires et distinctes ; la *métaphysique*, de rectifier celles qui sont fausses ou contradictoires ; et elle devient, selon le champ où elle s'exerce, *physiologie, philosophie de la nature, théologie*. L'ensemble de la Logique et de la Métaphysique constitue la *philosophie théorique*. La partie pratique, qui sous le nom général d'*esthétique* comprend la morale et la théorie de l'art, est fondée sur des idées immédiatement évidentes, que la conscience reconnait et approuve, et dont quelques-unes s'imposent comme obligatoires.

Toute notion vient de l'expérience et ne peut venir d'ailleurs ; mais la philosophie doit d'abord douter de l'autorité de l'expérience, et, pendant qu'elle examine son doute, s'appuyer sur les idées morales, qui sont évidentes. Le vrai problème premier de la philosophie est dans l'examen de la valeur des notions expérimentales, et ce problème regarde la métaphysique.

Dans sa *Métaphysique générale*, le principal de ses ouvrages, Herbart commence par faire la critique de tous les systèmes ; il pose ensuite les problèmes qui, d'après lui, sont l'objet de la métaphysique.

La manière dont il classe ces problèmes indique qu'il divise sa métaphysique en quatre parties : *méthode, ontologie, synéchologie* ou théorie du continu, temps et espace, matière ; enfin *idolologie* ou théorie du *moi* et des idées.

La première question pose le doute et cherche à le résoudre dans une connaissance certaine *a priori*. Puis la méthode enseigne à élaborer les données de l'expérience, et à en tirer une impulsion pour l'esprit ; elle décrit la marche de la pensée ; elle trace la voie pour retourner des conséquences aux principes.

Comme Leibnitz, Herbart suppose la matière composée de forces simples ou de *monades*, mais il les fait agir l'une sur l'autre. Se repoussant entre semblables, s'attirant de contraires à contraires, les monades luttent pour leur propre conservation et produisent ainsi tous les mouvements dans les corps, le jeu des perceptions dans la conscience, les mouvements d'affection et de volonté. — Cette explication des phénomènes de l'âme détourne l'intérêt que l'on pourrait avoir à suivre l'auteur dans ses ingénieuses explications des phénomènes corporels, et particulièrement de la lumière, de la chaleur, de l'électricité, de la cristallisation et de la vie organique.

En effet, pour Herbart, l'âme est une monade capable de perception. Nous la concevons par la conscience, comme l'être sujet de toutes nos idées. Elle est simple et par là même immortelle. Les perceptions qui y pénètrent s'entrechoquent, se suspendent, forment des groupes, puis, cherchant leur indépendance, tendent à prédominer et constituent le jugement et la volonté. La raison, dans ce système, n'est que la somme des idées anciennes reçues dans chaque âme ; la liberté, c'est le caractère, c'est une collection suffisante d'idées définitivement prédominantes.

Herbart relève les preuves de l'existence de Dieu, trop rabaissées par Kant. Mais il croit en Dieu surtout par le sentiment. Il n'a d'ailleurs qu'une religion naturelle.

Il fonde sa morale sur les idées du beau et du bien, ou les idées morales. Il en reconnaît cinq : l'idée de *liberté interne*, l'idée de *perfection*, l'idée de *bienveillance*, l'idée de *droit*, l'idée de *justice*.

Nous ne croyons pas qu'il soit nécessaire de faire la critique de ce qu'il y a d'original dans la philosophie de Herbart. Le vrai ou le faux s'y distinguent facilement. D'ailleurs, sous la forme d'une critique sévère, on ne nous donne que des hypothèses.

350. KRAUSE. — Charles-Christian-Frédéric Krause (1781-1832), après avoir suivi Fichte et Schelling et professé pendant deux ans (1802-1804) à Iéna, se mit à voyager et à s'instruire pour achever le système philosophique qu'il venait de concevoir. Voici l'ensemble de ce système.

La science doit être une. Il faut donc qu'elle ait pour fondement un principe commun de l'être et de la connaissance. Ce principe c'est le *moi*, et, par la double méthode analytique et synthétique, la raison s'élève du moi à Dieu.

Dans le *processus analytique*, le principe est l'intuition du *moi*, non du *moi* corps ou esprit, actif ou passif, pensant ou voulant, sujet ou objet, mais du *moi* pur et indéterminé. Dans cette intuition se trouve d'abord présumée l'existence de l'esprit-raison, de la nature et de l'humanité. De cette première présomption en naît une seconde, la nécessité d'un être infini, qui est Dieu, qui est tout essence, qui seul existe.

Alors commence le *processus synthétique*. Il part de l'intuition de Dieu-tout, et s'efforce d'en faire sortir le monde et l'humanité. 1° Dieu est l'être indéterminé, enfin, et comme tel transcendant au monde et distinct de lui ; mais en réalité il est mis en rapport avec le monde comme le tout avec la partie. Il contient la nature et l'esprit, qui sont sa vie. 2° L'homme qui vit réalise donc l'essence divine, sa volonté réalise la puissance divine. C'est ainsi que Dieu se développe dans le temps, par la liberté de l'homme. Bien et mal tout vient de lui, tout est sa vie. 3° Mais Dieu est le bien. Il ne se réalise donc que dans le bien. De là l'impératif catégorique, qui ordonne le bien comme réalisation de Dieu.

Avec cela, la matière est éternelle, les âmes préexistent aux corps, sont immortelles dans leurs incarnations diverses, et poursuivent un idéal infini.

C'est un panthéisme qui veut en vain tenir le milieu entre Hégel et la vérité catholique. C'est toujours le *moi* qui est en train de réaliser Dieu, et Dieu est toujours *le devenir*.

§ 8. — École de Jacobi.

351. Après avoir considéré le nihilisme panthéiste de Hégel, nous avons pu un instant reposer notre esprit sur les efforts tentés sincèrement par Jacobi, pour asseoir la philosophie sur un fondement quelconque, et nous avons pu voir du moins en lui l'amour de la vérité et la certitude revendiquée par le sentiment, dernier refuge contre le décourageant scepticisme de la raison analysée par la prétendue critique de Kant. Mais sa bonne volonté et ses efforts n'ont pas eu un plein succès, et son école va nous paraître plus indécise que lui.

Le seul disciple remarquable qu'elle nous offre, c'est Fries, dont nous allons parler. Les autres ne font guère que le suivre.

352. Jacques Frédéric Fries, né en Saxe, en 1774, fut d'abord un disciple fidèle de Kant. Mais il passa bientôt à une sorte de scepticisme pour finir par le dogmatisme de Jacobi. Dans son *Système de la philosophie considérée comme science évidente*, il n'accorde à la connaissance aucune certitude objective, disant que nous ne connaissons rien autre chose que nous-mêmes, et que la vérité consiste uniquement dans l'accord de nos pensées entre elles, sans que nous puissions rien savoir de l'objet.

Dans un autre ouvrage, *Savoir, foi et pressentiment*, il expose une nouvelle théorie d'après laquelle la science repose sur la croyance, et la croyance sur le pressentiment. Mais dans son système, le pressentiment est supérieur à la science. Nous savons par les sens et l'entendement ; nous croyons aux idées de la raison ; nous pressentons par le sentiment les réalités des choses.

Ces deux ouvrages furent publiés à un an d'intervalle (1804-1805). Leur opposition ne s'explique donc guère par un changement de doctrine chez l'auteur. Aussi a-t-on cherché mais vainement à les concilier, et Fichte disait que Fries détruisait d'une main ce qu'il édifiait de l'autre.

353. Frédéric KŒPPEN, né en 1775, suit tout à la fois Jacobi et Platon. Il combat Kant, Fichte et Schelling. Son principe est que l'être réside dans la liberté. Il veut que la philosophie s'accorde avec la révélation, et il a écrit dans ce sens : *De la révélation considérée par rapport à la philosophie de Kant et de Fichte.*

354. Frédéric CALKER, qui professait à Bonn en 1818, reproduit les théories de Fries, dans sa *Théorie des lois primitives du vrai, du bon et du beau.*

355. Jean-Pierre-Frédéric ANCILLON, né à Berlin en 1766, accepte le principe de Jacobi et essaye de garder un certain milieu entre les doctrines extrêmes. Son principal ouvrage philosophique est intitulé : *Du médiateur entre les extrêmes.* Il se compose de deux parties: *1ʳᵉ partie, Histoire et Politique* (1828), *2ᵉ partie, Philosophie et Poésie* (1831). Il avait publié auparavant un ouvrage remarquable ayant pour titre : *Tableau des révolutions du système politique de l'Europe depuis le XVᵉ siècle.*

356. Théodore SCHMID (1799-1836) écrivit, dans le sens de Fries, *Leçons sur l'essence de la philosophie.*

357. Gaëtan WEILLER, né en 1762, fut d'abord novice bénédictin ; ses idées philosophiques l'empêchèrent d'y persévérer. Il admet le principe de Jacobi, mais au sentiment il ajoute les principes de la raison. Il a laissé de nombreux ouvrages de philosophie, de pédagogie et de religion.

358. Christian WEISS, né en 1774, et Jacques SALAT, né en 1776, sont plus remarquables comme adversaires de Schelling et de Hégel que comme disciples de Jacobi, dont ils admettent le principe.

§ 9. — ÉCOLE MATÉRIALISTE.

359. L'affirmation exclusive de la matière, préparée par Bacon, accentuée par d'Holbach et Lamettrie, et devenue une arme contre la religion entre les mains des amis de Voltaire pendant le XVIIIᵉ siècle, n'avait pas dit son dernier mot, et la rage de ses partisans ne s'était pas assouvie dans les sanglantes saturnales de la Révolution. Nous trouvons le même matérialisme en France, aux premières années du XIXᵉ siècle, et nous l'y retrouvons avec la même haine, le même fanatisme, la même impudeur à mentir, la même brutalité dans les attaques. Car il ne faut pas s'y méprendre, ce n'était pas alors, ce n'est pas davantage aujourd'hui, une doctrine, une conviction philosophique énoncée de bonne foi comme résultat d'observations incomplètes, ou d'inductions prises de données exclusives. S'il en était ainsi, nous

pourrions discuter froidement ou du moins avec modération cette fausse théorie, comme nous en avons discuté d'autres qui n'étaient pas moins erronées. Mais ici l'observation est remplacée par le parti pris de ne pas voir, la bonne foi par le mensonge, la conviction par la passion haineuse, et notre devoir est de montrer cette doctrine, avec son caractère pour remplir notre tâche d'historien.

360. NAIGEON. — Le premier champion de ce système, que nous rencontrons à cette époque, et le plus ardent de tous c'est Jacques-André Naigeon. Né en 1738, à Paris, il se forma de bonne heure aux passions alors triomphantes. Il fut le disciple et l'ami de Diderot, au point de le considérer comme l'idéal de la perfection humaine ; il ne parlait que d'après lui, ne jurait que par lui. Le désordre des idées, la lourdeur du style, le tranchant des décisions faute de meilleures preuves, caractérisent tous ses ouvrages et montrent une fois de plus qu'il ne parlait pas de lui-même. On ne saurait voir dans ses écrits autre chose que le désir effréné de répandre l'athéisme. Voltaire et Rousseau eux-mêmes lui paraissent trop modérés ; il leur préfère le curé Meslier. Nous avons dit, dans notre article sur d'Holbach, ce que c'est que l'ouvrage intitulé : *Le bon sens du curé Meslier.*

Les titres seuls des ouvrages de Naigeon suffisent à faire connaître ses sentiments et le but dans lequel il écrivait. Ces ouvrages sont : *Le Militaire philosophe, Difficultés sur la religion proposées au P. Malebranche* (Londres, 1768) ; *L'intolérance convaincue de crime et de folie* (1769) ; *Recueil philosophique ou Mélange de pièces sur la religion et la morale* (1770) ; *Essai de Diderot sur la vie de Sénèque* (Paris, 1778) ; *Éléments de morale universelle* (1790) ; *Édition des œuvres de Diderot* (1798).

Ces écrits parurent donc un peu avant et pendant la Révolution ; mais ils produisirent leurs fruits surtout au commencement de ce siècle.

Naigeon mourut à Paris en 1810.

361. CABANIS. — Pierre-Jean-Georges Cabanis, né à Cosnac (Corrèze), en 1757, fuyant la maison paternelle, vint à Paris, passa deux ans en Pologne, puis revint à Paris, où il se fit médecin, et se lia avec Diderot, d'Alembert, Condorcet et Voltaire. Il fut membre de l'Institut, puis représentant du peuple, prêta son appui au 18 brumaire, et entra ainsi au Sénat. Il mourut d'une attaque d'apoplexie en 1808.

Son principal ouvrage, *Rapport du physique et du moral*, commence par l'histoire de toutes les théories émises sur cette question, depuis Épicure et même Démocrite. Mais il passe rapidement sur les théories spiritualistes pour s'étendre davantage sur les théories sensualistes. Parmi les modernes il admire Helvétius et Condillac, en regrettant que ces deux auteurs n'aient pas eu assez de connaissances physiologiques. Pour lui, il semble vouloir rester sensualiste, mais il essaye de prouver que le cerveau produit la pensée. « Pour se faire une idée juste, dit-il, des opérations d'où résulte la pensée, il faut considérer le cerveau comme un organe particulier destiné spécialement à la produire, de même que l'estomac et les intestins à opérer la digestion. » Croirait-on qu'après cela il puisse combattre Barthez et Bichat au sujet de leur *principe vital*, et déclarer que le principe de la vie est immatériel? Mais c'est le cri de la raison qui proteste contre les théories inspirées par ses amis les encyclopédistes. Il a des études pleines d'intérêt sur l'influence des âges, du sexe, des tempéraments, du régime, du climat, etc. Ses observations à ce sujet n'offrent rien de choquant, et son style est plein d'élégance. Cabanis est au fond un vrai savant, dont la conscience proteste encore contre les théories matérialistes qu'on le force à émettre. Aussi on ne voit pas chez lui l'ardeur de propagande, ni l'athéisme passionné de Naigeon. Mais ses doctrines n'en ont pas moins servi à fournir des armes à ceux dont le matérialisme avait pour mobile l'impiété.

362. Broussais. — François-Joseph-Victor Broussais, né à Saint-Malo, en 1772, fut élève de Bichat, vitaliste fameux comme son maître Barthez, de l'école de Montpellier, mais moins spiritualiste que lui. Il exerça la médecine dans sa ville natale, dans l'armée, dans les hôpitaux et acquit une grande célébrité. Après quelques ouvrages de pure médecine, il publia en 1828 son *Traité de l'irritation et de la folie*, où il entre dans le domaine de la philosophie, et qui fut mis à l'index à raison de son matérialisme. Il mourut à Paris en 1838.

Il emprunte ses théories à son maître Bichat, mais il va plus loin que lui. Il explique tous les phénomènes de la vie intellectuelle et morale, comme ceux de la vie animale, par l'*irritation des tissus*. La perception n'est qu'une excitation de la pulpe cérébrale. Les sentiments ou émotions « viennent toujours d'une stimulation de l'appareil nerveux du percevant », et l'*âme* qu'il est obligé malgré lui de nommer ainsi, « n'est qu'*un cerveau agissant et rien de plus* ». C'est au nom de pareils principes qu'il combat avec acharnement, faute d'arguments meilleurs, toutes les psychologies spiritualistes. Vers la fin de sa vie, il adopta les théories du docteur Gall, et travailla à les propager.

363. Gall. — François-Joseph Gall, né en 1758, dans le duché de Bade, après avoir exercé la médecine à Vienne, commença à y exposer ses idées sur la *crâniologie*, et comme ces théories lui suscitaient, à Vienne, de nombreux ennemis, il vint à Paris en 1807 et se fit naturaliser français. C'est là qu'il publia son grand ouvrage, en quatre volumes in-4°, *Anatomie et physiologie du système nerveux en général et du cerveau en particulier* (1810-1820). Il mourut à Paris, en 1828.

Son système, que ses disciples ont appelé *crâniologie, crânioscopie,* et plus tard *phrénologie,* consiste à prétendre que toutes les facultés intellectuelles et morales ont leur principe, leur organe spécial, et par suite leur signe extérieur prédéterminé dans une partie du cerveau et se manifestent par des bosses sur le crâne. Il assigne en général aux facultés animales les parties postérieures et latérales de la tête, les parties antérieures aux facultés intellectuelles, et aux facultés morales le sommet. Mais ses disciples ne sont pas d'accord sur la place exacte à donner à chacune de ses facultés, qu'il énumère lui au nombre de vingt-sept.

Gall n'était peut-être pas lui-même matérialiste, comme on l'en a accusé, mais ses théories ont contribué puissamment à répandre cette désolante doctrine qui supprime la liberté et par là-même la morale, en faisant dériver fatalement de la conformation du cerveau les appétits brutaux, les talents industriels ou artistiques, les vertus et les vices.

Sa théorie, d'abord combattue avec chaleur, a fini par s'implanter dans les sciences physiologiques et même psychologiques, et nous la verrons se développer en un triple courant : l'un matérialiste et athée, où la volonté libre se voit refuser toute influence sur le caractère de l'homme ; le second spiritualiste et même chrétien, où, sans admettre comme exactes et suffisamment observées toutes les données de Gall, de Spurzheim, de Lavater et des autres phrénologistes, on admet que le cerveau possède d'une manière innée, et par le principe de l'hérédité ou par accident, des prédispositions qui tendent à diriger les opérations de l'âme, mais contre lesquelles celle-ci peut réagir ; le troisième tout à la fois physiologique, mystique et même astrologique, où l'on déclare que par l'action combinée des dispositions héréditaires, de l'influence des astres, et de l'influence des esprits bons ou mauvais, le corps tout entier et principalement le visage, le crâne et les mains, offrent les signes non-équivoques de toutes les aptitudes de chaque homme, comme aussi ils retracent d'une manière précise toutes les opérations passées du corps et de l'âme et principalement les habitudes intellectuelles les affections morbides, les vertus et les vices acquis et par suite les chances heureuses ou malheureuses de la vie à venir. S'il y a quelque chose de vrai dans le second de ces mouvements phrénologiques, on ne saurait accepter le premier, et le troisième aurait besoin de mieux faire ses preuves pour être admis à l'examen et étudié avec circonspection par des hommes compétents et nourris d'ailleurs d'une saine philosophie. Peut-être qu'alors débarrassé de ses hardiesses et de ses exagérations, et dégageant de faits certains les véritables lois de l'influence du physique sur le moral, et du moral sur le physique il servirait à démontrer que les anciens et les hommes du moyen-âge n'étaient pas aussi naïfs, ni aussi crédules qu'on veut bien le dire.

On compte aussi parmi les matérialistes français DESTUTT DE TRACY (1754-1836) et VOLNEY (1757-1820). Mais d'abord leur théorie est plutôt une suite du sensualisme de Condillac, qu'un matérialisme pur, et de plus leurs écrits portant sur d'autres objets tendent moins à faire de l'homme une pure matière. Destutt de Tracy est célèbre par ses *Éléments d'idéologie* (1804). Il y expose une psychologie, une métaphysique et une logique entièrement conformes à la philosophie de Condillac. Percevoir, se souvenir, juger, désirer : tout cela est la même chose que sentir ; et de plus, désirer c'est vouloir. Mais il tire de là une morale qui lui est propre. *Droit* est synonyme de *besoin*, et *force* est synonyme de *devoir*. D'où il suit que l'homme a le droit de satisfaire tous ses besoins, pourvu qu'il en ait la force. Et dès qu'il en a la force, il en a aussi le devoir. On sent quelle morale résulte de ces principes. Il n'a jamais nié l'âme, mais sa théorie ne fait voir que le corps.

Constantin-François Chassebœuf, comte de Volney, n'est pas moins attaché à la philosophie de Condillac, mais il ne s'en sert guère que pour attaquer la religion. C'est ce qu'il fait principalement dans l'ouvrage intitulé : *Les Ruines* (1791). Tous les empires ont péri parce que les hommes n'ont pas suivi les lois naturelles, déposées en eux par « la puissance secrète qui anime l'univers ». Ils ont abusé de ces lois en abusant de leur liberté les uns contre les autres. Mais depuis le XV⁰ siècle on commence à comprendre que *la morale est une science physique*, composée des éléments mêmes de l'organisation de l'homme. Chacun comprendra qu'il est de son intérêt d'être juste, sage et modéré. Le peuple législateur, le peuple Messie, assemblera les États-Généraux de l'humanité, et fera reconnaître au genre humain une seule loi, celle de la raison. Voilà la morale et l'idéal politique de Volney, et cette doctrine, il se la fait révéler par le génie des tombeaux sur les ruines de Palmyre. C'est après l'exposition enthousiaste de cette morale, qu'il passe en revue toutes les formes des diverses religions, et les attribuant toutes aux données des sens les trouve toutes également propres aux divers besoins de l'homme, mais également méprisables. C'est donc le matérialisme qui est au fond des théories de Volney ; mais il ne prend pas le matérialisme pour base, et d'ailleurs on sent qu'il est poussé, et on peut dire transporté, par les idées révolutionnaires et par la recherche unique des intérêts matériels.

364. LE MATÉRIALISME EN ALLEMAGNE. — Malgré le mouvement idéaliste imprimé à la philosophie par Kant et ses continuateurs, le matérialisme pénétra cependant en Allemagne, et il y fut plus hardi encore qu'en France.

Il fut d'abord le résultat de l'athéisme et du panthéisme combinés de Fichte, de Schelling et de Hégel. Un disciple de ce dernier, dont nous avons déjà parlé, Feuerbach, semble ne pas s'apercevoir qu'il blasphème, lorsqu'après avoir divinisé l'humanité, et déclaré qu'il n'y a pas d'autre Dieu que l'humanité ; après avoir écrit cet horrible blasphème : « L'homme seul est le sauveur véritable ! L'homme seul est notre Dieu, notre juge, notre rédempteur ! » il ose répondre au reproche d'athéisme que l'on fait à la philosophie de Hégel et à la sienne. A la même époque Bruno Bauer (né en 1809), qui d'abord avait été catholique et avait écrit contre Strauss, après l'apparition de sa *Vie de Jésus*, se laissa prendre aux doctrines de Hégel, au point d'en devenir impie et de dépasser Strauss lui-même, qui déjà, de concert avec Michelet de Berlin, avait essayé de démontrer l'impersonnalité de l'âme et de Dieu, en disant que Dieu n'est personnel qu'en l'homme et que l'âme n'est immortelle qu'en Dieu. Critique pénétrant et spirituel, Bruno Bauer a déployé une activité incroyable contre la religion et en faveur du matérialisme, dont il s'est fait comme le chef. Livres saints, religion, philosophie, politique, littérature, histoire, il a tout traité, tout critiqué, et passe à bon droit pour le Voltaire de l'Allemagne.

Après lui, Max Stirner, c'est-à-dire Gaspard Schmid (1806-1856), dont nous avons déjà parlé comme disciple de Hégel, ne se contente plus de l'*anthropolâtrie* de Feuerbach, c'est-à-dire de l'adoration de l'homme en général, il enseigne et propage l'*autolâtrie*, c'est-à-dire l'adoration de soi-même en disant : *Quisque sibi Deus*. D'où il conclut légitimement : *Cuique omnia*. En effet, si chacun est son propre Dieu, chacun a droit à tout.

Enfin Arnold Ruge, né en 1802, renchérissant sur tous les autres trouve que l'athéisme s'occupe encore de Dieu, que dès lors il est encore une religion, et ajoute: « Il ne s'agit pas de combattre la religion; il faut l'oublier. »

Après des affirmations si catégoriquement ennemies de Dieu, ces hommes ne pouvaient être que les amis de la révolution. Aussi on ne s'étonne pas de les trouver tous parmi les membres actifs des sociétés secrètes, et à la tête du mouvement révolutionnaire qui pendant ce siècle a bouleversé l'Europe.

Ce n'est qu'indirectement et contrairement à leur philosophie première que tous ces hommes ont accepté et affirmé le matérialisme. Mais ils étaient ennemis de Dieu et de la religion ; ils devaient donc suivre les impies de France qui tous étaient matérialistes. Ils n'ont pas manqué de les suivre; illogiques avec leur philosophie, mais logiques avec leur haine religieuse.

Après eux le matérialisme se formula plus complètement en Allemagne, avec Moleschott, qui en est le véritable fondateur, et qui a encore de nombreux disciples. Mais nous devons renvoyer l'examen de leur doctrine à la deuxième partie de ce siècle.

365. Le sensualisme en Angleterre. — A l'école matérialiste se rattache, sans pousser aussi loin les conséquences de ses principes, le sensualisme, dérivé de Locke, qui régnait alors en Angleterre. Cependant il ne nous offre guère à cette époque que deux représentants dignes d'être mentionnés.

Jérémie Bentham, né à Londres en 1748, mourut dans la même ville en 1832. Ne voulant pas exercer la profession d'avocat, il se contenta d'être jurisconsulte, et s'acquit par de nombreux ouvrages sur le droit une réputation méritée. Ami du conventionnel Brissot, il obtint par lui le titre de citoyen français. Le dernier acte de sa vie montre jusqu'à quel point ses principes sensualistes et utilitaires lui faisaient mépriser les sentiments qu'inspire la croyance en l'immortalité de l'âme. Il légua son corps à l'amphithéâtre.

Il n'a guère écrit que des questions de droit; mais il traite le droit en moraliste, et l'on pourrait ajouter qu'il traite la morale en jurisconsulte.

Il déclare que la justice est impersonnelle et ne voudrait pas qu'on la rendît au nom du roi. Tout tribunal devrait être universellement compétent, avec un seul juge pour chaque tribunal. Ce juge aurait le droit de se déléguer un remplaçant, et il n'y aurait jamais de vacances. D'ailleurs il serait amovible. Ces conditions lui semblent offrir de grands avantages. Il demandait aussi que les lois fussent codifiées et exprimées en termes clairs et précis.

La loi commande le bien et défend le mal. Mais le bien c'est l'utile. L'utilité seule rend les actions bonnes. L'*utilité* est cette propriété que possèdent les choses d'augmenter la somme de bonheur ou de diminuer la somme de misère de l'individu ou de la société. *Justice*, *bonté*, *moralité* sont synonymes d'*utilité*, et hors de là ces mots n'ont pas de sens. Il appuie cette théorie sur le principe évident, selon lui, que le seul motif de nos déterminations, le seul but de la vie c'est le plaisir. D'où il conclut que l'action est bonne ou mauvaise selon qu'elle procure du plaisir ou de la douleur.

Avant donc d'éditer une loi pour commander ou défendre une action; avant de décider pour soi-même ou pour les autres si une action est bonne ou mauvaise, il faut en calculer la valeur utile pour l'individu et pour la société. Ce calcul c'est *l'arithmétique morale*.

Bentham commence donc par classer les plaisirs et les peines. Il leur cherche ensuite une commune mesure, avec une certaine méthode. Il analyse toutes les causes de variations dans l'intensité du plaisir ou de la peine : le sexe, l'âge, l'éducation, la profession, la position sociale. Tout cela doit entrer en ligne de compte pour apprécier l'utilité relative d'une action.

Après avoir ainsi indiqué les éléments du calcul des conséquences de l'acte pour celui qui le fait, Bentham se demande encore quelles conséquences ce même acte pourra avoir pour d'autres, et jusqu'où s'étendront les résultats. Il est évident qu'il y a là des considérations très remarquables et qui valent mieux que son principe. On pourrait tenir compte de ces pensées de l'auteur et les appliquer à juger de la valeur d'une action en prenant pour point de départ sa moralité et non pas seulement son utilité.

Avant d'appliquer une sanction à une loi, il faut se demander : La peine fera-t-elle éviter cette action ? Le mal de la peine est-il moins grand que celui de l'action ?

Il distingue ensuite quatre sanctions : 1° la sanction naturelle, 2° la sanction de l'opinion publique, 3° la sanction légale, 4° la sanction religieuse. Il ajoute que le législateur ne peut appliquer que la troisième, mais jamais à l'encontre d'aucune des trois autres.

Bentham essaye ensuite de déterminer en détail les limites du domaine de la législation, afin de marquer ce que la loi peut réglementer, et ce qu'elle doit laisser indépendant.

James MILL, né en Écosse en 1773, mort à Londres en 1836, fut l'ami de Bentham et travailla activement à propager ses doctrines. Il écrivit dans plusieurs revues et produisit aussi quelques ouvrages estimés.

§ 10. — ÉCOLE DE LEIBNITZ.

366. Au milieu des divagations engendrées par la philosophie *a priori*, et des abaissements de l'école expérimentale, aggravés par l'athéisme qu'inspirent les passions ennemies de la loi morale, il restait cependant encore quelques hommes amis de la vérité pour elle-même, et la philosophie classique n'avait pas entièrement disparu. Quelques philosophes défendaient encore les grandes vérités que Descartes et Leibnitz, malgré leurs erreurs avaient voulu asseoir sur des bases inébranlables. Ces hommes demeurèrent presque inconnus, et leur voix fut étouffée par le bruit de la philosophie nouvelle. Nous devons cependant en citer un qui se distingua parmi les autres comme partisan de Leibnitz.

Ernest PLATNER, né à Leipzig en 1744, essaya de faire revivre la philosophie de Leibnitz et de Wolf. Son livre des *Aphorismes philosophiques*, est un exposé complet de toute la philosophie. Il est écrit avec clarté, méthode et conviction. Il n'offre rien de bien nouveau comme doctrine, mais sans s'attacher à ce qui fait l'originalité et en même temps l'erreur de Leibnitz, il expose toujours dans le sens de ce grand philosophe toutes les questions les plus graves de la logique, de la psychologie, de la métaphysique, de la théodicée et de la morale. Les divisions seules lui appartiennent, et l'étude de son livre ne nous apprend rien de nouveau ; mais nous devions prendre note des efforts qu'il fit pour ramener les esprits à la vérité. Au temps où il écrivit, son ouvrage était digne d'estime en ce qu'il luttait contre le courant de l'erreur. Ses efforts ne furent pas couronnés par le résultat, mais ils contribuèrent sans doute, avec ceux des autres Leibnitziens de son temps, à préparer le terrain sur lequel d'autres purent semer et récolter des fruits meilleurs.

§ 10. — Suite de l'École écossaise.

367. Dugald-Stewart. — L'École écossaise fondée par Reid au XVIIIe siècle, et dont la tendance était de réduire la philosophie à la psychologie, eut pour second chef Dugald Stewart. Né à Édimbourg en 1753, il fut professeur de mathématiques puis de philosophie à l'Université de cette ville, où il succéda à Reid. Il soutint dignement et développa les théories de son maître ; il eut la joie de voir ces doctrines s'introduire en France, où elles remplacèrent les théories sensualistes de Condillac, et où elles sont restées classiques dans l'Université.

Ses principaux ouvrages sont: *Éléments de la philosophie de l'esprit humain* (1792) et *Philosophie des facultés intellectuelles et morales* (1828).

Plus que Reid, il tend à commencer la philosophie par l'étude des phénomènes de l'âme et à s'arrêter à ces mêmes phénomènes sans s'occuper de leur sujet. C'est un pas vers le positivisme. « Mon dessein, dit-il dans son introduction à la *Philosophie de l'Esprit humain*, est, en premier lieu, de faire une analyse aussi distincte et aussi exacte qu'il me sera possible, de nos facultés tant actives, qu'intellectuelles ; en second lieu, de faire remarquer, à mesure que j'avancerai dans cette analyse, l'application des lois de notre constitution mentale à diverses classes de phénomènes. »

1° *Perception extérieure*. Pour expliquer comment nous attribuons à un objet extérieur les qualités perçues par notre âme, Locke et Reid s'étaient appuyés sur la vieille distinction des qualités premières et des qualités secondes. Dugald distingue en trois classes les qualités de la matière : 1° Les qualités mathématiques : étendue et forme ; 2° Les qualités premières : la dureté ou la mollesse, le poli ou le raboteux, etc., qu'on ne saurait concevoir sans l'étendue ; 3° Les qualités secondes : couleur, chaleur, etc., que nous faisons découler des qualités premières. Or l'étendue et la forme sont évidemment extérieures : donc les autres qualités le sont aussi. Ainsi s'explique l'extériorité de l'objet perçu.

2° *Association des idées.* La question qui occupa le plus Dugald Stewart est celle de l'association des idées. C'est le phénomène que Reid avait appelé les *suites d'idées,* et qui consiste en ce que dans notre pensée une idée en appelle une autre, celle-ci une troisième, parce qu'il y a entre elles un rapport qui les unit dans notre esprit. Il y distingue deux modes principaux : l'association que l'on peut appeler spontanée, qui se fait sans effort, et presque à notre insu, et l'association volontaire, qui est le fruit de l'attention. Dans le premier ordre, il place les associations par analogie, par ressemblance, par contrariété, par voisinage soit de temps, soit de lieu par la coïncidence des sons de différents mots. Au second ordre appartiennent celles qui sont fondées sur les relations entre la cause et l'effet, le moyen et la fin, la prémisse et la conclusion. Mais comme en tout cela il a en vue, non pas *l'association,* c'est-à-dire la connexion que nous donnons nous-mêmes à nos idées au moment où nous les mettons en mémoire, mais bien la *suite* selon laquelle elles s'enchaînent au moment où elles reparaissent dans nos pensées, Dugald Stewart dit que « nous ne pouvons point, par aucun effort de volonté, éveiller directement une pensée absente, et que toute la suite de nos idées dépend de causes qui agissent d'une manière absolument inexplicable pour nous. Pour nous rappeler un fait dont nous avons les traits généraux et non le souvenir complet des détails, il n'y a que deux moyens d'y parvenir. Le premier consiste à faire différentes suppositions et à examiner ensuite laquelle de ces suppositions s'accorde le mieux avec les circonstances connues de l'évènement ; le second à repasser dans notre esprit les circonstances dont nous avons le souvenir, et à tâcher d'exciter le rappel des autres circonstances qui leur sont associées. »

Ces derniers mots de l'auteur sont employés très justement, et font voir qu'en distinguant l'association des idées de la suite des mêmes idées, on peut dire que *l'association* dépend de nous, quoique nous la fassions souvent par une sorte d'instinct, et que la *suite* dépend de l'association.

C'est par suite de ces théories que l'auteur lui-même et surtout d'autres qui l'ont suivi ont pu distinguer deux sortes d'habitudes d'association : l'une qui, étant fondée sur des rapports accidentels, développe l'esprit et l'imagination, l'art de rimer et fournit le talent poétique, le charme de la conversation, ou simplement les jeux d'esprit ; l'autre qui, étant fondée sur des rapports essentiels, développe le raisonnement, la méthode, et aide aux inventions scientifiques. C'est aussi par là qu'on explique le rêve et en général tous les phénomènes de la mémoire et de l'imagination.

De l'influence de l'association des idées sur nos facultés intellectuelles et sur nos facultés actives. — sur nos opinions spéculatives. — L'association des idées agit sur nos opinions spéculatives et les égare de plusieurs manières : 1° en nous faisant confondre des choses distinctes, ce qui jette le trouble dans tous les raisonnements, relatifs aux choses ; 2° en nous faisant faire de fausses applications de ce principe de prévoyance qui juge de l'avenir par le passé, qui est la base de toute expérience, et sans lequel nous ne saurions faire un pas dans la carrière de la vie ; 3° en liant entre elles dans notre esprit des opinions erronées avec des vérités qui commandent irrésistiblement notre assentiment et dont l'importance pratique nous frappe.

II. *Sur nos jugements en matière de goût.* — Le goût est le résultat lentement obtenu d'un examen et d'une comparaison attentive des effets agréables ou désagréables que les objets extérieurs produisent sur l'âme.

Toutes les fois que des associations d'idées produisent quelque changement dans nos jugements en matière de goût, cet effet est produit par la coopération de quelque principe naturel indépendant de l'association, et il implique l'existence de certaines sources primitives de plaisir ou de peine. C'est ainsi que Dugald-Stewart rejette l'opinion de ceux qui croient expliquer le goût par les associations des idées seules. Mais il reconnait en même temps que ces associations sont pour quelque chose dans les changements que subit le goût. Le vêtement le plus bizarre porté par ceux qui passent pour avoir bon goût s'associe à cette idée, et la mode s'en répand rapidement. Mais bientôt son extension même la fait changer ; car du moment qu'elle est adoptée par les gens du vulgaire elle s'associe à cette idée de vulgarité et on la change pour une autre. Quelque chose d'analogue se produit dans tous les arts. Aux types parfaits produits par le génie l'amour de la variété ajoute quelque chose qui, associé à ce qui était vraiment beau, passe pour tel. On ajoute encore et toujours par le même principe l'art dégénère comme il s'était épuré. C'est par la même raison que la foule des mauvais écrivins imite les défauts des grands auteurs, parce qu'en les associant à leur mérite, elle prend ces défauts pour des qualités. Dans le langage, l'accent écossais est aussi bon en soi que l'accent anglais ; mais la capitale de l'Écosse n'est plus qu'une ville de province, et Londres est la résidence de la cour.

III. *Sur nos facultés actives et nos jugements en morale.* — Nos jugements moraux peuvent être modifiés, et même jusqu'à un certain point pervertis, par l'influence du principe d'association.

Si les grands sont vicieux, l'idée de vice s'associe à celle de grandeur ; si les pauvres sont sobres et économe, ces vertus semblent revêtir quelque chose de bas. Telle est la pensée d'Adam Smith, sur l'origine de quelques-uns de nos sentiments moraux. Mais il doit y avoir une limite au delà de laquelle la théorie de l'association cesse d'être applicable, puisqu'elle suppose d'autres principes existant originairement dans l'âme. Pour déterminer cette limite, les uns, comme lord Kaimes, multiplient trop les principes premiers de notre nature ; d'autres, avec le docteur Hartley, les réduisent à un trop petit nombre. Dugald Stewart indique brièvement que les principes d'action sont naturels ou acquis, communs ou propres ; mais il réserve la question à plus tard.

En résumé la philosophie de Dugald-Stewart est indécise. Elle cherche à garder une sorte de juste milieu entre les opinions opposées, constate les faits, critique les théories, mais ne sait pas arriver à rien mettre de précis à leur place. Au fond, quelle est sa doctrine? qu'y a-t-il de lui dans ce qu'il expose ? On ne saurait guère le dire. Mais on connaissait peu ou point les auteurs auxquels il emprunte quand on l'a lu, et on lui a attribué tout ce qu'il dit, même ce qu'il condamne. Ainsi il passe généralement pour expliquer tout, jugement, goût, moralité, par les associations des idées, et nous avons vu qu'il fait partout des réserves. Cependant même avec ces réserves, est-il toujours dans le vrai ? Nous n'oserions le dire. Son explication de la perception nous parait insuffisante : elle s'arrête trop tôt. Sa théorie de l'association des idées au contraire prend peut-être un domaine qui ne lui appartient pas.

Nous n'avons rien dit de ses théories sur la mémoire, l'imagination le langage, la faculté d'imitation. L'exposition en serait ou trop longue pour notre ouvrage, ou insuffisante pour donner une idée nette de ce qu'il en dit. D'autant plus que son style est très-abondant, quoique un peu rude, et que souvent il éclaire sa pensée par des faits historiques.

Quant aux grandes vérités philosophiques sur l'âme, sur Dieu et sur la morale, il ne s'en est pas occupé. C'est un vrai disciple de Reid : il laisse au bon sens les vraies, les profondes questions de la philosophie et ne s'occupe que de ce qui est secondaire ou superficiel.

368. BROWN. — Thomas Brown, écossais, né en 1778, suivit dès l'âge de seize ans les leçons de Dugald-Stewart, qui le remarqua et s'attacha à lui. Il fut médecin, mais il cultiva surtout la poésie et la philosophie. Dès l'âge de dix-huit ans il avait réfuté la *Zoonomie d'Érasme Darwin*, et bientôt après il publiait dans la revue d'Édimbourg, dont il était un des fondateurs, une *Exposition de la philosophie de Kant*. En 1804, il entreprit de répondre aux attaques contre Hume, et d'éluder les conséquences de son scepticisme, dans son *Examen de la théorie de Hume*. Il succéda officieusement en 1808 à Dugald-Stewart, et en 1810, il reçut sa nomination à cette chaire, qu'il garda jusqu'à sa mort, 1820.

Après sa mort on publia, quoiqu'incomplète, sa *Physiologie de l'esprit humain*, et ses *Leçons sur la philosophie de l'esprit humain.* Ce dernier ouvrage n'est que la reproduction de ses cours.

Brown ne resta pas fidèle aux doctrines de ses maîtres. Il systématisa les faits et voulut réduire le nombre des facultés de l'âme.
Il reprocha à Reid d'avoir attribué la théorie des idées-images à des philosophes qui n'avaient jamais professé cette doctrine, et qui n'avaient prononcé le mot image que par métaphore.

Il rejette la faculté de perception externe, comme faculté spéciale, et attribue la connaissance que nous avons des corps à la sensation de résistance unie à la conception de cause.

Il rejette aussi comme faculté distincte la conscience, disant que l'âme a conscience de toutes ses opérations.

Il défend Hume contre Reid, et dit que ces deux philosophes, dans leur opposition sur l'existence réelle des corps, ne diffèrent que par le langage, l'un et l'autre affirmant qu'on ne peut pas démontrer l'existence réelle de la matière qui est le sujet des phénomènes sensibles.

Enfin il supprime l'activité et déclare que la volonté n'est qu'un désir accompagné de l'opinion que l'effet va suivre.

Brown fut approuvé par son ami Makintosh, et condamné par Hamilton.

369. HAMILTON. — Nous ne dirons rien de Wilson qui succéda immédiatement à Brown, dans l'École écossaise, au moment où Hamilton croyait obtenir cette chaire.

William Hamilton, écossais, né en 1788, fut d'abord avocat, mais ses travaux eurent toujours pour objet la philosophie. N'ayant pu succéder à Dugald Stewart, il obtint la chaire de droit civil dans la même université de Glasgow. Ce ne fut qu'en 1836, à la mort de Wilson qu'il parvint, non sans opposition, à occuper la chaire de logique et de métaphysique. En 1847, il publia les œuvres de Reid, et en 1856 il termina sa vie et l'école écossaise.

Il avait acquis une très grande érudition philosophique, au point que Stuart Mill regrette qu'il n'ait pas écrit l'histoire de la philosophie. Mais d'un autre côté, il lui reproche de n'avoir jamais pu entrer dans le raisonnement d'un autre.

Aussi il soutenait ses opinions avec rudesse et avec emportement.

On a de lui: *Discussion sur la philosophie; Leçons de Métaphysique; Leçons de Logique;* mais il n'est guère connu en France que par les *Fragments de la philosophie de Hamilton*, extraits et traduits par L. Peisse, et par le livre de Stuart Mill, Examen de *la Philosophie de Hamilton*, dont on a publié ainsi une traduction. Il ne faudrait pourtant pas juger Hamilton par la seule exposition de Stuart Mill, qui l'estime un peu au dessous de zéro.

Il y a dans l'œuvre philosophique de Hamilton deux points à considérer, et bien que ni dans l'un ni dans l'autre il n'ait pas émis une doctrine exempte de toute erreur, il y a montré cependant un véritable esprit philosophique et un noble souci de la vérité.

Sa *théorie de la connaissance* part du même sentiment qui a produit la théorie de Jacobi, le besoin de trouver dans le fait même de la connaissance la réalité objective des choses. Malheureusement, il n'a rien trouvé de mieux que ce dernier, et à la place de la certitude il a mis une sorte de croyance spontanée.

La conscience de la pensée, dit-il, ne se distingue pas réellement de la pensée. Celle-ci n'est pensée qu'autant qu'elle a un objet. En sorte que la pensée renferme en elle-même la conscience de l'existence extérieure de son objet. Elle atteint la chose même, elle réunit le *moi* et le *non-moi*. « J'ai conscience de deux existences par une même et indivisible intuition. » La pensée donne donc l'esprit et la matière.

Ainsi se trouvent rejetées la théorie de Kant, qui ne reconnait à la connaissance qu'une valeur subjective, et celle des sceptiques qui n'accordent que le phénomène et non la connaissance de la chose en soi, celle de Hartley, de James Mill, et autres, qui attribuent nos idées de lieu, d'étendue, de substance, de cause, etc., à la loi de l'association des idées.

Pour mieux combattre Kant et les sceptiques, il distingue avec eux les qualités *premières* et les qualités *secondes*, seulement il place entre ces deux ordres les qualités *secondo-premières*, et il déclare que « les qualités *premières* nous sont connues comme objets immédiats de perception, et telles qu'elles sont dans les choses, que les *secondo-premières* nous sont connues tout à la fois et immédiatement et médiatement par les sensations qu'elles nous font éprouver ; enfin que les qualités *secondes* nous sont connues seulement médiatement comme causes de nos sensations.

Ici Stuart Mill s'écrie : « Comment avec cela croit-il encore conserver la doctrine de la relativité de nos connaissances ? C'est ce que je ne puis découvrir. »

En effet Hamilton pose en principe que *penser c'est conditionner*, c'est-à-dire, c'est donner un attribut à un sujet, et par conséquent placer le sujet dans une condition, dans un état de relation. D'où il suit que toute connaissance est relative.

Après cela demandez à Hamilton l'origine de l'idée de l'absolu. Il vous répondra que l'esprit voit toujours, en face d'une idée, son contraire, l'idée opposée, et qu'ainsi au conditionné il oppose l'inconditionné ou l'*absolu*, de même qu'au limité il oppose l'illimité ou l'*infini*. Dès lors ces deux notions sont purement négatives et ne représentent absolument rien à l'esprit. D'ailleurs elles sont antinomiques :

car l'illimité ou l'infini signifie l'inachevé, tandis que l'absolu signifie le parfait. De plus ces notions ne sauraient venir ni du temps qui n'a rien d'absolu, ni de l'espace, ni de la cause, pour la même raison. L'absolu réel ne serait donc qu'un *faisceau de contradictions*, et Hégel a bien fait de réduire la métaphysique *ad absurdissimum*.

Voilà ce que dit Hamilton; mais Stuart Mill répond avec raison, que, si l'expression « le sans-limite » est négative, la notion d'un être sans limite est tout à fait positive; que, si « l'inconditionné » est une notion négative, un être sans condition est tout-à-fait positif. D'un autre côté, il est vrai qu'une cause implique son effet, et que dès lors la notion de cause est relative, mais, dit-il, « à la place de la cause mettez le Créateur et vous le verrez en relation de toute espèce excepté celle de dépendance ». Enfin il ajoute que Hamilton prend le verbe conditionner dans deux sens différents selon qu'il dit: Penser c'est conditionner, ou qu'il parle de l'inconditionné. Et cette remarque est tout à fait exacte.

Donc les conclusions de Hamilton ne tiennent pas. Mais aussi avouons qu'elles ne découlent pas de ses principes.

Remarquons toutefois que Hamilton ne veut pas détruire la religion, ni la certitude de l'existence de Dieu ; au contraire, c'est la peur de l'appuyer trop faiblement sur la raison, qui lui fait rejeter toute connaissance philosophique du Créateur et avoir recours à la foi.

Ceci vaut mieux comme sentiment ; mais ce n'est pas plus vrai, et l'on voit les conséquences désastreuses qui en résulteraient. La foi n'a plus de base, si nous n'avons aucune connaissance naturelle de Dieu. Aussi ce n'est pas de cette foi surnaturelle que Hamilton entend parler, mais d'une croyance instinctive et primordiale, comme celle de Jacobi, et après avoir établi, moyennant sa *connaissance relative*, que l'absolu est inconnaissable, au lieu de conclure avec les sceptiques que nous ne savons rien de la substance des choses, ni de nous-mêmes, et déclaré fausse l'analyse par laquelle Maine de Biran établit l'unité simple et identique de l'âme, il conclut avec lui et condamne Hume et Kant, en disant que la croyance primordiale suffit à nous assurer de notre substance, de notre unité, de notre personnalité, en même temps que de la substance des choses, et de la réalité de Dieu.

Logique. La seconde théorie remarquable de Hamilton porte sur la logique pure. Après avoir séparé entièrement la logique de toute préoccupation de la réalité de l'objet, ou même de la vérité d'une pensée prise seule, pour en faire la science du raisonnement, dont l'objet est la pensée en tant que pensée, il veut refaire quelques-unes des analyses d'Aristote.

Et d'abord il déclare qu'en considérant la quantité des propositions, Aristote et tous les autres logiciens ont eu tort de ne considérer que la quantité du sujet. Pour lui il tient compte tout à la fois de la quantité du sujet et de celle de l'attribut. Il distingue donc au seul point de vue de la quantité quatre sortes de propositions :

1° La *toto-totale*, où tout le sujet est tout l'attribut. Tout A est tout B.

2° La *toto-partielle*, où tout le sujet est une partie de l'attribut. Tout A est quelque B.

3° La *parti-totale*, où une partie du sujet est tout l'attribut. Quelques A sont tout B.

4° La *parti-partielle*, où une partie du sujet est une partie de l'attribut. Quelques A sont quelques B.

C'est la *quantification* de l'attribut. Par cette théorie toute proposition est convertible simplement, même la particulière négative.

Ici encore, mais avec moins de raison peut-être, Stuart Mill condamne absolument Hamilton, et dit qu'en donnant un attribut à un sujet, nous n'entendons pas dire que l'individu sujet est un des individus compris dans la collection attribut, mais bien que cet individu sujet possède l'ensemble des conditions exprimées par l'attribut, et que dès lors, il vaut mieux continuer à dire : Les triangles sont des polygones, que de dire : Tous les triangles sont quelques polygones.

Ceci est très juste. Mais il n'en est pas moins vrai que dans le syllogisme on raisonne d'après la *quantification* ou soit l'extension de l'attribut et non d'après sa compréhension. Il y avait donc quelque chose de bon dans cette théorie de Hamilton, et nous verrons que des auteurs plus récents en ont su tirer un grand parti.

Parlant du syllogisme, Hamilton distingue encore le *syllogisme extensif*, qui est celui que l'on a toujours exposé dans les analyses que l'on a faites du raisonnement, et dans lequel on conclut que le petit terme est compris dans le moyen qui à son tour est compris dans le grand ; et le *syllogisme intensif*, dans lequel on conclut du terme le plus compréhensif celui qui a le moins de compréhension, parce que le moyen terme, qui contient toute la compréhension de l'attribut est contenu à son tour dans la compréhension du sujet. Soit par exemple les trois termes *Pierre*, *homme* et *mortel*, on peut dire : Pierre est homme ; tout homme est mortel ; donc Pierre est mortel.

On pourrait faire ici une remarque curieuse. Stuart Mill ne veut pas que l'on quantifie l'attribut, de peur que l'esprit ne voie plus la compréhension exprimée par la pensée, et pourtant il n'analysera le syllogisme qu'au point de vue de l'extension des termes. Hamilton quantifie l'attribut, et semble oublier la compréhension des termes, et pourtant il analyse le syllogisme non seulement au point de vue de l'extension de ses termes mais encore au point de vue de leur compréhension.

Avec cette double analyse, Hamilton reconnait trente-six modes concluants au lieu de quatre, dans la première figure.

Il en admet autant dans la deuxième et autant dans la troisième. Quant à la quatrième, il imite Aristote, qui l'avait rejetée.

Il nous semble inutile d'ajouter à cette exposition une critique déjà faite. Hamilton a exagéré quelques-unes des conséquences de ses principes ; mais ne pouvant ni être illogique, ni accepter des doctrines que le genre humain condamne, il s'est rejeté sur un autre principe non démontré. Ainsi Kant avait eu recours à la raison pratique pour obtenir le même résultat.

§ 12. — PHILOSOPHIE DE TRANSITION.

370. — LAROMIGUIÈRE. — La philosophie peu profonde, mais raisonnable, de Dugald Stewart n'avait pas encore pénétré en France ; la philosophie chrétienne, que nous verrons bientôt défendue par Joseph de Maistre, Victor de Bonald et beaucoup d'autres, était encore muette, et la philosophie matérialiste régnait seule en France, quand parut Laromiguière. Aussi il ne sut que remonter à Condillac et en adoucir le sensualisme, en remplaçant les sensations par les sentiments.

Pierre Laromiguière, né à Lévignac, dans le Rouergue, en 1756, après avoir fait partie de la congrégation des Doctrinaires, d'où la Révolution l'arracha, fut employé par son ami Sieyés dans les charges publiques, et devint professeur de philosophie à la faculté des lettres de Paris, où il enseigna de 1811 à 1813. Il vécut encore, sans prendre une part active l'enseignement, jusqu'en 1837, gardant jusqu'à la fin « une belle et pure renommée ».

Son principal ouvrage, *Leçons de philosophie,* est la reproduction de ses cours publics. Il a pour objet, comme l'indique son titre même, *les principes de l'intelligence, ou les causes et les origines de nos idées.* Nous avons encore de lui : *Discours sur la langue dans le raisonnement, à l'occasion de la langue des calculs, de Condillac ; Discours sur l'identité dans le raisonnement ; Discours sur le raisonnement* et *Éléments de Métaphysique.*

Quoique disciple de Condillac, Laromiguière ne le suit pas exactement. Il commence comme lui par la méthode qu'il appelle *analyse;* il montre ensuite ce que Condillac a ajouté à la doctrine des autres philosophes, mais il ne veut pas se contenter de connaître le principe des facultés de l'âme, il veut encore en connaître la génération. Rejetant donc la *sensation* comme principe et fond de la pensée, il insiste sur la liberté et sur l'attention. Il défend Condillac contre l'accusation de matérialisme, et croit démontrer qu'il excède plutôt dans le sens spiritualiste, en accordant trop à l'activité de l'âme. Il aborde ensuite ce qu'il appelle la métaphysique ; il rappelle la plupart des définitions qu'on en a données, et insistant sur la définition, il fait voir par de nombreuses définitions de la logique et de la liberté, que pour bien définir il faut avoir un objet précis et déterminé. Je comprendrais la question, dit-il, si vous me demandiez ce qu'est la métaphysique de Platon ou d'Aristote, ou de Descartes ou de Locke, etc. Toutefois avant de dire quelle est la sienne, il insiste encore sur la nature de la définition en général, et finit par dire : La *métaphysique*, c'est l'analyse lorsqu'elle remonte à l'origine des idées, c'est la *science des principes*. Et il insiste pour établir qu'une définition doit se faire, non par le genre et la différence, mais par l'analyse. Puis, passant en revue les définitions des principaux philosophes sur les facultés de l'âme, il se demande : Avons-nous déjà fait quelque progrès en philosophie ? Il conclut : Nous sommes en état de lire les philosophes avec un esprit de discernement, et il en donne la preuve en examinant un passage de Pascal, un de Buffon et un de Voltaire.

Dans la deuxième partie de son cours, il étudie, toujours par la méthode historique et ensuite par l'analyse, la nature et l'origine des idées. Les idées *sensibles* ont leur origine dans le *sentiment-sensation* ; les idées des *facultés* de l'âme, dans le *sentiment de l'action de ses facultés* ; les idées *de rapport*, dans le *sentiment de rapport* ; les idées *morales*, dans le *sentiment moral*. Les premières et les secondes ont leur origine dans l'*attention*, les troisièmes dans la *comparaison* ou dans le *raisonnement*, les dernières dans l'action séparée ou réunie de l'*attention*, de la *comparaison* et du *raisonnement*. Ce sont là, en effet, selon lui, les trois *facultés de l'entendement*. Il faut donc, dit-il, se rendre à cette vérité, qu'*il existe quatre origines et trois causes de nos idées*.

Il en prend l'occasion de réfuter toutes les écoles qui ne donnent aux idées qu'une seule origine, et notamment celle qui les fait toutes venir des sens. « Toute idée a son origine dans le sentiment. Toute idée a été sentiment. » L'homme serait privé d'intelligence, s'il était privé de sensibilité. N'étant pas averti de sa propre existence, comment pourrait-il soupçonner d'autres existences ? Mais la nature ne l'a pas confondu avec les êtres sensibles. S'il leur ressemble un moment par les sensations, il en diffère bientôt par les autres manières de sentir ; il s'en sépare, surtout, par le sentiment du juste et de l'honnête, qui sera éternellement étranger aux attributs de l'animal.

Le sentiment est donc la première condition de l'intelligence ; mais l'action de l'âme, par ses facultés en est la seconde. Il n'y a rien, absolument rien, pour l'intelligence de l'homme, non pas même l'idée de Dieu, qui ne soit fondé sur le sentiment. Nos idées ne peuvent dépasser les bornes du sentiment. Une idée est un *sentiment distinct*.

Après avoir réfuté les objections contre sa méthode et ses conclusions, il passe en revue toutes les théories précédentes sur l'origine des idées et repousse surtout la théorie des idées innées, même après avoir expliqué que Descartes entend par *idées innées*, la *faculté de les produire*, sans que les sens y soient pour rien, même après avoir remarqué que Leibnitz entend comme innée, non pas l'idée même, mais la *virtualité* de l'entendement à la produire. Il ajoute que la dispute vient de l'équivoque des mots *entendement* et *sens*, et croit fournir à tous le moyen de se mettre d'accord en remplaçant le mot *sens* par celui de *sentiment*. Classant ensuite les idées, il s'efforce de confirmer sa théorie.

Outre l'intelligence, ou l'*entendement*, Laromiguière a parlé, en passant seulement, de la volonté, et il y trouve aussi trois facultés: *le désir, la préférence* et *la liberté*, qui correspondent aux trois facultés de l'entendement.

Tout cela est traité avec beaucoup d'érudition, dans un style simple, coulant et agréable, avec une certaine sympathie qui attire le lecteur, et qui attirait surtout les auditeurs, car la bonté d'âme de Laromiguière se reflétait dans tout son extérieur.

En résumé, la philosophie de Laromiguière est un effort sincère pour sortir du matérialisme, sans tomber dans les disputes de l'*a priori*, sans rien laisser perdre des grandes vérités qui sont au fond de toute âme humaine. Mais quoiqu'il sût parfaitement analyser une idée, et vérifier la valeur d'un mot, il a mal choisi le mot *sentiment* qui fait le fond de toute sa philosophie. Si l'on urge le sens de ce mot et les fruits qu'il en tire, on perdra de vue l'absolu, le nécessaire, et la morale, comme la notion de Dieu, n'ayant plus d'autre base que le sentiment, seront livrés à tous les caprices. On ne saurait donc se contenter de cette philosophie.

371. A côté de Laromiguière, et toujours comme philosophie de transition, nous pouvons citer quelques hommes, qui travaillaient aussi à atteindre la vérité et rejetaient les systèmes alors en faveur.

Pierre Prévost (Genève 1756-1833) professeur de littérature et de philosophie, recommande l'observation et la méthode historique. Il place en première ligne l'école écossaise, en second lieu l'école française depuis Descartes, et enfin l'école allemande depuis Leibnitz. Il a écrit: *Essais de philosophie* (1804); *Influence des signes sur la formation des idées*; *Méthodes employées pour enseigner la morale*; *Essai sur le principe des beaux-arts*.

L'abbé Azaïs, de Sorèze (1766-1845), élève des bénédictins, novice à l'Oratoire, secrétaire de l'évêque d'Oléron, puis révolutionnaire, de nouveau royaliste, ensuite impérialiste aux Cents-Jours, et recteur à Nancy, finit par obtenir une certaine vogue par ses leçons à l'Athénée.

C'est là qu'il exposait son *Explication universelle* (1826). Mais depuis 1800 il avait fait paraître de nombreux ouvrages, et il continua jusqu'en 1840. Mais il n'offre rien d'intéressant pour l'histoire de la philosophie, si ce n'est son système des *compensations*. Selon cette théorie qu'il reproduit dans tous ses ouvrages, il y a partout dans le monde un certain équilibre entre le bien et le mal, un rapport constant entre les productions et les destructions, les naissances et les morts, les plaisirs et les peines, les souffrances et les joies. Moyennant cette compensation, toutes les positions sont égales. Le riche et le pauvre, le fort et le faible, le savant et l'ignorant, l'homme civilisé et le sauvage, quoiqu'ils n'aient ni la même somme de peines, ni la même somme de joies, voient cependant tous leurs peines compensées par leurs joies. C'est ce qu'on pourrait appeler une philosophie pratique. Seulement la thèse n'est pas précisément démontrée quoiqu'appuyée par de nombreux exemples. Mais il laisse dans l'ombre les grandes vérités qui intéressent la philosophie, et parait ne pas s'apercevoir que le matérialisme exerce autour de lui ses ravages. C'est pour cela que nous ne l'avons pas mis parmi les philosophes catholiques.

François Thurot, d'Issoudun (1768-1832), après avoir été directeur de l'École des sciences et belles-lettres, fut nommé professeur adjoint à la faculté des lettres de Paris, en 1811, pour suppléer Laromiguière; il fut ensuite (1814) professeur au collège de France, et enfin (1829) membre de l'Académie des inscriptions et belles-lettres. D'abord il ne publia que les travaux des autres: Platon, Aristote, Cébes, Épictète, Locke, Leibnitz, Bacon et Destutt-Tracy. Mais ces publications rendirent alors de grands services. Ce n'est qu'en 1830 qu'il publia un résumé des leçons qu'il avait faites jusque-là, sous ce titre: *De l'Entendement et de la Raison*.

Sa philosophie n'est guère autre chose qu'une étude de l'homme, de ses facultés et de la manière de les employer. C'est une psychologie et une logique. Mais il fait tout cela d'une manière expérimentale. Il laisse Condillac pour se rapprocher de l'École écossaise. Il adopte aussi en partie les idées de Laromiguière. C'est déjà une sorte d'éclectisme.

Frédéric Bérard, de Montpellier, (1780-   ) quoique médecin et physiologiste est plus explicite sur l'âme que les précédents. Il s'efforce de démontrer que le jugement, la mémoire et l'imagination ne sont pas explicables par les sensations, et que les sensations elles-mêmes ne s'expliquent pas par un mouvement vital, chimique, ou autre. Le corps seul ne saurait sentir: c'est l'âme qui sent dans la partie du corps à laquelle la sensation est rapportée. Son principal ouvrage est: *Doctrines du rapport du physique et du moral* (1823). Il avait publié aussi: *Doctrines médicales de l'école de Montpellier*.

§ 13. — ÉCLECTISME.

372. ROYER-COLLARD. — On nous permettra de commencer cet article par une page de M. Taine.

« C'est la psychologie écossaise qui fournit à la philosophie nouvelle sa première direction d'esprit et ses premiers instruments d'attaques. Par quel hasard les novateurs choisirent-ils pour maîtres d'honnêtes bourgeois d'Édimbourg, sensés, peu connus, médiocres? C'est ce qu'on ne voit pas bien au premier instant. Mais après la Révolution française, le vide s'était fait dans les esprits, et les adversaires du sensualisme s'attachèrent au premier point d'appui qui se présenta. A ce sujet les contemporains racontent une anecdote que voici :

« Un matin, en 1811, M. Royer-Collard, qu'on venait de nommer professeur de philosophie à la Sorbonne, se promenait sur les quais fort embarrassé. Il avait relu la veille la Bible du temps, Condillac, et s'il suivait Condillac, il allait enseigner que nos facultés sont des sensations transformées, que l'étendue est peut-être une illusion, que nos idées générales sont de simples signes, qu'une science achevée n'est qu'une langue bien faite. De toutes ces formules s'exhalait une vapeur de scepticisme et de matérialisme qui répugnait au chrétien fervent, moraliste austère, homme d'ordre et d'autorité. Pourtant que pouvait-il faire? Nouveau en philosophie, il n'avait point de doctrine à lui, et, bon gré mal gré, il devait en professer une. Tout à coup, il aperçut à l'étalage d'un bouquiniste, entre un *Cuvier* dépareillé et l'*Almanach des cuisinières*, un pauvre livre étranger, honteux, ignoré, antique habitant des quais, dont personne, sauf le vent, n'avait encore tourné les feuilles: *Recherches sur l'entendement humain, d'après les principes du sens commun*, par le docteur Thomas Reid. Il l'ouvre et voit une réfutation des condillaciens anglais. « Combien ce livre? — Trente sous. » Il venait d'acheter et de fonder la nouvelle philosophie française [1]. »

Cette nouvelle philosophie sera l'Éclectisme. Car, bien que ce nom semble appartenir en propre au système de Victor Cousin, celui-ci reconnaît Royer-Collard pour son maître, et il y a déjà chez ce dernier une tendance à ce mélange de toutes les théories auquel on a donné le nom honnête d'éclectisme.

Pierre-Paul Royer-Collard, naquit à Sompuis, près de Vitry-le-François, dans la Marne, d'une famille fortement imbue des idées

---
[1]. Taine. *Les Philosophes classiques*, p. 21.

jansénistes. Il y apprit un respect sévère de la religion, une austère observation de la règle; mais il se plaignit quelquefois lui-même qu'on ne lui eût pas fait pratiquer la religion par amour. Il fit ses études chez les Oratoriens de Chaumont, puis chez les Doctrinaires de St-Chaumont, et les enseignements qu'il reçut dans ces deux collèges n'étaient pas de nature à changer les sentiments qu'il tenait de sa mère. Cette éducation, modifiée par les relations qu'il eut avec les hommes de son temps, firent de lui ce que nous appelons aujourd'hui un libéral et ce qu'on appela de son temps un doctrinaire. Soutenant la religion en théorie, mais n'ayant pas le courage de la pratiquer, il travailla toute sa vie, en philosophie et surtout en politique, à opérer la monstrueuse alliance du bien avec le mal.

Devenu avocat, il eut encore le temps de plaider à la grande chambre du Parlement. Il fut membre de la Commune jusqu'à la fameuse journée du 10 août. Député par son département à la Convention, il en fut proscrit au 31 mai et dut aller se cacher chez sa mère. Le département de la Marne le nomma encore député au Conseil des Cinq-Cents, mais son élection fut annulée après le 18 fructidor, parce que le parti vainqueur le crut ennemi de la République. C'était une erreur, à en juger par ces mots qu'il prononça plus tard : « Bien des gens ont été persécutés pour une opinion qu'ils n'avaient pas, et que la persécution leur a donnée. » En effet il commença alors à entrer en relation avec les princes exilés ; mais semblable en cela aux libéraux d'aujourd'hui, il leur conseillait d'attendre l'appel du peuple.

Laissé à lui-même, Royer-Collard se maria et s'occupa de l'éducation de ses enfants, qu'il voulut former à son image, en leur imposant une règle austère et une vie de privations. Pour empêcher ses filles de se laisser gagner à la mollesse du XVIIIe siècle, il les obligea à faire la classe aux enfants pauvres.

Nommé, malgré son refus, professeur d'histoire de la philosophie à la faculté des lettres de Paris, il n'occupa sa chaire que deux ans. Les évènements de 1814 l'obligèrent à suspendre ses cours, pour remplir les fonctions de directeur de l'imprimerie et de la librairie. Aux Cent-Jours, il fut remplacé, mais il garda son titre à la faculté.

Au retour du roi, il lui refusa d'abord ses services, l'accusant d'être revenu « dans les bagages de l'étranger. » Mais à mesure que Louis XVIII se laissa aller à faire des concessions aux libéraux, Royer-Collard se radoucit et accepta la charge de président de la Commission de l'instruction publique.

Élu de nouveau député par le département de la Marne, il se montra plus que jamais le promoteur des idées de 89. Posant en principe que l'unité de l'État n'était plus fondé sur l'unité du culte, mais sur l'unité de morale, il voulait la sécularisation de l'État, son indépendance vis-à-vis de l'Église, son monopole dans l'enseignement par le moyen de l'Université, et l'éducation laïque. Il s'opposa à ceux qui auraient voulu la reconnaissance d'un culte officiel. En 1819, voyant le triomphe des idées opposées aux siennes, il donna sa démission.

Mais il fut réélu plus tard, et nous le voyons encore en 1825, soutenant à la Chambre qu'il ne fallait pas voter la loi contre le sacrilège, et à cette occasion il protesta contre l'accusation d'athéisme de l'État, il soutint que toutes les religions offrent les mêmes avantages pour la stabilité et la splendeur des sociétés. Il s'opposa aussi à la loi qui devait restreindre la liberté de la presse. Réélu en 1827 par sept départements, il présida la Chambre en 1828 et 1829. Il vit avec peine la Révolution de Juillet, du moins il le disait ; mais il resta à la Chambre et ne s'en retira définitivement qu'en 1839. Son influence avait diminué pendant ces dix ans, et d'autres plus jeunes et plus hardis avaient pris la direction du mouvement.

Il se retira alors dans une espèce de solitude, où il vivait avec sa fille, la seule qui lui restait. Sentant venir sa fin, il voulut s'y préparer, disposa toutes ses affaires et annonça à sa fille qu'il allait désormais faire ce qu'il ne faisait pas jusque-là : c'est-à-dire qu'il allait communier. Cependant il n'exécuta cette promesse qu'au dernier moment. Il avait fait venir auprès de lui tous ses serviteurs et ses paysans, et les dernières paroles qu'il leur adressa furent celles-ci : « Il n'y a dans ce monde de solide que les idées religieuses ; ne les abandonnez jamais, ou si vous en sortez, rentrez-y. »

Nous nous sommes étendus sur la vie de Royer-Collard, plus longuement que sur celle des autres philosophes. Ces détails nous ont paru utiles pour faire comprendre le mouvement philosophique qui s'opérait alors et dont nous subissons encore les funestes conséquences. On a vu ici l'éclectisme religieux, politique et moral tel qu'il était dans les esprits, et on comprendra pourquoi il fut si vivement applaudi quand il se présenta sous la forme d'une théorie philosophique.

On l'a vu avec les conséquences pratiques qu'il aura toujours : le mélange du bien et du mal, la prétention de faire reconnaître à l'erreur les mêmes droits qu'à la vérité, la peur de trop enchaîner les mouvements du mal et de laisser trop de puissance au bien. Tels étaient alors les hommes qu'on appelait les *Doctrinaires*, et dont Royer-Collard était au moins un des principaux s'il n'en était pas le chef. Tels ont été dans ces dernières années et tels sont encore, si peu nombreux soient-ils aujourd'hui, les *Libéraux*. Le premier nom était plus juste (on le leur avait donné) : il désignait bien ces hommes qui, louant le bien en parole, ne le faisaient pas eux-mêmes et empêchaient les autres de le faire ; le second nom est un mensonge (ils se le sont donné à eux-mêmes) : il appelle amis de la liberté des hommes qui n'ont jamais su qu'opprimer la liberté des autres.

Comme œuvre philosophique, nous n'avons de Royer-Collard que les *Fragments philosophiques* publiés par Jouffroy, à la suite des œuvres de Thomas Reid. Nous allons en donner un court résumé.

L'enseignement philosophique de Royer-Collard dura deux ans.

Dans la 1re *année*, il se contenta de développer avec talent cette doctrine de Reid que les sens saisissent les objets et portent un jugement sur leur existence.

Dans la 2e *année*, il tira lui-même de la philosophie de Reid cette théorie que les objets de l'entendement pur sont réels aussi, puisque l'esprit les saisit dans les données mêmes des sens. Et il approfondit la nature de ces objets de l'entendement pur.

Les sens donnent les qualités des corps, l'esprit y voit la causalité, la substance, la stabilité, l'universalité. Et cela il le voit par le double principe de l'induction : 1° L'univers est gouverné par des lois stables. 2° L'univers est gouverné par des lois générales. Cette induction n'est pas nécessaire, elle n'est pas non plus un simple fruit de l'expérience, laquelle ne saurait la fournir ; elle vient de notre nature même.

« Le principe de causalité s'exprime ainsi : Tout ce qui commence d'exister a une cause, expression qu'il ne faut pas confondre avec cette proposition tautologique : Tout effet a une cause. Dès qu'on pose l'effet, on pose la cause, puisque le mot *effet* signifie un phénomène produit par une cause : mais l'expression *ce qui commence d'exister* ne contient pas l'idée de cause ; il faut donc l'y ajouter ; c'est l'expérience qui nous donne la notion de ce qui commence d'exister ; mais ce n'est pas elle qui nous fournit l'idée de la nécessité de la cause. » Si ce principe est un préjugé, qu'on le rejette ; s'il est un fruit de raisonnement, qu'on en montre les prémisses ; et s'il était un fruit de l'expérience, il pourrait être général, mais non pas universel ni nécessaire. L'expérience fournit, il est vrai, l'affirmation de la causalité du *moi* ; mais le *moi* n'est pas cause universelle ni nécessaire. La cause universelle et nécessaire est donc un principe fourni pas la raison.

La notion de *substance* est aussi immédiate que celle de qualité. Elle n'est pas raisonnée mais simplement constatée. Nous ne disons pas que nous sommes froissés par *la dureté*, mais par *quelque chose de dur*. Ainsi nous acquérons à la fois la notion de qualité et celle de substance : la première par les sens, la deuxième par l'entendement. On prétend que la substance n'est que la collection des qualités ; mais une collection suppose trois choses : 1° Des individus réels, 2° un rapport de similitude entre eux, 3° un esprit qui aperçoit ce rapport. Or, sans substance, les individus ne sont plus que des abstractions, les qualités n'ont pas de similitude, et l'esprit n'est rien pour percevoir le corps, qui n'est rien non plus. D'ailleurs le moi est présent à la première sensation, il est donc autre chose que la collection des sensations. Nous ne savons point quelle est la nature de la substance, nous savons seulement qu'elle existe. Il y a dans toute science des bornes qu'elle ne peut passer.

La notion de l'*espace* est actuellement dans notre intelligence, et notre mémoire ne nous offre aucun moment où elle n'y fût pas. Il nous est impossible de concevoir rien hors de l'espace. Nous sommes forcés de le concevoir infini, sans pouvoir nous former une image sensible de cette étendue infinie. C'est une notion nécessaire qui ne dérive pas de l'expérience, ni du raisonnement. Il faut la rapporter à une loi spéciale et primitive de notre intelligence. Elle est venue en nous à l'occasion de la perception de solidité. Mais elle dépasse de beaucoup cette perception, puisqu'elle est infinie. L'espace n'est pas l'ordre des corps, moins encore un attribut de Dieu; il est distinct et des corps et de Dieu; il existe en lui-même, éternel et indestructible.

La *durée* est contingente ou absolue. La notion de la première est due à la mémoire, qui, donnant le passé, suppose la durée du moi. La succession, le mouvement supposent la notion de durée, au lieu de l'expliquer. C'est notre propre durée que nous percevons dans la la durée des choses, et c'est l'effort volontaire, le mouvement volontaire, qui mesure notre propre durée. Par notre propre durée nous concevons la durée des choses et enfin une durée indépendante de nous et des choses, une durée éternelle, universelle, nécessaire. Ces deux autres durées ne sont pas déduites de la mienne, elles ne sont pas des abstractions réalisées de ma propre durée; autrement le monde ne serait rien sans moi, ne serait rien hors de moi. Sa durée est indépendante de la mienne. La durée n'est pas relative; nous la concevons comme absolue et invariable. L'espace et le temps sont infinis.

Voilà les théories que Royer-Collard a exposées dans ses leçons. Elles n'ont pas pour l'histoire la même importance que celles qu'il a soutenues dans sa vie politique; mais elles indiquent nettement la direction que prendra son école, elles contiennent en germe tout l'éclectisme, et de plus elles sont, dans leur ensemble, le bien propre de Royer-Collard. Chez aucun des philosophes précédent, nous n'aurions pu trouver, dans un champ si restreint, un pareil amalgame d'erreurs et de vérités, une égale somme de concessions faites à toutes les écoles, en ayant l'air de n'en suivre aucune, même de les combattre, et de se faire une théorie à part, fondée sur une analyse profonde et avec une logique serrée en apparence.

Ici on accorde avec Aristote, les Stoïciens, les Scolastiques, Locke et Condillac, qu'avant les perceptions des sens, l'âme est une table rase, et cependant on dira avec Platon que l'idée de l'absolu, qui n'est autre que l'idée de Dieu, est le principe de toutes les idées et que l'âme l'apporte avec elle ainsi que les idées de substance, de cause, de temps, d'espace, etc.; et l'on dira avec Descartes et Leibnitz que ces idées sont l'intelligence elle-même, la raison, la faculté même de penser. On reconnaît avec toute la philosophie classique un Dieu personnel, distinct du monde, on combat même Clarke et Spinosa qui lui donnent pour attribut l'étendue ; et cependant, à côté de cet infini réel, qui est Dieu, on place deux autres infinis, également éternels et nécessaires : le temps et l'espace. Ces notions d'espace et de temps, on en explique l'apparition par les perceptions des sens, et cependant on admet avec Kant qu'elles sont des formes premières de l'âme, et que l'âme, qui les possède avant toute perception, ne saurait manquer de les appliquer à son corps et aux choses dès la première perception. On rejette comme puéril, comme une pure tautologie le principe premier d'identité, par lequel Aristote et les scolastiques avaient parfaitement démontré le principe dérivé qui attribue une cause à tout ce qui commence, et on veut que nous acceptions comme premier et évident par lui-même ce même principe déjà démontré: Tout ce qui commence a une cause.

En résumé, cette philosophie est un mélange de sagesse et de présomption, de logique et de sophisme, d'affirmation absolue et d'hésitation, de prétention à rendre raison de tout et de facilité à s'arrêter en chemin, quand on voit que le chemin que l'on a pris n'aboutit pas ; tandis que l'on sait que par un autre chemin les autres sont arrivés.

Et que serait-ce si nous prenions pour exacte et conforme à la pensée de l'auteur l'exposition que M. Taine fait de l'une des théories de Royer-Collard, celle de la perception extérieure ? « A son avis, dit M. Taine, la connaissance du monde extérieur se fait ainsi : Quand nos nerfs sont ébranlés par un contact extérieur quelconque, nous éprouvons des sensations. Si c'est une sensation du toucher, nous concevons hors de nous la substance solide et étendue, et nous affirmons qu'elle existe, qu'elle existait avant notre sensation, qu'elle continuera d'exister après notre sensation, qu'elle est la cause de notre sensation. Pourquoi ces jugements ? L'homme l'ignore. La science les constate et ne l'explique pas. Ils contiennent deux sortes d'idées: celles de solidité et d'étendue, qui ont pour première et unique source notre communication avec le dehors; celles de substance, de cause et de durée, qui ont pour première et unique source notre communication avec nous-mêmes: car, apercevant en nous la substance, la cause, la durée, nous les transportons dans le dehors par une induction involontaire et inexplicable, et nous constituons par elle le monde matériel. » Là dessus, M. Taine prend son style le plus animé, le plus caustique et il essaye d'établir que Royer-Collard est arrivé à cette explication de la perception parce qu'il l'a commencée avec la pensée préconçue de combattre par le matérialisme et le scepticisme, avec le désir de l'ordre plutôt que de la vérité. Il dit que le philosophe doit laisser à la porte les préoccupations de la vie pratique, et ne pas se soucier des conséquences de la vérité, mais chercher la vérité elle-même. Que si la philosophie a besoin avant tout d'être morale, il faut que toutes les sciences le soient aussi, et comme il ne pense pas que cette considération arrête jamais les savants dans leurs recherches, ni dans leurs théories, il croit pouvoir continuer librement son analyse. Il attaque alors Royer-Collard sur ce qu'il n'a pas voulu admettre les idées représentatives. Ici M. Taine déclare que les idées sont tellement représentatives que c'est même là leur essence et que la perception est une *hallucination vraie*. Et en disant cela il croit ne changer que les termes de Royer-Collard, puisque celui-ci professe que nous attribuons aux choses extérieures la substance, la durée, la causalité, dont nous avons pris les notions en nous-mêmes.

En tout cela M. Taine transforme étrangement les théories de Royer-Collard, et nous saurons pourquoi quand nous étudierons ses propres doctrines. Mais pour les raisons que nous avons données plus haut, et malgré la volonté formelle de Royer-Collard de fonder une philosophie spiritualiste, nous pouvons souscrire au jugement que porte sur lui M. Taine, et terminer comme lui notre article par cette page :

« M. Royer-Collard, à l'exemple de Reid et avec plus de force, a traité d'hypothèse gratuite un fait certain, il a détruit des découvertes fécondes et décrié des vérités visibles ; il a réduit la théorie de la perception extérieure à l'énumération inutile de deux faits dénués de nouveauté et d'importance ; au lieu d'une psychologie accrue il n'a eu qu'une psychologie absente, et dans son ardeur pour discipliner les esprits et abattre les sceptiques, il a mutilé la science et réfuté la vérité.

« On vit un jour un cheval plein de feu, d'orgueil et de courage, le cœur aussi grand que la force, généreux, capable de durer et de s'user à la peine. Il y avait là un char abandonné par son attelage fatigué. Il s'y attacha et d'un élan l'emporta roulant et retentissant à travers les obstacles, par dessus les corps de ses adversaires. Les spectateurs applaudirent, et il fut déclaré vainqueur. Une heure après, regardant autour d'eux, ils aperçurent bien loin à l'horizon la colonne sacrée, but de toutes les courses. Le noble animal lui avait tourné le dos. »

Cette image est saisissante et vraie. Mais nous pouvons, bien mieux que M. Taine et pour d'autres raisons, l'appliquer à Royer-Collard et à M. Taine lui-même aussi bien qu'à tous leurs illustres maîtres et disciples. Comme ce cheval, ils vont sans guide, et comme lui ils tournent le dos à la « colonne sacrée, but de toutes les courses », c'est-à-dire à la vérité divine. Aussi toutes leurs forces, leur courage, leur patience au travail sont dépensés en pure perte; bien plus, elles ne servent qu'à les égarer davantage, car on peut dire d'eux cette parole d'un ancien : *Bene currunt sed extra viam.*

373. Maine de Biran. — François-Pierre Gonthier Maine de Biran, fils d'un médecin, naquit à Bergerac (Dordogne), en 1766, et fut élevé chez les doctrinaires de Périgueux. D'abord garde du corps de Louis XVI, il était à Versailles aux journées des 5 et 6 octobre 1789; mais à partir de ce moment il se retira dans son domaine de Bergerac, où la solitude lui révéla sa vocation philosophique. Il rentra cependant bientôt dans la vie publique, comme député au Conseil des Cinq-cents, mais au 18 fructidor, il en fut exclu comme suspect de royalisme. Il devint peu de temps après Sous-Préfet de Bergerac, et se montra opposé à l'Empereur. Sous la Restauration, il fut conseiller d'État, député, questeur de la Chambre. Il demeura toujours défenseur des droits de la couronne, mais avec quelques restrictions. Il mourut en 1824.

Naturellement disposé à la contemplation intérieure, il fit de la philosophie pour lui-même. Aussi son œuvre est une sorte de psychologie métaphysique, d'un style obscur et tout à fait inaccessible au vulgaire. Cousin l'a nommé « le plus grand métaphysicien qu'ait eu la France, depuis Malebranche, » et Royer-Collard a dit de lui : « Il est notre maître à tous. Car Maine de Biran écrivit avant Royer-Collard, quoique son œuvre principale ne soit venue qu'après.

Il avait publié, en 1803, *Influence de l'habitude,* et c'est alors que, n'espérant pas être compris en France, où régnait la philosophie matérialiste, il envoyait ses mémoires aux académies de Copenhague et de Berlin. Cependant l'Académie française couronna, en 1805, son *Mémoire sur la décomposition de la pensée,* qui est resté inédit. Il publia encore lui-même en 1817, *Examen des leçons de philosophie de Laromiguière,* et en 1819, dans la *Biographie universelle,* un article sur la philosophie de Leibnitz. Le reste de ses travaux était encore manuscrit quand il mourut.

Une partie fut publiée par les soins de Cousin, en 1841, *Œuvres philosophiques de Maine de Biran,* 4 vol. Mais on ne connaîtrait que les commencements de sa philosophie, si l'on n'avait que cette partie de ses écrits.

Après bien des recherches, M. Naville put entreprendre la publication de ses *Œuvres inédites,* mais il mourut sans avoir pu l'achever, et M. Marc Debrit, ayant poursuivi son œuvre, les 3 volumes parurent en 1859.

En observant les dates de ses différents manuscrits, on peut voir que Maine de Biran fut d'abord sensualiste avec Bacon, Locke et Condillac, jusqu'en 1800. Mais alors déjà il tenait fort à maintenir la doctrine de la liberté de l'âme.

Son mémoire de 1802, *Influence de l'habitude*, est si plein d'observations sensibles, que les idéologues lui firent un succès, quand il le publia en 1803, et pourtant il y avait là un principe qui devait détruire le sensualisme. Ce principe c'est la distinction des habitudes actives d'avec les habitudes passives, fondée sur ce fait expérimental, que la répétition émousse celles-ci et avive celles-là. L'affirmation du principe actif de la pensée se trouve nettement exprimée dans son mémoire de 1805, sur la *Décomposition de la pensée*, et ce principe actif ne saurait être matière. Le sensualisme est ici franchement abandonné, et dès lors les mémoires suivants : *Aperception*, 1811, *Sommeil, Songes et Somnambulisme, Système de Gall, Perceptions obscures, Rapports du physique et du moral* (1811), montrent sa pensée se développant, se précisant peu à peu ; mais elle n'apparaît tout entière que dans l'*Examen des leçons de Laromiguière* (1813-1822). Toutefois ce n'est là que sa première philosophie. Celle-ci est spiritualiste, mais toute rationelle. La seconde sera chrétienne, quoique fondée uniquement sur la raison.

Voici les grandes lignes de cette philosophie.

Il y a d'abord dans l'homme des impressions internes, qu'on ne saurait appeler sensations, parce qu'elles sont inconscientes. On pourrait leur donner le nom d'*affections*. Elles ne se manifestent que par des mouvements instinctifs. C'est la vie inconsciente. Cette vie est celle de la brute, et c'est aussi celle de l'enfant en bas âge, celle de l'idiot, celle de l'insensé. Mais tandis que la brute n'a jamais que cette vie, et que l'idiot et l'insensé n'en atteignent une autre que rarement ou difficilement, l'enfant devient homme, et, tout en conservant sa vie inconsciente, il en acquiert une autre supérieure, qui s'allie avec la première. Or les sensualistes n'ont expliqué que la vie animale, inconsciente, et leurs explications ne sauraient convenir à la seconde.

La seconde vie, celle qui est le propre de l'homme, se distingue de la première par la conscience du *moi*. C'est donc la nature du moi qu'il faut expliquer pour expliquer l'homme.

Or ici deux écoles se présentent. Les uns ne voient que le dehors ; ils cherchent la pensée dans les mouvements des fibres et du cerveau et tombent dans le matérialisme. Les autres laissent complètement le dehors et demandent la nature de leur être aux conceptions absolues de l'intelligence ; ils traitent le *moi* comme une notion : ce qui le réduit à n'être qu'une hypothèse.

L'école psychologique observe et constate, par le sens intime, une réalité intérieure, mais une réalité. Tandis que pour l'intelligence pure, le *moi* est un *objet*, et un objet absolu, qui échappe à la conscience ; pour le sens intime, le *moi* est un *sujet*, qui s'offre à sa propre observation directe, à la fois sujet et objet. Il se manifeste par l'*effort*. « Je veux : » voilà la manifestation de mon existence. Ce fait ne peut être prouvé ; mais il est senti. Il est primitif, et le rejeter c'est admettre le scepticisme absolu. On ne l'explique pas ; on le constate. Son premier caractère, c'est la *force* et non la substance, source du panthéisme. Son deuxième caractère, c'est que cette force est unie à une résistance organique. Les deux caractères sont également premiers et inséparables.

Ainsi le *moi* est une force vivante qui se manifeste par la volonté. C'est lui qui uni au corps fait d'un être vivant un homme, en lui donnant pour condition l'intelligence et la moralité. Le *moi* est un, libre, cause et force. C'est en lui-même et de lui-même qu'il prend les notions universelles et nécessaires de force, de causalité, d'unité, de liberté. Ces notions ne sont pas innées, puisqu'elles dérivent d'un fait premier, qui les engendre et qui lui-même a un commencement. Elles ne sont pas non plus le fruit de l'abstraction, comme les idées générales. Celles-ci, en effet, s'éloignent d'autant plus du type existant qu'elles se généralisent davantage, au lieu que ces notions se rapprochent de plus en plus du type fourni par le sens intime, à mesure que l'analyse les précise et les simplifie.

La volonté, qui manifeste le *moi*, ne saurait être confondue avec le désir : elle résiste au désir et se sent libre contre lui. L'école de Bacon et celle de Descartes ont confondu ces deux choses : c'est l'abus le plus complet de l'esprit de système. C'est par le même abus qu'on a mis en doute la liberté, laquelle est dans le fait primitif ; et l'intelligence ne saurait nier ce qui la fait être.

L'homme est donc composé de deux éléments hétérogènes, mais unis, qui réagissent l'un sur l'autre : le *moral*, représenté par tout ce qui est libre, et le *physique*, représenté par tout ce qui est nécessaire. Leur combinaison produit l'*effort*, représenté par tout ce qui est stable et permanent dans la personne ; tandis que le physique seul subissant l'influence du dehors manifeste l'*affection*, dans ce qui est passager.

De là quatre modes de la vie. Le *système affectif* est la vie animale, qui s'opère par instinct, sans conscience ni volonté. Le *système sensitif* offre le premier degré de la vie consciente : c'est celle de l'enfant. Le *système perceptif* suppose de plus l'attention : le *moi* commence à agir ; c'est l'étude des phénomènes naturels. Enfin, dans le *système réflexif*, le *moi* prend connaissance de lui-même, se voit permanent sous ses modes divers, conçoit les idées nécessaires et crée les sciences abstraites.

Voilà la première philosophie de Maine de Biran. Nous ne dirons pas avec Cousin « qu'elle lui appartient en propre, qu'il ne la prise chez aucun autre. » Non ; il l'a prise chez tous les autres.

Certainement le plan général est de lui, le système, il l'a conçu ; mais les doctrines qu'embrasse ce système, nous les connaissons déjà, et chacune d'elles est l'œuvre de plusieurs. Bacon, Descartes, Locke, Leibnitz et Kant lui-même y sont représentés, et c'est parce que toutes ces théories y paraissent mêlées et même combinées ensemble qu'on a peine à les reconnaître. On pourrait même dire que les doctrines universellement reçues, qui se trouvent affirmées ici, y sont amoindries, obscurcies, déviées et quelquefois faussées inconsciemment par cette action multiple de tant de systèmes réunis avec lesquels l'esprit de l'auteur comptait, sans s'en douter. Quant au système lui-même, il a le défaut d'être un système. Aussi nous allons voir l'auteur lui-même le modifier profondément en y ajoutant ce qui y manque.

En effet, Maine de Biran eut une seconde philosophie, qui pour lui, il est vrai, fut la conséquence logique de la première, qui peut-être ne reniait rien de ce qu'avait reconnu la première, mais qui fut pourtant assez différente, dans son ensemble, de la première, pour que nous l'appelions sa seconde philosophie.

Il n'avait d'abord considéré qu'en passant les idées nécessaires; il les étudia davantage, et il y reconnut que la vérité s'impose à la volonté, que cette même vérité réside dans l'absolu, et par conséquent que la vérité vient de Dieu. Il y vit aussi que, selon ses propres doctrines, l'intelligence présupposant la volonté, Dieu qui est l'intelligence absolue, principe de toute vérité, doit être personnel et libre. Par là il réfute le panthéisme, qui, dit-il, n'est qu'une forme de l'athéisme.

Il fit ensuite un second pas dans sa théorie morale, un pas qui le mena jusqu'à la religion, en raisonnant ainsi. La volonté a puisé dans les idées, c'est-à-dire en Dieu, la connaissance du bien à faire. Si la volonté peut, par elle-même, réaliser ce bien, le stoïcisme suffit. Mais elle ne le peut pas, et comme elle a eu besoin de Dieu pour connaître le bien elle a besoin de Dieu pour le faire. En creusant cette pensée, Maine de Biran arrive peu à peu au christianisme, et conclut à la pratique obligatoire de la religion de Jésus-Christ, non par l'histoire et l'autorité, mais par l'analyse de ses propres besoins; non pour combler un vide de son système, mais par un résultat naturel de son système même. C'est ce qu'on voit dans son *Journal intime*, encore manuscrit.

Il voulut cependant refondre son *Essai sur les fondements de la psychologie*. Il traça le plan de son nouvel ouvrage en 1823, mais il mourut neuf mois après (1824), Les *Nouveaux essais d'anthropologie* restèrent donc inachevés. Au lieu de quatre *systèmes*, il distingue trois *vies*: la *vie animale*, correspondante au premier système; la *vie de l'homme*, qui embrasse les trois derniers de ses systèmes; et enfin la *vie de l'esprit*. Cette dernière est produite par l'amour et c'est la soumission de la volonté de l'homme à la volonté de Dieu.

Tout est simple et sans lutte dans la vie la plus basse : tout est simple encore et sans lutte dans la vie supérieure. Au milieu est la vie de l'effort. Si l'homme, renonçant à l'effort, s'abandonne à la loi des passions, il se dégrade dans la vie animale. S'il renonce à son moi propre pour soumettre à Dieu sa volonté, il s'élève à la vie de l'esprit. Mais c'est l'effort qui doit préparer cette vie supérieure où l'effort cesse. Les quiétistes ont tort de méconnaître ce fait ; les stoïciens ont tort d'y placer la fin. Le christianisme seul a connu notre nature tout entière.

Voilà comment Maine de Biran, d'abord sensualiste, passa par ses réflexions à un système où la volonté est tout l'homme, et enfin reconnut la nécessité du secours de Dieu pour aider l'effort de la volonté et devint chrétien [1].

Nous ne voudrions pas cependant que le lecteur s'exagérât la portée religieuse de cette conclusion toute philosophique que Maine du Biran sut tirer des vérités qu'il avait reconnues. Nous avons vu des hommes qui, après avoir tiré les mêmes conclusions, ont abouti à une sorte de religion naturelle dont ils se sont malheureusement contentés, et qui même a été pour eux un obstacle invincible à la pratique de la religion catholique. En effet, la philosophie toute seule, sans l'histoire et l'autorité peut bien faire reconnaître la nécessité du secours de Dieu, mais non la nécessité de la grâce surnaturelle obtenue par les sacrements que seule l'Église catholique peut dispenser. Et il est bon de ne pas oublier que le plan divin ne comporte pas pour l'homme d'autre secours que celui-là comme il ne comporte pas d'autre fin heureuse et immortelle que la fin surnaturelle qui nous a été méritée par Jésus-Christ. Ceci est dit, pour rester fidèle à notre principe, que la philosophie, si elle n'a pas à entrer dans le domaine des vérités surnaturelles, ni à prendre ces mêmes vérités pour principes, doit du moins veiller à ne pas y apporter la confusion ni en troubler l'économie.

374. COUSIN. — La réputation un peu surfaite de ce philosophe, son influence réelle sur ces contemporains, malgré la faiblesse de son système, nous obligent à parler de lui plus longuement que ne l'exigerait l'importance de ses idées et surtout ce qu'elles peuvent offrir de nouveau pour l'histoire de la pensée.

Né à Paris, en 1792, Victor Cousin, fils d'un horloger comme J.-J. Rousseau, fit ses études au lycée Charlemagne, où il remporta le prix d'honneur au concours général de rhétorique en 1810. Il suivit en 1812 les leçons de Laromiguière, de Royer-Collard et de Maine

---

[1]. Cette dernière partie des travaux philosophiques de Maine de Biran, nous est connue par le livre de M. Aug. Nicolas, *Étude sur Maine de Biran, d'après le Journal intime de ses pensées*, 1858.

de Biran. Nous savons, par son propre témoignage, que c'est alors seulement, à l'âge de vingt ans, qu'il eut des doutes sur la religion et cessa de se confesser et de communier, comme il l'avait fait jusque-là avec joie. Après avoir été maître des conférences à l'école normale en 1814, il fut désigné pour suppléer Royer-Collard en 1815. La salle de la faculté des lettres fut bientôt trop petite, et il vint faire son cours à la Sorbonne. Plus orateur que philosophe, il sut enthousiasmer son auditoire par le charme et la clarté de son style, tant qu'il ne fit qu'exposer les doctrines de l'école écossaise, c'est-à-dire des idées moyennes, une philosophie de salon, dans un style simple et en termes compris de tous.

Ce premier cours se compose de 28 leçons, qu'il publia en 1841, d'après les résumés de ses élèves, et en y faisant quelques légers changements. Il traitait alors la grande question de l'époque, la perception externe et l'existence personnelle du moi. « Il a été démontré, dit-il, que les théories élevées depuis 200 ans sur cette question sont sceptiques... que la philosophie moderne, fille de Descartes et mère de Hume, ne croit pas, et n'a pas le droit de croire à l'existence du monde extérieur. »

« C'est Descartes, Messieurs, qui imprima à la philosophie ce caractère systématique et audacieux, et qui la jeta d'abord dans une direction sceptique, en attribuant à la conscience l'autorité suprême. »

« L'impulsion une fois donnée, l'unité systématique devint la chimère universelle et la conscience fut mise en possession de créer le monde avec la Raison pour seul instrument. »

« Le fameux *cogito, ergo sum*, de Descartes, a régné sans contestation sur toutes les écoles pendant près d'un siècle, puis il a subi de fâcheux retours, et on a fini par lui prodiguer autant de mépris qu'on lui avait prodigué d'abord d'éloges. »

« ... Il serait curieux de prouver que cet argument n'en est pas un, et que Descartes n'a mis aucun lien logique entre la pensée et l'existence. »

Voilà le fond de l'enseignement de 1815-16.

L'année suivante, il pose le moi comme un fait donné par la conscience et tire de là toutes nos connaissances nécessaires.

« C'est dans le moi, c'est-à-dire dans les modifications individuelles du moi, aperçues par la conscience que se trouve l'origine psychologique de toutes nos connaissances. »

C'est là ce qu'il appelle un *principe nécessaire* engendré par le fait unique de la conscience. « Il y a en nous un principe moral nécessaire, universel, qui embrasse tous les temps, tous les lieux, le possible comme le réel. — Principe du juste et de l'injuste, du bien et du mal. — Ce principe éclaire les actions et les qualifie, — c'est la Raison morale. » Puis, cette notion de moralité et de justice, il la transporte du moi à Dieu, d'où il conclut au mérite et au bonheur comme récompense de la vertu.

Tout cela a un défaut et un grave défaut, c'est celui de la morale indépendante. « Dans le sanctuaire de ma volonté, dit-il, je me vois seul sur la terre soumis à la loi du juste et de l'injuste ; je me sens obligé d'être juste sous peine de dégradation de ma nature morale. J'obéis à la justice d'abord en tant que justice ; j'arrive ensuite à Dieu. » Et de peur qu'on ne l'ait pas suffisamment compris, il s'explique plus nettement encore à la page suivante.

« Il est faux que sans la connaissance de Dieu et de sa volonté, il n'y a point de morale, et par conséquent point d'obligation ; car c'est un fait certain que la connaissance de la justice et l'obligation qu'elle nous impose sont antérieures à la connaissance de Dieu et par conséquent à la connaissance de sa volonté. Je ne combats pas ici la morale religieuse, je l'explique. La seule morale légitime est fondée sur des principes qui se produisent revêtus de caractères nécessaires, universels, principes que nous trouvons en nous et que nous reconnaissons obligatoires. »

Certes nous avons blâmé Duns Scot, Guillaume d'Occam et Gerson, parce qu'ils faisaient déterminer le bien et le mal par la volonté libre de Dieu ; si donc la pensée de Cousin ne portait pas plus loin que ce qu'il dit ensuite, — « Dieu ne peut pas faire que le juste soit l'injuste, » — nous ne le combattrions pas ; mais il va beaucoup plus loin et entre ces deux extrêmes, d'une loi morale entièrement capricieuse, ou purement fondée sur une nécessité abstraite et antérieure à la notion de Dieu, il y a largement place pour la vérité. Il y a une loi morale nécessaire, mais elle dérive de l'essence même de Dieu, et de sa volonté nécessaire qui nous l'impose, et c'est pour cela que nous pouvons la reconnaître par notre raison, en dehors de la Révélation ; elle ne dérive pas d'une obligation abstraite privée de tout fondement réel. C'est cette morale indépendante que Cousin enseigne ici, et que nous combattons.

Après avoir ainsi parlé de la morale, Cousin croit devoir parler du Christianisme. « J'admets le Stoïcisme tout entier, dit-il, mais je le complète, et en le complétant, je le ramène au Christianisme. Qu'a fait le Christianisme ? Il a couronné le Stoïcisme, il l'a achevé ; il a ajouté la religion à la morale. » — Erreur ! Le Christianisme a fait tout autre chose : il est d'abord une religion, ou plutôt la religion, la seule vraie religion, et comme tel il renferme une morale dont Dieu est tout à la fois le principe, le moyen et la fin.

Mais Cousin ne cherche pas la vérité là où elle est, il veut la tirer tout entière de la conscience. Dans la conscience il voit d'abord le *moi*, et dans ce moi deux actes intérieurs : l'un spontané, l'autre réfléchi.

Toute recherche intérieure est *réflexion*; la *spontanéité* est insaisissable, car on la détruit dès qu'on cherche à la surprendre. Il l'admet donc comme une sorte de postulat de la réflexion. Or le premier acte de réflexion, selon lui, nous fait voir l'absolu dans le relatif, l'immuable dans le variable, l'infini dans le fini. Et tout cela se fait par le procédé négatif, comme le moi se nie, en affirmant le non-moi. Ici Cousin commence à faire de la philosophie allemande : il venait de lire Kant.

Mais ce n'est là que le premier essai de sa philosophie. Il va passer un an en Allemagne, où il fait connaissance avec Hégel, et avec Schelling, dont il se fait un ami. Aussi en 1826, en publiant, un abrégé des leçons précédentes, il dit : « J'ai voulu prendre officiellement congé de trois années de ma vie, qui me sont chères par le souvenir des travaux pénibles qui les remplirent, je les salue ici pour la dernière fois, et leur dis adieu à jamais. C'est de 1819 que dateront désormais mes publications. »

De retour d'Allemagne, il remplit l'année scolaire 1818-19 par les *Leçons sur les Vérités absolues*. Ce sont ces mêmes leçons qu'il publiera en 1836, sous le titre de *Cours sur le vrai, le beau et le bien*. Il en a cependant publié le *programme* en 1838, dans ses *Fragments*.

Voici d'abord son idée de l'esprit scientifique.

« Transporter sans cesse l'Absolu dans le Relatif, et ramener sans cesse le Relatif à l'Absolu, pour être toujours dans l'Absolu, c'est-à-dire dans la Science. »

« *Méthode scientifique*, chercher l'absolu, sans lequel il n'y a point de vraie science, et le chercher par l'observation, sans laquelle il n'y a point de science réelle. »

Plus loin, pour exposer l'obscurité du point de vue spontané, il dit :

« Tout réflexif étant distinctif est négatif; tout spontané est positif ; or, comme la clarté du négatif est une clarté négative, un simple reflet, une lumière dénaturée par la réflexion, il s'ensuit que la lumière réfléchie est fausse, relativement à la lumière spontanée, qui est la vraie ; de là, obscurité nécessaire du point de vue négatif, distinctif, réflexif ; clarté nécessaire et réelle de la vue pure et spontanée. — Nous sommes en pleine Allemagne.

Il poursuit : « Le juge unique du vrai est la raison. »

« La Raison, impersonnelle de sa nature, est en rapport direct avec la Vérité; là est l'Absolu pur; mais la Raison se redouble dans la conscience, et voilà la connaissance. Le moi ou la conscience y est comme témoin, non comme juge ; le juge unique est la Raison, faculté pure, impersonnelle, bien qu'elle ne puisse entrer en exercice, si la personnalité ou le moi n'est posé et ne s'ajoute à elle. »

« La vérité est le médiateur nécessaire entre la raison et Dieu ; dans l'impuissance de contempler Dieu face à face, la raison l'adore dans la vérité qui le lui représente, qui sert de Verbe à Dieu et de précepteur à l'homme. »

Voilà des mots qui ont la prétention de donner une doctrine nouvelle et philosophique, et qui ne font que défigurer des vérités que l'on a prises dans le catéchisme. Le catéchisme dit mieux que cela.

« Or ce n'est pas l'homme, continue Cousin, qui se crée à lui-même un médiateur entre lui et Dieu; l'homme ne pouvant constituer la vérité absolue. C'est donc Dieu lui-même qui l'interpose entre l'homme et lui, la Vérité absolue ne pouvant venir que de l'être absolu, de Dieu. La Vérité absolue est donc une révélation même de Dieu à l'homme par Dieu lui-même; et comme la Vérité absolue est perpétuellement aperçue par l'homme et éclaire tout homme à son entrée dans la vie, il suit que la vérité absolue est une révélation perpétuelle et universelle de Dieu à l'homme. »

Cousin avait communié jusqu'à vingt ans; il avait connu la vérité révélée par Dieu, Moïse, les prophètes et N.-S. Jésus-Christ; ce n'est donc pas par sa propre réflexion qu'il trouve cette révélation dont il parle, et il sait très bien qu'il dénature la vraie en parlant de la sienne.

Il va plus loin dans le paragraphe suivant.

« Or, la vérité absolue étant l'unique moyen de rapprocher l'homme de Dieu, mais en étant le moyen infaillible, puisqu'on ne peut participer à la qualité sans participer à la substance, il s'ensuit que *la raison humaine en s'unissant à la Vérité absolue, s'unit à Dieu dans la Vérité*; et vit par elle et dans elle, c'est-à-dire par lui et dans lui, d'une vie absolument opposée à la vie terrestre renfermée dans les limites du contingent. Loi suprême de l'humanité: s'unir à Dieu le plus intimement qu'il est possible par la Vérité, en la cherchant et en la pratiquant. »

Ici c'est la vie surnaturelle que Cousin veut exposer; mais il l'expose philosophiquement et en fait un vrai panthéisme. Et surtout c'est une vie surnaturelle sans Jésus-Christ. On commence à voir là ce que M. Bonnetty appelait l'*Église chrétienne sans le Christ*. En effet tout cela est le produit du *moi* humain.

Le même *moi* va produire le Vrai, le Beau et le Bien.

« Le moi est actif; il ne se manifeste ou plutôt il n'existe que par l'activité, mais ce moi, libre et créateur, ne crée pas l'Absolu, *il se l'oppose*. C'est un fait; je n'explique point, je ne fais que décrire. »

« L'Être absolu renferme dans son sein le moi et le non-moi, et forme pour ainsi dire le fonds identique de toute chose, un et plusieurs tout à la fois, un par la substance, plusieurs par les phénomènes, il s'apparait à lui-même dans la conscience humaine. » — On croirait entendre Spinoza ou plutôt Hégel, et pourtant c'est cet absolu qui est le vrai, en tant que la Raison met l'âme en communication avec lui, sous la forme de la spontanéité. Un peu plus loin cependant tout cela ne sera qu'un produit de la conception, selon le système de Schelling.

« Quand le *moi* passe à la connaissance du non-moi, il fait une transformation, c'est-à-dire qu'il prête au non-moi la liberté qui constitue le moi lui-même... Je suis libre et le non-moi ne l'est pas, mais *je le fais à mon image* et je dis : non-moi, cause libre, intentionnelle et finale. » — Le moi vient de créer le monde, il va créer Dieu et la religion.

« Comme je prie mes semblables de changer ceux de leurs desseins qui me sont contraires, je puis de même prier les Dieux. De là l'idée de la prière, sous une forme déterminée, à certaine heure, en certains lieux ; de là les rites et les cultes de l'invocation. C'est ici que s'arrête le Paganisme grec. »

« Mais l'esprit aspire sans cesse à traverser le phénomène et à se placer face à face avec ce qui est caché derrière. On ne se contente donc plus de prier et d'invoquer les Dieux, on veut les voir, on les évoque et de l'invocation on passe à l'évocation. La Grèce antique a été exempte de ce second mysticisme, il a pris naissance dans Alexandrie. »

« Quand on prie, on éprouve non seulement le besoin, mais l'espoir d'obtenir l'objet qu'on demande. Ajoutez à ces sentiments naturels le travail de l'imagination, vous verrez naître l'*inspiration*, l'esprit de *prophétie* et le *don des miracles*. L'homme demande à son Dieu de lui dévoiler l'avenir ; en attendant la réponse, il y pense, il la médite, et *il la fait peu à peu lui-même* ; il se persuade ainsi qu'elle lui vient de la Divinité ; le voilà inspiré, le voilà prophète. »

« Par une illusion semblable, quand on éprouve le vif désir de voir un objet absent, l'imagination éveillée par l'énergie de la sensibilité, se met en jeu, et nous offre l'objet vers lequel notre âme tout entière aspire, et l'on croit voir et toucher le produit de sa propre création. Voilà comment on arrive à s'attribuer le *pouvoir des miracles*: c'est une crédulité naturelle. » — Ce n'est pas plus difficile que cela. Reste à faire passer son enthousiasme et son illusion chez les autres et à la perpétuer pendant des années, pour faire admettre que l'aveugle voit et que le mort est ressuscité. (!?)

Mais tout cela ne suffirait plus aujourd'hui, et Cousin s'aperçoit que le christianisme offre quelque chose de plus. Or il s'agit de créer philosophiquement une religion équivalente au christianisme. Aussi il va nous fournir un médiateur.

« Entre le moi libre, phénomène individuel et fini, et Dieu, substance absolue et infinie, existe un *intermédiaire* qui nous apparaît sous trois formes : **le vrai, le beau et le bien ;** c'est par ce *médiateur* seulement que nous arrivons à la conception de Dieu ; le seul moyen qui nous soit offert pour nous élever jusqu'à l'Être des êtres, c'est de nous rendre, le plus possible, *semblables au médiateur,* c'est-à-dire de nous consacrer à la recherche de la vérité, à la reproduction du beau, et surtout à la pratique du bien. »

Et qu'on ne dise pas que la religion chrétienne s'impose d'autorité, tandis que la philosophie se démontre elle-même. Voici ce que Cousin lui-même dit de sa propre trouvaille.

« L'exercice de la raison spontanée, non réfléchie, précède celui de la raison repliée sur elle-même.... L'absolu est hors de la portée de la démonstration. L'argumentation épuisera ses formes et son langage avant de le prouver ; c'est à l'observation, à l'intelligence pure et non réfléchie, qu'il appartient de le découvrir. » — Et il nous a dit un peu plus haut que la vue spontanée est nécessairement obscure.

Voilà ce que Cousin enseignait à la faculté des lettres, voilà comment il « préparait à l'importante mission qui les attendait » les élèves de l'école normale.

Mais nous arrivons à l'année scolaire 1819-1820, d'où doivent partir désormais les publications de Cousin. Il semble répudier tout ce qui précède cette date. Fera-t-il mieux dans la suite ?

Ici nous allons assister à une partie de l'histoire de la philosophie, l'histoire de l'école sensualiste et de l'école écossaise. Il condamne tout à la fois Locke et les idées innées, mais il ne s'aperçoit pas qu'il retombe dans ce dernier système par sa théorie de la raison. D'ailleurs il attaque Locke non-seulement dans ses erreurs, mais encore dans ce qu'il a de commun avec S. Thomas et toute la Scolastique. Et d'ailleurs quelle est sa véritable pensée sur cette question ? C'est ce qu'il n'a pas pris la peine de nous dire clairement. Tantôt on dirait qu'avant la perception, il n'admet dans l'âme que des facultés, tantôt il y ajoute des *principes* de toute sorte. Ce dernier mot est ambigu. On ne sait pas s'il s'agit d'une simple force, ou d'un germe de connaissance, ou encore de certains axiomes.

La pensée qui l'occupe le plus dans les leçons de cette année, c'est la *liberté*. Il nous dira : « L'homme est une force libre » ; il y a de l'action dans toute connaissance et toute action est essentiellement libre. » Plus loin en exposant sa théorie morale, et après avoir rejeté l'intérêt comme indigne de l'homme, et la morale chrétienne comme étant « dans une dépendance trop étroite de la religion », il dit :

« La nature de l'homme étant la liberté, sa destinée et par conséquent sa loi est de maintenir et de fortifier cette liberté vis-à-vis de la nature et de la société... Être libre, reste libre : tel est le principe de tous nos devoirs... Le jour où, de la science, cette doctrine aura passé dans la société, et y aura remplacé le *droit divin* et le principe de la souveraineté du nombre, les peuples n'auront plus à craindre le despotisme et l'anarchie. »

Cependant cette doctrine ne lui paraît pas suffisante, et il la change au milieu de l'année. Pour n'être pas simplement stoïcien, il laisse la maxime : « Être libre, conserve et développe ta liberté. » De peur d'être simplement chrétien, il ne dira pas : « Être créé, obéis à la volonté de ton créateur. » Mais voulant et croyant être lui-même, il adopte pour principe moral : « Être raisonnable, obéis à la raison. » De ces trois formules, dit-il, « la première est fausse et exclusive ;... la deuxième a le mérite d'être obligatoire et de comprendre tous nos devoirs : mais elle a tout au moins le malheur de *ressembler à une hypothèse.* »........ Chercher en Dieu le principe de nos actions, n'est-ce pas soumettre la morale aux vicissitudes de la métaphysique ? »

« La troisième formule : Être raisonnable, obéis à la raison, est tout à la fois positive et impérative : *positive*, puisque la science n'est pas allée la chercher par delà la conscience ; *impérative*, car la raison est évidemment supérieure à la volonté qu'elle est appelée à gouverner. » — Voilà les raisons que Cousin donne pour autre chose que des hypothèses. Il craindrait pour la morale « les vicissitudes de la métaphysique », s'il en plaçait le principe en Dieu !

On ne s'étonne pas après cela d'entendre un de ses disciples, M. de Corcelles, nous dire : « On courait aux leçons de M. Cousin, on re-
« cueillait avec une incroyable avidité les paroles de *liberté*, qui, du
« haut des tribunes de France, d'Italie et d'Espagne ébranlèrent l'Eu-
« rope ; puis on allait s'entendre avec des sous-officiers, pour enlever
« des régiments *(Documents pour servir à l'histoire des conspirateurs.)*

Le gouvernement s'émut de ces doctrines, et l'enseignement des facultés fut supprimé par ordonnance du 28 février 1821.

Cousin devint alors le précepteur du fils du maréchal Lannes. Il put alors achever la publication des *Œuvres de Proclus*, qu'il avait commencée en 1820 et donner le premier volume des *Œuvres complètes de Platon*, traduites du grec en français. Dans la préface de ce premier volume, il fait allusion à son cours suspendu, par l'ordre de Mgr Frayssinous, et exalte la raison contre l'autorité de l'Église, en ces termes :

« Quand l'anthropomorphisme, abaissant la théologie au drame, fait de l'Éternel un Dieu de théâtre, tyrannique et passionné, qui du haut de sa toute-puissance, décide arbitrairement de ce qui est bien et de ce qui est mal, c'est alors que la critique philosophique peut et doit... les établir sur leur propre base... Il faut donc convenir que le bien n'est pas tel parce qu'il plaît à Dieu, mais qu'il plaît à Dieu parce qu'il est bien, et que, par conséquent, ce n'est pas dans des dogmes religieux qu'il faut chercher le texte primitif de la légitimité des vérités morales. Ces vérités, comme toutes les autres, se légitiment elles-mêmes, et n'ont pas besoin d'une autre autorité que celle de la Raison qui les aperçoit et qui les proclame. La Raison est à elle-même sa propre sanction. »

Le 2⁰ volume des *Œuvres de Platon*, parut en 1824. Dans l'argument du *Philèbe*, Cousin dit : « Ne confondons pas la dialectique de Platon avec celle de la Scolastique moderne, profonde dans l'apparence, ignorante de la réalité.... La dialectique de Platon est la science de l'Absolu et de l'Être ; elle est donc la science par excellence, la science de la science, pour ainsi dire ; elle est la sagesse et la raison elle-même. » — C'est flatteur pour Platon !

Il en dit presque autant de Kant, qu'il trouve digne d'être comparé à Platon, « pour avoir trouvé, au scandale de toute la philosophie contemporaine, l'élément scientifique dans le caractère d'universalité et de nécessité qu'il assigna à une partie de nos connaissances. » — Vraiment cet enthousiasme tombe à faux. Kant n'a pas eu la peine d'inventer cela, et ce n'est pas de cette idée, commune à tous les philosophes précédents, que la philosophie contemporaine s'est scandalisée.

Un peu plus loin, Cousin dit : « Si l'homme a une âme, l'univers a une âme aussi, dont la nôtre est une émanation et une image imparfaite. Notre âme est douée de raison, l'analogie porte à conclure que celle de l'univers l'est aussi. »

De 1824 à 1826, Cousin publie onze volumes des *Œuvres de Descartes*.

C'est en 1824, qu'ayant accompagné en Allemagne son élève, le duc de Montebello, qui allait s'y marier, Cousin fut arrêté à Dresde, et le 14 octobre, conduit en prison à Berlin, comme affilié aux *Carbonari*. Malgré les efforts des autorités françaises, il y fut retenu trois mois, et quand il fut mis en liberté, ce fut sur sa promesse de ne pas quitter Berlin avant que la Commission de Mayence n'eût définitivement prononcé. Ce fut le 18 avril 1825 seulement, que Cousin obtint la permission de revenir en France. Aucune des imputations portées à sa charge ne s'était trouvée fondée.

C'est en revenant de Berlin qu'il publia ses *Fragments philosophiques*, reproduction mitigée des leçons précédentes. Il déclare que sa philosophie « ne s'appuie que sur la nature humaine, mais l'embrasse tout entière et avec elle atteint l'infini. »

Son séjour en Allemagne semble l'avoir enhardi dans l'expression du panthéisme. « Le Dieu de la conscience, dit-il, n'est pas un Dieu abstrait, un roi solitaire relégué par delà la création sur le trône désert d'une éternité silencieuse et d'une existence absolue qui ressemble au néant même de l'existence : c'est un Dieu à la fois vrai et réel, à la fois substance et cause, toujours substance et toujours cause, n'étant substance qu'en tant que cause, et cause qu'en tant que substance, c'est-à-dire étant cause absolue, un et plusieurs, éternité et temps, espace et nombre, essence et vie, indivisibilité et totalité, principe, fin et milieu, au sommet de l'être et à son plus humble degré, infini et fini tout ensemble, triple enfin, c'est-à-dire à la fois Dieu, Nature et Humanité. En effet, si Dieu n'est pas tout, il n'est rien ; s'il est absolument indivisible, en soi, il est inaccessible et par conséquent il est incompréhensible, et son incompréhensibilité est pour nous sa destruction. »

On ne saurait rien concevoir de plus formellement panthéiste. Pourtant ce n'est pas assez pour lui, il va diviniser la raison et la mettre à la place du Fils de Dieu fait homme, et il ne redoute pas d'emprunter les paroles mêmes de l'Évangile. « Il faut que la substance intelligente se manifeste, et cette manifestation est l'apparition de la Raison dans la conscience. La Raison est donc à la lettre une *révélation*, une révélation nécessaire et universelle, qui n'a manqué à aucun homme et a éclairé tout homme à sa venue en ce monde : *illuminat omnem hominem venientem in hunc mundum*. La Raison est le médiateur nécessaire entre Dieu et l'homme, ce Λόγος de Pythagore et de Platon, ce *Verbe fait chair*, qui sert d'interprète à Dieu et de précepteur à l'homme, homme à la fois *et Dieu tout ensemble.* »

Faut-il ne voir en tout cela qu'une expression exagérée, comme il le prétendra plus tard ? Nous ne pensons pas qu'on puisse l'interpréter ainsi. Il nous paraît évident qu'à ce moment Cousin rêvait une morale chrétienne, et même une sorte de culte chrétien fondé uniquement sur la Raison tenant la place de Jésus-Christ. Son explication du médiateur concorde entièrement avec les théories de Strauss et de Feuerbach.

Dans la même année 1826, il fit paraître le 3e volume des *Œuvres de Platon*. Nous n'avons plus d'intérêt à le suivre pas à pas dans cette publication et à relever dans chaque volume les fragments épars de sa doctrine. Ajoutons seulement que, dans la préface du 4e volume, en 1827, il fait l'éloge de Salvator Rosa, le *carbonaro* qui avait fait la révolution de Naples en 1821, et qui venait de mourir en 1825. Il se déclare son ami et se dédie à lui.

En 1828, le ministère Martignac rappela Cousin, Guizot et Villemain à leur chaire. C'était le libéralisme qui les imposait à la royauté. Voici comment Cousin expose lui-même cette rentrée triomphale.

« Il n'est pas aisé, dans nos jours d'abaissement et d'affaissement intellectuel (c'est en 1861 qu'il écrit ceci), de se faire une idée de la noble ardeur qui enflammait alors le génie français dans les lettres et dans les arts aussi bien qu'en politique. L'esprit public faisait des chaires de M. Guizot, de M. Villemain et de la mienne, de véritables tribunes. Depuis les grands jours de la scholastique au douzième et au treizième siècle, il n'y avait pas eu d'exemple de pareils auditoires dans le quartier latin. Deux ou trois mille personnes de tout âge et de tout rang se pressaient dans la grande salle de la Sorbonne. Cette foule immense agissait inévitablement sur le professeur, animait, élevait, précipitait sa parole. Ajoutez qu'aussitôt prononcée, chaque leçon, sténographiée et à peine revue, paraissait bien vite, se répandait d'un bout de la France à l'autre, et devenait dans la presse le sujet d'une ardente polémique. »

« Je vous rapporte le même professeur, le même enseignement, les mêmes principes, le même zèle : puissé-je retrouver chez vous la même confiance. » Après avoir annoncé le plan de son cours, il conclut et résume : « Ainsi, pour l'an prochain, Platon et la Grèce ; pour cette année, l'humanité tout entière et l'histoire générale de la philosophie. » Mais il changea son plan. Ce sont les leçons de cette année 1828, qui portent le titre d'*Introduction à l'histoire de la philosophie*.

« L'utile est-il le seul besoin de notre nature, la seule idée à laquelle puissent se ramener toutes les idées qui sont dans l'intelligence....? Non. »

« L'idée du juste est une des gloires de l'humanité. L'homme l'aperçoit d'abord, mais il ne l'aperçoit que comme un éclair dans la nuit profonde des passions primitives.... Ce qu'il a plu d'appeler l'état de nature n'est qu'un état de guerre, où règne le droit du plus fort..... La justice constituée c'est l'État.... La justice c'est le maintien de la liberté réciproque.... L'égalité est donc, avec la liberté, la base de l'ordre légal et de ce monde politique, création du génie de l'homme, plus merveilleuse encore que le monde actuel de l'industrie relativement au monde primitif de la nature. »

« L'idée du beau est aussi inhérente à l'esprit humain que celle de l'utile et celle du juste..... »

« Le plus bel objet du monde a ses défauts... Que fait donc l'homme ? Ce qu'il fait, messieurs ? Après avoir renouvelé la nature et la société primitive par l'industrie et les lois, il refait les objets qui lui avaient donné l'idée du beau sur cette idée même, et les refait plus beaux encore.... La beauté de l'art est supérieure à la beauté naturelle de toute la supériorité de l'esprit de l'homme sur la nature. ».......

« Eh bien ! ce monde ainsi métamorphosé par la puissance de l'homme, cette nature qu'il a refaite à son image, cette société qu'il a ordonnée sur la règle du juste, ces merveilles de l'art dont il a enchanté sa vie, ne suffisent point à l'homme. Tout puissant qu'il est, il conçoit une puissance supérieure à la sienne et à celle de la nature, une puissance qui sans doute ne se manifeste que par ses œuvres et qu'on ne contemple que dans ses œuvres, mais en lui attribuant l'infinie supériorité d'essence et l'absolue omnipotence.... En un mot il conçoit Dieu. Un Dieu sans monde serait pour l'homme comme s'il n'était pas ; un monde sans Dieu est une énigme incompréhensible à sa pensée et pour son cœur un poids accablant. »

« L'intuition de Dieu, distinct en soi du monde mais s'y manifestant, est la religion naturelle. La religion naturelle n'est point une chimère, mais elle ne nous suffit point, et comme l'homme ne s'était pas arrêté au monde de la nature, à la société primitive, à la beauté naturelle, il ne s'arrête pas non plus à la religion naturelle.... L'homme fait donc ici ce qu'il a fait précédemment ; il crée, à l'usage de l'idée nouvelle qui le domine, un autre monde que celui de la nature, un monde dans lequel, faisant abstraction de toute autre chose, il n'aperçoit plus que son caractère divin, c'est-à-dire son rapport avec Dieu. Le monde de la religion, c'est le culte.... Le culte est à la religion naturelle ce que l'art est à la beauté naturelle, ce que l'État est à la société primitive, ce que le monde de l'industrie est à celui de la nature.... »

« Mais à quelle condition le culte rappelle-t-il efficacement l'homme à son auteur ? A la condition de lui présenter les rapports si obscurs en eux-mêmes du monde et de l'homme à Dieu sous des formes qui lui tiennent lieu du monde, c'est-à-dire sous des symboles qui parlent aux sens aussi bien qu'à l'âme.... Mais la pensée peut-elle s'arrêter à des symboles ? La foi s'attache aux symboles ; c'est sa grandeur, sa force, que *d'y voir ce qui n'y est pas*, ou du moins ce qui n'y est que d'une manière indirecte et détournée ; mais ce ne peut être là le dernier degré du développement de l'intelligence humaine. En présence du symbole, l'homme, *après l'avoir adoré*, éprouve le besoin de s'en rendre compte. Se rendre compte, Messieurs, se rendre compte, c'est une parole bien grave que je prononce !.... La foi est l'œuvre de l'enthousiasme ; mais à l'enthousiasme succède la réflexion.... Le jour où un homme a réfléchi, ce jour-là la philosophie a commencé. La philosophie n'est pas autre chose que la réflexion en grand,... la réflexion élevée au rang et à l'autorité d'une méthode. La philosophie n'est guère, en effet, qu'une méthode ; il n'y a peut-être aucune vérité qui lui appartienne exclusivement, mais elles lui appartiennent toutes à ce titre qu'elle seule peut en rendre compte, leur imposer l'épreuve de l'examen et de l'analyse, et les convertir en idées. »

« Les idées sont la pensée sous sa forme essentielle.... Or la pensée ne se comprend qu'avec elle-même, comme au fond elle ne comprend jamais qu'elle-même ;... elle ne se comprend bien qu'en se prenant elle-même comme objet de sa pensée. »

« Arrivée là, elle est arrivée à sa limite ; car avec quoi se surpasserait-elle ?... La philosophie est le complet développement de la pensée. Sans doute il y a de mauvaises comme de bonnes philosophies, comme il y a des cultes extravagants, comme il y a des ouvrages d'art et des États défectueux, comme il y a de mauvais systèmes industriels et de mauvais systèmes de physique. Mais la philosophie n'en est pas moins, aussi bien que la religion, l'art, l'État, l'industrie, un besoin spécial et réel de l'intelligence, un résultat nécessaire, non du génie de tel ou tel homme, mais du génie même de l'humanité. »

« ... La philosophie est le culte des idées ; elle est la dernière victoire de la pensée sur toute forme et tout élément étranger ; elle est le plus haut degré de la liberté de l'intelligence. L'industrie était déjà un affranchissement de la nature ; l'État un affranchissement plus grand ; l'art, un nouveau progrès ; la religion, un progrès plus sublime encore : la philosophie est le dernier affranchissement, le dernier progrès de la pensée. »

C'est par ce blasphème que Cousin achève de donner son idée de la philosophie. Puis il insiste, il le développe et croit établir que l'ordre qu'il vient d'indiquer est inattaquable. Et c'est par un sophisme qu'il s'efforce de montrer l'évidence de son blasphème.

« .... La philosophie est donc la lumière de toutes les lumières, l'autorité des autorités. Ceux qui veulent imposer à la philosophie et à la pensée une autorité étrangère ne songent pas que de deux choses l'une : ou la pensée ne comprend pas cette autorité, et alors cette autorité est pour elle comme si elle n'était pas ; ou elle la comprend, elle s'en fait une idée, l'accepte à ce titre, et alors c'est elle-même qu'elle prend pour mesure, pour règle, pour autorité dernière. » — Sophisme. On joue sur le mot *comprendre*. Sans doute la pensée philosophique ne *comprend* pas toutes les vérités, ni tous les préceptes qu'elle reçoit de l'autorité ; elle *connaît* l'autorité comme autorité, et cela lui suffit. Mais le dilemne n'existe plus.

Voilà l'enseignement que Cousin donnait dans sa première leçon de 1828 (le 17 avril), à cette jeunesse dont il nous a lui-même dépeint l'ardeur et à toute la France. Nous n'avons pas voulu interrompre cet exposé, extrait en propres termes des paroles mêmes de l'auteur, et cependant bien souvent la réfutation faisait comme irruption dans notre esprit, à mesure que nous transcrivions ces paroles. Nous avons contenu jusqu'ici le cri de notre cœur, de notre raison, de notre foi, afin de laisser se montrer dans tout son orgueil cette philosophie qui se prétend supérieure à la religion, et croit pouvoir conduire l'homme non seulement à sa fin naturelle, mais encore à sa fin surnaturelle sans Jésus-Christ.

Nous devions présenter Cousin sous ce point de vue très réel, mais peu connu. On comprend mieux par là le mouvement d'indifférentisme religieux qui se produisit alors, et que les écrivains catholiques de l'époque ne parvinrent pas à enrayer, peut-être parce que l'ardeur de la lutte, et la vue du véritable vice de cette philosophie, l'indépendance absolue de la raison, les jeta dans l'excès opposé, le Traditionnalisme, que l'Église se vit obligée de condamner, quoiqu'il fût professé contre ses plus dangereux ennemis, par les plus dévoués de ses enfants.

Si l'espace nous le permettait, nous pourrions poursuivre, selon ce point de vue, la suite des leçons et des ouvrages de Cousin, et montrer partout la même pensée, le même but : l'établissement d'une religion philosophique destinée à remplacer la religion de Jésus-Christ ; mais nous croyons avoir assez fait pour démontrer cette thèse. Ceux de nos lecteurs qui voudront de plus amples détails sur ce point pourront consulter la longue histoire qu'en a tracée, peu de temps avant sa mort, M. Bonnetty, dans les *Annales de philosophie chrétienne*, volumes 90 à 95. Seulement, en lisant ce travail, il faut se garder des opinions encore trop traditionnalistes de l'auteur, et des jugements quelquefois exagérés, fruits naturels de l'ardeur de la polémique et d'une intention préconçue.

Faisons connaître maintenant avec plus de brièveté la suite de la vie et des théories de Cousin.

C'est dans la septième leçon de cette année, 1828, qu'il expose sa théorie des trois époques historiques, *le fini, l'infini* et *leur rapport*, dont la distinction est établie, non pas par la méthode d'observation, mais *à priori*, d'après les trois données premières de la conscience, le moi, le non-moi et leur cause, ou soit les trois idées qui en dérivent : le fini, l'infini et leur rapport.

Cousin veut que chacune de ces idées ait son développement à part dans l'histoire, et que l'époque de chacune de ces idées présente les caractères distinctifs de cette idée dans l'industrie, l'État, l'art, la religion et la philosophie. Cependant ces trois éléments de la vie humaine ne sont pas tellement séparés qu'ils ne puissent coexister ; mais, chacun dans son époque, toujours l'un des trois domine. Le magnifique développement qu'il donne à cette théorie ne suffit pas pour la rendre vraie.

Une fois saisi de cette idée, il la tourne sous toutes ses faces et veut qu'elle s'applique partout. « Trois époques différentes, donc trois théâtres différents pour ces trois époques. Nous avons l'époque de l'infini, celle du fini et celle du rapport de l'infini et du fini. Où placerons-nous la première ? Cherchons un théâtre pour cette époque de l'humanité qui doit représenter l'infini, l'unité, l'immobilité. » Et sur ce ton, il croit démontrer *à priori* que « l'époque de l'infini aura pour théâtre un vaste continent dont toutes les parties seront compactes et en quelque sorte indivisibles comme l'unité, et limité par l'Océan ; que l'époque du fini occupera des pays de côtes, les bords de quelque mer intérieure ; car les mers intérieures, représentant la crise et la fermentation de la nature (! ?), sont les rendez-vous des grands mouvements de la civilisation et de l'humanité. Enfin soyez sûrs que l'époque qui devra représenter dans l'histoire le rapport du fini à l'infini sera un continent considérable, assez et pas trop compacte, d'une longueur et d'une largeur bien proportionnées, qui, tout en confinant à l'Océan, aura aussi des mers intérieures, de grands fleuves qui le traversent en tous sens, de telle sorte que le fini et l'infini puissent y trouver leur place, que rien n'y demeure dans une unité glacée et que rien ne s'y dissolve, que tout dure et en même temps se développe, que tous les extrêmes y soient et avec leur harmonie. »

Mais ce n'est pas tout : ce triple mouvement de la pensée humaine suppose encore trois ordres de populations, dans chacun desquels se trouvent plusieurs peuples qui, par l'industrie, l'État, l'art, la religion et la philosophie qui leur sont propres, représentent les différentes nuances des trois idées de l'infini, du fini et du rapport du fini à l'infini. Ainsi chaque peuple représente une idée différente des idées des autres peuples. Dès lors ces idées diverses ne sauraient vivre en paix les unes à côté des autres. C'est la guerre déterminée philosophiquement. D'où Cousin va conclure que la guerre est une chose excellente en elle-même. Les hasards de la guerre sont une illusion : l'humanité ne perd jamais une bataille, et c'est toujours la civilisation qui triomphe.

Et dans chacun des peuples, la constitution politique et civile, les institutions et jusqu'à la tactique militaire, tout représente l'idée dominante de ce peuple, l'idée qui est sa raison d'être dans l'histoire.

Mais dans un peuple, tous les individus ne concourent pas au même degré à cette représentation : les grands hommes sont particulièrement chargés d'exprimer à eux seuls d'une manière plus visible cette même idée qui est le caractère propre du peuple. D'où il suit que 1° les grands hommes sont nécessaires, 2° qu'ils ont chacun leur caractère propre. Le grand homme est tout à la fois et lui-même et son peuple. Les grands hommes aussi représentent, chacun à leur degré personnel et sous leur forme individuelle, l'infini, le fini, ou le rapport de l'infini au fini.

Voilà, bien en raccourci, l'usage que Cousin fait de cette triple idée, et comment il l'applique à l'histoire, en ayant l'air de construire une loi *à priori,* mais en réalité en suivant pas à pas avec la marche du temps, les grands empires de l'Orient, les petites républiques de la Grèce, puis les temps modernes, avec leur situation géographique, leurs institutions, leurs industries, leurs arts, leurs religions et leurs philosophies. Ce qui donne à ses leçons, si brillantes qu'elles soient, le caractère d'une prophétie faite après coup, et dans laquelle pourtant bien des détails ne concordent pas avec les faits.

L'année suivante, 1829, dans les leçons publiées depuis sous le titre : *Histoire de la philosophie du XVIIIe siècle,* en 1841, et plus tard sous le titre : *Histoire générale de la philosophie,* Cousin donne la forme définitive à son *Eclectisme,* qu'il avait bien entrevu jusque-là sans pouvoir lui donner un aspect scientifique. Il le fait concorder avec les théories précédemment émises comme base de toute philosophie. La *spontanéité* et la *réflexion* y ont leur part, et elles produisent successivement et dans un ordre nécessaire, quatre systèmes : le *sensualisme*, l'*idéalisme*, le *scepticisme* et le *mysticisme*. Ces quatre systèmes sont faux en ce qu'ils ont d'exclusifs, mais ils renferment du vrai. Donc le bon système consiste à les garder tous les quatre et à les rectifier l'un par l'autre ; c'est l'*Éclectisme*.

« Les phénomènes de la sensation, précisément parce qu'ils sont en quelque sorte les plus extérieurs à l'âme, sont les plus apparents ; ils provoquent immédiatement l'attention, et sont les plus aisément observables. La réflexion s'applique en premier lieu à ces phénomènes et préoccupée de leur importance, après avoir dit : La plupart de nos connaissances dérivent de la sensation, donc la sensation constitue un ordre très considérables de phénomènes, elle se précipite et dit : Toutes nos connaissances, toutes les idées viennent de la sensation. De là ce système qui, au lieu de faire une large part à la sensibilité, ne reconnaît qu'elle et reçoit le nom de *sensualisme*, c'est-à-dire philosophie fondée exclusivement sur les sens.

« Plus ferme et plus exercée, la réflexion descend plus avant dans la conscience et y trouve des phénomènes qu'elle ne peut réduire à des éléments purement sensibles. Elle arrive ainsi à retirer à la sensation l'espace, le temps, la liberté, l'unité et beaucoup d'autres idées. Jusque-là tout est à merveille ; mais voici le mal. La réflexion est si frappée de la réalité de ces nouveaux phénomènes que, dans sa préoccupation, elle néglige les phénomènes sensibles et quelquefois les nie ; d'où il résulte un nouveau système exclusif aussi, qui, prenant uniquement son point de départ dans les idées inhérentes à la pensée, s'appelle l'*idéalisme*. »

« Voilà donc deux emplois de la réflexion, de l'analyse, qui toutes deux ont abouti à des hypothèses. Et remarquez que ces hypothèses ne doutent pas d'elles-mêmes ; elles sont profondément dogmatiques. »

« Cependant ces deux dogmatismes ne peuvent paraître sans se choquer, sans se faire la guerre. Le résultat de cette lutte est que la réflexion, après s'être un moment donnée à l'un, puis à l'autre, aperçoit le creux de l'un et de l'autre et se retire de tous les deux. Entouré d'hypothèses, contre leurs séductions le bon sens s'arme de la critique et d'une critique impitoyable : par peur des extravagances du dogmatisme il passe à l'autre extrémité et se jette dans le *scepticisme*.

« Le scepticisme examine d'abord la valeur du sensualisme et le réfute aisément, puis il se retourne vers l'idéalisme et ne lui fait pas moins la guerre... Mais au lieu de dire : Il y a bien du faux dans les deux systèmes, le scepticisme dit : Tout est faux dans ces deux systèmes ; et même il ajoute : Tout système est faux : il n'y a point de vérité pour l'homme ; il n'y a point de certitude. Et nous voilà tombés dans un nouvel abime d'exagération. »

« Au milieu de tant de contradictions, il ne reste à la philosophie qu'une suprême ressource, une dernière voie à tenter.... Le fait de la connaissance naturelle, la spontanéité avait jusque-là échappé à la réflexion par sa profondeur, par son intimité même. Le caractère essentiel de l'intuition spontanée est d'être primitive, antérieure à tout retour de la pensée sur elle-même ; elle est donc nécessairement obscure et mystérieuse. C'est pourquoi le système qui se fonde sur l'étude de ce fait à l'exclusion de tous les autres s'appelle *mysticisme*... Mais voici à quoi arrive peu à peu le mysticisme : on veut entendre la voix de l'esprit, on l'invoque et bientôt on l'évoque, et des folies innocentes du quiétisme, on tombe dans les délires souvent criminels de la théurgie. »

« Voilà donc les quatre systèmes : quant à leur mérite intrinsèque, accoutumez-vous à ce principe : ils ont été, donc ils ont eu leur raison d'être, donc ils sont vrais au moins en partie. L'erreur est la loi de notre nature, nous y sommes condamnés ; et dans toutes nos opinions, dans toutes nos paroles, il y a toujours à faire une large part à l'erreur et trop souvent à l'absurde ; mais l'absurdité complète n'entre pas dans l'esprit de l'homme ; c'est la vertu de la pensée de n'admettre rien que sous la condition d'un peu de vérité, et l'erreur absolue est impossible Les quatre systèmes qui viennent de passer sous vos yeux ont été, donc ils ont du vrai, mais sans être entièrement vrais. »

« Moitié vrais, moitié faux, ces systèmes reparaissent à toutes les grandes époques. Le temps n'en peut détruire un seul, ni en en enfanter un de plus, parce que le temps développe et perfectionne l'esprit humain, mais sans changer sa nature et ses tendances fondamentales. Il ne fait autre chose que multiplier et varier presque à l'infini les combinaisons des quatre systèmes simples et élémentaires. De là ces innombrables systèmes que l'histoire recueille et que sa tâche est d'expliquer. »

« Mais elle ne le peut si elle n'est éclairée par la philosophie elle-même... La philosophie est la clef nécessaire de l'histoire de la philosophie. D'autre part, que fait celle-ci ? Elle nous montre la philosophie c'est-à-dire les quatre systèmes qui la représentent, faibles d'abord, pauvres en observations et en arguments, puis s'enrichissant et se fortifiant sur leur route, et agrandissant de plus en plus la connaissance de tous les éléments, de tous les points de vue de l'esprit humain. D'où il suit que l'histoire de la philosophie n'est pas moins à son tour que la philosophie en action pour ainsi dire, se réalisant à travers les siècles, dans un progrès perpétuel dont le terme recule sans cesse comme celui de la philosophie elle-même. Voilà cette harmonie de la philosophie et de son histoire, sur laquelle j'ai tant de fois appelé votre attention. »

..... Nous qu'une étude sincère a familiarisé avec les diverses tendances et dispositions de l'esprit humain, nous les respecterons dans les divers systèmes qui y correspondent, sachant bien qu'un seul de ces systèmes négligé ou altéré gâterait la fidélité de tout le tableau. Une impartialité scrupuleuse nous est donc plus particulièrement imposée, Mais entendons-nous bien; l'impartialité n'est pas l'indifférence. Parmi les différentes parties de la nature humaine, que nous reconnaissons et acceptons toutes avec respect et reconnaissance des mains de l'auteur des choses, il en est pourtant que nous préférons à d'autres ; nous préférons l'esprit aux sens, quelque utiles que les sens nous paraissent ; et la croyance est, à nos yeux, meilleure que le doute. Aussi nous ne nous défendons pas d'une sympathie déclarée pour tous les systèmes qui mettent l'esprit au dessus des sens et ne s'arrêtent point à la négation et au scepticisme. Nous sommes hautement spiritualiste dans l'histoire de la philosophie, tout autant que dans la philosophie elle-même Mais comme nous ne prétendons point enlever à la raison humaine le nécessaire appui de la sensibibilité, et comme les plus solides croyances ont toujours besoin, selon nous, de s'épurer et de s'éclairer par la contradiction et par la lutte, de même nous nous ferons un devoir de relever et de faire paraître, en face du dogmatisme spiritualiste, les puissants efforts du sensualisme et du scepticisme ; et dans la grande famille idéaliste, nous applaudirons surtout aux systèmes qui ont su le mieux se retenir sur la pente de leurs tendances naturelles, et garder la modération qui appartient à la vraie sagesse. »

Voilà l'Éclectisme perfectionné, le voilà sous sa dernière forme, la forme scientifique, résultat d'une construction à priori faite sur les éléments de l'âme humaine, sur les formes mêmes de la connaissance, et par la méthode d'observation, trouvée conforme à l'histoire. Mais il n'y a de nouveau que la forme, que cette prétention à sa nécessité fondée sur les conditions de la connaissance ; le fond reste le même, et Cousin admet ou rejette tout ce qu'il a admis ou rejeté jusque là. Il ne reste pas fidèle à sa méthode, au moment même où il l'expose, car il en sent toute la faiblesse ; il choisit ce qui lui plaît.

Considéré systématiquement et dans les bases que lui donne Cousin, cet éclectisme est faux. Il est vrai que tout système renferme quelque chose de vrai ; autrement comment s'énoncerait-il? Mais il n'est tel système que par un point de vue spécial, qui le distingue des autres, et si c'est précisément ce point de vue qu'il faut lui enlever pour le débarrasser de ce qu'il contient de faux, comment peut-on dire que l'on conserve ce système ? Par exemple, le sensualisme ne mérite pas ce nom parce qu'il reconnaît les données des sens, mais parce qu'il n'en reconnaît point d'autres. Si donc on admet ce qu'il affirme, en rejetant ce qu'il nie, on ne peut pas dire qu'on garde le système. Donc ce n'est qu'en théorie, et pour faire un système raisonné, que Cousin prétend garder tous les systèmes, au fond il n'en garde aucun des quatre qu'il a énoncés, et il reste livré uniquement à son propre jugement pour choisir entre les doctrines et distinguer le vrai du faux.

Considéré dans les doctrines qu'il enseigne, l'éclectisme de Cousin est un mélange de grandes et sublimes vérités, magnifiquement exposées, énergiquement défendues, et d'erreurs souvent très graves non moins brillamment exposées et tellement liées, en apparence du moins, avec les vérités, qu'on croirait ne pouvoir les en séparer et surtout qu'on risque fort de ne pas les apercevoir. Ce style clair, noble, élégant, sobrement abondant, qui affirme sans cesse et ne prouve jamais, tout en ayant l'air de donner des démonstrations irréfutables, produit une illusion qui captive, charme et entraîne l'assentiment. On croit se nourrir d'un spiritualisme moral, sagement libre, fondé sur toutes les facultés de l'âme, sur les données irréfragables de la raison, on admire la grandeur de Dieu, la beauté du monde, l'industrie, l'état social, l'art, la religion et la philosophie, on se croit chrétien et l'on se réveille rationaliste, libéral, panthéiste.

Nous sommes arrivés à l'année 1830. Ici s'arrêtent les leçons publiques de Cousin et le développement de sa philosophie. Désormais il ne fera plus que publier ses écrits et répéter ses enseignements.

En 1830 il fut reçu membre de l'Académie française, puis nommé membre du Conseil de l'Instruction publique. En 1832, il entra à la Chambre des pairs. En 1834, il devint directeur de l'École normale, dont tous les élèves devinrent ainsi des apôtres de ses doctrines.

Cette même année 1834, le bruit se répandit et quoiqu'on en doute aujourd'hui, on ne l'a jamais réfuté alors, qu'un certain livre publié en 1833, avec le titre: *Livre d'instruction morale et religieuse, à l'usage des écoles élémentaires, autorisé par le Conseil royal de l'instruction publique*, était l'œuvre de Victor Cousin. C'était pourtant un catéchisme, copié le plus souvent sur le *Catéchisme de l'empire*, alors en usage dans les écoles; mais on avait eu soin d'en modifier toutes les parties qui ont rapport à la mission divine de l'Église et à son autorité sur tous les chrétiens. On y a retranché le dogme de l'éternité des peines de l'enfer, et la nécessité du baptême pour le salut. On y glisse rapidement sur le péché originel, de manière à faire oublier cette doctrine. Le livre fut condamné en 1845 par Mgr d'Hautpoul, évêque de Cahors, qui ne nomme pas M. Cousin, parce que le livre était publié sans nom d'auteur; mais les contemporains ne doutaient pas de cette origine. On ne saurait juger et décider cette question par le style: l'ouvrage est une simple copie. Mais les retranchements qu'on y a opérés et qui n'ont pas pu être faits sans intention concordent avec les tendances que nous avons constatées plus haut: produire une religion chrétienne sans le Christ et sans l'Église.

En 1840, Cousin devint ministre de l'instruction publique. En cette qualité il travailla surtout à défendre et même à exalter l'Université, qui, soutenue par les *libéraux*, menaçait de s'écrouler sous les attaques de ceux qu'on appelait déjà les *ultramontains*. Il y réussit.

Pendant les années que nous venons d'indiquer rapidement et jusqu'en 1861, Cousin continua la publication de ses écrits et sa traduction des Œuvres de Platon.

Il mourut à Cannes, le 13 janvier 1867. A ce moment suprême, « ses yeux, éclairés par le flambeau de la mort, reconnurent que la morale est fille de la religion et non de la philosophie. » Mais il ne parait pas avoir compris toute l'étendue de son erreur, et n'a pas vu que ses doctrines, par le bien même qu'elles faisaient, firent surtout beaucoup de mal. Car il est plus facile d'amener au vrai surnaturel un rationaliste qu'un spirite, plus facile d'amener à la notion chrétienne de l'âme et de Dieu un matérialiste enfoncé dans les choses des sens, qu'un psychologue spiritualiste, fier de son spiritualisme qu'il croit ne tenir que de lui-même. Il est plus facile de convertir à la religion un homme qui n'a pas de religion et qui sait qu'il n'en a pas, que celui qui pense n'avoir pas besoin de la religion parce qu'il croit avoir mieux. Or c'était là justement l'esprit répandu par Cousin chez les hommes de son temps : il leur disait que la philosophie vaut mieux que la religion.

En exposant ainsi la philosophie de Cousin, dans l'ordre chronologique de ses leçons, nous avons dû omettre bien des questions de détail. Nous ne voulons pas les indiquer ici, pour ne pas trop étendre cet article. Mais nous devons dire que l'analyse aujourd'hui classique des facultés de l'âme, et leur distinction en sensibilité, intelligence et activité est l'œuvre de Cousin, ou du moins dérive de lui. Beaucoup de théories morales et politiques énoncées pour la première fois par Kant, ont passé par les leçons de Cousin avant de devenir le lieu commun de nos journalistes, notamment celle de la morale indépendante fondée sur la dignité personnelle, et celle qui fait de la propriété une extension de la personne dans les choses qu'elle fait siennes.

375. JOUFFROY. — Théodore-Simon Jouffroy, naquit, en 1796, dans les montagnes du Jura, au hameau des Pontets. Son père, tout en dirigeant la culture de ses terres, était percepteur des impôts et faisait le commerce des fruits. Théodore Jouffroy passa son enfance dans ces montagnes, où il aimait à aller rêver et à lire. Tout jeune encore, l'histoire romaine de Rollin le charmait ; il y prit le goût de la géographie et même de la tactique militaire, et il se montra plus tard très habile à décrire l'une et l'autre.

Il fit ses premières études sous la conduite d'un oncle, qui était prêtre et professeur au collège de Pontarlier. Mais il alla faire sa rhé torique au collège de Dijon. De là il passa, en 1814, à l'École normale, par les soins de M. Roger, inspecteur de l'Université, qui avait remarqué ses heureuses dispositions. Sa santé, excellente jusqu'alors, s'était conservée sous l'influence bienfaisante de l'air des montagnes et surtout du calme intérieur qu'il goûtait dans la foi et la pratique de la religion. Il avait dix-huit ans. « Né de parents pieux, dit-il, et dans un pays où la foi catholique était encore pleine de vie au commencement du siècle, j'avais été accoutumé de bonne heure à considérer l'avenir de l'homme et le soin de son âme comme la grande affaire de ma vie. » Mais le séjour de l'École normale lui fut gravement funeste et brisa son âme pour toujours en y engendrant cette mélancolie qui le mena au tombeau. C'était deux ans plus tard ; il avait vingt ans. « Le jour était venu, dit-il, où, du sein de ce paisible édifice de la religion qui m'avait recueilli à ma naissance, et à l'ombre duquel ma première jeunesse s'était écoulée, j'avais entendu le vent du doute, qui de toutes parts en battait les murs et l'ébranlait jusque dans ses fondements. Ma curiosité n'avait pu se dérober à ces objections puissantes, semées comme la poussière dans l'atmosphère que je respirais par le génie de deux siècles de scepticisme. En vain mon enfance et ses poétiques impressions, ma jeunesse et ses religieux souvenirs, la majesté, l'antiquité, l'autorité de cette foi qu'on m'avait enseignée, toute ma mémoire, toute mon imagination, toute mon âme s'étaient soulevées et révoltées contre cette invasion d'une incrédulité qui les blessait profondément ; mon cœur n'avait pu défendre ma raison. »

« Je n'oublierai jamais la soirée de décembre où le voile qui me dérobait à moi-même ma propre incrédulité fut déchiré. J'entends encore mes pas dans cette chambre étroite et nue, où longtemps après l'heure du sommeil j'avais continué de me promener ; je vois encore cette lune, à demi voilée par les nuages, qui en éclairait par intervalle les froids carreaux. Les heures de la nuit s'écoulaient, et je ne m'en apercevais pas ; je suivais avec anxiété ma pensée qui, de couche en couche, descendait vers le fond de ma conscience, et, dissipant l'une après l'autre toutes les illusions qui m'en avaient jusque-là dérobé la vue, m'en rendait de moment en moment les détours plus visibles !

« En vain je m'attachais à ces croyances dernières comme un naufragé aux débris de son navire ; en vain, épouvanté du vide inconnu dans lequel j'allais flotter, je me rejetais pour la dernière fois avec elles vers mon enfance, ma famille, mon pays, tout ce qui m'était cher et sacré ; l'inflexible courant de ma pensée était plus fort : parents, famille, souvenirs, croyances, il m'obligeait à tout laisser ; l'examen se poursuivait, plus obstiné et plus sévère à mesure qu'il approchait du terme, et il ne s'arrêta que quand il l'eut atteint. Je sus alors qu'au fond de moi-même il n'y avait plus rien qui fût debout.

« Ce moment fut affreux, et, quand vers le matin je me jetai épuisé sur mon lit, il me sembla sentir ma première vie, si riante et si pleine, s'éteindre, et derrière moi s'en ouvrir une autre sombre et dépeuplée, où désormais j'allais vivre seul, seul avec ma fatale pensée qui venait de m'y exiler et que j'étais tenté de maudire. Les jours qui suivirent cette découverte furent les plus tristes de ma vie. Dire de quels tourments ils furent agités serait trop long. Bien que mon intelligence ne considérât pas sans quelque orgueil son ouvrage, mon âme ne pouvait s'accommoder à un état si peu fait pour la faiblesse humaine ; par des retours violents elle cherchait à regagner les rivages qu'elle avait perdus ; elle retrouvait dans la cendre de ses croyances passées des étincelles qui semblaient par intervalles rallumer sa foi. Mais des convictions renversées par la raison ne peuvent se relever que par elle, et ces lueurs s'éteignaient bientôt. »

Erreur! les convictions renversées par la raison ne peuvent pas se relever par elle. Et c'est en vain que Jouffroy passera sa vie entière à demander à la philosophie une consolation, une paix que la religion seule avait pu lui donner et qu'elle lui aurait donnée encore s'il la lui eût demandée.

« J'étais incrédule, mais je détestais l'incrédulité ; ce fut là ce qui décida de la direction de ma vie. Ne pouvant supporter l'incertitude sur l'énigme de la destinée humaine ; n'ayant plus la lumière de la foi pour la résoudre, il ne me restait plus que les lumières de la raison pour y pourvoir. Je résolus donc de consacrer tout le temps qui serait nécessaire, et ma vie, s'il le fallait, à cette recherche ; c'est par ce chemin que je me trouvai amené à la philosophie, qui me semble ne pouvoir être que cette recherche même. »

Impuissant refuge! La philosophie a fait ses preuves sur ce point : elle n'a jamais résolu ce problème, parce que ce problème n'est pas du ressort de la raison. Librement placé par Dieu sur la terre, l'homme a reçu de Dieu une fin librement déterminée par le choix du Créateur, et pour connaître cette fin, qui n'a rien de nécessaire, il faut l'apprendre de Dieu lui-même.

Et ici M. Adolphe Garnier conclut: « Ce ne fut donc pas la philosophie qui écarta le jeune Jouffroy de la foi de son enfance, ce fut la philosophie, au contraire, qui lui rendit cette profonde conviction religieuse dont son enseignement fut empreint, surtout dans les dernières années de sa vie. » Non, la philosophie ne fit pas cela. Cette profonde conviction religieuse venait de l'empreinte laissée dans son cœur par la foi. En la perdant, Jouffroy en garda le besoin, et ce fut ce besoin qui donna à sa philosophie cette direction constante vers un but religieux. Mais ce but il ne put pas l'atteindre, parce qu'il ne voulut plus y employer autre chose que la philosophie. Disons le mot, puisqu'il n'y en a pas d'autre à dire ici, et qu'on ne le trouve pas déplacé, puisqu'il répond à la question : une bonne confession aurait suffi pour dissiper tous les doutes et faire revivre la foi qui n'était pas entièrement perdue. Mais Jouffroy était à l'école normale, et c'était en 1816 !

Jouffroy suivait alors, dans l'école normale même, une conférence de philosophie professée par Victor Cousin.

En 1817, il fut nommé élève répétiteur pour la philosophie, dans l'École normale, et fit en même temps un cours au collége Bourbon. Il renonça à ce dernier cours en 1820 ; et en 1822 l'École normale fut fermée, en même temps que les autres cours de Cousin et de Guizot furent suspendus. Jouffroy ouvrit alors chez lui des cours particuliers et publia des articles de philosophie ou d'histoire dans les journaux le *Globe*, le *Courrier français*, l'*Encyclopédie moderne*. En 1826, il fit paraître la traduction des *Esquisses de philosophie morale* de Dugald-Stewart, avec une préface où il expose ses propres idées sur la distinction des faits de conscience et des faits sensibles. Il travaillait aussi, de concert avec son élève Adolphe Garnier, à la traduction des œuvres complète de Thomas Reid, dont le premier volume parut en 1828. Il attaquait aussi le principe d'autorité en philosophie, soutenue par le baron d'Eckstein, dans le *Catholique*, et faisait partie de l'opposition libérale, quoique sous une forme purement philosophique.

En 1828, l'École normale étant rouverte sous le nom d'École préparatoire, Jouffroy y revint continuer son enseignement, et en même temps il fit un cours à la Faculté des lettres, à titre de suppléant de M. Milon. En 1830, il devint le professeur adjoint de Royer-Collard, pour la chaire d'histoire de la philosophie. C'est là qu'il donna son *Cours de droit naturel*, publié plus tard d'après des notes sténographiques (1835-1842).

En 1831, il fit partie de la Chambre des députés, mais sa santé l'obligea en 1835 à se retirer en Italie. Il en revint l'année suivante et acheva la publication des *Œuvres de Reid* (1836).

Il y a dans la préface de cet ouvrage une pensée qui montre jusqu'à quel point Jouffroy était tiraillé entre le doute et le besoin de certitude. Contrairement à Royer-Collard, qui avait dit : « On ne fait pas au scepticisme sa part ; quand il pénètre dans l'entendement il l'envahit tout entier », Jouffroy reprochait à ses chers maîtres, les Écossais, de n'avoir pas fait au scepticisme « sa juste part ». Or, cette juste part consiste à reconnaître que nous ne pourrons jamais savoir si nos facultés sont bien disposées pour la connaissance de la vérité ; si d'autres facultés ne nous feraient pas voir les choses autrement ; si enfin la vérité humaine ne diffère pas de la vérité divine. C'est là le doute que Jouffroy déclarait naturel à l'homme ; impossible à Dieu qui saisit le vrai en lui-même ; impossible aux bêtes chez lesquelles deux sensations contradictoires peuvent produire l'équilibre, mais non le doute; naturel à la raison humaine à cause de la grandeur et de l'infirmité de sa nature. C'est ce même doute qu'il déclarait irrémédiable parce qu'il faudrait une autre faculté pour juger nos facultés, puis une troisième pour juger cette autre; et ainsi à l'infini.

Il pensait d'abord que ce doute est impossible à Dieu et que pour nous il sera guéri dans une autre vie, après le moment où le doute sur la légitimité de notre raison, étant devenu universel et mettant l'homme dans l'impossibilité de savoir ce qu'il a à faire, aura amené la fin du monde. Mais, plus tard, il pensa que ce terrible doute ne serait pas guéri dans une autre vie, et que Dieu lui-même dans le ciel devait se faire la même objection sur sa propre raison. Voilà la triste vérification du mot de Royer-Collard.

En 1838, Jouffroy quitta le Collège de France et vint remplacer Laromiguière dans ses deux emplois de bibliothécaire de l'Université et de professeur de philosophie à la Sorbonne. Mais sa santé l'obligea à transmettre à un autre cette dernière fonction, dès la fin de l'année. Ce fut M. Ad. Garnier qui devint son suppléant et plus tard son successeur.

Il resta à la Chambre des députés jusqu'en 1840, mais ayant alors, malgré la faiblesse de sa voix, qui ne lui permettait de « se faire entendre qu'à force de se faire écouter », prononcé un discours pour sauver le ministère nouveau, il se vit abandonné de la majorité et du ministère lui-même.

Sa santé, depuis longtemps ébranlée, ne résista pas à ce coup, et il ne fit plus que languir jusqu'à sa mort, qui arriva à la fin du mois de février 1842. Il n'était pas redevenu chrétien, et la philosophie n'avait pas pu lui tenir lieu de la foi. La tristesse qu'il en éprouvait l'accompagna jusqu'à la fin.

Examinons maintenant sa philosophie. Et d'abord lisons le portrait que M. Taine a donné du philosophe, à la suite de celui de Cousin. Les deux morceaux ne peuvent pas se séparer.

« Les gens qui ont écouté M. Cousin et M. Jouffroy disent qu'on ne vit jamais dans une chaire de philosophie deux talents si grands et si différents.

« M. Cousin était le plus admirable tragédien du temps. Il préparait sa leçon huit jours à l'avance, idées, plan, style, métaphores et jusqu'aux mots saillants ; il l'écrivait ; il la récrivait ; il l'apprenait par cœur ; il la répétait devant ses amis, devant les indifférents, devant tout le monde. Il la possédait dans les plus petits détails, comme un pianiste son morceau de concert. Le jour venu, les applaudissements, la popularité, les annonces des journaux, l'affluence du public, l'intérêt de parti, le sentiment de la gloire, le transportaient jusqu'au génie. Ses yeux noirs pétillaient d'éclairs. Ses traits, ses bras, son corps, tout parlait. Son discours étudié prenait l'accent d'une improvisation sublime, la philosophie l'illuminait. A ses gestes multipliés, à ses changements de physionomie, aux inflexions de sa voix, il semblait qu'il voulût sortir de lui-même. Dardées par ce visage net et par cette bouche expressive, les pensées prenaient un corps, devenaient visibles, pénétraient dans l'auditeur, le domptaient, le possédaient, le livraient aux coups de théâtre, aux effets de style, aux mouvements de passion, aux surprises de méthode. Emporté par le tourbillon métaphysique, assiégé de visions intenses, il tressaillait, il croyait. Un vieux magistrat de province, sceptique, positif, et qui donnerait pour une poularde l'infini, le fini et leur rapport, m'a répété que tout le monde était sous le charme. « Quand ce diable d'homme nous disait : « Voyez-vous ? » quoi que ce fût, on croyait voir. » Le lendemain à la réflexion, c'était autre chose ; l'admiration seule restait entière, et on allait à un autre cours.

« On trouvait là un homme maigre, un peu voûté, les épaules saillantes, comme tous les poitrinaires ; les yeux d'un bleu pâle, profondément enfoncés dans l'orbite flétri, l'air pensif et mélancolique, portant dans toute sa personne une expression de fatigue, de noblesse et de résignation. Il était fier, hautain même, réservé, volontiers silencieux, ni accueillant ni familier avec ses élèves. Tandis que M. Cousin, emporté par l'assaut intérieur de la verve et par la surabondance de la vie animale, causait, s'ouvrait, s'épanchait, dissertait, plaidait avec les gestes et l'appareil oratoire, dans un jardin public, dans son cabinet, n'importe où, devant n'importe qui, jusque devant ce pauvre petit personnage qu'on appelait son secrétaire, M. Jouffroy, même en chaire, paraissait froid et contenu. Il n'avait point l'air de se douter qu'on fût là. Son geste était rare, son corps immobile; on eût dit qu'il lisait un livre intérieur, uniquement attentif à le comprendre et à se convaincre ; il réfléchissait tout haut. Point de mots brillants ni de phrases hasardées ; nul calcul pour amuser, émerveiller ou toucher ; au contraire, de longs exordes, encombrés de divisions et de subdivisions minutieuses, un examen circonstancié et incessant de questions préalables. Lorsqu'il était entré dans son sujet, nulle phrase incisive et subite ; des répétitions infinies ; ses élèves, en relisant leurs notes, trouvaient qu'ils avaient écrit la même idée trois et quatre fois. Cependant dès le premier jour, tout esprit attentif fléchissait sous son esprit. Dès l'abord, on découvrait en lui un foyer secret d'ardeur inextinguible, plus violente et plus puissante que l'éblouissante illumination de M. Cousin. Moins il s'épanchait, plus on le sentait brûler. Ces répétitions redoublées annonçaient, par leurs tâtonnements opiniâtres, un esprit insatiable de l'expression exacte, incapable de se reposer dans les idées ébauchées, invincible à la fatigue, obstiné à marcher jusqu'à ce qu'il eût atteint la parfaite clarté. Ces divisions infinies annonçaient, par leurs précautions multipliées, une intelligence avertie de l'étroitesse de la route et du débordement d'erreurs qui l'entoure, décidée à ne pas faire un pas avant d'avoir exploré le terrain qu'elle allait fouler. On voyait qu'il ne poursuivait que le vrai qu'il y employait toute sa force, qu'il n'en dépensait rien pour des intérêts étrangers, qu'il ne songeait ni à briller ni à plaire, qu'il était penseur et non orateur, qu'il se servait de la parole par occasion et non par amour de la parole. On était rempli de respect et de confiance, et quand un tremblement de la voix ou quelque image subite indiquait la découverte d'une vérité importante, on apercevait dans ce faible signe plus d'émotion et d'éloquence que dans les magnifiques dithyrambes de son rival [1]. »

La philosophie de Jouffroy a pour objet l'homme, et si elle s'occupe de Dieu et du monde, ce n'est que par rapport à l'homme et dans l'homme.

Dans son premier système il considérait l'âme 1° comme active, 2° comme passive, 3° en elle-même. De là trois branches ou trois parties dans sa psychologie : la *productivité* du moi, la *réceptivité* du moi, le *moi* en lui-même. La première embrassait tous les phénomènes de l'intelligence et de la volonté ; la deuxième comprend les phénomènes sensibles, les sensations et les sentiments et aussi les motifs d'action fournis par la connaissance de l'objet. Le *motif* vient du dehors et il est fourni par l'intelligence, ce qui le distingue du *mobile* fourni par la sensibilité, et vulgairement appelé désir. En effaçant de tous ces phénomènes tout ce qu'ils ont de variable, il reste l'intelligence et la volonté en puissance, la force intelligente et libre, qui est le moi, simple et identique à lui-même, distinct de la matière, parce que la matière ne saurait être une force. Si chaque élément matériel du monde était une force indépendante, jamais l'harmonie ne pourrait s'établir entre elles. La force est donc distincte de la matière, l'âme est donc distincte du corps.

Outre ce dernier point de vue qui est nouveau, il y a encore dans ce système une autre doctrine qui, sans être nouvelle, le distingue profondément de celui de Laromiguière. Celui-ci voyait l'âme dans la volonté ; Jouffroy la voit dans l'intelligence. C'est l'intelligence qui est proprement l'activité de l'âme : la volonté n'est qu'un mode de cette activité. Le premier disait : L'âme veut spontanément ou avec connaissance ; Jouffroy dit : L'âme connaît involontairement ou volontairement.

[1]. Taine. *Les Philosophes classiques*. Article *Jouffroy*.

Il admet aussi avec Royer-Collard et Cousin deux modes de connaissances : l'expérience et la raison ; et celle-ci a pour objet l'absolu, le nécessaire, et se développe à l'occasion des données de l'expérience.

Dans ce système encore, la sensibilité vient à l'âme de son union avec le corps. Mais ce point de vue est celui de tous les anciens, de tout le moyen-âge, de Bossuet, de Kant, et même, on ne l'a pas assez remarqué, de Cousin lui-même. Ce n'est que plus tard, chez Jouffroy et chez les philosophes que nous pourrions appeler de second ordre, que l'on trouve la sensibilité considérée comme une faculté de l'âme seule. Ici l'âme est essentiellement une force intelligente, et comme telle elle produit la connaissance volontairement ou involontairement, mais elle ne la produit qu'en recevant les notions des corps par la sensibilité, et les notions morales par la raison. C'était le système enseigné de 1817 à 1820.

Mais Jouffroy crut remarquer de la confusion dans ce système et voyant que la joie et la tristesse sont autre chose que la connaissance du plaisir ou de la peine éprouvés par le corps, il compte désormais la sensibilité parmi les facultés de l'âme seule.

Il remit au jour la *faculté locomotrice* abandonnée depuis Descartes; enfin il considéra la volonté comme une faculté à part, qui favorise ou arrête le développement des autres facultés. Son nouveau système, expressément énoncé en 1837, y ajoute encore la *faculté expressive*, par laquelle l'âme produit les signes du langage naturel. Voici donc sa nouvelle analyse des facultés de l'âme.

1° Les *penchants primitifs* au nombre de trois : l'amour du pouvoir, le désir de connaître, l'amour de nos semblables; 2° la *sensibilité* ou la capacité de jouir et de souffrir, selon que les penchants primitifs trouvent leur essor favorisé ou gêné; 3° *l'intelligence*, qui comprend d'une part l'*expérience* : conscience, sens et mémoire, par où nous connaissons le contingent; d'autre part la *raison* qui fournit les connaissances nécessaires ; 4° la *faculté expressive* du langage naturel ; 5° la *volonté* qui devient ici la seule faculté vraiment active et pénètre dans toutes les autres.

Mais ce n'était là qu'une sorte de préparation à la question principale de la philosophie de Jouffroy. C'est l'âme elle-même et sa destinée future que le philosophe doit étudier.

Et d'abord l'âme est distincte du corps. Il le prouve en distinguant nettement les faits de conscience, d'avec les faits des sens. Cette distinction nettement établie, il n'a plus qu'à chercher aux faits de conscience un principe qui corresponde à leurs conditions. Or, 1° les faits de conscience manifestent un sujet *un* et *identique*. Le *moi* n'est donc pas multiple; il n'est pas la matière cérébrale; 2° la corrélation des phénomènes cérébraux avec les phénomènes de conscience s'explique très bien dans l'hypothèse que le cerveau est l'instrument de l'âme dans l'exercice de chacune de ses facultés ; 3° puisque nous avons des *organes*, le *moi* s'en sert, et s'en sert comme nous nous servons des instruments ; 4° les muscles et les nerfs ne sentent pas : pourquoi le cerveau sentirait-il ? 5° Aucune maladie du cerveau ne paralyse la volonté : comment cette persistance de la volonté s'expliquerait-elle dans l'hypothèse où le cerveau serait l'âme elle-même ?

Il y revient encore ailleurs et apporte de nouveaux arguments en faveur de la même solution. Tous les peuples, dit-il, ont toujours cru qu'il y a dans l'homme une dualité. Cette opinion n'a pas été détruite mais confirmée par les progrès des sciences. La cause qui en nous fait vivre le corps agit inconsciemment : donc nous n'avons rien à dire du principe de la vie. Mais nous avons conscience de mouvoir notre corps, de diriger nos pensées et nos actes de volonté. Ici le moi se connaît comme cause. Donc la vie est double : l'une consciente, l'autre inconsciente. Le but en est double aussi : la conservation du corps et le bien du moi. Le moi est donc distinct du corps ; mais leur action est inséparable. Le concours du moi est nécessaire à la vie du corps ; le concours du corps est nécessaire à la vie du moi. De là l'unité de l'homme. De là la distinction et en même temps la dépendance mutuelle de la physiologie et de la psychologie. Cette dernière science n'a pas seulement pour objet les modifications du *moi*, mais aussi le *moi* lui-même saisi directement par la conscience.

« C'est une vieille opinion, dit-il, enracinée dans les esprits, que la conscience n'atteint en nous que les actes et les modifications du principe personnel et point du tout ce principe lui-même..... Thèse singulière à soutenir : que je ne saisis pas la cause qui est *moi*, que je sens ma pensée, ma volonté, ma sensation ; mais que je ne me sens pas pensant, voulant, sentant... Mais d'où saurais-je alors que la pensée, la volonté, la sensation que je sens sont miennes, qu'elles émanent de moi et non pas d'une autre cause ? Si ma conscience ne saisissait que la pensée, je pourrais bien concevoir que la pensée a une cause ; mais rien ne m'apprendrait quelle est cette cause, ni si elle est *moi* ou tout autre.

« Il faut donc rayer de la psychologie cette proposition consacrée : *L'âme ne nous est connue que par ses actes et ses modifications.* L'âme se sent comme cause dans chacun de ses actes, comme sujet dans chacune de ses modifications ; et comme elle ne cesse d'agir et de sentir, elle a d'elle-même une conscience perpétuelle. »

La vérité de cette dernière phrase ne justifie par la première, et ne prouve pas qu'il faut rayer de la psychologie cette proposition : au contraire. Jouffroy n'ose pas dire que l'âme se sent en elle-même, en dehors de ses actes et de ses modifications ; il affirme même qu'elle ne se sent qu'autant qu'elle agit et sent. Et, en effet, si l'âme se voyait autrement que dans ses actes, elle connaîtrait directement sa propre substance, et personne ne douterait de l'âme. Et c'est précisément pour cela qu'il faut la psychologie pour connaître la nature de l'âme.

Cette étude sur l'âme en elle même n'est encore pour Jouffroy qu'un chemin qui doit le conduire à la solution, tant désirée depuis qu'il avait renoncé à celle du catéchisme, de cette grave question: Quelle est la destinée de l'homme? Rien ne put jamais étouffer ce cri de son âme. En vain avait-il écrit dans le *Globe*, le 24 mai 1825, le trop fameux article *Comment les dogmes finissent*, où il essaye de se donner le change à lui-même et de se faire accroire qu'on ne croit plus aux dogmes chrétiens parce qu'ils sont affirmés sans preuve, et que leurs défenseurs y ont introduit l'erreur à côté de la vérité ; en vain attendait-il, après la fin de ce dogme, un dogme nouveau qui, selon lui, ne pouvait manquer de venir bientôt; en vain il employa tous ses efforts à découvrir par lui-même la solution cherchée : elle ne se présenta jamais ; il la chercha toujours, et à la fin encore il n'en savait pas autant qu'en dit le catéchisme.

Il a traité cette question en 1830, dans ses leçons à la faculté, et elle est reproduite dans ses *Mélanges*, sous le titre : *Problème de la destinée humaine*.

« Le spectacle de l'univers qui nous environne, et des différents êtres qui le peuplent, inspire à tous les hommes certaines croyances qu'il ne dépend pas plus d'eux de ne pas avoir, qu'il ne dépend d'eux de les rejeter, quand une fois elles se sont produites. Comme tous les êtres qui remplissent le monde ont une nature déterminée, il nous semble certain que cette nature impose à chacun une destination spéciale ; et, comme le monde lui-même est un tout harmonieux, nous croyons que la destination spéciale de chacun de ces êtres concourt à la destination de l'ensemble, et forme un élément de l'ordre universel. Tout être, quel qu'il soit, nous semble donc dévoué, par son organisation, à une certaine fin. L'accomplissement de cette fin est son rôle ici-bas, et de la combinaison de tous ces rôles résulte le drame de la création. Quelle est la fin d'un être donné? Nous pouvons l'ignorer. Mais, soit que nous la connaissions ou que nous ne la connaissions pas, nous ne laissons pas de croire qu'il en a une, et qu'elle importe à l'harmonie générale du tout... Il n'est rien dans la création que nous ne soumettions à cette loi...

« D'où nous viennent ces croyances? ce n'est pas ici le lieu de le chercher ; mais, de quelque source qu'elles émanent, et à quelque titre qu'elles se fassent accepter, toujours est-il qu'elles sont invincibles.....

« Tous les êtres ont donc leur destination spéciale qui leur est imposée par leur nature, et parce qu'elle leur est imposée par leur nature tous y tendent avec énergie. Voilà ce que tous les êtres ont de commun. Mais, cette destination, la plupart l'ignorent en l'accomplissant, et il n'a été donné qu'à un bien petit nombre de savoir qu'ils en ont une. Ce privilège éminent a été réservé aux natures raisonnables, et le seul être doué de raison que nous connaissions, c'est l'homme.

Dans le minéral, la force est l'élément qui unit les molécules agrégées. C'est un acteur aveugle qui joue son rôle sans le connaître, sans le vouloir, sans savoir qu'il en a un et qu'il le remplit. Dans la plante, la force a un développement plus varié et plus puissant. Elle s'empare du germe, et, appelant à elle tous les éléments propices, elle organise un être, qui se couvre de fleurs et de fruits, qui vit de sa vie, et qui abandonne aux vents et à la terre, aux ondes et à la nature des semences qui contiennent le germe de nouveaux êtres semblables à lui. Mais elle aussi fait tout cela sans le savoir. Sent-elle du moins la hache qui la frappe ? Nous l'ignorons.

Dans l'animal, le doute n'est plus permis : le principe qui le constitue n'est plus une force étrangère à elle-même, qui, sans le savoir accomplit mécaniquement la fin qui lui a été assignée dans la création. Le principe animal, comme tout principe, aspire à sa fin ; mais parce qu'il est sensible, il sent ses tendances; il souffre et jouit; il participe à l'accomplissement de sa propre destination. Mais il ne lui est pas donné de comprendre qu'il en a une, ni quelle elle est.

« Il en est autrement de l'homme. L'homme est aussi, par sa constitution, prédestiné à une certaine fin. Cette destination s'explique primitivement en lui, comme dans les animaux, par des besoins, des désirs, des mouvements instinctifs. Comme eux, il a une sorte d'intelligence, qui sert à reconnaître et l'existence de ces désirs et de ces besoins et les objets qui peuvent les satisfaire. Il a aussi, comme eux, cette sensibilité qui fait souffrir tout être créé quand les inclinations de sa nature sont contrariées, qui le fait jouir quand elles ne le sont pas. Comme eux, enfin, il possède cette faculté de disposer de lui-même, qui permet à une cause d'employer volontairement sa puissance à la poursuite des objets que ses besoins, ses inclinations, son intelligence, lui ont indiqués. Mais là ne s'arrêtent point les facultés que le ciel a départies à l'homme. Il a reçu de plus cette intelligence supérieure qu'on appelle *raison*, par laquelle il se comprend lui-même, et avec lui les choses qui l'entourent et les rapports qui existent entre leur nature et la sienne. Non seulement l'homme a le pouvoir et de sentir et de connaître les choses qui lui sont bonnes ou mauvaises, mais il a celui de comprendre à quel titre et comment les choses portent pour lui ces caractères opposés, à quel titre et comment toutes ne lui sont pas également indifférentes, à quel titre et comment il y a, il peut y avoir, et pour lui et pour tous les êtres, du bien et du mal…. Telle est la gradation que présentent, à ce point de vue, les différentes espèces d'êtres qui composent la création. »

Mais l'homme ne s'élève pas de bonne heure à cette connaissance; il n'est pendant longtemps qu'un animal; sa vie est un sommeil, et cette vie de l'enfance se prolonge chez le commun des hommes, et souvent même remplit toute la durée de l'existence. Et cependant, il n'est pas un homme qui ne se soit posé un jour cette terrible question : Pourquoi l'homme est-il ici-bas ? Or ce qui éveille en lui sa raison, ce qui l'oblige à s'inquiéter de la destinée de l'homme, c'est le mal. Sans cela peut-être sa raison demeurerait-elle éternellement endormie. Aucun de ses désirs n'est satisfait, aucune de ses facultés n'atteint complètement sa fin. Alors l'âme souffre et s'indigne. Tant que dure notre jeunesse, le malheur nous étonne plus qu'il ne nous effraie. Mais à la fin, la triste vérité nous apparait : alors s'évanouissent les espérances; alors du fond de notre cœur oppressé de douleur, du fond de notre raison blessée dans ses croyances les plus intimes s'élève inévitablement cette mélancolique question : Pourquoi donc l'homme a-t-il été mis au monde ? Et ce problème sort de nos félicités comme de nos infortunes. La satisfaction va diminuant et s'éteint dans le dégoût. A une passion en succède une autre, et l'objet ne tient jamais ses promesses. Le bonheur obtenu n'éteint pas le désir du bonheur : le cœur n'est jamais satisfait. Et la même question revient. Elle naît plus souvent de l'expérience du bonheur de la vie que de celle de ses misères.

Elle naît aussi de la comparaison de notre petitesse devant la grandeur de l'univers, de l'histoire de l'humanité, où les races luttent contre les races, où les empires effacent les empires, où tout disparait et se trouve remplacé, sans qu'aucun peuple sache d'où il vient, ni où il va. Et puis l'humanité avance-t-elle, recule-t-elle, tourne-t-elle dans un cercle sans fin ? Et enfin, dernière considération fournie par la géologie, tant de créations précédentes ont disparu : qui sait si la nôtre ne doit pas disparaître pour faire place à une autre plus parfaite, et ainsi de suite ?

« Or, lorsque, sous l'influence de l'une ou de l'autre de ces circonstances, l'homme est enfin arrivé, à une époque quelconque de sa vie, à se poser cette grande question, oh ! alors, les doutes qu'elle provoque, s'il n'en trouve pas immédiatement la solution dans des croyances établies, les doutes qu'elle provoque sont terribles. Je sais que bien des hommes, après avoir conçu le problème, semblent le perdre de vue et ne plus guère s'en inquiéter; mais ne vous trompez pas, Messieurs, une fois cette idée venue, elle ne peut plus périr ; on peut s'en distraire il est vrai, mais s'en défaire, jamais.

Alors l'homme est changé : une nouvelle corde est ébranlée au fond de l'âme, et toutes les distractions du monde n'empêchent pas que cette corde ne soit là et que le moindre événement ne la fasse vibrer. Alors aussi s'éveillent dans l'âme trois sentiments endormis : le sentiment poétique, le sentiment religieux, le sentiment philosophique.

La vraie poésie n'exprime qu'une chose, les tourments de l'âme humaine devant la question de sa destinée. Lisez Byron et Lamartine. Une religion n'est autre chose qu'une réponse au problème de la destinée humaine et à toutes les questions qu'il entraine à sa suite. Or la solution du problème importe peu à celui qui ne se l'est jamais posé. Mais le jour où se fait le retour de l'homme sur lui-même, sur sa destinée : ce jour-là l'homme est religieux ; avant ce jour-là, il ne l'était pas. Ce jour-là aussi, et seulement ce jour-là, nait en nous le sentiment philosophique : car un système philosophique, n'est, comme une religion, qu'une réponse aux questions qui intéressent l'humanité. La philosophie est une affaire d'âme comme la poésie et la religion ; si on n'y met que son esprit, il est possible qu'on devienne philosophe un jour, il est démontré qu'on ne l'est pas encore. Telle est la grande révolution que produit dans l'homme l'apparition du problème de la destinée. Toutes les questions que traite la philosophie s'unissent dans cette seule question. Impossible de traiter la politique sans la morale, ni la morale sans la religion.

« Qui vous a démontré que toute la destinée de l'homme fût renfermée entre le berceau et la tombe ? Où avez-vous appris que la naissance fût un vrai commencement, que la mort fût une vraie fin ? Celui-là aurait gardé son secret, qui depuis quatre mille ans que l'humanité pense, aurait trouvé cette démonstration ; car l'humanité qui a toujours cru le contraire, car l'humanité qui a toujours rêvé sur le berceau de l'enfant et sur la tombe du vieillard, persiste encore dans ses croyances, et la science n'a pas déterré une preuve, un fait, qui sérieusement les ébranle. Nul donc, dans la recherche de la destinée de l'homme, ne peut légitimement s'enfermer entre la naissance et la mort. Il doit avec le genre humain, et au nom de ses besoins comme de sa raison, franchir ces fausses limites et pénétrer dans le passé et l'avenir de l'homme, c'est-à-dire dans la science religieuse proprement dite. Alors seulement il embrassera le problème de la destinée de l'homme dans toute son étendue. »

Ce problème une fois apparu en éveille mille autres, il se fait sentir avec toutes ses conséquences aux esprits les plus grossiers comme aux plus subtils, et sur la scène de l'histoire deux ordres de monuments témoignent d'une manière plus authentique de l'exactitude de nos assertions : je veux parler des religions et des systèmes philosophiques.

En effet, une religion, un système philosophique sont deux réponses différentes aux questions qui intéressent l'humanité, et dans aucun coin du monde, à aucune époque, l'une, au moins, de ces réponses n'a manqué. Toutes les religions et tous les systèmes philosophiques ont cela de commun d'avoir abordé et résolu tous les problèmes que nous avons posés, tous sans exception. C'est à ce signe que toute grande religion, toute grande doctrine philosophique se reconnaissent ; et l'on peut dire qu'une religion qui néglige l'un de ces problèmes n'est qu'une demi-religion, comme une doctrine philosophique qui ne répond pas à toutes n'est qu'une demi-philosophie.

« Voulez-vous un exemple de la portée et de l'étendue d'une grande religion ? considérez la religion chrétienne. Il y a un petit livre qu'on fait apprendre aux enfants, et sur lequel on les interroge à l'église. Lisez ce petit livre, qui est le *Catéchisme* : vous y trouverez une solution de toutes les questions que j'ai posées, de toutes, sans exception. Demandez au chrétien d'où vient l'espèce humaine, il le sait ; où elle va, il le sait ; comment elle va, il le sait. Demandez à ce pauvre enfant, qui de sa vie n'y a songé, pourquoi il est ici-bas, et ce qu'il deviendra après sa mort : il vous fera une réponse sublime, qu'il ne comprendra pas, mais qui n'en est pas moins admirable. Demandez-lui comment le monde a été créé et à quelle fin ; pourquoi Dieu y a mis des animaux, des plantes ; comment la terre a été peuplée ; si c'est par une seule famille ou par plusieurs ; pourquoi les hommes parlent plusieurs langues ; pourquoi ils souffrent, pourquoi ils se battent, et comment tout cela finira : il le sait. Origine du monde, origine de l'espèce, question des races, destinée de l'homme en cette vie et en l'autre, rapports de l'homme avec Dieu, devoirs de l'homme envers ses semblables, droits de l'homme sur la création, il n'ignore rien ; et, quand il sera grand, il n'hésitera pas davantage sur le droit naturel, sur le droit politique, sur le droit des gens : car tout cela sort, tout cela découle avec clarté et comme de soi-même du christianisme. Voilà ce que j'appelle une grande religion : je la reconnais à ce signe qu'elle ne laisse sans réponse aucune des questions qui intéressent l'humanité. » — Et l'homme qui écrivait cela pensait n'avoir plus la foi ! Il se trompait sans doute. Que lui manquait-il donc ? Hélas ! l'humilité ou le courage ; peut-être l'un et l'autre !

« Abordez maintenant les grands philosophes, vous trouverez dans leurs systèmes la même étendue. Voyez Épicure : il n'y a pas une question qui intéresse l'humanité qui n'ait sa solution bonne ou mauvaise, dans sa doctrine : il a fait à toutes une réponse. Il en est de même du platonisme, du stoïcisme, du kantisme, de toutes les grandes philosophies. Comme toute grande religion, toute grande doctrine philosophique résout tous les problèmes qui intéressent et qui tourmentent l'humanité. » — Non, et la preuve que ces philosophies ne les résolvent pas, c'est que vous cherchez encore.

Marquons maintenant la différence qui existe entre une religion et un système philosophique. Nées du même besoin ces deux solutions ne sont pas nées de la même manière, et de là vient qu'elles donnent des réponses différentes et ne fondent pas leur autorité sur la même base.

Aux temps primitifs l'homme, ignorant la nature et faible contre elle, a dû se poser promptement avec effroi cette question et en demander au ciel la solution. Et cependant les solutions nombreuses sont contemporaines des questions posées. La conscience de l'humanité répondit et ce phénomène dut alors paraître surnaturel. Ceux qui donnèrent ces solutions ne les ayant pas cherchées, n'eurent pas conscience de les avoir produites, et purent se faire illusion ; dans tous les cas, s'ils ne le crurent pas, l'enthousiasme du peuple dut les croire inspirés. Tels sont les caractères de toute religion. — Triste doctrine, triste chute, pour un homme qui vient d'exposer avec tant de conviction les grandes solutions données par le catéchisme ! L'histoire des philosophies anciennes telle que nous l'avons exposée répond victorieusement à cette pauvre explication de la croyance populaire et universelle à une révélation. Les peuples ont cru que Dieu avait parlé, parce que Dieu avait parlé.

« Ce ne fut que plus tard, Messieurs, et avec les progrès de la civilisation, qu'à côté des religions s'élevèrent les systèmes philosophiques. Les systèmes philosophiques naquirent le jour où, tourmentés comme les masses, des problèmes qui intéressent l'humanité, mais accoutumés à ne reconnaître à la vérité d'autre titre que sa propre évidence, quelques hommes essayèrent de résoudre ces problèmes avec leur raison seule, et en ne tenant compte que des faits qu'il lui a été donné d'atteindre et de comprendre. »

Ici l'auteur du système a cherché la solution, il a conscience de ses efforts ; il ne peut donc y croire que parce qu'il y voit la vérité, il ne peut la donner que sous une forme rationnelle. De là les caractères opposés qui distinguent un système philosophique d'une religion.

Mais le commun des hommes est incapable d'accepter les vérités sous des formes philosophiques. L'étendue des problèmes semble les rendre insolubles ; le système, si hardi qu'il soit, n'explique pas tout, il n'a pas de prise sur les masses qui ne peuvent en vérifier la vérité, le langage philosophique n'est pas accessible aux masses, qui comprennent mieux les symboles et les mythes. Voilà pourquoi les peuples commencent par les solutions religieuses.

Pendant la marche de l'humanité des solutions de moins en moins obscures ont succédé aux précédentes. Un dogme finissait parce qu'il n'était plus à la hauteur des lumières actuelles de l'humanité. Alors venait le doute, puis une nouvelle solution. « C'est ainsi que les solutions se sont succédé sous la double forme de religions et de systèmes philosophiques, les unes pour les masses, les autres pour les esprits pensants. »

Or, il n'y a point de repos pour l'humanité, du jour où elle ne possède plus une solution, qu'elle puisse regarder comme vraie, du problème de la destinée. Il y a donc nécessairement, dans la vie de l'humanité, des époques de crise ; et ces époques sont celles où ses lumières la forcent à se détacher d'un dogme reçu, pour en créer et en embrasser un autre. C'est dans l'intervalle qui sépare inévitablement ces deux solutions que l'humanité souffre et s'agite. On appelle ces époques *révolutionnaires*, et ce sont les seules qui méritent véritablement ce nom : car il n'y a de vraies révolutions que les révolutions d'idées. Une révolution est donc un pas que fait l'esprit humain dans la recherche de la vérité. Condamner les révolutions c'est donc condamner la nature humaine, et, avec elle, Dieu, qui l'a créée perfectible.

L'humanité se trouve aujourd'hui, dans une partie de l'Europe, et spécialement en France, dans un de ces formidables intervalles. D'abord la joie de détruire tient lieu de foi et semble suffire aux masses. Mais, quand finit la guerre avec le passé, naît le besoin de le remplacer. Chez nous, le mouvement de destruction a cessé pour les classes éclairées, mais pas encore dans les masses. Celles-ci sont encore unies dans la haine du passé ; mais le jour où ce lien aura été brisé, il faudra que se manifeste dans les masses une effervescence, une anarchie dangereuse. Il est donc pressant de pourvoir à ce besoin de croyances nouvelles. Comment y parvenir ? Il n'y a qu'un moyen : c'est de poser de nouveau l'éternel problème. Quelle sera la solution future ? Je l'ignore ; la seule chose que je puisse affirmer c'est que, loin de détruire la précédente, elle la contiendra. Quant à la question de savoir si cette solution sera religieuse ou philosophique, peut-être n'est-il pas impossible de le prévoir.

On a tellement persuadé à la raison humaine qu'elle était capable de tout, qu'elle était la seule autorité légitime, et ces idées sont descendues si avant dans la société, qu'il paraît difficile qu'en France, et dans l'époque actuelle, une nouvelle solution puisse se produire et s'accréditer sous la forme religieuse. « Je trouve donc dans la prétention de faire aujourd'hui une religion plus de réminiscence du passé que d'intelligence du présent et de l'avenir ; je suis même convaincu que, pour qui a bien compris le passé, il reste évident qu'une religion ne se fait pas de propos délibéré, ne se trame pas comme une conspiration, mais qu'elle est toujours une production spontanée des idées des masses, se faisant jour et s'incarnant, quand elles sont mûres, dans une imagination exaltée, dupe elle-même le plus souvent de la révélation qu'elle annonce. » — Voilà les fruits de cet éclectisme qu'on nous annonçait si brillant, qui promettait de ne rien détruire, qui faisait mine de respecter le Christianisme, mais qui ne cachait pas son intention de le rendre philosophique. En vérité les Allemands et après eux Renan n'ont pas plus mal dit. Voit-on entre les lignes cette pensée de faire de N.-S. Jésus-Christ un illuminé, dupe lui-même de l'erreur qu'il enseigne aux autres ? Voilà où conduit la négation du principe d'autorité dans la religion. Et pourtant que veut-on de plus ? Ce principe n'est-il pas assez rationnel. Dieu parlant de lui-même à l'homme, se faisant connaître, et lui imposant le culte qu'il veut recevoir de lui : est-ce là quelque chose que la raison ne puisse admettre ? Et quand tous les peuples attestent le fait, peut-on le révoquer en doute pour l'attribuer à l'enthousiasme, à l'éclosion spontanée des idées, au besoin d'une solution vraie ou fausse ? Parce qu'un disciple a oublié les leçons de son maître, faut-il croire qu'il n'en a jamais eu, et que sa conscience spontanée a trouvé d'elle-même tout ce qu'il sait ? Non, et c'est en sens contraire que nous jugeons l'auteur dont nous parlons ici. Jouffroy n'a pas inventé ces théories ; il ne serait pas allé si loin ; il les a prises de Cousin, qui les avait prises des Allemands. Et d'ailleurs qui voulait alors « faire une religion ? » Quels étaient ces hommes ? Où Jouffroy les avait-il vus tramer une religion comme on trame une conspiration ? Sans doute des hommes d'un grand mérite, dont nous allons parler bientôt, travaillaient alors à ramener dans les esprits égarés la foi chrétienne ; mais ils n'inventaient rien.

« Je sais, continue Jouffroy, qu'on peut changer le sens des termes et imposer le nom de religion à une doctrine rationnellement démontrée et rationnellement exposée. Mais alors la chose échappe, et l'on n'a conquis que le mot. C'est, selon moi, tout ce qu'on peut faire aujourd'hui ; je le dis parce que je le crois, et en reconnaissant d'ailleurs tout ce que suppose de lumières et de prévoyance l'illusion même de ceux qui espèrent et entreprennent davantage. » — Cet éloge est une injure, et ceux à qui il s'adresse ne se reconnaissaient pas cette prévoyance. Aussi bien, ce n'est pas la doctrine qu'ils démontraient rationnellement mais l'autorité dont elle émane, ce qui laisse intact le caractère que Jouffroy attribue à une doctrine religieuse ; à moins qu'il ne prétende qu'une doctrine n'est plus fondée sur l'autorité, quand l'autorité consent à faire la preuve de ses droits.

« Après quinze années d'inquiètes méditations sur l'énigme de la destinée humaine, je suis arrivé à des convictions sur beaucoup de points, à des doutes raisonnés sur les autres : ces convictions et ces doutes, je vous les dirai ; leurs motifs, je vous les exposerai ; heureux si ces solutions ébauchées peuvent servir un jour à construire l'édifice, et, en attendant, porter dans vos âmes un peu du calme qu'elles ont répandu dans la mienne ! » — Quel calme voulez-vous apporter avec des *doutes*, des *solutions ébauchées?* Et cela après *quinze années* de méditations! C'est là tout ce que peut la philosophie pour calmer les erreurs inquiètes de l'âme humaine troublée par la pensée de son avenir! Ah! laissez-nous donc notre foi. Elle ne doute pas, elle n'est pas une conviction personnelle, elle ne donne pas des solutions ébauchées. Elle répond à tout, et donne des réponses sublimes : vous l'avez dit. Ajoutez que ses réponses sont certaines, qu'elles viennent réellement de Dieu, que le genre humain y a toujours cru, et que les masses ne commencent à douter que lorsque les philosophes viennent par leurs sophismes troubler la limpidité de leur regard et remplacer la lumière par un nuageux crépuscule. Mais notre philosophe, toujours poursuivi par sa foi première qu'il ne peut chasser entièrement, a un remords et il ajoute :

« Encore un mot avant de finir. Ceux-là se tromperaient beaucoup qui croiraient voir dans l'idée de ce cours des symptômes de mépris ou de haine pour le passé. Non, Messieurs, rien de semblable n'est dans mon cœur. Du point de vue, oserai-je dire élevé, où les lumières de mon siècle bien plus que mes faibles forces m'ont conduit, il n'est plus en moi (et je ne sais si je dois m'en féliciter) » — notez cette parenthèse : elle part du cœur — « de sentir ni enthousiasme ni haine pour les opinions et les partis qui se disputent la scène du monde. Les évènements sont si absolument déterminés par les idées, et les idées se succèdent et s'enchaînent d'une manière si fatale que la seule chose dont le philosophe puisse être tenté, c'est de se croiser les bras et de regarder s'accomplir des révolutions auxquelles les hommes peuvent si peu. C'est par une loi nécessaire qu'une doctrine se produit; c'est par une loi nécessaire qu'elle passe, quand sa mission est terminée. Celle du christianisme semble avoir été d'achever l'éducation de l'humanité et de la rendre capable de connaître la vérité sans figures et de l'accepter sans aucun titre que sa propre évidence. Dès que cette œuvre est terminée dans un esprit, il est nécessaire que le christianisme s'en retire; mais en se retirant, il emporte avec lui le germe de toute foi, et ce n'est jamais une religion nouvelle, c'est toujours la philosophie, qui lui succède. Cette mission sublime du christianisme, elle est loin, bien loin d'être accomplie sur la terre. Elle ne l'est pas même entièrement dans ce pays, que sa civilisation place en tête de l'humanité ; elle est plus loin encore de l'être dans les autres parties de l'Europe ; et elle est à peine commencée dans le reste du monde. Ceux-là sont bien aveugles qui s'imaginent que le christianisme est fini, quand il lui reste tant de choses à faire. Le christianisme verra mourir bien des doctrines qui ont la prétention de lui succéder. Tout ce qui a été prédit de lui s'accomplira. La conquête du monde lui est réservée, et il sera la dernière des religions. »

Voilà la conclusion on peut dire ridicule de ce système de philosophie où toute doctrine, si fausse qu'elle soit, a sa place dans la vie de l'humanité ; où toutes les théories sont également vraies et également fausses. Poésie, art, religion ou philosophie ; matérialisme, idéalisme scepticisme, mysticisme, tout est dans les idées et doit se produire un jour ou l'autre d'une manière nécessaire, par la spontanéité ou par la réflexion, par les symboles religieux ou par les abstractions philosophiques : tout est également l'œuvre de l'homme. Et l'on croit rendre hommage au christianisme, en disant qu'il est la dernière des élucubrations religieuses de la pensée humaine, la dernière des solutions données, sans effort et sans conscience, aux plus graves questions qui intéressent l'humanité, le dernier des produits d'un enthousiasme qui se fait illusion à lui-même, ou tout au moins fait illusion aux autres et passe pour inspiré. Mais c'est une imposture que cela ! Mais, si le christianisme était ainsi fait, il ne mériterait pas les hommages sacrilèges qu'on vient de lui décerner : le mensonge aurait-il donc la mission de préparer les voies à la vérité ? Passe pour les efforts infructueux et les erreurs qui en sortent ; mais le mensonge, mais l'imposture ! Et pourtant voilà bien les contradictions étonnantes que nous venons de lire ! Et tout cela sur quelles bases l'a-t-on appuyé ? Quels sont les faits qui démontrent cette théorie ? Pure imagination, pur système, pure hypothèse.

Et la solution tant cherchée, tant désirée, tant attendue ? Avons-nous du moins quelque chose à mettre à la place des solutions rejetées sans raison ? A la page suivante du même volume commence une autre leçon avec ce titre : *Méthode pour résoudre le problème précédent.* C'est encore un beau morceau largement traité, qui tient compte du sens-commun, qui laisse entrevoir que la question pourrait bien avoir été résolue par Dieu, et qu'alors il n'y aurait plus à la chercher. Mais on n'a pas plus tôt émis cette pensée, sous forme d'hypothèse, qu'on la rejette, sous prétexte que plusieurs doutent encore et que la solution donnée par Dieu expliquerait tout. On fait voir ensuite le lien de cette question avec le droit naturel, le droit politique, le droit des gens, la théodicée et la morale, et l'on conclut que la dépendance mutuelle de ces questions exige toujours la connaissance de la même question : Quelle est la destinée de l'homme ? Cette question on la divise en trois : avant la vie, pendant la vie, après la mort. Et l'on conclut que nous ne pouvons étudier cette question que dans la vie actuelle. D'où la question revient à celle-ci : Quelle est la destinée de l'homme ici-bas ? Cette question revient alors à celle de la loi morale, et l'on montre qu'il n'est ni logique ni possible d'étudier la morale dans l'histoire des actions humaines, et l'on conclut qu'il faut la tirer de la nature même de l'homme. Mais Jouffroy a déjà suffisamment traité cette question. Il va donc aborder immédiatement la morale.

Et la destinée humaine ? Eh bien ! peut-être si Jouffroy vivait encore aujourd'hui aurait-il honte de répondre ; mais il est mort, et il est mort à l'âge de 46 ans : on pourra lui en faire une excuse. Il est mort sans l'avoir trouvée. Vingt années, quarante années de plus lui auraient-elles fourni la solution ? Il n'est pas seulement permis d'en douter : il est certain qu'avec sa méthode il n'y serait jamais arrivé.

Mais aussi pourquoi séparer par des limites infranchissables la religion et la philosophie ? Pourquoi donner toute la raison à celle-ci, et, disons le mot, toute la sottise à celle-là ? Pourquoi ne pas employer à la recherche de ce problème, à la fois philosophique et religieux, le double concours de la philosophie et de la religion, de la raison et de la foi ? Avec cette méthode, en effet, la solution est bien simple. La voici :

L'homme ne s'est pas fait lui-même ; il est créé par Dieu ; il est créé sans doute pour une fin, mais cette fin n'a rien de nécessaire : Dieu la lui a choisie librement. Dès lors la raison n'a rien à dire sur elle. Dieu seul la connaît. Nous ne pouvons donc la connaître que par une révélation de Dieu. Dieu a-t-il fait cette révélation ? Tous les hommes l'attestent ; une société dont la seule existence est visiblement l'œuvre de Dieu, et qui d'ailleurs se montre visiblement assistée de Dieu par des preuves irréfragables, se déclare chargée de conserver intact le dépôt de cette révélation. Cette société c'est l'Église catholique. Elle a fait ses preuves, elle se montre divine, Dieu l'assiste visiblement ; elle est infaillible. Elle déclare avoir et avoir seule la solution de la question et de toutes les questions qui s'y rattachent. Demandons-lui donc cette solution avec toutes les autres et vivons en paix. Voilà la vraie méthode, la méthode à la fois philosophique et religieuse.

Jouffroy l'avait suivie d'abord : on l'en détourna de bonne heure ; il n'eut plus le courage d'y revenir. Nous allons voir bientôt, et cela reposera nos cœurs, des philosophes nombreux qui ont suivi cette méthode et qui n'ont pas pour cela manqué à la philosophie.

376. DAMIRON. — Jean Philibert Damiron, né à Belleville, département du Rhône, en 1794, fut disciple de Cousin et condisciple de Jouffroy, puis professeur de philosophie aux collèges Bourbon, Charlemagne, Louis-le-Grand, à l'École Normale, et enfin à la Sorbonne. Il est mort en 1862. Il a publié : *Cours de philosophie : Psychologie et morale*, en 1834, *Logique* en 1837 ; *Essai sur l'histoire de la philosophie en France au XIX° siècle*, 1834 ; le même pour le *XVIII° siècle*, 1842 ; le même pour le *XVII°*, 1846. Il fut chargé par Jouffroy de publier ses *Nouveaux mélanges*.

Sa philosophie, qu'il déclare lui-même formellement *éclectique*, n'offre rien de bien saillant. Elle fait suite au premier volume d'histoire de la philosophie ; elle en est la conclusion : du moins c'est ce qu'en dit l'auteur. Cette philosophie professe l'Éclectisme, comme le vrai système ; elle le définit : « l'esprit de recherche et d'examen, d'impartialité et d'exactitude, » mais cet éclectisme n'est peut-être pas tout à fait celui de Cousin ; « c'est, dit Damiron, la croyance que dans les idées même les plus erronées, il y a toujours nécessairement une assez grande part de vérité pour qu'il soit utile et sage de les rechercher et *de les juger toutes, de prendre à toutes ce qu'elles peuvent avoir de juste et de raisonnable.* » Ici Damiron semble s'éloigner de Cousin ; mais il s'en rapproche dans ce qui suit : « C'est par suite la disposition à n'en négliger aucunes, à n'être hostile à aucunes, à les examiner quelles qu'elles soient, pourvu qu'elles soient fortes et puissantes ; l'intention ferme et éclairée de philosopher avec chacun, de se placer dans le point de vue et la pensée de chacun, de tout regarder pour tout comprendre, de tout comprendre pour tout juger, curiosité et impartialité, justice savante et concluante, acceptation et conciliation de toutes les opinions par leur côté vrai, tel est l'éclectisme dans l'histoire. Il n'est pas autre dans la science. Il ne change pas de nature, il ne change que d'objet en passant des opinions aux faits à observer..... Il n'a pas son cadre tout fait, où il faut bon gré mal gré que les faits entrent et prennent place ; il ne les fait pas pour le cadre, il fait le cadre pour eux ; il n'a point d'avance une hypothèse, à laquelle il les rapporte et les sacrifie sans raison, loin de là, il n'hésiterait pas à leur sacrifier une hypothèse. » — Très bien, mais vous n'avez pas inventé cette méthode : tous les vrais philosophes l'ont suivie, et, plus que les autres, Aristote et St Thomas ; mais nous sommes bien loin de l'éclectisme de Cousin. — « Il n'exerce point à leur égard cette tyrannie de l'esprit de secte ou de système qui les façonne, les réduit ou les écarte à son gré ; il ne les plie à aucunes combinaisons factices et artificielles, il les regarde comme sacrés, sacrés du droit de la vérité qui les environne à ses yeux d'une sorte d'inviolabilité. » — Voilà que nous retombons dans le vice principal du système, qui consiste à traiter l'erreur comme une vérité. Aussi il ne faut pas s'étonner de ce qui va suivre. — L'éclectisme est dans la science une sorte de régime constitutionnel qui, autant qu'il est possible, tend à en bannir l'arbitraire. L'égale admission de tous les faits dans les théories scientifiques, le respect religieux de tous ces faits dans leurs circonstances essentielles sont en effet, dans l'ordre logique, deux grandes règles de vérité, qui répondent et équivalent à celles qui dans l'ordre social assurent à chacun l'égalité et la liberté devant la loi ; de même que celles-ci donnent à la politique une excellente direction, de même celles-là mettent la philosophie dans une voie pleine de sagesse. » — Oui, c'est bien « de même ; » l'un des systèmes vaut exactement l'autre. Nous le disions bien : l'éclectisme c'est le libéralisme.

Seulement il n'est pas exact de dire que « l'admission, le respect religieux de tous les faits scientifiques » aient amené leur équivalent dans l'ordre social, comme on semble l'insinuer. Non c'est le libéralisme qui a engendré l'éclectisme. Et par *libéralisme*, il ne faut pas entendre la liberté de tous, ni surtout l'égalité de tous devant la loi. Ce principe éternel, qu'on a cru inventer en 1789, a toujours et partout régi tous les peuples comme toutes les choses. Toutes les choses d'une même espèce, placées dans les mêmes conditions, sont soumises aux mêmes lois, et sont égales devant ces lois ; de même tous les hommes d'une même condition, chez tous les peuples, ont toujours été également soumis aux lois qui règlent leurs actes. Et de même que l'eau chauffée à cent degrés ne s'étale plus au fond du vase, mais s'échappe avec force par l'ouverture supérieure, quoique elle reste de l'eau ; de même qu'en général deux choses de même espèce suivent dans des conditions différentes des lois différentes ; ainsi les hommes, tous de même espèce, ont toujours suivi et suivent encore, malgré les immortels principes, des lois qui varient avec leurs conditions. Ainsi entendu, et on ne pourra jamais l'entendre autrement, le principe de l'égalité devant la loi, est aussi ancien que le monde, il durera autant que lui, et il est juste comme la justice même. Ce n'est donc pas ce principe que nous flétrissons du nom de *libéralisme* ; c'est l'égalité du vrai et du faux, l'égalité du mal et du bien, la même liberté accordée au vice et à la vertu, qui s'est faussement attribué le nom de libéralisme, que nous condamnons sous ce nom qu'il s'est donné. Et c'est ce libéralisme qui a cru devoir s'appuyer sur la philosophie en inventant l'éclectisme. Mais le fils est mort avant son père, et celui-ci, après avoir vainement essayé d'étouffer la vérité, la liberté et la vertu, disparaîtra aussi, quand ses œuvres mauvaises auront déchiré le masque dont il se couvre.

Voilà l'éclectisme, par lequel on prétend atteindre sûrement la vérité ; auquel on fait l'honneur d'être le dernier système possible, le seul vraiment scientifique. C'est par là que Damiron espère réformer la psychologie et par elle toute la philosophie, en la faisant sortir du domaine de l'empirisme, en la tournant de plus en plus vers les généralités, en la portant incessamment de la variété des faits à l'unité des principes, et en les employant à systématiser, d'après leurs rapports naturels, les vérités particulières qui appartiennent à son sujet, en un mot en donnant à la psychologie le caractère d'une théorie fondée sur une observation exacte et rigoureuse. C'est ainsi que l'auteur expose le but de son livre.

« En conséquence, il s'est attaché à reconnaître et à expliquer dans leur ordre de génération les principaux faits dont le sens intime est le spectateur et le témoin. Il a tenté de montrer que ces faits sont en premier lieu l'*activité,* dont la présence est nécessaire à l'existence ou à la manifestation de tous les autres. En effet, il n'y a où il ne *paraît* d'unité et d'identité, et à plus forte raison d'intelligence, d'affection et de liberté, qu'à la condition de la vie et de l'activité dont l'âme jouit. Il a fait voir qu'en second lieu vient l'*unité*, ou la simplicité, sans laquelle il n'y aurait ni identité, ni pensée, ni rien de ce qui sort de la pensée; qu'à l'unité succède l'identité qui en est le complément, puisqu'elle est la permanence et la continuation de l'unité; qu'enfin tous ces attributs essentiels et nécessaires sont dans le monde spirituel ce que sont dans la matière l'étendue, la figure et toutes les qualités premières.

« Passant ensuite à l'intelligence, qui est dans son exercice l'antécédent naturel de l'affection et de la liberté, il l'a exposée sous toutes ses faces, en commençant par la connaissance, en poursuivant par la mémoire, en terminant par l'imagination, en résumant le tout sous le titre de *loi* de l'intelligence.

« De l'intelligence il devait porter et il a porté son examen sur la *sensibilité*, qui, elle aussi, préexiste au dévelopement de la liberté, puisque sans joie ni sans douleur, et dans l'absolue indifférence, il ne saurait rien y avoir qui éveillât le libre arbitre ; il a observé la sensibilité en elle-même et dans ses nuances, dans les modifications qu'elle reçoit de son rapport avec la pensée, dans les caractères qu'elle revêt selon les objets auxquels elle répond, dans ses dispositions tour à tour *sympathiques* et *antipathiques*; enfin il l'a considérée dans son principe et dans sa *loi*.

Après quoi il s'est occupé de l'analyse de la liberté, dont il a successivement cherché à s'expliquer les divers actes : 1º l'empire de soi, 2º la délibération, 3º la résolution, 4º enfin l'exécution.

« Cela fait, il restait à voir quelles relations l'intelligence, l'affection et la liberté ont les unes avec les autres dans le cours continuel de leurs actes respectifs, et c'est par où il a fini l'étude de la *psychologie pure*.

« Le résultat le plus général auquel conduise cette étude est l'idée de l'homme, défini : Une force une et identique qui a la pensée, l'amour de soi, la liberté et la volonté, une force en un mot qui est une *âme*

« Mais l'homme n'est pas seulement une âme ; il est une âme en rapport avec un système organique et de plus avec la société, la nature, la Divinité. De là une nouvelle psychologie, la psychologie *mixte*, qui se propose de reconnaître ce que sont pour l'âme humaine les différentes existences avec lesquelles il est en relation.

« Pour se livrer convenablement, c'est-à-dire profondément à des recherches de ce genre, il aurait fallu à l'auteur des connaissances qu'il n'a pas et qu'il aurait difficilement pu avoir : sciences sociales dans toutes leurs branches, sciences physiques dans toutes les leurs, théologie et religion, encyclopédie universelle, fondée non plus sur le principe d'une simple agrégation, mais sur celui d'une constitution et d'une organisation philosophiques ; voilà les données qui étaient nécessaires à la solution de ces questions, si l'on voulait qu'elle fût vraiment rationnelle et savante. Nous étions loin de les posséder....

« Tant que nous n'avons eu à considérer que l'homme et sa nature, nous avons été plus maître de notre sujet ; mais quand nous avons eu à l'envisager dans ses relations de toute espèce, tout nous devenait plus difficile. Nous avons pu, sur le premier point, tenter de faire de la théorie ; sur le second, nous ne sommes guère sorti des notions les plus vulgaires.

« Seulement nous avons tâché de suivre en les exposant un ordre qui, au lieu d'être une simple énumération, fût une classification, une disposition raisonnée dans laquelle tout se succédât et se liât naturellement. Ainsi nous avons commencé par déterminer ce que sont pour l'âme les organes au sein desquels elle vit et se déploie ; puis nous avons examiné ce que sont également pour elle les êtres qui sont, *comme* elle, *au-dessous* ou *au-dessus* d'elle ; ce qui nous a conduit à nous demander : 1° Quels liens l'unissent à la société prise dans tous ses degrés et sous toutes ses formes, à la société universelle, continentale, nationale, domestique et privée ; 2° Quels liens l'unissent aux animaux, aux végétaux, aux minéraux, aux lieux et à toutes les circonstances, aux corps terrestres quels qu'ils soient, aux astres enfin et à toute la nature ; 3° quels liens aussi l'unissent à Dieu, principe et fin de tout ce qui est.

. . . .

« Cette question en amène une autre : quand on sait ce qu'est l'homme, il faut savoir ce qu'il doit être : il faut conclure de sa nature la fin qu'il doit se proposer, et de cette fin les moyens qu'il doit prendre pour y parvenir ; science de la fin et science des moyens, théorie du bien et de ses pratiques ; explication philosophique de la destinée humaine et de la conduite de la vie, *morale* enfin, et morale entendue comme il convient qu'on entende une connaissance qui a pour objet le perfectionnement de toutes les facultés de l'âme ; telle est la conséquence qu'entraîne logiquement l'étude de la psychologie. »

Voilà l'idée générale que Damiron donne lui-même de sa propre philosophie dans la préface de sa *Psychologie*. C'est une bonne fortune pour l'historien de la philosophie que de rencontrer un auteur qui se résume ainsi lui-même et expose, sinon toujours ce qu'il a fait, au moins ce qu'il a voulu faire. Pour dire comment il a exécuté son plan il faudrait entrer dans beaucoup de détails. Disons seulement qu'il a exécuté son plan comme pouvait l'exécuter un éclectique, un disciple de Cousin et de Jouffroy.

Citons quelques passages. Et d'abord voici le morceau très éclectique, qui ouvre la psychologie :

« L'âme est autre chose que le *moi*, ou plutôt elle est davantage : elle existe avant d'être *moi* ; elle le devient en se développant ; et dans la suite de ses destinées, lors même qu'il lui arriverait de cesser de se connaître et de mourir à la conscience, elle serait encore malgré tout, dût-elle n'être à d'autre titre que les éléments désunis du corps qui se dissout, ou qu'une force qui se perd dans le vague sein de l'être. »

On peut avoir de la méthode, vouloir observer, étudier, coordonner, généraliser lentement, se promettre avec cela la vérité. Le but est bon; le moyen n'est peut être pas suffisant pour l'atteindre ; l'éclectisme surtout n'est pas une méthode sûre. Ce morceau le prouve surabondamment. Il renferme autant d'erreurs que de propositions distinctes, et même un peu plus.

L'âme n'est pas *autre chose* que le *moi* ; elle n'est pas *plus* que le moi : elle est plutôt *moins*. En effet, le *moi* humain comprend l'âme et le corps unis dans une seule substance. L'âme porte son *moi* avec elle-même ; elle n'existe pas avant de l'avoir ; elle ne l'acquiert pas en se développant. L'homme est une personne dès l'instant qu'il est homme : il est donc *moi* en même temps. Il se peut que l'enfant vive d'abord de la vie de la bête, car c'est là ce que veut dire Damiron, qu'il n'ait pas la conscience de sa personnalité ; il est certain que jusqu'à un certain âge il ne peut agir librement ; mais il n'en est pas moins, essentiellement, dans sa substance même, dans les puissances de cette substance, une personne, un moi, qui ne fait pas encore tout ce qu'il fera, mais qui *est* tout ce qu'il doit être. Et ce *moi* qui est le *moi* humain, le *moi* substantiel composé de l'âme et du corps, n'en est pas moins le *moi* de l'âme. C'est elle qui le possède par nature et le communique au tout composé ; elle le conserve, dans le cas où elle se trouve séparée du corps ; elle ne saurait s'en séparer sans cesser d'être. De plus il n'est pas permis de douter que l'âme n'*arrivera* jamais à cesser de se connaître, qu'elle ne *mourra* jamais à la conscience ; et pourtant il n'est pas vrai que *malgré tout*, si cela lui arrivait, elle *serait encore*. Non, si cet état devait être définitif, elle ne serait plus elle-même, elle ne serait plus une âme ; et d'ailleurs, si tout cela arrivait et que ce ne fût que pour un temps qu'elle n'eût pas conscience d'elle-même, elle ne perdrait pas son *moi* ; et si c'était pour toujours, n'étant plus une âme elle ne serait plus rien.

En effet, si en perdant la conscience actuelle d'elle-même, l'âme conserve cette conscience en puissance, elle est toujours une personne, un moi, une âme ; mais si elle perd même la puissance d'avoir conscience d'elle-même, elle perd un attribut essentiel de l'âme, par là même, elle perd l'essence même de l'âme, elle n'est donc plus une âme; et comme elle est simple et qu'il n'y a rien en elle que ce qui est l'âme, elle cesse d'être. Donc tout cela fourmille d'erreurs, et d'ailleurs ne prouve pas que l'âme précède le *moi* ni lui survive. Et ensuite, qu'est-ce que ce *vague sein de l'être*, dans lequel l'âme ne serait plus qu'une *force perdue*, semblable *aux éléments désunis* du corps qui se dissout ? N'est-ce pas là le panthéisme ? Nous avions donc raison de dire que ce morceau renferme plus d'erreurs que de propositions. Et c'est du pur éclectisme, digne de Cousin.

Mais il est bon de remarquer que toutes ces erreurs ne remontent pas seulement à Cousin et par lui aux Allemands ; elles sont filles légitimes de la philosophie de Descartes, du fameux principe : *Je pense ; donc je suis*. Ce que Descartes appelle *je* ou *moi*, c'est bien l'âme et l'âme seule : le corps n'y entre pour rien. *Je suis une chose qui pense*, dit-il. Donc, a-t-on conclu, le *moi* n'*est* qu'autant qu'il *pense ;* l'âme est bien cette chose, mais elle *devient moi*, quand elle commence à penser ; elle *cesse d'être moi*, quand elle cesse de penser. Et tout le reste suit logiquement. Et ces erreurs sont tenaces : il faudra encore des années et bien des efforts, et peut-être une révolution dans les idées, pour les chasser de la philosophie officielle et de la philosophie prétendue scientifique.

Après ce tissu d'erreurs, citons un autre morceau, mélange éclectique d'erreur et de vérité :

« Voir et croire sont deux faits liés entre eux, de telle manière que l'un amène l'autre nécessairement ; leur rapport constitue une loi ; invariable et universel, il ne donne lieu à aucune exception, il ne souffre aucune restriction, il ne se suspend, ni ne se modifie ; dès qu'il doit être, il est, et toujours de la même façon. Qu'on s'observe dans toute idée, et qu'on cherche s'il en est une, une seule, dans laquelle la perception n'entraîne pas la foi et la croyance. » — Voilà qui est bien, malgré le style éclectique et l'emploi du mot idée pour le mot jugement. Mais voici l'erreur qui va s'introduire. — « Il est à remarquer que souvent on adhère à des dogmes ou à des théories dont on n'a pas par soi-même la perception et l'intelligence ; on les reçoit dans son âme comme si on en comprenait le sens, et cependant on ne les comprend pas, on s'y fixe comme à des principes évidents et certains, et néanmoins on n'y saisit ni évidence, ni *certitude*. Croire alors, est-ce voir ? Non, sans doute, et même il faut convenir que quand la foi se donne ainsi, *il n'est pas rare qu'elle soit plus vive en raison même de l'obscurité qui enveloppe son objet ; l'inconnu la séduit, le mystère lui impose ; moins elle entend, plus elle se livre*. Mais d'où vient ce penchant ? De ce que l'autorité a parlé, de ce que les sages et les savants ont affirmé la vérité comme l'ayant eux-mêmes saisie ; les ignorants, le peuple, tout ce qui n'a pas assez de lumière pour être juge soi-même, tous se confient aux intelligences qui, plus instruites et plus éclairées, enseignent ce qu'elles comprennent et certifient ce qu'elles savent..... La science leur manque, mais elle ne manque pas à tout le monde..... En sorte qu'en définitive on n'accepte pas ce qu'on ne comprend pas, par la raison qu'on ne le comprend pas, mais parce qu'à défaut de sa propre science, on se fie à celle d'autrui, que l'on suppose sûre et digne de foi. Les théories et les dogmes, quand ils sont élevés, profonds, obscurs, sont tout à fait dans ce cas ; ils n'ont pas cours parmi le peuple à titre de choses inintelligibles, *mais de choses intelligibles pour quelques âmes d'élite qui les expliqueraient s'il le fallait, et en attendant les affirment.* Les mystères comme mystères, comme vérités dont personne n'aurait jamais eu le sens, *qui ne se seraient révélées à aucun âge de la pensée, qui n'auraient pas même été l'objet de ces intuitions inspirées dont les premiers hommes furent éclairés,* les mystères à ce compte n'obtiendraient aucune foi. Si les fidèles y croient, si les prêtres y croient, sans cependant les pénétrer, c'est qu'ils les supposent éclaircis au moins aux yeux de quelques-uns ; c'est qu'ils ont au moins leur divin maitre et ses disciples immédiats auxquels ils prêtent l'intelligence de ces saintes obscurités, et alors ils peuvent bien accepter le *testament* qui leur est donné ; mais sans cela le pourraient-ils ? et les paroles qui leur viendraient d'esprits tous inintelligents, depuis le premier jusqu'au dernier, feraient-elles jamais sur leur conscience aucune espèce d'impression. »

Il y a dans cette page l'exposition d'une grande vérité, c'est que la vue amène l'adhésion de l'esprit, et que cette adhésion ne peut venir que de la vue immédiate ou médiate des faits eux-mêmes dont on admet l'existence. Que si nous admettons des mystères que nous ne comprenons pas, ce n'est pas parce que nous ne les comprenons pas, mais parce que Dieu qui les connait nous les a révélés. Seulement, voilà ce qu'il fallait dire sans se perdre dans les pensées nuageuses et équivoques que nous avons soulignées. Mais alors on ne serait pas éclectique, on ne professerait pas que la philosophie est un développement supérieur à celui de la religion, et que toute vérité religieuse est l'œuvre de l'enthousiasme humain, par lequel certains hommes se sont crus et ont été crus inspirés. On voit que Damiron est sur ce point le fidèle disciple du maitre.

Il ne l'est pas moins dans sa morale, quoiqu'elle offre bien des remarques excellentes et quelquefois neuves.

« La grande question de la morale, dit-il dans sa préface, est la question du bien. On la résout ordinairement par affirmation, par de simples faits ; mais ces faits il faut les généraliser, en tirer les principes, faire la théorie du bien.

« J'ignore si je suis parvenu à mieux résoudre le problème ; mais je m'y suis appliqué, et voici comment j'y ai procédé. Je suis parti de

cette vérité, qui est avant tout de raison, mais qui est aussi d'expérience, ou que du moins l'expérience vérifie à chaque instant, savoir : que tout être a un but et l'a conforme à sa nature ; qu'ainsi l'homme a le sien et l'a conforme à sa nature. J'en ai conclu que sa nature doit révéler son but, et que la science de l'une une fois faite, la science de l'autre ne peut manquer. » — C'est le principe même de Jouffroy. —
« Or, comme le résultat le plus général des études psychologiques, c'est que l'homme est une force douée d'intelligence, de sensibilité et de liberté, et par là même morale, il m'a paru par cette raison que son but ou son bien, dans sa plus haute généralité, est de se développer et de se perfectionner comme force morale, d'agir moralement le plus et le mieux possible, selon les lois de ses facultés et l'ordre de ses rapports, d'avoir, en un mot, aux conditions qui lui sont imposées par le Créateur, toute l'activité qu'il est dans son essence et son pouvoir de déployer.

« Agir, voilà son bien, comme c'est le bien de toute force ; agir, cela s'entend, convenablement à sa nature, *convenienter naturæ* ; car toute autre espèce d'action, toute action qui ne serait pas selon les principes de sa nature, ne serait pas une action vraie, ne serait pas une action, mais une altération, une dégradation et une corruption de l'action. » — C'est du stoïcisme tout pur, et les dix-huit siècles de christianisme, par lesquels le genre humain a passé, sont employés en pure perte, si nous devons reculer jusque-là.

« Et comme il n'est pas d'action en lui dont il n'ait le sentiment, d'action vraie et excellente dont il n'ait à la fois le sentiment et le plaisir, jamais il n'arrive au bien qu'il n'arrive au bonheur : agir, voilà le bien ; agir et le sentir, voilà le bien et le bonheur. ».....

« Je crois aussi qu'en considérant *la science de la destination de l'homme* comme l'application point par point de *celle de sa nature*, il m'est possible de faire rentrer et de coordonner dans la morale certains arts de la vie, certaines règles d'action dont on ne nie pas l'importance, mais qu'on néglige trop d'y rattacher. Ainsi, par exemple, la logique, la poétique, la rhétorique, l'hygiène et l'économique, voilà, certes, autant d'arts qui ont pour objet le perfectionnement, soit de l'esprit, soit du corps, et finalement de la nature humaine. Eh bien ! si quelquefois on les rapporte à la morale, c'est vaguement et sans précision ; le plus souvent même on néglige de les y rattacher par aucun lien..... Je les y ai rétablis d'une manière directe et explicite.....

« On veut l'instruction des classes pauvres, mais on la veut comme moyen. On la veut presque exclusivement tournée aux sciences physiques ; c'est encore comme moyen. Quand on demande pour les classes pauvres réduction et économie dans les dépenses de l'État, augmentation des salaires, rétribution plus équitable du travail et de l'industrie ; quand on leur donne quelque conseil de sagesse et de bonne vie, quand on leur recommande, par exemple, la sobriété et l'économie, ce sont toujours et partout des moyens qu'on leur propose. Or, que prétend-on par ces moyens ? A quel but les rapporte-t-on ? Au bien-être matériel ? D'accord ; ce but n'est pas à négliger, et je suis loin d'en méconnaître l'importance et la valeur. Mais est-ce là l'unique fin, la fin souveraine et absolue de l'homme ? Non, certes, et s'il le fallait, il me serait facile de le montrer ; j'en ai donné la preuve ailleurs, et plus d'une fois, dans cet ouvrage, j'aurai l'occasion de la reproduire.

« C'est pourquoi je voudrais que, tout en recommandant au peuple, le soin de son bien-être, on eût aussi pour lui des préceptes et des maximes d'un ordre plus élevé, et qu'on lui parlât de l'esprit comme on lui parle du corps, de la vérité et de la beauté, comme de la santé et de la richesse, de la justice et de la piété, comme de l'utilité et de l'aisance ; qu'on lui en parlât plus et mieux, qu'on les lui montrât comme des biens, non seulement aussi réels, mais incomparablement plus estimables.....

« Le bien physique est de sa nature très borné. Nous ne pouvons tous, en effet, nous nourrir des mêmes aliments, nous vêtir du même habit, nous abriter sous le même toit, jouir, en un mot, à la fois, des mêmes objets *utiles*. Il faut que nous les partagions, que nous ayons chacun le nôtre, que chacun ait sa chose propre ; il n'y a pas moyen de faire autrement..... et il est évident que l'*utile*, souvent à peine satisfaisant pour les plus favorisés, est insuffisant pour les autres, tout à fait nul pour quelques-uns. Or, je le demande, un tel bien peut-il être le bien suprême ? Comparons-le au vrai, au bien, au juste et au divin, et jugeons de quel côté est la prééminence et l'excellence.

« Où s'arrête le vrai ? On ne peut le dire, car il est infini ; il est partout et à tout jamais ; il est dans le créé et dans l'incréé, en tout être et en tout rapport ; Dieu, l'homme et la nature, voilà ce qu'il embrasse. Nous avons donc là de quoi savoir, de quoi savoir immensément..... Mais cette propriété est-elle de celles que nous ne pouvons avoir à nous, sans par là-même les ôter aux autres ?.... Nullement ; c'est, au contraire, une propriété qui est, pour ainsi, toute à tous,.... nous serions des milliers à être savants des mêmes choses, que nous n'en serions pas pour cela, chacun à part, moins savants, que nous le serions davantage au contraire.....

« Et le beau est comme le vrai, il est ample à souhait; il n'est point circonscrit, renfermé et comme enclos dans quelque objet particulier... Il y a du beau à n'en pas finir, et l'art n'est pas près de l'épuiser ; voilà pour la matière et le sujet de la poésie. Quant à la poésie elle-même, son procédé n'est pas de s'emparer de la beauté, ainsi que le ferait d'un champ l'industrie du laboureur ; elle la possède, mais en la laissant libre et accessible à tout le monde ; elle ne la possède même réellement qu'afin de la publier et de la communiquer au plus grand nombre...

« Le juste est également sans bornes, pour peu surtout qu'on ne l'entende pas d'une manière trop étroite et qu'au juste proprement dit, au droit strict et de rigueur on ajoute l'amour, la charité et le dévouement. Oh! alors c'est l'infini, c'est un champ sans mesure que toutes les vertus humaines ne suffisent pas à cultiver. Comme le vrai et le beau, le juste est à l'âme humaine un immense sujet d'action et de développement. Que si l'on regarde encore ici au nombre de ceux qui concourent pour participer au même bien, on voit qu'ils peuvent tous y prétendre sans se faire tort les uns aux autres ; ils auraient tous même volonté et même puissance de justice, ils excelleraient tous également dans la pratique de la loi, que, loin de se nuire mutuellement comme dans une concurrence industrielle, ils en seraient tous au contraire meilleurs et plus moraux. Et si quelques-uns, d'un cœur plus pur, se faisant un meilleur lot de vertus et de mérites, valent mieux que les autres, ceux-là, comme on dit communément, ne coûtent rien à personne, ne se font riches aux dépens de personne; loin de là, leur trésor tourne au profit de tout le monde. Ils ne sont pas comme les aristocrates de l'*utilité* et du *bien-être*, qui vivent toujours plus ou moins aux dépens de quelqu'un ; aristocrates dans le vrai sens et la saine acception du mot, les meilleurs par la vertu, l'honneur et la probité, ils n'ont pas à craindre de s'appauvrir en conviant leurs inférieurs au partage de leur bien. Au contraire ils ne font que gagner à associer à leur œuvre le plus possible d'âmes ; ils n'en deviennent que plus parfaits......

« Enfin, qu'est-ce que Dieu ? N'est-ce pas aussi l'infini; lui en qui se résument dans leur plus haute idéalité et l'utile et le vrai, et le beau et le juste ; le tout être, la toute force, le principe de tout ordre, le créateur de tout bien, le bien suprême et absolu ? A-t-on jamais fait assez pour le chercher et le connaître ? L'use-t-on, l'épuise-t-on à l'aspirer, à l'adorer, à s'unir à lui et à vivre en lui ? Et ses bienfaits toujours nouveaux, ses incessantes manifestations, cette poésie toujours si vive dont abondent ses œuvres et cette éternelle bonté qui préside à ses conseils, tout cela ne suffit-il pas aux plus profonds désirs et aux plus vastes espérances ?..... Mais la religion elle-même, comment se montre-t-elle à nos yeux ? Nous parait-elle de nature à ne pouvoir fleurir dans toutes les consciences également ? Ne se développe-t-elle chez le plus pieux qu'aux dépens du moins pieux ? Ne confère-t-elle au premier les trésors de ses grâces qu'en les enlevant au second? Ne couvre-t-elle l'un qu'en dépouillant l'autre ? Non: la religion est au contraire toute de sympathie et de communion. Nous adorerions tous le même Dieu, et nous l'adorerions du même cœur, dans le même culte et sous les mêmes formes que nous n'en serions que plus fervents, inspirés que nous serions par ce concert de louanges adressées au Seigneur, où des milliers de voix, s'unissant à la nôtre, viendraient comme l'envelopper, la soutenir, l'animer. La terre entière serait devant Dieu dans de semblables sentiments de vénération et d'amour, qu'elle n'en serait que plus ardente et plus pure en ses vœux. Ici encore, en opposition avec les biens matériels, plus il y a d'âmes à participer, meilleure est la part de chacune. »

Nous arrêtons là cette longue citation, qui offre une très belle pensée, et montre en même temps tout le fond de la morale de Damiron. Nous y voyons aussi le chemin que l'éclectisme avait parcouru depuis Cousin. Ici on respecte davantage la religion, on lui donne son rang au-dessus de tous les autres devoirs de l'homme ; mais c'est une religion naturelle, que l'on donne comme remplissant toutes les aspirations de l'homme. Voilà le seul défaut de cette pensée longuement exposée. Mais ce défaut est capital. C'est encore à sa manière une morale indépendante.

Un peu plus loin, dans la même préface, Damiron voulant compléter ce qu'il a dit dans son livre sur les biens de l'intelligence, recommande l'examen de soi-même, l'examen de conscience recommandé à la fois par les païens et par la religion chrétienne. Il expose magnifiquement les avantages de ce regard porté par l'homme sur son propre intérieur, sur sa propre conduite, en présence de Dieu, et il dit très justement que cette seule vue est de nature à faire naître des résolutions utiles pour le perfectionnement de la vie, mais là encore il laisse entrevoir qu'une religion naturelle suffit, et cette conclusion ressort d'autant mieux de ses paroles qu'il prononce le mot de *confession*.

Ce n'est pas notre faute, si dans l'exposition de l'éclectisme nous revenons toujours sur cette pensée, si nous jugeons toujours la philosophie de cette école au point de vue de ses rapports avec le christianisme : ce n'est pas nous qui le voulons ainsi ; ce sont les auteurs eux-mêmes qui nous y obligent. Ils parlent eux-mêmes de religion ; ils parlent le langage de l'Église catholique ; ils veulent que leur philosophie offre tous les avantages de la foi chrétienne : nous ne pouvons pas laisser passer sans protester cette prétention. Nous y sommes même tenu comme historien, car il nous est démontré par les faits, que ces hommes furent les véritables fondateurs de cette absence de religion qu'on appela longtemps la religion de l'honnête homme, dont les conséquences, qui durent encore, sont l'oubli, puis le mépris et enfin la haine de toute religion surnaturelle.

377. — Garnier. — Adolphe Garnier, né à Paris en 1801, fut le disciple et l'ami de Jouffroy, qui éveilla en lui l'amour de la philosophie. Il professa cette science d'abord au collège St-Louis, puis à l'Ecole normale et enfin à la Sorbonne, où il fut d'abord, en 1827, le suppléant de Jouffroy, puis le professeur titulaire de la même chaire en 1842. Sa vie fut calme laborieuse, son esprit était modéré, et ce caractère se remarque dans ses doctrines où il hésite devant une conclusion trop absolue. Aussi il s'est plus appesanti sur les détails, qu'il n'a donné de vues d'ensemble. Il mourut en 1864, emporté par le chagrin de la perte de son fils unique.

On a de lui : *Précis de psychologie* (1830), *Essai sur la psychologie et la phrénologie comparées* (1839), *Traité de morale sociale* (1850), ouvrage qui fut couronné par l'Académie française, et enfin, le fruit des travaux de toute sa vie, *Traité des facultés de l'âme* (1852 et 1864). Il avait publié aussi les *œuvres philosophiques de Descartes*. Après sa mort on publia, quoique inachevés, ses essais sur l'histoire *de la morale dans l'antiquité* (1865), avec une introduction de M. Prévost-Paradol.

Ce qu'on trouve dans ces ouvrages, ce sont les doctrines de l'école écossaise, les idées de Cousin et principalement de Jouffroy, avec des observations de détail quelquefois profondément cherchées. Garnier travailla surtout à faire avancer la psychologie. Il fut peut-être le premier à aller chercher ses informations sur l'âme dans toutes les œuvres de l'esprit, la poésie, les langues, l'histoire, les mœurs du peuple ; il commença aussi ce qu'on appelle aujourd'hui la psychologie comparée, en cherchant dans les animaux une ébauche de l'âme humaine. En tout cela il ne faisait qu'abandonner Descartes pour remonter vers Aristote. Comme celui-ci, il reconnaît une âme aux animaux, et même aux plantes, quoiqu'elle y soit moins visible. Il croit que l'âme est en nous le principe de la vie du corps ; aussi il se déclara partisan du nouvel animisme. Parmi les facultés de l'âme, qu'il travailla longtemps à distinguer avec précision, il remit en lumière une faculté connu d'Aristote et oubliée de son temps, *la faculté locomotrice*, qui permet à l'âme de mouvoir son corps.

Dans la théorie de la connaissance il s'écarte de son école. Après avoir distinguée dans l'âme deux facultés générales de connaissance : la *perception* qui saisit le vrai, le réel, et la *conception*, qui crée des fantômes plus ou moins semblables à la réalité ; il dit que la première de ces deux facultés ne peut donner que le vrai, que la seconde ne peut nous faire illusion, parce que nous savons que ces fantômes viennent de nous, et que l'erreur et le doute ont leur point de départ dans la *croyance*. Cette troisième faculté porte tantôt sur le réel, objet de la perception, tantôt sur le fictif, objet de la conception. Elle s'exerce sous trois formes : *l'induction*, *l'interprétation* des signes et la *foi naturelle*. C'est par cette dernière seulement que nous connaissons Dieu. Jusque là on pourrait encore accorder Garnier avec Cousin, et voir dans la foi naturelle la même faculté que celui-ci appelait la spontanéité. Mais si l'on demande à Garnier quelle est la puissance de la raison, on verra la division s'accentuer. En effet Garnier ne veut pas de l'impersonnalité de la raison : il croit que chacun de nous a sa raison comme Dieu a la sienne. Mais alors que deviennent les notions absolues ? Ici ne voulant accepter ni le formalisme subjectif de Kant, ni le rationalisme de Cousin, Garnier essaye de se tenir dans un milieu qu'il explique ainsi. D'après une loi intellectuelle très générale, à chaque perception correspond une conception, et comme les sens correspondent à l'imagination, la raison est à la fois perception et conception : perception des trois réalités infinies, qui sont Dieu, le temps et l'espace ; conception des idées absolues qui produisent les mathématiques, l'esthétiques et la morale. Les prétendues vérités premières ne dépassent souvent pas les limites de l'expérience.

On voit que cette théorie manque de base plus encore que celle de Cousin, et qu'elle est bien moins satisfaisante.

Nous arrêtons pour le moment l'histoire de l'Éclectisme. Ses derniers représentants viendront dans la deuxième moitié du siècle, et nous les verrons tout aussi appliqués à poursuivre, sous le nom de philosophie, le but principal de leurs travaux, l'exclusion de toute religion surnaturelle.

§. 14. — Philosophie catholique.

378. Les philosophes que nous rangeons sous ce titre sont très nombreux ; ils appartiennent à des nations différentes, ils forment plusieurs écoles : car la philosophie reste libre sous la garde de la foi.

Il serait difficile d'en faire une classification bien distincte, où ni les nationalités, ni les systèmes, ni l'ordre chronologique ne seraient confondus. Nous choisirons pour cela l'ordre qui laissera plus intacte la distinction et la succession des temps, tout en rapprochant les noms qu'une même doctrine réunit. Il y a parmi les philosophes que nous appelons catholiques, parce qu'ils ont eu pour intention première en philosophant de maintenir les droits de la foi, il y a disons-nous des français, des italiens, des allemands, des espagnols, des belges, des anglais. Tout en restant catholiques, les uns placent la raison à côté de la foi, d'autres la mettent au-dessous, d'autres au-dessus. Ils luttent contre tous les systèmes de leur temps, qui nous venons d'exposer, et l'ardeur du combat les jette parfois dans les erreurs opposées. Sous un point de vue, la plupart sont théocratiques, c'est-à-dire demandent la direction des esprits par l'Eglise ; plusieurs cependant sont libéraux, c'est-à-dire prétendent exiger de la part de l'Eglise une sorte de compromis avec les erreurs qu'ils appellent les idées modernes. Un certain nombre d'entre eux doute de la puissance de la raison, et s'adresse à la foi, ou au sens commun, pour atteindre une vérité certaine ; d'autres essayent, en voyant dans ce système le scepticisme, de se tenir au bord du gouffre et d'expliquer la raison par l'enseignement traditionnel. Ils ont des adversaires qui parfois vont trop loin dans le sens opposé et veulent que la raison naisse toute faite dans l'enfant; et parmi eux quelques-uns, renouvelant, exagérant même les idées de Malebranche, assurent que la raison n'est autre chose que la vue actuelle de Dieu, et appellent leur système l'Ontologisme. Tous d'ailleurs sont imbus et profondément imbus, à leur insu quelquefois, des théories de Descartes, et c'est à peine si l'on en pourrait trouver un parmi eux qui soit vraiment scolastique, surtout en France. C'est l'époque du plus profond obscurcissement de cette grande philosophie, que le XVIII° siècle lui-même n'est pas parvenu à éteindre, mais que la France alors, même catholique, se faisait gloire d'avoir oubliée. La deuxième moitié de ce siècle nous offrira sur ce point un tableau beaucoup plus consolant.

Tous ces hommes cependant dont nous avons à parler ici ont travaillé, quoique indirectement quelquefois, et même en faisant fausse route, à la restauration de la vraie philosophie catholique. Leur marche fut lente, mais Dieu les conduisait, et ils ont préparé les esprits à recevoir la vérité dans sa pleine lumière.

I. Premier mouvement de retour.

379. Au moment où s'ouvrit le XIX° siècle, l'Europe, et principalement la France, n'offrait que des ruines. Le matérialisme du XVIII° siècle avait étendu ses tristes rameaux en Allemagne et en Angleterre et menaçait l'Italie et l'Espagne. La Révolution française, préparée, conduite et développée par la Franc-Maçonnerie, se propageait dans les esprits et chez les nations voisines, et, après avoir abattu les autels, fermé les églises et massacré les prêtres, elle soufflait dans les cœurs sa haine de la religion. Il y avait alors quelque danger, souvent même péril de mort à se dire catholique ; mais il y avait surtout dans la pro-

fession de la foi de Jésus-Christ comme un sujet de mépris, de ridicule. On passait pour arriéré, ennemi du progrès, ou tout au moins ignorant.

D'ailleurs l'ignorance commençait à être réelle et menaçait de le devenir davantage. Dix ans de discordes civiles, et de guerres extérieures en France avec les églises fermées, les prêtres traqués comme des bêtes fauves, avaient mis la nouvelle génération dans l'impossibilité de s'instruire. Le Consulat puis l'Empire pouvaient apporter un peu de calme au dedans; le Concordat signé en 1801 et la réouverture des églises qui en fut la conséquence semblaient permettre au clergé d'exercer sur le peuple son action bienfaisante, dont le trait principal est l'enseignement de la vérité ; mais les guerres, qui durèrent quinze ans encore, sous la main de Napoléon, en éloignant du sol de la France tous les hommes valides, et en promenant le fer et le feu chez toutes les nations voisines, empêchaient le travail des écoles, si bien qu'en 1815, il était presque rare qu'un homme sût lire. On venait de passer vingt-cinq ans dans une pénurie presque complète d'écoles pour les enfants. Les hommes qui sont nés alors et qui ont constaté autour d'eux cette ignorance à peu près universelle croient pouvoir en conclure que l'instruction est née d'hier et que la diffusion des lumières est un des bienfaits du progrès moderne. Au contraire c'est le prétendu progrès moderne ou pour mieux dire la Révolution, qui a décrété l'ignorance obligatoire en rendant l'instruction impossible jusqu'au jour où la violence du mal a mené une réaction.

Il y avait cependant encore des écoles pendant cette période de ruines, il y avait surtout les écoles centrales ; mais nous venons de voir ce qu'on y enseignait, et quelle était la philosophie qu'on y exposait. En France et en Angleterre le matérialisme régnait sans conteste ; en Allemagne il était à peine entravé par les disciples de Kant, mais le scepticisme critique achevait d'effacer les vérités qu'il s'efforçait en vain de défendre ; en Italie la masse des professeurs laïques tenait encore aux idées de Condillac, qu'ils avaient entendu exposer par l'auteur lui-même, pendant son séjour à Parme ; l'Espagne semble s'être tenue en dehors de cet entrainement général, mais elle ne nous offre à cette époque aucune œuvre digne de remarque.

La ruine était donc complète, dans les esprits, comme dans les institutions, et cela parce qu'on avait voulu se soustraire à la légitime et salutaire direction de l'Eglise catholique. Il fallait donc retourner en arrière, reprendre le fil de la tradition interrompue et aller demander la vérité à ces grands docteurs que depuis des siècles l'Eglise nous offre comme les maîtres les plus sûrs de la vraie philosophie.

On entrevit ce besoin, au commencement de ce siècle ; mais il devait s'écouler encore bien des années avant qu'on le comprît parfaitement, et nous allons voir ici les esprits les mieux doués, les âmes les mieux intentionnées faire encore fausse route, soit par excès soit par défaut dans cette alliance de la vérité religieuse et de la vérité philosophique.

Nous allons donc exposer aussi exactement que possible toutes ces doctrines amies et les juger avec impartialité. Nous aurons à louer et à blâmer. Nous remplirons le premier de ces devoirs sans oublier que ces systèmes ne sont pas entièrement vrais, et le second en nous souvenant que leurs auteurs avaient des intentions excellentes alors même qu'ils se sont trompés.

380. — CHATEAUBRIAND. — En tête des œuvres écrites alors pour ramener les esprits dans la véritable voie, nous devons citer le *Génie du Christianisme* de Châteaubriand. C'est une œuvre tout à la fois philosophique, religieuse et littéraire. Nous ne parlerons pas ici de l'auteur, si connu dans l'histoire des lettres. Ses œuvres sont entre les mains de tous. C'est en 1802 qu'il publia cette sorte d'apologie du Christianisme, tirée de sa nature même et de ses œuvres. Chateaubriand travailla beaucoup cet ouvrage ; il avait conscience de la mission qu'il remplissait, et, pour s'en acquitter dignement, il s'était entouré de tous les ouvrages qui ont pour objet la défense du Christianisme, si bien que son ami Joubert, l'auteur des *Pensées* (1), craignait que cette œuvre ne fût trop savante et par suite peu en rapport avec les esprits de l'époque.

Mais le *Génie du Christianisme* fut tel que Joubert le désirait ; il fut ce qu'il devait être. Il renferme une véritable érudition, mais elle n'a rien de fatiguant ; il présente bien des démonstrations philosophiques, mais elles n'ont rien de sec ni de trop technique ; il aborde même les questions théologiques, mais il les traite d'une manière littéraire. Citons une partie de l'introduction, ce sera le meilleur moyen de faire connaître l'ouvrage à ceux qui ne l'ont pas lu, ou qui ont oublié ce qu'il contient :

« Cette fatalité qui avait fait triompher les sophistes sous Julien se déclara pour eux dans notre siècle. Les défenseurs des chrétiens tombèrent dans une faute qui les avait déjà perdus ; ils ne s'aperçurent pas qu'il ne s'agissait plus de discuter tel ou tel dogme, puisqu'on niait absolument les bases. En partant de la mission de Jésus-Christ, et remontant de conséquence en conséquence, ils établissaient sans doute fort solidement les vérités de la foi ; mais cette manière d'argumenter,

---

(1) Les *Pensées* de Joubert ne furent publiées qu'en 1838 et le furent par Chateaubriand.

bonne au dix-septième siècle, lorsque le fond n'était pas contesté, ne valait plus rien de nos jours. Il fallait prendre la route contraire, passer de l'effet au principe ; ne pas prouver que le christianisme est excellent parce qu'il vient de Dieu, mais qu'il vient de Dieu parce qu'il est excellent.

« C'était encore une autre erreur que de s'attacher à répondre sérieusement à des sophistes, espèce d'hommes qu'il est impossible de convaincre....

« Pour n'avoir pas fait cette remarque, on perdit beaucoup de temps et de travail. Ce n'était pas les sophistes, c'était le monde qu'ils égaraient qu'il fallait réconcilier à la religion. On l'avait séduit en lui disant que le christianisme était un culte né du sein de la barbarie, absurde dans ses dogmes, ridicule dans ses cérémonies, ennemi des arts et des lettres, de la raison et de la beauté ; un culte qui n'avait fait que verser le sang, enchaîner les hommes, et retarder le bonheur et les lumières du genre humain.

« On devait donc chercher à prouver au contraire que la religion chrétienne est la plus poétique, la plus humaine, la plus favorable à la liberté, aux arts et aux lettres, de toutes les religions qui ont jamais existé ; que le monde moderne lui doit tout, depuis l'agriculture jusqu'aux sciences abstraites ; depuis les hospices pour les malheureux, jusqu'aux temples bâtis par les Michel-Ange et décorés par les Raphaël. On devait montrer que rien n'est plus divin que sa morale, rien de aimable et de plus pompueux que ses dogmes, sa doctrine et son culte ; on devait dire qu'elle favorise le génie, épure le goût, développe les passions vertueuses, donne la vigueur à la pensée, offre des formes nobles à l'écrivain, et des moules parfaits à l'artiste ; qu'il n'y a point de honte à croire avec Newton et Bossuet, Pascal et Racine ; enfin il fallait appeler tous les enchantements de l'imagnination et tous les intérêts du cœurs, au secours de cette même religion contre laquelle on les avait armés.

« Ici le lecteur voit notre ouvrage. Tous les autres genres d'apologie sont épuisés, et peut-être même seraient-ils inutiles aujourd'hui. Qui est-ce qui lirait maintenant un ouvrage théologique ? Quelques hommes pieux qui n'ont pas besoin d'être couvaincus ; quelques vrais chrétiens déjà persuadés. Mais n'y a-t-il pas des dangers à envisager la religion sous un jour purement humain ? Et pourquoi ? Notre religion craint-elle la lumière ? Une grande preuve de sa céleste origine, c'est qu'elle souffre l'examen le plus sévère et le plus minutieux de la raison. Veut-on qu'on nous fasse éternellement le reproche de cacher nos dogmes dans une nuit sainte, de peur qu'on n'en découvre la fausseté ? Le christianisme sera-t-il moins vrai quand il paraîtra plus beau ? Bannissons une frayeur pusillanime ; par excès de religion, ne laissons pas la religion périr. Nous ne sommes plus dans le temps où il était bon de dire : *Croyez et n'examinez pas* ; on examinera malgré nous, et notre silence timide, en augmentant le triomphe des incrédules, diminuera le nombre des fidèles.

« Il est temps qu'on sache enfin à quoi se réduisent tous ces reproches d'*absurdité*, de *grossièreté*, de *petitesse*, de *niaiserie*, qu'on fait tous les jours au christianisme; il est temps de montrer que, loin de rapetisser la pensée, il se prête merveilleusement aux élans de l'âme, et peut enchanter l'esprit aussi divinement que tous les dieux de Virgile et d'Homère. Nos raisons auront du moins cet avantage, qu'elles seront à la portée de tout le monde, et qu'il ne faudra qu'un bon sens pour en juger. On néglige peut-être un peu trop dans les ouvrages de ce genre, de parler la langue de ses lecteurs : il faut être docteurs avec les docteurs et poète avec le poète. Dieu ne défend pas les routes fleuries, quand elles servent à revenir à lui, et ce n'est pas toujours par les sentiers rudes et sublimes de la montagne, que la brebis égarée retourne au bercail.

« Nous osons croire que cette manière d'envisager le christianisme présente des rapports peu connus ; sublime par l'antiquité des souvenirs qui remontent au berceau du monde, ineffable dans ses mystères, adorable dans ses sacrements, intéressant dans son histoire, céleste dans sa morale, riche et charmant dans ses pompes, il réclame toutes les sortes de tableaux. Voulez-vous le suivre dans la poésie ? le Tasse, Milton, Corneille, Racine, Voltaire, vous retracent ses miracles. Dans les belles-lettres, l'éloquence, l'histoire, la philosophie ? que n'ont point fait, par son inspiration divine, Bossuet Fénelon, Massillon, Bourdaloue, Bacon, Pascal, Euler, Newton, Leibnitz ! Dans les arts ? que de chefs-d'œuvre ! Si vous l'examinez dans son culte, que de choses ne vous disent point et ses vieilles églises gothiques, et ses prières admirables, et ses superbes cérémonies ! Parmi son clergé ? voyez tous ces hommes qui vous ont transmis la langue et les ouvrages de Rome et de la Grèce, tous ces solitaires de la Thébaïde, tous ces lieux de refuge pour les infortunés, tous ces missionnaires à la Chine, au Canada, au Paraguay, sans oublier les ordres militaires, d'où va naître la chevalerie. Mœurs de nos aïeux, peinture des anciens jours, poésie, romans même, choses secrètes de la vie, nous avons tout intéressé à notre œuvres Nous avons demandé des sourires au berceau et des pleurs à la tombe ; tantôt avec le moine maronite, nous avons habité les sommets du Carmel et du Liban ; tantôt avec la fille de la charité, nous avons veillé au lit du malade ; ici deux époux américains nous ont appelés au fond de leurs déserts ; là nous avons entendu gémir la vierge dans les solitudes du cloître ; Homère s'est venu placer auprès de Milton, et Virgile à côté du Tasse ; les ruines de Memphis et d'Athènes ont contrasté avec les ruines des monuments chrétiens ; les tombeaux d'Ossian avec nos cimetières de campagne ; à Saint-Denys nous avons visité la cendre des rois ; et quand notre sujet nous a forcés de parler du dogme de l'existence de Dieu, nous avons seulement cherché nos preuves dans les merveilles de la nature, enfin nous avons essayé de frapper au cœur de l'incrédule de toutes les manières ; mais nous n'osons nous flatter d'avoir possédé cette verge miraculeuse de la religion qui fait jaillir du rocher les sources d'eau vive.

« Quatre parties, divisées chacune en six livres, composent tout notre ouvrage. La première traite des dogmes et de la doctrine. La seconde et la troisième renferment la poétique entière du christianisme, ou les rapports de cette religion avec la poésie, la littérature et les arts. La quatrième contient le culte, c'est-à-dire tout ce qui concerne les cérémonies de l'Eglise, et tout ce qui regarde le clergé séculier et régulier. »

Tel est le point de vue auquel s'est placé Chateaubriand ; tel est le plan qu'il a magnifiqaement développé.

Beaucoup d'autres auteurs, depuis, ont envisagé ainsi la question et essayé de faire aimer la religion par la vue de ses beautés, de ses grandeurs, de ses bienfaits ; mais il est juste de reconnaître que Chateaubriand fut le premier à marcher dans cette voie.

301. — FRAYSSINOUS. — Au moment où venait de paraître le *Génie du Christianisme*, l'abbé Frayssinous, alors professeur de théologie dogmatique au séminaire de St. Sulpice, commença une série de *conférence sur la religion* destinées à ramener les esprits au Christianisme par la philosophie.

Denis-Anatole-Luc, comte de Frayssinous, né à Laveyssière, près d'Espalion, dans l'Aveyron, en 1763, vint à Paris en 1783, et entra dans la communauté des prêtres de St-Sulpice, où il fut ordonné prêtre, en 1789. C'est en 1800, qu'il fut nommé professeur de théologie dogmatique, et c'est en 1803 qu'il commença ses conférences, d'abord dans la petite église des Carmes, puis à St-Sulpice, parce que le local devenait insuffisant pour l'auditoire. Il les continua jusqu'en 1809, malgré une courte interruption exigée en 1807 par le ministre Fouché. Mais en 1809 elles furent suspendues par Napoléon lui-même, alors en lutte avec Pie VII, qu'il retenait prisonnier. A la Restauration, en 1814, les conférences furent reprises et continuées jusqu'en 1822, à l'époque où l'abbé de Frayssinous, chanoine de Notre-Dame, depuis 1810, devint évêque d'Hermopolis et grand-maître de l'Université.

Pendant cet intervalle, il avait, en 1808, publié *Les vrais principes de l'Église gallicane*, et depuis 1821, il était premier aumônier de Louis XVIII. La part qu'il prit, en cette qualité, à la nomination des évêques ne fut que l'application pratique et malheureuse de ses prétendus *principes*.

Son action comme grand-maître de l'Université ne fut pas favorable à la religion, car il exerça durement contre les évêques le monopole universitaire, et de plus ses programmes pour le baccalauréat laissent voir la préoccupation de retrancher de la philosophie toute idée chrétienne; afin, il l'avoua lui-même en 1828, de ne pas déplaire aux maîtres, que, dit-il, il ne pouvait remplacer.

Voici le jugement qu'en porta Cousin, alors ministre de l'Instruction publique, le 3 mai 1844, devant la Chambre des pairs: « Ce programme fut préparé avec le plus grand soin. M. l'évêque d'Hermopolis s'en occupa particulièrement. C'était, passez-moi le mot, un homme du métier, qui avait même été quelque temps professeur de philosophie, avant d'être un grave et éloquent prédicateur. Il s'entoura de conseils éclairés, et je puis dire, pour le savoir bien, que ce programme fut rédigé, par qui, Messieurs? par un professeur de philosophie, par un laïque? Non, mais par un ecclésiastique, par un théologien, par le doyen de la Faculté de théologie, M. l'abbé Burnier-Fontanelle. Ce fut un autre ecclésiastique encore, un homme que plusieurs de vous ont connu, M. l'abbé Nicolle, qui fut au conseil le rapporteur de ce programme. M. l'évêque d'Hermopolis l'adopta. » Et ce programme, si soigneusement préparé par des ecclésiastiques et approuvé par un évêque, voici le regrettable éloge que Cousin a pu en faire, en toute vérité: « Ce qui honore singulièrement à mes yeux M. l'évêque d'Hermopolis, c'est que dans ce programme étendu, signé par un évêque, il n'y a pas un mot qui puisse blesser un protestant ; *il n'y a pas un mot qui, directement ou indirectement, atteste un écrivain catholique ;* il n'y est pas même question de la religion révélée, ni d'aucun dogme appartenant à aucune communion ; il n'y est jamais question que de la religion naturelle. » Mais Cousin lui-même, après ce singulier éloge, ne peut s'empêcher d'ajouter : « Je doute beaucoup qu'une telle réserve fût bien reçue aujourd'hui, et le digne évêque pourrait bien encourir le reproche de favoriser un enseignement vague, indécis, c'est-à-dire ne reposant point sur les dogmes particuliers du catholicisme. »

Et c'était en 1844, que Cousin disait cela ! alors que les *doctrinaires*, comme on les appelait alors, donnaient le ton à l'esprit public, et enseignaient très assidument aux Français à louer beaucoup la religion en paroles, mais à l'empêcher de s'introduire partiquement dans la vie publique. Aujourd'hui que nous étouffons sous les ruines amoncelées par ce système de philosophie indifférente à toute religion, nous pouvons et nous devons dire : Non, cette réserve n'honore pas l'évêque d'Hermopolis. Un évêque catholique, quoi qu'il écrive, doit se montrer *écrivain catholique;* à plus forte raison, s'il a à régler les études d'un peuple catholique, comme le peuple français, doit-il les régler dans un esprit catholique.

Heureusement les conférences de l'abbé de Frayssinous valaient mieux que les programmes de l'évêque d'Hermopolis. Elles furent publiées en 1825, et pendant trente ans au moins toute la jeunesse les a lues et en a retiré de très heureux fruits.

Nous ne ferons pas l'analyse de cet ouvrage, parce qu'il n'offre rien de nouveau et par conséquent rien qui intéresse l'histoire de la philosophie. On n'y trouve aucun système. C'est la philosophie de tous les temps, la *philosophia perennis*, cette philosophie que dans un autre ouvrage nous avons appelée la philosophie classique. Cependant elle ne fait pas appel, comme d'autres le feront bientôt à la parole du genre humain pour reconnaître une vérité : elle est *traditionnelle* sans être *traditionaliste*. Il ne faut non plus chercher dans cet ouvrage une pensée large et profonde, œuvre d'un génie philosophique. Non c'est une œuvre de foi et de raison, qui s'adresse à tous ceux qui peuvent suivre un raisonnement, et elle contribua efficacement à éloigner les esprits du matérialisme qui avait régné pendant le XVIIIe siècle, et elle aurait pu aussi aider à faire refleurir l'esprit religieux, si l'on n'avait pas renversé d'une main ce que l'on édifiait de l'autre. En effet, quoi qu'en dise Cousin, l'enseignement de l'Université d'alors, réglé par des programmes neutres, et donné par des hommes engoués des prétendues conquêtes de 89, n'était rien moins que favorable à la religion catholique.

Cependant, en 1825, Mgr Frayssinous, cédant aux instances des catholiques changea quelques professeurs, mais il laissa les programmes, les méthodes et les livres, et n'obtint aucun résultat sérieux. D'ailleurs il était toujours fortement attaché aux prétendues libertés gallicanes, puisqu'il fit signer en 1826, ses fameux principes par soixante-quinze évêques, pour répondre au livre que Lamennais venait de publier contre ces mêmes principes. Heureusement cependant l'histoire nous permet de dire que plusieurs refusèrent cette signature, et soutinrent les droits de la vérité. Entre tous, il convient de citer particulièrement Mgr Daviau, archevêque de Bordeaux, qui, dans une lettre adressé à Mgr de Frayssinous, sut se montrer en même temps respectueux pour la personne et ferme contre l'erreur.

Cependant Mgr Frayssinous eut comme une sorte de réveil en présence des ordonnance du 16 juin 1827, par lesquelles le roi, sur l'instigation du parti universitaire, restreignait le pouvoir des évêques en leur limitant le nombre des élèves de leurs petits séminaires, et en leur défendant d'y admettre des jésuites comme professeurs. Mgr Frayssinous avait déjà résigné ses fonctions de maître de l'université mais il fut consulté à ce sujet, comme chargé des affaires ecclésiastiques et déclara que la mesure lui paraissait fâcheuse, conçue dans un esprit de défiance et de haine contre l'épiscopat et la religion catholique, propre à désoler le clergé, à contrister les amis de la légitimité, à provoquer de la part des révolutionnaires de nouvelles exigences, à affaiblir les sentiments de dévouement dans ceux qui en étaient le plus pénétrés. Il termina en déclarant que « pour rien au monde il ne voudrait contre-signer de pareilles ordonnances » ; mais il ajouta que, « si le roi croyait, pour des motifs puisés dans un ordre supérieur, dans la nécessité, devoir prendre cette mesure, il n'oserait prononcer, qu'elle est condamnable. »

On le voit, Frayssinous ne plaidait pas l'injustice de cette mesure, mais seulement son inopportunité.

Nous allons voir bientôt que l'école opposée, se montra prompte à la colère; mais on comprend déjà quelle force d'âme il eût fallu pour garder toujours une juste mesure dans la revendication des droits de la vérité en présence des excès de l'école libérale.

Frayssinous se retira des affaires à cette époque et vécut dans la retraite jusqu'en 1842.

Malgré l'esprit gallican qui animait Frayssinous, son œuvre eut une influence sensible sur les esprits d'alors et contribua efficacement au retour de la philosphie vers le catholicisme, et cette influence fut aidée par le livre de Chateaubriand. C'est alors seulement qu'on se mit à lire les ouvrages de de Maistre et de Bonald qui avaient paru auparavant ou en même temps, et c'est dans ce sens comme aussi parce que ces œuvres n'étaient pas purement philosophiques et n'étaient pas capables de faire école, que nous les avons qualifiées de *premier mouvement de retour* vers la philosophie chrétienne.

www.ingramcontent.com/pod-product-compliance
Lightning Source LLC
Chambersburg PA
CBHW060220230426
43664CB00011B/1499